国学知识问答录

主编 ◎ 杨雨

文学卷

湖南教育出版社

《国学知识问答录》编委会

主编：杨 雨

主要编纂人员：唐 苗 文学卷
　　　　　　　习 婷 文学卷
　　　　　　　阮诗然 文学卷

　　　　　　　肖 龙 历史哲学艺术卷
　　　　　　　刘 奇 历史哲学艺术卷
　　　　　　　易 好 历史哲学艺术卷
　　　　　　　陆 萱 历史哲学艺术卷

前 言

　　一直以来,对于国学我总有一种特别的情愫,究其原因,不只是因为我是一名古代文学老师,更主要的是从小到大我都是在中国传统文化中不断汲取着精神营养。不管是屈原"长太息以掩涕兮,哀民生之多艰"的忧思,还是李白"长风破浪会有时,直挂云帆济沧海"的旷达;不管是"只恐双溪舴艋舟,载不动许多愁"的悲情,还是辛弃疾"了却君王天下事,赢得生前身后名"的壮志……透过文字,我总能和先贤们产生情感的碰撞、心灵的共鸣,这是一种多么美好和纯粹的体验!

　　随着近年来"国学热"的兴起,越来越多的国人对国学经典有了新的认识,开始捧卷阅读甚至爱上这些流传千古的作品,传统的经、史、子、集凝聚着古人的智慧,又在当下重新焕发了生机,这让我颇感欣慰。作为一名古典诗歌的研究工作者和大学老师,除了在三尺讲台上与学生们交流诗词、探讨学术之外,有时候我也会想,我还能为国学的传播做些什么?

　　国学的普及与传播已经迎来了新的时代,传播方式更趋多样:学者进入社区讲座;民间自发组织的国学经典读书会蓬勃发展;文化综艺节目以"国学"的名义如雨后春笋般迅速占领了电视、网络等媒体;各类培训教育机构纷纷开设国学培训班;各种形式的国学比赛吸引了不同职业、不同年龄阶段国学爱好者的积极参与……在国学愈来愈热的时候,我也不免心生疑虑:国学经典汗牛充栋,如何去检验我们阅读经典的成效?有些经典艰深博奥,如何才能让青少年不会望而生畏甚至望而却步?对于一般阅读者和研究者而言,时间和精力都是有限的,如何能够做到文学、历史、哲学、艺术等各大学科门类在思想体系中的融会贯通?……

　　这一系列的疑问一直在我心头萦绕,直到湖南教育出版社的编辑与我联系,和我谈到希望能够合作编写一部《国学知识问答录》的想法。我才意识到：或许这在某种程度上说，亦能尝试解决我的部分疑虑：对于广大青少年而言，当他们已经拥有一定的国学经典阅读基础，或者正尝试进入国学经典的研读阶段，总希望能够有一种更为浅易的入门途径，一种更为便捷更为有效的方式来检验阅读与学习的效果，这部《国学知识问答录》正是力图承担这样的功能。

诚然，博大精深的国学经典内容是无法浓缩在任何一部单一的著作中的，因此这个编写任务让我颇感诚惶诚恐：因为这套问答录主要针对青少年，则经典内容的选择与行文的浅易之间，尺度极难把握。编委会成员为此进行了一次又一次的商讨，从撰写形式到内容选编，每一步都是在一波"唇枪舌剑"中诞生的。回想起那一段日子，真是既辛苦又值得怀念。正因为编委会成员以及所有编辑们的努力，我才能够最终战胜自己的"诚惶诚恐"，将我们的劳动成果呈现给大家。

简单来说，本书有如下几个特点：

特点之一，内容精心甄选，涵盖面广。本书分为上下两册，共60万余字，包含内容1000余条，涵盖了文、史、哲、艺术等多个方面，且知识点的撰写尽量参考相关学术领域的权威著作，在力保信息准确的同时，也力保内容的充实。

特点之二，深入浅出，可读性强。本书主题内容以问答的形式呈现，对于精深的国学知识，一般以浅易的问题发端，用精简的语言解答，使得不同年龄层次的青少年都能够充分理解。与此同时，本书在解答国学知识的同时，还会穿插一些小故事、小常识，寓教于乐，力求让青少年通过轻松阅读掌握国学知识。

特点之三，讲练结合，实用性强。本书配有一套国学知识试题，青少年在阅读后可以检测自己对于国学知识的掌握情况，温故而知新。由于试题和书一样涵盖了国学知识的各个方面，因此可以为青少年参加各类国学比赛提供参考。

本书编写的初衷是希望通过浅易的方式让更多的青少年了解国学知识并检验学习和阅读的成果，并以此为契机使其开始真正爱上国学经典。然而，国学源远流长、经典浩如烟海，并不是仅仅几十万字就能够完全展现的。由于时间紧迫，水平有限，即使我们力求完美，也会有力不从心的遗憾，在此诚挚欢迎广大读者批评斧正，不胜感激。

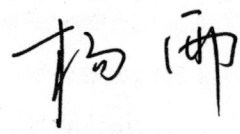

2017 年 9 月 19 日

目 录

诗词曲类

先 秦

1. 中国第一部诗歌总集是什么? ……………………………… 1
2. 《诗经》最重要的艺术手法是什么? ………………………… 1
3. 《诗经·国风》的第一篇是什么? …………………………… 2
4. "蒹葭苍苍,白露为霜"出自哪一首诗? …………………… 3
5. 屈原是谁? ……………………………………………………… 4
6. 中国文学史上第一首长篇抒情诗是什么? …………………… 4
7. 《九歌》共有多少首诗? ……………………………………… 5
8. 《九章》是谁的诗歌作品? …………………………………… 6
9. 《天问》一共提出了多少个问题? …………………………… 6
10. 什么是楚辞? ………………………………………………… 6
11. 宋玉是谁? …………………………………………………… 7
12. 宋玉的代表作是什么? ……………………………………… 8

秦 汉

13. 什么是乐府? ………………………………………………… 8
14. 焦仲卿是谁? ………………………………………………… 9
15. 《四愁诗》是谁的诗? ……………………………………… 10
16. 郦炎是谁? …………………………………………………… 10
17. 《翠鸟诗》是谁的诗? ……………………………………… 11

魏晋南北朝

18. 《古诗十九首》是什么？ ………………………………………… 12
19. 《蒿里行》是谁的作品？ ………………………………………… 12
20. 《短歌行》是谁的作品？ ………………………………………… 13
21. 《步出夏门行》是谁的作品？ …………………………………… 14
22. 现存较早的、完整的文人七言诗是什么？ ……………………… 14
23. 曹植是谁？ ………………………………………………………… 15
24. 建安七子是哪七个人？ …………………………………………… 16
25. 《七哀诗》是谁的代表诗作？ …………………………………… 17
26. 刘桢是谁？ ………………………………………………………… 17
27. 《悲愤诗》是谁的作品？ ………………………………………… 18
28. 《咏怀诗》是谁的作品？ ………………………………………… 19
29. 嵇中散是谁？ ……………………………………………………… 19
30. 竹林七贤是哪七个人？ …………………………………………… 20
31. 陆机是谁？ ………………………………………………………… 20
32. 《悼亡诗》是谁的作品？ ………………………………………… 21
33. "左思风力"是什么意思？ ………………………………………… 22
34. 游仙诗是什么意思？ ……………………………………………… 22
35. 游仙诗的代表诗人是谁？ ………………………………………… 23
36. 玄言诗是什么意思？ ……………………………………………… 24
37. 张华是谁？ ………………………………………………………… 25
38. "三张"是哪三位诗人？ …………………………………………… 25
39. 刘琨是谁？ ………………………………………………………… 26
40. 五柳先生是谁？ …………………………………………………… 27
41. 《归园田居》是谁的诗？ ………………………………………… 28
42. 中国文学史上写作田园诗的第一人是谁？ ……………………… 28
43. 颜延之是谁？ ……………………………………………………… 29
44. 中国山水诗歌创作的开山鼻祖是谁？ …………………………… 30
45. 山水诗是什么样的诗？ …………………………………………… 31
46. 鲍照是谁？ ………………………………………………………… 31
47. 沈约是谁？ ………………………………………………………… 32
48. "二谢"是哪两位诗人？ …………………………………………… 33

49. 何水部是谁？ …………………………………………… 34
50. "阴何"是什么意思？ ………………………………… 34
51. 永明体是什么意思？ ………………………………… 35
52. "竟陵八友"是哪八位诗人？ ………………………… 36
53. 宫体诗是什么样的诗歌？ …………………………… 36
54. 花木兰替父从军出自哪一首诗？ …………………… 37
55. 南朝民歌的代表诗作是什么？ ……………………… 37

隋唐、五代

56. 杨素是谁？ …………………………………………… 38
57. 隋朝成就最高的诗人是谁？ ………………………… 39
58. "神童仙子"是指哪位诗人？ ………………………… 39
59. 王勃是谁？ …………………………………………… 40
60. 《长安古意》是谁的诗？ …………………………… 41
61. 杨炯是谁？ …………………………………………… 41
62. 《咏鹅》是谁的诗？ ………………………………… 42
63. "宫体诗的自赎"是指哪一首诗？ …………………… 42
64. 教坊是什么意思？ …………………………………… 43
65. 宋之问是谁？ ………………………………………… 44
66. 沈佺期是谁？ ………………………………………… 45
67. 陈子昂是谁？ ………………………………………… 45
68. 《代悲白头翁》是谁的诗？ ………………………… 46
69. 《感遇》是谁的诗？ ………………………………… 47
70. 《临洞庭湖赠张丞相》是谁的诗？ ………………… 47
71. "大漠孤烟直"是谁的诗？ …………………………… 48
72. "阳关三叠"是什么意思？ …………………………… 49
73. 《登鹳雀楼》是谁的诗？ …………………………… 49
74. 旗亭画壁是一个什么故事？ ………………………… 50
75. "七绝圣手"是指哪位诗人？ ………………………… 51
76. 为什么说高适是边塞诗的代表诗人？ ……………… 51
77. "岑嘉州"是指哪位诗人？ …………………………… 52
78. 青莲居士是哪位诗人？ ……………………………… 53

79. "天生我材必有用"出自哪一首诗？ 54
80. 《梦游天姥吟留别》是谁的诗作？ 54
81. 《蜀道难》是谁的诗作？ 55
82. "诗圣"是谁？ 56
83. 《兵车行》是谁的诗作？ 56
84. 《丽人行》是谁的诗作？ 57
85. 《舂陵行》是谁的诗作？ 58
86. "大历十才子"都有谁？ 58
87. 韦应物是谁？ 59
88. 中唐诗歌变革的第一诗人群体是什么？ 60
89. "郊寒岛瘦"是什么意思？ 60
90. 《寻隐者不遇》讲的是一个怎样的故事？ 61
91. 《雁门太守行》的作者是谁？ 62
92. "刘白"是指哪两位诗人？ 63
93. 《再游玄都观绝句》是谁的诗作？ 64
94. 香山居士是哪位诗人的号？ 65
95. 《长恨歌》是哪位诗人的作品？ 66
96. 《琵琶行》是哪位诗人的作品？ 67
97. 新乐府运动是什么？ 68
98. 元稹是谁？ 69
99. 张籍是谁？ 69
100. 《节妇吟》是谁的诗作？ 70
101. 王建是谁？ 71
102. 杜牧是怎样看待赤壁之战的？ 72
103. 玉溪生是哪位诗人？ 73
104. 《金缕衣》是一首什么诗？ 73
105. "温八叉"是哪位诗人？ 74
106. "秦妇吟秀才"是哪位作家？ 75
107. 最早的文人词总集是什么？ 76
108. 南唐后主是谁？ 76
109. 冯延巳是谁？ 77

宋　元

110. 范仲淹是谁? ……………………………………………… 78
111. 六一居士是谁的号? ……………………………………… 79
112. 柳三变是谁? ……………………………………………… 80
113. 《倾杯乐》是谁的词作? ………………………………… 81
114. 晏元献是哪位词人? ……………………………………… 82
115. 晏殊参加考试押中题目为什么要求更换试题? ………… 83
116. 苏轼淋雨时写了一首什么词? …………………………… 83
117. 苏轼苏辙兄弟二人感情有多深? ………………………… 85
118. 《望江南·超然台作》是谁的诗作? …………………… 87
119. 苏轼曾经去拜会过谁,还吃了闭门羹? ………………… 88
120. 《题西林壁》是谁的诗作? ……………………………… 88
121. 北宋目前所知的词人中,年寿最高的一位是谁? ……… 89
122. 秦少游和秦太虚是同一个人吗? ………………………… 90
123. 宋代也有追星族吗? ……………………………………… 91
124. "山抹微云"出自哪一位词人的哪一首词作? ………… 91
125. 《千秋岁·水边沙外》是谁的代表词作? ……………… 93
126. 清真居士是哪位词人? …………………………………… 94
127. 贺方回是谁? ……………………………………………… 95
128. 《鹧鸪天·死半桐》是谁的词作? ……………………… 96
129. 贺梅子是哪位词人? ……………………………………… 97
130. 两宋第一女词人是谁? …………………………………… 98
131. 李清照曾经离过婚吗? …………………………………… 98
132. 《词论》是谁的作品? …………………………………… 100
133. 陆放翁是谁? ……………………………………………… 100
134. 《钗头凤》是谁的词作? ………………………………… 101
135. 《示儿》是谁的诗? ……………………………………… 102
136. 《游山西村》是谁的诗作? ……………………………… 102
137. 《临安春雨初霁》是谁的诗作? ………………………… 103
138. 白石道人是哪位词人? …………………………………… 104
139. 《扬州慢》是谁的词作? ………………………………… 105
140. 吴梦窗是哪位词人? ……………………………………… 106

141. 稼轩居士是哪位词人？ ……………………………………… 106
142. 《沁园春·带湖新居将成》是谁的代表词作？ ……………… 107
143. 朱淑真是谁？ ………………………………………………… 109
144. 《登飞来峰》是谁的诗作？ ………………………………… 109
145. 《观书有感二首》是谁的诗作？ …………………………… 110
146. 花蕊夫人是谁？ ……………………………………………… 111
147. 白体是什么意思？ …………………………………………… 111
148. 晚唐体是什么意思？ ………………………………………… 112
149. 西昆体是什么意思？ ………………………………………… 113
150. 文学史上第一个真正意义上的诗派是什么？ ……………… 113
151. 竹山先生是哪位词人？ ……………………………………… 114
152. 碧山是哪位词人？ …………………………………………… 115
153. 现存最长的词调是什么？ …………………………………… 116
154. 王奕是谁？ …………………………………………………… 117
155. 张舜民是谁？ ………………………………………………… 117
156. 洛川先生是谁？ ……………………………………………… 118
157. 《贺新郎》词牌来自于什么地方？ ………………………… 119
158. 于湖居士是哪位词人？ ……………………………………… 120
159. 龙川先生是哪位词人？ ……………………………………… 121
160. 龙洲道人是哪位词人？ ……………………………………… 121
161. 后村居士是哪位词人？ ……………………………………… 122
162. "永嘉四灵"是指哪四位诗人？ …………………………… 123
163. 江湖诗派是什么样的诗派？ ………………………………… 123
164. 文天祥是一位什么样的诗人？ ……………………………… 124
165. 中兴四大诗人是指哪四位诗人？ …………………………… 125
166. 元好问的代表诗作是什么？ ………………………………… 126
167. 《雁丘词》是哪位词人的作品？ …………………………… 126
168. 诸宫调是什么意思？ ………………………………………… 127
169. 《窦娥冤》的作者是谁？ …………………………………… 128
170. 窦娥到底有什么冤屈？ ……………………………………… 128
171. 《单刀会》的主人公是谁？ ………………………………… 129
172. 《西厢记》的作者是谁？ …………………………………… 130

173. "元剧四大家"分别是哪四位剧作家? ………………………… 131
174. 《墙头马上》是谁的剧作? ………………………………… 131
175. "曲状元"是谁? …………………………………………… 132
176. 《倩女离魂》的作者是谁? ………………………………… 133
177. 元代南戏作品中,成就最高的剧作是什么? ………………… 133
178. 四大南戏分别是哪四部剧? ………………………………… 134
179. 元曲是什么意思? ………………………………………… 135
180. "铁崖体"是谁的诗作? …………………………………… 135
181. 萨都剌是哪个民族的诗人? ………………………………… 136
182. 元诗四大家是指哪四位诗人? ……………………………… 137

明　清

183. 高启是谁? ………………………………………………… 138
184. "西湖三杰"是哪三位诗人? ……………………………… 138
185. 空同子是哪位诗人? ……………………………………… 139
186. 大复山人是哪位诗人? …………………………………… 140
187. 杨基是谁? ………………………………………………… 140
188. 台阁体是什么意思? ……………………………………… 141
189. 茶陵派的代表人物有哪些? ………………………………… 142
190. 《四声猿》是谁的剧作? …………………………………… 143
191. 李开先的代表作品是什么? ………………………………… 143
192. 《浣纱记》的作者是谁? …………………………………… 144
193. 弇州山人是谁? …………………………………………… 145
194. "临川四梦"是谁的剧作? ………………………………… 145
195. 《牡丹亭》的主人公是谁? ………………………………… 146
196. 明末清初"三大儒"分别是谁? …………………………… 147
197. 梨州先生是谁? …………………………………………… 147
198. 王夫之是谁? ……………………………………………… 148
199. 钱谦益是谁? ……………………………………………… 148
200. 《初学集》《有学集》是谁的代表作? …………………… 149
201. 虞山诗派的成员有哪些? ………………………………… 149
202. 吴伟业是谁? ……………………………………………… 150

203. 《圆圆曲》是谁的代表作？ ……………………………………… 150
204. 梅村体是什么？ …………………………………………………… 151
205. 被况周颐认为是"国初第一词人"的词人是谁？ ………………… 151
206. 《饮水词》是谁的词集？ ………………………………………… 152
207. 渔洋山人是哪位诗人？ …………………………………………… 152
208. 洪昇的代表作是什么？ …………………………………………… 153
209. 《长生殿》是谁的剧作？ ………………………………………… 154
210. 云亭山人是哪位作家？ …………………………………………… 154
211. 《桃花扇》是谁的剧作？ ………………………………………… 155
212. 苏门啸侣是哪位作家？ …………………………………………… 155
213. "李十郎"是哪位剧作家？ ……………………………………… 156
214. 《笠翁十种曲》是谁的作品？ …………………………………… 156
215. 《闲情偶寄》是谁的作品？ ……………………………………… 157
216. 袁枚是谁？ ………………………………………………………… 157
217. "乾隆三大家"是指哪三位作家？ ……………………………… 158
218. 《小仓山房文集》是谁的作品？ ………………………………… 158
219. 《随园诗话》的作者是谁？ ……………………………………… 159
220. 性灵派是一个怎样的流派？ ……………………………………… 159
221. 张惠言是谁？ ……………………………………………………… 160
222. 《词选》是由谁编写的？ ………………………………………… 160
223. 周济的代表作有哪些？ …………………………………………… 161
224. 常州词派有哪些代表作家？ ……………………………………… 161
225. 《湖海楼全集》是谁的作品集？ ………………………………… 162
226. 阳羡词派是什么样的文学流派？ ………………………………… 162
227. "浙西六家"的代表人物是谁？ ………………………………… 162
228. 《曝书亭集》是谁的作品集？ …………………………………… 163
229. 浙西词派是什么样的词派？ ……………………………………… 163
230. 《己亥杂诗》的作者是谁？ ……………………………………… 164
231. 《四库全书》分为哪四部分？ …………………………………… 165
232. 沈德潜的代表作品有哪些？ ……………………………………… 165
233. 格调说是由谁倡导的？ …………………………………………… 166
234. 翁方纲是谁？ ……………………………………………………… 166

235. 观弈道人是哪位作家? ·················· 167
236. 郑板桥的原名是什么? ·················· 168
237. 黄景仁是谁? ·························· 168
238.《再生缘》的作者是谁? ················ 169
239. 温州鼓词享有怎样的美誉? ············ 170
240. 梅花大鼓分为哪两大流派? ············ 170
241.《彊村词》是谁的作品? ················ 171
242.《大鹤山房全集》是谁的作品集? ······ 171
243. 况周颐是谁? ·························· 172
244.《蕙风词话》的作者是谁? ·············· 173
245. 王鹏运是谁? ·························· 173
246. 王国维是谁? ·························· 174
247. 词创作的三种境界说出自谁的哪部作品? ·················· 175
248. 文字狱是什么? ························ 175

文 类

先 秦

249. 先秦散文有什么特点? ·················· 176
250.《尚书》是一部怎样的文集? ············ 177
251.《左传》是一部怎样的史书? ············ 177
252.《战国策》采用的是怎样的体例形式? ·· 178
253.《论语》记录的是谁和他弟子的言论? ·· 178
254. 怎么评价《孟子》? ···················· 178
255.《老子》是哪一个流派的代表作品? ···· 179
256.《逍遥游》选自哪一部作品? ············ 179
257. 春秋笔法指的是什么? ·················· 179

秦 汉

258. 什么是汉赋? ·························· 180
259. 被贬为长沙王太傅的汉代文人是谁? ·· 180
260. 枚乘是谁? ···························· 181
261.《子虚赋》是谁的作品? ················ 182

- 262. 扬雄的代表作品有哪些？ …… 182
- 263. 《归田赋》是谁的代表作品？ …… 182
- 264. "劝百讽一"是一种怎样的写作手法？ …… 183
- 265. 《史记》的作者是谁？ …… 183
- 266. 《报任安书》的主要内容是什么？ …… 184
- 267. 《汉书》是由谁编撰的？ …… 184
- 268. 汉代的政论文有哪些代表作品？ …… 185
- 269. 王充是谁？ …… 185

魏晋南北朝

- 270. 《文赋》是谁的代表作品？ …… 186
- 271. 《三都赋》的作者是谁？ …… 186
- 272. 《兰亭集序》主要写的是什么？ …… 187
- 273. 骈文是一种怎样的文体？ …… 187
- 274. 《文选》是由谁编的？ …… 188
- 275. 《文心雕龙》的作家是谁？ …… 188
- 276. "徐庾"是谁？ …… 188
- 277. 《归去来兮辞》是谁写的？ …… 189
- 278. 《桃花源记》表达的是一种怎样的情感？ …… 189

唐 宋

- 279. 古文运动的发起人是谁？ …… 190
- 280. "韩柳"是指哪两位文学家？ …… 190
- 281. 《祭十二郎文》是谁写的？ …… 191
- 282. 《进学解》的作者是谁？ …… 191
- 283. 《捕蛇者说》主要写的是什么？ …… 192
- 284. "永州八记"是哪八篇山水游记？ …… 192
- 285. 《滕王阁序》中的滕王阁在哪里？ …… 192
- 286. 《阿房宫赋》表达的是怎样的思想感情？ …… 193
- 287. 《陋室铭》的作者是谁？ …… 193
- 288. "唐宋八大家"是哪八位古文名家？ …… 194
- 289. 欧阳修的代表作品有哪些？ …… 194

290. 《醉翁亭记》的创作背景是怎样的？……………………… 195
291. "先天下之忧而忧，后天下之乐而乐"的出处是哪部作品？…… 195
292. 《爱莲说》的作者是谁？……………………………………… 196
293. 苏轼的议论文作品有哪些？………………………………… 196
294. 《前赤壁赋》表达了作者怎样的思想情感？……………… 197
295. 《美芹十论》的作者是谁？………………………………… 198
296. 骈文又称什么？……………………………………………… 198

元 明 清

297. 台阁体是指什么？…………………………………………… 198
298. 前七子的文学主张是什么？………………………………… 199
299. 后七子的代表作家有哪些？………………………………… 199
300. 归有光是谁？………………………………………………… 200
301. 《项脊轩志》的作者是谁？………………………………… 200
302. 唐顺之的代表作品有哪些？………………………………… 201
303. 八股文是一种怎样的文体？………………………………… 201
304. 明代小品文的特点是什么？………………………………… 202
305. 公安派的代表人物有哪些？………………………………… 202
306. 《晚游六桥待月记》的作者是谁？………………………… 203
307. 竟陵派是一个怎样的文学流派？…………………………… 203
308. 桐城派得名的原因是什么？………………………………… 203
309. 乾嘉学派是一个怎样的学术流派？………………………… 204
310. 《游灵岩记》是谁的作品？………………………………… 204
311. 《骈体文钞》是由谁编选的？……………………………… 205
312. 呆溪是哪位作家？…………………………………………… 205
313. 汪中的作品有哪些？………………………………………… 206
314. 《古文观止》是一部怎样的文学作品？…………………… 206

小说类

315. 《山海经》具有怎样的文学价值？………………………… 207
316. 什么是志怪小说？…………………………………………… 207
317. 什么是笔记小说？…………………………………………… 208

318.《世说新语》主要记载的是什么？ ……………………………… 208
319.《酉阳杂俎》的作者是谁？ …………………………………… 209
320. 什么是唐传奇？ ……………………………………………… 210
321.《李娃传》的作者是谁？ ……………………………………… 210
322.《莺莺传》讲了一个怎样的故事？ …………………………… 211
323.《长恨歌传》的作者是谁？ …………………………………… 212
324. 什么是话本？ ………………………………………………… 212
325.《梦溪笔谈》是一部怎样的作品？ …………………………… 213
326. 什么是章回小说？ …………………………………………… 213
327.《剪灯新话》的作者是谁？ …………………………………… 214
328.《剪灯余话》是一部怎样的作品？ …………………………… 214
329.《三国志演义》的主要内容是什么？ ………………………… 215
330.《水浒传》具有怎样的艺术特点？ …………………………… 216
331. 金圣叹是谁？ ………………………………………………… 216
332.《西游记》的主要内容是什么？ ……………………………… 217
333. 中国文学史上第一部由文人独立创作的长篇小说是什么？ … 217
334.《封神演义》讲的是一个怎样的故事？ ……………………… 218
335. 什么是"三言"？ ……………………………………………… 219
336. 什么是"二拍"？ ……………………………………………… 219
337.《镜花缘》的作者是谁？ ……………………………………… 220
338.《聊斋志异》主要记录的是一些怎样的故事？ ……………… 220
339.《儒林外史》的作者是谁？ …………………………………… 221
340. 曹雪芹是谁？ ………………………………………………… 222
341.《红楼梦》具有怎样的艺术特色？ …………………………… 222
342.《官场现形记》的作者是谁？ ………………………………… 223
343.《二十年目睹之怪现状》的作者是谁？ ……………………… 223
344.《孽海花》是一部怎样的小说？ ……………………………… 224
345.《老残游记》的作者是谁？ …………………………………… 225
346. 陈端生是谁？ ………………………………………………… 225
347.《阅微草堂笔记》的作者是谁？ ……………………………… 226
348.《浮生六记》的作者是谁？ …………………………………… 227
349.《三侠五义》是什么？ ………………………………………… 227

350.《施公案》是一部怎样的作品？……………………………………… 228
351.《海上花列传》的作者是谁？………………………………………… 228

成语类

A

352. 如何解释"爱屋及乌"？……………………………………………… 229
353. 如何解释"暗度陈仓"？……………………………………………… 230

B

354. 如何解释"拔苗助长"？……………………………………………… 231
355. 如何解释"百步穿杨"？……………………………………………… 232
356. 如何解释"班门弄斧"？……………………………………………… 232
357. 如何解释"杯弓蛇影"？……………………………………………… 233
358. 如何解释"背水一战"？……………………………………………… 234
359. 如何解释"杯水车薪"？……………………………………………… 235

C

360. 如何解释"才高八斗"？……………………………………………… 236
361. 如何解释"草木皆兵"？……………………………………………… 236
362. 如何解释"程门立雪"？……………………………………………… 237

D

363. 如何解释"大器晚成"？……………………………………………… 238
364. 如何解释"倒屣相迎"？……………………………………………… 238
365. 如何解释"东施效颦"？……………………………………………… 239
366. 如何解释"对牛弹琴"？……………………………………………… 240

F

367. 如何解释"分道扬镳"？……………………………………………… 240
368. 如何解释"负荆请罪"？……………………………………………… 241

G

369. 如何解释"高山流水"？ ································· 242

H

370. 如何解释"邯郸学步"？ ································· 243
371. 如何解释"画蛇添足"？ ································· 243
372. 如何解释"画龙点睛"？ ································· 244
373. 如何解释"讳疾忌医"？ ································· 245

J

374. 如何解释"江郎才尽"？ ································· 246
375. 如何解释"精卫填海"？ ································· 246
376. 如何解释"惊弓之鸟"？ ································· 247
377. 如何解释"居安思危"？ ································· 248

K

378. 如何解释"刻舟求剑"？ ································· 248

L

379. 如何解释"滥竽充数"？ ································· 249
380. 如何解释"洛阳纸贵"？ ································· 250

M

381. 如何解释"买椟还珠"？ ································· 251
382. 如何解释"盲人摸象"？ ································· 252
383. 如何解释"孟母三迁"？ ································· 252
384. 如何解释"名落孙山"？ ································· 253
385. 如何解释"磨杵成针"？ ································· 254

N

386. 如何解释"囊萤积雪"？ ································· 254

387. 如何解释"牛角挂书"？ 255
388. 如何解释"弄巧成拙"？ 256

P

389. 如何解释"庖丁解牛"？ 256
390. 如何解释"破釜沉舟"？ 257

Q

391. 如何解释"杞人忧天"？ 258
392. 如何解释"黔驴技穷"？ 259
393. 如何解释"前事不忘，后事之师"？ 259

R

394. 如何解释"入木三分"？ 260
395. 如何解释"孺子可教"？ 261

S

396. 如何解释"塞翁失马"？ 262
397. 如何解释"三顾茅庐"？ 262
398. 如何解释"三人成虎"？ 263
399. 如何解释"守株待兔"？ 263
400. 如何解释"四面楚歌"？ 264

T

401. 如何解释"探骊得珠"？ 265
402. 如何解释"螳臂当车"？ 265
403. 如何解释"推心置腹"？ 266

W

404. 如何解释"完璧归赵"？ 267
405. 如何解释"望梅止渴"？ 268

406. 如何解释"韦编三绝"？ ………………………………………… 269
407. 如何解释"闻鸡起舞"？ ………………………………………… 269
408. 如何解释"卧冰求鲤"？ ………………………………………… 270

X

409. 如何解释"胸有成竹"？ ………………………………………… 270
410. 如何解释"悬梁刺股"？ ………………………………………… 271

Y

411. 如何解释"掩耳盗铃"？ ………………………………………… 272
412. 如何解释"阳春白雪"？ ………………………………………… 273
413. 如何解释"叶公好龙"？ ………………………………………… 273
414. 如何解释"一鼓作气"？ ………………………………………… 274
415. 如何解释"一诺千金"？ ………………………………………… 274
416. 如何解释"一言九鼎"？ ………………………………………… 275
417. 如何解释"以身试法"？ ………………………………………… 276
418. 如何解释"鹬蚌相争，渔翁得利"？ …………………………… 276
419. 如何解释"愚人食盐"？ ………………………………………… 277
420. 如何解释"愚公移山"？ ………………………………………… 278

Z

421. 如何解释"凿壁借光"？ ………………………………………… 279
422. 如何解释"枕戈待旦"？ ………………………………………… 279
423. 如何解释"郑人买履"？ ………………………………………… 280
424. 如何解释"纸上谈兵"？ ………………………………………… 281
425. 如何解释"逐鹿中原"？ ………………………………………… 281
426. 如何解释"忠言逆耳"？ ………………………………………… 282
427. 如何解释"自相矛盾"？ ………………………………………… 283
428. 如何解释"坐井观天"？ ………………………………………… 283

文学卷

诗词曲类

先 秦

1. 中国第一部诗歌总集是什么？

《诗经》是我国文学史上第一部诗歌总集，原名《诗》，或者称为《诗三百》，收录了从西周初年到春秋中叶五百多年间的305首诗，另有6篇笙诗，有目无辞。《诗经》大约成书于公元前6世纪，作者来自贵族、平民等社会各个阶层，但绝大多数已经不可考了。《诗经》中诗篇的来源，包括了公卿列士所献的诗，采集于民间各地的诗，周王朝乐官保存下来的宴飨、宗教、祭祀的乐诗。

《诗经》分为风、雅、颂三个部分。"诗"最初都是乐歌，风、雅、颂各有其音乐的特色。风是各地民歌，包括了周南、召南、邶风、鄘风、卫风、王风、郑风、齐风、魏风、唐风、秦风、陈风、桧风、曹风、豳风共160篇。其中王风是指东周王畿洛阳的民歌，其余都是诸侯国的地方土乐。国风中，豳风全部是西周作品，其余部分绝大多数产生于东周。雅是指朝廷的正统音乐，分为大雅和小雅，一共105篇。颂是宗庙祭祀之乐，一共40篇，分为周颂31篇、鲁颂4篇、商颂5篇。

《诗经》的主要内容涵盖了祭祖、农事、宴飨、怨刺、战争、婚姻、爱情等主题，以抒情和言志为主，开辟了我国抒情言志诗歌的传统，表现出强烈的关注现实的意识、强烈的政治和道德的情感、积极和真诚的人生态度，哺育了一代又一代的中国诗人，对后世的诗歌创作产生了深远的影响。

2.《诗经》最重要的艺术手法是什么？

赋比兴是《诗经》最重要的艺术表现手法，开启了我国诗歌创作的基本笔法。

赋是指铺陈直叙，也就是诗人将自己的情感、思想以及相关的事物，平铺直叙地表达出来，可以用来叙事描写，也可以议论抒情，是最基础的表现手法。例如《诗经·豳风·七月》，叙述了农夫在一年的十二个月中的生活，就是运用赋的手法进行叙述，下面节选其中两段：

七月流火，九月授衣。一之日觱发，二之日栗烈。无衣无褐，何以卒岁。三之日于耜，四之日举趾。同我妇子，馌彼南亩，田畯至喜。

七月流火，九月授衣。春日载阳，有鸣仓庚。女执懿筐，遵彼微行，爰求柔桑。春日迟迟，采蘩祁祁。女心伤悲，殆及公子同归。

比是指比方，或者叫做比喻，以彼物比此物，也就是诗人用具体的动作和事物来比拟难以言说的情感和独具特征的事物。例如《诗经·卫风·硕人》：

硕人其颀，衣锦褧衣。齐侯之子，卫侯之妻。东宫之妹，邢侯之姨，谭公维私。

手如柔荑，肤如凝脂，领如蝤蛴，齿如瓠犀，螓首蛾眉。巧笑倩兮，美目盼兮。

硕人敖敖，说于农郊。四牡有骄，朱幩镳镳，翟茀以朝。大夫夙退，无使君劳。

河水洋洋，北流活活。施罛濊濊，鳣鲔发发，葭菼揭揭。庶姜孽孽，庶士有朅。

作者分别用柔嫩的茅芽、冻结的油脂、洁白的蝤蛴、整齐的瓠犀、宽额的螓虫、纽弯的蚕蛾来比喻庄姜的美貌，使得庄姜的形象生动鲜活，细致丰满。

兴是触物兴词，外在的客观事物触发了诗人的情感，引起了诗人的情绪，于是诗人开始歌唱，因此兴多在诗歌的开端部分。例如《诗经·周南·桃夭》：

桃之夭夭，灼灼其华。之子于归，宜其室家。

桃之夭夭，有蕡其实。之子于归，宜其家室。

桃之夭夭，其叶蓁蓁。之子于归，宜其家人。

桃花本与婚礼没有直接的联系，但诗人将这茂盛的桃枝、艳丽的桃花和新娘的青春貌美、婚礼的热闹场面相联系，形成一种象征和暗示的关系。

赋是直接描写对象，而比和兴都是以间接的形象表达感情，因此文学史上往往将比兴合称，用来指《诗经》中通过作者的想象和联想，将物与物进行比喻、象征，从而寄托作者的思想、感情的艺术手法。

3.《诗经·国风》的第一篇是什么？

《关雎》是《诗经·国风》的第一篇，也是全书的首篇。《诗经》的诗原本是没有题目的，如今我们看到的题目一般都是后人根据诗的第一句命名的。全诗如下：

关关雎鸠，在河之洲。窈窕淑女，君子好逑。

参差荇菜，左右流之。窈窕淑女，寤寐求之。

求之不得，寤寐思服。悠哉悠哉，辗转反侧。

参差荇菜，左右采之。窈窕淑女，琴瑟友之。

参差荇菜，左右芼之。窈窕淑女，钟鼓乐之。①

《关雎》是一首贵族的爱情之歌。闻一多《风诗类钞》说："《关雎》，女子采荇于河滨，君子见而悦之。"诗中所谓的"君子"，应该是对当时的贵族男子的尊称。这个贵族的男子爱上了一个采荇的女子，却又"求之不得"，因此只好将这份美好的恋情寄托在想象之中。

《关雎》采用起兴的手法开篇，是一种即景生情的笔法。这个贵族男子看到水中陆地上的水鸟听到雎鸠雌雄相和的叫鸣声，引起了追求淑女的想法。全诗采用四言的句式，四句独立成章，节奏鲜明，具有很强的节奏感。

《毛诗序》认为"君子"是指周文王，"淑女"是指太姒，《关雎》的主题是歌颂"后妃之德"。《毛诗序》的观点，主要是因为《关雎》位居《诗经》之首篇，这样理解才足以显示"正始之道、王化之基"的重要地位。但孔子所说"《关雎》乐而不淫，哀而不伤"，切中了这首诗歌的乐调风格，而且也准确地把握了这首诗歌的主题。

4. "蒹葭苍苍，白露为霜"出自哪一首诗？

《蒹葭》是《诗经·秦风》中的著名篇目，全诗如下：

蒹葭苍苍，白露为霜。所谓伊人，在水一方。溯洄从之，道阻且长。溯游从之，宛在水中央。

蒹葭萋萋，白露未晞。所谓伊人，在水之湄。溯洄从之，道阻且跻。溯游从之，宛在水中坻。

蒹葭采采，白露未已。所谓伊人，在水之涘。溯洄从之，道阻且右。溯游从之，宛在水中沚。

《蒹葭》是一首书写思慕、追求意中人而又不得的诗歌。蒹又称为荻，是一种细长的水草；葭是初生的芦苇。诗人在一个深秋的早晨，在河边的芦苇荡里，寻找着他那位心中难以向人诉说的"伊人"。而此时他所思念的"伊人"好像就在那流水环绕的洲岛之上，于是他上下左右求索，最终却是可望而不可即。诗人以"蒹葭苍苍，白露为霜"起兴，触景生情，不仅点明了时间、地点，还将这深秋的凄清明净之景

---

① 程俊英，蒋见元.诗经注析[M].北京：中华书局，1991：3.

写得形象生动。第二章"白露未晞",时间已经从早晨的霜寒露重到了旭日初升,此时霜露渐融。第三章"白露未已",已是阳光普照、露珠将收的时刻。通过三章不同时间的描写,诗人等待伊人的那种心情一步步往前推进,也越来越迫切。

这首诗是《诗经》中的佳作,意境飘逸,神韵悠长。方玉润说:"此诗在《秦风》中气味绝不相类,以好战乐斗之邦,忽过高超远举之作,可谓鹤立鸡群,倏然自异者矣。"从整体上来说,《秦风》代表的是秦地的风格,秦人好战乐斗,《蒹葭》这首诗却另辟蹊径,如鹤立鸡群,是《秦风》中不可多得的诗篇。

5. 屈原是谁?

屈原,名平,字原,战国时楚国人,大约出生于楚威王三十年(前340年),卒于楚顷襄王二十一年(前278年)[①]。他是与楚王同姓的贵族,曾任左徒、三闾大夫等重要官职,他"博闻强志,明于治乱,娴于辞令",学识丰富,具有远大的政治理想,"入则与王图议国事,以出号令;出则接遇宾客,应对诸侯",对内主张任用贤能,修明法度,对外主张联齐抗秦,得到怀王的信任。后来上官大夫靳尚趁屈原为怀王拟定宪令的时候,在怀王面前诬陷屈原,故怀王"怒而疏屈平"。楚顷襄王时期,屈原又被流放到江南。最后楚国为秦国侵凌,迫近危亡,屈原悲愤忧郁,自投汨罗江而亡。

屈原是我国最早的伟大诗人,他对自己的理想和行为充满了信心和希望,但却遭到谗佞小人的陷害以及昏君的误解,因此他充满了哀怨和激愤,不得已只能借诗歌表达出来。他的代表作品有《离骚》《九歌》《九章》《天问》《招魂》等,这些作品都是他一生的心迹,强烈地反映了他的政治理想。他坚决与黑暗现实相抗争的性格以及忠君爱国的精神,为中国文化添了一份刚烈之气,显示出中国文人敢于承担历史责任的勇气。

6. 中国文学史上第一首长篇抒情诗是什么?

《离骚》是屈原的代表作,是中国文学史上第一首长篇抒情诗,也是一首带有自传性质的诗歌,全诗一共三百七十多句,近二千五百字。关于"离骚"二字的解释,司马迁在《史记·屈原贾生列传》中说:"《离骚》者,犹离忧也。"汉代班固在《离骚

[①] 屈原生卒年历来众说纷纭,本书从浦江清《屈原生年月日的推算问题》说,见《历史研究》1954年第1期。另有郭沫若认为屈原生于公元前340年,胡念贻推算为公元前353年等。

赞序》中说:"离,犹遭也;骚,忧也。明已遭忧作辞也。"一般认为,《离骚》创作于屈原遭到楚怀王疏远之后,离开郢都往汉北之时。

《离骚》反映了屈原对于楚国腐朽政治的愤慨、想为国效力却无能为力的悲痛以及自己因被人陷害遭到不公正待遇的哀怨,其主旨是爱国和忠君。全诗大致可分为两部分,第一部分从开篇"帝高阳之苗裔兮,朕皇考曰伯庸"到"岂余心之可惩",屈原叙述了自己的生平家世,认为自己身份高贵,出生以后勤奋努力,加强自己的修养,希望能够扶持君王、兴盛楚国,但由于"党人"的谗言和君王的多变,自己蒙冤受屈。在这一部分里,屈原心系怀王,如"惟草木之零落兮,恐美人之迟暮""指九天以为正兮,夫唯灵修之故也"等等。他也反复劝告楚王向先贤学习,例如"启《九辩》与《九歌》兮,夏康娱以自纵",希望楚王不要重蹈夏启、羿的覆辙。第二部分则写他上下求索的历程,写出了他试图离开楚国另寻可以实现自己理想的去处,但又由于对楚国的留恋最终不能成行的苦闷。

《离骚》缠绵悱恻,感情强烈,诗人的苦闷、哀伤不可遏止地反复迸发,形成了诗歌回旋复沓的特点,语言上带有浓郁的楚地特色。

7.《九歌》共有多少首诗?

《九歌》是流传于江南楚地的民间祭歌,后经屈原加以改定而保留下来,具有十分浓郁的民间文化色彩,是南方巫祭文化的产物。

《九歌》共计11篇,包括《东皇太一》《云中君》《湘君》《湘夫人》《大司命》《少司命》《东君》《河伯》《山鬼》《国殇》《礼魂》。从内容上说,《九歌》以描写爱情为主,但是也表达对至尊之天神、云神、湘水之神、寿命之神、子嗣之神、太阳神、河神、山神和阵亡将士之魂等神灵的赞颂和祭者的虔敬之情,例如"暾将出兮东方,照吾槛兮扶桑""青云衣兮白霓裳,举长矢兮射天狼"(《东君》)等诗句,表现了对太阳神普照世界的无限崇敬之情。当然,《九歌》中最出色的部分,是写人神之情感,例如《少司命》"悲莫悲兮生别离,乐莫乐兮新相知",这句诗被王世贞称为"千古情语之祖"(《艺苑卮言》卷二)。

《九歌》在形式上极具表演性,体现了上古时期诗歌、音乐、舞蹈三者合一的艺术特点,同时,其乐诗部分,既有独唱,也有对唱和合唱,例如《湘君》《湘夫人》,其实就是男女双方互表心迹,具有明显的对唱性质。在语言方面,《九歌》语言自然清丽,节奏舒缓,有极强的表现力。清人陈本礼称赞为:"激楚扬阿,声音凄楚,所以能动人而感神也。"(《屈辞精义·九歌》)

8.《九章》是谁的诗歌作品？

《九章》是屈原所作的9首抒情诗篇的总称，包括《惜诵》《涉江》《哀郢》《抽思》《怀沙》《思美人》《惜往日》《橘颂》《悲回风》。"九章"之名原是没有，大约是西汉末年刘向在编订屈原作品的时候加上的。

从内容上看，《九章》的内容与《离骚》相近，主要是屈原叙述其自己的身世和遭际。其中，《橘颂》是屈原早期的作品，借咏橘"独立不迁""苏世独立"的品格，来述自己的情操。全篇采用四言体，显然是受到《诗经》的影响，开体物写志之先河。除了《抽思》是屈原在汉北之作外，其余的篇章都是他流放江南时的作品，创作时间先后顺序无法考证，但表达的都是他忧国伤怀的情感。

相比于在汉北期间创作的《离骚》来看，《九章》在叙事和抒情方面更具有写实性，是研究屈原生平事迹及其思想内容的重要参考资料。在艺术手法上，《九章》更多地采用直接铺叙和反复抒写的手法，抒情更加直接和奔放。

9.《天问》一共提出了多少个问题？

《天问》是屈原所作的一首诗。所谓"天问"，就是向天发问，屈原列举出了历史和自然界一系列难以解释的现象，探讨宇宙天地之间万物生长变化发展之道。全诗一共提出了167个问题[①]，大致按照宇宙秩序、人事盛衰和楚国现实的顺序安排，线索比较清晰。尽管涉及的问题内容庞杂，但屈原的基本思想倾向还是很明显的，尤其在涉及到天命和历史兴衰的时候，能够明显地看出屈原的政治态度。

全诗以一个"曰"字开头，几乎都由问句组成，简短的句式一问到底，节奏明快。全诗主要以四言为主，兼有五言、六言、七言之句，整齐而不呆板，参差错落有致。

《天问》被郭沫若称为是"空前绝后的第一等奇文字"，表现出了屈原卓越的文学创作才能。

10. 什么是楚辞？

楚辞是产生于战国时期楚国的一种新的诗歌样式，以屈原、宋玉等人为代表作家，以《离骚》《九歌》《招魂》等为代表作品。按宋代黄伯思《翼骚序》云："屈宋诸

---

① 参见《楚辞校释》

骚，皆书楚语，作楚声，纪楚地，名楚物，故可谓之'楚辞'。"句式方面，楚辞以杂言为主，突破了《诗经》的四言句式，在句式上更为自由和富于变化。

在表现手法上，楚辞继承和发展了《诗经》的比兴手法，用香草美人来寄托和象征自己美好的情感以及高尚的情操，如王逸所说："善鸟香草，以配忠贞；恶禽臭物，以比谗佞；灵修美人，以媲于君；宓妃佚女，以譬贤臣；虬龙鸾凤，以托君子；飘风云霓，以为小人。"楚辞开创了中国文学史上以男女喻君臣的创作手法，加上屈原自己的生平遭际，香草美人的文学传统在情感和品格上就显得更加现实、更加充实，也更能得到后代文人的认同。例如张衡的《四愁诗》，就是效仿屈原用美人来比喻君子；曹植的《洛神赋》也说"感宋玉对楚王神女之事，遂作斯赋"。

楚辞还突出表现了楚地文化的浪漫精神，这种浪漫主要表现为感情的热烈奔放，对理想的不懈追求，以及抒情主人公形象的凸显以及想象的奇特等。《离骚》中一次次壮观的天界之旅，极其大胆的想象，使得屈原这个抒情主人公的形象高大圣洁，激荡心灵。

当然，楚辞还包括了另一层含义：西汉末年，刘向辑录屈原、宋玉等人的作品，编辑成册，命名为《楚辞》。因此，"楚辞"既是一种诗歌的样式，也是一本诗集的名字。

11. 宋玉是谁？

宋玉是战国时期楚国人，生卒年不详，是屈原的学生。宋玉曾被他的朋友推荐，进入仕途，在楚顷襄王一朝任职，但是官位一直都不高，很不得意，生平经历和屈原有些相似。

根据《汉书·艺文志》所记载，宋玉辞赋一共有16篇，现在能够确定为宋玉作品的是《楚辞》中收录的《九辩》和《昭明文选》中收录的《高唐赋》《神女赋》《风赋》《登徒子好色赋》《对楚王问》等。《古文苑》中收录的《笛赋》《大言赋》《小言赋》《讽赋》《钓赋》《舞赋》等篇目，后人基本认为是伪作。

《高唐赋》和《神女赋》分别写楚怀王和楚顷襄王在梦里遇到巫山高唐神女的故事，内容有些相似之处。但是《高唐赋》主要写高唐的风景之美，而《神女赋》的侧重点是神女，主要写神女之美，将神女的容光焕发、体态娴雅写得淋漓尽致。《风赋》《登徒子好色赋》《对楚王问》都是历代传诵不息的佳作，体物细致，构思巧妙，善于铺陈，体现出宋玉卓越的创作才能。

宋玉的辞赋深受他的老师屈原的影响，并且在文辞方面有所发展，为后世汉大赋的发展提供了很好的艺术经验。

12. 宋玉的代表作是什么？

《九辩》是战国时期楚国作家宋玉的代表之作，收于《楚辞》。

《九辩》的内容主要是抒发宋玉因不与世俗同流合污而被谗见疏、流离失所的悲哀，批判了楚国黑暗的现实。作品中他非常婉转曲折地表达了自己对楚王的忠心耿耿以及自己的怨苦之情。其中最精彩的部分，是他对于秋景的描写：

悲哉，秋之为气也。萧瑟兮，草木摇落而变衰；憭慄兮，若在远行；登山临水兮，送将归。泬寥兮，天高而气清；寂寥兮，收潦而水清；憯凄增欷兮，薄寒之中人；怆怳懭悢兮，去故而就新。坎廪兮，贫士失职而志不平；廓落兮，羁旅而无友生；惆怅兮，而私自怜。燕翩翩其辞归兮，蝉寂寞而无声；雁廱廱而南游兮，鹍鸡啁哳而悲鸣。独申旦而不寐兮，哀蟋蟀之宵征，时亹亹而过中兮，蹇淹留而无成。

这一段诗以"悲"字开头，为整段诗乃至于全诗奠定下一个"悲"的气氛。诗中点明了秋季，刻画了秋季的种种悲凉和寂寞之景，并将自己的身世感悟、失意惆怅、寂寞孤独融入这秋景之中，使得秋景更悲，人情更悲，开启了中国文学史上的"悲秋"主题。

鲁迅《汉文学史纲》指出："《九辩》……虽驰神逞想不如《离骚》，而凄怨之情实为独绝。"《九辩》在艺术上继承《离骚》的抒情传统，将个人的生平遭际和国家的前途命运结合起来，形成了悲愤深沉的风格特征。

秦　汉

13. 什么是乐府？

西汉统治者为了"立郊祀之乐礼"，建立了一个专门的音乐机构管理音乐，就是乐府。乐府诗是乐府这个汉代的音乐机构采集、整理、演唱的那些新兴俗乐的歌辞。

乐府诗的分类比较复杂，宋代郭茂倩所编的《乐府诗集》，将乐府诗按照来源和用途分为了十二类，分别是：

（1）郊庙歌辞：用于祭祀的歌辞，例如《郊祀歌》《安世房中歌》等；

（2）燕射歌辞：用于朝廷宴飨的歌辞，有天子享宴的"亲四方之宾"乐、大射辟雍的"亲故旧朋友"之乐和天子饮食时的"亲宗族兄弟"之乐；

（3）鼓吹曲辞：用于军乐的歌辞，例如《铙歌十八曲》；

（4）横吹曲辞：用于军乐的歌辞，以鼓角为乐器，在马上吹奏。

(5) 相和歌辞：本是汉代的"街陌谣讴"，后来被乐府采用。

(6) 清商曲辞：东晋南朝时期流行的清商乐新声，江南的吴歌、荆楚的西曲都是这一类。

(7) 舞曲歌辞：这一类诗又可分为雅舞和杂舞。雅舞是用于郊庙朝飨之乐，杂舞起源于民间，后来进入宫廷。

(8) 琴曲歌辞：用于配合琴曲的歌辞。

(9) 杂曲歌辞：不明归属的曲目。

(10) 近代曲辞：隋唐以后的杂曲歌辞。

(11) 杂歌谣辞：包括历代的歌谣、谣谶和谚语等。

(12) 新乐府辞：唐人新题的乐府诗歌。

根据上述分类，乐府诗包含了但不局限于汉人的作品，魏晋以后的文人甚至唐人也摹拟乐府，用古乐府的旧题写新诗，尽管题目没有变化，但实际上已经将乐府合乐可歌的民歌形式演变为书面文学和案头写作。因此，乐府诗既包含了合乐可歌的歌辞，也包括了书面文学的徒诗（不入乐的诗）。

值得一提的是，后人也曾将可歌可唱的宋词、元曲称为乐府，例如苏轼的词集名为《东坡乐府集》、贺铸词名为《东山乐府》、张可久曲名为《北联乐府》，虽然名为乐府，但实际上性质并不同。

14. 焦仲卿是谁？

《孔雀东南飞》原题为《古诗为焦仲卿妻作》，是汉乐府名篇，全诗一共三百五十余句，一千七百多字，是中国诗歌史上较为罕见的叙事长诗。

《孔雀东南飞》记叙的是一出传统礼教制度下的婚姻爱情悲剧。这个故事发生在汉末建安年间，主人公刘兰芝是一个美丽、善良、聪明、勤劳的女性，她和庐江府的小吏焦仲卿结婚以后，遭到焦仲卿的母亲百般挑剔，并且这个偏执顽固的母亲威逼焦仲卿将刘兰芝逐出家门。焦仲卿迫于母亲的威严，劝说刘兰芝暂时先回娘家。二人感情深挚，立誓永不相负。但是事与愿违，刘兰芝回家以后，她的哥哥却逼她嫁给太守。焦仲卿闻变赶来，二人相约"黄泉下相见"。在太守迎亲的那天，刘兰芝"举身赴清池"，焦仲卿"自挂东南枝"，双双殉情而死，葬于华山之傍。

这首诗一方面对传统的礼教制度进行了深刻的揭露和批判，另一方面也对主人公的不幸遭遇和拼死反抗精神予以了同情和赞扬，其在结尾段写得尤为精彩：

两家求合葬，合葬华山傍。东西植松柏，左右种梧桐。枝枝相覆盖，叶叶相交通。中有双飞鸟，自名为鸳鸯，仰头相向鸣，夜夜达五更。行人驻足听，寡妇起彷徨。多谢后世人，戒之慎勿忘。

这一段具有神话色彩的结尾，是通过幻想的方式对这对男女的悲剧爱情进行赞颂，尽管他们是封建礼教制度的牺牲品，但他们的美好爱情却永远留在了读者的心中。

《孔雀东南飞》在艺术描写方面，突出人物的性格，着意塑造人物形象，语言生动朴实；同时它结构严谨，以"孔雀东南飞，五里一徘徊"起兴，又以鸳鸯"仰头相向鸣"结尾，前后呼应，浑然一体。它代表了汉代乐府诗歌的最高艺术成就。

15.《四愁诗》是谁的诗？

张衡，东汉著名诗人，字平子，南阳西鄂人（今河南南阳），生于东汉章帝建初三年（78年），卒于汉顺帝永和四年（139年），历任太史令、河间相等职务。张衡是继班固之后继续创作、发展五言、七言古体诗歌的重要诗人，尤其以《同声歌》《四愁诗》最为出色。

《同声歌》在东汉文人五言诗中，是很有特色的一首诗。全诗假托于新婚女子之口自述。先说自己在新婚之夜的又惊又喜，正所谓"邂逅承际会，得充君后房。情好新交接，恐栗若探汤"，把新婚女子在这新婚之夜的好奇、胆怯刻画得惟妙惟肖。后文写道："绸缪主中馈，奉礼助蒸尝。思为莞蒻席，在下蔽匡床。愿为罗衾帱，在上卫风霜。洒扫清枕席，鞮芬以狄香。"新婚女子说自己能从调理丈夫的衣冠饮食到助祭神灵，表现出自己对于丈夫的体贴备至，关怀至细。

《四愁诗》是经过张衡改造的骚体诗，全诗分为四章，每一章的首句有一个"兮"字，体现了明显的楚辞特征，除首句之外，其余句子都是标准的七言诗句。诗的内容是写怀人愁思，所思之人分别在"太山""桂林""汉阳""雁门"，按照东南西北的顺序展开，美人赠他"金错刀""琴琅玕""貂襜褕""锦绣段"，诗人以"英琼瑶""双玉盘""明月珠""青玉案"报还。但是"路远莫致"，难以如愿，因此有"四愁"。这首诗历来被认为有政治上的寄托，得《离骚》之意韵。

16. 郦炎是谁？

郦炎，东汉后期诗人，字文胜，范阳人（今河北定兴）。生于东汉桓帝和平元年（150年），卒于汉灵帝熹平六年（177年）。现存《见志诗》二首。

《见志诗》是两首五言诗歌，主要内容是抒发其怀才不遇之感。第一首如下：
大道夷且长，窘路狭且促。修翼无卑栖，远趾不步局。舒吾陵霄羽，奋此千里足。超迈绝尘驱,倏忽谁能逐。贤愚岂常类,禀性在清浊。富贵有人籍,贫贱无天录。通塞苟由己,志士不相卜。陈平敖里社,韩信钓河曲。终居天下宰,食此万钟禄。德音流千载,功名重山岳。

这首诗通篇表露郦炎的远大志向,他希望"舒吾陵霄羽,奋此千里足",由此干出一番事业,并且在为事业拼搏、努力的途中,"通塞苟由己,志士不相卜",他借用"陈平敖里社,韩信钓河曲"的典故,说明陈平、韩信二人起于微贱而能成就大事,自己也能效仿二人,不受羁绊,最终"德音流千载,功名重山岳"。

相比于第一首诗,《见志诗》的第二首在格调上低沉了许多:

灵芝生河洲,动摇因洪波。兰荣一何晚,严霜瘁其柯。哀哉二芳草,不值泰山阿。文质道所贵,遭时用有嘉。绛灌临衡宰,谓谊崇浮华。贤才抑不用,远投荆南沙。抱玉乘龙骥,不逢乐与和。安得孔仲尼,为世陈四科。

如果说第一首诗作者郦炎豪情万丈,第二首诗就是在遭遇现实打击之后的哀叹,他想起了贾谊,因此以"抱玉乘龙骥,不逢乐与和"抒怀,表明自己"贤才抑不用"的不遇之感。

郦炎的两首《见志诗》综合运用了比喻、象征的手法,寄托深远,感慨深邃,揭露了当时社会的黑暗和腐朽。

17.《翠鸟诗》是谁的诗?

蔡邕,东汉末年文学家,字伯喈,陈留圉(今河南开封陈留)人,蔡文姬之父。生于东汉顺帝永建八年(133年),卒于汉献帝初平三年(192年)。曾任董卓时期的拜左中郎将。精通经史,善书辞赋,书法造诣最深。代表诗作《翠鸟诗》:

庭陬有若榴。绿叶含丹荣。翠鸟时来集。振翼修形容。回顾生碧色。动摇扬缥青。幸脱虞人机。得亲君子庭。驯心托君素。雌雄保百龄。

这是一首寓言诗,蔡邕为一只翠鸟构想出一个可以容身的空间。在这个想象的空间里,庭前有若榴树生长出红花绿叶,翠鸟可以在此集结、振翅、修容。它是从猎人的围追堵截中得以逃脱出来的幸存者,甘愿将自己的一生托付给这棵若榴树的主人。但是尽管翠鸟找到了自己的栖身之地,感恩于这位主人,但是这毕竟是寄身于他人的树下,翠鸟始终心有余悸,时刻保持着被猎人追捕的警惕。

这首诗体现出作者蔡邕的深重忧患意识,诗人缺乏最起码的社会安全感,始终提心吊胆地生活着。这是东汉末年文人的心理写照,体现了以蔡邕为代表的汉末文人身处乱世的惶恐不安。

蔡邕的诗作是典型的衰世文学,以批判和揭露东汉末年的社会黑暗和腐朽为旨归,是东汉末期文人诗的重要代表。

魏晋南北朝

 18.《古诗十九首》是什么?

《古诗十九首》出自汉代文人之手,《昭明文选·杂诗·古诗一十九首》题下注云"不知作者",关于这十九首诗的作者,一直没有定论。十九首诗都是以首句为标题,分别为《行行重行行》《青青河畔草》《青青陵上柏》《今日良宴会》《西北有高楼》《涉江采芙蓉》《明月皎夜光》《冉冉孤生竹》《庭中有奇树》《迢迢牵牛星》《回车驾言迈》《东城高且长》《驱车上东门》《去者日以疏》《生年不满百》《凛凛岁云暮》《孟冬寒气至》《客从远方来》《明月何皎皎》。

《古诗十九首》的内容,多数是写夫妇、朋友之间的离愁别绪和士子彷徨失意的消极情绪。例如《行行重行行》《庭中有奇树》写的是女子对于远行异乡的情郎游子的思念,《涉江采芙蓉》写的是在外的游子思念故乡和亲人。还有《西北有高楼》感叹知音难遇,《回车驾言迈》感慨时光易逝、人生短促,应该及时建功立业。

《古诗十九首》从艺术手法来说,多是以起兴发端,例如《孟冬寒气至》《客从远方来》以一个女主人公收到远方怀人寄来的物品起兴,然后写女主人公对物品的珍视,由此表达思念之情,以这种情景交融、物我互化的笔法,构成一个完整的艺术境界。

《古诗十九首》语言明白晓畅,用语很浅,表情很深,具有高度的概括性和强烈的表现力,被钟嵘《诗品》称为"惊心动魄,可谓几乎一字千金"。同时,它也得到了历代文人的推崇,刘勰思《文心雕龙》认为"直而不野,婉转附物,怊怅切情,实五言之冠冕也。"《古诗十九首》代表了汉代文人五言诗的最高成就,对中国诗歌史的发展意义重大。

19.《蒿里行》是谁的作品?

《蒿里行》是古乐府题,本来是古代送葬时用的挽歌。曹操作此篇,以古乐府题写当时的战事,叙述东汉末年关东州郡将领讨伐董卓时的互争权利,以及人民在战乱中遭到的严重灾难,全文如下:

关东有义士,兴兵讨群凶。初期会盟津,乃心在咸阳。军合力不齐,踌躇而雁行。势利使人争，嗣还自相戕。淮南弟称号，刻玺于北方。铠甲生虮虱，万姓以死亡。白骨露于野，千里无鸡鸣。生民百遗一，念之断人肠。

诗中的"关东"是指函谷关以东，所谓"义士"，就是函谷关东边的州郡前来讨伐董卓的各路将领。"兴兵讨群凶"句应该是说东汉献帝初平元年（190 年），关东州郡起兵讨伐董卓，并推渤海太守袁绍为盟主一事。但是会盟以后，各路群雄却不能同心协力，徘徊观望，不肯前行，甚至袁绍、公孙瓒发生内斗，自相残杀。后来董卓被杀，袁绍与袁术相分裂，袁术占据淮南，并于建安二年（197 年）在寿春称帝，"淮南弟称号"说的就是此事。在这样一个纷乱的时代背景下，百姓流离失所，民不聊生，所谓"白骨露于野，千里无鸡鸣。生民百遗一，念之断人肠"，连年的战乱已经让中原地区失去了生机和活力，尽管曹操在这里用的是夸张的手法，但足以显现出当时民生疾苦。

20.《短歌行》是谁的作品？

《短歌行》是古乐府题，属于《相和歌辞》，也是曹操的代表之作，全诗书写时光飞逝而又功名未成的苦闷，以及曹操求贤若渴、招贤纳士的意志。全诗如下：

对酒当歌，人生几何！譬如朝露，去日苦多。慨当以慷，忧思难忘。何以解忧？唯有杜康。青青子衿，悠悠我心。但为君故，沉吟至今。呦呦鹿鸣，食野之苹。我有嘉宾，鼓瑟吹笙。明明如月，何时可掇？忧从中来，不可断绝。越陌度阡，枉用相存。契阔谈䜩，心念旧恩。月明星稀，乌鹊南飞。绕树三匝，何枝可依？山不厌高，海不厌深。周公吐哺，天下归心。

全诗采用四言句。开篇几句，曹操极力强调自己的"愁"——这个愁既是曹操本人求贤若渴之愁，也是天下"贤才"像《古诗十九首》中所述的前途无路之愁，而这两种愁的指向是契合的。所以尽管"愁"从情感意义上说是一种消极的情绪，但这里的"愁"却有一种积极的指向。紧接着是化用《诗经》里的句子，反复地书写自己对于"贤才"的渴求。"青青子衿，悠悠我心"出自《诗经·郑风·子衿》，本是写一位姑娘在思念她的情郎，原诗还有两句"纵我不往，子宁不嗣音"，曹操这里有意省掉这两句，其实也是在暗示天下贤才——即使我不去找你们，你们就不能给点消息，或者主动找我吗？这个表达很巧妙，也很贴切。后面写如果贤才来了，他将以上宾的礼仪，如何优待他们。然后几句，进一步强化了他内心求贤的感情，用"月明星稀""乌鹊绕树"等典故，告诉天下贤才"择木而栖""择主而事"的道理。最后用"周公吐哺"的典故，将自己的求贤之情推向高潮。

总体而言，《短歌行》抒发的是曹操求贤若渴的心情，具有较强的政治目的性，全诗情感充沛，带有浓郁的悲情色彩。

21.《步出夏门行》是谁的作品？

《步出夏门行》是曹操的代表组诗，一共四章，分别是《观沧海》《冬十月》《土不同》《龟虽寿》，系东汉献帝建安十二年（207年）曹操征乌桓经过碣石山的时候所作的，主要反映的是曹操踌躇满志的英雄之气。

第一章《观沧海》如下：

东临碣石，以观沧海。水何澹澹，山岛竦峙。树木丛生，百草丰茂。秋风萧瑟，洪波涌起。日月之行，若出其中。星汉灿烂，若出其里。幸甚至哉！歌以咏志。

这首诗主要写的是曹操登山望海的景象。"碣石"，按班固《汉书·地理志》的记载，是在右北平郡骊成县西南的大碣石山。曹操登上大碣石山顶，居高望海，将大海的波澜壮阔之景尽收眼底。第一句是全诗的总起句，后文所写之景都是从这里开始的。"水何澹澹，山岛竦峙"是对于大海的第一印象，接下来便是对眼前景的细致描写："树木丛生，百草丰茂。秋风萧瑟，洪波涌起。"尽管已经是秋天，草木摇落，但"山岛"上却是"树木丛生"，大海洪波涌起。面对着茫茫大海，诗人不禁感慨，在这气势恢宏的大海面前，日月星辰似乎都不足为道。另有第四章《龟虽寿》如下：

神龟虽寿，犹有竟时。腾蛇乘雾，终为土灰。老骥伏枥，志在千里。烈士暮年，壮心不已。盈缩之期，不但在天。养怡之福，可得永年。幸甚至哉！歌以咏志。

这首诗开篇用《庄子》的典故，说楚国的神龟虽然能活三千年，但是一样也难逃一死。面对有限的人生，曹操将自己比作一匹千里马，尽管自己已经老了，但是心里仍然有驰骋疆场的豪情壮志。这种面对人世规律的感叹，曹操迸发出的是一种积极进取的精神，对于未来充满了希望。

22. 现存较早的、完整的文人七言诗是什么？

曹丕，字子桓，曹操次子。出生于东汉灵帝中平四年（187年），卒于魏文帝黄初七年（226年）。曾做过东汉献帝时期的五官中郎将，曹操去世以后，曹丕继承了曹操的丞相魏王位。公元220年，曹丕逼迫汉献帝禅位，建立了魏王朝，谥号魏文帝。曹丕的文学创作，善于学习各种民歌的体裁，形式很多样，语言明白晓畅，自然流利，他的《燕歌行》是现存的第一首完整的文人七言诗：

秋风萧瑟天气凉，草木摇落露为霜，群燕辞归雁南翔。念君客游思断肠，慊慊思归恋故乡，君何淹留寄他方？贱妾茕茕守空房，忧来思君不敢忘，不觉泪下沾衣裳。援琴鸣弦发清商,短歌微吟不能长。明月皎皎照我床,星汉西流夜未央。牵牛织女遥相望,尔独何辜限河梁?

《燕歌行》是古乐府题,宋代郭茂倩《乐府曲辞》收入《相和歌辞·平调曲》,燕乐之"燕",就其字意来源而言,原本并无北方地域的含义。"燕乐"原是宫廷宴飨之乐,有别于宫廷雅乐。这首《燕歌行》还是受"燕乐"的影响,写离别思念之事。全诗句句押韵,一韵到底,音节和谐。这首诗对后来七言歌行体诗的发展产生了重大的影响。

清代沈德潜在《古诗源》中说:"子桓诗有文士气,一变乃父悲壮之习矣。要其便娟婉约,能移人情。""便娟"一词出自屈原《大招》,是说女子的轻盈美丽。沈德潜认为曹丕的诗有文人的气质,是在他父亲曹操诗作基础上的新变,能够表达个人的主观感情,在艺术技法、艺术风格上别具一格。所谓"婉约",大致也是指他的语言柔美和音韵和谐。当然,曹丕在诗体的形式上也多有创造,尽管他的存诗只有四十余首,但三言、四言、五言、六言、七言和杂言各体皆备,尤其《大墙上蒿行》,全诗一共七十五句,三百六十余字,三至九字句皆有,可见曹丕的诗体之功。

23. 曹植是谁?

曹植,字子建,是曹操的第三个儿子,曹丕的亲弟弟。生于东汉献帝初平三年(192年),卒于魏明帝太和六年(232年),最后一任徙封陈王,谥号曰思,因此历来被称为陈思王。曹植是一个很有文学才华的人,年轻的时候,多写邺城的逍遥生活,以及他渴望建功立业的理想抱负,他还一度被曹操作为王位的继承人,著名的《白马篇》写于这个时候:

白马饰金羁,连翩西北驰。借问谁家子,幽并游侠儿。少小去乡邑,扬声沙漠垂。宿昔秉良弓,楛矢何参差。控弦破左的,右发摧月支。仰手接飞猱,俯身散马蹄。狡捷过猴猿,勇剽若豹螭。边城多警急,虏骑数迁移。羽檄从北来,厉马登高堤。长驱蹈匈奴,左顾陵鲜卑。弃身锋刃端,性命安可怀?父母且不顾,何言子与妻!名编壮士籍,不得中顾私。捐躯赴国难,视死忽如归!

这首诗的主角是这位"幽并游侠儿",曹植非常欣赏他,对他的高超武艺和"捐躯赴国难"的爱国精神进行了高度的赞扬。《白马篇》是曹植自己创造的新题乐府,体现出他个人超群的艺术才能。

曹丕、曹叡相继即位为帝之后,曹植备受他的哥哥、侄子的猜忌,因此他后期的诗歌多是这种因现实的不幸而进行的创作。例如《野田黄雀行》,表现的是自己和朋友所遭遇的不幸;《美女篇》则将自己比作一个女子,借香草美人的传统,表达自己的身世；《远游篇》更是一首将现实的不快遁入虚无的游仙诗。这一时期他最有代表性的作品是《七哀》：

明月照高楼，流光正徘徊。上有愁思妇，悲叹有余哀。借问叹者谁，言是宕子妻。君行逾十年，孤妾常独栖。君若清路尘，妾若浊水泥。浮沉各异势，会合何时谐？愿为西南风，长逝入君怀。君怀良不开，贱妾当何依？

这是一首曹植的自喻诗，他将自己比作这位"愁思妇"，寄托自己在政治上的失意。钟嵘的《诗品》说曹植的诗"骨气奇高，词采华茂，情兼雅怨，体被文质"，并且列之为"上品"。曹植诗是文人的风骨和文辞的完美结合，代表了曹魏时期诗歌创作的最高水平。

24. 建安七子是哪七个人？

"建安"是东汉献帝的年号，建安七子是指这一时期在诗坛上活跃的七位诗人，首见于曹丕的《典论·论文》，包括孔融、陈琳、王粲、徐干、阮瑀、应玚和刘桢等七人，其中王粲和刘桢的诗在钟嵘的《诗品》中被列为"上品"，当是七子之中，成就最为突出的两位诗人。

建安时期是一个时局动乱的时期，这一时期的文人深受战乱之苦，但是战争并没有让他们消沉，反而激发了文人的政治热情，他们希望建功立业，因此这一时期的诗人政治热情普遍高涨，诗作慷慨有力。

但是在这种战乱不停、生灵涂炭的时代下，人的寿命都普遍不长。建安七子中，王粲、徐干、应玚、刘桢、陈琳等人都死于建安年间的疾疫①。面对这种人生苦短的事实，建安时期的文人不禁展开了对于生命的哀叹，他们在诗句中哀叹"人生一世间，忽若暮春草"（徐干《室思诗》），或者希望在有限的生命中，建功立业，例如曹操的《短歌行》，甚至有曹操的《步出夏门行》"烈士暮年，壮心不已"，他希望自己能够突破生命的规律，在更加广阔的天地里追求更高的人生价值。

建安七子的文学创作，个性张扬，各具特色。他们饱读诗书，但又不肯走先辈的旧路，往往自寻新路、另辟蹊径，表现出自己的文学创作才能。建安七子处在这个离乱的时代里，他们敢于正视社会的深重苦难，并且在这种动乱的社会中、在有限的生命长河里，规劝自己和他人珍惜时间，扬起政治的热情，积极进取、建功立业。

---

① 袁行霈. 中国文学史：第二卷[M]. 北京：高等教育出版社，2005：33.

25.《七哀诗》是谁的代表诗作？

王粲,字仲宣,山阳高平(今山东邹县)人,生于东汉灵帝熹平六年(177年),卒于汉献帝建安二十二年(217年)。王粲作为"建安七子"之一,很有才华,他的诗情感深厚,慷慨悲壮,例如《七哀诗》(三首其一):

西京乱无象,豺虎方遘患。复弃中国去,委身适荆蛮。亲戚对我悲,朋友相追攀。出门无所见,白骨蔽平原。路有饥妇人,抱子弃草间。顾闻号泣声,挥涕独不还。未知身死处,何能两相完?驱马弃之去,不忍听此言。南登灞陵岸,回首望长安。悟彼下泉人,喟然伤心肝。

这首诗的写作时间,大致是东汉献帝初平三年(192年),诗人在董卓部将李傕、郭汜等人在长安作乱的时候,避难到荆州途中的所见所闻。所谓"出门无所见,白骨蔽平原",正是诗人对于战后的惨状的直接描写。除了这样的宏观描写之外,诗人用"路有饥妇人,抱子弃草间。顾闻号泣声,挥涕独不还。未知身死处,何能两相完?"六句,详细、具体地描写了一个饥饿的妇人抛弃自己亲生骨肉的细节,进一步表现出战争给普通民众带来的灾难,体现了作者对于民众的深刻同情。

刘勰《文心雕龙·才略》认为王粲是"七子之冠冕",他的诗从其自身的身世经历中出发,展现了对于黎民百姓的深刻同情和自己渴望建功立业的理想抱负。

26. 刘桢是谁？

刘桢,字公干,东平(今山东省东平县)人。生年不详,卒于东汉献帝建安二十二年(217年),是"建安七子"之一,存诗二十余首。曹丕的《典论·论文》说他的诗"壮而不密",是对刘桢诗风的准确概括。刘桢的诗,以赠答和游乐为主要内容,例如他的《赠从弟》三首,分别用蘋藻、松树和凤凰三种不同的意象来比喻他的从弟的坚贞品格,如第二首:

亭亭山上松,瑟瑟谷中风。风声一何盛,松枝一何劲。冰霜正惨凄,终岁常端正。岂不罹凝寒,松柏有本性。

在这首诗里,刘桢用"松"来勉励他的从弟,希望从弟能够像松柏一样,尽管"冰霜正惨凄",却能"终岁常端正",不为环境的严酷和压迫而改变了自己的操守和本性。

刘桢的游乐诗,包括《公宴诗》《射鸢诗》和《斗鸡诗》等篇目,以游赏玩乐为主要题材,例如《斗鸡诗》:

丹鸡被华采。双距如锋芒。愿一扬炎威。会战此中唐。利爪探玉除。瞋目含火光。长翘惊风起。劲翮正敷张。轻举奋勾喙。电击复还翔。

这首诗主要写的是斗鸡娱乐，尽管没有什么深刻的含义，但是刘桢能用非常精炼而风趣的语言，将斗鸡的风采表现出来，同样体现了刘桢诗歌的豪迈与气势。

刘桢的诗被钟嵘《诗品》评为上品，认为是"仗气爱奇，动多振艳。贞骨凌霜，高风跨俗"；刘勰《文心雕龙》说他"公干气褊，故言壮而情骇"，都强调了刘桢诗中的"气"，也就是说他的诗以气势取胜，显示出一种"目无千古、着力奋发"①的气概。

27.《悲愤诗》是谁的作品？

《悲愤诗》是蔡琰的代表作品。蔡琰，女，字文姬，陈留圉人，生卒年不详。蔡琰的父亲，是东汉著名文学家蔡邕。蔡邕为王允所诬，死于狱中。蔡琰最早嫁给了河东卫仲道，无奈仲道早亡，没有子嗣，蔡琰归母家中。汉末时局动乱，蔡琰为董卓部将所虏，嫁南匈奴左贤王，在匈奴居住了十二年，并且生了两个儿子。曹操念在与其父亲蔡邕的交情，派使者用重金将蔡琰赎回，又将她嫁给了董祀。《悲愤诗》就是她嫁给董祀以后的作品。

蔡琰的《悲愤诗》一共有两首，一首是五言古体，另一首是楚辞体，两首诗在内容上大致相同，主要表现在汉末那个混乱的时代下，自己的悲惨经历。下面节选一段：

> 边荒与华异，人俗少义理。处所多霜雪，胡风春夏起。翩翩吹我衣，肃肃入我耳。感时念父母，哀叹无穷已。有客从外来，闻之常欢喜。迎问其消息，辄复非乡里。邂逅徼时愿，骨肉来迎己。已得自解免，当复弃儿子。天属缀人心，念别无会期。存亡永乖隔，不忍与之辞。儿前抱我颈，问母欲何之。人言母当去，岂复有还时。阿母常仁恻，今何更不慈。我尚未成人，奈何不顾思。见此崩五内，恍惚生狂痴。号泣手抚摩，当发复回疑。兼有同时辈，相送告离别。慕我独得归，哀叫声摧裂。马为立踟蹰，车为不转辙。观者皆嘘唏，行路亦呜咽。

《悲愤诗》最精彩的部分，是描写蔡琰在南匈奴时期的悲惨遭遇和回归汉朝时的痛苦。整段从"异"字统领，南匈奴和中原地区的不同之处由此展开，首先是人的不讲道理，然后是生活环境的恶劣。接下来写汉朝派人到南匈奴，将她赎回汉朝，与在匈奴的两个儿子分离，蔡琰用很细致的笔墨，描写了分离的场面，情真意切，沉痛感人，使读者有一种身临其境之感。

这首《悲愤诗》在艺术手法上，很明显受到了汉乐府的影响，具有强烈的时代气息。

---

① 袁行霈.中国文学史：第二卷[M].北京：高等教育出版社，2005：30.

28.《咏怀诗》是谁的作品？

阮籍，字嗣宗，陈留尉氏（今河南尉氏）人。生于东汉献帝建安十五年（210年），卒于魏常道乡公景元四年（263年），是"竹林七贤"之一。曾经做过步兵校尉，因此又被称为阮步兵。

阮籍生活的时代，是魏末晋初、改朝换代的时期。由于司马氏的高压统治，大肆诛杀异己，原本抱着济世志向的阮籍，出于对司马政权的不满，开始逃避现实，喝酒取乐，故作旷达，最终郁郁而终。

阮籍的代表作有《咏怀诗》八十二首，这八十二首诗并不是一时一地之作，是他对当时政治局势的认识和感慨的记录，诗中充满了他的苦闷与孤独情绪。例如其十八首"悬车在西南，羲和将欲倾。流光耀四海，忽忽至夕冥。朝为咸池晖，濛汜受其荣"，是对于时光流逝的感叹。再如其三十三首"朝阳不再盛，白日忽西幽。去此若俯仰，如何似九秋"，在感叹时间变化的基础上，感受到了生命的无常。还有其三首"嘉树下成蹊，东园桃与李。秋风吹飞藿，零落从此始。繁华有憔悴，堂上生荆杞"，感于植物的盛衰变化，春天繁华茂盛的桃李，秋天零落憔悴，自然之物如此，人间之事也一样，以此比喻人世的无常。

面对混乱的社会和无常的人生，阮籍不知道人世和社会的出路在何处，他只好故作旷达，创作中也加入了游仙、隐居等主题。《咏怀诗》中就有一部分诗是关于游仙、隐居的，他赞美巢由、夷齐、邵平、四皓等人，也讽刺苏秦、李斯等人。当然，阮籍对于神仙生活和归隐山林的向往，是他排解现实生活的苦闷的方式。因此他的诗风谨慎、隐约，常常借用他物，用比兴的手法来表达自身的感情和寄托自己的志向，甚至借古讽今。这是一种无奈之举，也是一种自我保护，风格上是与建安诗风一脉相承的。

29. 嵇中散是谁？

嵇康，字叔夜，谯国铚（今安徽宿县）人。生于魏文帝黄初四年（223年），卒于魏常道乡公景元三年（262年），"竹林七贤"之一。因为他曾任中散大夫，因此也常被称为嵇中散。他是曹魏宗室的女婿，因此在政治上一直是忠魏反晋的，拒绝与司马氏合作，撰文抨击当时的礼法，最后被司马昭所杀。

嵇康的诗现存五十余首，以四言为主，兼有五言、七言和杂言，何焯在《文选评》中说嵇康的诗"四言不为《风》《雅》所羁，直写胸中语，此叔夜高于潘、陆也"。嵇康的四言诗，有很高的成就，是继曹操之后对四言诗的又一次成功尝试。他因为吕安的事蒙冤入狱的时候所作的《幽愤诗》一直被认为是嵇康的绝命诗,诗中嵇康自述自己的悲惨遭遇和理想志向,对自己无辜受冤表示极大愤慨。除了深刻的内容,这首诗词锋爽利,语气清峻,是四言诗不可多得的佳作。

嵇康的诗被刘勰在《文心雕龙》中评为"清峻",而钟嵘的《诗品》说他是"峻切",两者意思大致相同,一方面是指出了嵇康正义刚直、疾恶如仇的性格,另一方面是指他的性格在诗作和诗风中的体现,指出他的诗能够直抒胸臆,表达自己深处这个时代的悲哀。

30. 竹林七贤是哪七个人?

曹魏政权的后期,政治形势比较混乱,尤其在正始年间,曹芳昏庸,荒淫无能,司马氏把持朝政,诛杀异己。这个时期相对于建安时期,文人的生存状态更加堪忧。拥护曹魏政权的何晏等人相继被杀,拒绝与司马氏合作的嵇康等人也没有幸免于难。因此这一个时期的文人,政治理想相对于建安时期有所落潮,出现了较为深重的生命危机感。嵇康、阮籍、山涛、向秀、刘伶、阮咸、王戎等人开始逃避血腥的政治,常常集于竹林之下,肆意地喝酒,因此他们七人被称为"竹林七贤"。

"竹林七贤"这个词,首见于《世说新语》:

陈留阮籍、谯国嵇康、河内山涛,三人年皆相比,康年少亚之。预此契者,沛国刘伶、陈留阮咸、河内向秀、琅邪王戎。七人常集于竹林之下,肆意酣畅,故世谓竹林七贤。①

从这段文字看来,"竹林七贤"的命名主要是因为他们常在竹林下喝酒,并不与文学创作有直接关系,但是竹林七贤将他们这种消极避世、饮酒寻乐的态度寓于诗中,就形成了与建安诗风相区别的正始之音。

31. 陆机是谁?

陆机,字子衡,吴郡华亭(今上海松江)人,生于吴景帝永安四年(261年),卒于晋惠帝太安二年(303年)。陆机的爷爷陆逊和父亲陆抗,都是三国时期东吴的名将。吴国被灭以后,陆机和他的弟弟陆云一起到了洛阳投奔张华,后来做了成都王司马颖的后将军、河北大都督,在率兵攻打长沙王司马乂的过程中战败,被司马颖所杀。

---

① 刘义庆 著. 徐震堮 校笺. 世说新语校笺[M]. 北京:中华书局,1984:390.

陆机的时代，是从曹魏政权向南朝过渡时期的西晋王朝，这一时期的诗歌创作，以陆机等人为代表的，追求辞藻繁复，讲究形式，例如《赴洛道中作》二首：

总辔登长路，鸣咽辞密亲。借问子何之，世网婴我身。永叹遵北渚，遗思结南津。行行遂已远，野途旷无人。山泽纷纡徐，林薄杳阡眠。虎啸深谷底，鸡鸣高树巅。哀风中夜流，孤兽更我前。悲情触物感，沉思郁缠绵。伫立望故乡，顾影凄自怜。

远游越山川，山川修且广。振策陟崇丘，安辔遵平莽。夕息抱影寐，朝徂衔思往。顿辔倚嵩岩，侧听悲风响。清露坠素辉，明月一何朗。抚枕不能寐，振衣独长想。

这两首诗是陆机的代表作，是陆机在被召入洛阳的途中，怀念家乡时所作，诗中除了对家乡的不舍，还有陆机对个人前途的未知和迷茫。这两首诗在首尾四句之外，几乎都为偶句，其对骈偶化追求的程度，大大超过了曹植等作家的诗作。

陆机在刘勰的《文心雕龙》中是与曹子建齐名的，钟嵘的《诗品》说他"才高词瞻，举体华美"，正是指出了陆机诗繁缛和华丽的特点。

32.《悼亡诗》是谁的作品？

潘岳，字安仁，荥阳中牟人（今河南中牟），生于魏齐王曹芳正始八年（247年），卒于晋惠帝永康元年（300年）。潘岳曾任河阳令、著作郎、给事黄门侍郎等职务。潘岳生活的时代，是晋惠帝朝贾谧专权的时代，潘岳投贾谧门下，与当时石崇、左思、陆机、刘琨等人被称为"二十四友"。永康元年，赵王司马伦杀了贾谧，潘岳也被害。

潘岳的诗，与同期的陆机风格相似，追求繁缛，摹拟《诗经》、汉乐府等，潘岳的《关中诗》《北芒送别王世胄诗》等篇目都是模仿《诗经》的四言体。但是潘岳在当时文坛尤其以写哀诔之文为名，例如他的《悼亡诗》（三首其一）：

荏苒冬春谢，寒暑忽流易。之子归穷泉，重壤永幽隔。私怀谁克从，淹留亦何益。僶俛恭朝命，回心反初役。望庐思其人，入室想所历。帏屏无髣髴，翰墨有馀迹。流芳未及歇，遗挂犹在壁。怅恍如或存，周惶忡惊惕。如彼翰林鸟，双栖一朝只。如彼游川鱼，比目中路析。春风缘隙来，晨霤承檐滴。寝息何时忘，沉忧日盈积。庶几有时衰，庄缶犹可击。

"悼亡"这个主题，目前最早可见的是《诗经·邶风·绿衣》："绿兮衣兮，绿衣黄里。心之忧矣，曷维其已！"潘岳这首诗写的是妻子去世、将妻子埋葬之后，自己在赴任的途中所看到的景物，并借景抒情，表达自己失去妻子后悲痛不已的心情。

潘岳《悼亡诗》三首尽管所描写的地点和景物有异，但是所表达的情感基本一致，在描写过程中潘岳笔墨细腻，情感曲折婉转。

潘岳的诗追求铺展、繁缛，在诗中大量运用骈偶之句，诗的句式由散入骈。潘岳是西晋太康诗风向南朝诗风过渡的代表作家。

33. "左思风力"是什么意思？

左思，字太冲，齐国临淄（今山东淄博）人。左思的生卒年已不详，大约和陆机、潘岳同时，曾为秘书郎。后来齐王司马冏命他为记室督，他因为生病辞了官。左思出身贫寒之家，仕途也并不顺利，因此他对于当时的门阀世族把持政权的政治情况非常的不满，在他的诗歌作品中，猛烈地抨击了这一社会现象，表现了他不畏权贵的反抗精神。

左思曾以《三都赋》出名，但是真正能够体现出左思的文学创作才能的，却是他的《咏史》八首。"咏史"这个主题，首见于东汉的班固，班固之后，也有曹植、王粲、阮瑀等人作《咏史》诗或者"咏史"题材的诗。左思的《咏史》诗通过对前代之人和事的歌咏，表达自己作为一介寒门之士对世族门阀政治的不满和蔑视。例如《咏史》（八首其一）：

弱冠弄柔翰，卓荦观群书。著论准《过秦》，作赋拟《子虚》。边城苦鸣镝，羽檄飞京都。虽非甲胄士，畴昔览《穰苴》。长啸激清风，志若无东吴。铅刀贵一割，梦想骋良图。左眄澄江湘，右盼定羌胡。功成不受爵，长揖归田庐。

"弱冠"是古代男子二十岁成人的时候所行的冠礼，所谓"弱"，是二十岁左右身体还没有壮实，因此叫作弱冠。"柔翰"本意是毛笔，弄柔翰的意思是写文章。二十岁的左思开始读书写文章，还以汉代贾谊的《过秦论》和司马相如的《子虚赋》为自己写文做赋的准则。边境有难，外族入侵，左思认为自己才华横溢，熟悉兵法，本应该驰骋疆场，为国效劳，但"功成不受爵"，高位都被世族把控，自己怀才不遇，终无施展才华的地方。

钟嵘《诗品》评左思诗为"上品"，钟嵘标举"左思风力"，所谓"风力"是说左思的诗中有建安时期的风格。左思用"咏史"这个主题抒怀，为后代诗人不断效法，是左思在诗歌史上的独特价值。

34. 游仙诗是什么意思？

"游仙"是中国古代诗歌的重要主题之一。中国古代诗歌以"游仙"为名，是从曹植的诗歌开始的，但是"游仙"题材的诗大致在战国时期就已经出现了。

清代的文人朱乾将游仙诗分为两类：第一类是屈原的《远游》，《远游》中有"悲时俗之迫厄兮，愿轻举而远游"，意思是说，悲于时代世俗的压迫和厄运，于是只好远游以寻求解脱。此类作品还有曹植的《五游咏》《远游篇》《仙人篇》《游仙诗》等篇目。第二类是游仙诗是从秦代开始的，主要内容是求仙，而求仙的目的是追求长生不老，这一类作品有《董逃行》《长歌行》等篇目。

两晋的游仙诗，是以郭璞为代表的。郭璞的游仙诗，目前仅存19篇，其中有9篇为残篇①。郭璞的游仙诗主要写隐逸生活，但是他的这种隐逸写作并非是真正向往道家那样的隐逸，而是一种积极的避世态度，也就是"达则兼济天下，穷则独善其身"，这正是郭璞的一种儒家态度——通过游仙诗，表达自己的仕途不顺、壮志未酬，寄托现实的苦闷。例如郭璞的《游仙诗》（其二）：

青溪千余仞，中有一道士。云生梁栋间，风出窗户里。借问此何谁，云是鬼谷子。翘迹企颍阳，临河思洗耳。阊阖西南来，潜波涣鳞起。灵妃顾我笑，粲然启玉齿。蹇修时不存，要之将谁使。

这首游仙诗说的是郭璞在清溪遇到一个道士，寻问后才知他竟是鬼谷子。后来又遇到了宓妃女神，于是便向女神修仙学道。全诗表达了作者对于神仙世界的一种企慕。

游仙这个主题在后世的文学创作中不断发展，唐宋两代皆有优秀的游仙主题的诗词。

35. 游仙诗的代表诗人是谁？

郭璞，字景纯，河东闻喜（今山西闻喜）人，两晋著名风水学家、文学家和训诂学家，出生于晋武帝咸宁二年（276年），卒于晋明帝太宁二年（324年）。郭璞博学多闻，精通阴阳占卜等术。西晋末年，战争将起，郭璞为了躲避战乱，逃到了江南，被王敦任命为记室参军。公元324年，王敦意欲谋反，王敦知道郭璞擅长占卜，就命令郭璞为其占卜。然而，郭璞的占卜结果是王敦将败，王敦十分生气，于是下令将郭璞杀了，后来，王敦平息了怒气追封他为弘农太守。晋明帝在南京的玄武湖边为郭璞建了一个衣冠冢，也就是现在的"郭公墩"。

郭璞好奇古文字，曾为《尔雅》《方言》《穆天子传》《山海经》《周易》等作注释。郭璞的诗歌创作，以《游仙诗》为代表，例如《游仙诗》（其一）：

---

① 袁行霈. 中国文学史：第二卷[M]. 北京：高等教育出版社，2005：50.

京华游侠窟，山林隐遯栖。朱门何足荣，未若托蓬莱。临源挹清波，陵冈掇丹荑。灵溪可潜盘，安事登云梯。漆园有傲吏，莱氏有逸妻。进则保龙见，退为触藩羝。高蹈风尘外，长揖谢夷齐。

这首诗主要表达的是对世俗生活的蔑视，进而从这种对于世俗的态度之中，升华出对隐逸生活的向往。郭璞认为，在他所生活的时代，追求仕途的道路比不过高蹈隐逸求仙问道的生活。

郭璞生活的西晋后期至东晋前期，诗风与晋初繁缛不同，这一时期的诗歌重玄理缺乏诗意，诗歌平淡寡味。郭璞的诗，在这一个时期却以"文藻粲丽"出类拔萃，在当时的诗坛上，是高于同辈诗人、独领风骚的。

36. 玄言诗是什么意思？

玄言诗是东晋时期重要的诗歌体裁，大约起于西晋而大盛于东晋。

自魏晋以来，社会长期处于动荡不安的状态之中。公元318年，北方五胡乱战，兵连祸结，并且对江南虎视眈眈。这个时候，司马睿在建康（今江苏南京）称帝，史称东晋。东晋王朝建立之初，司马氏也曾北伐，但都以失败告终。既然不能北伐，且江南风景宜人，东晋王室就在这里安定了下来。士大夫们为了保命，托意玄虚，这种西晋时从中原地区兴起的清谈之风，也就随着晋室东迁到了江南。另外，这个时候佛教盛行，玄学与佛教逐渐结合，谈玄成为了当时文人士大夫的一种很高雅的活动。因此，很多诗人就开始用诗歌来表达自己对于玄理的理解和领悟。

东晋玄言诗的代表人物是孙绰和许询。当时"玄释合流"的现象非常普遍，许多名士例如东晋的宰相王导、谢安，还有王羲之、孙绰、许询等人，与支道林、释道安等名僧交往甚密，思想交流是在所难免的，名士熟悉佛理，名僧也深于老庄，这种思想上的交融对玄言诗的发展产生了很大的影响。

玄言诗主要是借山水来表达情感的，例如孙绰《秋日诗》：

萧瑟仲秋月，飂戾风云高。山居感时变，远客兴长谣。疏林积凉风，虚岫结凝霄。湛露洒庭林，密叶辞荣条。抚菌悲先落，攀松羡后凋。垂纶在林野，交情远市朝。澹然古怀心，濠上岂伊遥。

孙绰这首诗写的是仲秋时刻的"萧瑟"，作者描写秋景，抒发自己对于时间短暂的感慨，最后两句说自己这种逍遥的日子，与庄子的濠上之游已经没有什么区别了，表达了自己对于市井生活的厌弃。

总体来讲，玄言诗的情感和形象表现上有些不足，文学价值不高，因此多数作品都已经失传了。

37. 张华是谁？

张华，字茂先，范阳方城（今河北霸州）人，生于魏明帝太和六年（232 年），卒于晋惠帝永康元年（300 年），是西晋时期重要的文学家和政治家。张华的父亲张平，曾经是曹魏时期的渔阳郡太守，可惜的是，张华父亲过世比较早。虽从小家庭贫困，但是张华还是能认真读书，被阮籍称赞说是有王佐之才，后来他被范阳郡的太守鲜于嗣推荐，任太常博士，后来又升迁至著作郎，西晋时期又迁至黄门侍郎，官至司空。晋惠帝时期，赵王司马伦发动政变，下令杀了张华。

张华的诗歌，辞藻华艳，例如他的《轻薄篇》：

末世多轻薄，骄代好浮华。志意既放逸，赀财亦丰奢。被服极纤丽，肴膳尽柔嘉。僮仆馀梁肉，婢妾蹈绫罗。文轩树羽盖，乘马鸣玉珂。横簪刻玳瑁，长鞭错象牙。足下金鑮履，手中双莫邪。宾从焕络绎，侍御何芬葩。朝与金张期，暮宿许史家。甲第面长街，朱门赫嵯峨。苍梧竹叶青，宜城九酝醝。浮醪随觞转，素蚁自跳波。美女兴齐赵，妍唱出西巴。一顾倾城国，千金不足多。北里献奇舞，大陵奏名歌。新声逾激楚，妙妓绝阳阿。玄鹤降浮云，鱏鱼跃中河。墨翟且停车，展季犹咨嗟。淳于前行酒，雍门坐相和。孟公结重关，宾客不得蹉。三雅来何迟？耳热眼中花。盘案互交错，坐席咸喧哗。簪珥或堕落，冠冕皆倾斜。酣饮终日夜，明灯继朝霞。绝缨尚不尤，安能复顾他？留连弥信宿，此欢难可过。人生若浮寄，年时忽蹉跎。促促朝露期，荣乐遽几何？念此肠中悲，涕下自滂沱。但畏执法吏，礼防且切蹉。

《轻薄篇》描写的是当时统治阶级生活的奢侈和荒淫，这一段文字张华用非常艳丽的辞藻铺陈描写，在诗篇的末尾发出了"人生若浮寄，年时忽蹉跎。促促朝露期，荣乐遽几何？念此肠中悲，涕下自滂沱。但畏执法吏，礼防且切蹉"的感叹，是从统治阶级生活的奢侈和荣华之中体会出的对时间和人生的珍惜。

38. "三张"是哪三位诗人？

"三张"指的是两晋诗坛上的张载、张协和张亢三兄弟，兄弟三人大约与陆机、潘岳和左思等人同时，在当时诗坛上也与陆、潘等人齐名，而兄弟三人中，成就最高的是张协。

张协，字景阳，安平（今河北安平）人，生卒年月不详。曾担任河间内史，晚年归隐，不担任官职。张协以诗为名，在钟嵘的《诗品》中被列为"上品"，钟嵘说他"文体华净，少病累。又巧构形似之言。雄于潘岳，靡于太冲。风流调达，实旷代之高才。词采葱倩，音韵铿锵"，认为张协的诗很有文采，文字华美，音韵铿锵有力，但是少芜累，成就高于潘岳。张协现存诗十余首，数量并不多，而且大多是他归隐之后的作品，以《杂诗》十首为代表，举例如下：

秋夜凉风起，清气荡暄浊。蜻蜓吟阶下，飞蛾拂明烛。君子从远役，佳人守茕独。离居几何时，钻燧忽改木。房栊无行迹，庭草萋以绿。青苔依空墙，蜘蛛网四屋。感物多所怀，沉忧结心曲。

这首诗是《杂诗》十首其一，写的是游子思妇之情，以季节的变化来表现感时怀远的心情。

张载，生卒年月不详，曾任著作郎、太子中舍人、弘农太守、中书侍郎等职务。张载的诗，目前仅存十余首，他的《拟四愁诗》和《七哀诗》二首比较有名，例如《七哀诗》：

北芒何垒垒，高陵有四五。借问谁家坟，皆云汉世主。恭文遥相望，原陵郁膴膴。季世丧乱起，贼盗如豺虎。毁坏过一抔，便房启幽户。珠柙离玉体，珍宝见剽虏。园寝化为墟，周墉无遗堵。蒙茏荆棘生，蹊径登童竖。狐兔窟其中，芜秽不复扫。颓陇并垦发，萌隶营农圃。昔为万乘君，今为丘中土。感彼雍门言，凄怆哀今古。

这首诗写的是汉末战乱之时，汉代的皇陵被挖掘偷盗之事，诗人由此感叹生命短促，富贵不能长久。

"三张"的诗，虽然存量不多，但是在当时还是很有名的，有所谓"三张二陆两潘一左"一说，可见张氏三兄弟的诗坛地位。

39. 刘琨是谁？

刘琨，字越石，中山魏昌（今河北无极）人，出生于晋武帝泰始七年（271年）。刘琨在晋怀帝的时候出任并州刺史，愍帝登基以后，他做了大将军，负责并州、冀州和幽州等地的军事，相当于是守着西晋的北大门，与刘聪、石勒作战的过程中，刘琨败给了石勒，后来投奔幽州鲜卑部落酋长段匹磾。晋元帝大兴元年（318年），被段匹磾所杀。

刘琨的诗作，主要和他的大将军身份有关，由于他当时主管并、冀、幽等州的军事，长期在北境与北方少数民族斗争，因此在他的诗作中有报效祖国、抵御侵略的豪迈气势。不过可惜的是，刘琨的诗留下来的只有三首，《扶风歌》就是其中之一：

朝发广莫门，暮宿丹水山。左手弯繁弱，右手挥龙渊。顾瞻望宫阙，俯仰御飞轩。据鞍长叹息，泪下如流泉。系马长松下，发鞍高岳头。烈烈悲风起，泠泠涧水流。挥手长相谢，哽咽不能言。浮云为我结，归鸟为我旋。去家日已远，安知存与亡。慷慨穷林中，抱膝独摧藏。麋鹿游我前，猿猴戏我侧。资粮既乏尽，薇蕨安可食。揽辔命徒侣，吟啸绝岩中。君子道微矣，夫子故有穷。惟昔李骞期，寄在匈奴庭。忠信反获罪，汉武不见明。我欲竟此曲，此曲悲且长。弃置勿重陈，重陈令心伤。

《扶风歌》作于晋怀帝永嘉元年（307年），刘琨赴并州刺史任的途中。当时刘琨招募兵役上千人，历尽了千辛万苦才终于到达并州的治所晋阳，在途中刘琨情绪激愤，但也对国家的安危表现出深深的忧虑。

《扶风歌》之外，刘琨还有《答卢谌》和《重赠卢谌》两首诗传世，因为是刘琨被拘时所作，所以被普遍认为是刘琨的绝命诗。总体看来，刘琨的诗情感真挚，风格上承袭建安风骨。

40. 五柳先生是谁？

陶渊明，字元亮，又名潜，号五柳先生，浔阳柴桑（今江西九江）人。生于晋哀帝兴宁三年（365年），卒于宋文帝元嘉四年（427年）。陶渊明生活的时代是在东晋末年至南朝宋代之间，当时的政治环境十分复杂。陶渊明的祖辈、父辈虽然也有做官，但是官职都不高，在那个门阀世族统治的社会里，陶渊明的处境是很尴尬的，难有出头之日。他早年曾任江州祭酒、镇军参军、彭泽令等职务，后来因为他非常不喜欢官场的污浊氛围，便选择了辞职归隐。

陶渊明的诗，从题材上来说，主要有田园诗、咏怀诗、咏史诗、行役诗、赠答诗和哲理诗等种类；从艺术风格的角度来说，陶渊明的诗重在自然，将日常的生活诗意地表达，他的代表作品例如《饮酒》其五：

结庐在人境，而无车马喧。问君何能尔？心远地自偏。采菊东篱下，悠然见南山。山气日夕佳，飞鸟相与还。此中有真意，欲辨已忘言。

这首诗可谓是历代传唱不息的佳作。陶渊明认为即使身处喧嚣闹市，只要"心远"了，就不会被世俗尘世所打扰。他的心中，自有一片澄明之境，南山采菊，日夕山气缭绕，飞鸟归还，这些或在眼前、或在心间的美妙风景，都是陶渊明那不可言说的"真意"。

陶渊明在他所生活的时代，只是一介隐士，或者只是他同时期众多隐士中的一位，他的文学创作并没有得到相应的评价，当然，这也与他的诗风与当时诗坛的总体倾向不一致有关。后来萧统发现了陶渊明的文学价值，直到宋代苏轼、朱熹等人大力推崇陶渊明，才真正确定了陶渊明在中国文学史上的重要地位，他是中国士大夫精神世界的一个标志，是中国后代失意文人的精神归宿。

41.《归园田居》是谁的诗？

《归园田居》是陶渊明辞彭泽令之后的组诗作品，一共有五首，大约作于晋安帝义熙二年（406年），例如《归园田居》其一：

少无适俗韵，性本爱丘山。误落尘网中，一去三十年。羁鸟恋旧林，池鱼思故渊。开荒南野际，守拙归园田。方宅十余亩，草屋八九间。榆柳荫后檐，桃李罗堂前。暧暧远人村，依依墟里烟。狗吠深巷中，鸡鸣桑树颠。户庭无尘杂，虚室有余闲。久在樊笼里，复得返自然。

陶渊明曾在今天的江西九江度过了他的少年时代，所以他说"少无适俗韵，性本爱丘山"，少年的他并没有适合世俗的性情，他只是喜欢山水而已。没想到误入了尘世的罗网中，转眼间竟然就是三十年之久。他将自己比喻为被束缚在笼中的鸟儿，被养在池塘中的鱼儿，都是被限制了的自由之体，他希望摆脱笼子、池塘，他希望回到田园生活。因此他选择了辞官。辞官之后的他，回到了心心念念的田园。这里有十余亩的方宅，还有八九间草屋，或许和他从前的工作治所在物质条件上差了一些，但是他的精神上是极大满足的，何况这里堂前屋后都有榆柳和桃李，还有充满了农村生活气息的炊烟、狗吠、鸡鸣。他回到这里，就像脱离了禁锢他的牢笼一样，总算归返了他的自然。这首诗很显然是写于他刚辞官回到田园之际，当时他的心情十分的愉悦。

《归园田居》可视为陶渊明田园诗的代表作品，体现出了陶渊明的自然诗风，对后世田园诗歌的写作产生了深远的影响。

42. 中国文学史上写作田园诗的第一人是谁？

田园诗是指以田园生活为主要内容，主要展示田园风光之美好和躬耕劳动之甘苦，陶渊明是中国文学史上田园诗歌写作的第一人。在陶渊明之前，尽管已经有诗歌中涉及到农村田园风景的描写，但是将田园生活作为独立的审美对象，进入诗歌的写作，才是田园诗诞生的标志。

陶渊明的田园诗，通过对田园自然风光的细致描写，表现出其悠然自得的自由心境，例如《移居》（二首其二）：

春秋多佳日，登高赋新诗。过门更相呼，有酒斟酌之。农务各自归，闲暇辄相思。相思则披衣,言笑无厌时。此理将不胜?无为忽去兹。衣食当须纪,力耕不吾欺。

这首诗作于陶渊明辞官归田之后,在农务之余,陶渊明与朋友登高赋诗、饮酒为乐,逍遥自在,这是陶渊明式归田生活的真实写照。在他的笔下,田园诗里包含了乡村田园生活的点点滴滴,充满了生活情趣。

当然,陶渊明的田园诗里,也包括了对农事的写作。农事诗最早出现在《诗经》之中,例如《采葛》《芣苢》等诗,都是在进行农事劳动时所唱的歌辞,陶渊明所写的田园诗也对农事进行描写,但是他的侧重点是写自己的躬耕体验。作为一个文人,参与躬耕,并将这种躬耕的体验用诗的形式表达出来,陶渊明是开山之人,例如他的《归园田居》五首其三:

种豆南山下,草盛豆苗稀。晨兴理荒秽,带月荷锄归。道狭草木长,夕露沾我衣。衣沾不足惜,但使愿无违。

从一个朝廷命官,到躬耕田园的隐士,陶渊明将这种南山种豆、晨兴而出、带月而归、夕露沾衣的情景描写得十分生动。

田园诗从陶渊明这里开始,作为中国诗歌史上重要的题材内容,在后代的诗歌写作中不断丰富和发展,成为中国文学史上重要的诗歌流派。

43. 颜延之是谁?

颜延之,字延年,琅琊临沂(今山东临沂)人,出生于晋孝武帝太元九年(384年),卒于宋孝武帝孝建三年(456年),曾经官至金紫光禄大夫。颜延之少年贫困,性格偏激,但是好学善读,无所不览,喜欢喝酒,能肆意直言。值得一提的是,颜延之与陶渊明的私交特别好,二人是非常要好的朋友,经常一起饮酒为乐,陶渊明去世以后,颜延之还专门写了一篇《陶徵士诔》。

颜延之的诗喜欢堆砌辞藻,运用典故,钟嵘在《诗品》中说他"喜用古事,弥见拘束",总体上认为他的诗缺少了自然的风格,因此他的诗尽管传世的数量相对多一些,但是实际质量并不高,其代表作有《五君咏·阮步兵》和《五君咏·嵇中散》:

阮公虽沦迹,识密鉴亦洞。沉醉似埋照,寓词类托讽。长啸若怀人,越礼自惊众。物故不可论,途穷能无恸。

中散不偶世,本自餐霞人。形解验默仙,吐论知凝神。立俗迕流议,寻山洽隐沦。鸾翮有时铩,龙性谁能驯。

颜延之的《五君咏》一共五首,分别写的是"竹林七贤"中的阮籍、嵇康、刘伶、阮咸和向秀五人,这里所引的两篇是咏阮籍和嵇康的。诗中有"物故不可论,途穷能无恸""鸾翮有时铩,龙性谁能驯"等句子,尽管在表面上是吟咏阮籍、嵇康的人格,但实际上是诗人自抒怀抱的句子。

颜延之在南朝宋时期的诗坛上,声望很高,与谢灵运、鲍照合称"元嘉三大家",也与谢灵运合称为"颜谢",尽管颜延之在诗歌成就上并不如谢灵运,但是他和谢灵运并称,也可见当时他在诗坛上的重要地位。

44. 中国山水诗歌创作的开山鼻祖是谁?

谢灵运,陈郡阳夏(今河南太康)人,生于晋孝武帝太元十年(385年),卒于南朝宋文帝元嘉十年(433年)。谢灵运是东晋著名将军谢玄的孙子,袭封康乐公,因此谢灵运也被称为谢康乐。谢灵运出身在这样一个世族大地主的家庭之中,又受到过很好的教育,才学出众,自然希望自己能够在政治上大展宏图。但是在他所生活的那个动乱的时代里,尤其是南朝宋初刘裕的时代,打压士族,谢灵运被从公爵降为了侯爵,在政治上一直不得意,使他心中多有不满,后来因为反抗刘宋王朝的统治而被杀。

仕途上不顺利的谢灵运,便开始纵情于山水之中,这一方面是对于统治阶级的对抗,宣泄心中的不满情绪,另一方面在肆意遨游之时他也从中得到了心灵的慰藉。在谢灵运将山水诗作为独立审美对象,进行诗歌写作的时候,山水诗就此诞生。谢灵运可以说是中国山水诗歌创作的开山鼻祖。

谢灵运的山水诗,多数是他在永嘉做太守的时候写的,主要描写的是永嘉、会稽等地的山水之景,其主要特点是鲜丽清新,例如他的《于南山往北山经湖中瞻眺》:

朝旦发阳崖,景落憩阴峰。舍舟眺迥渚,停策倚茂松。侧径既窈窕,环洲亦玲珑。俯视乔木杪,仰聆大壑淙。石横水分流,林密蹊绝踪。解作竟何感?升长皆丰容。初篁苞绿箨,新蒲含紫茸。海鸥戏春岸,天鸡弄和风。抚化心无厌,览物眷弥重。不惜去人远,但恨莫与同。孤游非情叹,赏废理谁通。

谢灵运笔下的山水风景,描写细腻,用笔入微,这首诗更是将沙渚、茂松、侧径、乔木、流水、初篁、新蒲、海鸥、天鸡等一个个彼此独立的物象,排列重组,构成一幅幅美丽的山水画。

谢灵运的诗注重写实,是从陶渊明的启示性诗歌向写实性诗歌的转变,是南朝诗风的一大变革。

45. 山水诗是什么样的诗?

山水诗是以山水为独立描摹和审美对象的诗歌作品,出现在东晋南朝时期,成为继陶渊明的田园诗之后,中国诗歌史上一个全新的题材,也开启了南朝诗歌的一个新的风貌。

其实在诗歌中描写山水,在《诗经》和《楚辞》的时代里,就已经出现了,但是《诗经》《楚辞》中的山水描写,并非将山水作为单独的对象进行审美感官,而只是将山水作为一种抒情叙事的背景或者起兴的手法。汉末曹操的《观沧海》,曹操居高望海,将大海的波澜壮阔之景尽收眼底,从某种意义上来说,这首诗算是中国诗歌史上第一首完整意义上的山水诗,可惜并没有在曹操的时代形成风气。西晋时期左思的《招隐诗》和郭璞的游仙诗中,也都有对山水的描写。尽管曹操、左思、郭璞等人书写山水的诗歌数量并不多,但却为山水诗在东晋、南朝的兴起和发展提供了宝贵的艺术经验。

晋室偏安江左以后,北伐无望,士大夫开始以山林为乐,往往将自己济世报国的远大理想与眼前江南的秀美山水相结合,再加上动乱的时代和政治因素,隐逸之风盛于前朝,山水自然也就成了士大夫们吟咏的对象。"山水诗的产生,与当时盛行的玄学和玄言诗有着密切的关系。当时的玄学把儒家提倡的'名教'与老庄倡导的'自然'结合在一起,引导士大夫从山水中寻求人生的哲理与趣味。"①

在山水诗发展的过程中,第一个大力创作山水诗的人是谢灵运。谢灵运的山水诗重在描摹,也就是直接描写、勾勒山水的形象,例如:

潜虬媚幽姿,飞鸿响远音。薄霄愧云浮,栖川怍渊沉。进德智所拙,退耕力不任。徇禄反穷海,卧疴对空林。衾枕昧节候,褰开暂窥临。倾耳聆波澜,举目眺岖嵚。初景革绪风,新阳改故阴。池塘生春草,园柳变鸣禽。祁祁伤豳歌,萋萋感楚吟。索居易永久,离群难处心。持操岂独古,无闷征在今。

《登池上楼》

自谢灵运之后,山水诗日渐兴盛于诗坛,成为重要的诗歌题材之一。

46. 鲍照是谁?

鲍照,字明远,东海郡(今江苏涟水)人。出生于晋安帝义熙十年(414年),鲍照出身寒微,但他是一位很有才学而且还很有抱负的才士,他不甘心于自己的贫寒

---

① 袁行霈.中国文学史:第二卷[M].北京:高等教育出版社,2005:87.

出身和低下地位，一直希望能够通过自己的努力，在上层社会找到自己的一席之地。他曾于元嘉十六年(439年)谒见当时的临川王刘义庆，没有得到刘义庆的重视，但鲍照仍不死心，他献诗言志，终于得到了刘义庆的认可，被封为临川国侍郎。刘义庆死后，鲍照做了始兴王刘濬的侍郎。刘濬登基以后，鲍照为大学博士兼中书舍人，后为魏陵(今江苏南京)令，又转永嘉(今浙江温州)令。临海王刘子顼南镇荆州的时候，鲍照任前军参军，因此鲍照又被称为鲍参军。孝武帝死后，江州刺史刘子勋称帝，临海王刘子顼积极响应，后来刘子勋兵败，刘子顼被赐死。宋明帝泰始二年(466年)，鲍照死于乱军之中。

鲍照在文学方面颇有成就，他的骈文、赋和诗歌都有很多名篇，成就最高的是他的诗。他常常在诗歌中表达自己渴望建功立业可惜又一直沉沦下僚的苦闷和不平，充满对当时门阀制度的不满与抗争，例如他的《拟行路难》：

对案不能食，拔剑击柱长叹息。丈夫生世会几时？安能蹀躞垂羽翼！弃置罢官去，还家自休息。朝出与亲辞，暮还在亲侧。弄儿床前戏，看妇机中织。自古圣贤尽贫贱，何况我辈孤且直。

鲍照的《拟行路难》诗共十八首，这首是其六，全诗情绪慷慨激昂，他对案不食、拔剑击柱，何等的悲愤，因为他心中有理想，但是却不能得以实现。当他将这种愤懑不平一泄而出之后，笔锋一转开始着墨于他罢官以后的家庭生活，尽管有妻儿常伴，显得很轻松，但是我们依然能够读出他内心的无可奈何之感。

鲍照的诗"俊逸豪放，奇矫凌厉"，对后来的诗歌产生了深远的影响。

47. 沈约是谁？

沈约，字休文，吴兴武康(今浙江德清)人，生于宋文帝永嘉十八年(441年)，卒于梁武帝天监十二年(513年)。沈约的家族地位十分显赫，有所谓的"江东之豪，莫强周、沈"一说，可惜的是他的父亲沈璞，在元嘉末年被杀，年幼的沈约从此过上了孤贫的生活。沈约博闻强识，通读经籍，笃志好学，历仕南朝宋、齐、梁三朝，累官至尚书令，封建昌县侯。

沈约的诗"长于清怨"(钟嵘《诗品》)，以山水诗和离别哀伤诗最为突出，当然，和同时代的谢灵运相比，沈约的山水诗在数量上相对比较少，但依然有其独特的价值，例如《登玄畅楼》：

危峰带北阜，高顶出南岑。中有陵风榭，回望川之阴。岸险每增减，湍平互浅深。水流本三派，台高乃四临。上有离群客，客有慕归心。落晖映长浦，焕景烛中浔。云生岭乍黑，日下溪半阴。信美非吾土，何事不抽簪。

这首诗所写的玄畅楼之景，清新灵动，文辞自然，尤其是对于景物的细致描写，颇有动态之感。诗人以登楼之所见来烘托"离群客"的孤独形象，从而将眼前之景同"归心"融为一体，隐约透露着哀怨感伤的基调。

沈约的离别哀伤诗同样有清怨的特点，如《别范安成》：

生平少年日，分手易前期。及尔同衰暮，非复别离时。勿言一樽酒，明日难重持。梦中不识路，何以慰相思？

在即将与朋友分别的时候，沈约回忆起少年时期，分离是很常见的事情，但是如今已是暮年，分离又一次来临，则多了沉重的感伤。全诗尽管语言平易，但是情感深挚，委婉清怨。

48. "二谢"是哪两位诗人？

谢朓，字玄晖，陈郡阳夏（今河南太康）人，生于南朝宋孝武帝大明八年（464年），卒于齐东昏侯永元元年（499年）。谢朓出身士族门阀，少年好学，曾任荆州刺史，建武二年（495年）出任宣城太守，建武四年（497年）为镇北谘议、兼南东海太守。

尽管谢朓出身于世家大族，但是他在那个复杂的政治环境之下，看惯了仕途的黑暗和现实的险恶，因此诗中总有一种忧患意识和苦闷哀伤，例如《暂使下都夜发新林至京邑赠西府同僚》：

大江流日夜，客心悲未央。徒念关山近，终知返路长。秋河曙耿耿，寒渚夜苍苍。引领见京室，宫雉正相望。金波丽鳷鹊，玉绳低建章。驱车鼎门外，思见昭丘阳。驰晖不可接，何况隔两乡？风烟有鸟路，江汉限无梁。常恐鹰隼击，时菊委严霜。寄言罻罗者，寥廓已高翔。

谢朓当时"在荆州任随王府文学，深得随王萧子隆的赏识。但因遭谗言而被召还都"[①]，这首诗作于从荆州返回京城建业途中，描写了诗人回京时沿途所见之景和内心感受，表达了对西府旧僚和随王的留恋之情，同时透露出对奉诏回京的恐惧和对前途的忧心忡忡。

谢朓在当时的诗坛上，与谢灵运合称"二谢"，他在诗歌创作上继承了谢灵运的山水诗，并且将谢灵运描摹山水之状进一步发展，借山水之景抒发个人意趣，情景交融，例如他的《晚登三山还望京邑》：

灞涘望长安，河阳视京县。白日丽飞甍，参差皆可见。余霞散成绮，澄江静如

---

① 袁行霈. 中国文学史：第二卷[M]. 北京：高等教育出版社，2005：104.

练。喧鸟覆春洲，杂英满芳甸。去矣方滞淫，怀哉罢欢宴。佳期怅何许，泪下如流霰。有情知望乡，谁能鬒不变。

这首诗语言自然流畅，谢朓将登山临见的春晚之景与遥望京师而引起的故乡之思融于诗中，深婉含蓄。

谢朓是永明体代表诗人，对唐诗的繁荣产生了深远的影响。李白诗云："蓬莱文章建安骨，中间小谢又清发"，"小谢"指的就是谢朓。李白"清水出芙蓉"的自然诗歌风貌也深受谢朓清秀诗风的影响。

49. 何水部是谁？

何逊，字仲言，东海郯（今山东郯城）人，生年已经不详，卒于梁武帝天监十七年（518年）。据说何逊是个"神童"，八岁的时候就会写诗，二十岁被举为秀才。不过出身贫寒的何逊，尽管很有才华，还是受限于士族门阀制度，仕途并不顺利。何逊曾任建安王萧伟的记室，并跟随萧伟去了江州（今江西九江）。后来回到了建康（今江苏南京），又做了安成王萧秀的幕僚，兼任尚书水部郎，因此世称"何记室"或者"何水部"。

何逊在当时的诗坛上，声誉很高，其文才得到了沈约、萧绎等诗坛大家的推崇。何逊的诗风格与谢朓相似，善于用明白晓畅的语言写景抒情，例如他的《相送》：

客心已百念，孤游重千里。江暗雨欲来，浪白风初起。

这是一首临行送别的诗，在送别之时，诗人何逊客居他乡，百感交集，更何况朋友即将远游千里之外。作者将这种惆怅情绪转至眼前之景：此刻江上风雨欲来，江浪随风而起，只好将这份惆怅寄托在风雨将至的江水之中。再如《慈姥矶》：

暮烟起遥岸，斜日照安流。一同心赏夕，暂解去乡忧。野岸平沙合，连山远雾浮。客悲不自已，江上望归舟。

慈姥矶在现在的安徽省当涂县北。这首诗所写的是作者辞家出门，有朋友送他到慈姥矶，此时正是日暮时分，斜阳平静地洒在江水上，第二天送者舟归，有感而作。这首诗情景相生，并且对仗工整，音韵和谐，已有唐诗风貌。

何逊的诗进一步发展了南朝"永明体"的艺术技巧，为律诗的发展做出了贡献。

50. "阴何"是什么意思？

阴铿，字子坚，武威姑臧（今甘肃武威）人，生卒年已经不详。阴铿幼年聪明睿智，相传五岁就能诵读诗赋，长大以后，也非常喜欢读书，涉猎历史、经籍，喜欢写诗，尤其喜欢写五言诗。南朝梁的时候，阴铿曾跟随湘东王萧绎任法曹参军，后来入陈，做了始兴王陈伯茂府中的录事参军，因为他文采斐然，深受陈文帝所喜爱，累官至招远将军、晋陵太守、员外、散骑常侍。

阴铿的诗，多写离愁别绪、羁旅行役等内容，例如他的《晚出新亭》：

大江一浩荡，离悲足几重。潮落犹如盖，云昏不作峰。远戍唯闻鼓，寒山但见松。九十方称半，归途讵有踪。

这首《晚出新亭》诗，将浩荡的大江与离别的伤悲对举，那奔腾的江水在诗人内心潮起潮落，久久不平，作者的离别之愁与眼前之景交织辉映，"境界浑芒，情思浩荡"①。

阴铿的诗与何逊十分相似，文学史上常将二人并称为"阴何"。杜甫曾经用"李侯有佳句，往往似阴铿"来赞美李白的诗句，杜甫也曾说自己"颇学阴何苦用心"，可见阴铿在诗歌创作方面，对唐诗繁荣的深远影响。

51. 永明体是什么意思？

永明体是南朝齐、梁、陈三代兴起的一种新诗体，这种新诗体的主要特征是讲究声律与对偶。因为它最早见于南朝齐武帝永明年间，因此被称为"永明体"。

对偶的笔法在《诗经》中就已经有了，例如《诗经·采薇》中有"昔我往矣，杨柳依依。今我来思，雨雪霏霏"句。不过这种对偶的形式，在魏晋时代之后，逐渐增多，在南朝宋齐之间，诗人更加着意于对偶之句。但是，永明体产生的关键，更在于声律。

永明年间，"发现四声，并将它运用到诗歌创作之中而成为一种人为规定的声韵，这就是永明体产生的过程。四声是根据汉字发声的高低、长短而定的。音乐中按宫商角徵羽的组合变化，可以演奏出各种优美动听的乐曲；而诗歌则可以根据字词声调的组合变化，使声调按照一定的规则排列出来，以达到铿锵、和谐，富有音乐美的效果"。②

永明体的产生，沈约功不可没，他"将四声的区辨同传统的诗赋音韵知识相结合，研究诗句中声、韵、调的配合，并规定了一套五言诗应避免的声律上的毛病，即'病犯'，也就是后人所记述的'八病'"③，所谓"四声"就是平、上、去、入，"八病"是指"平头、上尾、蜂腰、鹤膝、大韵、小韵、旁纽、正纽"。

---

① 袁行霈. 中国文学史：第二卷[M]. 北京：高等教育出版社，2005：108.
② 袁行霈. 中国文学史：第二卷[M]. 北京：高等教育出版社，2005：101.
③ 袁行霈. 中国文学史：第二卷[M]. 北京：高等教育出版社，2005：102.

沈约之外,还有谢朓、江淹、何逊、吴均、阴铿等人,受到永明体的影响,在诗歌中追求对偶和声律,在斟字酌句、谋篇构思等方面,追求对仗工整、声韵和谐,为中国古代诗歌的发展尤其是唐诗的繁荣,奠定了坚实的基础,提供了宝贵的经验。

52. "竟陵八友"是哪八位诗人?

豪门世族在曹魏时期实行九品中正制之后,经济实力和政治地位逐渐扩大、提高,到东晋时期达到鼎盛。但是随着南朝刘宋建立以来,东晋的士族门阀政治形式开始向皇权政治回归,豪门世族开始逐渐衰落,以东晋门阀世族为中心的文学集团,也随之向以宫廷和诸王势力为中心的文学集团转变。齐、梁之世,这种以宫廷皇室为中心的文学集团,对文学尤其是诗歌的发展产生了深刻的影响。这其中影响最大的是南齐竟陵王萧子良的文学集团。"竟陵八友"就是萧子良文学集团中的八位代表人物。

"竟陵八友"包括梁武帝萧衍(当时尚未称帝)、沈约、谢朓、王融、萧琛、范云、任昉、陆倕等八人,他们在萧子良的周围,"既不限于诗赋,也不限于文学,或组织文士雅集,或组织学术讲论,或组织人员抄撰各类著作,或在邸园举行佛事活动"。① 当然,作为一个文学集团,除了日常活动之外,更重要的是诗歌创作,他们在创制"永明体"和推动新诗体发展方面功不可没。

"竟陵八友"的创作,注重声律和对偶,平仄协调,音韵铿锵,对仗工整,是非常典型的永明体诗作,为唐代格律诗的繁盛奠定了基础。

53. 宫体诗是什么样的诗歌?

梁代后期,以萧纲为中心的文学集团的诗歌创作最为繁荣。"这个集团最突出的特征是创作宫体诗。"②宫体诗的内容主要是描写宫廷生活,具体的题材内容是以女性为描摹对象的。"可以说,他们对女性的审美观照,同对器物的审美观照的心理是一样的,因为在情调上伤于轻艳,风格上比较柔靡缓弱。在描写女性的诗歌当中,绝大部分是将目光停留在女性的生活圈内,包括她们的容貌、体态、服饰及器物等方面"③,例如萧绎《夕出通波阁下观妓》:

娥月渐成光,燕姬戏小堂。胡舞开春阁,铃盘出步廊。起龙调节奏,却凤点笙

---
① 袁行霈. 中国文学史:第二卷[M]. 北京:高等教育出版社,2005:110.
② 袁行霈. 中国文学史:第二卷[M]. 北京:高等教育出版社,2005:114.
③ 袁行霈. 中国文学史:第二卷[M]. 北京:高等教育出版社,2005:114.

簧。树交临舞席，荷生夹妓航。竹密无分影，花疏有异香。举杯聊转笑，欢兹乐未央。

这首诗写的是作者萧绎在通波阁观看一位女子，将这位女子的脚步、走路的姿态写得生动传神。全诗注重辞藻，讲究对偶，声律铿锵，音调婉转，体现了大多数宫体诗共同的特点。当然，宫体诗也有表现宫廷之中淫荡生活的作品，这类作品内容贫乏，只讲究形式，因而并非时代的主流。

宫体诗是对永明体艺术手法的进一步探索，对诗歌的律化、格律诗的产生，产生了非常重要的影响，同时，"宫体诗语言的风华流丽，对仗的工稳精巧以及用典隶事等方面的艺术探索和积累，也同样为唐代诗人提供了足资的艺术经验"[①]。

54. 花木兰替父从军出自哪一首诗？

《梁鼓角横吹曲》中的长篇叙事诗《木兰诗》，是北朝民歌中最为杰出的作品。

《木兰诗》的主要内容是讲花木兰替父从军的故事。原本是一个闺中少女的花木兰，却在"可汗大点兵"的时候，因为"军书十二卷，卷卷有爷名"，她的父亲被征为兵，将要奔赴战场，但是"阿爷无大儿，木兰无长兄"，于是花木兰决定替父从军。

这个故事塑造了花木兰勤劳、勇敢、刚毅的形象，当然，作为一首民歌，这首诗在描写这个故事的过程中，详略得当，将木兰的形象塑造得生动传神。在形式上，《木兰诗》运用多种表现手法和修辞手法，既有自然朴素的口语化的句子，也有对仗工整的律句，使全诗在风格上显得清新刚健，不失民歌本色。

55. 南朝民歌的代表诗作是什么？

《西洲曲》是南朝民歌中，独立于吴歌和西曲之外的作品，它收录在《乐府诗集》中的《杂曲歌辞》之中，全诗如下：

忆梅下西洲，折梅寄江北。单衫杏子红，双鬓鸦雏色。西洲在何处？两桨桥头渡。日暮伯劳飞，风吹乌白树。树下即门前，门中露翠钿。开门郎不至，出门采红莲。采莲南塘秋，莲花过人头。低头弄莲子，莲子清如水。置莲怀袖中，莲心彻底红。忆郎郎不至，仰首望飞鸿。鸿飞满西洲，望郎上青楼。楼高望不见，尽日栏杆头。栏杆十二曲，垂手明如玉。卷帘天自高，海水摇空绿。海水梦悠悠，君愁我亦愁。南风知我意，吹梦到西洲。

---

① 袁行霈. 中国文学史：第二卷[M]. 北京：高等教育出版社，2005：116.

《西洲曲》所写的是一位青年女子对郎君的相思之情，诗中将主人公随着季节、景色的变化而变化的心情、动作甚至服饰神态写得生动传神，层层展开，笔触细腻，情感深挚委婉。在形式上，非常注重声韵，尤其是四句换韵的形式技巧和修辞，形成了一种特殊的声韵之美。

《西洲曲》代表了南朝民歌在艺术手法方面的最高成就。

隋唐、五代

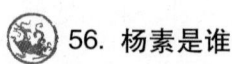 56. 杨素是谁？

杨素，字处道，弘农华阴（今陕西华阴）人。杨素原仕于北周，因为平定北齐有功，被封为安县公。隋文帝杨坚称帝之后，杨素任御史大夫，后来又以行军元帅的身份，率领水军南下攻打南陈。因为灭陈有功，隋文帝封他为越公，后来杨广即位后，拜他为司徒，改封为楚公，累官至太师。

杨素的诗作和当时轻薄、淫靡诗风有所不同，《全隋诗》中收录了他的十九首诗，其中以他的《赠薛播州》十四首为最佳，《山斋独坐赠薛内史》也是他的佳作：

居山四望阻，风云竟朝夕。深溪横古树，空岩卧幽石。日出远岫明，鸟散空林寂。兰庭动幽气，竹室生虚白。落花入户飞，细草当阶积。桂酒徒盈樽，故人不在席。日暮山之幽，临风望羽客。

薛内史是指薛道衡，他是隋朝的一位内史舍人、诗人。《山斋独坐赠薛内史》原有二首，这里所选的是二首其一。诗人杨素独坐在山中，四处眺望，所见风云变幻之景，古树横在深溪之上，幽石卧在空岩之间，日出山远，鸟散空林。以上皆为远景，是杨素在山中所"望"之景。接下来就是近处所见：幽香浮动的兰庭之花，香气怡人的玉桂之酒，只可惜"故人不在席"，诗到末句，诗人才从景到人，将写景的笔触转向怀人，寄托对薛道衡的思念之意。

杨素的诗，在"平实的叙说中，流动着粗犷深沉的悲凉情思，真挚而浓烈，有一种北歌的慷慨呜咽之音"[①]，他流传下来的诗篇，多数是写给薛道衡的诗作，尽管是思念朋友的怀人之作，但也透露着不加修饰的雄深雅健之质。

---

① 袁行霈. 中国文学史：第二卷[M]. 北京：高等教育出版社，2005：181.

57. 隋朝成就最高的诗人是谁？

薛道衡，字玄卿，河东汾阴（今山西万荣）人，生于东魏孝静帝兴和二年（540年），卒于隋炀帝大业五年（609年）。薛道衡出生在一个官宦家庭，可惜的是，他的父母在他很小的时候就双双亡故了，但薛道衡却没有因此荒废，反而更加专心读书。十三岁的时候，因读《春秋左氏传》，作了一篇《国侨赞》，文采飞扬，被认为是奇才。也因此在北齐的时候，待诏文林馆，与当时文坛李德林、卢思道等人有来往。北齐亡国之后，入北周为官。入隋以后，被任命为淮南道行台吏部郎。在隋文帝时期，他多任军机要职，深受信任。后来因得罪了隋炀帝杨广，流放出京，为隋炀帝所杀。

薛道衡的诗篇，善于将北朝诗歌中的质直用事与南朝诗歌中的音律技巧相结合，用精巧的语言表现出人物细致的内心情感活动，例如《人日思归》：

入春才七日，离家已二年。人归落雁后，思发在花前。

《人日思归》这首诗是薛道衡在聘陈的时候思家所作。所谓"人日"，就是正月初七。诗作语言平淡，但这朴素中饱含着深情。薛道衡的代表作《昔昔盐》，更能体现他的诗风：

垂柳覆金堤，蘼芜叶复齐。水溢芙蓉沼，花飞桃李蹊。采桑秦氏女，织锦窦家妻。关山别荡子，风月守空闺。恒敛千金笑，长垂双玉啼。盘龙随镜隐，彩凤逐帷低。飞魂同夜鹊，倦寝忆晨鸡。暗牖悬蛛网，空梁落燕泥。前年过代北，今岁往辽西。一去无消息，那能惜马蹄。

《昔昔盐》是隋唐时期的乐府题名，"昔昔"的意思就是夜夜，"盐"是"艳"的谐音，因此"昔昔盐"就是"夜夜艳"，所写多是闺怨之事。薛道衡这首诗，用春天萧瑟的景象将思妇思念远征的丈夫的凄凉之苦表现得淋漓尽致，尤其是"暗牖悬蛛网，空梁落燕泥"句，更是佳句。

薛道衡是隋朝成就最高的诗人，对唐诗的繁荣产生了积极的影响。

58. "神童仙子"是指哪位诗人？

王绩，字无功，号东皋子，绛州龙门（今山西河津）人，出生于隋文帝开皇九年（589年），卒于唐太宗贞观十八年（644年）。王绩是隋末文中子王通的弟弟。十五岁时，王绩游历长安，拜见了杨素，当时艳惊四座，人们把他看作神仙般的童子，可见王绩的博学文采。隋大业年中，王绩被推荐为孝廉高第，授秘书省正字的官衔，后来出任六合县丞。唐朝初年，以隋朝旧官待诏门下省。王绩好酒，被人称为"斗酒学士"。贞观初年，由于当时太乐署史官焦氏善于酿酒，王绩跟此人兴趣相投，因此向朝廷申请，到太乐署工作，因此任太乐丞。后来这对焦氏夫妇相继去世，王绩自感失去了喝酒的知己，因此辞官还乡了。

王绩的诗，主要内容是山水田园之景，写景抒情的同时，往往透露出一种避世思想，但在他的闲适情趣诗里，也能读出一些对于现实的抑郁不平之感，例如他的《野望》：

东皋薄暮望，徙倚欲何依。树树皆秋色，山山唯落晖。牧人驱犊返，猎马带禽归。相顾无相识，长歌怀采薇。

诗中"东皋"是王绩辞官还乡、隐居时的游览眺望之处，诗人在此地远眺秋天之景，树木憔悴枯黄，夕阳偏照远山。"长歌怀采薇"句，引用了伯夷、叔齐的典故。商朝亡国之后，伯夷、叔齐隐居于首阳山，采薇而食，作歌说："登彼西山兮，采其薇矣。以暴易暴兮，不知其非矣。神农虞夏，忽焉没兮，我安适归兮？于嗟徂兮，命之衰矣。"（见《史记·伯夷列传》）。如今身在隋亡之际，王绩见秋景而生一层忧郁黯然之情，隐约透露出避世隐居的意思。

这首诗是王绩传世最广的一首诗，它摆脱了初唐轻靡华艳的诗风，在当时的诗坛别具一格。

59. 王勃是谁？

王勃，字子安，绛州龙门（今山西河津）人，生于公元650年，卒于公元676年，隋朝末年文中子王通的孙子。王勃十六岁的时候，举幽素科，授为朝散郎，为沛王府的修撰。曾经漫游蜀中各地，在补虢州参军时，因为擅自下令杀了官奴，犯下死罪，后被赦免，却因此革了职，他的父亲也被他牵连，被贬为交趾令。后来王勃南下探亲，渡海的时候，不幸溺水惊悸而亡。

王勃与杨炯、卢照邻和骆宾王，在初唐时期都是以诗歌、文赋齐名的，被称为"初唐四杰"，或者"王杨骆卢"。他们的骈文，音韵和谐，对仗工整。尤其他们的诗，虽然还没有完全脱尽六朝的藻丽风格，但是在流丽婉畅的诗作当中，也有宏放浑厚的气象。王勃是初唐四杰之中，才气最高、诗歌成就最大的诗人，例如他的《送杜少府之任蜀川》（一说蜀州）：

城阙辅三秦，风烟望五津。与君离别意，同是宦游人。海内存知己，天涯若比邻。无为在歧路，儿女共沾巾。

这首诗是王勃在长安送杜少府去蜀州时候所作的一首送别之诗。"城阙"是指长安城，这里点明的是送别的地点。"五津"，四川岷江当时有五个渡口，即有白华津、万里津、江首津、涉头津以及江南津。王勃自言与杜少府同为宦游之人，各奔前程，自然不可能长聚在一起，也就是说，离别是在所难免的了。"海内存知己，天涯若比邻"是千古的名句，化用曹植"丈夫志四海，万里犹比邻。恩爱苟不亏，在远分日亲"句。最后王勃劝杜少府不要因为离别而伤心难过，更不要像青年男女那样儿女情长、泪沾襟。

60.《长安古意》是谁的诗？

卢照邻，字升之，自号幽忧子，幽州范阳（今河北涿州）人，生卒年不详，"初唐四杰"之一，代表作《长安古意》节选如下：

长安大道连狭斜，青牛白马七香车。玉辇纵横过主第，金鞭络绎向侯家。龙衔宝盖承朝日，凤吐流苏带晚霞。百尺游丝争绕树，一群娇鸟共啼花。游蜂戏蝶千门侧，碧树银台万种色。复道交窗作合欢，双阙连甍垂凤翼。梁家画阁中天起，汉帝金茎云外直。楼前相望不相知，陌上相逢讵相识。借问吹箫向紫烟，曾经学舞度芳年。得成比目何辞死，愿作鸳鸯不羡仙。

卢照邻善于写歌行体古诗。这首诗卢照邻通过自身感受，借用历史题材，渲染出长安城的奢靡。尽管这首诗在艺术上还没有完全摆脱六朝的风气，甚至章法有一些散乱，但是韵味深厚，没有完全流于浮艳之句，是初唐歌行体诗歌中比较优秀的作品，被闻一多称为是"宫体诗中的一个破天荒的突破"。

61. 杨炯是谁？

杨炯，字盈川，华州华阴（今陕西华阴）人，生于公元650年，"初唐四杰"之一。杨炯自幼聪明，爱读诗书，十三岁的时候，应神童举，授校书郎。唐高宗永隆二年（681年）为崇文馆学士，迁至詹事司直。武则天登基以后，杨炯左转梓州司法参军，后来迁盈川令，大约卒于公元692年。

杨炯是一位以五律见长的诗人，他现存的十五首五言律诗，全部符合五言律诗的格律要求，"在促成五言律的定型化方面，他与杜审言以及沈、宋等台阁诗人所起的作用是相同的"[①]，例如《从军行》：

烽火照西京，心中自不平。牙璋辞凤阙，铁骑绕龙城。雪暗凋旗画，风多杂鼓声。宁为百夫长，胜作一书生。

《从军行》是古乐府题，见于《相和歌辞·平调曲》，在内容上，多是反映军旅战

---

① 袁行霈. 中国文学史：第二卷[M]. 北京：高等教育出版社，2005：187.

争的事情。杨炯这首诗,是一个非常标准的五言律诗。"西京"和"凤阙"都是指长安,战争的烽火从边地一路传到了京城,诗人的心久久不能平静。"牙璋"是古代发兵用的兵符,由两块拼合而成,分别为朝廷和部队的主帅掌持,其相嵌合的地方呈牙状,因此叫作牙璋。这首诗大致是说调兵的符令已经离开了皇城,战争一触即发。刚刚还在调动军队,铁一般的将士们便直捣龙城。龙城原是汉时匈奴大会诸部祭天的地方,这里代指敌军的要地。边地苦寒,大雪搅昏了褪色的军旗,狂风大作,风声夹杂着鼓声,场面十分的壮观。诗的最后一句,作者说宁愿做一个冲锋陷阵的百夫长,也不情愿只做一名笔砚书生。这一句议论,表达了杨炯投笔从戎的决心。

62.《咏鹅》是谁的诗?

骆宾王,字观光,婺州义乌(今浙江义乌)人,生于约公元640年,"初唐四杰"之一。骆宾王七岁就能文,据说他的《咏鹅》即写于此时。曾在道王李元庆府上供职,历任武功和长安两个县的主簿和侍御史,后来获罪入狱,被贬为临海县丞。唐睿宗光宅元年(684年),骆宾王追随李敬业在扬州起兵,反对武则天称帝,写下了著名的《讨武檄文》。兵败之后,骆宾王下落不明,一说是被乱军所杀,也有人说是出家为僧,遁入了空门。

骆宾王善写歌行体诗,例如他的《帝京篇》:

古来荣利若浮云,人生倚伏信难分。始见田窦相移夺,俄闻卫霍有功勋。未厌金陵气,先开石椁文。朱门无复张公子,灞亭谁畏李将军。相顾百龄皆有待,居然万化咸应改。桂枝芳气已销亡,柏梁高宴今何在。春去春来苦自驰,争名争利徒尔为。久留郎署终难遇,空扫相门谁见知。当时一旦擅豪华,自言千载长骄奢。……马卿辞蜀多文藻,扬雄仕汉乏良媒。三冬自矜诚足用,十年不调几遭回。汲黯薪逾积,孙弘阁未开。谁惜长沙傅,独负洛阳才。(节选)

这首诗以磅礴的气势,描绘了大唐的都城长安的盛世繁华,可与卢照邻的《长安古意》媲美,共同书写着大唐帝国的蒸蒸日上,从京城的盛况写到帝王将相生活的奢靡,从中衍生出自己内心的苦闷——此刻的自己虽然身在京城,却不能得到赏识,一种怀才不遇的心情油然而生。

骆宾王的歌行体创作,吸收了南朝诗和近体诗的艺术经验,又将七言古体甚至赋篇的笔法用于诗中,推进了歌行体诗歌的发展和成熟。

63."宫体诗的自赎"是指哪一首诗?

《春江花月夜》是初唐诗人张若虚的代表作,也是张若虚传世的唯一一首作品,

全诗如下:

春江潮水连海平,海上明月共潮生。滟滟随波千万里,何处春江无月明。江流宛转绕芳甸,月照花林皆似霰。空里流霜不觉飞,汀上白沙看不见。江天一色无纤尘,皎皎空中孤月轮。江畔何人初见月?江月何年初照人?人生代代无穷已,江月年年望相似。不知江月待何人,但见长江送流水。白云一片去悠悠,青枫浦上不胜愁。谁家今夜扁舟子?何处相思明月楼?可怜楼上月徘徊,应照离人妆镜台。玉户帘中卷不去,捣衣砧上拂还来。此时相望不相闻,愿逐月华流照君。鸿雁长飞光不度,鱼龙潜跃水成文。昨夜闲潭梦落花,可怜春半不还家。江水流春去欲尽,江潭落月复西斜。斜月沉沉藏海雾,碣石潇湘无限路。不知乘月几人归,落月摇情满江树。

《春江花月夜》原是古乐府题,首创于陈后主。张若虚的这首诗,是一篇七言歌行,诗人以春江花月夜为背景,细致、形象地描摹了相思离别之苦,将诗情、画意和对宇宙人生的体悟融为一体,创造出一个融情于景而又玲珑剔透的境界。诗人在江边感受这美丽春景的同时,引发出了对于时空的无限性、生命的无限性的追问,然而张若虚的追问似乎是无须回答的,因为时光如流水一般,一去不返。于是作者转而写人间的离别,在纯净的诗境之中,又添一份离别的哀伤。作者将这种离愁,寄托于月光和江水,缓缓流淌于心间,最后以"不知乘月几人归,落月摇情满江树"做结全篇,让读者回味无穷。

这首诗音韵声调十分优美,已经初步摆脱了六朝的浓脂腻粉,被闻一多称为是"宫体诗的自赎",昭示着诗歌的盛唐气象已经来临。

64. 教坊是什么意思?

"教坊"是教习音乐和舞蹈的地方,所教主要是俗乐。唐代有太常寺的礼乐制度,但太常是朝廷礼乐之司,掌管的是朝廷正乐。唐玄宗因喜爱俗乐,为了将俗乐引进宫廷而不受太常寺的限制,设立了教坊。在唐代,教坊是与太常并行的,从它们各自的性质和工作对象来说,太常是政府机构,主管的是郊庙音乐,教坊是宫廷乐团,主管的是宴飨之乐。教坊之外,唐玄宗又亲自训练了一个宫廷乐团——"皇帝梨园弟子",教习俗乐。安史之乱以后,教坊和梨园弟子多散落民间,也将他们曾经在宫廷里传习的教坊歌曲传到了民间。事实上,教坊在创制新曲、汇集各地俗乐的同时,还将教习乐曲传播了出去,至开元、天宝年间,教坊曲已达三百二十四曲。

教坊曲的内容非常丰富,包括歌舞、演唱、说唱以及扮演戏弄等等。用于演唱的那一部分曲目,可分为长短句和齐言声诗两类,其中演变为后来唐五代词调的,按照吴熊和先生所列,一共有《抛绣球》《清平乐》《望江南》《杨柳枝》《浣溪沙》《浪淘沙》《归国谣》《临江仙》《虞美人》《长相思》《谒金门》等长短句七十九曲,以及《破阵子》《乌夜啼》《伊州》等五、七言声诗三十曲,另有《雨霖铃》等四十曲入宋以后转为词调。

教坊的设立,一方面是推动了乐曲的发展,为词的兴起提供了必要的乐曲条件;另一方面是从帝王层面的重视俗乐,溺于伎乐,从上到下的这种风气为词的生长提供了音乐和社会的环境支持。

65. 宋之问是谁?

宋之问,一名宋少连,字延清,汾州(今山西汾阳)人(一说是河南灵宝人),大约出生于公元656年,卒于公元712年。宋之问是唐高宗上元二年(675年)进士。武则天在位的时候,他任尚方监丞,左奉宸内供奉,和沈佺期等诏事张易之。后来张易之败官,宋之问被贬为泷州参军。唐中宗的时候,迁考功员外郎,知贡举。后来因为受贿,被贬为越州长史,唐睿宗的时候又流放钦州,玄宗初年,宋之问被赐死。

宋之问的诗在当时与沈佺期同名,二人合称"沈宋",他的代表诗作例如《度大庾岭》:

> 度岭方辞国,停轺一望家。
> 魂随南翥鸟,泪尽北枝花。
> 山雨初含霁,江云欲变霞。
> 但令归有日,不敢恨长沙。

这首诗是宋之问在南贬泷州的时候所作。大庾岭位于江西省的南部、广东省的北部,宋之问说度过了大庾岭,即离开了京城。"北枝花",是说大庾岭当时又叫作梅岭,是一座东西走向的山,这座山的南北因为日照和降水有别,导致气候不相同。山的南坡已经春来,梅花凋落,而北坡的梅花还在盛开。所谓"泪尽北枝花",自然是作者眷恋北方的表达。此刻天气将变,作者南下的脚步不能停下,他只求还能北还。诗的末句,化用了贾谊的典故,贾谊被贬为长沙傅,听说长沙地势低洼、气候潮湿,自己生活在那里,寿命不会长,因此心里很不舒服。想必宋之问也听闻当年的岭南那个地方,还是蛮荒之地,所以心生同贾谊相似的感受。但他对京城仍抱有幻想,还希望有一天能北归朝廷。

宋之问擅长五律,对律诗的定型产生了非常重要的影响。

66. 沈佺期是谁？

沈佺期，字云卿，相州内黄（今河南内黄）人。大约生于公元656年，卒于714年。沈佺期是唐高宗上元二年（675年）进士，武则天时，官至考功员外郎。后因为供职于张易之，被流放至灌州。唐中宗时，为官修文馆直学士、中书舍人、太子少詹事。

沈佺期和宋之问，是五律定型的功臣，但是沈佺期更加擅长于七律，他的成名作《古意呈补阙乔知之》就是一首辞采华美、声韵流畅的七言律诗，但是在艺术上成就更高的，是他的这首《遥同杜员外审言过岭》：

> 天长地阔岭头分，去国离家见白云。
> 洛浦风光何所似，崇山瘴疠不堪闻。
> 南浮涨海人何处，北望衡阳雁几群。
> 两地江山万余里，何时重谒圣明君。

这首诗作于他流放岭南的途中，当时杜甫的祖父杜审言也已经因故被贬岭南，先于沈佺期过岭，因此沈佺期到此，自然想到了杜审言。诗的首句就点出了"去国离家"的主旨。沈佺期从长安城出发，一路跋山涉水，终于到了江西，站在大庾岭上，顿然感到"天长地阔"，脚下便是家国之地和南方蛮荒的分界线。紧接着用"洛浦风光"对比"崇山瘴疠"，进一步抒发对京城的眷恋。颈联是怀念远在南海越州的杜审言的，南海的潮水涨落，风吹浪高，朋友是否还安好，你我二人似乎还不如这南飞的大雁，到衡阳就可以北还了。尾联直抒胸臆，希望君主圣明，能够让自己北还朝廷。

沈佺期的诗，对仗工整，音韵精密，他本人也是格律诗定型的重要作家。

67. 陈子昂是谁？

陈子昂，字伯玉，梓州射洪（今四川射洪）人。生于公元661年，卒于公元702年。陈子昂是唐睿宗文明元年（684年）进士。武则天时期，陈子昂任右拾遗。陈子昂直言敢谏，切中时弊，后来被人陷害入狱，最终冤死狱中。

陈子昂在《与东方左史修竹篇序》中提出"文章道弊五百年"的著名论断，并且标举汉、魏风骨，认为自晋宋以来的诗，尽管"彩丽竞繁"，但是"兴寄都绝"，因此他对当时的诗坛延续南朝诗风的现状提出了强烈的不满，举起复兴汉魏风骨的大旗。在诗歌创作之中，倡导风雅和兴寄，以壮伟之情寄托一个时代的文人精神风貌，例如他的诗《感遇》其三十五：

本为贵公子,平生实爱才。感时思报国,拔剑起蒿莱。西驰丁零塞,北上单于台。登山见千里,怀古心悠哉。谁言未忘祸,磨灭成尘埃。

这首诗作于陈子昂二十六岁第一次随军北征的时候,他第一次亲临战场,有感而发,"这种兴寄方式,已突破了古诗美刺比兴的传统局限,直接建安诗人的梗慨多气,虽在表现形式上带有受阮籍《咏怀》诗影响的痕迹,但没有兴寄无端的苦闷,而是蕴藏着壮伟情怀,展现出不甘平庸、积极进取的精神风貌"①。

陈子昂还有一首千古传诵的诗,即《登幽州台歌》:

前不见古人,后不见来者。念天地之悠悠,独怆然而涕下。

幽州台位于今天北京市的西南部,作者登上幽州台,鸟瞰燕地,感叹人生有限,自己英雄无用武之地,于是产生了怆然涕下的无尽悲哀。

陈子昂追求风骨,对唐诗的变革具有关键性的意义和巨大的价值。

68.《代悲白头翁》是谁的诗?

《代悲白头翁》是初唐诗人刘希夷的作品,又叫作《白头吟》。《白头吟》本是汉乐府中《相和歌》的旧题,所写的是一位女子与负心汉的撕心决裂。刘希夷这首诗属于拟古乐府题,全诗如下:

洛阳城东桃李花,飞来飞去落谁家?洛阳女儿惜颜色,坐见落花长叹息。今年花落颜色改,明年花开复谁在?已见松柏摧为薪,更闻桑田变成海。古人无复洛城东,今人还对落花风。年年岁岁花相似,岁岁年年人不同。寄言全盛红颜子,应怜半死白头翁。此翁白头真可怜,伊昔红颜美少年。公子王孙芳树下,清歌妙舞落花前。光禄池台文锦绣,将军楼阁画神仙。一朝卧病无相识,三春行乐在谁边?宛转蛾眉能几时?须臾鹤发乱如丝。但看古来歌舞地,唯有黄昏鸟雀悲。

又是一年的春末时节,洛阳城东的桃李之花又一次凋落,不知道这一次又飞向谁家。作者用桃李之花起兴,这桃李之花一虚一实,洛阳的女子看到这凋零的桃李之花,暗自神伤:今年我在这里看到了落花,明年花开的时候我又在哪里?由此展开对于时间和生命的追问。世事变幻无常,古人再也不能看到洛阳城里的百花盛开,而今天的人还在为落花而感叹,"年年岁岁花相似,岁岁年年人不同",转眼之间,当年还是红颜美少年,与王孙公子在这芳树之下听歌观舞,如今已经是白头老翁,卧病床前。青春已经不再,美丽的容颜能够驻留多久呢?曾经繁华的歌舞之地,如今也只有黄昏的鸟儿在那里空悲伤。

---

① 袁行霈.中国文学史:第二卷[M].北京:高等教育出版社,2005:191.

这首诗和《春江花月夜》的诗境有些类似，刘希夷在诗中运用对比的手法，在对于时光的深深叹息之中，萌发一种朦胧的生命意识，由此展开对于自然花开、周而复始但青春年华却一去不复返的领悟。

69.《感遇》是谁的诗？

张九龄，一名张博物，字子寿，韶州曲江（今广东韶关）人，生于公元 678 年，卒于公元 740 年。张九龄是唐中宗景龙初年进士，唐玄宗时，官至同中书门下平章事、中书令，位同宰相，是开元年间著名的贤相。后来张九龄被李林甫排挤，开元二十五年（737 年）贬为荆州长史，在荆州时期，写下了《感遇》十二首，如下为第七首：

江南有丹橘，经冬犹绿林。岂伊地气暖？自有岁寒心。可以荐嘉客，奈何阻重深。运命唯所遇，循环不可寻。徒言树桃李，此木岂无阴？

屈原曾作《橘颂》，歌颂丹橘"独立不迁"的品格。张九龄这首诗也是咏橘，运用比兴的手法，来表达自己的坚贞和清高品格。开篇两句说江南的丹橘，能够经受住寒冬的考验，意在说明自己也能像丹橘那样，经受住时间的考验。这丹橘之所以能够经受住考验，作者认为并非因为荆州气候暖和，而是因为它有耐寒的本性。张九龄认为，他原可以将这美好的丹橘呈献给宾客，可惜朝廷山高路远，道路阻塞，只好作罢。其中暗含着作者有意向朝廷选贤举能，但言路被阻的无奈。最后作者疾声大呼：不要只种桃李，丹橘树不能供人乘凉吗？既是为丹橘鸣不平，也是为贤者、为自己鸣不平。

这首五言古体诗，虽然文字并不多，但是构思巧妙，结构严谨，抒情写意，回环起伏。并且以丹橘开头，又以丹橘结尾，首尾呼应，深化了诗歌的主题，体现出张九龄的诗才。

70.《临洞庭湖赠张丞相》是谁的诗？

孟浩然，以字行，名不详（一说名浩，字浩然），襄州襄阳（今湖北襄阳）人。生于公元 689 年，卒于公元 740 年。孟浩然年轻的时候，曾在鹿门山隐居，后来大约四十岁的时候到长安参加科举考试，可惜没有中举。张九龄被贬到荆州的时候，曾招孟浩然入他的幕府。后来因病离世。孟浩然虽是地道的隐逸诗人，但却心怀济世的强烈愿望，这在他《临洞庭湖赠张丞相》中有所展现：

八月湖水平，涵虚混太清。气蒸云梦泽，波撼岳阳城。

欲济无舟楫，端居耻圣明。坐观垂钓者，徒有羡鱼情。

这首诗是赠张说的（一说是赠张九龄），作者托兴观湖，实际上表现的是自己积极用世的思想，希望在政治前途上得到张丞相的援引，"气蒸云梦泽，波撼岳阳城"句，境界宏大、气势磅礴是咏洞庭湖的名句。作者尽管临渊羡鱼，但是却"坐观垂钓"，可见他渴望援引的急迫心情。当然，孟浩然诗中还有山水田园之篇，例如《过故人庄》：

故人具鸡黍，邀我至田家。绿树村边合，青山郭外斜。

开轩面场圃，把酒话桑麻。待到重阳日，还来就菊花。

所谓的"鸡黍"，是指农家待客所准备的丰盛的饭菜，孟浩然的朋友准备了一大桌的酒菜，邀请他到家里去小聚。朋友家风景甚好，远在深山中，四周绿树环绕。孟浩然与朋友好久不见，喝着小酒，闲聊着这农家的事。最后一句十分值得玩味，朋友邀请孟浩然有空再到家里来，孟浩然也没有推辞，并且说等到了九月九日重阳的那一天，再来与友人共赏菊花。全诗语言自然清新，不着雕饰，但是山水田园之间的风景、与朋友之间的情感跃然纸上。

71. "大漠孤烟直"是谁的诗？

王维（701—761），字摩诘，太原祁州（今山西祁县）人。开元九年（721年）进士，为大乐丞，后来被贬为司仓参军。张九龄为同中书门下平章事、中书令时，将王维提拔为右拾遗，转监察御史。755年安史之乱爆发之后，长安陷落，唐玄宗仓皇出逃奔蜀，王维被叛军俘虏。尽管他服药装哑，但还是被叛军逼迫任职。后来两京恢复，王维因为在叛军中任职而获罪，被贬为太子中允。最后官至尚书右丞，因此历史上称他为"王右丞"。

王维和孟浩然，都是盛唐时期山水田园诗派的代表人物，善写山水田园之诗，例如他的《渭川田家》：

斜阳照墟落，穷巷牛羊归。野老念牧童，倚杖候荆扉。雉雊麦苗秀，蚕眠桑叶稀。田夫荷锄至，相见语依依。即此羡闲逸，怅然吟式微。

这是一首五言古体诗，所写的是初夏傍晚的景色，夕阳西下，照在这个平静的小山村，牛羊归牧，老人倚仗而立，等待牧童归家。麦苗吐秀、桑叶稀疏，在田间忙碌了整整一天的农夫们，纷纷带着荷锄回到村里，在村口碰见，时不时聊上几句，这是一派清净祥和、闲适自然的农村生活景象，王维非常羡慕这样的生活。

王维的作品中，也不乏优秀的边塞诗，开元二十五年（737年）王维曾以监察御史的身份从军赴凉州，写下了他的名篇《使至塞上》：

单车欲问边，属国过居延。征蓬出汉塞，归雁入胡天。大漠孤烟直，长河落日圆。萧关逢候骑，都护在燕然。

这首诗中的"大漠孤烟直，长河落日圆"句，为历代传诵，是千古佳句，将塞外的风景写得生动形象，描绘出塞外沙漠的浩瀚无边，诗句画面开阔，意境雄浑，可谓是"诗中有画，画中有诗"。

72. "阳关三叠"是什么意思？

"阳关三叠"是指王维的《送元二使安西》诗，全诗如下：

渭城朝雨浥轻尘，客舍青青柳色新。劝君更尽一杯酒，西出阳关无故人。

这首诗是王维送别朋友到边地从军的诗，后来这首诗入乐府曲调，名为《渭城曲》。诗的前两句是写送别朋友的时间和地点：早上的渭城，刚刚下过了一阵雨，尘土湿润，空气清新。此刻朋友即将上路，刚才的雨并不大，只是轻轻地打湿了尘土，路面并没有泥泞，此时出发，路面也不至于尘土飞扬，看来正是出发的好时间。小雨洗脱掉了柳树的尘土，客舍旁的柳树似乎又添一份青色，比起往日更加的青翠了。作者这份离别的伤感也随着柳树，更加明显了。在这个时间里，朋友即将出发，作者并没有将他们的践行宴写得很清楚，我们只能通过想象，在饯别宴上，他们如何举杯话别，如何恋恋不舍。作者的笔触只写到了最后一杯酒，劝这老朋友再喝一杯，干了这杯酒，千言万语都在这杯酒中，或许作者还有千叮咛万嘱咐，但在这个离别之际，已经无从说起了，就不如用喝酒来打破彼此分别时分的沉默吧，西出阳关，可能就见不到这老朋友了。

这首诗是千古传诵的送别诗，诗中没有刻意的、特殊的景物描写，所写都是平常的景，因此能写最普遍的离别之情。入乐以后，唐人的送别多唱这歌，而且要重复唱三遍，将作者对于朋友的不舍、对于离别的哀伤反复吟咏，显得离情婉转，因此叫作"阳关三叠"。

73.《登鹳雀楼》是谁的诗？

王之涣，字季凌，晋阳（今山西太原）人。开元初年，王之涣曾做冀州衡水县（今河北衡水）主簿，后来被人诬陷，罢了他的官，自此他开始了漫游生活，大约持续了十五年之久。

王之涣在当时是非常有名的一位诗人，可惜现在流传下来的诗很少，仅有六首诗，但是六首诗都很经典，大家也多耳熟能详，例如《登鹳雀楼》：

白日依山尽,黄河入海流。欲穷千里目,更上一层楼。

这是大家从小就熟读成诵的一首诗,诗人登上鹳雀楼,看到夕阳依西山慢慢沉落,浩浩荡荡的黄河水奔流到海。若想看够千里风光,就要登上更高一层城楼。这首诗表现了作者积极探索,不断进取的人生态度,反映了盛唐士人高远开阔的胸襟。

王之涣的诗,还有《凉州词》:

黄河远上白云间,一片孤城万仞山。羌笛何须怨杨柳,春风不度玉门关。

《凉州词》是乐府旧题,这首诗入编《乐府诗集》的《横吹曲辞》类,题为《出塞》。王之涣的《凉州词》一共两首,这是第一首,也是帮助王之涣赢得了"旗亭画壁"的诗作。诗中"羌笛何须怨杨柳,春风不度玉门关",写边塞之地的荒漠和寒冷,王之涣说,尽管塞外的音乐曲调之中,吹奏着折杨柳的乐调,但是玉门关外,是东风(春风)吹不到的地方,又哪里来的杨柳呢。

王之涣的《凉州词》在唐代就已经声名大作,甚至有人将它评为唐人绝句的压卷之作,认为是唐代绝句的第一。

74. 旗亭画壁是一个什么故事?

"旗亭画壁"是关于盛唐诗人王昌龄、高适和王之涣三人的一段传说故事。

话说在开元年间,诗人王昌龄、高适、王之涣三人,相约一起到一个叫作旗亭的地方喝酒。就在喝酒的过程之中,一群梨园伶官女子也聚集到了这里。于是这三人私下里商量着说:"我们三个都称得上是有名的诗人了,但是从来没有分过高下,不知道谁的诗写得最好。不如我们今天就听他们唱歌,他们唱谁的歌最多,就算谁的诗写得最好。"话音刚过,这时一个女子开口唱了起来:"寒雨连江夜入吴,平明送客楚山孤。洛阳亲友如相问,一片冰心在玉壶。"这是王昌龄的诗,王昌龄听了自然非常高兴,就在旗亭的墙上画了一笔,作为记录。"奉帚平明金殿开,强将团扇共徘徊。玉颜不及寒鸦色,犹带昭阳日影来。"这又是王昌龄的诗,王昌龄又记了一笔。这个时候另一个女子开唱了:"开箧泪沾臆,见君前日书。夜台何寂寞,犹是子云居。"这首是高适的诗,高适也很高兴,在墙上记了一笔。这个时候王之涣急得说话了:"你们看,中间那个最漂亮的女子,她肯定唱的是我的诗,若她唱的不是我的诗,我就不和你们争一二了,但如果她唱的是我的诗,你们都要拜服于我。"说完,中间那个女子开唱了:"黄河远上白云间,一片孤城万仞山。羌笛何须怨杨柳,春风不度玉门关。"这是王之涣的诗,王之涣非常高兴。

"旗亭画壁"的故事已不可考,更不能作为评判王之涣、高适和王昌龄三人的诗作依据,但是至少这个故事说明了,他们的诗都是可歌可唱的,唱诗也是当时很常见的娱乐方式和诗歌的传播方式。

75. "七绝圣手"是指哪位诗人？

王昌龄（698—约757），字少伯，太原（今山西太原）人（一说是京兆人）。王昌龄是开元十五年进士，授汜水尉。二十八岁的时候，王昌龄中博学宏词科，任校书郎，任江宁令，后来被贬为龙标县尉。安史之乱爆发以后，弃官而去，到江夏居住，被闾丘晓所杀。

王昌龄少年侠气，是个纵酒长歌的性情中人。他出身孤寒，又受到佛、道两家思想的影响，"他身上有种一般豪侠之人缺乏的深沉，观察问题敏锐，带有透视历史的厚重感。他作诗不是全凭情气，也很讲究立意构想，其作品除豪爽俊丽外，还有'绪密思清'的特点"①，例如他的《出塞》（二首其一）：

秦时明月汉时关，万里长征人未还。但使龙城飞将在，不教胡马度阴山。

王昌龄这首诗说的是，自秦汉以来，边地的战争就从来没有停止过。边地荒凉，征人辛苦。龙城飞将，指的是汉武帝时，右北平太守李广，他被匈奴称为"汉之飞将军"。这里王昌龄用"龙城飞将"代指镇守北边的大将军，希望唐王朝也有像当年李广那样的大将军，镇守北大门，不让北方的民族南下入侵。当然王昌龄的诗，不仅有边塞题材，也有以《芙蓉楼送辛渐》为代表的送别诗：

寒雨连江夜入吴，平明送客楚山孤。洛阳亲友如相问，一片冰心在玉壶。

《芙蓉楼送辛渐》共两首，这里为其一，诗中用"冰心在玉壶"自喻，意蕴含蓄。王昌龄被称为"七绝圣手"，也被称为"诗家夫子王江宁"，都是对他诗作成就的赞扬。

76. 为什么说高适是边塞诗的代表诗人？

高适，字达夫，一字仲武，沧州渤海（今河北景县）人，高适早年生活困顿，跟随他的父亲到岭南旅居。开元年间，高适到长安求仕。开元十八年，北上蓟门，希望能在军中立功。天宝八载，高适被人举荐，授封丘尉。不久，进入河西节度使哥舒翰的幕府中任掌书记。安史之乱以后，高适跟随唐玄宗到蜀，拜谏议大夫，从此仕途通畅，做了淮南节度使和蜀州、彭州刺史，代宗即位以后，为刑部侍郎、转左散骑常侍、渤海县侯。

---

① 袁行霈. 中国文学史：第二卷[M]. 北京：高等教育出版社，2005：204.

高适诗作以边塞诗闻名,例如《燕歌行》:

汉家烟尘在东北,汉将辞家破残贼。男儿本自重横行,天子非常赐颜色。摐金伐鼓下榆关,旌旆逶迤碣石间。校尉羽书飞瀚海,单于猎火照狼山。山川萧条极边土,胡骑凭陵杂风雨。战士军前半死生,美人帐下犹歌舞。大漠穷秋塞草腓,孤城落日斗兵稀。身当恩遇常轻敌,力尽关山未解围。铁衣远戍辛勤久,玉箸应啼别离后。少妇城南欲断肠,征人蓟北空回首。边庭飘飖那可度,绝域苍茫更何有。杀气三时作阵云,寒声一夜传刁斗。相看白刃血纷纷,死节从来岂顾勋。君不见沙场征战苦,至今犹忆李将军。

这首诗表达的思想感情,"既有对男儿自当横行天下的英雄气概的表彰,也有对战争给征人家庭带来痛苦的深切同情;一方面是对战士浴血奋战而忘我的崇高精神的颂扬,另一方面则是对将领帐前歌舞作乐的不满。作者对当时边塞用兵而将非其人的情形是有看法的,亦不讳言征战的艰苦,但不失奋发激昂的高亢基调,苦难与崇高的对照,更增添了出塞征战的慷慨悲壮"。①

高适是盛唐边塞诗的代表作家,长于铺排,婉转流畅,骈散结合,气质沉雄。

77. "岑嘉州"是指哪位诗人?

岑参,南阳(今河南南阳)人,出生于江陵(湖北荆州)。岑参的曾祖父、伯祖父和堂伯父都曾做过宰相,他的父亲是刺史,因此岑参的家庭背景本应该很好,可惜父亲早逝,家道中落。天宝三载(744年),岑参登第,授右内率府兵曹参军。天宝八载(749年),弃官从戎,赴龟兹,入安西四镇节度使高仙芝幕府。天宝十三载(754年),又出塞赴庭州,入北庭都护府封常清幕。后经杜甫推荐,任右补阙,历任起居舍人等职,永泰元年(765年)为嘉州刺史,世称"岑嘉州"。

岑参和高适,都是盛唐边塞诗的代表诗人。他两度从军,所写边塞之诗,堪为佳作,例如《走马川行奉送封大夫出师西征》:

君不见,走马川行雪海边,平沙莽莽黄入天。轮台九月风夜吼,一川碎石大如斗,随风满地石乱走。匈奴草黄马正肥,金山西见烟尘飞,汉家大将西出师。将军金甲夜不脱,半夜军行戈相拨,风头如刀面如割。马毛带雪汗气蒸,五花连钱旋作冰,幕中草檄砚水凝。虏骑闻之应胆慑,料知短兵不敢接,车师西门伫献捷。

岑参的这首诗,尽写西北边塞的奇异风光、风土人情,语调慷慨豪迈,生动地描绘出一幅奇伟壮丽的边塞之景。大雪之夜,飞沙走石,狂风怒吼,草黄马壮,大

---

① 袁行霈. 中国文学史:第二卷[M]. 北京:高等教育出版社,2005:210.

漠里恶劣的生存环境，在岑参的笔下，却充满了英雄气概。另外，岑参还有《白雪歌送武判官归京》：

北风卷地白草折，胡天八月即飞雪。忽如一夜春风来，千树万树梨花开。散入珠帘湿罗幕，狐裘不暖锦衾薄。将军角弓不得控，都护铁衣冷难着。瀚海阑干百丈冰，愁云惨淡万里凝。中军置酒饮归客，胡琴琵琶与羌笛。纷纷暮雪下辕门，风掣红旗冻不翻。轮台东门送君去，去时雪满天山路。山回路转不见君，雪上空留马行处。

此诗是非常优秀的边塞诗作，突破了传统的表现边塞征人之苦的格局，丰富了边塞诗的描写题材和范围。另外，岑参是盛唐创作边塞诗的诗人中，流传作品最多的一位。

78. 青莲居士是哪位诗人？

李白，字太白，号青莲居士，公元701年生于安西都护府碎叶城（今吉尔吉斯斯坦境内），大约五岁的时候，他随父亲迁居绵州彰明县（今四川江油）。青年李白，遍游各地。天宝初年，被贺知章推荐，到长安供奉翰林，后来遭谗去官。安史之乱爆发以后，李白因参加了永王李璘的幕府而被牵连，流放夜郎，在流放途中被赦免。晚年一直漂泊在东南一带，公元762年卒于当涂。

李白是一个非常自负的诗人，主要体现在他大力拟作古乐府的创作实践。他的乐府诗大量使用乐府古题，他一方面借古题来写当下的事，另一方面，也用古题述怀，表现自己的志趣。他也很擅长写形式灵活的乐府诗或者歌行体，较少创作格律诗。

除乐府之外，李白也有绝句，他的绝句历来被认为是"字字神境，篇篇神物"（胡应麟《诗薮》），李白的五言绝句，"能以简洁明快的语言，表达出无尽的情思，做到了既自然，又含蓄，真实简练而含蓄丰富，这是绝句的最高境界"[①]，例如《劳劳亭》：

天下伤心处，劳劳送客亭。春风知别苦，不遣柳条青。

全诗仅二十个字，但是语言明白晓畅，送别之情也很清晰。李白说春风都知道送别的苦痛，不让柳树变青，意在不让人折柳相送，实际上是不忍友人离去。另外，李白的七言绝句也很精彩，例如《黄鹤楼送孟浩然之广陵》：

---

① 袁行霈.中国文学史：第二卷[M].北京：高等教育出版社，2005：223.

故人西辞黄鹤楼,烟花三月下扬州。孤帆远影碧空尽,唯见长江天际流。

李白在武汉的黄鹤楼送别好朋友孟浩然,一直等到孟浩然的船帆消失在水天相接的尽头,还久久不肯离去,可见两人感情之深厚。

李白可以说是中国文学史上第一流的诗人,他的人格魅力,影响了一代又一代的中国文人,他的诗歌风格被后代诗人效仿。在中国诗歌上,李白拥有着不可替代的不朽地位。

79. "天生我材必有用"出自哪一首诗?

"天生我材必有用"出自李白的《将进酒》。《将进酒》是乐府《横吹曲辞·汉铙歌》中的旧题,含有以饮酒放歌之意,全诗如下:

君不见,黄河之水天上来,奔流到海不复回。君不见,高堂明镜悲白发,朝如青丝暮成雪。人生得意须尽欢,莫使金樽空对月。天生我材必有用,千金散尽还复来。烹羊宰牛且为乐,会须一饮三百杯。岑夫子,丹丘生,将进酒,杯莫停。与君歌一曲,请君为我倾耳听。钟鼓馔玉不足贵,但愿长醉不复醒。古来圣贤皆寂寞,惟有饮者留其名。陈王昔时宴平乐,斗酒十千恣欢谑。主人何为言少钱,径须沽取对君酌。五花马,千金裘,呼儿将出换美酒,与尔同销万古愁。

李白说,黄河之水从天上奔腾而来,波涛翻滚直奔东海不回头。面对着明镜空叹,老去为什么就那么快呢。人生得意的时候,应该纵情欢乐,休要让这金杯空酒对月。"天生我材必有用,千金散尽还复来"句,气概豪壮,尽管李白是借酒消愁,但能把心中愁绪写得激情澎湃,且要一饮三百杯,烹羊宰牛为乐。这个时候,李白开始劝他的两位朋友,不要停杯,一边喝酒,一边听"我"唱歌:古往今来的圣贤都是寂寞之人,因此才愿意长醉不复醒。即使千金散尽,今天也要一醉方休。

《将进酒》从开篇的黄河之句,就具有大河奔流的气势和力量,李白不仅将原曲的主题发挥得淋漓尽致,更体现出他狂放自信的人格魅力。

80.《梦游天姥吟留别》是谁的诗作?

《梦游天姥吟留别》是李白的古体诗作。唐玄宗天宝三载(744年),李白被当朝权贵排挤,被放出京城。天宝四载,李白从东鲁(山东南部)向南到越中(今浙江),临行之前,诗人向前来相送的朋友们写下了这首诗,表达了他此刻的心情,全诗如下:

海客谈瀛洲,烟涛微茫信难求;越人语天姥,云霞明灭或可睹。天姥连天向天横,势拔五岳掩赤城。天台四万八千丈,对此欲倒东南倾。

我欲因之梦吴越,一夜飞度镜湖月。湖月照我影,送我至剡溪。谢公宿处今尚在,渌水荡漾清猿啼。脚著谢公屐,身登青云梯。半壁见海日,空中闻天鸡。千岩万转路不定,迷花倚石忽已暝。熊咆龙吟殷岩泉,栗深林兮惊层巅。云青青兮欲雨,水澹澹兮生烟。列缺霹雳,丘峦崩摧。洞天石扉,訇然中开。青冥浩荡不见底,日月照耀金银台。霓为衣兮风为马,云之君兮纷纷而来下。虎鼓瑟兮鸾回车,仙之人兮列如麻。忽魂悸以魄动,恍惊起而长嗟。惟觉时之枕席,失向来之烟霞。

世间行乐亦如此,古来万事东流水。别君去兮何时还?且放白鹿青崖间。须行即骑访名山。安能摧眉折腰事权贵,使我不得开心颜。

诗的前半部分是想象,自己梦游天姥山,在山上的所见所闻。在篇末点明主题,"安能摧眉折腰事权贵,使我不得开心颜"是全诗的主旨之句。《梦游天姥吟留别》诗用浪漫主义的手法,借用梦游来表达自己对于名山之中、神仙世界的强烈向往,当然,更是一种因为在现实中遭到排挤,表现出自己鄙弃尘俗、蔑视权贵、追求自由的思想。全诗四言、五言、七言、九言句相间,还兼有骚体之句,不受形式的限制,堪称绝世佳作。

81.《蜀道难》是谁的诗作?

《蜀道难》是乐府旧题,原属《相和歌辞·瑟调曲》,《蜀道难》旧题有功业难成的意思,李白正是沿用了这一层意思。刚到长安的李白,追求功业未成,因此他在《蜀道难》诗中抒发自己壮志难酬之感:

噫吁嚱,危乎高哉!蜀道之难难于上青天。蚕丛及鱼凫,开国何茫然。尔来四万八千岁,不与秦塞通人烟。西当太白有鸟道,可以横绝峨嵋巅。地崩山摧壮士死,然后天梯石栈相钩连。上有六龙回日之高标,下有冲波逆折之回川。黄鹤之飞尚不得过,猿猱欲度愁攀缘。青泥何盘盘,百步九折萦岩峦。扪参历井仰胁息,以手抚膺坐长叹。

问君西游何时还,畏途巉岩不可攀。但见悲鸟号古木,雄飞雌从绕林间。又闻子规啼夜月,愁空山。蜀道之难难于上青天,使人听此凋朱颜。连峰去天不盈尺,枯松倒挂倚绝壁。飞湍瀑流争喧豗,砯崖转石万壑雷。其险也如此,嗟尔远道之人,胡为呼来哉。

剑阁峥嵘而崔嵬,一夫当关,万夫莫开。所守或匪亲,化为狼与豺。朝避猛虎,夕避长蛇。磨牙吮血,杀人如麻。锦城虽云乐,不如早还家。蜀道之难难于上青天,侧身西望长咨嗟。

在李白的笔下，蜀道高峰绝壁、万壑转石。诗人从蚕丛、鱼凫开国的古老故事说起，上溯到蜀地与秦地隔绝的漫长历史。这样一条艰险难行的蜀道，让飞腾的鸟兽都无可奈何，诗人李白现在要从此翻过，又谈何容易呢。蜀道的地势险峻，就像当时的社会形势，"锦城虽云乐，不如早还家"，李白规劝他的朋友，锦城成都虽说是个可以玩乐的好地方，但道路艰险无比，不如早日回家。诗中三次提到"蜀道之难，难于上青天"，也是诗人对于世道艰险的渲染，可见诗人当时的悲愤情怀。

82. "诗圣"是谁？

杜甫，字子美，京兆杜陵（今陕西西安）人，公元712年，出身于巩县。杜甫的祖父杜审言，是初唐时期的著名诗人。杜甫20岁时南下吴越，24岁回到洛阳，参加科举没有考上。30岁的时候再次回到洛阳，并在洛阳成婚。33岁时认识了李白。和李白、高适一起游历山东等地。天宝五载（746年）到长安，客居长安十年。安史之乱以后，杜甫落入叛军的手里，被押解到了当时已落入贼手的长安。后来他听闻唐肃宗即位，就历尽千辛万苦，奔赴凤翔行宫，任左拾遗的官职。乾元元年（758年），被贬到华州司功参军，次年弃官入蜀，到成都生活。永泰元年（765年），杜甫离开成都到夔州，三年以后离开夔州，大历五年（770年）死于长沙到岳州的舟上。

杜甫的诗被称为"诗史"，说明他的诗具有存史的价值。例如，至德元年（756年），唐军陈陶斜大败，后来又在青坂战败，此时杜甫有《悲陈陶》《悲青坂》等诗作记载这一时期的历史事件。杜甫这一类的诗歌，大量地使用记叙性的笔法，既描写事件的经过，又将笔墨用于事件的细节描写，例如《北征》，尽管杜甫并没有直接对战争的现场进行描写，但他将战后的社会离乱、贫困——展现出来，展示了一幅广阔的社会历史画卷。

从唐诗的角度来说，杜甫被称为"诗圣"，是一个承前启后的诗人，他的诗作各体皆备而众体皆工，积累了非常丰富的艺术创作经验，对后世的诗歌写作产生了非常重要的影响。在宋代，杜甫的地位更高，是江西诗派诗人纷纷学习和效法的对象。杜甫心系国家安危，他的精神也为历代文人所敬仰。

83.《兵车行》是谁的诗作？

《兵车行》是杜甫的名篇。行是乐府诗歌的一种体裁，不过《兵车行》这个题目是杜甫新制的，全诗如下：

车辚辚，马萧萧，行人弓箭各在腰。耶娘妻子走相送，尘埃不见咸阳桥。牵衣顿足拦道哭，哭声直上干云霄。道旁过者问行人，行人但云点行频。或从十五北防河，便至四十西营田。去时里正与裹头，归来头白还戍边。边庭流血成海水，武皇开边意未已。君不闻汉家山东二百州，千村万落生荆杞。纵有健妇把锄犁，禾生陇亩无东西。况复秦兵耐苦战，被驱不异犬与鸡。长者虽有问，役夫敢申恨？且如今年冬，未休关西卒。县官急索租，租税从何出？信知生男恶，反是生女好。生女犹得嫁比邻，生男埋没随百草。君不见，青海头，古来白骨无人收。新鬼烦冤旧鬼哭，天阴雨湿声啾啾。

关于这首诗的创作背景，一般有两种说法，第一种说法来自《杜少陵集详注》："此为明皇用兵吐蕃而作，故托汉武以讽，其辞可哀也。先言人哭，后言鬼哭，中言内郡凋敝，民不聊生；此安史之乱所由起也。"第二种说法来自《钱注杜诗》："天宝十载，鲜于仲通讨南诏蛮，士卒死者六万。杨国忠掩其败状，反以捷闻。制大募两京及河南、北兵；以击南诏。人闻云南瘴疠，士卒未战而死者十八九，莫肯应募。国忠遣御史分道捕人，连枷送军所。于是行者愁怨，父母妻子送之，所在哭声震野。此诗序南征之苦，设为征夫问答之词。……是时国忠方贵盛，未敢斥言之。杂举河陇之事错互其词，若不为南诏而发者，此作者之深意也"。这两种说法尽管有些区别，但都说得通。这首诗虽写战争，但是没有对战争场面的直接描写，而是把战争离别的场面写得非常生动，尤其"信知生男恶，反是生女好。生女犹得嫁比邻，生男埋没随百草"句，将战争年代百姓的那种矛盾心情表现得非常贴切。

84.《丽人行》是谁的诗作？

《丽人行》是杜甫名作。同《兵车行》一样，《丽人行》这个题目也是杜甫新制的，全诗如下：

三月三日天气新，长安水边多丽人。态浓意远淑且真，肌理细腻骨肉匀。绣罗衣裳照暮春，蹙金孔雀银麒麟。头上何所有？翠微盍叶垂鬓唇。背后何所见？珠压腰衱稳称身。就中云幕椒房亲，赐名大国虢与秦。紫驼之峰出翠釜，水精之盘行素鳞。犀箸厌饫久未下，鸾刀缕切空纷纶。黄门飞鞚不动尘，御厨络绎送八珍。箫鼓哀吟感鬼神，宾从杂遝实要津。后来鞍马何逡巡，当轩下马入锦茵。杨花雪落覆白蘋，青鸟飞去衔红巾。炙手可热势绝伦，慎莫近前丞相嗔。

唐玄宗后期非常宠爱杨贵妃。天宝十一载（752年），杨贵妃的从兄杨国忠任右丞相，这首诗可能作于次年的春天。三月三日是古代的上巳节，按照古人的风俗习惯，上巳节这一天人们到水边去祓除不祥，后来逐渐成为了游春宴饮的一个节日。这首诗杜甫感于上巳节这一天，长安的水边有很多美人春游，这些美人个个肌肤丰润、身材匀称，穿着艳丽、装扮可人。在这一堆美人之中，就有几位是杨贵妃的亲戚，包括虢国夫人和秦国夫人二位。然后杜甫对他们的形神进行了细节描写——她们吃着绵绵不断的山珍海味，听着缠绵婉转的箫声鼓乐。杜甫在对这种统治集团的腐朽、奢侈生活进行了描绘的同时，也透露出他对于这种现实的批判，尤其是诗的最后两句"炙手可热势绝伦，慎莫近前丞相嗔"，点明主题，但杜甫并没有直接讨论，而是含蓄而尖锐、幽默而辛辣地书写胸中不悦。

85.《舂陵行》是谁的诗作？

元结（719—772），字次山，号漫郎、聱叟，河南鲁山（今河南鲁山）人。元结天宝十三载（754年）登进士第。安史之乱以后，元结逃难到猗玗洞，因此他又叫猗玗子。后来以右金吾兵曹参军摄监察御史，充山南东道节度参谋，抗击史思明的叛军，立下战功，之后任道州刺史，最终官至容管经略使。

元结的诗，在形式上多用古体和绝句，尤其以古体见长，力求能够摆脱声律的束缚，例如《舂陵行》：

军国多所需，切责在有司。有司临郡县，刑法竞欲施。供给岂不忧，征敛又可悲。州小经乱亡，遗人实困疲。大乡无十家，大族命单羸。朝餐是草根，暮食是木皮。出言气欲绝，意速行步迟。追呼尚不忍，况乃鞭扑之。郭亭传急符，来往迹相追。更无宽大恩，但有迫促期。欲令鬻儿女，言发恐乱随。悉使索其家，而又无生资。听彼道路言，怨伤谁复知。去冬山贼来，杀夺几无遗。所愿见王官，抚养以惠慈。奈何重驱逐，不使存活为。安人天子命，符节我所持。州县忽乱亡，得罪复是谁。逋缓违诏令，蒙责固其宜。前贤重守分，恶以祸福移。亦云贵守官，不爱能适时。顾惟屏弱者，正直当不亏。何人采国风，吾欲献此辞。

这首诗主要是讲征税的事。诗的开篇，概括了当时赋税的繁复，老百姓在赋税的重压下，生活苦不堪言。在这样一个社会背景之下，诗人参与催征赋税，对征税有了直观的感受，因此诗人在这首诗里，表现的是对百姓生活的深切同情。

元结的诗，不尚辞藻，也没有过多的修饰，往往显得比较平淡和朴实，一改盛唐诗人诗中的理想色彩，而把笔端付诸描写人生悲苦。

86."大历十才子"都有谁？

大历是唐代宗李豫的年号（766—779），大历是唐王朝从盛唐转向中唐的一个过渡时期。所谓的大历诗风，就是指"大历至贞元年间活跃于诗坛上的一批诗人的共同创作风貌。这些诗人的大多数青少年时期是在开元太平盛世度过的，受过盛唐文化的熏陶；可由安史之乱引发的近十年的空前混乱，使他们的心理状态产生了明显的变化，痛定思痛，蓦然感到了自己的无能和衰老，失去了盛唐士人昂扬的精神风貌。他们的诗，不再有李白那种非凡的自信和磅礴气象，也没有杜甫那样反映战乱社会现实的激愤和深广情怀，尽管有少量作品存留盛唐余韵，也写民生疾苦，但大量的作品表现出一种孤独寂寞的冷落心境，追求清雅高逸的情调。诗歌创作由雄浑的风骨气概转向淡远的情致，转向细致省净的意象创造，以表现宁静淡泊的生活情趣，虽有风味而气骨顿衰，遂露出中唐面目"。①

大历诗风的代表作家有韦应物、刘长卿、李端、卢纶、吉中孚、韩翃、钱起、司空曙、苗发、崔峒、耿湋、夏侯审等。其中除韦应物、刘长卿之外的十人，在中唐诗人姚合编的《极玄集》中被称为"大历十才子"，这十个人的生平基本都已不可考，只是因为在大历初年他们在长安参加一些重要的唱和活动而被世人瞩目。他们的创作，各有所长，成就也各有高低。

当然，大历十才子有着相近的创作倾向和诗歌风格，他们在诗中表达济世理想的热情有所减退，取而代之的是对山水景物的描写，诗歌中也多写自然风物、羁旅愁思等等，抒发寂寞孤独的清冷之感，表现超然世外的隐逸之情。

87. 韦应物是谁？

韦应物，京兆长安（今陕西西安）人，出生于公元 737 年。韦应物十五岁的时候成为唐玄宗的三卫近侍，年纪轻轻就出入宫闱。后来安史之乱爆发，唐玄宗仓皇奔往蜀地，韦应物也因此流落江湖。从这个时候起，韦应物开始入太学折节读书。之后，韦应物历任洛阳丞、京兆府功曹参军、鄂县令、比部员外郎、滁州刺史、江州刺史、左司郎中、苏州刺史等职务，因此人称他为韦江州、韦苏州或者韦左司。

韦应物的很多诗歌，"作于因秉公执法而被迫辞去洛阳丞一职之后，尤以大历中再度出仕任京兆府功曹，至罢滁州刺史的十余年间的吏隐诗作见称于世。在他后期的作品里，慷慨为国的昂扬意气消失了，代之以看破世情的无奈和散淡。"②在这样一种看破世情的心态中，"向往隐逸的宁静，有意效法陶渊明的冲和平淡，成为韦应物诗歌创作的主导倾向。气貌高古、清雅闲淡，自成一家之体"③，例如他的《滁州西涧》：

---

① 袁行霈. 中国文学史：第二卷[M]. 北京：高等教育出版社，2005：246.
② 袁行霈. 中国文学史：第二卷[M]. 北京：高等教育出版社，2005：247.
③ 袁行霈. 中国文学史：第二卷[M]. 北京：高等教育出版社，2005：247.

独怜幽草涧边生，上有黄鹂深树鸣。春潮带雨晚来急，野渡无人舟自横。

这首诗作于韦应物在唐德宗建中二年（781年）任滁州刺史的时候，作者用简洁的景物描写，生动传神地写出了闲适生活的宁静野逸之趣，在宁静的诗境中，有一重冷落寂寞的情思氛围。

白居易曾经说韦应物的诗，"清丽之外，颇近兴讽，其五言诗，又高雅闲淡，自成一家之体"，给予了韦诗极高的评价。

88. 中唐诗歌变革的第一诗人群体是什么？

韩孟诗派是中唐诗歌变革的第一诗人群体。

大历之后，唐代诗歌在唐德宗至唐穆宗的四十余年中，渐趋兴盛，并在唐宪宗元和年间达到一个高潮。这一时期，名家辈出，诗人们纷纷开始思考诗歌创作的新途径和新技法，以及新的诗歌理论的阐发，并创作出大量的富有创新意味的诗歌，韩孟诗派就是其中一个很重要的流派。

韩孟诗派的代表人物是韩愈、孟郊。他们主张"不平则鸣"说，所谓的"不平"就是人内心的不平衡，强调内心不平情感的抒发。它既指向诗人进行诗歌创作的主要原因，又是对一种特定的创作心理——心中的不平的一种肯定。当然，不平则鸣还包含了对于诗歌抒情功能的重视，提倡在诗歌的审美基础上的情绪宣泄。

韩孟诗派的另一个观点是"笔造神化"，要求诗歌创作既要有创造性的诗思，又要对客观的物象进行主观的加工。尤其是韩愈，他非常重视心性、胆力和对物象的主观裁夺。在倡导"笔补造化"的同时，韩孟诗派还特别崇尚雄伟怪异之美，体现了他们的审美取向。

韩孟诗派有独特的诗歌创作理论和创作实际，"突破了过于重视人伦道德和温柔敦厚的传统诗教，由重诗的社会功能转向重诗的抒情特质，转向重创作主体内心的展露和艺术创造力的发挥，这在诗歌理论史上是一个值得重视的现象。"[①]

89. "郊寒岛瘦"是什么意思？

"郊寒岛瘦"是形容唐代诗人孟郊、贾岛二人的诗风。

孟郊（751—814），字东野，武康（今浙江德清）人。孟郊性格比较孤傲，尽管他一直有很强的入仕之心，但是他直到四十六岁才及第，五十岁的时候才做溧阳尉，

---

① 袁行霈. 中国文学史：第二卷[M]. 北京：高等教育出版社，2005：259.

晚年做过水陆转运从事、试协律郎等官职。他一生沉沦下僚，郁郁寡欢，受尽生活的磨难。孟郊的诗以"苦吟"著称，注重连词造句，追求奇特的构思。孟郊的诗"都经过精心的锻造锤炼，所以能尽去枝叶，精当洗练，在人意中而又出人意表。"①

贾岛（779—843），字浪先，范阳（今河北涿州）人。贾岛生平贫寒，曾经落发为僧，还俗以后多次参加科举考试，一直没有考中。在唐文宗的时候，做过长江主簿，因此他又叫做"贾长江"，后来还做过普州司仓参军。贾岛和孟郊都是著名的苦吟诗人，相传贾岛在驴背上思考"鸟宿池边树，僧推月下门"句中的第七个字用"推"还是用"敲"，以至于他错入了韩愈的仪仗，这就是"推敲"一词的来源，贾岛自己也说"二句三年得，一吟双泪流"。

"郊寒岛瘦"这个词，最初见于苏轼："元轻白俗，郊寒岛瘦。嘹然一吟，众作卑陋。"（《祭柳子玉文》）苏轼将孟郊、贾岛并举，概括的是孟郊和贾岛遣词造句的这种苦吟作诗之法。但是尽管孟郊、贾岛并举，但是孟郊长于五古，贾岛长于五律。

90.《寻隐者不遇》讲的是一个怎样的故事？

《寻隐者不遇》是贾岛的诗作。某日，贾岛去拜访他的一位隐士朋友。贾岛缓步拾阶而上，山路陡峭，走着走着不免有些气喘吁吁。好不容易走到山腰的一处平地，只见一株苍天巨松直耸云霄，一看就是百年古树，松树下坐着一位童子，贾岛一眼认出来：这孩子，不正是好朋友的书童吗？

于是贾岛走过去，问道："你怎么一个人在这里？你的师父呢？"

童子一见是贾岛，忙行礼回答："先生好。我师父采药去了。我奉命下山采买一些东西，刚刚走到这里正要休息一会儿呢。"

贾岛一听，哎呀，不巧，朋友采药去了不在家啊。他还抱着一线希望，连忙再问："那你师父临走前可有交代过，他去哪里采药去了？什么时候能回来啊？"

童子摇摇头："师父一向都是闲云野鹤似的，反正他肯定在这座山里面，他没说会去哪里，也没说什么时候才能回来。您看山上这么厚的云层，山路崎岖幽深，找他老人家是肯定找不到的。"

贾岛听了童子的回答，也心知他说的是事实，不免轻轻地叹息了一声。虽然爬了那么久的山路，却见不到朋友，未免有些遗憾。可是转念再一想，朋友这种生活状态不正是他一直向往的吗？就像白云流动一般自由自在，毫无拘束，朝夕相处的便是这清新的自然，心情也如同白云一般清澈，不染半点尘埃，那正是自己一生所

---

① 袁行霈.中国文学史：第二卷[M].北京：高等教育出版社，2005：262.

追求的境界。于是他写下了《寻隐者不遇》：

  松下问童子，言师采药去。只在此山中，云深不知处。

  短短的二十个字，访客与童子的问答俨然都包含在其中。尤其巧妙的是，在诗中，贾岛故意隐去了访客的问话，只留下童子的回答，却能让读者仿佛亲临其境，感受到这一问一答之间的亲切与自然。而且，从童子简简单单的答话中，还看似无意实则有意地勾勒出一位高洁、自由、闲适的隐者高人的形象。在这首诗中，出场的访客与童子其实都不是主角，真正的主角是那位自始至终都没有出场的隐士——童子的师父，诗人的好友。也许，在这首诗中，白云象征的正是隐士的自由自在，苍松象征的则是隐士刚劲的风骨。所谓寻隐者"不遇"，不遇就是没有遇到的意思。"不遇"表面上只是写这次拜访没有达到预想的结果，实际上表达的恰恰是诗人贾岛对隐士那种生活境界可望而不可即的追求。

  贾岛虽然被称为"苦吟诗人"，但这首《寻隐者不遇》仅仅用白描的手法，便暗含层层转折，清晰地呈现出一位隐者高致，读来真是仿佛没有半丝人间烟火气，意态闲雅，余味无穷。

91.《雁门太守行》的作者是谁？

  李贺（790—816），字长吉，生于福昌昌谷（今河南宜阳）。李贺是没落的唐宗室后裔，他的父亲李晋肃，做过县令。因为他的父亲名"晋肃"，"晋"与"进士"的"进"同音，"肃"与"进士"的"士"音近，所以李贺被认为是有讳他父亲的名，因此他不得参加科举考试。后来勉强应举，做了个从九品的小官，没过多久就托疾辞归了。

  李贺的一生非常短暂，但年少之时就已经"名动京华"，十八岁的时候，他带着自己的诗去拜谒韩愈，韩愈只读了其中一首，就大为赞赏，这首诗就是著名的《雁门太守行》：

    黑云压城城欲摧，甲光向日金鳞开。
    角声满天秋色里，塞上燕脂凝夜紫。
    半卷红旗临易水，霜重鼓寒声不起。
    报君黄金台上意，提携玉龙为君死。

  这首诗所写的是危城守将们誓死报效国家的决心。"在短短 27 年的生涯中，李贺将起卓荦的才华和全部精力都投入到了诗歌创作上，骑驴觅诗，苦吟成性，呕心沥血，废寝忘食，把作诗视为生命之所系。这一方面导致他对社会不可能有较深刻的理性认识，而时时耽于幻想；另一方面则使得他的诗作融入了极为浓郁的伤感意绪和幽僻怪诞的个性特征，表现重点也从韩愈的粗猛豪横、孟郊的冷峭枯寂转向对主体心灵的全体开掘和虚幻意象的巧妙营造"。①

李贺的诗，重视对诗人内心世界的挖掘，翻开他的诗卷，那奇特的语言、奇异的想象、幽冷的诗境扑面而来，使人仿佛进入了一个别样的世界。

92. "刘白"是指哪两位诗人？

刘禹锡（772—842），字梦得，洛阳人。刘禹锡是贞元七年（791年）进士，后来中博学宏词科，任监察御史。曾经和柳宗元等人加入主张政治革新的王叔文集团。改革失败后，刘禹锡被贬做朗州司马，历任连州、夔州、和州刺史。回到朝廷之后，为主客郎中，以太子宾客的身份分司东都，因此也被称为刘宾客。最终官至检校礼部尚书。刘禹锡晚年与白居易为诗友，并称"刘白"。

刘禹锡性格刚毅，有豪猛之气，因此他在被贬离京的日子里，用诗歌书写他沉重的苦闷心情。刘禹锡在外贬谪多年，宝历二年（826年），刘禹锡罢和州刺史，从和州返回洛阳，在扬州碰到了白居易，作了一首《酬乐天扬州初逢席上见赠》：

巴山楚水凄凉地，二十三年弃置身。

怀旧空吟闻笛赋，到乡翻似烂柯人。

沉舟侧畔千帆过，病树前头万木春。

今日听君歌一曲，暂凭杯酒长精神。

刘、白二人在扬州初次见面，白居易作《醉赠刘二十八使君》诗，这首诗是刘禹锡的回赠之作。诗作中婉转地表达了诗人遭受长期贬谪的不平心情，其中"沉舟侧畔千帆过，病树前头万木春"一联，用典曲折，含义深刻，表现了诗人坚定的意志和乐观的精神。当然，刘禹锡的诗作中，最为人称道的是咏史怀古类的作品，例如《西塞山怀古》：

王濬楼船下益州，金陵王气黯然收。

千寻铁锁沉江底，一片降幡出石头。

人世几回伤往事，山形依旧枕寒流。

今逢四海为家日，故垒萧萧芦荻秋。

这首诗写的是晋事，但咏史怀古的字里行间，也透露着现实的寄托，"充溢着一种悲凉而不衰飒、沉重而不失坚韧的精神气脉，以及纵横千古、涵盖一切的气象，

---

① 袁行霈. 中国文学史：第二卷[M]. 北京：高等教育出版社，2005：267.

读来令人感慨遥深"。①

93.《再游玄都观绝句》是谁的诗作？

元和十年（815年）春，刘禹锡被贬朗州十年后回京的第一个春天，他在赏玄都观桃花后写下了《元和十年自朗州承召至京，戏赠看花诸君子》一诗：

紫陌红尘拂面来，无人不道看花回。玄都观里桃千树，尽是刘郎去后栽。

诗的前两句是写实，说的是桃花盛开了，争先恐后去看桃花的人络绎不绝，连诗人自己都忍不住去凑热闹了。后面两句诗人说，玄都观里的桃花虽然开得很漂亮很茂盛，可你们这些赏花的人别忘了：这些漂亮的桃花，可都是我"刘郎"离开这里以后才栽的。这里的"刘郎"可能有两层含义：一层是运用了"刘郎"和桃花的典故。这个典故出自南朝宋刘义庆的小说《幽明录》，里面讲了一个桃源遇仙的故事，说的是东汉年间有两个人，一个叫刘晨，一个叫阮肇。这两个人到天台山去采药，结果迷了路，回不去了，带在身边的干粮也吃完了。正饿得头昏眼花的时候，忽然看见悬崖上有一棵桃树，上面结满了大桃子，他们爬上去摘桃子吃，吃饱了下山的时候又邂逅了两位十分漂亮的仙女。在仙女们的盛情邀请下，他们和仙女们一起度过了一段神仙般的日子，幸福得差点把自己家都忘了。住了十多天后，刘晨、阮肇才想起他们都是有家有口的人，就想回家去看看，仙女舍不得他们走，又苦苦挽留他们住了半年，最后实在留不住了，只好送他们回去。可是两人回去一看，村子里的景物、人全都变了。原来在山中的这半年，人间已经过去了好几百年。他们拦住一个小孩子一问，这个小孩竟然已经是他们的第七代乃孙。刘郎桃源遇仙原本就是一个道教的故事，正巧这首诗写的就是"玄都观"这个地方。刘禹锡暗用这个典故，借以表达人事沧桑、恍若隔世的感慨。不过，这个典故很可能还并不是诗人真正想表达的意思，他真正想表达的是什么呢？这就要说到"刘郎"的另外一层含义了。在这首诗里，"刘郎"其实指的就是诗人自己。他说，这些桃花都是在自己离开京城之后才长得这么茂盛的啊。桃花的茂盛恰恰和诗人之前长达十年的寂寞的贬谪生活形成了鲜明的反差。

因此在这首诗中，桃花既不是象征美女，更不是象征爱情，而是象征永贞革新失败后，朝廷里那些得志的新贵。所谓"玄都观里桃千树，尽是刘郎去后栽"，其真实含义是：看你们这些春风得意的小人，都是我刘禹锡被贬之后猖狂得志的。而那些争先恐后去赏花的看客们象征的就是奔走于权贵之门的趋炎附势之徒，他们上下

---

① 袁行霈. 中国文学史：第二卷[M]. 北京：高等教育出版社，2005：272.

钻营、淹没在俗世尘埃之中；玄都观则暗喻纵容、培植权贵的朝廷。这样的讥讽真可谓足够犀利、尖锐了。

不久刘禹锡再度被贬，这一贬又是漫长的十三年。大和二年（828年），当刘禹锡再次回京，又是一个桃花盛开的春天，他再度来到玄都观游春赏花，桃花净尽，青苔蔓延，种桃道士早已不见踪影，只有野菜花寂寞地开着。破败荒凉的景象与十四年前的人潮汹涌形成了鲜明对比，然而这样的荒凉不但没有让刘禹锡感到遗憾失望，反而让他感到由衷的欣喜：如果说十四年前的那首桃花诗，所谓"玄都观里桃千树，尽是刘郎去后栽"不过是因为赏花的热闹场景引发的感慨，借机发发牢骚，那么十三年后的这首《再游玄都观绝句》桃花诗则是故意旧事重提了：

百亩庭中半是苔，桃花净尽菜花开。种桃道士归何处？前度刘郎今又来！

了解了刘禹锡两次"桃花诗"创作的前因后果，我们就能明白这首《再游玄都观绝句》的真实寓意了："桃花净尽"意味着小人不再霸占高位，"种桃道士归何处"意味着小人的靠山——朝廷执政者也倒台了。这是不是意味着奸佞之人罪有应得，正直之士从此有了希望，而国家的春天即将来临呢？从诗中的情绪来看，刘禹锡确实就是这么想的。例如"种桃道士归何处，前度刘郎今又来"这两句，真可谓意气风发，颇有藐视权贵、不屈不挠的气概，尤其是"今又来"三字很能体现出刘禹锡愈挫愈勇的斗志。所以他此次重返玄都观，虽然没有看到盛开的桃花，也没有遇到来来往往的赏花人，但他的心情却无比愉悦。由此可见，二十三年的放逐生涯，也许足够磨平一个人的所有棱角，却偏偏磨不平刘禹锡的棱角。要知道，这一年，刘禹锡已经五十七岁，早过了知天命之年，他却依然毫不掩饰那似乎只属于年轻人的咄咄逼人的锋芒与气势。

时隔十三年，《再游玄都观绝句》与《元和十年自朗州承召至京，戏赠看花诸君子》前后呼应，成为刘禹锡"桃花诗"的姊妹篇。二十三年的贬谪流徙，即便命运一再摧残也没有改变他不屈的个性。两首"桃花诗"，两个截然不同的春天，见证了刘禹锡刚直不阿、不忘初心的选择。

94. 香山居士是哪位诗人的号？

白居易（772—846），字乐天，晚年号香山居士。白居易是贞元十六年（800年）进士，授秘书省校书郎。元和年间，任翰林学士、左拾遗，后来被贬为江州司马、移忠州刺史，又改任杭州刺史、苏州刺史、同州刺史，最后官至刑部尚书。

白居易是中唐时期非常重要的大诗人，他的诗歌主张和创作实际，都是以通俗性和写实性为基本出发点的，因而在中国诗歌史上占据了重要的地位，例如《观刈麦》：

田家少闲月,五月人倍忙。夜来南风起,小麦覆陇黄。妇姑荷箪食,童稚携壶浆,相随饷田去,丁壮在南冈。足蒸暑土气,背灼炎天光,力尽不知热,但惜夏日长。复有贫妇人,抱子在其旁,右手秉遗穗,左臂悬敝筐。听其相顾言,闻者为悲伤"家田输税尽,拾此充饥肠。"今我何功德?曾不事农桑。吏禄三百石,岁晏有余粮。念此私自愧,尽日不能忘。

这首诗大约作于元和七年(807年),当时白居易在陕西周至县任县尉,诗的内容是写农民在炎热的五月辛勤地收割麦苗的情景,并且通过一个妇人的诉说,反映出了当时农民所承担的赋税之重、农民生活之困。最后,白居易说自己"不事农桑",但却能"吏禄三百石",诗人"念此私自愧",为此非常的惭愧。这首诗体现了白居易对于农民的同情。

白居易的这一类讽喻诗,大约有一百七十余首,基本上都作于他贬谪之前,在通俗和写实的基础之上,能够基本体现白居易讽喻类诗歌的创作倾向,那就是对下层民众苦难生活的深刻反映以及对上层达官贵人的浮华生活的尖锐揭露。

95.《长恨歌》是哪位诗人的作品?

《长恨歌》是白居易的代表作品,作于元和元年。诗歌主要是以唐明皇和杨贵妃的故事结构全篇,但是也深受佛教变文和道教神仙的故事的影响。《长恨歌》从唐玄宗和杨贵妃的事件说起,极写唐玄宗宠爱杨贵妃并最终引发安史之乱。但白居易在一定程度上,还是脱离了历史事件的本身,以咏叹李、杨的爱情为主线条。诗的开篇,就对杨贵妃的美貌,以及唐玄宗对她的恩宠进行了细致的描写:

汉皇重色思倾国,御宇多年求不得。杨家有女初长成,养在深闺人未识。天生丽质难自弃,一朝选在君王侧。回眸一笑百媚生,六宫粉黛无颜色。春寒赐浴华清池,温泉水滑洗凝脂。侍儿扶起娇无力,始是新承恩泽时。云鬓花颜金步摇,芙蓉帐暖度春宵。春宵苦短日高起,从此君王不早朝。承欢侍宴无闲暇,春从春游夜专夜。后宫佳丽三千人,三千宠爱在一身。金屋妆成娇侍夜,玉楼宴罢醉和春。姊妹弟兄皆列士,可怜光彩生门户。遂令天下父母心,不重生男重生女。骊宫高处入青云,仙乐风飘处处闻。缓歌慢舞凝丝竹,尽日君王看不足。渔阳鼙鼓动地来,惊破《霓裳羽衣曲》。

安史之乱爆发,唐玄宗向蜀地避难,途中赐死杨贵妃。诗的情感开始转向哀伤,唐玄宗始终在追忆杨贵妃的种种,并且在回到京城以后,通过四季的变化,来烘托他内心的苍凉:

九重城阙烟尘生,千乘万骑西南行。翠华摇摇行复止,西出都门百余里。六军不发无奈何，宛转娥眉马前死。花钿委地无人收，翠翘金雀玉搔头。君王掩面救不得，回看血泪相和流。黄埃散漫风萧索，云栈萦纡登剑阁。峨嵋山下少人行，旌旗无光日色薄。蜀江水碧蜀山青，圣主朝朝暮暮情。行宫见月伤心色，夜雨闻铃肠断声。天旋地转回龙驭，到此踌躇不能去。马嵬坡下泥土中，不见玉颜空死处。君臣相顾尽沾衣，东望都门信马归。归来池苑皆依旧，太液芙蓉未央柳。芙蓉如面柳如眉，对此如何不泪垂？春风桃李花开日，秋雨梧桐叶落时。西宫南内多秋草，落叶满阶红不扫。梨园弟子白发新，椒房阿监青娥老。夕殿萤飞思悄然，孤灯挑尽未成眠。迟迟钟鼓初长夜，耿耿星河欲曙天。鸳鸯瓦冷霜华重，翡翠衾寒谁与共？悠悠生死别经年，魂魄不曾来入梦。

诗的第三部分，是写临邛道士被他的精诚所感动，到仙境帮他去寻找杨贵妃，并且将杨贵妃塑造成一个女神的形象，她殷勤迎接汉家使者，含情脉脉，托物寄词，重申前誓，照应了唐玄宗对她的思念，进一步深化"长恨"的主题：

临邛道士鸿都客，能以精诚致魂魄。为感君王辗转思，遂教方士殷勤觅。排空驭气奔如电，升天入地求之遍。上穷碧落下黄泉，两处茫茫皆不见。忽闻海上有仙山，山在虚无缥渺间。楼阁玲珑五云起，其中绰约多仙子。中有一人字太真，雪肤花貌参差是。金阙西厢叩玉扃，转教小玉报双成。闻道汉家天子使，九华帐里梦魂惊。揽衣推枕起徘徊，珠箔银屏迤逦开。云鬓半偏新睡觉，花冠不整下堂来。风吹仙袂飘飘举，犹似霓裳羽衣舞。玉容寂寞泪阑干，梨花一枝春带雨。含情凝睇谢君王，一别音容两渺茫。昭阳殿里恩爱绝，蓬莱宫中日月长。回头下望人寰处，不见长安见尘雾。惟将旧物表深情，钿合金钗寄将去。钗留一股合一扇，钗擘黄金合分钿。但教心似金钿坚，天上人间会相见。临别殷勤重寄词，词中有誓两心知。七月七日长生殿，夜半无人私语时。在天愿作比翼鸟，在地愿为连理枝。天长地久有时尽，此恨绵绵无绝期。

这首诗将李、杨的爱情作为主要内容，作者将自己个人的情感体悟赋于其中，为后世文学创作不断效仿，他二人的爱情故事成为后代文学中常见的内容。

96.《琵琶行》是哪位诗人的作品？

《琵琶行》是白居易歌行体的代表之作，大约作于元和十一年，白居易被贬江州刺史之时，以一位琵琶女的故事为主线，抒发白居易个人被贬之后的情感。全诗如下：

浔阳江头夜送客，枫叶荻花秋瑟瑟。主人下马客在船，举酒欲饮无管弦。醉不成欢惨将别，别时茫茫江浸月。忽闻水上琵琶声，主人忘归客不发。寻声暗问弹者谁？琵琶声停欲语迟。移船相近邀相见，添酒回灯重开宴。千呼万唤始出来，犹抱琵琶半遮面。转轴拨弦三两声，未成曲调先有情。弦弦掩抑声声思，似诉平生不得志。低眉信手续续弹，说尽心中无限事。轻拢慢捻抹复挑，初为《霓裳》后《六幺》。大弦嘈嘈如急雨，小弦切切如私语。嘈嘈切切错杂弹，大珠小珠落玉盘。间关莺语花底滑，幽咽泉流冰下难。冰泉冷涩弦凝绝，凝绝不通声暂歇。别有幽愁暗恨生，此时无声胜有声。银瓶乍破水浆迸，铁骑突出刀枪鸣。曲终收拨当心画，四弦一声如裂帛。东船西舫悄无言，唯见江心秋月白。沉吟放拨插弦中，整顿衣裳起敛容。自言本是京城女，家在虾蟆陵下住。十三学得琵琶成，名属教坊第一部。曲罢曾教善才服，妆成每被秋娘妒。五陵年少争缠头，一曲红绡不知数。钿头银篦击节碎，血色罗裙翻酒污。今年欢笑复明年，秋月春风等闲度。弟走从军阿姨死，暮去朝来颜色故。门前冷落鞍马稀，老大嫁作商人妇。商人重利轻别离，前月浮梁买茶去。去来江口守空船，绕船月明江水寒。夜深忽梦少年事，梦啼妆泪红阑干。我闻琵琶已叹息，又闻此语重唧唧。同是天涯沦落人，相逢何必曾相识！我从去年辞帝京，谪居卧病浔阳城。浔阳地僻无音乐，终岁不闻丝竹声。住近湓江地低湿，黄芦苦竹绕宅生。其间旦暮闻何物？杜鹃啼血猿哀鸣。春江花朝秋月夜，往往取酒还独倾。岂无山歌与村笛？呕哑嘲哳难为听。今夜闻君琵琶语，如听仙乐耳暂明。莫辞更坐弹一曲，为君翻作《琵琶行》。感我此言良久立，却坐促弦弦转急。凄凄不似向前声，满座重闻皆掩泣。座中泣下谁最多？江州司马青衫湿。

《琵琶行》的开篇，用秋天荻花和江月来烘托此时凄凉的自然环境，然后又是友人将别，秋夜的离别，更添一份愁绪。这个时候响起了琵琶女的歌声，并通过一系列的动作、神态、细节、比喻来描写这位琵琶女的弹奏，诗人被这琵琶声所感动，更有感于琵琶女的生平际遇，发出了"同是天涯沦落人"的感慨。

97. 新乐府运动是什么？

新乐府运动是中唐时期，由白居易和元稹共同倡导的一次文学改革运动，其主要的领域是诗歌。所谓新乐府，是相对于汉代乐府而言的，"新乐府"是唐代诗人自己新题的乐府诗，和汉代乐府的不同之处，就在于新乐府诗是不可入乐的。从诗的内容上来说，新乐府运动的诗，强调诗歌的社会功能，积极发扬"诗可以怨"的作用。

新乐府运动的代表诗人白居易，他的诗政治倾向性比较明显，他总选择有强烈的典型意义的题材入诗，主题非常的明确。例如他的《上阳白发人》：

上阳人，上阳人，红颜暗老白发新。绿衣监使守宫门，一闭上阳多少春。玄宗末岁初选入，入时十六今六十。同时采择百余人，零落年深残此身。忆昔吞悲别亲族，扶入车中不教哭。皆云入内便承恩，脸似芙蓉胸似玉。未容君王得见面，已被杨妃遥侧目。妒令潜配上阳宫，一生遂向空房宿。宿空房，秋夜长，夜长无寐天不明。耿耿残灯背壁影，萧萧暗雨打窗声。春日迟，日迟独坐天难暮。宫莺百啭愁厌闻，梁燕双栖老休妒。莺归燕去长悄然，春往秋来不记年。唯向深宫望明月，东西四五百回圆。今日宫中年最老，大家遥赐尚书号。小头鞵履窄衣裳，青黛点眉眉细长。外人不见见应笑，天宝末年时世妆。上阳人，苦最多。少亦苦，老亦苦，少苦老苦两如何！君不见昔时吕向美人赋，又不见今日上阳白发歌！

这首诗通过描写上阳人的悲惨遭遇，反映出在深宫幽闭的时光里，葬送了无数妇女的青春和幸福。诗作主题鲜明，语言流畅，充分发挥了乐府民歌的语言传统，诗句有三言、七言、甚至十言句，形式比较灵活，不受格律诗的形式要求，是白居易笔下非常典型的新乐府。

98. 元稹是谁？

元稹（779—831），字微之，河南（今河南洛阳）人。元稹贞元九年（793年）及第，又登才识兼茂明于体用科，考了第一名，除左拾遗，后来做了监察御史。因为得罪了宦官，被贬到江陵士曹参军。后来元稹变节，和宦官勾结。唐穆宗在位的时候，官职不断升迁，长庆二年（822年），拜相。后来出为同州刺史，又转越州，兼浙东观察使。

元稹的诗，在当时与白居易齐名，合称"元白"，他的诗受张籍、王建、李绅等人的影响。例如他的《连昌宫词》，是一首叙事长诗，节选如下：

连昌宫中满宫竹，岁久无人森似束。又有墙头千叶桃，风动落花红蔌蔌。宫边老翁为余泣，小年进食曾因入。上皇正在望仙楼，太真同凭阑干立。楼上楼前尽珠翠，炫转荧煌照天地。归来如梦复如痴，何暇备言宫里事。

这首诗通过写连昌宫的兴衰演变，探索了安史之乱前后李唐王朝从治到乱的因由和景象。元稹的诗，尽管在反映现实方面不及白居易，但是元稹的诗精警清峭，独有特色。

99. 张籍是谁？

张籍（约767—约830），字文昌，苏州（今属江苏）人。张籍是贞元十四年（798年）进士。元和初年，任太常寺太祝，后来历任国子助教、国子博士、水部郎中、主客郎中、国子司业等官职。张籍是韩愈的学生、白居易的好朋友。

张籍的诗，现有乐府诗大约九十首，这其中有古题乐府，也有唐代的新题乐府，题材内容非常广泛，例如他的《野老歌》：

老农家贫在山住，耕种山田三四亩。苗疏税多不得食，输入官仓化为土。岁暮锄犁傍空室，呼儿登山收橡实。西江贾客珠百斛，船中养犬长食肉。

《野老歌》用非常简短的语言将这位老农一年的生活基本勾勒了出来，尽管"语极平易，却字字血泪。官府的残酷、老农的凄苦、社会的不公，都从'化为土'三字和'船中养犬长食肉'的对比中自然传达出来，不着意于讽谕而讽谕之意已见"。①

张籍的近体诗，在平易之中，也另有一番味道，例如《秋思》：

洛阳城里见秋风，欲作家书意万重。复恐匆匆说不尽，行人临发又开封。

洛阳城里秋风渐起，作者的思乡之情更加浓重了。写一封家书回家，给家人报个平安，本是一件很平常的事情，但是当诗人将家书交给信使，带回老家给家人的时候，信使刚要起身，作者就叫信使停了脚步，又打开信封，再写上几句。可是千万言语，也承载不了作者的思念之情，从"复恐"到"又开封"，将诗人"万重"的"秋思"表现得淋漓尽致。

张籍的诗，看起来非常平易，没有雕琢的痕迹，但又在细微之处见深意。

100.《节妇吟》是谁的诗作？

《节妇吟》是唐代诗人张籍的名篇，全诗如下：

君知妾有夫，赠妾双明珠。感君缠绵意，系在红罗襦。妾家高楼连苑起，良人执戟明光里。知君用心如日月，事夫誓拟同生死。还君明珠双泪垂，恨不相逢未嫁时。

这首诗从表面上看只是一位有夫之妇委婉地拒绝一位追求者：先生您明知我已经嫁人，可是还送给我这么贵重的礼物，您的情意让我很感动，我甚至一度将您送的明珠系在贴身穿着的小短袄里面。可是，我想来想去，我还是不能因为您而背叛我的丈夫。我的丈夫非常优秀，他的工作是"执戟明光里"，也就是在明光殿里带着兵器保卫中央的高级侍卫，因此，我虽然明知您对我是真心，但我已经发过誓，要和自己的丈夫白头偕老，同生共死。现在，我把您的明珠送还给您，恨只恨我没有在出嫁之前认识您，这辈子我们都没有相爱的缘分了。

显然，在这首《节妇吟》里，张籍貌似塑造了一个忠于丈夫的"节妇"形象，但其

---

① 袁行霈.中国文学史：第二卷[M].北京：高等教育出版社，2005：279.

实,诗中的"君"代表的是李师道,丈夫也就是"良人"代表的是大唐皇帝,"妾"指的就是张籍自己。这首《节妇吟》有的版本标题下还加上了一句注:"寄东平李司空师道",说明这是张籍写给李师道的一封回信,他借"节妇"之口,表达了自己对大唐王朝忠贞不二的决心,也对李师道的邀请婉言谢绝。这样既没有背叛国家,又不会因此而触怒李师道,当李师道读到这样"情意绵绵"的回信,恐怕再有满腔怒气也发不出来了,反而不得不佩服张籍如此巧妙的构思吧。

101. 王建是谁?

王建(约767—约830),字仲初,颍川(今河南许昌)人。王建出身贫寒,元和年间做过昭应县丞、渭南尉。唐穆宗长庆初年,王建由太府丞转秘书郎,最后官至陕州司马。王建的诗现在有五百多首流传下来,收录于《王司马集》传世。

王建的五百多首诗里,有古题乐府大约三十余首,新题乐府一百七十五首,其中新题乐府如《田家行》:

男声欣欣女颜悦,人家不怨言语别。五月虽热麦风清,檐头索索缲车鸣。野蚕作茧人不取,叶间扑扑秋蛾生。麦收上场绢在轴,的知输得官家足。不望入口复上身,且免向城卖黄犊。回家衣食无厚薄,不见县门身即乐。

这首诗写的是收获的季节,洋溢着一种收获的、欢乐祥和的气氛。"比起张籍《野老歌》中的'老农'来,这里的农民生活要相对好一些,因为遇到了一个好年景,打下的粮食、纺织的丝线虽不指望'入口复上身',但交纳租税却已足够。'田家衣食无厚薄,不见县门身即乐'这就是农民的唯一要求和希望。王建用质朴自然的诗句将这极微薄的要求和希望表述出来,同时也将欢乐表层掩抑下的农民的悲哀和忍耐十分真切地表现出来"。①

王建还有《宫词》一百首,大约作于元和末年,其内容主要是反映宫廷生活,例如《宫词》(百首其一):

教遍宫娥唱尽词,暗中头白没人知。楼中日日歌声好,不问从初学阿谁。

这首诗所写的是宫娥在宫中学唱词的事情,宫娥们在学词唱词的过程中逐渐老去。百首《宫词》是对宫廷生活的方方面面的反映,也是对宫廷之中荒淫、奢靡风气的揭露。

---

① 袁行霈. 中国文学史:第二卷[M]. 北京:高等教育出版社,2005:280.

102. 杜牧是怎样看待赤壁之战的？

杜牧的咏史名篇《赤壁》对著名的赤壁之战提出了独出机杼的观点：

折戟沉沙铁未销，自将磨洗认前朝。东风不与周郎便，铜雀春深锁二乔。

汉献帝建安十三年（208年），东吴的统帅周瑜率领孙权、刘备的联军迎战曹操大军。曹操水军号称八十万人，周瑜的麾下却只有五万人，似乎两军人数悬殊，因此曹操对此战信心满满。然而在大军压境的紧张形势下，周瑜却胸有成竹，他采纳了黄盖献上的火攻妙计，战斗打响之时，又恰好刮起了东南风，火趁风势，烧得越来越旺，浓烟蔽日，曹军人马烧的烧死，淹的淹死，大军溃退，曹操也不得不狼狈逃窜。这一战，基本奠定了曹操、孙权、刘备三分天下的三国局面。

对于这一历史上赫赫有名的战役，历来吟咏的诗篇不计其数，要想在这样的咏史诗中翻出新意着实很困难。杜牧却别出心裁，他在经过赤壁古战场的时候，看到了赤壁之战中沉没在水底泥沙中的一支铁戟，经过六百多年的淘洗，这支折断的铁戟终于被人发现。透过这一件普通的兵器，诗人仿佛看到了六百多年前那场轰轰烈烈的战争，想起了在那场战争中叱咤风云的人物，不仅引发了深沉的感慨："东风不与周郎便，铜雀春深锁二乔。"

周郎当然就是指孙刘联军的统帅周瑜了，二乔则是东吴两位绝色的美女姐妹，大乔嫁给了孙策，小乔便是周瑜的妻子。铜雀台位于曹操被封为魏王时魏国的都城，在今河北省临漳县，当时称为邺都。最后这两句充分反映出杜牧奇绝的想象力，虽然历史不可假设，他却偏偏要提出一个谁也想不到的假设："假设赤壁之战的时候没有刮起东南风，连老天都帮了周瑜一个大忙，那恐怕东吴的两大美女大小二乔就会被曹操抢过去，关在铜雀台上了吧？"

任何成功都需要天时地利人和三者的配合，没有东风的便利，赤壁之战中周瑜采用的火攻计策便不会那么容易取得成功。而一旦成败的形势逆转，历史又会发生什么样的变化呢？

杜牧假设如果是曹操赢得了赤壁之战的胜利，他一定会抢走二乔这两朵姐妹花，把她们占为己有。这一观点可并不仅仅是说曹操好色，而是隐藏着更深刻的历史态度。大乔的丈夫孙策、小乔的丈夫周瑜是东吴最高统治阶层的代表人物，因此这两位绝代佳人虽然本身没有参与政治，却从另一角度代表着一个国家的尊严。在古代，往往一个国家灭亡，帝王沦为亡国奴，他的皇后、后宫妃嫔等贵妇人也难逃被俘虏被霸占甚至被凌辱的命运。因此大小二乔若是被锁在了曹操的铜雀台，不仅仅是她们个人命运的改变，而是代表了整个国家的命运的改变。连这样高贵的人都难逃厄运，东吴举国上下的惨遭涂炭就可想而知了。

其实杜牧也是一个精通兵法的军事家，只是他没有周瑜那样的机会驰骋在战场上而流芳百世。或许在杜牧的潜意识中，如果他生在周瑜那样的时代，他自信自己一定会是一个比周瑜更智慧更能引领风云的英雄人物吧！

103. 玉溪生是哪位诗人？

李商隐（约813—约858），字义山，号玉溪生，又号樊南生。祖籍怀州河内（今河南沁阳），后来迁至郑州。李商隐的父亲李嗣，曾经是获嘉县令，后为浙东观察使幕僚。李商隐随着他的父亲在浙江度过了童年。十岁时他的父亲去世，李商隐回到了郑州家里。大和三年，李商隐拜谒令狐楚，进入了令狐楚府中，令狐楚死后，又入泾源节度使王茂元幕府，后来在朝廷任秘书省校书郎，迁正字、太学博士。李商隐的一生沉沦下僚，后半生更是辗转各处的幕府，因此人生的沉浮促成了李商隐易于感伤的内向型的性格与心态。

李商隐的诗在艺术上取得了很大的成就，尤其是他的抒情诗，"他致力于情思意绪的体验、把握与再现，用以状其情绪的多是一些精美之物。表达上又采取幽微隐约、迂回曲折的方式，不仅无题诗的情感是多层次的，就连其他一些诗，也常常一重情思套着一重情思，表现得幽深窈渺"①，例如《春雨》：

怅卧新春白袷衣，白门寥落意多违。红楼隔雨相望冷，珠箔飘灯独自归。远路应悲春晼晚，残宵犹得梦依稀。玉珰缄札何由达，万里云罗一雁飞。

这首诗题为春雨，实则作者在春雨之中的幽思，一层一层深入的情思，美丽而朦胧。李商隐的诗"把情感内容的强度、深度、广度、状态等等，以可喻、可测、可比的方式，尽可能清晰地揭示出来。为了表现复杂矛盾甚至怅惘莫名的情绪，他善于把心灵中的朦胧图像化为恍惚迷离的诗的意象"。②

李商隐的诗在艺术上与杜甫的诗歌的浑成境界遥相呼应，李商隐不仅推崇杜甫，而且和杜甫一样，心中有一种郁结已久的沉潜之气，因此在情思的沉郁上与杜甫十分相似。

104.《金缕衣》是一首什么诗？

《金缕衣》是中唐时期非常流行的一首歌词，出自杜秋娘。杜秋娘是金陵（今江

---

① 袁行霈. 中国文学史：第二卷[M]. 北京：高等教育出版社，2005：357-358.
② 袁行霈. 中国文学史：第二卷[M]. 北京：高等教育出版社，2005：358.

苏南京)人，并非出身名门或书香世家，只是一个普通但颇有几分才貌的女子，十五岁那年，她被镇海节度使李锜纳为侍妾。相传李锜特别喜欢这首歌，全诗如下：

劝君莫惜金缕衣，劝君惜取少年时。花开堪折直须折，莫待无花空折枝。

金缕衣，是缀有金线的衣裳，雍容华贵。诗的开头两句，一连两个"劝"字，分明是在诉说金缕衣虽然价格高昂，却并不值得珍惜，真正需要珍惜的是"少年时"，是如同流水一般逝去再也不能回头的青春年华。

诗的后两句更有味道。古人常常用"花"来形容女性，花儿的盛开象征着女性的青春美貌，花儿的枯萎甚至凋零则往往用来比喻女子的容颜衰老憔悴。因此，"花开堪折直须折，莫待无花空折枝"听起来仿佛是女性自怨自艾的心曲：我的青春美貌就像鲜花盛开，花期短暂，你可得及时将它采摘，别等到花儿都凋谢了，就只能折取空枝了，那时，你可就后悔莫及了啊……

因为《金缕衣》这首歌，原本李锜并不在意的杜秋娘，成为了李锜最为赏识和看重的女子。每遇府中宴请宾客，必命杜秋娘酒宴上演唱。然而，好景不长，后来李锜起兵谋反遭到朝廷镇压，他的家眷被没入宫廷，杜秋娘也成为了一名地位卑贱的宫女。在宫廷里，杜秋娘又以其出众的才华，一度成为宪宗的宠妃。元和十五年（820年），宪宗被宦官谋杀后，杜秋娘又得到穆宗的欣赏，被任命为皇子李凑的傅姆，专门负责教育、辅导李凑的生活和学习。后来李凑被诬告，杜秋娘被削籍为民，放回原籍金陵。

大和七年（833年），晚唐著名诗人杜牧出差经过金陵，偶遇杜秋娘，此时她创作的《金缕衣》已然是传遍天下的"流行歌曲"。

105. "温八叉"是哪位诗人？

温庭筠（？—866），本名坡，字飞卿，太原（今山西太原）人。温庭筠在唐宣宗大中年间开始参加科举考试，但是一直都不中，后来做过方城（今河南方城附近）尉，最终官至国子助教，因此又被称为温方城或者温助教。

温庭筠精通音律，据说当时流行的赋体是律赋，律赋一共押八韵，温庭筠写律赋，手叉八次腰，律赋就写成了，故当时的人叫他"温八叉"。温庭筠诗词都写得很好，但是词的成就更高，例如他的名篇《菩萨蛮》：

小山重叠金明灭。鬓云欲度香腮雪。懒起画蛾眉，弄妆梳洗迟。　　照花前后镜，花面交相映。新帖绣罗襦，双双金鹧鸪。

早上太阳已经高高升起，透过窗户映在屏风上，和屏风交相辉映。床上的人还在睡觉。太阳都晒进屋了，她居然还没起床，她的鬓发像乌云一样堆积在枕头上，衬托出她的脸颊像雪一样的白皙柔嫩。慵懒的女子在赖了半天床之后，终于还是起来了，懒洋洋地化起了妆。这首词的作者温庭筠就很高明地省略了梳妆的全部过程，直接从女主人公懒得梳妆的心情，跳到了梳妆以后的情景"照花前后镜，花面交相映。新帖绣罗襦，双双金鹧鸪"。词的结句"双双金鹧鸪"与起句"小山重叠金明灭"相呼应，一首短短44个字的小令中，居然出现了两个"金"字，从室内屏风的装饰到女主人公身上的服饰，由此可见温词极工于组织联络，回互呼应之妙。

张惠言说温庭筠的词有"《离骚》初服"之意。屈原在《离骚》中让自己穿上各类香草鲜花制成的漂亮衣服，精心打扮自己，象征着自己注重美好高洁品德的培养，并且希望君王最终能发现自己的高洁和美丽。所以后代的诗歌创作和评论就沿用"香草美人"的象征意义，来表达诗人注重自己美好品德才华的培养和对君王的忠诚。这样一来，古典诗词中"美女"的梳妆打扮很可能就被赋予同类的象征含义了。张惠言说温庭筠的词有"《离骚》初服"之意，用的就是这种"香草美人"的解读方法，他认为温庭筠表达的是一种怀才不遇，但仍然坚守自己美好的品行和操守、期待君王重新认识自己的思想感情。不管温庭筠在创作时有没有赋予作品特殊的内涵，我们在鉴赏作品的时候，都可以按照自己的思路去理解。正所谓"作者未必然，读者何必不然"，作者的创作是一种主动行为，读者的鉴赏也不完全是被动的，也可以主动地再创造，前提是这种鉴赏行为能最大程度地发掘作品的美。

106. "秦妇吟秀才"是哪位作家？

韦庄（约836—910），字端己，杜陵（今陕西西安东南）人。黄巢起义时期，韦庄为了避难，躲到了南方。唐昭宗乾宁元年（894年），五十八岁的韦庄中进士，任校书郎一职。王建称帝之后，韦庄到蜀地，官至门下侍郎同平章事，位同宰相。

韦庄曾有一首抒情长诗《秦妇吟》，被称为"秦妇吟秀才"。韦庄犹善于写词，在当时与温庭筠齐名，合称为"温韦"，两人都是花间派的代表作家。其作品如《菩萨蛮》：

人人尽说江南好，游人只合江南老。春水碧于天，画船听雨眠。　　垆边人似月，皓腕凝霜雪。未老莫还乡，还乡须断肠。

这首词是韦庄在江南避黄巢起义之乱时的作品，词中的"江南好"，是出自白居易的《忆江南》：

江南好，风景旧曾谙。日出江花红胜火，春来江水绿如蓝。能不忆江南？

白居易词写江南之美，韦庄此时也在这美丽的江南，但此时此刻他的身份是客居，他是逃难到江南的，所以当"人人尽说江南好"的时候，韦庄却说"未老莫还乡，还乡须断肠"，流落江南的他，有家难归，看似旷达的表面下，实则是韦庄苦闷和幽怨内心的写照。韦庄的词再如《思帝乡》：

春日游，杏花吹满头。陌上谁家年少，足风流。妾拟将身嫁与，一生休。纵被无情弃，不能羞。

《思帝乡》原是唐玄宗时期的教坊曲名，后来从曲调转为词调。这首词展现了一个少女大胆求爱的热情。韦庄的词，"常常以其清疏的笔法和显直明朗的抒情，异于温庭筠等人。温词是客观描绘，虽可能时或寓有沦落失意的苦闷，却非常隐约，只是唤起人一种深美的联想而已。韦词则直抒胸臆，显而易见。"①

 107. 最早的文人词总集是什么？

《花间集》是最早的文人词的总集。

《花间集》的编者名叫赵崇祚，他于广政三年（940年），一共选录了十八位词人（"诗客曲子词"）的五百首词。其中所选的作者包括温庭筠、皇甫松在内。《花间集》的编成，"它集中代表了词在格律方面的规范化，标志着在文辞、风格、意境上词性特征的进一步确立，以其作为词的集合体与文本范例的性质，奠定了以后词体发展的基础"。②

《花间集》以"轻柔艳丽"的风格，成为对词体影响极大的花间风格，也成为了词体的正宗，是北宋词坛上最重要的词体风格，为欧阳修、晏殊、柳永、晏几道、秦观等词人所学习和模仿，并加以发展。

108. 南唐后主是谁？

李煜，南唐后主，字重光，原名从嘉，号钟隐，又称钟山隐士、钟峰隐居、钟峰隐者、钟峰白莲居士、莲峰居士，生于937年七月初七，是南唐中主李璟的第六子。史书记载李煜"丰额骈齿，一目重瞳子"，说他是大额头、龅牙齿，还有一只眼睛双瞳孔（按照现代医学的研究，这是瞳孔粘连畸变）。这副长相和我们想象中的多情才子、翩翩公子有些不一样。

李煜是南唐最后一位君主，从一国之君沦为阶下囚，李煜的词也发生了很大的转变。他前期的词多写宫廷生活，后期则多写亡国以后的无限感慨，例如他亡国以后所写的《破阵子》：

---

① 袁行霈. 中国文学史：第二卷[M]. 北京：高等教育出版社，2005：373.
② 袁行霈. 中国文学史：第二卷[M]. 北京：高等教育出版社，2005：372.

四十年来家国，三千里地山河。凤阁龙楼连霄汉，玉树琼枝作烟萝。几曾识干戈。　　一旦归为臣虏，沈腰潘鬓消磨。最是仓皇辞庙日，教坊犹奏别离歌。垂泪对宫娥。

在李煜为南唐曾经的繁华感到无限荣光的时候，我们却更悲哀地看到了这种荣光背后的渺小和卑微：他拥有的这一点江山不过是虎视眈眈的大宋王朝嘴边的一块肥肉而已。当李煜还是国君的时候，他的皇宫盘龙栖凤，雕梁画栋，高耸云霄，气势巍峨；他的御花园里布满了各种各样的奇花异草，远远望过去云遮雾绕，仿佛是人间仙境。如果没有战争，那江南之地物产丰饶，经济富庶，风景秀美，一国之君当然可以享尽人间荣华富贵，风流浪漫过一生。但《破阵子》词转入了下片，李煜的人生也进入了后半期。这个时候的他，已经不再是无忧无虑的一国之君，而是一个成天以泪洗面的亡国奴。宋太祖给了他一个屈辱的封号——违命侯，意思就是说李煜是一个不听话的人。一个即将投降的亡国之君，当他匆匆忙忙、满腹羞愧地去拜辞列祖列宗的时候，教坊偏偏还奏起了别离的哀乐，让他更添悲伤，不禁面对宫女恸哭垂泪。

王国维《人间词话》说："词人者，不失其赤子之心者也。故生于深宫之中，长于妇人之手，是后主为人君所短处，亦即为词人所长处。"李煜赤子般的天真，女性般的柔弱，是他作为一国之君的致命弱点，同时却也是他作为词中帝王的绝对优势。作为南唐中主李璟的第六个儿子，继承皇位的本来不应该是他，他也从来不想当什么国君，因此他从小就远离政治，沉浸在对文艺的爱好中，对一切艺术都显示出过人的天赋。可是谁能想到，他的几个哥哥都先后夭折。于是，在李璟去世的时候，从来不想当国君的李煜就被推到了那张龙椅上。一个从小就梦想当艺术家的人，就这样阴差阳错，被命运安排成了一国之君。

君临天下、治理国家需要的是杀伐决断、英明果敢的魄力和举重若轻、深谋远虑的智慧，而李煜拥有的却是多愁善感、天真柔弱的词人秉性。

109. 冯延巳是谁？

冯延巳（903—960），又名延嗣，字正中，广陵（今江苏扬州）人，事南唐，官至左仆射同平章事，位同宰相。冯延巳以词闻名，例如他的《鹊踏枝》：

谁道闲情抛弃久。每到春来，惆怅还依旧。日日花前常病酒，不辞镜里朱颜瘦。

河畔青芜堤上柳。为问新愁，何事年年有。独立小桥风满袖，平林新月人归后。

这首《鹊踏枝》的上片短短的五句话，已经让我们看到了一个极其矛盾、无比纠结的冯延巳。一方面，作为一个应该日理万机的堂堂宰相，他努力地想要排遣"闲情"的纠缠；另一方面，当他万般努力之后发现"闲情"就像深爱的恋人一样，那种影响无法摆脱。"那就索性让我被'闲情'淹没吧，就算我为此日日病酒，逐渐消瘦，那也是我自找的，是心甘情愿、无怨无悔的。"冯延巳在努力想借酒消愁的同时，又很无奈地发现，"愁"不但没有消除掉，在每一年春天到来的时候，他的心里还会增添新的愁绪，旧愁未去，又添新愁。夜幕降临，月色如水，他悠闲地站在小桥上，和煦的夜风拂来，钻进他宽大的衣袖，让衣袖随风扬起。夜渐渐深了，弯弯的仿佛蛾眉一般的月牙儿升起，路上的行人也渐渐看不到了，没有喧嚣了，没有繁忙的工作要处理了，没有复杂的人际关系要面对了，没有文山会海需要应付了，万籁俱寂的此刻，只留下词人独自悠闲地享受着夜色。

词的前半部分渲染的气氛，到这个时候忽然变得宁静了，悠闲了，也优美了。似乎这种状态，才是我们通常所理解的"闲情逸致"。在词的末尾，我们才真正看到了那位闲庭信步欣赏着风花雪月的浪漫词人。

王国维曾经评价冯延巳的词说："张皋文谓飞卿之词'深美闳约'。余谓此四字唯冯正中足以当之。"张皋文即清代常州词派的领军人物张惠言，他曾经评价温庭筠的词"深美闳约"，王国维则认为"深美闳约"这四个字只有冯延巳能担当得起。

深，应当是指词人在词中寄托的深刻的意蕴；美，是指词呈现出来的清丽的美学风貌，就像冯延巳的外孙陈世修在给冯延巳的词集《阳春集》写序的时候说的那样，正中词"思深辞丽"；闳，题材、境界相对比较开阔宏大，王国维还说过冯延巳的词"堂庑特大"，意思与此相近，尤其是相对于基本同时期的花间词来说，冯延巳的词摆脱了花间词艳情题材的限制，触及到了人性中更丰富更隐秘的地方；约，是文辞的简约、凝练和委婉。

概括起来讲，"深美闳约"的意思应该是在凝练的文辞当中，蕴含深厚的寄托，使作品呈现出清丽婉约之美。

宋　元

 110. 范仲淹是谁？

范仲淹，字希文，吴县（今属江苏）人，生于北宋太宗端拱二年（989年）八月，卒于仁宗皇祐四年（1052年）。范仲淹出生于武德军，也就是今天的河北省正定县。当时他的父亲范墉担任武德军节度、掌书记。不幸的是，范墉在范仲淹两岁的时候就去世了。范仲淹的母亲谢氏，带着年幼的范仲淹，生活相当的困难。几年以后，嫁到了长山。大中祥符八年（1015年），范仲淹参加了当年的科举考试，并且一举考中进士，出任广德军司理参军，从此进入仕途。

范仲淹的词仅存五首，但是成就斐然，例如《渔家傲》：

塞下秋来风景异，衡阳雁去无留意。四面边声连角起，千嶂里，长烟落日孤城闭。　　浊酒一杯家万里，燕然未勒归无计。羌管悠悠霜满地，人不寐，将军白发征夫泪。

范仲淹在词的开篇，点明了"秋来"，也就是直接抒发了自己内心的悲秋情绪——这一年的秋天，或许与他之前任何一个秋天都不一样，因为他现在身处"塞下"，身在这个宋金边境城市之中，随时可能有敌军袭来，词人在庆州任上，不仅远离了家人，更是远离了朝堂，他对未来充满了不确定，他也多么希望自己能像天上的大雁一样，能在这个秋天南归。此时已经夕阳西下了，长烟映衬着落日的余晖，庆州城门紧闭，黑暗又将来临。词的上片主要是写庆州城的秋景，范仲淹对这里的秋景用了一个"异"字概括，"异"字之后四句均是写边地秋色的与众不同。但越是仔细地发现这里与家乡的不同之处，就会越发思念家乡，所以词的下片仍然从这个"异"字出发，说"浊酒一杯家万里"。在这个寒冷的边地秋夜，范仲淹倒上一杯浊酒，暖暖身子，非常地思念自己远在万里之外的家乡。他非常想回家，可是他不能，就连大雁都比他自由。

范仲淹的《渔家傲》以他在庆州的切身感受为内容，将边塞题材和军旅生活纳入了词的书写范围，开拓了词境，可谓是这首词最大的价值。

111. 六一居士是谁的号？

欧阳修，字永叔，号醉翁，又号六一居士，吉州永丰（今江西吉安）人，出生于北宋真宗景德四年（1007年），卒于神宗熙宁五年（1072年），他是北宋诗文革新运动的领袖，"唐宋八大家"之一。欧阳修出生在四川锦州，他出生的时候，他的父亲欧阳观正在锦州做推官。天圣元年（1023年）十七岁的欧阳修第一次参加随州的州试，没有通过。天圣五年（1027年）第二次参加考试，通过了州试，参加礼部贡举，又一次以失败而告终。天圣七年（1029年），在胥偃的推荐下，欧阳修就试国子监，这一次，他考了第一名。紧接着又参加国学解试，又考了第一名。次年参加礼部贡举，他还是第一名。从此欧阳修进入了他的仕途生活。

欧阳修的词多学冯延巳，例如这首《蝶恋花》：

庭院深深深几许，杨柳堆烟、帘幕无重数。玉勒雕鞍游冶处，楼高不见章台路。雨横风狂三月暮，门掩黄昏、无计留春住。泪眼问花花不语，乱红飞过秋千去。

这是一首非常典型的春怨词，主要是写一个闺中女子期盼自己的情郎。又一个杨柳迷茫、暖日含烟的暮春时节，闺中的女子在这深深的庭院之中，思念着她那位游冶的意中人。女子多想登楼眺望归人那达达的马蹄，可是任凭楼再高，因庭院太深，烟雾弥漫，她看不到远方。眼看着春天就要离去了，风雨交加吹落了庭院中的繁花。多想留住这青春的岁月，就像留住这美好的春天一样，可是春天是留不住的，青春年华自然也留不住。女子忍不住流下了思念的泪水，对着满地的落花，轻轻地问落花，可是花儿不言不语，还趁着风飞了起来，飞过了秋千去，或许，飞出了这深深的庭院，把女子的思念带给了她的意中人。

这首《蝶恋花》是以春恨为情感基调，但是欧阳修却在旧题中将这种恨的程度一步一步加深，因而有了更深刻的情感。

112. 柳三变是谁？

柳永，原名三变，后改名永，字耆卿，崇安（今福建武夷山市）人。关于他的家世、生平资料，史书上记载非常有限，根据唐圭璋先生《柳永事迹新证》，他大致生活在北宋太宗雍熙四年（987 年）至北宋仁宗皇祐五年（1053 年）之间。柳永出生在一个官宦书香世家，他的父亲柳宜原是南唐监察御史，入宋以后累官至比部员外郎。

柳永的词，历来以俗为世人诟病，俗也确实是他的词一个显著的特点，例如《定风波》：

自春来、惨绿愁红，芳心是事可可。日上花梢，莺穿柳带，犹压香衾卧。暖酥消，腻云弹。终日厌厌倦梳裹。无那。恨薄情一去，音书无个。　　早知恁么，悔当初、不把雕鞍锁。向鸡窗，只与蛮笺象管，拘束教吟课。镇相随，莫抛躲。针线闲拈伴伊坐。和我。免使年少光阴虚过。

词的意思用一句话就可以说清楚：一位独守空闺的女子埋怨薄情郎一去之后杳无音信。整首词都是用这位女性的口吻来写的，也就是我们所说的"代言体"——"男子而作闺音"是词的一大特色。在这首词里，男主人公并没有出场，他去了哪里我们不知道。但以常理推测，好男儿志在四方，他多半是为了功名奔波去了。古代男人大都有游学或者游宦的经历。往小里说，他们是为了功名前途；往大里说，则是为了国家大事。按照正常的价值观，对因为游学或游宦导致的分离，留守的女主人公一般都应该表现得深明大义，应该是理解加支持的。可这首词的女主人公却除了怨还是怨，丝毫不把男人的功名前途放在心上，只关心这个男人是不是成天陪伴着自己，成天卿卿我我男欢女爱。

柳永的词，以含蓄的抒情为主，在当时流传非常广，即"凡有井水处，皆能歌柳词"。清代学者刘熙载评："耆卿词细密而妥溜，明白而家常，善于叙事，有过前人。"柳永自己的生活不但极为贴近市民百姓，甚至还以专门为歌妓写词来维持生活。他的词，有很大一部分是带着商业性质的，目的是要赢得更多的"文化消费者"。例如前人有云："耆卿居京华，暇日遍游妓馆。所至，妓者爱其词名，能移宫换羽。一经品题，声价十倍。妓者多以金物资之，惜其为人出入所寓不常。"

　　柳永的一生，与"歌曲"和"歌女"仿佛结成了唇齿相依的关系，歌女常有赖于柳永的填词作曲成为"明星"，新曲则常有赖于柳永所填歌词才能传唱一时，成为名副其实的"流行歌曲"。因此歌妓们往往争先恐后地结交柳永，纷纷以金钱财物资助他，"购买"他的词，柳永亦借此获得生存所需的衣食旅资。

　　可见，为了迎合这一批受众的审美趣味，柳永必须让自己的词"骩骳从俗"，不但在内容上要贴近老百姓、甚至贴近歌妓的生活，而且在语言上也不能像文人那样玩深沉高雅，话说一半留一半。他的"从俗"就部分地体现于他在词中不遗余力地把故事讲透彻、讲生动，只有这样，他才能吸引住更多的受众。

113.《倾杯乐》是谁的词作？

　　《倾杯乐》是柳永的代表作，全词如下：

　　忆昔笄年，未省离閤（合）。生长深闺苑，闲凭着绣床，时拈金针。拟貌舞凤飞鸾，对妆台重整娇姿面。知身貌算料，岂交（教）人见？又被良媒，苦出言词相诱玄。　每道说水济（际）鸳鸯，惟指梁间双燕。被父母将儿匹配，便认多生宿姻眷。一但（旦）娉得狂夫，功（攻）书业、抛妾求名宦。众（纵）然选得一时朝要，荣华争稳便？

　　这首词也是用长调慢词的词体形式来讲故事，将一位少女从未嫁时的娇憨可爱，写到她被媒妁之言诱惑，怀揣着对婚姻的美好理想出嫁，本以为可以和爱人长相厮守，可是结婚后丈夫抛家远走去追求功名富贵，留下她独守空闺。这首词不但故事完整，脉络分明，女子内心的哀怨也写得丝丝入扣。

　　这样的慢词长调在敦煌词中并不少见，而柳永是北宋第一个大力创作长调慢词的词人。这说明，讲故事和长调的运用，都不是柳永的独创，只是早期民间叙事长调在文人中的延续和发展，也是柳永与早期民间词的隔代共鸣。这种共鸣的基础就是"骩骳从俗"，来自民间也回归民间。

　　因此，在老百姓这个群体当中，柳永就是当时最流行、最受欢迎的音乐制作人，是"天王巨星"级别的人物。他这一类"骩骳从俗"的歌词，主要目的就是娱乐受众。柳永，就是北宋初年反叛高雅的贵族文学的先驱。"奉旨填词"的宣言，表面上是行为的屈服，实质却是精神的叛逆！虽然在当时，柳永的叛逆孤掌难鸣，但他没有想到的是，在其后的元明清，他会拥有如此众多的知音。

在当时，柳永这种半主动半被动的叛逆无疑是不能得到精英们的认同的。晏殊就是鄙视柳永的代表，而他对柳永的看法也就代表了此后词学界对他的主流评价，柳永就这样成了"俗"词的"浪子班头"。在传统观念中，女性本来就是低人一等的，而青楼女子更是等而下之，她们没有人格可言，更谈不上什么高雅的人生理想。但柳永却愿意以青楼女子的理想为自己的理想，他们共同以最底层的姿态对抗着精英的价值观。也许在柳永内心的潜意识中，与其卑躬屈膝地在皇帝、达官贵人那里频繁碰壁，毫无人格可言，那还不如守着这些率真朴拙的青楼女子，过着不矫情、不掩饰、不被任意践踏尊严的平凡日子。

114. 晏元献是哪位词人？

晏殊，字同叔，谥元献，抚州临川（今属江西）人，生于北宋太宗淳化二年（991年），卒于仁宗至和二年（1055年）。据说晏殊七岁的时候就是远近闻名的小神童，写诗作文出口成章，因此在宋真宗景德元年（1004年），他老家江西的长官就以神童的名义推荐他参加全国最高级别的人才选拔考试。景德三年（1006年），晏殊迁太常寺奉礼郎，真宗大中祥符元年（1008年），迁光禄寺丞，次年又为集贤校理，后迁著作佐郎。二十岁的晏殊，已经官至从六品。天圣二年（1024年）迁礼部侍郎知审官院，天圣三年（1025年）迁枢密副使，相当于副宰相。不过晏殊为人低调，并不处处炫耀自己的才华，妄自尊大，而是一心一意为朝廷选拔、推荐优秀人才，唯贤才是举，北宋王安石、欧阳修、范仲淹等一大批杰出人士都出自晏殊门下。

晏殊还是北宋初年的著名词人，他的词也和他的人一样，平淡朴实中透露出雍容娴雅的气质，他往往将对人生的思考融入景物描写和感情抒发之中，不张扬不急躁。例如这首有名的《浣溪沙》：

一曲新词酒一杯，去年天气旧亭台。夕阳西下几时回。　　无可奈何花落去，似曾相识燕归来。小园香径独徘徊。

《浣溪沙》描写的是词人在庭院小径上独自徘徊的情景，一杯酒，一曲新词，依然是娴雅的生活方式，依然是春天的温暖和淡淡的喜悦。词人眼里的景物也和去年没有什么区别，一样的天气、亭台，一样的夕阳西下。景物虽然没变，但毕竟，一年的时光已然匆匆逝去，燕子仍然会照常归来，还是似曾相识的模样和声音，可总有一旦失去就不可挽回的东西，例如凋零的落花就不会再盛开，例如逝去的岁月就不会再复返。人间当然有永恒不变的自然景观，但更让人感慨的是繁花落尽，季节轮回，时光飞逝，这一切都是人力无法控制的变化。面对不可抗拒的自然规律，词人才会发出"无可奈何"的叹息。整首词融合着对春天的珍惜之情和对时光流逝的伤怀，在人们司空见惯的自然场景中提炼出耐人寻味的人生哲理。

115. 晏殊参加考试押中题目为什么要求更换试题？

宋真宗景德元年（1004年），十四岁的晏殊到京城，参加皇帝亲自主持的殿试环节。晏殊在当年的考生中年岁最小，可是在威武庄严的大殿中，他没有丝毫的胆怯，而是脚步从容，呼吸平缓，一副胸有成竹的样子。

考生们各就各位之后，主考官命人发下试卷。大殿里静悄悄的，只有磨墨和纸张摩擦的声音，考生们都聚精会神思考着题目，一部分思维敏捷的考生已经开始哗啦哗啦答题了。晏殊的表现却和别的考生都不一样，他拿到考题之后，先是流露出诧异的神色，而后又仿佛在思考犹豫着什么。最后，他举起了手。

监考官走了过去，朝他挥挥手，意思是：考题是没有任何疑问的，这个时候考生也不能提问，你好好答题就是了。

晏殊分明看懂了监考官的暗示，但他仍然固执地举着手，表示他有话要说。监考官觉得很奇怪，又不能擅自做主，于是禀明主考官。主考官把晏殊单独召来，问道："考题我们都经过严格审核，确保没有任何疑问。你为什么不认真答卷？"

晏殊恭恭敬敬地行了个礼，答："秉主考大人，您出的这道题我前几日刚刚做过，草稿我都还保留着呢。如果我就这样答题的话，那就是自欺欺人了，所以我请求换别的题目来测试我。"

主考官一听，大吃一惊——在这种决定终身命运的会考中，很多考生甚至会在考前"押题"进行冲刺训练，一旦走进考场拿到试卷发现自己"押"中了题，都会暗暗欣喜若狂，这样考试成功的概率就大大增加了啊！可这个傻乎乎的晏殊却要求换题！

这样的大事，连主考官也不知该如何决定，只好再把情况禀告宋真宗。皇帝一听，这年头，许多人都为考进士削尖了脑袋，钻山打洞想方设法要猜题，如此诚信老实之人实在难得，将来一定也是国家和朝廷值得信任的臣子。宋真宗内心十分赏识晏殊的不隐不欺，不仅下令为晏殊更换考题，而且还御笔提名，赐这个十四岁的"少年大学生"晏殊为同进士出身。

116. 苏轼淋雨时写了一首什么词？

北宋神宗元丰五年（1082年）三月七日，苏轼约了几个好朋友一起去沙湖考察土地,沙湖在黄州(今湖北黄冈)郊区,距离黄州城三十来里,听说那里地理位置不错,风景秀美,土地肥沃,价钱也比较实惠,便有些动心,想看看是否可以在那里买一块地方,自己动手盖一些简单的房屋好安置家人。

一行人走到半路,果然乌云翻滚,一场突如其来的大雨倾盆而下,而这时书童拿着雨具已经早早赶到前面去了,苏轼和朋友们落在后面,雨伞雨衣什么都没有,朋友们一下子慌了神。有的喊着说:"赶紧把袍子脱下来顶在头上遮遮雨吧!"有的不由自主加快脚步奔跑起来,边跑边嚷嚷:"快跑快跑,说不定前面有人家可以躲躲雨什么的!"可是脚下一个不留神摔了个满身泥;还有人焦急地东张西望,想看看附近有没有大树可供避雨……

正在大伙儿被淋得狼狈不堪的时候,忽然一阵悠扬嘹亮的口哨声响起,大伙儿忙乱中回头一看,原来是东坡。只有他一个人丝毫没有受到骤雨的影响,还是按照刚才的步速,拄着竹杖,不慌不忙地走在山道上,一会儿悠闲地吹吹口哨,一会儿又随意地哼哼流行歌曲。雨水噼里啪啦打在他身上,钻进他的脖子,淋湿了他的衣裳,脚上的草鞋早就湿透了,沾满了泥浆……可这一切都没有影响东坡的兴致,反而好像很享受这场大雨似的。他这种悠然自得的状态感染了朋友们,大家也停下慌乱的脚步,疑惑地看着东坡,问道:"还是先生自在,您就不怕淋了雨受了风寒?"

东坡笑呵呵地说:"怕有什么用啊?反正大雨已经下了,躲是躲不过的,而且你们看这风向也不稳定,你跑快一点跑慢一点淋的雨其实都是一样的,这山路也不平整,要是不小心摔了跤反而更危险。所以啊,我劝大家别紧张,大不了回去熬碗姜汤给大家驱驱寒就好了。"

东坡的话果然平复了大伙儿的焦虑,大家一想,东坡先生的话确实有道理,大风大雨既然来了,而且明明躲不过,那就索性不躲了,还是勇敢从容地迎着风雨往前走吧。

于是,一行人冒雨走在山路上,吟啸声和着风雨声在山间此起彼伏,真是别有一番风味。

没过多久,雨停了,虽然山风吹打在身上依然带着料峭的春寒,但迎面而来的夕阳余晖洒在身上,让人感觉到身心舒畅。再回过头来看走过的山路,在阳光柔柔的照耀下,渐渐恢复了安宁与平静。

也许对很多普通人而言,临时遭遇一场大雨的结果只不过是淋湿了一身衣服而已,但对苏东坡而言,临时遭遇一场大雨的结果是直接催生了一首宋词中的经典名作《定风波》:

莫听穿林打叶声。何妨吟啸且徐行。竹杖芒鞋轻胜马。谁怕。一蓑烟雨任平生。

料峭春风吹酒醒。微冷。山头斜照却相迎。回首向来萧瑟处。归去。也无风雨也无晴。

滂沱大雨打在山林的树叶上，发出密集的刷刷声，可那又怎么样？别去管那风声雨声了吧，还不如唱着歌吹着口哨淡定前行呢。拄着竹杖穿着芒鞋，一身登山的打扮轻装前行，比骑马还显得轻快一些呢，一场大风雨又有什么可怕？人生要经历那么多的风雨坎坷，既然躲不过，那就让我一直这样潇洒地往前走吧！

风雨再大，也总会有雨过天晴的时刻。山风吹在身上还带着几分料峭的春寒，确实让人感觉有点冷，但山头那一缕斜射过来的阳光让"我"心里平添了几分温暖。也许这正是东坡理性人生的智慧表现吧：遇到风雨不会恐惧慌张，沐浴阳光也不会得意忘形，始终保持一种洒脱、乐观的心态，坦然直面、超越人生中一切不可知的苦难，从而达到率性自然的人生境界。

117. 苏轼苏辙兄弟二人感情有多深？

苏轼、苏辙兄弟二人感情非常深厚，从小一块儿长大，不管在眉山故乡，还是在京城的怀远驿，他们兄弟一直形影不离，同窗共读二十余载。踏上仕途以后，两人郑重约定："不论将来我们做官做到何种程度，一定要记得尽早功成身退，不要贪恋功名富贵，早日一起归隐田园，一起悠游于山水之间，一起读书，一起聆听夜来风雨声"。宋熙宁九年（1076年）八月十五日，苏轼和弟弟苏辙已是六年未曾聚首，写下了一首流传千古的中秋词《水调歌头》：

明月几时有，把酒问青天。不知天上宫阙，今夕是何年。我欲乘风归去，又恐琼楼玉宇，高处不胜寒。起舞弄清影，何似在人间。　　转朱阁，低绮户，照无眠。不应有恨，何事长向别时圆。人有悲欢离合，月有阴晴圆缺，此事古难全。但愿人长久，千里共婵娟。

在这首词前面苏轼还加了一行小序："丙辰中秋，欢饮达旦，大醉，作此篇，兼怀子由。"中秋节本是亲人团聚的日子，他多么希望能和挚爱的亲人一起饮酒赋诗，畅叙亲情，可是他和亲爱的弟弟却一别六年。又一年的中秋，又一度的月圆，他和弟弟仍然只能在不同的地方，凝望着同一轮明月，遥遥地思念着远方的亲人，这是多么无奈而令人惆怅的情绪。

"明月几时有，把酒问青天。"词一开篇就颇具苏东坡式的豪迈。中秋是一年中明月最美好的时光，岂可轻易辜负！苏轼劈头一问，其实已蕴含着对自然天道的质疑：明月是从什么时候才开始照耀着宇宙天地的呢？苏轼不善饮酒，可是面对着宇宙的玄妙，他也忍不住对酒当歌，把酒问月。他仰望着自古以来就高悬夜空的明月，穿越时空隧道与古人思接千载。世间人事在发生着沧桑巨变，可是永恒不变的明月却依然充满睿智地凝望着人间的陵谷变迁。

既然是"把酒问青天",接下来笔锋自然一转来到了天上:"不知天上宫阙,今夕是何年。"既然人间已经沧海桑田,那么天上现在是何年何月何日了呢?"我欲乘风归去,又恐琼楼玉宇,高处不胜寒。"这是全词中最有"仙气"的几句。随着苏轼的情绪抒发,我们仿佛能够看到高台上翩翩玉立的苏轼,宽袍长袖随着秋风轻轻扬起,好像是一位随时都能够御风而行的神仙真人。可是苏轼真的舍得离开人间,去到那个不食人间烟火的神仙世界吗?不,他舍不得,他担心天太高了,虽然天宫豪华富丽,可是一定会寒冷得让人受不了吧?

既然天宫太冷,那么还是安心回到人间来吧。"起舞弄清影,何似在人间。"在月光之下迎风起舞,这份美好也不逊色于天上广寒宫吧?

如果说,词的上片是借中秋夜月引发天上人间的联想与出世入世的矛盾,那么下片则转入了对亲人的绵绵思念。"转朱阁,低绮户,照无眠。"月光从高空渐渐西移,转过朱红色的高阁,又低低地斜挂在雕花的窗棂上,静静地照耀着那个一夜无眠的人——苏轼。

此刻,酒意渐消,苏轼还深深沉浸在对远方亲人的思念之中:子由,你还好吗?六年未见,你受了那么多委屈,还能独自支撑吗?自我们第三度分别,已经是五度月圆,"不应有恨,何事长向别时圆。"为什么每次月圆之时我们都不能团聚,而只能分隔两地,遥寄相思呢?词人先是怀疑月亮无情:人间还充满着离别的苦痛,它却自顾自地团圆完满。可是再一转念,他又否定了这一份质疑:"人有悲欢离合,月有阴晴圆缺,此事古难全。"月亮其实也是有情有义的,对人间每天上演的悲欢离合也是怀着深切同情的,月亮的阴晴圆缺不正象征着人间的悲欢离合吗?可见人间有人间的孤独与思念,月亮也有月亮的缺陷与遗憾。"月有阴晴圆缺",这是宇宙间亘古不变的规律,在这一点上,月的圆缺和人的悲欢是完全相通的。

既然连月亮都不能常常圆满,那么亲人之间的离别也就不要太过伤感了吧?"此事古难全"再一次体现出苏东坡式的豁达心胸。从现实的困境中超脱出来,在历史的时空流转中洞察人生哲理,历史有兴衰轮回,月亮有阴晴圆缺,人生当然也不可能事事如意。不沉溺于暂时的困境,而用乐观的心态来化解悲恸才是真正的超脱。就拿他和弟弟来说吧。虽然此时的他与亲爱的弟弟已分别六年,可是他们毕竟还能在不同的地方遥望同一轮圆月,能够通过明亮的月色遥寄对兄弟的关切,这已经是莫大的幸运了。既然自古以来就没有完美无缺的事物,那么"但愿人长久,千里共婵娟。"只要他和苏辙兄弟能够永远健健康康,平平安安,能够永远生活在一轮明月之下,永远彼此给对方以最大的安慰和最大的支持,这就已经是最好的结果了。

一首饱含苏轼对弟弟思念、牵挂之情的《水调歌头》就在这个特别的中秋月夜横空出世了。看着苏轼醉墨淋漓的文字,陪在一旁的夫人王闰之也忍不住潸然泪下——此时此地,没有人比她更了解夫君的手足情深,也没有人比她更了解苏轼对弟弟的无限牵挂之情。

苏轼与苏辙六十多年的兄弟之情,无论是寒窗共读,对床夜语,还是同处富贵,同游山水,或是同受牵连,同遭患难,都从无怨尤,从无猜疑,这是一种极其罕见的兄弟、知己之情。而这份手足亲情也终于沉淀成了世间最美的文字,从此以后,每年的中秋夜,"但愿人长久,千里共婵娟"就是中国人最美好的祝福,是中秋节寄托对亲人的牵挂、祝愿亲人一生平安、祈盼团圆的吉祥愿望。

118.《望江南·超然台作》是谁的诗作?

《望江南·超然台作》是苏轼的名篇,为熙宁九年(1076年)春苏轼在寒食节的后两天,登上密州超然台时所作:

春未老,风细柳斜斜。试上超然台上看,半壕春水一城花。烟雨暗千家。寒食后,酒醒却咨嗟。休对故人思故国,且将新火试新茶。诗酒趁年华。

这首词的上半阕描绘了词人在超然台上感受到的密州春色,下半阕则从写景转入了抒情和说理,是上半阕的升华。

寒食节是中国最古老的节日之一,一般在冬至之后的第一百零五天。早在周朝就已有相关节俗的记载。在这一天举国上下要举行祭祀活动并且严禁烟火,将上一年传下来的旧火种全部熄灭。所以寒食节也称为禁烟节或禁火节,要持续三天时间。民间则从冬至后第一百零四天就开始禁火,只能吃冷食,成为"私寒食"或"大寒食"。寒食节是中国传统节日中唯一一个以饮食风俗来命名的节日。旧火种禁灭之后,要重新钻燧获取新火种,象征着新的一年耕作和生活的开始,这个仪式称为"钻燧改火"或者"请新火"。新火种多从榆木、柳树钻取得来。到了唐、宋时候,寒食禁旧火、寒食之后也就是清明节改用新火成为了一种独特而隆重的仪式。这一天,宫中会命令小内侍在阁门中用榆木钻火,并将火种用巨烛分赐文武百官。随着文明的进步、习俗的简化,寒食禁火、清明改火越来越成为一种象征性的仪式,后来人们在清明节这一天改用榆、柳作为柴火来烹煮食物也被称为是"换新火"了。

苏轼在这一天登上超然台,满城春色尽收眼底,千家万户笼罩在烟雨凄迷之中,引发了他对"故国"的思念。为了排遣这种浓郁的愁情,他试着享受起清明的"特色节目":"且将新火试新茶",也就是改用新火来煮当年清明前采摘的新茶喝。也许比起酒来,一壶散发着清香的明前新茶更能驱遣浓郁的忧思,到达超然自得的境界吧。

119. 苏轼曾经去拜会过谁，还吃了闭门羹？

北宋哲宗元祐三年（1088年）的一天，苏轼想要圆一个很久以来的愿望——他想求见一位他很尊敬的著名词人。由于拜访无名，苏轼就请他的学生黄庭坚去代为传达这个愿望，因为黄庭坚和那位著名词人是江西老乡，也是好朋友。以苏轼当时的名望，他想去拜访谁，那人多半是要受宠若惊的。若是一不小心还要到了苏轼的亲笔签名，那更是欣喜若狂，迫不及待要在"朋友圈"里狠狠炫耀一番了。

然而，可能连苏轼自己都没想到，他这么诚恳、这样放下身价地求自己的学生黄庭坚去转达拜访的愿望，那位词人听了黄庭坚的传话以后，居然只是冷冰冰地回了一句："今日政事堂中半吾家旧客，亦未暇见也。"这句话的潜台词是：现在朝廷中当权主政的人，多半是我们家原来的门生旧客，连他们我都没时间见，哪里有空见你这个无名小辈呢？（陆友《砚北杂志》卷二）

这个时候的苏轼，论年龄，已经年过半百；论名气，早已经是名满天下的文坛盟主；论地位，他在朝中任职中书舍人，还有令人艳羡的翰林学士的身份，可谓如日中天的政坛要员。连他想见都见不到的名人，也许我们都会觉得很好奇：这个人难道是朝廷元老、皇亲国戚？还是比苏轼更厉害的大学者大文人？否则，以苏轼当时的地位和名气，谁不是绞尽脑汁争着想去见他一面？可这位词人架子却大得很，连鼎鼎大名的苏轼都吃了他的闭门羹。这个人，就是晏几道。

虽然晏几道是苏轼的"前辈"，其实从年龄上看，他和苏轼几乎可以算是同龄人。晏几道，字叔原，号小山，生于1038年，比苏轼还小两岁。但是，从辈分上看，他又确确实实是苏轼的前辈。因为苏轼是欧阳修的门生，而欧阳修出自晏殊之门，晏几道正是晏殊的儿子。这样算起来，晏殊是苏轼的师爷爷，晏几道则是苏轼的正经师叔了。因此，苏轼对这位年龄相仿的小师叔是颇为尊敬的。晏几道呢，既然是师叔，当然也就不妨在大名鼎鼎的苏轼面前端出点长辈的架子来。

晏几道，就是一个活在"过去"的人，而不是一个活在"当下"的人；他的词，也是在不断追忆过去的词。

 120.《题西林壁》是谁的诗作？

《题西林壁》是苏轼的代表诗作，大约作于元丰七年五月，苏轼离开黄州之后，从筠州返回庐山时。诗的内容大家也很熟悉了：

横看成岭侧成峰，远近高低各不同。不识庐山真面目，只缘身在此山中。

这首诗是苏轼为东林寺常总广惠禅师写的，据说最初是题写在西林寺的墙壁上。

虽然苏轼写过许多游览庐山的诗篇，但这首《题西林壁》却被视为是对庐山全貌总结性的咏叹，就像苏轼自己所说的那样，他的"庐山诗尽于此矣"。

庐山的一个重要特点是从不同的角度看都能呈现出完全不同的风貌来，而苏轼无疑是从正面、侧面、远处、近处等各个角度欣赏过庐山风景的"资深驴友"，因此他才会用极其凝练的两句"横看成岭侧成峰，远近高低各不同"来概括游人眼中庐山变化多端、姿态各异的形象。

不过，苏轼显然不会止于尝试描述庐山的全貌，他更愿意通过对庐山的总揽，来提炼出人生的哲理："不识庐山真面目，只缘身在此山中。"游人无法准确描述庐山的真实面貌，那只是因为自身处在庐山之中，视线被遮挡住的缘故。所谓"当局者迷、旁观者清"，很多时候，你被一叶障目，无法形成准确的判断，是因为你身陷其中，看不到全局。这时，只有跳出自身的局限，在更为广阔、更为高远的视野中去观照事件，才能形成更全面、更真实的判断。

"不识庐山真面目，只缘身在此山中。"当我们囿于偏见、感到难以下结论的时候，不妨先反问自己一句："你眼前所见的就真的是完整的真相吗？"还是不要忙着下定论，先多换几个角度、换几种思维方式再看看吧。也许当我们尽可能了解了全局之后，才会有茅塞顿开、豁然开朗的感觉。

121. 北宋目前所知的词人中，年寿最高的一位是谁？

张先，字子野，乌程（今浙江吴兴）人，出生于北宋太宗淳化元年（990年），卒于宋神宗元丰元年（1078年），是北宋目前所知的词人中年寿最高的一位。北宋仁宗天圣八年（1030年），四十一岁的张先考中进士，这一年，晏殊知礼部贡举，为张先座主。尽管如此，博学多才的张先在仕途上也一直没有突破性的发展，半生光阴耗费在一些低级地方官任上，四十三岁的时候任宿州掾，五十一岁以秘书丞的身份知吴江县，五十四岁以秘书丞签判秀州，直到六十一岁，也就是皇祐二年（1050年），这一年的秋天晏殊迁户部尚书，以观文殿大学士知永兴军（今天在陕西省西安市），辟张先为通判。不过，在政治上不得志的张先，在词坛上却声名鹊起，例如《天仙子》：

水调数声持酒听，午醉醒来愁未醒。送春春去几时回？临晚镜，伤流景。往事后期空记省。　　沙上并禽池上暝，云破月来花弄影。重重帘幕密遮灯，风不定，人初静。明日落红应满径。

《水调》是歌曲的名字，传说是隋炀帝开凿汴河时创制的《水调歌》。写这首词的时候是宋仁宗庆历三年（1043年）春天，五十二岁的张先在嘉禾（今浙江嘉兴）任判官,因为生病卧床不能出门,只能听着《水调》的歌曲,昏昏沉沉从午睡中醒来,可是愁绪却依然缠绕着词人久久没有消散。春天就要逝去了,不知道下一个春天什么时候能够再回来呢?夕阳西下,夜幕降临,词人揽镜自照,不由得感慨年华老去,青春时代的美好往事如今都成了忧伤的回忆。词的上片是借春光流逝感叹人的衰老,但高明的词人没有继续渲染这种悲情,而是在下片宕开一笔,从抒发感伤之情转到了对春夜宁静景致的描绘:朦胧的夜色中,白天在沙滩上嬉戏的鸳鸯安静下来了,它们成双成对地栖息在池塘边,月亮渐渐穿透云层露出了温柔的笑脸,如水的月色铺洒下来,花影婆娑,一切都是那么恬淡、静谧。词人的居所此刻也重重帘幕低垂,灯光被阻隔在密密的帘幕之内。夜风微凉,人们该要安歇的时刻到了,可是词人却辗转无眠,心里仍在幽幽地感叹:又是一个夜晚即将过去,明天醒来,庭院中的小路上该是铺满落花了吧?对于春光的珍惜、对于时光流逝的惋惜,都静静地流淌在字里行间。

张先也因此被称为"云破月来花弄影郎中"。

122. 秦少游和秦太虚是同一个人吗?

秦观,字少游,一字太虚,别号淮海居士,高邮(今江苏扬州)人。北宋仁宗皇祐元年(1049年)十二月出生于南康(今江西九江)。元丰元年(1078年)夏天,秦观入京参加科举考试,途中到徐州拜谒苏轼,写下了"我独不愿万户侯,惟愿一识苏徐州"的句子,苏轼也写了和诗回赠,由此开启了他这一生与苏轼共荣共衰的情谊。秦观的一生,荣也苏轼,衰也苏轼。

秦观在政治上与苏轼荣辱与共,在词坛上也是当之无愧的领袖级人物,是词的婉约风格之大家。例如他的《满庭芳》:

山抹微云,天连衰草,画角声断谯门。暂停征棹,聊共引离尊。多少蓬莱旧事,空回首、烟霭纷纷。斜阳外,寒鸦万点,流水绕孤村。　　销魂。当此际,香囊暗解,罗带轻分。谩赢得、青楼薄幸名存。此去何时见也,襟袖上、空惹啼痕。伤情处,高城望断,灯火已黄昏。

那是一个冬日的黄昏,远处的山峰上淡淡的云朵飘拂,仿佛是水墨画上轻轻涂抹的墨痕,枯黄的草仿佛一直延伸到天际。日落时分,城门外照例吹响了号角声,越发增添了词人天涯漂泊的凄凉之感,于是他暂时停下前行的脚步,在船上饮下几杯离别的淡酒。两情缱绻已成往事,只在烟雾迷蒙的记忆中若隐若现,眼前只有落日、寒鸦和缠绕孤村的流水……

离别的情绪让人黯然销魂。恋人轻轻解下系在腰带上的香囊,作为爱情的纪念。

虽然难舍难分，可是游子终将离去，徒留青楼薄幸的名声，可有谁知道游子内心的凄楚呢？此地一别，不知何时能再重逢？衣袖上仿佛还残留着泪痕，而小船载着游子已经远去，伤心回首时，高城渐渐消失在模糊泪眼中，万家灯火点亮了昏黄的暮色，却点不亮游子心头的黯然神伤。

秦观也因此被称为"山抹微云秦学士"，清代词学家周济评价秦观说："将身世之感打并入艳情。"秦观成名很早，才华横溢，本来以为自己可以在政坛与文坛上大放光芒，可没想到一贬再贬，早年那种精气神几乎丧失殆尽。身世的骤转急下，让他的词在传统的艳情题材中融入了更为深厚的生命悲感，也成就了他在词坛的独特地位。

123. 宋代也有追星族吗？

北宋词人秦观，无疑是北宋中后期词坛上最出色的"流行歌曲"作家，他的词曾被认为是"作家歌"。不过，文学上声名大作的他，政治上却没有一帆风顺。绍圣三年，也就是公元1096年夏天，秦观坐元祐党人，从处州（今浙江丽水）启程，拖家带口，途经浙江、江西，前往贬谪地——湖南郴州。

秦观从处州往郴州的途中，路经长沙。在长沙城中无意遇见一个他的"女粉丝"，这位女子容貌绝美，居所雅致，最喜欢秦学士之词，甚至愿做他的小妾他的丫鬟都死而无憾。两人一见钟情，大有相见恨晚之意。就这样，秦观在这女子家住了好几日，女子从早到晚，小心伺候他。可是多情的长沙女子终究留不住"戴罪之身"的秦观，作为"罪人"的他，没有人生选择的自由，无法与女子长相厮守，他必须离开了，前往郴州。秦观走后，女子闭门谢客，只与母亲同住，连官府的召唤都再三推辞，守身如玉，等待秦观北还。一天下午，女子从噩梦中惊醒，便觉这梦并非吉兆，连忙派人往南去打听消息，果然——秦观已于元符三年（1100年）八月二十日殁于藤州（今广西藤县）。得知此噩耗以后，女子换上丧服，日夜兼程几百里，终于赶上了秦观的灵柩，她抚摸着秦观的棺木，绕棺三周，大哭一声，气绝而亡。这位痴情的女子终究与秦观永远相守于地下了，她或许就是秦观离开长沙、来到郴州后，心心念念的"所属"吧。

124. "山抹微云"出自哪一位词人的哪一首词作？

"山抹微云"是秦观的词句，出自《满庭芳》，全词如下：

山抹微云，天连衰草，画角声断谯门。暂停征棹，聊共引离尊。多少蓬莱旧事，空回首、烟霭纷纷。斜阳外，寒鸦万点，流水绕孤村。　　销魂当此际，香囊暗解，罗带轻分。谩赢得青楼薄幸名存。此去何时见也，襟袖上、空惹啼痕。伤情处，高城望断，灯火已黄昏。

元丰元年（1078年）夏天，秦观入京参加科举考试，途中到徐州拜谒苏轼，写下了"我独不愿万户侯，惟愿一识苏徐州"的句子，苏轼也写了和诗回赠，师生之谊由此而生，开启了他这一生与苏轼共荣共衰的情谊。当年的秋天，秦观秋试不中，退居高邮。

第二年的夏天，秦观与参寥子随苏轼南下省亲，来到会稽（浙江绍兴）做客。三十一岁的秦观此刻正处于极度失意之中，科举考试的落第对才华横溢饱读诗书的他而言，无疑又是一次沉重的打击。科场失意的秦观，没有料到，在他客居会稽短暂时光中，还能邂逅一份温柔美丽的恋情，温暖着他孤独失落的内心。

然而，会稽毕竟不是秦观的久留之地，当年岁暮，他就不得不离开会稽，继续为生活和前途而奔波，他只能压抑着内心强烈的眷恋之情，与善解人意的恋人依依话别。那是一个冬日的黄昏，远处的山峰上淡淡的云朵飘拂，仿佛是水墨画上轻轻涂抹的墨痕，枯黄的衰草仿佛一直延伸到天际。日落时分，城门外照例吹响了号角声，越发增添了词人天涯漂泊的凄凉之感。于是他暂时停下前行的脚步，在船上暂且饮下几杯离别的淡酒吧。回首两情缱绻的往事，此刻却只能在烟雾迷蒙的记忆中若隐若现，只剩下眼前的落日、寒鸦和缠绕孤村的流水……

离别的情绪让人黯然神伤。恋人轻轻解下系在腰带上的香囊，作为爱情的纪念。虽然难舍难分，可是游子终将离去，徒留青楼薄幸的名声，可有谁知道游子内心的凄楚呢？此地一别，不知何时再能重逢？衣袖上仿佛还残留着泪痕，而小船载着游子已经远去，伤心回首时，高城渐渐消逝在泪眼模糊中，万家灯火点亮了昏黄的暮色，却点不亮游子心头的黯然神伤。

离别的伤感、深情的留恋、功名的失意，对前途的茫然，对天涯漂泊的厌倦，种种情绪交织在一起，催生了秦观这首经典名作。一首词，仿佛是一幅凄美的画面，又仿佛是一段凄美又无法言传的爱情故事，如泣如诉，如梦如幻。甚至有人说，像"斜阳外，寒鸦万点，流水绕孤村"这样的句子，即使是不识字的人听了，也会觉得这是天生的"好言语"。

此词一出，立即传唱四方。秦观还由此得到了一个雅号，被他的老师苏轼戏称为"山抹微云秦学士"，秦观的大名也更加响亮。

秦观的女婿范温是史学家范祖禹的小儿子。有一次，他参加一个达官贵人在家举办的宴会，范温年纪轻，也没啥名气，在宴席上完全没有存在感。可是范温却是个有心人，他发现宴会上贵人的一个侍女最爱唱的流行歌曲都是秦观所写之词，尤其是那首"山抹微云，天连衰草"连着唱了好几遍，无疑是最受欢迎的歌曲，他心里暗暗得意：自己的岳父大人可是流行乐坛的大明星！不过，范温很有修养，别人不问，他也不张扬，端着酒杯饶有兴味地欣赏侍女唱岳父的词，一遍接着一遍，很是陶醉。过了好一会儿，那个侍女看到范温很欣赏很享受的样子，才不经意地问了一句："不知这位先生尊姓大名？你也喜欢这首'山抹微云'词吗？"

范温这才逮着了好机会，他不慌不忙站起身来，高声回答道："我就是那'山抹微云'的女婿！"

话音刚落，举座哗然。不仅侍女连忙起立向他行大礼，连在座的贵人们不约而同都站了起来："原来先生就是秦学士的女婿！久仰久仰，失敬失敬。来，我们敬您一杯。"

范温也哈哈大笑，这顿酒席尽欢而散。

125.《千秋岁·水边沙外》是谁的代表词作？

《千秋岁·水边沙外》是秦观的代表词作。元祐八年（1093年）七月，秦观还和苏轼的另一名得意弟子黄庭坚一起，同时被任命为国史院编修官。但是，好景不长，就在这一年的九月，支持旧党的宣仁高太后去世，哲宗亲政，开始重新任用新党之人，于是以苏轼为首的一批"元祐党人"又相继被贬出京城，他们从"天堂"一下子掉到了地狱。苏轼在一个月内连续三次降官，被贬到广东的惠州。其他的苏门人物运气也好不到哪里去，黄庭坚先被贬到涪州、再到黔州……相比之下，秦观似乎运气还算好一点，先是出为杭州刺史，后又被贬处州，还算是浙江境内风景秀丽的好地方。

政治上的严酷打击，家庭的无奈离散，精神上的持续折磨，让正当壮年的秦观对生活心灰意冷。多愁善感的秦观，在面对生活的挫折时，比他的老师、朋友都更加绝望、更加悲痛。秦观的"多情"，在积极的一方面表现为他对爱情的真诚和执着，在消极的一方面却表现为性格上的柔弱和敏感，因此在身处逆境时更容易被挫折所打倒。

按道理说，苏轼被贬的地方广东惠州比秦观贬谪到的地方要荒远偏僻得多，而且他还比秦观大十三岁，可是六十多岁、远在惠州的苏轼还能自得其乐地享受着"日啖荔枝三百颗，不辞长作岭南人"的潇洒；可秦观还在浙江处州的时候，就写下了这首满怀愁绪与失望的词，全词如下：

水边沙外，城郭春寒退。花影乱，莺声碎。飘零疏酒盏，离别宽衣带。人不见，碧云暮合空相对。　　忆昔西池会，鹓鹭同飞盖。携手处，今谁在。日边清梦断，镜里朱颜改。春去也,飞红万点愁如海。

浙江的处州地处江南,气候和风景都很好,比苏轼所在的惠州、黄庭坚所在的黔州条件好了不知道多少倍。而且这首词一开篇也说明,秦观写这首词的时候正是冬寒褪尽,暖意融融的春天。"花影乱,莺声碎"也说明江南的春光确实是非常美好。如果是苏轼或者黄庭坚在这样美好的景色下,说不定又会有一番畅游的豪兴,可是多愁善感的秦观在面对良辰美景时,却只是沉浸在对往昔的回忆之中。"忆昔西池会,鹓鹭同飞盖","西池"大概是京城开封西边的金明池,不仅风景秀丽,而且还是皇帝经常游览赐宴的地方,大约也是当年秦观和苏轼他们经常聚会的场所。"飞盖"是朝廷官员所乘的车子上的伞盖,官员们乘坐的车子的伞盖像"鹓鹭"飞翔时一样一行一行地络绎而来,那是多么得意、多么繁华的景象!可是在秦观看来,这种得意、繁华已经永远地成为了过去,现在的他,"飘零疏酒盏,离别宽衣带",再也没有豪兴和朋友们一起畅饮,而离别后的忧愁甚至让自己更加消瘦。此时的词人,不由得发出了"日边清梦断,镜里朱颜改"的悲叹。"日边"的"日",在这里我们可以把它理解为君王,"日边清梦断"则是暗示我们,这时候的秦观已经对仕途彻底失望了,报效国家与君王的理想彻底破灭了;而"镜里朱颜改"甚至还告诉我们,正当盛年的秦观,虽然还只有四十多岁,但他的心已经老了,老得不再对未来抱有任何的希望。那飘零的落花,"飞红万点",多么像海水一样无边无际、深不见底的悲哀啊!

126. 清真居士是哪位词人?

周邦彦,字美成,号清真居士,宋仁宗嘉祐元年(1056年)出生于钱塘(今浙江省杭州市),卒于宋徽宗宣和三年(1121年),经历北宋仁宗、英宗、神宗、哲宗和徽宗五朝。

周邦彦是北宋中后期的词坛大将,他的词被清人视为填词的最高境界,他的代表作例如《西河·金陵怀古》:

佳丽地,南朝盛事谁记。山围故国绕清江,髻鬟对起。怒涛寂寞打孤城,风樯遥度天际。　　断崖树,犹倒倚。莫愁艇子曾系。空遗旧迹郁苍苍,雾沉半垒。夜深月过女墙来,赏心东望淮水。　　酒旗戏鼓甚处市。想依稀、王谢邻里。燕子不知何世。入寻常巷陌人家对相,如说兴亡,斜阳里。

词题标明了是"金陵怀古",应该是周邦彦来到金陵时,这座历史名城带给他无数感慨,因而催生出这首咏史怀古名篇。如今的金陵城仍然是美女如云,可谓处处莺歌燕舞,红袖飘飘;可是在这一片艳丽繁华之下,谁还能想起金陵这座雄伟牢固的城池，也曾经是有着赫赫帝王之气的六朝古都呢？"山围故国绕清江，髻鬟对起。"金陵城四面环山，历来被认为是虎踞龙盘之地，既有长江天堑可以依靠，又有秦淮河贯穿其中，可谓依山傍水，充满灵气。金陵地势总体上是北高南低，词人伫立城中，向北眺望，看到一左一右高高矗立的山峰就像女子头顶高高盘起的两个发髻。一棵很有年头的老树倒倚在断崖之上，这一幕再次激发了词人绵延今古的联想。当年莫愁姑娘的小艇就是系在这棵老树上的吧？这里又显出了周邦彦词的"顿挫"之妙：刚刚还是怒涛拍岸的激越拗怒，紧接着又以柔情稍作舒缓。南京的乌衣巷在东晋的时候是王导、谢安这些豪门世族聚居的地方。当时曾经在王谢家族堂前"安家"的燕子，它们曾是贵族家的"邻居"，如今随着这些大家族的消逝，飞入寻常百姓家。

周邦彦的这首词，气韵沉雄，格调悲壮。当时北宋朝廷正处于内忧外患当中，外有北方的金国虎视眈眈，内有方腊等领导的农民起义此起彼伏，北宋王朝如同黄昏的夕阳，摇摇欲坠。同样进入暮年的周邦彦也经历了人生的起起落落，朝廷的危机、个人的失意让他看到的是满目荒凉。然而作为朝廷逐臣，周邦彦并非一个慷慨激昂的勇士，他不会直言指斥朝廷的腐朽黑暗，他只是像一个词人那样感伤着历史与个人命运的无常。

当然，周邦彦更不可能预见到，就在他死后（周邦彦卒于1121年）的第六年，金人的铁蹄跨过淮河，1126年的靖康之难掀开了大宋王朝最为耻辱的一页。

"入寻常巷陌人家，相对如说兴亡，斜阳里。"一声悠长的叹息，结束了这首极具顿挫回环之妙的长调词。《西河》主要是化用前人的诗句而成，词人自己的创意似乎较少，就像王国维批评周邦彦说的那样："但恨创调之才多，创意之才少耳。"

127. 贺方回是谁？

贺铸，字方回，卫州（今河南汲县）人，生于北宋仁宗皇祐四年（1052年），卒于宋徽宗宣和七年（1125年）。陆游曾说贺铸"状貌奇丑，色黑青而有英气"，叶梦得说他"长七尺，眉毛耸拔，面铁色"，正是这样的长相，贺铸常被称为"贺鬼头"。

尽管贺铸是一个文臣，但是他也做过武官，多少浸染了武官的方刚血气，体现在他的词作中，就是硬气和侠气，例如《六州歌头》：

少年侠气，交结五都雄。肝胆洞，毛发耸。立谈中，死生同，一诺千金重。推翘勇，矜豪纵。轻盖拥，联飞鞚，斗城东。轰饮酒垆，春色浮寒瓮，吸海垂虹。闲呼鹰嗾犬，白羽摘雕弓。狡穴俄空。乐匆匆。　似黄粱梦，辞丹凤，明月共，漾孤篷。官冗从，怀倥偬，落尘笼，簿书丛。鹖弁如云众。供粗用，忽奇功。笳鼓动，渔阳弄，思悲翁。不请长缨，系取天骄种，剑吼西风。恨登山临水，手寄七弦桐。目送归鸿。

开篇是词人的自述，说自己少年之时有侠气，交往、结识了"五都雄"。"五都"是指长安、洛阳、凤翔、江陵和太原，贺铸并不一定是说认识了这五个地方的人，应该是泛指自己从家乡来到汴京之后，在京城认识了各方的英雄豪杰。贺铸与这些英雄豪杰关系很好，他们在交往的过程中，意气相投，立誓要同生共死。于是他们当歌对酒，豪爽痛饮，策马奔腾，弯弓射雕，何等的惬意，何等的快活啊！但这种快乐的生活却是"乐匆匆"。贺铸在下片用"黄粱梦"的典故来表达自己身世困苦、希望过上美好生活的愿望，但这一切在此刻的他看来却又是多么的遥不可及啊。这是一首词人自抒怀抱的词作，我们不仅能从词中读出贺铸内心的远大志向和现实的苦闷，更为难得的是，作者在词中表达了对朝廷处理边塞问题的不满。

贺铸的《六州歌头》是独一无二的——"在北宋词坛，抨击了朝廷中投降派的词作，这是仅见的一篇。靖康之前，忧时愤事而能与后来岳飞、张元幹、张孝祥、陆游、辛弃疾等媲美的爱国词作，除此而外，更有谁何？"①

128.《鹧鸪天·死半桐》是谁的词作？

这是贺铸的名篇，贺铸喜欢从词的句子中摘取几个字，作为题目，然后再注明这首词的曲调。全词如下：

重过阊门万事非。同来何事不同归。梧桐半死清霜后，头白鸳鸯失伴飞。原上草，露初晞。旧栖新垅两依依。空床卧听南窗雨，谁复挑灯夜补衣。

"阊门"是苏州著名的城门。这个时候贺铸正客居苏州为母亲守孝。当他再一次来到阊门的时候，已经是万事皆非了，和他一起来到苏州为母亲守孝的妻子，永远地离开了他，不能再同他一起离开苏州了。前两句词实际上是写实，相当于交代词的写作背景：妻子离开了。

"梧桐半死清霜后，头白鸳鸯失伴飞"，"梧桐半死"用的是西汉枚乘《七发》中的典，所谓"龙门之桐"者"其根半死半生"，树和根是紧密相连、相互依存的。白头的鸳鸯也如此。词人用树和鸟来比喻他和妻子的爱情，正如唐代孟郊的《烈女操》言："梧桐相待老，鸳鸯会双死"，曾经词人和妻子相依为命，相约要"执子之手，与子偕老"，没想到妻子先他而去。

词的上片是对于妻子离世这件事的直接描述，是基于现实的描写。转而下片，

---

① 钟振振. 北宋词人贺铸研究[M]. 台北：文津出版社，1994：191-192.

"原上草，露初晞"句，是化用了乐府诗《薤露》的"薤上露，何易晞。露晞明朝还落复，人死一去何时归。"《薤露》是乐府中的挽歌，是以悼亡为主题的诗作。词人化用乐府挽歌，说这薤草上的露水很容易干，但是干了的露水明天早上还会有，可是离开的妻子何时才能回来呢？词人期盼着妻子能够再回到他的身边，他在过去他们居住的小家里等待着妻子回来，他到妻子的坟前盼望着妻子能够回来，可是事与愿违，现在陪伴他的只有窗外点点滴滴的雨声。词人独自躺在床上，这个似曾相识的情景，让他想起了曾经一个下雨的夜晚，他也是这样卧床休息，妻子坐在他的身边，挑着烛灯，为他缝补衣服。

此词情感凄婉，痛彻黄泉，与苏轼词《江城子》一起，成为"北宋悼亡词中的双绝"。

129. 贺梅子是哪位词人？

贺梅子，贺铸的别称，因《青玉案·凌波不过横塘路》而得名，《青玉案·凌波不过横塘路》是贺铸的名篇。全词如下：

凌波不过横塘路。但目送、芳尘去。锦瑟年华谁与度？月桥花院，琐窗朱户，只有春知处。　　碧云冉冉蘅皋暮。彩笔新题断肠句。试问闲愁都几许？一川烟草，满城风絮。梅子黄时雨。

"横塘"在今天江苏省苏州市的西南部，贺铸填这首词的时候，大约是建中靖国元年客居苏州的时候。"凌波不过横塘路"，"凌波"这个词出自曹植的《洛神赋》"凌波微步，罗袜生尘"，描写的是洛神行步之美，后来被用在词中代指美人。横塘是一个很美的地方，贺铸在这里遇见了一位步态轻盈的美人。这位美人经横塘而不过，词人想上去搭讪，却又只好目送女子离去。"锦瑟年华谁与度"，女子的离去让贺铸陷入了深深的思考：青春的年华谁来与我共度呢？那个能陪伴我锦瑟年华的人，她在花前月下，还是在朱户窗前，"月桥花院"是一个室外的景象，"琐窗朱户"是室内的场景，一内一外地描写出一片富丽堂皇的场景。可是这一切都"只有春知道"。这一句是虚实相生的，场景是实的，但是"春知道"是虚的，在这一虚一实之间，词人的情绪跌入了谷底。词的上片以乐景写哀情，字里行间无不透露着词人内心深处的孤独和寂寞。下片"碧云冉冉蘅皋暮"，承接上片的意思，希望自己能有一支彩笔，写出很美好的诗篇，在此情此景之下，他有满腹的愁怨，他的愁是全方位、多角度的，是一川烟草的层出不穷，也是满城风絮的无处不在，更是黄梅时节滴滴小雨般的连绵不绝。

词的最后三句，为贺铸在词坛上赢得了无上的荣耀，他也因此被称为"贺梅子"。

130. 两宋第一女词人是谁？

李清照，自号易安居士，出生于北宋神宗元丰四年（1081 年，另一说认为李清照出生于 1084 年），大约卒于南宋高宗绍兴二十六年（1156 年）。著名的学者兼散文家李格非的长女。

李清照生活的时代，是北宋末年至南宋初年，她的词风在南渡前后也发生了很大的变化。李清照前期的词，充满灵气与个性，尽情描绘着闺中生活的无忧无虑。例如《点绛唇》：

蹴罢秋千，起来慵整纤纤手。露浓花瘦，薄汗轻衣透。　见客入来，袜刬金钗溜，和羞走。倚门回首，却把青梅嗅。

这首词写一个少女荡完秋千后的情态。李清照没有写她荡秋千时如何迎风飞扬，如何笑声荡漾，只是剪取了荡完秋千以后的镜头。秋千已经停了，少女慢慢地从秋千上下来"慵整纤纤手"。"露浓花瘦"是交代时间和地点，"露浓"表明时间是在春天的早晨，"花瘦"表明地点是在少女的私家花园中。少女的私家花园里突然闯进来一个陌生男子。少女刚刚荡完秋千，很累很懒，衣裳没整理好，鞋子也来不及穿，慌慌张张只穿着袜子就往屋里逃，她头发蓬散，金钗掉到地上都顾不得捡起来，逃到门边又忍不住躲在门后头偷看，于是就用嗅青梅的动作，掩饰一下自己怦怦乱跳的少女春心。

南渡流亡途中，李清照的词风发生了巨大的变化。例如《渔家傲》：

天接云涛连晓雾。星河欲转千帆舞。仿佛梦魂归帝所，闻天语。殷勤问我归何处。　我报路长嗟日暮。学诗谩有惊人句。九万里风鹏正举。风休住。蓬舟吹取三山去。

这首词是李清照的"记梦"之词。"天接云涛连晓雾。星河欲转千帆舞。"词一开篇就展开了一幅气势恢宏、场面壮观的画面：凌晨时分，太阳还没有升起，放眼望去，在辽阔的海洋上，海水波涛汹涌，天空则云雾翻卷，水天相接。上片以问题收束，下片以词人的回答领起，在梦中，词人不由得大喝一声："风休住！"风啊，你不要停，你既然能将大鹏鸟送上"九万里"的高空，那也请你将我乘坐的这叶"蓬舟"送到"三山"上去吧！只有那里，才是我理想中的归宿啊。

131. 李清照曾经离过婚吗？

绍兴二年（1132 年），李清照来到了杭州，认识了一个叫张汝舟的人。这个张汝舟粗粗看来，也生得风流倜傥，彬彬有礼，而且对李清照关怀备至。独自经历了几年的颠沛流离，李清照已经尝尽了人生的悲凉苦痛，这时的李清照，已经病得有气无力，再加上她的弟弟李远也是一个实在人，看到姐姐这样可怜痛苦，也相信了张汝舟的巧舌如簧。于是，在还没有认清张汝舟的真实意图的情况下，李清照就被他骗入了婚姻之中。

  结婚不久，张汝舟卑鄙小人的面目就日渐显露出来，并且越来越丑恶。原来，以李清照在当时的才名，再加上出身于诗礼簪缨世家，是已故宰相赵挺之的儿媳妇，丈夫赵明诚又是有名的金石收藏家，很多人都想当然地以为，她手里值钱的宝贝肯定不少。冲着这点子"才名"和"财名"，张汝舟就蓄谋着要把李清照骗到手。说不定，就冲当时李清照病得奄奄一息的状况，他只等着娶过门以后好接受遗产，李清照怎么能想到，他真正想要的，是李清照手里的那些宝贝。

  可是结婚之后，双方都发现，这场婚姻是个大大的骗局。在李清照看来，张汝舟市井无赖的真实面目暴露无遗，他的官也是靠耍手段骗来的。原来宋朝有个规定，举子考到一定次数，取得了相应资格后就可以授予官职。这张汝舟本来没什么才学，他的官职是靠"妄增举数"骗来的，也就是谎报了考试的次数。这在当时，可就是欺君之罪啊！而张汝舟这方面，也是大呼上当。他原先打的如意算盘，是娶了李清照，同时就娶进来了大批稀世珍宝。可先别说李清照手头的收藏品早就所剩无几，就算是有，以李清照的倔强个性，又怎么可能把赵明诚和她一辈子积累的心血拱手让给这么一个骗子、小人？张汝舟见无利可图，于是原形毕露，先还只是对李清照冷眼相对，恶语相向，发展到后来，甚至开始对年老病弱的李清照拳脚相加。

  自古以来，只有男人休妻的权力，哪有做老婆斗胆反抗的份？可是李清照不是普通女人，虽然在病重期间，一不小心被小人骗了一把。可李清照就是李清照，一旦意识到这是一个陷阱，马上做出了冒天下之大不韪的决定：告发丈夫，坚决离婚。原来，宋代有一条很恶劣的法律：男人休妻很容易，找个理由就能把老婆遣送回娘家，不管死活。可是女人要是想反过来告丈夫，那么即使证据确凿，诉讼成功，女人自己也要到监狱里蹲两年。

  在这件离婚诉讼案中，李清照再一次显示了她非凡的才智和勇气。她聪明地来了个避轻就重，以张汝舟"妄增举数"为由，告了他一个欺君之罪。这罪名可大了，再加上证据确凿，连宋高宗都亲自过问了案件。最终，张汝舟被削去官职，流放柳州，李清照离婚成功。

  这段让李清照"毁了一世名节"的婚姻，仅仅持续了一百天。根据宋代的法律，李清照即使胜诉，因为告的是丈夫，也因此而锒铛入狱。好在，不幸中的万幸是，赵明诚生前的一位远房亲戚，当时在南宋朝廷做翰林学士的綦崇礼向李清照伸出了援手。綦崇礼当时很得宋高宗信任，因此李清照在牢房里只呆了九天就被放了出来。

出狱后，李清照专门写了封信《投翰林学士綦崇礼启》，对他表示感谢。

132.《词论》是谁的作品？

《词论》是李清照关于词的专论文章，节选如下：

乐府声诗并著，最盛于唐。……自后郑、卫之声日炽，流糜之变日烦。已有《菩萨蛮》《春光好》《莎鸡子》《更漏子》《浣溪沙》《梦江南》《渔父》等词，不可遍举。五代干戈，四海瓜分豆剖，斯文道息。独江南李氏君臣尚文雅，故有"小楼吹彻玉笙寒""吹皱一池春水"之词。语虽甚奇，所谓"亡国之音哀以思"也。逮至本朝，礼乐文武大备。又涵养百余年，始有柳屯田永者，变旧声作新声，出《乐章集》，大得声称于世；虽协音律，而词语尘下。又有张子野、宋子京兄弟，沈唐、元绛、晁次膺辈继出，虽时时有妙语，而破碎何足名家！至晏元献、欧阳永叔、苏子瞻，学际天人，作为小歌词，直如酌蠡水于大海，然皆句读不葺之诗尔。又往往不协音律，何耶？盖诗文分平侧，而歌词分五音，又分五声，又分六律，又分清浊轻重。……王介甫、曾子固，文章似西汉，若作一小歌词，则人必绝倒，不可读也。乃知词别是一家，知之者少。后晏叔原、贺方回、秦少游、黄鲁直出，始能知之。又晏苦无铺叙。贺苦少重典。秦即专主情致，而少故实。譬如贫家美女，虽极妍丽丰逸，而终乏富贵态。黄即尚故实而多疵病，譬如良玉有瑕，价自减半矣。

一般认为，李清照的《词论》是在南渡之前的文章，在这篇文章中，李清照提出了"词别是一家"的说法，意在将词从诗的视域中分离出来，也就是词作为一个独立的文体，而非诗余，在她看来，词是一种特殊的文体，因为"词分五音，又分五声，又分六律，又分清浊轻重"。同时，李清照在文中对唐代词到江南李煜，再到宋代各家进行评点，相对系统地阐释了词的评价标准也就是词的婉约本色这个问题。

《词论》是词学批评体系中非常重要的一篇专论论文。

133. 陆放翁是谁？

陆游，字务观，自号放翁，越州山阴（今浙江省绍兴市）人，生于北宋徽宗宣和七年（1125年）十月十七日，卒于南宋宁宗嘉定三年（1210年）。陆游出生的十天前，金人决定挥师南下，大举进攻宋朝，这注定了陆游的一生是抗金的一生，他一生的理想，就是恢复中原。例如他的词《诉衷情》：

当年万里觅封侯，匹马戍梁州。关河梦断何处？尘暗旧貂裘。　　胡未灭，鬓先秋，泪空流。此生谁料，心在天山，身老沧洲！

从这首词里，我们可以发现，晚年的陆游经常会在梦里、在回忆里，回到当年他骑着战马不远万里来到梁州从军的那段时期。可是这段经历，已经像梦一样地消失了。当梦骤然被惊醒，他睁开眼睛，看到的只有墙上挂着的旧军装——"尘暗旧貂裘"，那是他当年穿过的貂皮做的军装，现在军装上覆满了尘土，颜色褪了，就像遥远的往事一样暗淡了，被尘封了。其实陆游哪里是在感叹旧军装呢，他是在感叹自己——他本人也就像这件旧军装一样，被朝廷遗忘了，被战场抛弃了，英雄暮年，再也不复当年的英姿。敌人还没有被消灭，可是英雄已经老去，他不甘心啊！"此生谁料，心在天山，身老沧洲。"沧洲，本来是指古代隐士闲居的地方，往往选择在水滨。这里指陆游晚年隐居的绍兴镜湖边的三山。在这首词里，陆游再一次用到了唐代大将薛仁贵的典故。他一直认为自己是薛仁贵那样的大将之才，可是，他却没有机会像薛仁贵那样出师远征，平定天山，收复国土，他只能在小乡村里虚度年华，"身老沧洲"。

陆游是我们心目中的英雄，他的诗词一直流传到了今天，他的精神就闪耀在那些充满激情和爱国主义情感的诗篇里。

134.《钗头凤》是谁的词作？

《钗头凤》是陆游的名篇。绍兴二十五年（1155年）左右，陆游回到他的家乡绍兴。在绍兴城南禹迹寺的旁边，有一个园林，名为沈园。在一个春光明媚的日子，陆游来到了沈园，无意中碰到了他的前妻——唐琬。后来陆游有感而发，作了此篇，全文如下：

红酥手，黄縢酒，满城春色宫墙柳。东风恶，欢情薄，一怀愁绪，几年离索。错，错，错！　春如旧，人空瘦，泪痕红浥鲛绡透。桃花落，闲池阁，山盟虽在，锦书难托。莫，莫，莫！

这首《钗头凤》一开始就给了我们一个大大的特写镜头———双"红酥手"，当然，这个特写镜头只是陆游回忆中的镜头。因为这次沈园的重逢，陆游肯定是没机会再去细细品味唐琬的"红酥手"的。他是看到眼前唐琬送来的酒菜，情不自禁联想起他俩当年卿卿我我的夫妻生活了。东风既可以唤醒春天，但是也可以吹走春天。一阵东风刮来，可能就会把弱不禁风的柳絮吹得到处飞扬，不知道会散落到什么地方去，也会把春天盛开的鲜花都吹落了。在这首词里，陆游是在埋怨这不解风情的"东风"，硬是拆散了他和唐琬的美满婚姻，吹走了他们爱情的春天，让他们各自飘零、枯萎。

据说，沈园分别后，陆游写下的那首《钗头凤》很快就流传开了，也很快就传到

了唐琬那里。唐琬也和了一首《钗头凤》,她的和词是这样写的:

世情薄,人情恶。雨送黄昏花易落。晓风干,泪痕残。欲笺心事,独语斜阑,难!难!难! 人成各,今非昨。病魂常似秋千索。角声寒,夜阑珊。怕人寻问,咽泪装欢。瞒!瞒!瞒!

陆游和唐琬离婚七年之后,再一次在沈园意外地重逢。这次重逢以后,他们两人都比以前更强烈地意识到,在这一辈子的感情世界里,只有对方才是彼此不可替代的唯一。(注:唐琬的和词既不合律,艺术水准也不高,已被证明是伪作)

135.《示儿》是谁的诗?

《示儿》是陆游的临终绝笔,八十五岁的陆游早就看透了政坛的黑暗,早就不在乎个人的这点名分了。在他生命的最后,激荡在他心中的,只有一份极其纯粹的感情——那就是爱,对这个国家、对这个民族最深沉的爱。这种爱,不会因为任何形式的打击而改变,《示儿》将这份深沉的爱推向了极致:

死去元知万事空,但悲不见九州同。王师北定中原日,家祭无忘告乃翁。

这是陆游生命的绝唱,也是他作为一名战士至死不渝的一个梦想。八十五岁的老人,他即将追随自己最爱的人于九泉之下,所以在这个人世间,他唯一放不下的,就只剩下一件事了。这件事,不是个人的名利,不是儿孙的前途,不是所谓的家业,他唯一的牵挂就是——"但悲不见九州同"。国家没有统一,他是死不瞑目的!不管受过多少挫折,遭受过多少诽谤,他始终没有丧失过信念。即使是到了九泉之下,他仍然会继续等待,等待什么呢?等待"王师北定中原日"!等到那一天,子孙们一定不要忘记把这个胜利的消息告诉自己!活着的时候,他没有看到这一天,但他坚定地相信:这一天一定会到来!

陆游对国家怀着深沉的爱,可是作为一名战士,他自始至终都没有机会亲身参与大规模的北伐战争,他为之奋斗一生的国家统一大业终究没能完成。一代英雄,只能孤独地老死在乡村,就像他自己感慨的那样:"此生谁料,心在天山,身老沧洲。"

136.《游山西村》是谁的诗作?

《游山西村》是陆游的名作,作于乾道三年(1167年)。全诗如下:

莫笑农家腊酒浑,丰年留客足鸡豚。山重水复疑无路,柳暗花明又一村。箫鼓追随春社近,衣冠简朴古风存。从今若许闲乘月,拄杖无时夜叩门。

"山西村"是山阴的一个村庄名。"腊酒"即腊月间酿的酒,一般是留在过年的时候喝的;"豚"在这里应该是指"小猪"。开头两句的意思是:你可别笑话乡下人家的腊酒味道不好啊,今年是个丰收年,农家接待客人可热情啦,杀鸡宰猪,倾其所有来招待我们呀!

"山重水复疑无路,柳暗花明又一村",是写小山村的自然景色,也是这首诗中最为大家所熟悉的经典名句。这两句诗表面上的意思很容易理解:诗人走在山村小路上,眼前是曲曲折折的山路水路,一眼看不到头,走着走着似乎陷入了绝路,让人不由得怀疑前面是不是已经没有路了。正在迷茫的时候,转过一个弯,忽然柳暗花明,眼前又出现了一座小村庄,热热闹闹的样子,给疲劳的行人带来了新的希望……

"箫鼓追随春社近,衣冠简朴古风存",这两句是描写农村的风俗。"社"是土地神,古代每年立春后的第五个戊日为春社日,在这一天,农村里要吹箫打鼓,热闹一番,祭祀土地神,祈求来年的丰收。这个风俗也就是来历已久、一直保存至今的"古风"。

诗的最后两句"从今若许闲乘月,拄杖无时夜叩门"又回到了诗人自己的心态上。摆脱了纷纷扰扰的官场,诗人现在真可以说得上是无官一身轻了。"无时"就是"随时"的意思。即便是在宁静的夜晚,诗人都可以趁着明亮的月光,拄着拐杖悠闲地一路信步走来。兴之所至的时候,随时都可以敲开朋友的家门,尽情地聊会儿天。看得出来,陆游是真心喜欢并且享受这样简单朴素的田园生活的,而且,他也融入到了这种简朴的生活当中,把自己当成农家的一份子了。

137.《临安春雨初霁》是谁的诗作?

《临安春雨初霁》是陆游的名作,作于淳熙十三年(1186年)。当时陆游在浙江绍兴老家闲居了七年以后,再一次被朝廷任命为朝请大夫,知严州(今浙江杭州附近)。全诗如下:

世味年来薄似纱,谁令骑马客京华。小楼一夜听春雨,深巷明朝卖杏花。矮纸斜行闲作草,晴窗细乳戏分茶。素衣莫起风尘叹,犹及清明可到家。

全诗可作如下解读:明知近年来自己对于世态人情的兴趣已经淡薄得就像一层纱一样,可又是谁让"我"再次骑马来到这个繁华的京城呢?在焦急而茫然的等待中,"我"昨晚又是一夜无眠,只听得春雨敲打在屋檐上,淅淅沥沥,绵绵不绝,第二天一大早深巷中就传来叫卖杏花的声音。大好的春天就这样一天一天从身边溜过去了,可是"我"却还是只能滞留京城,一事无成,一天到晚闲得发慌,只能铺开小小的宣纸，斜斜地写下一行行草书来打发时间，或者坐在窗户前，沐浴着雨后天晴铺洒进来的阳光，不厌其烦地烹茶、分茶、品茶。京城的车水马龙，高官豪门之间的迎来送往让京城尘土弥漫，洁白的衣服都染上了黑色的尘埃，让人心生厌倦，这样的日子并不让人留恋，不知道是不是在清明节前可以回到家乡呢？

"小楼一夜听春雨，深巷明朝卖杏花"是这首诗中的千古名句，温暖的春光从绵绵春雨和卖花声中自然流淌出来，却又隐隐反衬着诗人一夜无眠、忧心国事的淡淡愁绪，真可谓情景交融、浑然一体，体现出陆游对生活的细腻感受和对诗歌艺术的高超把握，据说当时连宋高宗都对这两句诗赞不绝口。

从总体上来看，这首《临安春雨初霁》流露出来的仿佛是陆游对于宦海沉浮的一丝厌倦之情。的确，辗转在官场中应酬交际并非陆游心中所愿，他一生中唯一重要的目标便是抗金，在有生之年看到收复中原、国家统一的那一天。可是，朝廷屡屡让他赋闲在家，他只能写写书法、喝喝茶来打发时间。眼看着自己年华老去，理想却始终没有实现，实在是让人痛苦万状。而这一次陆游被召到临安，终于等到陛见的时刻，可是孝宗对陆游说的一番话仍然让他感到了深深的失望。孝宗对他说："你就要去严州做官了，那可是个好地方啊，风景优美，你在工作之余，可以好好游山玩水，好好写点儿诗词怡情悦性嘛。"

138. 白石道人是哪位词人？

姜夔，字尧章，号白石道人，饶州鄱阳（今属江西）人，大约出生于南宋高宗绍兴二十五年（1155年），卒于宁宗嘉定十四年（1221年）前后。姜夔出生在一个官宦家庭里，他的父亲姜噩于绍兴三十年举进士，曾任湖北汉阳县的知县，因此姜夔的幼年时期，基本随父亲在汉阳度过。父亲去世以后，他跟随出嫁的姐姐，寓居汉川县山阳村。淳熙三年（1176年）至十三年（1186年）这十年间，也就是姜夔二三十岁的时候，他出游扬州、合肥一带，曾几度往返于江苏、安徽等地，他的代表作《长亭怨慢》即作于游历合肥期间：

渐吹尽、枝头香絮。是处人家，绿深门户。远浦萦回，暮帆零乱向何许。阅人多矣，谁得似长亭树。树若有情时，不会得青青如此。　　日暮。望高城不见，只见乱山无数。韦郎去也，怎忘得、玉环分付。第一是早早归来，怕红萼无人为主。算空有并刀，难剪离愁千缕。

这首词是姜夔离开合肥时与他的恋人离别之作，也是姜夔的自度曲，而且词牌《长亭怨慢》应该就是得名于词中"谁得似长亭树"一句，这是姜夔因与恋人惜别，专门作曲、专门填词的一首新曲，同时也是他发自肺腑的一首心曲。词的一开篇就描写漫天飞扬的柳絮，仿佛漫天飞扬的思绪，"渐吹尽、枝头香絮"。已经是暮春时节了，"是处人家，绿深门户"，随着枝头柳絮飘尽，柳树已经浓荫蔽地，沿路的人家在飘扬的柳条中若隐若现、若明若暗，仿佛隐在柳荫深处。此刻的词人，也许是正要告别"绿深门户"而再度远游。"远浦萦回，暮帆零乱向何许"，浦，指水岸，"远浦萦回"，正是指远行的游子顺着曲折的水道渐行渐远。此刻，在旅途中的词人回头再想遥望"高城"的时候，他的视线已经被无数乱山给遮蔽了，他越走越远，再也看不到他所思念的人了。

姜夔一生无缘仕途，不得不长期寄食于人，卑微的地位、坎坷的人生反而成就了他孤傲的个性和不与流俗为伍的高洁人品。

139.《扬州慢》是谁的词作？

《扬州慢》是姜夔的代表词作之一。宋孝宗淳熙三年（1176年）冬至，姜夔告别了客居多年的汉阳，来到扬州，见到曾经"夜月一帘幽梦、春风十里柔情"的扬州城。扬州在靖康之变以后，因遭到金兵的多次侵袭，已呈现一片颓败荒凉之态，于是词人写下了这首千古名篇《扬州慢》：

淳熙丙申至日，予过维扬。夜雪初霁，荠麦弥望。入其城则四顾萧条，寒水自碧。暮色渐起，戍角悲吟。余怀怆然，感慨今昔，因自度此曲，千岩老人以为有黍离之悲也。

淮左名都，竹西佳处，解鞍少驻初程。过春风十里，尽荠麦青青。自胡马窥江去后，废池乔木，犹厌言兵。渐黄昏、清角吹寒，都在空城。　　杜郎俊赏，算而今重到须惊。纵豆蔻词工，青楼梦好，难赋深情。二十四桥仍在，波心荡、冷月无声。念桥边红药，年年知为谁生。

《扬州慢》是姜夔的自度曲。古人填词一般都是先有曲，然后根据音乐的形式，填入对应的歌词，以供配乐演唱。与传统的依曲填词方法不同，《扬州慢》是先有文字后谱曲的。此词中饱含黍离之悲，所谓"黍离之悲"，出自《诗经·王风·黍离》：

彼黍离离，彼稷之苗。行迈靡靡，中心摇摇。知我者，谓我心忧；不知我者，谓我何求。悠悠苍天，此何人哉？

彼黍离离，彼稷之穗。行迈靡靡，中心如醉。知我者，谓我心忧；不知我者，谓我何求。悠悠苍天，此何人哉？

彼黍离离，彼稷之实。行迈靡靡，中心如噎。知我者，谓我心忧；不知我者，谓我何求。悠悠苍天，此何人哉？

黍离之悲是指一种亡国之悲。这首词的上片主要写扬州城在几经金兵侵袭之后的颓败之景,下片抒发自己面对此景的凄凉伤感之情。因上下阕内容不同,音乐旋律也有所不同,但是总体的情感基调没有改变,音乐的音调也不能改变,所以《扬州慢》在文字和音乐的结构上,既有上下阕的对比,也有全词的悲情基调的统一。

140. 吴梦窗是哪位词人?

吴文英,字君特,号梦窗,词史上往往称他为吴梦窗,晚年又号觉翁,四明(今浙江宁波)人,大约出生于南宋宁宗庆元六年(1200年),大约卒于理宗景定元年(1260年)。吴文英从小就沉浸于诗词中,对科举始终提不起什么兴趣,因此尽管身负高才,却始终没有去博得科举之名,倒是成为了极少数的专业词人之一。吴文英一生不第,不过为了生计,他先后供职于不同的幕府担任幕僚,一生的足迹也基本不出今天江苏、浙江一带。

南宋时期,吴文英和辛弃疾、姜夔三足鼎立。人们往往将宋代词人中的周邦彦比作是唐代诗人中的杜甫,而将吴文英比作唐代诗人中的李商隐。到了晚清,梦窗成为词坛最受追捧的词人,崇拜、学习、模仿他的人占据了词坛的半壁江山:"近世学梦窗者,几半天下。"(吴梅《乐府指迷笺释》序)。甚至有人还说,两宋词坛上,北宋以周邦彦为集大成者,南宋则推吴梦窗为尊,"求词于吾宋者,前有清真(周邦彦号清真居士),后有梦窗"。例如他的《点绛唇》:

时霎清明,载花不过西园路。嫩阴绿树。正是春留处。　燕子重来,往事东流去。征衫贮。旧寒一缕。泪湿风帘絮。

这首《点绛唇》通过今昔对比来抒发相思之情。词的上片是怀念过去:转眼又到了清明节,昔日的清明,词人与爱姬常常携手西园,欣赏着鲜嫩的春色,享受着春光的美好。下片转入现在,又是燕子归来的清明时候,春色同样可人,相依相伴的美好往事却如一江春水逝去,词人再也没有见到"嫩阴绿树"时的欣喜,只感到春寒尚未消褪,寒浸征衫,泪湿征衫,泪眼朦胧中,那一帘飞絮似乎也沾染上了词人的无限断肠愁绪。

141. 稼轩居士是哪位词人?

辛弃疾,初字坦夫,后来改字幼安,号稼轩,济南历城(今山东济南)人,出生于南宋高宗绍兴十年(1140年)五月十一日,卒于宁宗开禧三年(1207年)。辛弃疾小的时候,他的祖父辛赞就带着他登高望远,指点着被金兵侵占的大好河山,希望他将来能继承祖父没有完成的志向,抗击金兵,报仇雪恨。辛赞甚至还带着辛弃疾和他的部下一起两次到达燕山，观察抗金的地理形势。

祖父这种言传身教，使得幼小的辛弃疾很早就在心里种下了对金朝的深仇大恨，树立了有朝一日一定要赶走金兵、恢复中原的远大目标。因此，出身书香仕宦世家的辛弃疾，尽管从小就博览群书，胸罗万卷，但并不是一个手无缚鸡之力的文弱书生。据说，辛弃疾还有一个外号，人称"青兕"，就是说他长得高大魁梧，像犀牛那样威猛善斗。

辛弃疾的一生，仕途坎坷，几起几落，壮志难酬。他常常在词中抒发他的那种身世之感，例如这首《摸鱼儿》：

更能消几番风雨？匆匆春又归去。惜春长怕花开早，何况落红无数。春且住。见说道、天涯芳草无归路。怨春不语。算只有殷勤，画檐蛛网，尽日惹飞絮。长门事，准拟佳期又误。蛾眉曾有人妒。千金纵买相如赋，脉脉此情谁诉？君莫舞。君不见、玉环飞燕皆尘土！闲愁最苦。休去倚危栏，斜阳正在，烟柳断肠处。

这首词从表面上看是典型的怨妇词，甚至可以说是弃妇词。词中将陈皇后、杨贵妃、赵飞燕三个典故叠加，辛弃疾当时的"弃妇"心态昭然可见——在这里，辛弃疾其实是以"弃妇"自喻：就算我有陈阿娇、杨贵妃、赵飞燕那样的美貌，可是向皇帝邀宠抛媚眼的女人实在是太多了。越是美貌越是得宠的女子，越是容易遭到别人的嫉妒甚至陷害，再美的女子，也有被冷落甚至被迫害的时候，终究有香消玉殒、化为尘土的那一天。在这里，辛弃疾显然是将自己的满腹经纶比喻成绝代佳人的美貌——越有才，可能越会遭人排挤。

辛弃疾的词，气势恢宏，善于将散文的笔法运用到词中，即"以文为词"，沿着苏轼开创的豪放一脉词风创作，对南宋后期词产生了重要影响。

142.《沁园春·带湖新居将成》是谁的代表词作？

《沁园春·带湖新居将成》是辛弃疾的代表词作，全词如下：

三径初成，鹤怨猿惊，稼轩未来。甚云山自许，平生意气；衣冠人笑，抵死尘埃。意倦须还，身闲贵早，岂为莼羹鲈脍哉？秋江上，看惊弦雁避，骇浪船回。东冈更葺茅斋，好都把轩窗临水开。要小舟行钓，先应种柳；疏篱护竹，莫碍观梅。秋菊堪餐，春兰可佩，留待先生手自栽。沉吟久，怕君恩未许，此意徘徊。

这是一首典型的"园林词"，因为它具备了两大要素：

其一是完整的园林构成元素，即建筑、山水、花木三元素。这三大园林元素在《沁园春》词中都有具体表现。

其二是浓厚的园林情调。在《中国园林美学》中金学智先生这样诠释这种情调：

"宋词特别喜爱也特别擅长细腻地描写园林美，其中很多作品，或把园林建构及其组合作为描写对象，或把园林景观作为抒情背景，这就构成了一种特定的园林情调。"

《沁园春·带湖新居将成》题序曰："带湖新居将成"。此词就是专为带湖园林所作之词，是"把园林建构及其组合作为描写对象"的园林词。

"三径初成，鹤怨猿惊，稼轩未来。"词开门见山，起句就颇具气势。因为东汉的蒋诩隐居的时候在门前开了三条小路，"三径"就成了隐士所居之地的代名词。这种用法有点类似于陶渊明的"五柳"，因陶渊明隐居时在住处边种了五棵柳树，遂以"五柳先生"自称，此后"五柳"也成为隐居的代称，和"三径"的意思类同。陶渊明也用过"三径"的典故，例如他在《归去来兮辞》中就写过"三径就荒，松菊犹存"的句子；苏轼的《次韵周邠》亦云："南迁欲举力田科，三径初成乐事多。"

因此，"三径初成"，说明辛弃疾的带湖新居即将建成，他的内心充满了欣喜，充满了对隐居生活的期待。"鹤怨猿惊"也有出典。南朝齐孔稚珪《北山移文》有句曰："蕙帐空兮夜鹤怨，山人去兮晓猿惊。"孔稚圭这两句本来是指隐居钟山的周颙再度出仕，引得山林中本来与他朝夕相处、关系亲密的鹤啊、猿啊在惊讶之余都感到怨愤。辛弃疾在这里是反用典故：新居落成，园林规模初具，可是主人仍辗转红尘迟迟不归，岂不引得鹤怨猿惊、失意落寞？

"甚云山自许，平生意气。衣冠人笑，抵死尘埃。"衣冠，指的是士大夫官僚，李清照就曾经写过"南渡衣冠少王导，北来消息欠刘琨"的诗句。"尘埃"本是指俗世中的尘埃，这里应是代指官场的污浊。

"秋江上，看惊弦雁避，骇浪船回。"词人把自己比喻为躲避弓箭的秋江鸿雁，比喻为准备扬帆出航的船只却因风浪骤起而不得不掉头回归，他似乎预感到了即将到来的惊涛骇浪，只能无奈地选择急流勇退。

这种"悲歌慷慨"之气在词之结尾就流露得更加明显了："沉吟久，怕君恩未许，此意徘徊。"作此词时，辛弃疾尚在江西帅任上，他虽然对宦途上的艰险、朝廷软弱的军事态度深感失望，甚至常有心力交瘁之感，但还并没有最终下定决心抛弃朝廷，决然隐退。因此，词之下片在层层描述了自己要在带湖园林中进行开窗、葺斋、种柳、结篱等种种筑园活动之后，词人想象着退隐后的生活只能托意竹柳、寄怀山水。然而词人毕竟没有完全放下他的担忧和焦虑，就像屈原一样，即便屡受猜忌和排挤，也依然心向君国。因此在结尾处以"沉吟久"稍作停顿，转出"此意徘徊"的复杂心理，倾诉出积极用世与退隐林下的矛盾心情。

143. 朱淑真是谁？

朱淑真（约1135年—约1180年），号幽栖居士。朱淑真生于官宦之家，从小受到诗书的熏陶。她的丈夫是一个文法小吏，可是夫妻二人的婚姻生活却并不和睦，朱淑真也因此郁郁而终。

朱淑真的词留存至今的约有二十七首，归纳其特点，可以清代词人况周颐的"词婉而意苦，委曲而难名"（《蕙风词话》）概括。"词婉而意苦"是说她的作品表现形式婉约含蓄，情感愁苦凄凉，表现内容则深隐于文辞之中，难以指实。她的词集被命名为《断肠集》，可知其词整体上的愁苦基调。例如她的《减字木兰花》：

独行独坐，独唱独酬还独卧。伫立伤神，无奈轻寒著摸人。　　此情谁见，泪洗残妆无一半。愁病相仍，剔尽寒灯梦不成。

"独行独坐，独唱独酬还独卧。"起二句就连下五个表示行为的动词：行、坐、唱、酬、卧，这五个动作又全部冠以同一个修饰语"独"。虽然这是五个很明确的动词，但其实是"泛指"，囊括了词人一天之中的主要活动，甚至囊括了词人一生之中的主要活动。因为词之短小凝练的写法，使得它不可能像散文日记那样，以流水账形式将起床到睡眠的一切活动全部铺排出来，因此横空抛出的五个动词以及五个"独"字，强烈地渲染出了词人这一天，乃至这一生中无处不在的孤独状态。

朱淑真诗词受李清照的影响非常明显，不仅词句上屡见沿袭之处，意象风格也有诸多相似的痕迹。两者的共同点是都以女性的本真情怀表达对世界的感受，抒发内心的爱恨情愁。

144.《登飞来峰》是谁的诗作？

《登飞来峰》是王安石的代表诗作，当时的他刚刚结束了在鄞县（今浙江宁波）知县的工作，到杭州飞来峰游览，写下了这首诗：

飞来峰上千寻塔，闻说鸡鸣见日升。不畏浮云遮望眼，只缘身在最高层。

这个时候的王安石才三十来岁，他登上了飞来峰上的高塔，放眼眺望四周，一览众山小的豪迈气概油然而生。寻是古代的长度单位，一寻为八尺，千寻当然是泛指塔的高度了。听说站在这么高的塔尖上，每天鸡叫的时候就能看到太阳升起。虽然身处高峰，脚下厚厚的浮云遮住了他的视线，但他丝毫不感到遗憾，更不会感到恐惧，因为只要能穿透浮云，到达山峰的最高处，就能看到云破日出，再厚的浮云也阻挡不了旭日高升的辉煌灿烂。

表面上看，这应该是一首写景的诗，但王安石并没有一句描写飞来峰的实景，只是借登高望远来抒发他的议论。理解这首诗的关键在于"浮云"一词。浮云既是一种自然现象，尤其在高山之巅时，脚下的浮云流动会营造出朦胧的景象；但在中国古典诗词中，浮云往往还有另外一层象征的涵义——太阳象征君王，浮云则比喻那些遮蔽君王慧眼的奸佞小人。李白在《登金陵凤凰台》诗中也用过这样的象征意义"总为浮云能蔽日，长安不见使人愁"，也是暗讽小人在朝，左右了君王的判断，蒙蔽了君王的视野，导致忠贞贤良之士被排斥甚至被谗害，令人心生忧虑。与李白这种较为悲凉低沉的哀叹不同，诗中的"不畏浮云遮望眼，只缘身在最高层"表现出王安石不惧奸人、不怕陷害的勇气和胆识——只要你的见识达到了应有的高度，你就能够不被"浮云"所遮蔽，不会为错误的观念所控制，而能凭借自己积蓄的智慧和力量，拨开"浮云"，迎接日出。

145.《观书有感二首》是谁的诗作？

《观书有感二首》是朱熹的诗作，朱熹，字元晦，号晦庵，徽州婺源（今江西婺源）人，南宋高宗绍兴十八年（1148年）进士，是南宋著名的理学家。《观书有感二首》是他的两首读书心得之诗：

半亩方塘一鉴开，天光云影共徘徊。问渠那得清如许？为有源头活水来。

昨夜江边春水生，艨艟巨舰一毛轻。向来枉费推移力，此日中流自在行。

两首诗都是从自然现象入手来说明读书的道理。第一首前两句描写塘水清澈得就像一面镜子，可以映照出悠然徘徊的天光云影。后两句很自然地引出设问：塘水为什么会这么清澈呢？因为它不是一潭死水，而是有活水源源不断地补充进来。既然诗题为"观书有感"，显然这样的比喻和读书心得有关：如果不是坚持不懈地读书，又怎么可能获得永不枯竭的思想源泉呢？所谓厚积薄发，没有深厚的学识积淀，就不会拥有妙悟的灵感。

第二首是从春天涨水的自然现象说起，一夜水涨，本来又大又笨重的大船也变得像一片羽毛那么轻了。艨艟是古代的一种战船，水浅的时候只能搁浅在岸边，任凭你用尽吃奶的力气也不能推动它一分一毫；可一旦涨水它就可以像羽毛一样轻快地顺风漂流，根本不用费一点儿力气。这首诗仍然是阐述读书和思考的辩证关系：读书好比水，思想好比巨船，二者相辅相成，水涨船高，这是水到渠成、自然而然的事。反之，没有足够的书本知识的积累，就无法推动思想的巨舰向前乘风破浪。

看来，即便是号称天才、神童的一代宗师朱熹，也深深明白、而且也希望他的弟子们都能明白：多读书多积累，才是一切思想成就的基础。

146. 花蕊夫人是谁？

花蕊夫人是后蜀国主孟昶的妃子，北宋乾德三年（965年）正月，宋太祖赵匡胤的军队兵临成都，孟昶于正月十九日上表投降。亡国之后，花蕊夫人被赵匡胤带到了汴京，赵匡胤说她祸国，使孟昶沉溺于女色不思治国而亡蜀，花蕊夫人写下了一首《述国亡诗》为自己辩驳：

君王城上竖降旗，妾在深宫那得知。十四万人齐解甲，宁无一个是男儿。

全诗透出深深的亡国之痛，却没有直接表示出对宋朝的憎恨，更多的是悲叹后蜀将帅无能。是啊，那孟昶作为一国之君，在大敌压境的时候，拿不出丝毫御敌良策，只能在城墙上举起投降的旗子。亡国的原因有很多，岂能将亡国的罪责强加在深宫中不谙世事的弱女子身上呢？

大宋军队进攻后蜀的时候，孟昶派出的几路军队降的降，逃的逃，败的败，以至国家不战而亡。花蕊夫人对此感到羞愤，不由得痛斥："十四万人一起解下盔甲，放弃抵抗，举手投降，难道就没有一个是顶天立地的男子汉吗？！"

宋太祖听了这掷地有声的诗句，情不自禁叹了口气："朕进攻蜀的军队不过区区几万人，而蜀国十四万将士，如若指挥得当，真会让朕的军队兵不血刃就占领了蜀地？蜀地的男人都到哪里去了？你说得对，打仗治国都是男人的事，亡国这么大的罪名的确不应该由女人来承担。快快请起，朕误会你了。"

花蕊夫人敏捷的才情和从容的气质打动了赵匡胤，从此成了他宠爱的一名妃子。在动荡的乱世之中，花蕊夫人虽为一名弱女子，却凭借自己的智慧和坚强保全了性命，赢得了尊重，甚至在诗歌史上留下了自己的名字，创造了一段历史的奇迹。

147. 白体是什么意思？

白体诗人是宋初学习、效法白居易的诗人群体，其代表作家有王禹偁、李昉、徐铉等人。由于北宋朝廷优待文臣，而且鼓励诗人们进行诗赋的唱和，因此当时馆阁文臣之间，唱酬成风，有《二李唱和集》《禁林宴会集》《翰林酬唱集》等酬唱诗集相继出现。这些诗集里的诗，大多是写流连光景的闲适时光，风格上显得浅切清雅。

当然，模仿白居易不仅体现在风格上的通俗，更体现在学习白居易的讽喻诗。例如王禹偁的诗作中，就有很多诗歌学习白居易的新乐府运动诗，反映社会现实，例如他的《感流亡》：

谪居岁云暮，晨起厨无烟。赖有可爱日，悬在南荣边。高舂已数丈，和暖如春天。门临商於路，有客憩檐前。老翁与病妪，头鬓皆皤然。呱呱三儿泣，茕茕一夫鳏。道粮无斗粟,路费无百钱。聚头未有食,颜色颇饥寒。试问何许人,答云家长安。去年关辅旱,逐熟入穰川。妇死埋异乡,客贫思故园。故园虽孔迩,秦岭隔蓝关。山深号六里,路峻名七盘。襁负且乞丐,冻馁复险艰。唯愁大雨雪,僵死山谷间。我闻斯人语,倚户独长叹。尔为流亡客,我为冗散官。左宦无俸禄,奉亲乏甘鲜。因思筮仕来,倏忽过十年。峨冠蠹黔首,旅进长素餐。文翰皆徒尔,放逐固宜然。家贫与亲老,睹尔聊自宽。

这首诗作于王禹偁谪居商州时期,诗中对老翁和病妪的悲惨遭遇给予了深切的同情。同时,这首诗结合他自身的遭遇,将对别人的同情之感转移到自己身上,情真意切,是白体诗歌的力作。

148. 晚唐体是什么意思?

晚唐体是指北宋初年学习和模仿唐代诗人贾岛、姚合等人诗风的诗歌流派。宋人常常将贾岛、姚合等人视为晚唐诗人,因此将这一个诗人创作的群体称为"晚唐体"。

"晚唐体"的代表诗人主要是"九僧",即希昼、保暹、文兆、行肇、简长、惟凤、宇昭、怀古、惠崇等九人,这九人之中,应该是惠崇的诗歌成就最高。九僧写诗,主要是模范贾岛、姚合等人反复推敲的苦吟之法,内容上,由于九僧都是佛僧,因此他们所写的诗歌作品多是"描绘清邃幽静的山林景色和枯寂淡泊的隐逸生活,形式上特别重视五律,尤其在五律的中间二联表现其镂句钵字的苦心孤诣"[①]。

"九僧"之外,晚唐体的代表作家还有潘阆、魏野和林逋等隐逸之人,其中以林逋最为出名。林逋(967—1028),字君复,钱塘(今浙江杭州)人,死后谥号"和靖先生",他的诗风格淡远,以五言和七言律诗见长,例如《山园小梅》:

众芳摇落独暄妍,占尽风情向小园。
疏影横斜水清浅,暗香浮动月黄昏。
霜禽欲下先偷眼,粉蝶如知合断魂。
幸有微吟可相狎,不须檀板共金尊。

这首诗写梅花,先写梅花与众花有着不同的气质,占尽风情。然后诗人从梅花的香味说起,梅花淡淡的香气在黄昏中浮动,连霜禽都忍不住要多偷看两眼,夏天的粉蝶更是神往冬天的梅花。这两种动物对于梅花的态度,侧面反映了诗人对梅花的喜爱之情。最后,诗人庆幸自己与梅花亲近,就算没有檀板和金樽美酒,也同样

---

① 袁行霈.中国文学史:第三卷[M].北京:高等教育出版社,2005:22.

能尽兴。

晚唐体的代表诗人中还有寇准,此人官至宰相,被认为是晚唐体的盟主。

149. 西昆体是什么意思？

西昆体与白体、晚唐体,常被称为宋初三体,但实际上,白体和晚唐体并没有形成大的诗坛风气,真正在宋初主宰诗坛的,是西昆体。

北宋初期的馆阁文臣酬唱之风,在宋真宗年间达到了鼎盛。宋真宗景德二年（1005年）,翰林学士杨亿等人奉命编撰《历代君臣事迹》一书,八年以后成书,杨亿奉诏题作《册府元龟》。在这本书编著的八年之间,馆阁文臣多聚在一起,难免就有作诗唱和的事。杨亿将他们唱酬的作品编成一集,这就是《西昆酬唱集》。"西昆"二字是杨亿根据《山海经》和《穆天子传》中关于昆仑之西有帝王藏书之府也就是群玉之山的记载取的名。

《西昆酬唱集》一共收录了杨亿、刘筠、钱惟演、刁衎、陈越、李维、李宗谔、刘骘、丁谓、任随、张咏、钱惟济、舒雅、晁迥、崔遵度、薛映、刘秉等十七位诗人的诗,诗作合计二百四十七首,其中成就最高的是杨亿、刘筠和钱惟演。二百四十七首诗中,杨亿七十五首、刘筠七十三首、钱惟演五十四首,三人的诗作占据了诗集的绝大部分。

从艺术上来讲,西昆体的创作推崇晚唐诗人李商隐,并且大多学习李商隐诗的雕润密丽。例如杨亿的《南朝》：

五鼓端门漏滴稀,夜签声断翠华飞。
繁星晓埭闻鸡度,细雨春场射雉归。
步试金莲波溅袜,歌翻玉树涕沾衣。
龙盘王气终三百,犹得澄澜对敞扉。

这首诗题为"南朝",作者将南朝的典故巧妙地组织在一起,并且诗的对仗十分工整,文辞华美,非常接近李商隐的诗作。

当然,这也是西昆体为后人诟病之处,形式上学习李商隐的诗作,却缺少了李商隐的真情实感,显得徒有外表,缺少内涵,这是西昆体的缺点。

150. 文学史上第一个真正意义上的诗派是什么？

宋徽宗初年,吕本中作《江西诗社宗派图》,将北宋诗人黄庭坚、陈师道为首的诗歌流派,称为"江西宗派"。所谓"江西",是指北宋的江南西路,黄庭坚及谢逸等十一人,都是江西人,然而"宗派"是禅宗里的一个词,大约是当时禅宗比较流行,因此用"宗派"一词来命名这个诗歌流派。

吕本中在《江西诗社宗派图》的序中说:

歌诗至于豫章始大出而力振之,后学者同作并和,尽发千古之秘,无余蕴矣。录其名字,曰江西宗派,其源流皆出豫章也。

吕本中将黄庭坚尊为江西诗派之祖,下列二十五人,分别是:陈师道、潘大临、谢逸、洪刍、洪炎、洪朋、饶节、僧祖可、徐俯、林敏修、汪革、李錞、韩驹、李彭、晁冲之、江端本、杨符、谢薖、夏倪、林敏功、潘大观、何觊、王直方、僧善权、高荷等。宋末方回认为江西诗派的诗人多学杜甫作诗,因此把杜甫称为江西诗派之祖,并形成了江西诗派"一祖三宗"的说法,即一祖杜甫,三宗分别是黄庭坚、陈师道和陈与义。

江西诗派的诗人作诗,多受到黄庭坚诗论的影响。黄庭坚对于学诗的要求,首先是要学会在前人的作品之中吸取营养,熟练掌握前人练字、造句和谋篇的方法,然后在学习前人的基础之上,力求突破技巧的束缚而超越前人。同时,他也提出了"点铁成金"的说法,讲究"无一字无来处",积极地借鉴前人诗歌的语言艺术,推敲文字技巧。当然,讲究用典、炼制拗句,难免使得江西诗派走向形式主义的道路。

江西诗派是我国文学史上第一个真正意义上的诗派,对宋代诗歌的发展产生了非常重要的影响。

151. 竹山先生是哪位词人?

蒋捷(约1245—约1305年),阳羡(今江苏宜兴)人,字胜欲,号竹山,世称"竹山先生",著有《竹山词》一卷,现存词九十三首又一阕,另有四首存目词,与张炎、周密、王沂孙并称"宋末四大家"。

蒋捷词着重字句锤炼,避熟就生,往往有想象奇特、别开生面之语,颇具韵味,例如《虞美人·梳楼》:

丝丝杨柳丝丝雨,春在溟濛处。楼儿忒小不藏愁。几度和云飞去、觅归舟。天怜客子乡关远,借与花消遣。海棠红近绿阑干。才卷朱帘却又、晚风寒。

词作抒发思乡之情,词中"楼儿忒小不藏愁。几度和云飞去、觅归舟"句,被后世词评家称赞最多。如卓人月《古今词统》:"'心儿小,难着许多愁',不如'楼儿'句更奇";况周颐《蕙风词话》:"'楼儿忒小不藏愁。几度和云飞去、觅归舟。'较'天际识归舟'更进一层。"本句化抽象为具体,愁绪眼不得见,耳不可听,描述起来难免坠入空洞的抒情,于是词人巧妙地将其转化为具体可感的事物:乡愁太多,楼儿太小，藏不住的愁绪便从小楼中溢出，随云而去，寻觅归家的小船。这一句与李清照"只恐双溪舴艋舟，载不动，许多愁"有异曲同工之妙。词人所用的比拟不仅生动形象，而且十分新奇，与"梳楼"这一主题巧妙契合，可见构思、造句皆有作者的苦心经营。"天怜客子乡关远，借与花消遣"一句，也十分新奇，赋天以人情，可怜词人漂泊在外不能归家，所以借与一丛鲜艳的花朵供词人赏玩，聊以慰藉思乡的愁绪。词人看到花朵，自我宽慰，造语新奇。词人刚想细细赏玩艳丽的花朵，天色已晚，寒风吹来。

蒋捷是一位极具好奇心的词人，他在字句上处处求新，在音韵上大量尝试新调僻调以及自度曲，留下了三首福唐独木桥体词作。这种好奇的精神使得他不满足于固守一派词风，故而转益多师，博采众长。

152. 碧山是哪位词人？

王沂孙，字圣与，号中仙，又号碧山，会稽（今浙江绍兴）人，宋末元初词人，他的词情感深沉，例如《高阳台》：

陈君衡远游未还，周公谨有怀人之赋，倚歌和之。

驼褐轻装。狨鞯小队。冰河夜渡流澌。朔雪平沙。飞花乱拂蛾眉。琵琶已是凄凉调。更赋情、不比当时。想如今、人在龙庭。初劝金卮。　　一枝芳信应难寄。向山边水际。独抱相思。江雁孤回。天涯人自归迟。归来依旧秦淮碧。问此愁、还有谁知。对东风、空似垂杨。零乱千丝。

从诗句内容上看，起句"驼褐轻装"当是陈君衡北行的服装和行李，"狨鞯小队"是他北行的同伴，"冰河"是指北道，夜渡冰河之后有"朔雪平沙"之景。之后写琵琶的"凄凉调"，是化用杜甫诗《咏怀古迹》。然后由"已是""更""不比"层层推进，步步逼紧。"更赋情、不比当时"应对周公谨《高阳台》"宝带金章""都付新诗"的庄严行色。前几句都描写陈君衡北行及其凄凉，突然"想如今"三字，"诙谐而劚刻"。"人在龙庭"的"龙庭"是匈奴单于祭天地鬼神之所，这里应指元大都，"金卮"代指美酒，诗人揣测陈君衡在元大都做官，实陈君衡未还之故，已经是王沂孙不堪伤心之语。

上阕于此打住。下阕"一枝芳信应难寄"，芳信，即花开的信息，代指他们的音信或佳音，此句反用南朝宋代诗人陆凯的诗《赠范晔》，微露割席之意。王沂孙言芳信难寄，意在如果陈君衡在元朝做官，从此割席断义，初表决心。

"相思"却只能"独抱"，与下句"江雁孤回"的"孤回"，同在一面。"天涯人自归迟"，不说"不归"，而是说"归迟"，表明作者始终还是希望陈君衡能归，意仍忠厚。

"此愁"者,"独抱相思""江雁孤回"的心境,无人知之,无人言之,唯有"秦淮"两岸的"垂杨""凌乱千丝",与"东风"相对。

从这个角度看,作者王沂孙是希望陈君衡能归来。"归来依旧秦淮碧",此句虽化用刘禹锡的诗句,但句中"秦淮"仍作为一个独立的审美意象,在碧水依旧的"象"之下,向读者传递着更深层次的"意",那就是"愁"——朝廷的苟安旦夕。

153. 现存最长的词调是什么?

汪元量,字大有,恭宗德祐二年(1276年)临安陷落后,随三宫入燕。元世祖至元二十五年,出家为道士,获南归。他的词例如《莺啼序》:

金陵故都最好,有朱楼迢递。嗟倦客、又此凭高。槛外已少佳致。更落尽梨花,飞尽杨花,春也成憔悴。问青山,三国英雄,六朝奇伟。　麦甸葵丘,荒台败垒,鹿豕衔枯荠。正潮打孤城、寂寞斜阳影里。听楼头、哀笳怨角,未把酒、愁心先醉。渐夜深,月满秦淮,烟笼寒水。　凄凄惨惨,冷冷清清,灯火渡头市。慨商女不知兴废,隔江犹唱庭花,余音亹亹。伤心千古,泪痕如洗。乌衣巷口青芜路,认依稀、王谢旧邻里。临春结绮,可怜红粉成灰。萧索白杨风起。　因思畴昔。铁索千寻,漫沉江底。挥羽扇、障西尘,便好角巾私第。清谈到底成何事。回首新亭,风景今如此。楚囚对泣何时已。叹人间、今古真儿戏。东风岁岁还来,吹入钟山,几重苍翠。

《莺啼序》是现存最长的词调,首叠写金陵的今昔之变与重访金陵的心情。曾经故都最好,是所谓"佳丽地""帝王州"(化用南朝谢朓的诗)。可见当日南京城秦淮河边的繁华。但南归之后看到的"朱楼迢递",已少佳致。三国英雄、六朝奇伟只能空问青山。金陵城的盛衰变化激发了作者的怀古之思和黍离之痛。在众多以怀古伤今为旨归,寄托黍离悲情的作品中,昔盛今衰的强烈对比是极为常见的写作套路。而在对比中常见的意象,多为视觉意象,将所见的今衰与心中记忆或向往的昔盛平行对举,给人以惊醒深邃之感。

在汪元量《莺啼序》次叠中,也有如"麦甸""葵丘""荒台""败垒""枯荠""孤城""斜阳"一系列的视觉意象,从黄昏到深夜,都渗透着作者的"愁心",这与王奕的"惆怅秦淮路"是相通的,作者之愁依然是王朝末路的文人悲歌。汪词的第三叠是围绕"秦淮"意象展开的,有"商女""后庭曲""乌衣王谢"等意象,通过点化六朝史事,极写作者内心亡国之哀,引发兴亡之感。末叠转入评史,用西晋清谈、东晋苟安、南宋士大夫无心团结御敌,隐喻南宋亡国历史。最后以"东风"这一自然之物的永恒,反衬人世沧桑,抒发无限感慨。

154. 王奕是谁？

王奕，字伯敬，号斗山，玉山（今属江西）人，宋末元初词人，代表作如《贺新郎·秦淮观斗舟有感，追和思远楼》：

惆怅秦淮路。慨当年、商女谁家。几多年数。死去方知亡国恨。尚激起、浪花如语。应不为、黍峰蒲缕。花隔青溪胭井湿。又谁省、此时情绪。云盖拥、翠阴午。

汨罗无复灵均楚。到如今、荃蕙椒兰。尽成禾黍。疑是虪龙穿王气。遗恨六朝作古。□留与、浮歌载醑。天外长江浑不管。也无春无夏无晴雨。流岁月、滔滔去。

本词于元代至元二十七年（1270年），王奕东行过金陵观秦淮斗舟时作。开篇即有"秦淮"意象，作者在秦淮河边，但心情却是"惆怅"。"惆怅"二字点明了作者此时的心情，这两个字为全词定下了一个情感的基调。"秦淮"是"惆怅"的来源，"惆怅"是"秦淮"的内容——因"秦淮"而"惆怅"，同时"秦淮"二字指明了"惆怅"心情的方向，也寄托了此时作者的全部心情。"秦淮"在这里有一种历史概括性，在作者的"惆怅"中，"秦淮"涵盖了南京城的历史——那些兴亡与萧瑟。面对历史的巨变，王奕想到了杜牧和他诗中隔江唱着后庭遗曲的商女，在经历了亡国之后，将杜牧的"不知亡国恨"易为"方知亡国恨"，而且是"死去方知"。"死"字应是古代忌讳语，尤其在以柔美、婉约和隐晦为主要审美倾向的宋词中，"死"字的出现可见作者下笔之重，也体现作者的亡国体验之深沉，就连秦淮河激起的浪花，也都在苦苦诉说着国破之后无人能省的剧痛之感。屈原典故在下阕引入，使作者的情感提升到屈原的高度，再一次强化了作者的亡国之恨。于是他开始思考，是否真是秦始皇开凿秦淮河，断了金陵的王气，导致"六朝作古"的"遗恨"。"六朝作古"是指历史往事，也直接指向赵宋王朝的灭亡，将"惆怅"与"亡国恨"推向高潮。词的最后，又将"岁月"的流逝回归秦淮河，秦淮河的"滔滔去"，承载的是千年的岁月，也是作者内心涌动的沉痛。全词在这种历史的痛感中作结。

155. 张舜民是谁？

张舜民，字芸叟，号浮休居士，又号矴斋，邠州（今陕西彬县）人，英宗治平二年（1065年）进士，神宗元丰时期，曾从军征西夏，掌机密文字。哲宗元祐初召试，除秘阁校理、监察御史。徽宗立，累擢礼部侍郎，后坐元祐党籍，贬商州。张舜民现存词四首，例如《江神子·癸亥陈和叔会于赏心亭》：

七朝文物旧江山。水如天、莫凭阑。千古斜阳。无处问长安。更隔秦淮闻旧曲。秋已半、夜将阑。　　争教潘鬓不生斑？敛芳颜、抹幺弦。须记琵琶。子细说因缘。

待得鸾胶肠已断。重别日、是何年？

这首词作于张舜民被贬官途经南京的时候，此时他站在秦淮河边的赏心亭上，听到歌妓的演唱，回想起了杜牧。杜牧当时想到了六朝，而张舜民回忆的是杜牧，近乎相同的情境和心境在两个历史点上重叠，但杜牧和从前的朝代已经不见，只留下眼前的七朝文物和无限江山，由此展开了对时光易逝、岁月不待的感慨。

词的上片主要是对当下情景的描写，从赏心亭上所见七朝的江山，想到李煜以及他所代表的南唐。夕阳西下，秦淮河畔的南京城早已不是当年的都城，河对岸依稀传来歌女的靡靡之音，秋天已过半，夜幕将降临。

词的下片承接上片对于时光的感叹展开，进一步突出了时光易逝的主题。"争教潘鬓不生斑"，以反问的语气发问："怎样才能不衰老呢？"实际上还是对年华的感伤。既然年华易逝，那就"敛芳颜，抹幺弦"，野服披猖，舞剑弹琴。下句化用杜甫诗《咏怀古迹》"千古琵琶作胡语，分明怨恨曲中论"句，杜甫言昭君出塞，张舜民被贬出京，也有去国之苦，借着琵琶向将要入京之友诉说着自己的苦闷和哀伤，也将全词的情感推向一个终点：友人这一去，不知何年才能相见。

纵观全词，从自然山川景物到具体场景的描写，寄托了作者对于年华易逝的无助和将别友人的离愁，也表露出张舜民作为元祐党人被贬出京的苦闷心情，以及他对与友人再次相见的期待。

156. 洛川先生是谁？

朱敦儒，字希真，号岩壑，又称洛川先生、伊水老人，河南洛阳人。生于1081年，卒于1159年。朱敦儒能书会画，且造诣颇高，著有诗文集《岩壑老人诗文集》《岩壑小集》《猎较集》《陈渊集》等，均已佚。现存文学作品有词集《樵歌》三卷，存词作共二百四十九首。他是南渡词人群中存词数量最多的一位词人，另有诗八首，文两篇；曾拟词韵十六条，于词韵之学有首创之功。

朱敦儒早年无意于功名，一直在洛阳过着诗酒山林的名士生活。在宣和年间，他因心怀政治理想曾入朝为官五年，后不满当政者的腐败而辞官，继续归隐洛阳。建炎元年（1127年），四十七岁的朱敦儒开始南奔。南渡途中，朱敦儒创作了大量抒发国破家亡之痛、颠沛流离之苦的词作，这类作品不仅是朱敦儒个人南渡生活的记录，更是靖康之变后整个民族悲惨命运的缩影，具有很强的时代色彩和普遍意义。绍兴三年（1133年），五十三岁的朱敦儒再次走上仕途，他历官左承奉郎、临安府通判、枢秘行府谘议参军、秘书郎、都员外郎、江南东路制置大使司议参军、两浙东路提点刑狱公事等。绍兴十六年（1146年）右谏议大夫汪勃以"专立异论，与李光交通"的罪名弹劾朱敦儒，于是朝廷便将朱敦儒罢职守祠，此时朱敦儒的报国热情已经被彻底浇灭。绍兴十九年（1149年）十月，朱敦儒上疏请归，以左朝请郎致仕，之后便隐居于嘉禾（今浙江嘉兴）。直到绍兴二十五年（1155年），秦桧以子为威胁，逼迫七十五岁高龄的朱敦儒出任鸿胪少卿，秦桧死后，朱敦儒再次致仕。隐居时期，朱敦儒的词作表现出遁世养性、回归本真的平和，甚至有一种看破红尘、直指虚空的彻悟。例如《鹧鸪天·西都作》：

我是清都山水郎，天教分付与疏狂。曾批给雨支风券，累上留云借月章。诗万首，酒千觞，几曾着眼看侯王。玉楼金阙慵归去，且插梅花醉洛阳。

这首词是朱敦儒在洛阳隐居时所作，曾风靡汴洛。词人以天宫山水郎官自居，字里行间都流露着鄙夷富贵、傲视王侯、只管风月、不问俗务的狂傲洒脱之气，完全可以和"天子呼来不上船，自称臣是酒中仙"的李白比肩。尤其是结尾两句，词人连天宫的玉楼金阙都不放在眼里，更何况是凡间的王侯将相呢？这首词将朱敦儒睥睨权贵的傲骨清风一展无遗，同时也是他前半生处世态度的真实写照。

157.《贺新郎》词牌来自于什么地方？

张元幹（1091—约1170），字仲宗，号芦川居士，永福（今福建永泰）人，官至将作少监，绍兴初年致仕。晚年居住在福建福州。张元幹的词，在南渡之前，词风疏狂放荡，与朱敦儒相近，南渡以后，词风转向了豪放，例如他的《贺新郎·送胡邦衡待制赴新州》：

梦绕神州路。怅秋风，连营画角，故宫离黍。底事昆仑倾砥柱，九地黄流乱注？聚万落千村狐兔。天意从来高难问，况人情，老易悲难诉！更南浦，送君去。
凉生岸柳催残暑。耿斜河、疏星淡月，断云微度。万里江山知何处？回首对床夜语。雁不到、书成谁与？目尽青天怀今古，肯儿曹恩怨相尔汝？举大白，听《金缕》。

《贺新郎》是宋人常用的一个词牌，一般认为起于苏轼的"乳燕飞华屋，悄无人，桐阴转午，晚凉新浴"句，原本叫作《贺新凉》，后来逐渐变成了《贺新郎》《金缕曲》等。张元幹魂牵梦绕的神州大地，在金兵的践踏之下，都城陷落，村庄残破，百姓流离失所，词人不禁追问，这一切都是谁造成的。这首诗是为送别胡铨而作的，胡铨曾公开上书朝廷，挑战包括宋高宗和秦桧在内的投降派，当然，结果是遭贬。张元幹写这首词为胡铨送行，词中充满了愤慨。不幸的是，张元幹也因为这首词，被捕下狱，最终削除官籍为民。

张元幹的词中，不止一次地表明对朝廷求和派的态度，再如他的《贺新郎·寄李伯纪丞相》：

曳杖危楼去。斗垂天、沧波万顷，月流烟渚。扫尽浮云风不定，未放扁舟夜渡。宿雁落、寒芦深处。怅望关河空吊影，正人间、鼻息鸣鼍鼓。谁伴我，醉中舞。

十年一梦扬州路。倚高寒、愁生故国，气吞骄虏。要斩楼兰三尺剑，遗恨琵琶旧语。谩暗涩铜华尘土。唤取谪仙平章看，过苕溪、尚许垂纶否。风浩荡，欲飞举。

这首词是他写给李纲的，词中抒发了他"气吞骄虏"的豪情壮志。张元幹的词"一扫南渡前词中低沉萎靡的格调"①，开南宋新的词风。

158. 于湖居士是哪位词人？

张孝祥，字安国，号于湖居士，乌江（今安徽和县）人。南宋高宗绍兴二十四年（1154年）进士，授中书舍人，直学士院，领建康留守，极力参与北伐计划，后被求和派弹劾，落官。后来起复，做地方长官。

张孝祥属于天才型的词人，词风与苏轼很接近，填词也以苏轼词为典范，相传他每次写好诗词，都会拿给身边的人看，然后问他们："比东坡何如？"可见他学习苏轼的决心和行动。例如他的《六州歌头·长淮望断》：

长淮望断，关塞莽然平。征尘暗，霜风劲，悄边声。黯消凝。追想当年事，殆人数，非人力，洙泗上，弦歌地，亦膻腥。隔水毡乡，落日牛羊下，区脱纵横。看名王宵猎，骑火一川明。笳鼓悲鸣。遣人惊。　　念腰间箭，匣中剑，空埃蠹，竟何成。时易失，心徒壮，岁将零，渺神京。干羽方怀远，静烽燧，且休兵。冠盖使，纷驰骛，若为情。闻道中原遗老，常南望、翠葆霓旌。使行人到此，忠愤气填膺，有泪如倾。

这首词被认为是宋室南渡以后，"词坛上包容量最大的一首壮词"②，词中所写的内容，从"关塞"到"洙泗"，从朝廷的"静烽燧，且休兵。冠盖使，纷驰骛"到"中原遗老，常南望、翠葆霓旌"，曾经的边关之地风景多么的壮丽，北方大好的山河已经是敌人占领的地方，而朝廷却还在求和，派出求和的使臣可谓是络绎不绝，此时此刻，中原沦陷区的老百姓生活是多么的困苦，多么希望朝廷能北伐收回失地。作者满腔热血却报国无门，只能眼看着金人在北边耀武扬威。词人情绪激愤，可谓是稼轩词的先导。

---

① 袁行霈. 中国文学史：第三卷[M]. 北京：高等教育出版社，2005：111.
② 袁行霈. 中国文学史：第三卷[M]. 北京：高等教育出版社，2005：139.

159. 龙川先生是哪位词人？

陈亮，字同甫，永康（今浙江永康）人，被称为龙川先生。宋光宗绍熙四年进士，当时的陈亮已经五十一岁了，他被朝廷授签书建康府判官，还没有赴任就去世了。陈亮是辛弃疾的好朋友，是一位豪侠奇士，他的词风也与辛弃疾相似。例如他的《水调歌头·送章德茂大卿使虏》：

不见南师久，漫说北群空。当场只手，毕竟还我万夫雄。自笑堂堂汉使，得似洋洋河水，依旧只流东。且复穹庐拜，会向藁街逢。 尧之都，舜之壤，禹之封。于中应有，一个半个耻臣戎。万里腥膻如许，千古英灵安在，磅礴几时通。胡运何须问，赫日自当中。

这首词作于宋孝宗淳熙十三年（1186年），章德茂出使金国之时。此词大意为：尽管已经很久不见南宋的军队北伐了，但这并不代表南宋就已经没有人才了，章德茂就是一位杰出的使臣，能够不惧金人的威胁，承担朝廷使金的任务。可笑的是，我堂堂宋朝的使节，居然每年都要去拜见金人，就像那大河之水年年东流一样。我们就暂且向金人臣服吧，总有一天，我们会打回去的，他们会被我们消灭的。那中原的地方，是尧、舜、禹的神土啊，我们当中应该有那么一个半个知耻而后勇的将士站出来。这万里山河到处都是金人的腥膻之气，这千年以来保家卫国的英灵如今在何处，抗金的浩然正气何时才能通畅？到那时宋王朝的国运，将如日中天。

陈亮的词直抒胸臆，气势豪壮，挥洒自如，抒情酣畅淋漓，但又显得过于外露而少含蓄。尽管风格上和辛弃疾相近，但佳作不多，整体成就不及辛弃疾。

160. 龙洲道人是哪位词人？

刘过，字改之，自号龙洲道人，吉州太和（今江西泰和）人。刘过在政治上力主抗金，宋光宗年间上疏朝廷，提出了详细的恢复中原的方略，但是没有得到朝廷的采纳，从此刘过流落江湖。在词的写作上，刘过十分崇拜辛弃疾，他说"书生不愿黄金印，十万提兵去战场。只欲稼轩一题品，春风侠骨死犹香"（《呈稼轩》），在创作中他刻意模仿辛弃疾。例如《沁园春·斗酒彘肩》：

斗酒彘肩，风雨渡江，岂不快哉！被香山居士，约林和靖，与坡仙老，驾勒吾回。坡谓：西湖，正如西子，浓抹淡妆临镜台。二公者，皆掉头不顾，只管衔杯。 白云：天竺飞来，图画里、峥嵘楼观开。爱东西双涧，纵横水绕；两峰南北，高下云堆。逋曰：不然，暗香浮动，争似孤山先探梅。须晴去，访稼轩未晚，且此徘徊。

这首词采用对话体，是有意模仿辛弃疾的《沁园春·将止酒戒酒杯使勿近》词，而词中对话的人，分别是香山居士白居易、林和靖（林逋）和坡仙老（苏轼），这三个人分别是中唐、宋初、北宋中期三个不同时代的人，刘过将他们三个人请到一起来，颇有一点穿越的意味，可见其构思的精妙。词中借他们三人的对话，纵笔驰骋，挥洒自如。

这首词读来很像一篇短小的散文，这也是模仿辛弃疾词的一种创作方法，即以文为词，将散文的笔法引入到词的创作之中，打破散文和词的文体界限，进而丰富词的表现方式，提高词的文体地位。这是中国古代文学创作中非常典型的"破体为文"的案例，作家一方面要严守文体之间的界限，使得文章的内容和形式相协调，另一方面，也要突破文体之间的界限，丰富创作手法。苏轼"以诗为词"，柳永、秦观、周邦彦等人"以赋为词"，辛弃疾"以文为词"都是将不同文体的手法用于词法之中，开拓了词的表达方式，提高了词体的地位。

161. 后村居士是哪位词人？

刘克庄（1187—1269），字潜夫，号后村居士，莆田（今福建莆田）人。刘克庄在做建阳（今福建建阳）令的时候，曾经写了一首《落梅》诗，被认为是诽谤之言，被免了官。多年以后，宋理宗淳祐年间，刘克庄被赐同进士出身，任国史院编修，累官至秘书监、工部尚书兼侍读，最终以龙图阁学士致仕。

刘克庄在南宋辛派词人中成就最大。他作词，几乎都是以家国之事为主题，词中充满着一种强烈的危机感，例如《贺新郎·送陈真州子华》：

北望神州路，试平章、这场公事，怎生分付？记得太行兵百万，曾入宗爷驾驭。今把作握蛇骑虎。君去京东豪杰喜，想投戈下拜真吾父。谈笑里，定齐鲁。　　两淮萧瑟惟狐兔。问当年、祖生去后，有人来否？多少新亭挥泪客，谁梦中原块土？算事业须由人做。应笑书生心胆怯，向车中、闭置如新妇。空目送，塞鸿去。

这是一首送别词，所送的人是陈子华。陈子华，福州侯官（今福建福州）人，开禧元年（1205年）进士。陈子华曾经在抗金战争中取得胜利。这首词主要是指责朝廷，看轻了中原百姓的抗金力量，并且对陈子华此去真州组建义军抗金、恢复中原，寄予了深切的希望。词的下片转入讽刺，批评当朝苟且偷安一隅，不思进取，软弱无能。

刘克庄的词，一般认为他继承了辛弃疾的笔法，继续往以文为词的方向发展，他的词散文化、议论化的倾向更加明显，不受词的格律限制，但是作为词体本色而言，议论太多，往往会使词显得韵味不足。

162. "永嘉四灵"是指哪四位诗人？

"永嘉四灵"是指永嘉地区(今浙江温州)的四位诗人，分别是徐照(字道晖，又字灵晖，自号山民)、徐玑(字致中，又字灵渊)、赵师秀(字紫芝，又字灵秀)和翁卷(字绪古，又字灵舒)。他们四个人都出自于叶适的门下，并且四个人的字里都带有一个"灵"字，因此叶适把他们叫作"四灵"。

"永嘉四灵"中，徐照以布衣终身，徐玑曾任建安主簿、武当令等职，赵师秀曾任上元县主簿、筠州推官，翁卷任江淮帅幕，他们四个人是布衣或者担任过很低的官职，都是贫寒之士，生活面相对于辛弃疾、刘克庄等人，狭窄了许多，因此诗歌的内容也显得很单薄，多数作品为写景酬唱，只是偶尔涉及民生疾苦。

"永嘉四灵"写诗，多是以唐代贾岛、姚合为宗，多写五律，例如徐照的《山中》、赵师秀的《龟峰寺》等诗：

世事已无营，翛然物外形。野蔬僧饭洁，山葛道衣轻。扫叶烧茶鼎，标题记药瓶。敲门旧宾客，稚子会相迎。

徐照《山中》

石路入青莲，来游出偶然。峰高秋月射，岩裂野烟穿。萤冷粘棕木，僧闲坐井边。虚堂留一宿，宛似雁山眠。

赵师秀《龟峰寺》

这两首诗从内容上说，描写的都是清幽的景色和淡泊的生活，在艺术上精心雕琢，炼字琢句，十分接近贾岛、姚合的诗风。"'四灵'出现的时候，江西诗派的影响已渐趋衰微。当时陆游、杨万里等人以各具特色的新风格超越了江西诗风。'四灵'在主观上也想打破江西派的藩篱，他们选择被黄、陈悬为厉禁的晚唐诗人贾岛、姚合为典范，并在写作中尽量少用典故成语，都含有与江西派背道而驰的意图。"① 在南宋，不满于江西诗派的诗人群体，开始向"永嘉四灵"学习，对江湖诗派的形成产生了重要影响。

163. 江湖诗派是什么样的诗派？

江湖诗派得名于南宋理宗宝庆元年(1225年)杭州书商陈起刊刻的诗集《江湖集》。陈起喜欢结交江湖上的落魄文人，这些文人大多没有入仕，流转于江湖之间，以写诗卖文维持生计，当然这里面也包括一些底层官员、隐逸人士。文学史上就把

---

① 袁行霈. 中国文学史：第三卷[M]. 北京：高等教育出版社，2005：171.

这一批诗人群体叫作"江湖诗派"。

宋宁宗嘉定十七年(1224年),宰相史弥远擅行废立,宝庆元年(1225年)逼死济王赵竑,并认为《江湖集》中"东风谬赏花权柄,却忌孤高不主张""秋雨梧桐皇子府,春风杨柳相公桥"等诗句,是讥讽朝政之句,于是朝廷开始抓捕、迫害江湖诗人,《江湖集》遭到朝廷的禁毁。这一方面使得江湖诗派的诗人在创作上为了避祸而不敢谈论政事,另一方面却使江湖诗派在诗坛上声名大振,提高了他们的诗坛声誉。

江湖诗派的诗人群体人员众多,"其中大多数人对于国家政治不甚关心,但也不甘于清贫寂寞的隐逸生活。他们热衷于交游、结社,互相标榜。有不少人甚至以诗歌作为干谒权贵、谋取钱财的工具。他们的前辈姜夔虽然结交高官,但尚能清介自守。而此时的江湖诗人则不再坚持那种操守和志趣,他们追求的是社会的承认以及由此而带来的实际利益,并不在乎沾染庸俗习气。"①他们的诗歌擅长写景抒情,大约是受到了"永嘉四灵"的影响。他们的诗作例如叶绍翁的《游园不值》、陈允平的《青龙渡头》:

应怜屐齿印苍苔,小扣柴扉久不开。春色满园关不住,一枝红杏出墙来。

叶绍翁《游园不值》

天阔雁飞飞,淞江鲈正肥。柳风欺客帽,松露湿僧衣。塔影随潮没,钟声隔岸策。不堪回首处,何日可东归。

陈允平《青龙渡头》

这两首诗采用白描的笔法,尽管在风格上受到"永嘉四灵"诗风的影响,但是相对于"永嘉四灵"的诗,其诗境上更为开阔,说明江湖诗人在仿效"永嘉四灵"的同时,又有所发展,成为南宋后期诗坛的风尚。

164. 文天祥是一位什么样的诗人?

文天祥(1236—1283),字履善,又字宋瑞,号文山,庐陵(今江西吉安)人。文天祥是宋理宗宝祐四年(1256年)进士,并且是当年科举考试第一名。文天祥曾任湖南提刑,知赣州(今江西赣州)。宋恭宗德祐元年(1275年),元兵渡江南下,文天祥奉命起兵万人勤王。后来文天祥为右丞相,出使元军被拘,设法脱险回到南宋。到福建募集将士之后,重新开始带兵,进军江西,恢复州县。但是最后还是被元兵击败,文天祥被元兵俘虏至元大都(今北京)。

文天祥是著名的抗元英雄和诗人,例如他的《正气歌》:

---

① 袁行霈. 中国文学史:第三卷[M]. 北京:高等教育出版社,2005:172.

天地有正气，杂然赋流形。下则为河岳，上则为日星。于人曰浩然，沛乎塞苍冥。皇路当清夷，含和吐明庭。时穷节乃见，一一垂丹青。在齐太史简，在晋董狐笔。在秦张良椎，在汉苏武节。为严将军头，为嵇侍中血，为张睢阳齿，为颜常山舌。或为辽东帽，清操厉冰雪。或为出师表，鬼神泣壮烈。或为渡江楫，慷慨吞胡羯。或为击贼笏，逆竖头破裂。是气所磅礴，凛烈万古存。当其贯日月，生死安足论。地维赖以立，天柱赖以尊。三纲实系命，道义为之根。嗟余遘阳九，隶也实不力。楚囚缨其冠，传车送穷北。鼎镬甘如饴，求之不可得。阴房阗鬼火，春院闷天黑。牛骥同一皂，鸡栖凤凰食。一朝蒙雾露，分作沟中瘠。如此再寒暑，百沴自辟易。哀哉沮洳场，为我安乐国。岂有他缪巧，阴阳不能贼。顾此耿耿在，仰视浮云白。悠悠我心忧，苍天曷有极。哲人日已远，典刑在夙昔。风檐展书读，古道照颜色。

这首诗创作于宋帝昺祥兴元年（1278年），文天祥被捕以后。被捕以后的文天祥，被元兵囚在元大都，这首诗是狱中所作，诗人歌颂古代为了正义而不懈斗争的英雄，显示出他的不屈的气节。

165. 中兴四大诗人是指哪四位诗人？

中兴四大诗人是陆游、杨万里、范成大和尤袤四位诗人的合称。他们出生于靖康前后，是在南宋的战火中成长起来的，他们的生活环境与北宋苏轼、黄庭坚等诗人有着很大的差异，因此他们在创作上，直接参与了诗从北宋向南宋的转变，比诗坛的前辈，如陈与义、吕本中等人，更具有创造力，以他们有别于北宋的创作风貌，取代了江西诗派在诗坛独大的地位。

陆游的诗作可谓是众体皆备而各体皆工，他的律诗和绝句都非常出色，例如《沈园》《书愤》：

城上斜阳画角哀，沈园非复旧池台。伤心桥下春波绿，曾是惊鸿照影来。

《沈园》

早岁那知世事艰，中原北望气如山。楼船夜雪瓜洲渡，铁马秋风大散关。塞上长城空自许，镜中衰鬓已先斑。出师一表真名世，千载谁堪伯仲间。

《书愤》

陆游的诗热情奔放，神采飞扬，在南宋诗坛影响很大。

杨万里（1127—1206），字廷秀，号诚斋，吉水（今江西吉水）人。杨万里是宋高宗绍兴二十四年进士，官至太常丞、广东提点刑狱、尚书左司郎中兼太子侍读、秘书监，杨万里的诗先学江西诗派，后学王安石及晚唐体，自成一家，被称为"诚斋体"。杨万里留下来的诗很多，大约有四千二百多首，例如《闲居初夏午睡起》：

梅子留酸软齿牙，芭蕉分绿与窗纱。日长睡起无情思，闲看儿童捉柳花。

这首诗作于南宋孝宗乾道二年（1166 年），所写闲居生活，自然恬淡。

范成大，字致能，号石湖，南宋高宗绍兴二十四年（1154 年）进士。范成大的诗，初学江西诗派，后学唐、宋各家，自成一格，擅长田园诗，例如《四时田园杂兴》六十首七言绝句，语言自然清新，风格婉约。

尤袤的作品大多亡佚，风格接近范成大。

166. 元好问的代表诗作是什么？

元好问（1190—1257），字裕之，太原秀容（今山西忻州）人。元好问曾经在遗山读书，因此他自号遗山，被称为元遗山。元好问是金宣宗兴定五年（1221 年）进士，曾经做过镇平、内乡、南阳等县的县令，后来入朝为左司都事，转行尚书省左司员外郎。金亡之后，他被元军押到聊城，后来回家著书。

元好问的诗、词和散文都写得很好，是金代唯一的杰出诗人，例如他的《壬辰十二月车驾东狩后即事》：

惨淡龙蛇日斗争，干戈直欲尽生灵。高原水出山河改，战地风来草木腥。精卫有冤填瀚海，包胥无泪哭秦庭。并州豪杰今谁在，莫拟分军下井陉。

"壬辰"是金哀宗天兴元年（1232 年），这一年的正月，蒙古军包围了当时金国汴京（今河南开封），金曾经派出使者与蒙古议和，但是谈判未成，此时城中已经粮尽。于是金哀宗亲自带兵，出征河朔，行军到达了黄河北岸，但因为军事失利退军。当时元好问是左司都事，正在被围困的城中。面对着蒙古的南侵，金国已经危在旦夕，尽管作者胸怀满腔的愤怒，但朝中大臣又拿不出任何救国的良策，元好问这首诗最后借用刘知远的典故，感叹没有援军前来解除汴京的围困，这首诗字里行间都充溢着慷慨正义之气。

元好问的诗，有着很深刻的洞察力和思考力，他常常把现实的苦闷心情和对过往历史的批判相结合，增加了诗歌的深度。他擅长各种诗体，尤其以七律最为突出。

另外，元好问还有《论诗绝句三十首》，评论了汉魏以来的重要诗人，他的论诗绝句，也是很优秀的诗歌。

167.《雁丘词》是哪位词人的作品？

《雁丘词》原名《摸鱼儿》，是元好问的著名词作，全词如下：

泰和五年乙丑岁赴试并州，道逢捕雁者云："今旦获一雁，杀之矣。其脱网者悲鸣不能去，竟自投于地而死。"予因买得之，葬之汾水之上，累石为识，号曰"雁丘"。时同行者多为赋诗，予亦有《雁丘词》。旧所作无宫商，今改定之。

问世间，情为何物，直教生死相许？天南地北双飞客，老翅几回寒暑。欢乐趣，离别苦，就中更有痴儿女。君应有语：渺万里层云，千山暮雪，只影向谁去？横汾路，寂寞当年箫鼓，荒烟依旧平楚。招魂楚些何嗟及，山鬼暗啼风雨。天也妒，未信与，莺儿燕子俱黄土。千秋万古，为留待骚人，狂歌痛饮，来访雁丘处。

"乙丑"是金章宗泰和五年（1205年）。元好问在去并州的路上碰到了一个捕雁的老人，老人说他捕到了一只大雁，将它打死了；本来另一只大雁已经逃脱了罗网，可是见自己的同伴已经死去，久久悲鸣，不肯离去，竟然撞到地上自杀身亡了。元好问见大雁可怜，就将它买了下来，葬在了汾水边上，命其坟为"雁丘"，并写下了这首历代传诵的词。其开篇"问世间，情为何物，直教生死相许"，更是千古名句，这是为殉情发问，这也是对殉情的赞美。元好问对于情是什么的发问，他自己给出的答案是"生死相许"，不管是天南地北双飞的大雁，还是人世间无数的痴男怨女，莫不如此。然后，借助对并州之地景物的描写，凸显出雁丘所在之地的凄苦，再借用《楚辞·山鬼》的典故，融情入景，直到最后将全词的情感推向高潮，讴歌至亲之人、至爱之事。

168. 诸宫调是什么意思？

诸宫调又称为"话儿"或者"话本"，是一种说唱文学形式，主要在宋金时期流行。说唱文学是以听众为对象的文学艺术形式，最迟在唐代就已经产生了，其主要内容是古今故事和世俗生活。所谓"诸"，是相对于"一"而言的，诸宫调"是相对于限用一个宫调的说唱形式而言，其中唱的部分用多种宫调串接而成，其间插入一定的说白，与唱词配合，叙述有人物、情节的长篇故事。而每种宫调，则由若干曲牌联成短套，套曲少则一二首，多则十多首。这一说唱形式，在宋室南渡后，传至南方。南方的诸宫调主要以笛子伴奏，北方的诸宫调多以琵琶和筝伴奏，故北诸宫调也称'挡弹词'，某些作品还冠以'弦索'字样，以示其有别于南诸宫调的特点。"[①]

诸宫调的曲目，《西厢记诸宫调》卷一所提到的一共有八种，《诸宫调风月紫云亭》也有多种。

现在唯一留下来的完整的诸宫调作品是董解元的《西厢记诸宫调》。《西厢记诸

---

① 袁行霈.中国文学史：第三卷[M].北京：高等教育出版社，2005：209.

宫调》源于唐代元稹的《会真记》，在《会真记》的基础之上，对于张生、崔莺莺等人物形象进行了一定的艺术改造，同时还增加了红娘、法聪和老妇人三个人物形象，丰富了作品中的内容，也强调了男女主人公在挣脱传统礼教过程中的困难。从艺术上讲，《西厢记诸宫调》充分发挥了诸宫调的艺术特点，将叙事和抒情有机结合起来，对王实甫的《西厢记》产生了重要影响。

169.《窦娥冤》的作者是谁？

关汉卿（约1225—约1300），号已斋叟，大都（今北京）人。金亡的时候，关汉卿还很年轻，但是入元的时候（1271年）他已经年近五十岁了。在元代至元、大德年间，关汉卿活跃于杂剧创作圈，和当时很多的演员、剧作家都有来往，甚至有时候还粉墨登场，亲自参加演出，成为了当时大都非常有名的梨园领袖。他也曾南下游览杭州，有《杭州景》套曲。

关汉卿是著名的剧作家，一生致力于杂剧创作，相传他作有六十七种杂剧，现在仅存十八种，分别是《窦娥冤》《鲁斋郎》《救风尘》《望江亭》《蝴蝶梦》《金钱池》《谢天香》《玉镜台》《单鞭夺槊》《单刀会》《绯衣梦》《五侯宴》《哭存孝》《裴度还带》《陈母教子》《西蜀梦》《拜月亭》《诈妮子》等，但这十八种剧，是否全是关汉卿所作，学界尚有争议。

关汉卿的剧作，大致有历史剧、喜剧和悲剧三类。历史剧如《单刀会》《西蜀梦》等篇目，都是以三国故事为题材。喜剧如《救风尘》《望江亭》《金钱池》《谢天香》《玉镜台》，悲剧如《窦娥冤》《鲁斋郎》《蝴蝶梦》《五侯亭》等。"在他的笔下，悲剧主人公大多具有顽强、坚定的意志，敢于与邪恶势力作不妥协的较量，在较量中充分显示出善良的人们捍卫世间正义的壮烈情怀与崇高精神"。①

关汉卿既是一位剧作家，又是一个演员，因此他熟悉剧场、了解演员、知道观众，他是梨园里的行家里手，他的作品具有非常鲜明的剧场性，是非常适合演出的"场上之曲"。

170. 窦娥到底有什么冤屈？

《窦娥冤》，原名《感天动地窦娥冤》，是关汉卿的代表作品，是元杂剧中优秀的悲剧作品。

---

① 袁行霈. 中国文学史：第三卷[M]. 北京：高等教育出版社，2005：225.

《窦娥冤》的主人公窦娥，因为她的父亲窦天章无力偿还高利贷而将她典押给了债主蔡婆婆做童养媳。可怜的窦娥新婚后不久，她的丈夫就因病去世了，十七岁的窦娥成了寡妇，依旧和他的婆婆蔡氏生活。蔡氏一直以放高利贷为生，赛卢医因为无力偿还蔡婆婆的高额利息，起了杀心，打算杀了蔡婆婆，蔡氏被张驴儿父子所救。可是张驴儿父子也非好人，欲将蔡氏婆媳纳为己有，蔡婆婆逆来顺受，可窦娥却不从，于是张驴儿在蔡氏生病的时候，往蔡氏的药里加了毒药，打算毒死蔡氏再嫁祸给窦娥，逼窦娥改嫁。可是毒药偏偏被张驴儿的父亲阴差阳错地喝了下去，张驴儿的父亲当场身亡。张驴儿也就顺水推舟，嫁祸于窦娥。窦娥与张驴儿对簿公堂，本以为官府能秉公执法，可贪官桃杌胡乱判案，令斩窦娥，造成冤案。在刑场上，窦娥哭天骂地，曲辞如下：

　　[滚绣球]有日月朝暮悬，有鬼神掌着生死权。天地也，只合把清浊分辨，可怎生糊突了盗跖颜渊：为善的受贫穷更命短，造恶的享富贵又寿延。天地也！做得个怕硬欺软，却原来也这般顺水推船！地也，你不分好歹何为地？天也，你错勘贤愚枉做天！哎，只落得两泪涟涟。

　　窦娥发出三桩奇愿：血飞白练、六月飞雪和亢旱三年。窦娥死后的三年，窦娥的父亲窦天章任肃政廉访使，奉朝廷的命令，核查楚州的案件，窦娥托梦给他的父亲，申诉冤屈，窦天章最终捉获了真凶，昭雪了案情。

　　《窦娥冤》与汉代的"东海孝妇"故事非常相似，批判了元代社会的现实，震撼人心。

171.《单刀会》的主人公是谁？

　　《单刀会》原名《关大王独赴单刀会》，是关汉卿的代表作品，是元杂剧中很优秀的历史剧作品。

　　《单刀会》描述了三国时期吴国和蜀国之间的利害冲突，以曹操占据中原、孙权占据江东、刘备占据西蜀这个历史事件为背景。主要剧情为：东吴的大将鲁肃，为了索取荆州之地，伏下甲兵，邀请关羽赴宴，打算劫持关羽，要求刘备归还荆州。这个时候，关羽明明知道东吴不怀好意，但凭借他个人超群的胆略，单刀赴会。在宴会期间，他严正地驳回了东吴的无理要求，而且不失时机地运用智谋，迫使东吴的军队不敢轻举妄动，并且还能从容地胜利返回。

　　《单刀会》在构思上很有特色，第一折是由东吴的乔公主唱，第二折是由司马徽主唱，故事的主人公到第三折才出场，他一出场，就从刘邦说起，一直说到三分天下，实际上，关羽是在强调荆州原本就是汉家的地界，关羽的唱词之中，评论了当年刘邦和项羽的兴亡得失，但他在回顾过往的历史之中，实际上是在暗示，当年的战争，让老百姓生灵涂炭，历史的教训告诉关羽，他不得不深入东吴虎穴。

第四折就是故事的核心——关羽单刀赴会，他唱出了著名的［新水令］和［驻马听］：

［新水令］大江东去浪千叠，引着这数十人驾着这小舟一叶。又不比九重龙凤阙，可正是千丈虎狼穴。大丈夫心别，我觑这单刀会似赛村社。

［驻马听］水涌山叠，年少周郎何处也？不觉的灰飞烟灭。可怜黄盖转伤嗟，破曹的樯橹一时绝，鏖兵的江水犹然热——好教我情惨切！（云）这也不是江水，（唱）二十年流不尽的英雄血！

这两支曲，把关羽的豪气和慷慨表现得淋漓尽致。

《单刀会》成功地塑造了关羽形象，在舞台上影响深远。

172.《西厢记》的作者是谁？

《西厢记》的作者是王实甫，名德信，大都（今北京）人，生卒年不详，大约略晚于关汉卿。王实甫的杂剧一共有十三种，除了《西厢记》之外，还有《丽春堂》《破窑记》《芙蓉亭》《贩茶船》等剧。

《西厢记》原名《崔莺莺待月西厢记》，故事源于唐代元稹的《会真记》，脱胎于董解元的《西厢记诸宫调》。《西厢记》讲的是书生张生与相国小姐崔莺莺在普救寺一见钟情，却因为传统礼教的束缚，二人无从亲近。这个时候，恰逢叛将孙飞虎率兵围困了普救寺，限老夫人三日交出崔莺莺做他的"压寨夫人"。张生在老夫人亲口许婚后，依靠友人白马将军杜确的帮助，解除了这一次围困。但是老夫人却反悔食言，不承认张生和崔莺莺之前的婚约，致使张生相思成疾。二人在红娘的帮助之下见面，崔莺莺也在经历了思想斗争之后，冲破传统礼教的束缚，与张生自由结合。但是老夫人却以门第为借口，迫使张生上京参加科举考试。张生一举高中，终于与崔莺莺团聚。

《西厢记》的故事，从戏剧冲突的角度来说，涌现出了多次矛盾激化的场面，环环相扣，跌宕起伏，扣人心弦，引人入胜。《西厢记》的语言，符合杂剧的特点，能够和演出的现场结合起来，具有丰富的动作性和表演性。"文采与本色相生，藻艳与白描兼备，具有强烈的戏剧效果，是《西厢记》语言的一大特色。由于王实甫在唱词部分大量置入唐诗宋词的意象，使人读来满口生香、意趣盎然，因此《西厢记》也被誉为诗剧。"①

作为一个剧本，《西厢记》表现出了舞台艺术的完整性，达到了元代戏曲创作的最高水平，甚至后代人认为"《西厢记》天下夺魁"，说明《西厢记》在文学史上具有重要地位。

173. "元剧四大家"分别是哪四位剧作家？

《梧桐雨》是白朴的代表剧作。白朴，字仁甫，一字太素，号兰谷先生，与关汉卿、王实甫、马致远一同被誉为"元曲四大家"。白朴自幼丧失父母，八岁起由他父亲的朋友元好问抚养长大，南宋灭亡以后，他定居南方，作品中时常流露出沧桑之感。

《梧桐雨》写的是唐玄宗和杨贵妃的故事。安史之乱以后，尤其是自白居易的《长恨歌》问世以来，李、杨二人的故事就成了文坛的热门话题，文人纷纷从不同的视角来评价和审视这段历史，金、元作家也参与其中，用杂剧来表现他们眼中的唐玄宗和杨贵妃。

《梧桐雨》的命名，很有可能是受到了白居易《长恨歌》"秋雨梧桐叶落时"诗句的影响，故事的开始便描写唐玄宗在太平无事的日子里给安禄山加官进爵，还让他镇守边境，然后写李、杨二人在长生殿里，乞巧排宴，二人恩爱有加。然后安禄山作乱，安史之乱爆发，唐玄宗出逃，兵至马嵬坡下，六军不发，杨贵妃被赐死。故事的第四折，是全局最为精彩的部分，唐玄宗此时已经退位，一切美好的事物都已经不复存在了，他整天思念着他的宠妃杨玉环，怀念着他们过往的美好时光。他常常在梧桐树下徘徊，在一个秋雨的夜晚，他梦到了杨玉环。此折将唐玄宗思念杨贵妃的情景表现得淋漓尽致。

"《梧桐雨》的戏剧冲突生动跌宕，笔墨酣畅优美，而构筑的意境则深沉含蓄。浓重的抒情性以及醇厚的诗味，使这部历史剧成为元代文坛的一树奇花"②。

174.《墙头马上》是谁的剧作？

《墙头马上》是白朴的代表剧作，是一部以爱情为主题的喜剧作品，这部剧的题材来源于白居易的《井底引银瓶》。

---

① 袁行霈. 中国文学史：第三卷[M]. 北京：高等教育出版社，2005：241.
② 袁行霈. 中国文学史：第三卷[M]. 北京：高等教育出版社，2005：246.

《墙头马上》讲的是李千金在墙头和裴少俊邂逅以后，看上了他，并且主动示好，决心与裴少俊离家私奔。李千金在裴家的后院里躲藏生活了七年，还和裴少俊生了一男一女，但最终还是被裴尚书发现了。裴尚书对她百般辱骂，李千金能说会道，为自己的行为辩护。当然，在当时情况下，李千金也只好先回到自己家中。后来裴少俊考中了状元，裴尚书也知道了李千金是官宦家的女儿，就亲自上门，向李千金赔礼道歉，可是李千金并不接受，就算是裴尚书捧酒谢罪，李千金也依然无动于衷。直到李千金听到一双儿女啼哭，才软下心来，和裴少俊重归于好。

《墙头马上》故事情节安排生动、紧凑，作者通过戏剧的发展，刻画了丰富的人物形象，在艺术风格上与《梧桐雨》有着明显的不同。

175. "曲状元"是谁？

马致远（约1251—约1321），号东篱，大都（今北京）人。马致远经历了元政权的建立，他也曾出任浙江省官吏，老了以后淡泊名利，过着闲适的生活。

马致远在元代的梨园中名声很大，被称为是"曲状元"。他所作的杂剧十五种，现存七种，分别是《汉宫秋》《陈抟高卧》《任风子》《荐福碑》《青衫泪》《岳阳楼》《黄粱梦》（与别人合作）。

《汉宫秋》是马致远杂剧中成就最高的作品，明人朱权的《太和正音谱》将马致远放在"群英所编杂剧"的第一位，而臧懋循将《汉宫秋》放在了《元曲选》的第一篇，可见马致远和《汉宫秋》在元明时期的重要影响。

《汉宫秋》以昭君出塞为题材，但是一改历代昭君出塞题材的文学作品中汉强胡弱的情况，《汉宫秋》中的汉朝软弱无能，任由外族欺压，尽管在马致远的叙述之中，君臣、胡汉之间的矛盾不断出现，但马致远着重抒写的却是家国之变，是在"乱世中失去美好生活而生发的那种困惑、悲凉的人生感受。就此而言，《汉宫秋》与白朴的《梧桐雨》有异曲同工之妙"①。

除了杂剧之外，马致远的散曲也写得很好，例如《天净沙·秋思》：

枯藤老树昏鸦，小桥流水人家。古道西风瘦马。夕阳西下，断肠人在天涯。

这首小令，仅仅二十八个字就勾勒出一幅秋景图，尤其前三句，九个名词排列，构造出苍凉萧瑟的意境，将羁旅行役中浪子的茫然无依表现得淋漓尽致，这首散曲被誉为"秋思之祖"，王国维也曾说它"寥寥数语，深得唐人绝句妙境"。

---

① 袁行霈. 中国文学史：第三卷[M]. 北京：高等教育出版社，2005：248.

176. 《倩女离魂》的作者是谁？

郑光祖，字德辉，平阳襄陵（今山西临汾）人。他出生于元世祖至元初，大约卒于泰定元年（1324年）前后。郑光祖从小就受戏剧艺术的熏陶，青年的时候就参加杂剧活动，是南方戏剧圈的大作家。他一生写了十八种剧，现在留下来的有《倩女离魂》《王粲登楼》《周公摄政》《伊尹耕莘》等，尤其以《倩女离魂》最为出名。

《倩女离魂》的故事出自唐代陈玄祐的小说《离魂记》，宋代时《离魂记》被改编成话本，金人又将《离魂记》改成了诸宫调，元代赵公辅据此改编，创作了《倩女离魂》。郑光祖在赵公辅的基础之上，参照了宋代的话本和金代的诸宫调等作品，改编成《倩女离魂》。

《倩女离魂》的内容主要是讲张倩女和王文举二人指腹为婚，王文举长大以后，功名未成，去参加科举考试的途中路过张家，要求按之前的约定，求娶张倩女，张家嫌王文举一事无成，不允许二人成婚。无奈之下，王文举只有只身去京城参加考试。王文举离开以后，张倩女在家相思成病，竟然一病不起，卧床静养。张倩女在卧床的过程中，魂灵离开了她的肉体，追随王文举赴京考试，相伴他多年。一直到王文举考中状元，衣锦还乡，带着张倩女的灵魂回到张家，这个时候张倩女的灵魂回归肉体，二人欢宴成婚。

《倩女离魂》是一个很浪漫的爱情故事，辞藻隽美，在刻画人物方面，细致入微，这种离魂又复魂的情况，对明代《牡丹亭》的创作有所启迪。

郑光祖是南方戏剧圈里成就最为突出的剧作家。

177. 元代南戏作品中，成就最高的剧作是什么？

《琵琶记》是元代南戏作品中，成就最高的剧作，作者是元末的高明。

高明（约1307—1359），字则诚，号菜根道人，浙江瑞安人。高明年少的时候，就被认为博学，他自己也很爱读书，从学于黄溍，黄溍是当时的理学家，高明跟着黄溍自然是受到了儒家思想的教育。至正五年（1345年），高明参加科举考试中进士，随后做过多地的地方官。六年以后，高明从军南征，因为与统帅有意见分歧，高明对现实逐渐失望，产生了隐居的念头。大约在至正十六年（1356年），高明在拒绝了方国珍的拉拢之后，开始了在浙江宁波的隐居生活，创作词曲，《琵琶记》就作于此时。

《琵琶记》的故事结构，基本上继承了宋代戏文《赵贞女》。故事的主人公蔡伯喈，是一个孝子，为了家里年迈的父母，他谢绝了州司的推荐，在科举考试的前夕，决定放弃考试，在家照顾父母。但蔡伯喈的父亲蔡公，迫切希望蔡伯喈能考取功名，还提出来只要能考中，改换门庭，死了也值。于是蔡伯喈参加了科举考试，并且一举考中了状元，得到了当朝牛丞相的喜爱。牛丞相打算招蔡伯喈为女婿，蔡伯喈却执意要回家，于是蔡伯喈上表辞官，又向牛丞相辞婚。但是朝廷并没有同意，皇帝促成了蔡伯喈和牛丞相女儿的婚事。新婚之后，蔡伯喈尽管春风得意，但在享受荣华富贵的时候，他并没有忘记家中的父母，但他并不知晓，因家乡闹饥荒，父母已双亡。

蔡伯喈这个人物形象，体现了传统知识分子的软弱性格和复杂的心理特点。《琵琶记》吸收了元代杂剧创作的艺术经验，取得了很大的成功。

178. 四大南戏分别是哪四部剧？

四大南戏是指《荆钗记》《白兔记》《拜月亭》和《杀狗记》四部元代南戏作品。

《荆钗记》的作者一般认为是元代末年的柯丹丘。内容主要讲的是王十朋和孙汝权二人，前者是一个穷秀才，后者是大财主，二人的经济实力悬殊，他们分别以荆钗和金钗为聘礼，向钱玉莲求婚。钱玉莲是一个不爱金钱爱才华的人，选择了王十朋。二人成婚以后，王十朋参加科举考试并高中状元，还被万俟相招为女婿，但是王十朋拒绝了他。正因为如此，万怀恨在心，将王调到潮阳任职。王到了潮阳之后，写家书邀母亲和钱玉莲到潮阳居住，家书却被孙汝权修改为休书，于是钱玉莲被休回家，钱的继母逼钱改嫁，钱不从竟投江自尽，幸好被钱安抚救起。远在潮阳的王十朋知道了钱的死讯，发誓终身不娶。钱也无意中听到了王死于瘴疫的谣言。最后，二人在钱安抚的舟中，以荆钗相认。

《白兔记》原名《刘知远》，是永嘉书会才人编写的。主角刘知远，本是一个落魄的流浪人，被当地的财主李文奎收留做工。李文奎看到刘知远睡觉的时候有蛇穿七窍，认为刘知远以后一定大富大贵，就将自己的女儿李三娘嫁给了他。李文奎死后，李三娘的哥哥李洪一和嫂子各种刁难刘知远，刘知远被迫从军，进入了岳帅府，享受着很好的待遇。李三娘在家里生下一个儿子，送到刘知远身边抚养。十五年之后，因为儿子追猎白兔，母子二人重逢，刘知远也终于做主，惩处了李洪一，全家团聚。

《拜月亭》的作者相传是元代的施惠，所写的内容是在蒙古入侵攻打金国的背景中，一个穷秀才和尚书之女偶然相逢，最后私结百年之好的故事。

《杀狗记》主要讲的是因为财产纠纷而引起的家庭纷争问题，具有很强的现实性。

"四大南戏"作品影响甚远，传演很广。

179. 元曲是什么意思？

元曲是元代文学的代表性文体，与汉赋、唐诗、宋词齐名，代表着元代韵文创作的最高成就。

元曲分为剧曲和散曲。剧曲也就是杂剧的曲辞，元杂剧的剧本包括曲词、宾白和科（介）三个部分，盛行于大江南北。从剧本的结构上来讲，元杂剧一般由四折组成，所谓的折，就相当于现代戏剧中的幕。杂剧演员的角色有末、旦、净三类，其中末又分为大末和小末，旦分为贴旦、搽旦以及小旦。在音乐方面，元杂剧的一折只能使用一个宫调，四折使用的宫调不能重复，全剧只能是正旦或者正末一个人主唱，正旦唱的本子被称为"旦本"，正末唱的本子被称为"末本"。

另外，元代的剧曲不仅有杂剧，还有南戏。南戏主要在东南沿海地区流行，与杂剧的四折不同，南戏由若干"出"组成，但并不限于四出，数量上没有规定。所唱音乐的宫调也没有规定，角色分为生、旦、净、末、丑，五类角色都可以唱，并且还可以独唱、合唱、对唱等等，与杂剧在形式上有较大的区别。

散曲在元代被称为"乐府"，是中国诗歌史上，继诗、词之后的又一种诗体。散曲分为小令、套数和带过曲等几类。小令又叫作"叶儿"，"单片只曲，调短字少是其最基本的特征。但小令除了单片只曲外，还有一种联章体，又称重头小令，它由同题同调的数支小令组成，最多可打百支"。① 套数又称为套曲、散套或者大令，由同一个宫调的若干首曲牌连缀而成，各曲需要押同一部的韵。

和传统的诗词相比，散曲在句式方面更加灵活多变，语言更加口语通俗，崇尚自然、酣畅之美。

元曲是元代的代表性文体，是中国文学花园里一朵娇艳的奇葩。

180. "铁崖体"是谁的诗作？

杨维桢，字廉夫，号铁崖，别号铁笛道人，诸暨（今浙江诸暨）人。生于元成宗元贞二年（1296年），卒于明太祖洪武三年（1370年）。杨维桢于泰定四年（1327年）年参加科举并中进士，官至建德路总管府推官。

杨维桢性格比较狂傲，他主张诗应该有个性，追求独特的构思和奇崛的意象，在体裁上，以"古乐府"为主。例如他的《鸿门会》《传舍吏》：

天迷关，地迷户，东龙白日西龙雨。撞钟饮酒愁海翻，碧火吹巢双狻猊。照天

---

① 袁行霈.中国文学史：第三卷[M].北京：高等教育出版社，2005：297.

万古无二鸟,残星破月开天馀。座中有客天子气,左股七十二子连明珠。军声十万振屋瓦,拔剑当人面如赭。将军下马力排山,气卷黄河酒中泻。剑光上天寒彗残,明朝画地分河山。将军呼龙将客走,破青天撞玉斗。

传舍吏,当封侯,晋鄙救兵邺中留。邯郸急击危缀旒,传舍吏儿当国忧,散君帑藏大飨士,编君妻妾列兵俦。传舍吏儿率死士,踵胸赤手科螯头。救兵至,邯郸危复瘳,传舍儿死父封侯。

《传舍吏》是一首咏史的乐府诗,这个故事的本事,出自于《史记》:

秦急围邯郸,邯郸急且降,平原君甚患之。邯郸传舍吏子李同说平原君曰:"君不忧赵亡邪?"平原君曰:"赵亡则胜为虏,何为不忧乎?"李同曰:"邯郸之民,炊骨易子而食,可谓急矣,而君之后宫以百数。婢妾被绮縠,余粱肉,而民褐衣不完,糟糠不厌。民困兵尽,或剡木为矛矢,而君器物钟磬自若。使秦破赵,君安得有此?使赵得全,君何患无有?今君诚能令夫人以下编于士卒之间,分功而作,家之所有,尽散以飨士,士方其危苦之时,易德耳。"於是平原君从之,得敢死之士三千人。李同遂与三千人赴秦军,秦军为之却三十里。亦会楚魏救至,秦兵遂罢,邯郸复存。李同战死,封其父为李侯。

杨维桢这首诗借传舍吏的这个事情,歌颂了他舍身救国的爱国精神。杨维桢的诗被称为"铁崖体",他的诗继承了乐府的传统。同时,他也学习了李白、杜甫和李贺等人,是元代中后期诗坛上重要的诗人。

181. 萨都剌是哪个民族的诗人?

萨都剌,字天锡,号直斋,蒙古诗人,生于南宋度宗咸淳八年(1272年),卒年不详。萨都剌曾累官至御史,后左迁闽海廉访知事。

萨都剌的诗,善于写山水风景,也有对时政的反映。例如《早发黄河即事》:

晨发大河上,曙光满船头。依依树林出,惨惨烟雾收。村虚杂鸡犬,门巷出羊牛。炊烟绕茅屋,秋稻上垄丘。尝新未及试,官租急征求。两河水平堤,夜有盗贼忧。长安里中儿,生长不识愁。朝驰五花马,暮脱千金裘。斗鸡五坊市,酣歌最高楼。绣被夜中酒,玉人坐更筹。岂知农家子,力穑望有秋。裋褐常不完,粝食常不周。丑妇有子女,鸣机事耕畴。上以充国税,下以祀松楸。去年筑河防,驱夫如驱囚。人家废耕织,嗷嗷齐东州。饥饿半欲死,驱之长河流。河源天上来,趋下性所由。古人有善备,鄙夫无良谋。我歌两河曲,庶达公与侯。凄风振枯槁,短发凉飕飕。

这首诗写于元顺帝至正十年(1350年),诗中用贫富的对比,谴责富家子弟的骄奢淫逸，同时还提出了治理黄河的办法。

萨都剌的词也很有特色，例如《满江红·金陵怀古》：

六代豪华，春去也、更无消息。空怅望、山川形胜，已非畴昔。王谢堂前双燕子，乌衣巷口曾相识。听夜深、寂寞打孤城，春潮急。　　思往事，愁如织。怀故国，空陈迹。但荒烟衰草，乱鸦斜日。玉树歌残秋露冷，胭脂井坏寒螀泣。到如今、只有蒋山青，秦淮碧。

这是一首怀古词，作者感怀于金陵城的没落，有感而发，文辞优美，情感真挚，因此这首词也广为传颂。

萨都剌是元代优秀的少数民族诗人，在元代诗坛上、词坛上占有重要的地位。

182. 元诗四大家是指哪四位诗人？

"元诗四大家"是指虞集、杨载、范梈、揭傒斯四位诗人，他们是元代中期诗坛的典型代表。

虞集、杨载、范梈、揭傒斯四人都是当时的馆阁文臣，因为长期为朝廷撰写典册和为达官贵人提写碑版而在当时享有盛名。他们四人的诗歌非常典型地体现出元代文坛的审美风尚和文学观念，所以他们在当时备受赞誉。但是他们的创作并非元代诗坛的最高成就，更无法和唐宋诗人相提并论，不过他们四人的诗，题材内容相似，艺术手法也接近。

"元诗四大家"中，成就最高的是虞集，虞集擅长律诗，格律很严谨，例如《挽文山丞相》：

徒把金戈挽落晖，南冠无奈北风吹。子房本为韩仇出，诸葛宁知汉祚移。云暗鼎湖龙去远，月明华表鹤归迟。不须更上新亭望，大不如前洒泪时。

这首诗是虞集哀悼文天祥的诗，大力歌颂了文天祥为了恢复汉室、宁死不屈的精神。"新亭对泣"是说东晋之时，尽管北方陷落，但当日毕竟还有半壁河山，如今连东晋都比不上，情况更加悲惨，体现出作者非常深沉的历史感慨，流露出作者怀念宋朝的心情。

杨载的诗，长于七言歌行，风格雄放，被虞集称为"百战健儿"。范梈的诗也以歌行体见长，诗风豪放，他的律诗向杜甫学习，模仿杜甫的沉郁诗风。例如《京下思归》：

黄落蓟门秋，飘飘在远游。不眠闻戍鼓，多病忆归舟。甘雨从昏过，繁星达曙流。乡逢徐孺子，万口薄南州。

范梈是清江（今江西樟树）人，这首诗所写的主要是思乡之情。揭傒斯的诗清婉流丽,被虞集称为"美女簪花""三日新妇",当然这样的评价,是被揭傒斯所不接受的。

明　清

 183. 高启是谁?

高启,字季迪,长洲(今江苏苏州)人,出生于元顺帝至元二年(1336年),卒于明太祖洪武七年(1374年)。洪武初年,高启奉召参与编写《元史》,授翰林院国史编修,授户部右侍郎,不受。后来因为高启的诗中流露出讽刺当朝的意思,引起了明太祖朱元璋的不满,被朱元璋下令罢官。罢官以后,高启隐居在青丘。知府魏观很欣赏高启的才华,请高启到家中住下,二人朝夕相见。魏观因为改修府治获罪,高启为魏观改修府治写了上梁文,朱元璋得知以后,非常生气,下令将高启腰斩。

高启的诗,长于登览怀古题材。例如《登金陵雨花台望大江》:

大江来从万山中,山势尽与江流东。钟山如龙独西上,欲破巨浪乘长风。江山相雄不相让,形胜争夸天下壮。秦皇空此瘗黄金,佳气葱葱至今王。我怀郁塞何由开,酒酣走上城南台;坐觉苍茫万古意,远自荒烟落日之中来。石头城下涛声怒,武骑千群谁敢渡?黄旗入洛竟何祥,铁锁横江未为固。前三国,后六朝,草生官阙何萧萧。英雄乘时务割据,几度战血流寒潮。我生幸逢圣人起南国,祸乱初平事休息。从今四海永为家,不用长江限南北。

这首诗是高启登上南京的雨花台眺望长江时所作,站在雨花台上,俯视金陵城,眼前的金陵城,是曾经六代繁华之地,当年东吴和宋、齐、梁、陈都建都在此地,他们都企图借助长江天险,固守割据于此,但最终也难逃灭亡,诗人由此发出了"英雄乘时务割据,几度战血流寒潮"的感慨。

高启的诗还有《登阳山绝顶》《雨中登白莲阁望故园》《吴城感旧》《姑苏怀古》《岳王墓》等篇目,也都是登览怀古之作。

 184. "西湖三杰"是哪三位诗人?

于谦,字廷益,钱塘(今浙江杭州)人,生于明太祖洪武三十一年(1398年),卒于明英宗天顺元年(1457年)。于谦是永乐十九年(1421年)的进士,官至兵部尚书。正统十四年(1449年),瓦剌南下入侵明王朝,明英宗被俘,于谦出面拥立景帝即位，并对当时朝廷上南迁的建议提出反对意见，并且亲自督军，击败了瓦剌军，改变了当时明王朝的被动局面。明英宗还朝复位以后，于谦被以"谋逆罪"杀害。直到万历年间，于谦才得以平反昭雪，谥号忠肃。于谦是一位英雄，《明史》称赞于谦"忠心义烈，与日月争光"，而且在历史上，于谦还和岳飞、张苍水合称为"西湖三杰"。

于谦的诗，例如《咏煤炭》：

凿开混沌得乌金，藏蓄阳和意最深。爇火燃回春浩浩，洪炉照破夜沉沉。鼎彝元赖生成力，铁石犹存死后心。但愿苍生俱饱暖，不辞辛苦出山林。

这首诗于谦借煤炭来表达自己的志向，诗作中高度赞扬了煤炭，借物咏志，于谦表达了自己愿意为国家鞠躬尽瘁的情怀。当然，于谦的诗作中，还有很多忧国忧民之作，例如《入塞》：

将军归来气如虎，十万貔貅争鼓舞。凯歌驰入玉门关，邑屋参差认乡土。弟兄亲戚远相迎，拥道拦街不得行。喜极成悲还堕泪，共言此会是更生。将军令严不得住，羽书催入京城去。朝廷受赏却还家，父子夫妻保相聚。人生从军可奈何，岁岁防边辛苦多。不须更奏胡笳曲，请君听我入塞歌。

这首诗是写出征的军队凯旋的场面，士兵的亲人兄弟都出门相迎，体现出作者对当时瓦剌军队南侵的痛恨，以及作者对国家和平的期待。

185. 空同子是哪位诗人？

李梦阳，字献吉，号空同子，庆阳（今甘肃庆阳）人，生于明宪宗成化九年（1473年），卒于明世宗嘉靖九年（1530年）。李梦阳是弘治七年（1494年）进士，任户部郎中，弘治十八年（1505年），李梦阳向当时的户部尚书韩文上疏，揭发当时的宦官刘瑾，被令下狱，几成杀身之罪，后迁江西提学副使。李梦阳是明代前七子之一，在创作中倡导"文必秦汉，诗必盛唐"，主张向杜甫学习。他的诗例如《石将军战场歌》：

清风店南逢父老，告我已巳年间事；店北犹存古战场，遗镞尚带勤王字。忆昔蒙尘实惨怛，反覆势如风雨至；紫荆关头昼吹角，杀气军声满幽朔。胡儿饮马彰义门，烽火夜照燕山云；内有于尚书，外有石将军。石家官军若雷电，天清野旷来酣战；朝廷既失紫荆关，吾民岂保清风店。牵爷负子无处逃，哭声震天风怒号；儿女床头伏鼓角，野人屋上看旌旄。将军此时挺戈出，杀敌不异草与蒿；追北归来血洗刀，白日不动苍天高。万里烟尘一剑扫，父子英雄古来少；单于痛哭倒马关，羯奴半死飞狐道。处处欢声噪鼓旗，家家牛酒犒王师；应追汉室嫖姚将，还忆唐家郭子仪。沉吟此事六十春，此地经过泪满巾；黄云落日古骨白，沙砾惨淡愁行人。行人来折战场柳，下马坐望居庸口。却忆千官迎驾初，千乘万骑下皇都；乾坤得见中兴主，杀伐重开载造图。姓名应勒云台上，如此战功天下无。呜呼战功今已无，安得再生此辈西备胡。

这首诗写的是明英宗正统十四年，也先南下，逼近京城，石亨将军带兵击退也先的战事。全诗描写生动，在当时广为传颂，但是在后代也受到了很多批评。

186. 大复山人是哪位诗人？

何景明，字仲默，号大复山人，信阳（今河南信阳）人。生于明宪宗成化十九年（1483年），卒于明武宗正德十六年（1521年）。何景明是明孝宗弘治十五年进士，官至陕西提学副使。

何景明也是明代前七子之一，并且在当时和李梦阳并称为李何，甚至有"弘正七子"之冠的称号。他的诗例如《岁晏行》：

旧岁已晏新岁逼，山城雪飞北风烈。徭夫河边行且哭，沙寒水冰冻伤骨。长官叫号吏驰突，府帖连催筑河卒。一年征求不少罄，贫家卖男富卖田。白金纵有非地产，一两已值千铜钱。往时人家有储粟，今岁人家饭不足。饥鹳翻飞不畏人，老鸦鸣噪日近屋。生男长成聚比邻，生女落地思嫁人。官家私家各有务，百岁岂止疗一身。近闻狐兔亦征及，列网持赠遍山域。野人知田不知猎，蓬矢桑弓射不得。嗟呼今昔岂异情，昔时新年歌满城。明朝亦是新年到，北舍东邻闻哭声。

这首诗写的是百姓因为赋税徭役而困苦不堪，无以为生，是一首时政性非常强的诗歌，不过何景明的诗不仅写时政，也在民间文学作品中取材，反映百姓的生活情况，例如《津市打鱼歌》：

大船峨峨系江岸，鲂鲂鲅鲅收百万。小船取速不取多，往来抛网如掷梭。野人无船住水浒，织竹为梁数如罟。夜来水涨没沙背，津市家家有鱼卖。江边酒楼燕估客，割鬐砍脍不论百。楚姬玉手挥霜刀，雪花错落金盘高。邻家思妇清晨起，买得兰江一双鲤。筱筱红尾三尺长，操刀具案不忍伤。呼童放鲤瀫波去，寄我素书向郎处。

这首诗写打鱼，将打鱼、卖鱼、买鱼的场面交叠在一起，塑造了估客、楚姬、思妇等人物形象，富有非常浓郁的生活气息。

187. 杨基是谁？

杨基（1326—1378），字孟载，号眉庵，嘉定州（今四川乐山）人。杨基是明代前期诗坛上比较有影响的作家，他的诗对他当时的生活环境、遭际有一定的反映，例如《忆昔行赠杨仲亨》：

嗟我忆昔来临濠，亲友相送妻孥号。牵衣上船江雨急，辟历半夜翻洪涛。濠州里长我所识，怜我一月风波劳。呼儿扫榻妾置酒，买鱼炊饭羞溪毛。酒酣话旧各涕泣，邻里怪问声嘈嘈。明朝府帖促盖屋，旋飘瓦砾除蓬蒿。大竹为楹小榱桷，覆以菅草并索实。君时亦自长干来，为我远致书与袍。密行细字读未了，苦语漠漠如蚕缲。收书再拜问所历，灯影照夜吴音操。异乡寂寞遇知己，欢喜岂止馈百牢。藤牵萝绕互依附，濡沫相润脂和膏。熏风昼眠竹几静，落叶夜掩柴门高。黄须为汲东井水，翠袖或送西家醪。中书大官捧檄下，霜鹘脱旋鹰解绦。君前挽鞴我后策，陟险攀峻随猿猱。饥肠午渴掬涧饮，甘滑不啻青葡萄。到家仓卒席未暖，复此赴汴同轻舠。崖高水涩石溜急，时复着力撑长篙。予生有弟皆异域，漂泊幸与君逢遭。君才自是伯者佐，比拟管乐卑萧曹。方期补剐拯焚溺，讵肯析利穷秋毫。比来县邑久芜废，亦有桑柘相梨桃。遗民可鸠业可复，应屈君辈挥牛刀。他时解绶归故里，相期结居吴江皋。

这首诗写的是作者在明初的一段经历：由于朱元璋在建立明王朝之后，采取了一系列的强制性措施，为的就是巩固他刚刚建立起来的新政权。其中就包括了朱元璋为了平衡各地区之间的势力，进行的多次大规模移民。杨基也在其列，这首诗中杨基与亲友离别、在行途中困疲不堪，不过好在他在异地他乡遇到了自己的朋友，给他全诗的悲情之后，带来了一点的安慰。

188. 台阁体是什么意思？

台阁体是明代前期上层官僚之间，形成的一种文学风气，流行于明代永乐、成化年间，代表诗人如杨士奇、杨溥、杨荣等馆阁重臣。他们受到朝廷文化的影响，创作内容方面多是以粉饰太平和歌功颂德为主，风格雍容华贵，典雅工丽。例如杨士奇《赐游西苑同诸学士作》、杨荣《随驾幸南海子》：

东风御苑物华新，吉日游观命近臣。金瓮特颁千日酝，玉盘兼赐八珍淳。翠含杨柳桥边雾，香泛芙蓉水上云。鱼跃鸢飞皆化育，须看海宇颂皇仁。

天开形势庄都城，凤翥龙蟠拱帝京。万古山河钟王气，九霄日月焕文明。祥光掩映浮金殿，瑞霭萦回绕翠旌。圣主经营基业远，千秋万岁颂升平。

这两首诗，前一首写游西苑，后一首写扈驾，"内容都不脱描绘盛世祥瑞气象，歌颂帝王的功德，格调雅丽雍容，体现出台阁体的典型特征。这样的作品，很难让人感受到文学反映社会生活的丰富性与作者真实的个性化的思想情感，其结果容易将创作引上歧路，使作品成为粉饰太平的工具"①，从艺术的角度来说，台阁体的作品很难有艺术生命力。

台阁体的代表作家，"这些馆阁重臣身居要职，处境优裕，容易产生歌颂圣德、美化生活的创作意向。同时，相对封闭与狭窄的上层官僚生活，限制了台阁体作家的生活视野，导致作品内容的单一与贫乏。另外，朱明王朝在建立的初期，就全面实行了整饬措施，其中包括对文人加强政治上的钳制。到了永乐年间，明初统治集团所实行的高压政策继续发挥着威力，明成祖朱棣上台之后，更加抓紧政治文化上的控制，限制士人思想自由"②。这样的政治压力，威慑着文人，使得他们只能歌功颂德，不敢抒发个人情感。

189. 茶陵派的代表人物有哪些？

茶陵派是在台阁体衰微之后，逐渐兴起的诗派，形成的时间大约是在明代成化、弘治年间，以李东阳为主，代表诗人谢铎、张泰、陆釴、邵宝、鲁铎、石珤等人。

李东阳，字宾之，号西涯，茶陵（今湖南茶陵）人，生于明英宗正统十二年（1447年），卒于明武宗正德十一年（1516年）。李东阳八岁的时候，就以神童入顺天府学，天顺六年参加科举考试中举，天顺八年进士科考试第一，授庶吉士，累迁至试讲学士，充东宫讲官。弘治八年以礼部右侍郎、侍读学士进入直文渊阁，官至特进、光禄大夫、左柱国、少师兼太子太师、礼部尚书、华盖殿大学士。李东阳是台阁重臣，在当时有很高的声望。李东阳提出复古汉唐的文学主张，强调对声调节奏的学习，主张"轶宋窥唐"。他的作品例如《幽怀》（其四）、《除夕》等诗：

懒携行杖踏莓苔，寂寂残樽对雨开。开口只应心独语，闭门休问客谁来。幽居有道堪藏拙，巧宦逢时亦自才。试问白头冠盖地，几人相见绝嫌猜。

独吟孤坐总伤神，谁伴长安守岁人？卦数已周无那老，年华初转又逢春。思亲泪尽空双眼，哭女声高彻四邻。还向灯前添旧草，拟从新岁乞闲身。

李东阳虽然是台阁重臣，也一直官居要职，但是官场的互相猜忌和争斗，也让他感到很压抑，因此在《幽怀》诗中，李东阳隐约透露出他在仕途上的不安，以及一种孤独的心绪。第二首诗题为《除夕》，在那个万家团圆的时候，诗人远离亲人，思乡心切，因此在这个喜庆的节日里，竟有"思亲泪尽空双眼，哭女声高彻四邻"的悲伤之句。

---

① 袁行霈. 中国文学史：第四卷[M]. 北京：高等教育出版社，2005：60.
② 袁行霈. 中国文学史：第四卷[M]. 北京：高等教育出版社，2005：60.

190.《四声猿》是谁的剧作？

徐渭，字文长，号天池山人、青藤道士、田水月等，浙江山阴（今浙江绍兴）人，明代著名剧作家，代表剧作有《四声猿》《歌代啸》等。

《四声猿》是一组杂剧，包括了《狂鼓史渔阳三弄》《玉禅师翠乡一梦》《雌木兰替父从军》和《女状元辞凰得凤》等四部短戏。《四声猿》的得名源于"猿鸣三声泪沾裳"（郦道元《水经注》），三声猿鸣已经是悲伤之至，四声猿鸣那就是断肠之音了。《狂鼓史渔阳三弄》《玉禅师翠乡一梦》两剧，主要是抨击和讽刺黑暗政权和虚伪神权。其中《狂鼓史渔阳三弄》一直被认为是《四声猿》之冠，这部剧"把邪恶的权奸曹操打入地狱，让正直的祢衡升为天使。在地狱审判中，徐渭让判官权作导演，请祢衡将当年击鼓骂曹的精彩片段，在现场再表演一番"。①

《雌木兰替父从军》是以花木兰替父从军故事为题材的，是对于女性的赞歌。《女状元辞凰得凤》的主角是女扮男装的黄崇嘏，考上了状元，获得了官职，还被周丞相看中，欲招为女婿。无奈之下，黄崇嘏只好向周丞相坦白自己是女儿身，于是弃官嫁人，满腹的才情再无施展之地了，徐渭这部剧哀叹的是人才的埋没。

徐渭对明代剧作的发展产生了很重要的影响，"他的杂剧创作活泼畅快、汪洋恣肆，呈现出陈规尽扫、独备一格的气度。他的作品从不避人间烟火与市井气息，在一定意义上反映出有价值的世俗观念和相对进步的市民精神，带有甚为浓厚的民间文学色彩。他对所谓的巍巍正统与赫赫权威勇于揭露、善于讥讽，嬉笑怒骂，谑而有理，开辟了讽刺杂剧的新路。"②

191. 李开先的代表作品是什么？

李开先，字伯华，号中麓，山东章丘人，嘉靖八年进士，是"嘉靖八才子"之一。李开先官至太常寺少卿，后来由于对当朝的夏言内阁不满，向朝廷请求辞官还乡。嘉靖二十六年（1547年），李开先写成他的代表作《宝剑记》。

《宝剑记》是李开先和他的朋友集体创作的明代传奇作品，一共有52出，内容取材于《水浒传》，从豹子头林冲落草为寇说起。当然，《水浒传》中的林冲是一个被动反抗的人，尤其是在《林教头风雪山神庙，陆虞候火烧草料场》一回体现得非常明显。《宝剑记》里的林冲，一改小说《水浒传》里的林冲形象，是一个主动出击的人

---

① 袁行霈. 中国文学史：第四卷[M]. 北京：高等教育出版社，2005：87.
② 袁行霈. 中国文学史：第四卷[M]. 北京：高等教育出版社，2005：88.

物，他与高俅、童贯等人斗争，多次上本参奏他们，数落童贯败祖宗之荫，但是却落得了"毁谤大臣之罪"的结果，还被降职处理了。可是林冲并没有被打倒，救四海苍生于水火的理想抱负，驱动林冲又一次上本参奏高俅等人的腐败行为，他请求面圣。高俅得知以后，恼羞成怒，设计陷害林冲，将林冲定为死罪。林冲的妻子为林冲鸣冤，林冲被免除死罪，发配沧州。在去往沧州的途中，高俅授意押解林冲的差人，暗杀林冲，幸得林冲的好兄弟鲁智深赶到，救了林冲，鲁智深将林冲护送到了沧州。但是高俅却并没有善罢甘休，他派人火烧草料场，林冲终于不能再忍，杀了高俅派来害他的人，投奔梁山。最后皇帝下令赦免了林冲的罪，恢复官职，将高俅父子交给林冲处置。

李开先"借宋人之事，演出明代政坛上的一些新场面，《宝剑记》以其充满战斗激情的烈烈雄风，强悍地掠过明代开国后近两个世纪的沉闷剧苑，其《夜奔》一场戏，至今还作为武生的看家戏而风靡场上，激荡人心"[1]，成为昆曲的著名戏段。

192.《浣纱记》的作者是谁？

《浣纱记》是明代梁辰鱼的代表作品，梁辰鱼，字伯龙，号少白、仇池外史，昆山（今属江苏）人。

《浣纱记》原名《吴越春秋》，借用春秋时吴国和越国的旧事。吴王夫差率军打越国，越国战败以后，将越王勾践夫妇和大臣范蠡送到吴国充当人质。越王勾践在吴国期间，忍辱负重，他听从范蠡的建议，把范蠡的未婚妻浣纱女西施献给了吴王，欲用美人计，离间吴国君臣。吴王被西施的美貌所迷惑，荒废国政，杀害忠良。三年以后，勾践夫妇和范蠡、西施被放回越国。勾践卧薪尝胆，励精图治，终于打败了吴国，夫差自杀。范蠡功成名就，泛舟而去，过上了隐士的生活。

《浣纱记》是爱情的悲剧，也是政治的悲剧。"作品一方面表彰了越国君臣卧薪尝胆、艰难复国的坚毅精神，另一方面又嘲弄了荒淫无耻、宠信奸佞的吴王夫差，揭露了腐化贪婪、奸诈狠毒的权臣伯嚭，肯定了屡次直谏、悬头城阙的忠臣伍子胥。即使是一心事君、智勇双全、为越国作出了巨大贡献的范蠡，却也听从了吴王临终前关于兔死狗烹的警告，悟出了勾践在分一半天下与他的许诺中暗藏的杀机，毅然挂官归隐，与西施漫游五湖去了"[2]。

《浣纱记》在中国古代戏曲史上，有着非常重要的地位，这部剧常常被认为是昆

---

[1] 袁行霈. 中国文学史：第四卷[M]. 北京：高等教育出版社，2005：94.
[2] 袁行霈. 中国文学史：第四卷[M]. 北京：高等教育出版社，2005：95.

山腔谱曲改革之后的第一部演出的传奇作品,是具有开拓性价值的昆腔大戏。

193. 弇州山人是谁?

王世贞,字元美,号凤洲,又号弇州山人,江苏太仓人,生于明世宗嘉靖五年(1526年),卒于明神宗万历十八年(1590年)。王世贞是嘉靖二十六年(1547年)进士,官至南京刑部尚书。王世贞的创作数量很大,他的诗文集大约有四百卷,数量如此之大,在古人的创作中是非常少见的。

王世贞是明代后七子的领袖人物,他的诗例如《登太白楼》《伤卢柟》二首:

昔闻李供奉,长啸独登楼。此地一垂顾,高名百代留。白云海色曙,明月天门秋。欲觅重来者,潺湲济水流。

北风摧松柏,下与飞蓬会。词人厄阳九,卢生亦长逝。桐棺不敛胫,寄殡空山寺。蝼蚁与乌鸢,耽耽出其计。酒家惜馀负,里社忏安食。孤女空抱影,寡妻将收泪。著书盈万言,一往恐失坠。唯昔黎阳狱,弱羽困毛鸷。幸脱雉经辰,未满鬼薪岁。途穷百态攻,变触新语至。词场四五侠,往往走馀锐。大赋少见赏,小文仅易醉。醉后骂坐归,还为室人詈。我昔报生礼,高材虚见忌。自取造化馀,何关世途事。呜呼卢生晚,竟无戢身地。哭罢重吞声,皇天有新意。

太白酒楼在济宁州南城,《登太白楼》是作者登上太白楼作,诗笔高妙,颇有李白的胸襟气魄。而《伤卢柟》,写的是卢柟,一个恃才傲物的人,他因为放达而被诬陷下狱,早年落魄,最后竟然病酒而死。王世贞感于卢柟的经历,以最真实的笔墨,描绘了卢柟的遭遇,这首诗透露着王世贞对卢柟的同情。

王世贞的诗,拟古气息比较重,尤其是他的乐府诗和古体诗,气味浓厚。

194. "临川四梦"是谁的剧作?

汤显祖,字义仍,号若士,又号海若、清远道人,临川(今江西临川)人。生于明世宗嘉靖二十九年(1550年),卒于明神宗万历四十四年(1616年)。汤显祖出身书香世家,据说他五岁就能够写对联,十岁就学古文词,二十一岁中举人,可是进士科的考试并不顺利,直到万历十一年(1583年),三十三岁的汤显祖才中进士。但是中了进士以后,却没有带来官场的顺利,他到南京作了太常寺博士。万历十九年(1591年),汤显祖上疏弹劾当时的首辅大臣申时行,冒犯了君威,也引起了申时行的愤怒,汤显祖被贬到广东徐闻县任小吏典史。后来调到浙江遂昌做知县,他在遂昌任上励精图治,名声很好。很多人上书朝廷,推荐汤显祖,可汤显祖得罪了首辅,得不到提拔。更不幸的是，汤显祖的女儿、弟弟和娇儿先后夭折。因为生活上的重大打击、官场上的长期压抑，汤显祖于万历二十六年（1598年）辞官，归隐临川玉茗堂，创作出了《牡丹亭》《南柯记》《邯郸记》，加上之前创作的《紫钗记》，四部剧被合称为"临川四梦"，也叫作"玉茗堂四梦"。

汤显祖在"临川四梦"里，完美地展现了他对于戏剧作品的"至情"理论。在汤显祖看来，人的世界是一个有情的世界，人生也是一个有情的人生。而这个有情的人生，其最高的境界就是"至情"，他在《牡丹亭》里说：

情不知所起，一往而深。生者可以死，死可以生。生而不可与死，死而不可复生者，皆非情之至也。

汤显祖将他的"至情"理论借助戏剧来表达，尤其在《牡丹亭》中，他的"至情"贯穿于生死之中。

汤显祖是明代剧坛甚至整个中国古代文学史上，最为杰出的剧作家之一。

195.《牡丹亭》的主人公是谁？

《牡丹亭》，又名《还魂记》，是汤显祖的代表剧作。这部剧的女主人公杜丽娘，是一个官宦世家的千金小姐，才貌双全，不仅能背诵四书，还能摹卫夫人的书法。这个杜丽娘显然是受到了良好的教育，她孝敬父母，尊重老师，俨然一个温顺乖巧的娇小姐。杜丽娘的小丫头春香，偶然经过杜府后面的花园，正是春意盎然，于是就悄悄地带杜丽娘到此游园。偷偷游园的杜丽娘，在春园之中动了春情，回屋以后，杜丽娘梦到了柳梦梅，二人共成云雨之欢。杜丽娘第二天又去花园寻找春情，可是并没有如愿，竟然得了相思病，而且在中秋之夜病逝。杜丽娘在临死之前，交代春香和母亲一定要将她的"春容"装在紫檀木匣之中、藏于花园山石之下、葬于牡丹亭的梅树下。

再说柳梦梅，是广州府的秀才，他梦到有一位女子，在花园的梅树之下，女子说和他颇有缘分，因此原名柳春卿的他，改名为柳梦梅。柳梦梅去临安参加科举考试，行到南安的时候，病宿在梅花庵。柳梦梅的病慢慢好了，他出游花园，无意中捡到了装有杜丽娘"春容"的匣子，回到书房以后，将杜丽娘的"春容"挂在了床前。杜丽娘在阴间三年，被发现阳寿未尽，被阎王允许返回人间。杜丽娘的魂魄来到梅花庵，发现柳梦梅正在拜求她的春容，大为感动，与柳梦梅欢会。第二天，杜丽娘将实情告诉了柳梦梅，求柳梦梅开棺为她还魂。杜丽娘又活了过来，和柳梦梅一起到临安，柳梦梅一举高中状元，又经过一番曲折，杜丽娘一家人终于团聚。

《牡丹亭》是"继《西厢记》以来影响最大，艺术成就最高的一部杰作，杜丽娘已经成为人们心中青春与美艳的化身，至情与纯情的偶像"①。

196. 明末清初"三大儒"分别是谁？

顾炎武（1613—1682），本名绛，明亡后改炎武，字宁人，江苏昆山人，因为故居旁有亭林湖，故而学者一般称其为亭林先生，与黄宗羲、王夫之并称为明末清初"三大儒"。顾炎武处于明末清初之际，致力于抗清活动，清兵入关后，支持反清复明，并终身未入仕于清朝。这种倾向在他的诗歌中也时时有所体现。《秋山》《千里》《海上》四首等，都是其爱国主义主题的经典作品，这成为他诗歌创作的重要主题。他赞美抗清义军，表达决心报国的思想，记叙义军的英勇战绩。代表作品有《日知录》《天下郡国利病书》《肇域志》《音学五书》《韵补正》《古音表》《诗本音》《唐韵正》《音论》《金石文字记》《亭林诗文集》等，在舆地学、音韵学方面造诣颇高。顾炎武的诗风与杜甫接近，不仅主题都多为忧国忧民的爱国情怀，风格也都古朴沉郁，不重修饰。"生无一锥土，常有四海心"（《秋雨》）、"我愿平东海，身沉心不改"（《精卫》）、"远路不须愁日暮，老年终自望河清"（《五十初度时在昌平》）等都是顾炎武的经典诗句。另外，他的学术成就较高，主张"主性情"，重视考据，继承朴学风尚。其代表作《海上》其一以苍凉质实的笔调表达了爱国情怀。

197. 梨州先生是谁？

黄宗羲（1610—1695），字太冲，号南雷，浙江余姚人，人称梨洲先生，是著名的思想家、史学家和文学家。代表作有《明儒学案》《宋元学案》《明夷待访录》《孟子师说》《葬制或问》《破邪论》《思旧录》《明文海》《行朝录》《今水经》《四明山志》等。清兵入关后参加抗清活动，失败后隐居，终身拒绝入仕，退而隐居期间潜心学术。对于君权，黄宗羲提出了新的看法，他认为君主首先应尽到自己的义务，时时把天下与人民疾苦放在心中。在《明夷待访录》中，黄宗羲集中表现出了民本思想，围绕"天下为主，君为客"的中心思想进行了一系列阐述，提出全民治法治天下的观点；经济方面，提出"工商皆本"；他还特别重视学校和教学。此外，黄宗羲精通天文历法，还勘校了《水经注》。黄宗羲主张"经世致用"，并在明史研究方面颇有建树，编纂整理《弘光实录钞》四卷、《行朝录》三卷、《明史案》二百四十二卷、《明文案》二百十七卷，及增益《明文案》而成的四百八十卷的《明文海》。他强调作诗应反映现实

---

① 袁行霈. 中国文学史：第四卷[M]. 北京：高等教育出版社，2005：116.

关心社会，诗歌作品带有明显的爱国情怀，如《云门游记》《感旧》《宋六陵》《哭外舅叶六桐先生》等，其经典作品之一《山居杂咏》曰：

> 锋镝牢囚取决过，依然不废我弦歌。死犹未肯输心去，贫亦岂能奈我何！廿两棉花装破被，三根松木煮空锅。一冬也是堂堂地，岂信人间胜著多。

这首诗表现了诗人即使身处逆境、仍然乐观坚强，坚定不屈服的态度，表现出了爱国主义情怀和高尚的情操。

198. 王夫之是谁？

王夫之（1619—1692），字而农，号薑斋，湖南衡阳人，人称船山先生。与顾炎武、黄宗羲并称明清之际三大思想家。代表作有《周易外传》《黄书》《尚书引义》《永历实录》《春秋世论》《读通鉴论》《宋论》等。明末参与武装抗清活动，明亡后归隐，精通文学、史学、哲学。王夫之认为作诗要有真情实感，先有感情后发而为诗，以诗言志，以诗言情。孔子曰："诗可以兴，可以观，可以群，可以怨。"王夫之的诗歌便是以此为宗旨，以真情实感入诗，起到"兴观群怨"的作用，把情与景交融，"景中生情，情中含景，故曰景者情之景，情者景之情也"（评岑参《首春渭城西郊行呈蓝田张二主簿》）。他也深受楚辞影响，喜欢借香草美人寄托情怀，"半岁青青半岁荒，高田草似下田荒。埋心不死留春色，且忍罡风十夜霜（《绝句》）"。作为遗民诗人，王夫之具有强烈的故国情结，常以爱国为主题，表现怀念故国及孤愤之情，"乘春春去去何方，水曲山隈白昼长。绝代风流三峡水，旧家亭榭半斜阳。轻阴犹护当时蒂，细雨旋催别树芳。唯有幽魂消不得，破寒深醴土膏香"。以情入景，将亡国之恨寄予在眼前之景中，借此抒发自己的爱国思国之感。此外王夫之在哲学方面也颇有建树，他反对程朱理学的"存天理、灭人欲"，认为应尊重人欲，而人性是变幻发展的，可以由人选择控制。他也反对君权的高度专制，指出"平天下者，均天下而已"。

199. 钱谦益是谁？

钱谦益（1582—1664），字受之，号牧斋，江苏常熟人。明万历三十八年进士，官至礼部侍郎，曾大力抗清，却一度降清做官，后再次秘密反清。主要作品有《初学集》《有学集》《投笔集》。在反清复明的问题上，钱谦益一直被世人所诟病，他反复无常的态度使得他既不被清朝皇帝所接受，又饱受明朝爱国遗民群体非议，这其实反映了明末清初一些遗民文人的复杂心态。但钱谦益的文学成就不可置疑，在诗坛上的地位不可动摇。他反对明代复古派，但也不支持反复古派，将"性灵"与"学问"并重，他博取众家所长，提出了自己的理论主张，推陈出新，开启了清代的一代诗风。钱谦益所作诗歌既有唐诗的华美精致，又有宋诗的理性逻辑，具有高超的创作技巧，善于用典和使用雅致的语言辞藻。其七律组诗《后秋兴》就是他炉火纯青作诗技巧的证明，这首大型组诗以八首为一组，共十三组，浑然一体、互相关联，毫不生硬造作，具有开创性的意义。他有很多反映社会现实的诗歌，表明自己的政治立场，表现出改朝换代时期的内心纠结。《留题秦淮丁家水阁》就是其中最典型的一首："苑外杨花待暮潮，隔溪桃叶限红桥。夕阳凝望春如水，丁字帘前是六朝。"这首诗描写的是从丁家阁观览历史名城金陵景色，春色正浓，眼前的秦淮河却一片萧条，寄托的是诗人对于晚明的惋惜和怀念之情。作为诗坛前辈，钱谦益还提携了很多有学之士，如王士禛、施闰章、宋琬、冯班等。

200.《初学集》《有学集》是谁的代表作？

《初学集》《有学集》，又称《牧斋初学集》和《牧斋有学集》，为著名文学家钱谦益在明代的作品合集，《初学集》共一百一十卷，其中诗二十卷、文八十卷、《太祖实录辨证》五卷、《读杜小笺》三卷、《读杜二笺》二卷。诗集题材多样，有对国家战事的关怀、对奸臣逆贼的痛恨批判，以及记游诗等丰富多样的主题。《九月十一日次固镇驿恭闻泰昌皇帝升遐途次感泣赋挽词》《和范致能燕山道中绝句》《文状元文起》《昌平州唐罚去华故里》等都是其中的著名诗篇，其诗风与杜甫、白居易等有相似之处，汲取百家所长，最终自成风格。

《有学集》是其入清后的作品合集，主要反映的是他晚年的思想主张，更多表现的是对故国的亡国之恨，其中有很多对于南明时期活动的记录。钱谦益有着深厚的文学功底，其才情也被文坛所公认肯定，但在清朝，其文集被乾隆皇帝亲自下诏销毁，其一是因为钱谦益对于清明两朝模棱两可的态度，其二则是因为文集中收录了诸多大不敬的内容，不仅将矛头直指清军，更对满洲兵使用"奴""虏""夷""胡""腥膻"之类的侮辱性语言。

201. 虞山诗派的成员有哪些？

虞山诗派是明末清初以常熟虞山命名的东南诗坛重要流派，受钱谦益影响而产生，主要成员有冯舒、冯班、瞿式耜、钱曾、钱陆灿及吴历等。诗派学古而不拟古，深受钱谦益影响，善于吸取百家而自成一家。代表人物冯班是钱谦益门下弟子，代表作《定远集》，他反对严羽《沧浪诗话》的"妙悟说"，诗风细腻，善于修饰锤炼，推崇李商隐。《题友人〈听雨舟〉》《余生》《有赠》等都是其优秀诗篇，冯班在虞山诗派的发展过程中具有举足轻重的意义。诗派成员瞿式耜所作《浩气吟》慷慨激昂，被认为是与文天祥《正气歌》相媲美之作；钱陆灿是继钱谦益之后的虞山诗派第二盟主，著有《调运斋诗文随刻》等；钱曾代表作为《交芦集》《判春集》。虞山诗派的影响力还波及到后代文坛，吴乔和赵执信的文学理论便由此继承而来。

202. 吴伟业是谁？

吴伟业（1609—1672），字骏公，号梅村，今江苏太仓人。曾仕明而名噪一时，明亡后被迫仕清，因而被世人看作有失名节，内心时时愧疚不安。在清初诗坛上，他与钱谦益并称，是当时诗坛的中流砥柱。在早期，他善于描写男女之情，风格清新雅丽。受社会动荡和政治格局变化影响，吴伟业创作了许多相关题材的诗歌，《永和宫词》《洛阳行》《萧史青门曲》等主要以宫廷生活为中心慨叹时代变迁；《临江参军》《雁门尚书行》《松山哀》《圆圆曲》等则是借战争和历史重大事件为题材记录历史；同时吴伟业关注到了社会底层小人物的生活状态，如《临淮老妓行》《捉船行》《芦州行》《马草行》等，与杜甫的"三吏""三别"颇有相似之处。由于仕清，吴伟业受到的谴责益多，他本人时时深感惭愧，《自叹》《过吴江有感》《过淮阴有感》《遣闷》等都表现出他愁苦万分的心情，"误尽平生是一官，弃家容易变名难"，"我本淮王旧鸡犬，不随仙去落人间"，凡此种种诗句，都表现出他心中的无限忧郁与苦闷，直至暮年，他依然将自己身仕二姓视作人生污点，仍时时悔恨赎罪。吴伟业最高的文学成就在于七言歌行体，《圆圆曲》《鸳湖曲》《听女道士下玉京弹琴歌》等是其中经典之作，借鉴白居易《长恨歌》《琵琶行》和元稹《连昌宫词》的歌行体写法，但他采用的并非正常发展的叙事顺序，而是采用抒情性歌行体的方法，开辟了一种新式的叙事诗歌表达形式，以小见大，以小人物的故事表现出一个时代的变迁。其在歌行体方面的成就毫无疑问可称为杰出大家。

203.《圆圆曲》是谁的代表作？

《圆圆曲》是明末清初著名文学家吴伟业所作七言歌行，主要围绕名妓陈圆圆传奇的一生展开描写。她最开始被送给崇祯皇帝，后被吴三桂看中而为其妾，李自成大军入侵后，大将刘宗敏将其据为己有，吴三桂大怒而起兵把她夺回，而这造成了京城战争局势的变化。全诗可谓鸿篇巨制，用回忆的方式缓缓展开叙述，将个人与国家历史相结合。与以往歌行体不同,该诗并非按照时间顺序叙述,而是采用了插叙、追叙、夹叙等手法,使得全诗情节跌宕起伏、扣人心弦,典故、比喻等使用得当,音韵转换自如,同时穿插着诗人的议论评说,其中不乏对吴三桂的讽刺,语言流畅自然,充满音乐美和节奏美。整首诗读来脍炙人口、一气呵成。《四库全书总目提要》评价道:"格律本乎四杰,而情韵为深;叙述类乎香山,而风华为胜。"《圆圆曲》的主要基调是爱情,其中"恸哭六军俱缟素,冲冠一怒为红颜""妻子岂应关大计,英雄无奈是多情。全家白骨成灰土,一代红妆照汗青"等诗句成为千古流传的名句,笔触饱含慨叹心酸,让人为之触动。

204. 梅村体是什么?

梅村体是指著名诗人吴伟业的七言歌行体叙事诗,因其号"梅村"而得名。歌行体叙事诗在吴伟业手中产生了里程碑式的变化,他开创出别具一格的新形式从而自成一家。吴伟业受到叙事歌行体大家元稹、白居易的影响,在此基础上融合了自身广博的学识及娴熟的创作手法而产生,以叙事为主体,糅合了初唐四杰的格律严谨、文辞华美,以及温庭筠、李商隐的风华情韵,在叙事过程中善于运用比喻、音律的转换,结构巧妙精致,使得情节曲折感人。梅村体有相对稳定的体式,其题材、格式、语言、诗风都有一定的规律。主题一般是怀念故国和慨叹时代变迁,喜欢以单个人物的身世荣辱为线索,映照出当时的社会环境和历史变幻,因此并不显得呆板生硬,反而使得故事情节富于传奇性。这种创新的创作方式为古代叙事诗打开了一道大门,达到了顶峰,对后世的诗歌创作也产生了深远的影响。梅村体的典型作品主要有:《永和宫词》《洛阳行》《萧史青门曲》《鸳湖曲》《圆圆曲》《听女道士卞玉京弹琴歌》,其叙事诗共计约百首,是文学史上独一无二的瑰宝。

205. 被况周颐认为是"国初第一词人"的词人是谁?

纳兰性德(1655—1685)原名成德,避讳太子保成而改名性德,叶赫那拉氏,满洲正黄旗人,字容若,号楞伽山人。代表作《通志堂集》《侧帽集》《饮水词》。康熙年间考取进士,才情颇佳而身世优渥,深受康熙皇帝喜爱,官至一等侍卫,但他很快厌倦了官场,因为这种生活给他带来的更多的是苦闷。他在《如梦令》中写道:

万帐穹庐人醉,星影摇摇欲坠,归梦隔狼河,又被河声搅碎。还睡、还睡,解道醒来无味。

全词并无华丽的修饰辞藻,但其中的压抑与愁苦则真真切切地传达出来,这种苦闷的心态时时压抑着心思敏感的纳兰性德，诸多词作都表达了他的忧愁心情。如《好事近·马首望青山》《望海潮·宝珠洞》《忆王孙·西风一夜剪芭蕉》等，表现了他对现实和政治的观照，并对其中的腐败黑暗表达了批判与不满。纳兰性德的词作在清代是一个高峰，其词作尚"情"，所写男女之情词作细致入微，不俗不艳，而妥帖清雅。他与原配卢氏伉俪情深，卢氏死后他为其创作的悼亡诗是巅峰之作，与苏轼《江城子·乙卯正月二十日夜记梦》有异曲同工之妙。其长调《风流子·秋郊即事》又一改之前的清丽婉约之风，词中不乏豪爽慷慨之句，呈现出一种迥然不同的词境。《蕙风词话》认为他是"国初第一词人"，纳兰词情感真挚，语言并无生硬的雕饰痕迹，善于运用白描手法，作词纯任性情，因此在词坛中另开一股清新之风。

纳兰性德词举隅：

人生若只如初见，何事秋风悲画扇。等闲变却故人心，却道故人心易变。骊山语罢清宵半，泪雨霖铃终不怨。何如薄幸锦衣郎，比翼连枝当日愿。

《木兰词·拟古决绝词柬友》

山一程，水一程，身向榆关那畔行，夜深千帐灯。风一更，雪一更，聒碎乡心梦不成，故园无此声。

《长相思》

206.《饮水词》是谁的词集？

《饮水词》是清初著名词人纳兰性德的词集，其名由南宋岳珂《桯史·记龙眠海会图》"如鱼饮水，冷暖自知"而得。早期纳兰性德自选成集名为《侧帽集》，后又编《饮水词》。后人将两部词集增遗补缺，共349首，合为《纳兰词》，在当时有"家家争唱《饮水词》，纳兰心事几人知？"的美称，可见其成就之高与传播之广。《饮水词》的题材主要是爱情、悼亡、离愁别绪、酬唱等，语言自然而不矫揉造作，情感真挚感人，这种毫无雕饰痕迹的词作，恰恰反映的是词人技艺的高超，不刻意矫饰却又精细恰当，读来不会感到晦涩艰深，而能体会到感情的自然流泻。诸如"一生一代一双人，争教两处销魂""我是人间惆怅客，知君何事泪纵横，断肠声里忆平生""人生若只如初见，何事秋风悲画扇？"等都成为了千古流传的名句。

207. 渔洋山人是哪位诗人？

王士禛（1634—1711），字贻上，号阮亭，别号渔洋山人，世称王渔洋，山东新城人，代表作《池北偶谈》《古夫于亭杂录》《香祖笔记》。王士禛家世显赫，出生于世家大族，顺治年间考取进士，官至刑部尚书。自幼便才情颇盛，酷爱书法、藏书，精金石篆刻。受诗坛盟主钱谦益赏识，钱谦益去世后继承其位主持文坛。王士禛的诗歌主张主要在于"神韵"说，提倡以神韵为标准来品评诗歌好坏，与钟嵘《诗品》的"滋味"说、司空图的"韵外之致"相类，意即诗歌需要有言外之意，要求含蓄蕴藉而反对感情太过强烈直白，这种审美倾向也反映在王世禛对王维、孟浩然的推崇上，这种清淡雅致的诗风、诗中有画的意境，是其所高度赞赏的。王士禛早年诗作清丽澄淡，中年转为苍劲。他擅长各体，尤工七绝。二十四岁在济南参加一次名士聚会所作《秋柳四首》成为王士禛的成名作，此诗一出，艺惊四座，而和者众多，其一如下：

秋来何处最销魂？残照西风白下门。他日差池春燕影，只今憔悴晚烟痕。
愁生陌上黄骢曲，梦远江南乌夜村。莫听临风三弄笛，玉关哀怨总难论。

这首诗中有对时代兴衰的感慨，更有对故国的怀念，但却并非明明白白、清清楚楚地表达，而采用了似有若无、似是而非的表达方式，不仅道出了当时大部分文人的心声，更展现出了自己的文采，不需要过于浓烈的情感渲染，而委婉含蓄地体现了优美的幻灭感，从题材到艺术技巧方面来说都无可挑剔。这也成为佐证其"神韵"说的经典作品之一。晚期的王世禛开阔了自己的诗风，《蜀道集》《南海集》《定军山诸葛公墓下作》等借古伤今，意境开阔，慷慨激昂，则又是一种全新境界。康熙诗坛上，王士禛与朱彝尊并称"南朱北王"。

208. 洪昇的代表作是什么？

洪昇（1645—1704），字昉思，号稗畦，钱塘（今浙江杭州）人。他生于世家大族，但家道中落，二十年科举不第，混迹于京城，与名士们交游甚密，后因戏曲《长生殿》一举成名，但也因为《长生殿》触怒皇族，被弹劾下狱，赵执信被罢官，洪昇被革除国子监籍，这就是历史上的"演《长生殿》之祸"。所谓成也《长生殿》，败也《长生殿》，洪昇的后半生贫困潦倒，生活坎坷。一方面，洪昇徜徉于自然山水，赞赏隐居与回归山林，另一方面，他又希望能得到赏识，进入朝廷实现人生价值。除戏曲外，洪昇也创作了诸多其他体裁的文学作品，编有诗集《稗畦集》《稗畦续集》《啸月楼集》，风格婉转凄凉，多是感慨身世浮沉，人生失意；杂剧有《四婵娟》；传奇有《回文锦》《回龙记》等。现戏曲仅存《长生殿》和《四婵娟》两种。后人辑有《洪昇集》。除《长生殿》外，《四婵娟》也是很有文学价值的经典之作。此剧分四折，分别是《谢道韫咏絮擅诗才》《卫茂漪簪花传笔阵》《李易安斗茗话幽情》和《管仲姬画竹留清韵》四折短剧，描写了晋代谢道韫、卫夫人、宋代李清照、元代管仲姬四位才女的故事。

209.《长生殿》是谁的剧作？

《长生殿》是清代洪昇的代表作，曾三易其稿，初名《沉香亭》，后改为《舞霓裳》，最后定稿为《长生殿》，以唐明皇和杨贵妃的爱情故事为基础创作而得。白居易《长恨歌》和白朴《梧桐雨》同样以此为素材，创作出了名留青史的佳作。洪昇在《长生殿》序言自述，这两篇作品使他深为感动，触动数日无法忘怀，但他觉得其中的情节过于感伤，因此希望给他们一个更美好的结局。《长生殿》刻画出了相对真实的宫廷生活，洪昇以基本求实的笔法表现出了皇帝与嫔妃的相处日常，以细腻的笔触描写细节，使人身临其境。在发展爱情线的同时也描写了当时的社会变故，既有对两人爱情的同情与感慨，又有对政治黑暗、皇帝腐朽的批判，最后仍然安排两人于月宫相聚，为这段缺憾的爱情画上圆满句号，表达出了洪昇对于爱情的美好追求。此外，其中的人物形象刻画得也很丰满，不仅是唐明皇和杨贵妃两位主角，其他配角如郭子仪和雷海青的人物形象也被刻画得栩栩如生，不能不说是作者技艺的高超和突破创新。《长生殿》的前半部分相对写实，真切地反映出时代特色和历史情节脉络，后半部分则更多地染上了浪漫主义的色彩，渲染出了主角间的款款深情，这种至真之情感染着读者，为结局的团聚做了铺垫，尽管并非现实意义的团圆，但亦真亦幻的情节则显得更加凄美迷离。另外，它吸取了唐诗和元曲的长处，引用了许多脍炙人口的名句诗篇，风格清新典雅，语言流畅富有吸引力，以抒情的笔触将事件娓娓道来，整个故事情节并不单薄，而是丰富而曲折动人。

210. 云亭山人是哪位作家？

孔尚任（1648—1718），字聘之，又字季重，号东塘，别号岸堂，自称云亭山人。山东曲阜人，孔子六十四代后人，清初诗人、戏曲作家，代表作《桃花扇》《湖海集》。崇尚儒家思想，与《长生殿》作者洪昇并称为"南洪北孔"。孔尚任一直科举不第，但他也一直没有打消入仕的念头。康熙二十三年，康熙皇帝亲自到曲阜祭孔，这是清统一全国以后第一次最引人瞩目的尊孔大礼，孔尚任被推举在祭奠后讲经，在御前讲《大学》，又引康熙观赏孔林"圣迹"，受到康熙帝的嘉奖，破格升他为国子监博士。此后他结交名士，交游唱和，活跃于当时的文坛。处理公务之余，他喜好参与戏曲创作，颇得观众喜爱。康熙三十八年，经过他十余年潜心创作的《桃花扇》问世，该剧以名士侯方域与秦淮名妓李香君的爱情故事为主线，表现了南明王朝灭亡的历史。此剧一出，轰动京城，文人竞相传阅，戏曲社也竞相演出。而孔尚任本人在名声大噪之时也被罢官，或与创作《桃花扇》有着直接密切的关系。一直无法顺利入仕的孔尚任愁苦万分，滞留淮阳时亲眼所见民间疾苦、政治黑暗成为这个时期的重要素材，所作诗歌编成的《湖海集》体现了他对于社会种种现象的深思。

211.《桃花扇》是谁的剧作？

《桃花扇》是清代著名戏曲家孔尚任的成名作、代表作，是一部接近历史真实的历史剧。孔尚任为此筹备创作了十余年，为收集素材四处寻访了解历史真相，为《桃花扇》的创作积累了真实可靠的素材。剧作以文人侯方域和名妓李香君的爱恨情仇为主线，展现出弘光小王朝的兴衰史。全剧有三十名出场演员，作者将其分为"色部""气部"和"总部"。色部是贯穿全剧表现"离合之情"故事主要情节的人物，共十六人；气部是表现背景历史"兴亡之感"的人物，共十二人；总部是介绍背景，补充交代叙事的人物，只有两人。《桃花扇》塑造出了鲜活的人物形象，尤其是几个社会下层人物形象，如妓女李香君、艺人柳敬亭、苏昆生等，他们虽然社会地位低，常为文人所不齿，但却有着高尚的情操，在面对家国之难时能保持节操、明辨是非。孔尚任还借书中人物之口提出了国家至上的观点，不再是传统意义的君权至上，认为国家才是君、臣、民的根本。另外，剧中刻画了多个人物形象，而这些人物又各有特色不一而同，即使是同类人也有自己独特的性格特征，显然这是一部成熟的剧作。《桃花扇》与《长生殿》是清代戏曲中一对熠熠生辉的瑰宝。

212. 苏门啸侣是哪位作家？

李玉（1610—1670），明末清初戏曲作家，字玄玉，号苏门啸侣，又号一笠庵主人，今江苏人。他因出身低微而影响仕途，终身未曾入仕，致力于戏曲创作，代表作有《一捧雪》《人兽关》《永团圆》《占花魁》《清忠谱》《眉山秀》《两须眉》《太平钱》《千钟禄》《万里圆》《牛头山》《麒麟阁》《七国记》《昊天塔》《风云会》《五高风》《连城璧》《一品爵》等。其早期作品题材主要是揭露人性，描写人情世故。《一捧雪》写严世蕃倚仗其父严嵩之势，为夺取一只玉杯，迫害莫怀古全家只为满足一己私利；《人兽关》写桂薪的忘恩负义；《永团圆》写江纳的嫌贫爱富，揭露了种种黑暗人性；《占花魁》是根据《醒世恒言》中的《卖油郎独占花魁》一则改编而成，主要描写卖油郎秦重和受骗失身的妓女莘瑶琴从相识到相知的过程，使得原作内容与情节更加复杂饱满。李玉后期则更着眼于历史事件和国家大事，主题更加宏大。如《清忠谱》反映的是明末苏州市民为反对缇骑逮捕东林党人周顺昌而进行的斗争;《万民安》描写的是明万历二十九年苏州市民反对税监的斗争;《万里圆》写黄向坚在社会动荡时到云南寻父的故事;《千钟禄》写燕王朱棣发动"靖难之役"占领南京后,建文帝乔装为僧出外流亡的经过;《连城璧》写蔺相如"完璧归赵"的故事;《牛头山》写英勇抗金的岳飞。其剧作特点是人物个性鲜明,故事节奏紧凑,情节跌宕起伏,场面描写宏大。

213. "李十郎"是哪位剧作家?

李渔(1611—1680),初名仙侣,后改名渔,字谪凡,号笠翁,汉族,浙江兰溪人。他自幼聪慧有才情,人称"李十郎",曾跟随戏班到多地演出,因而具有实地演出经验,更能迎合市场和观众需求,有自己完善的戏曲理论体系。代表作有《笠翁十种曲》《无声戏》《十二楼》《闲情偶寄》《笠翁一家言》等。李渔家境优渥,但科举失利后他毅然放弃了进入仕途,转而投入戏曲创作和演出。他创作戏曲擅长根据舞台经验调整主题、语言、结构等,不将戏曲视为文人的案头文学,而将其从高高在上的地位拉下来,更接近百姓群众,不仅创作题材贴近市井大众生活,情趣审美、表现形式也尽量符合大众口味,并且注重演出效果和舞台效果,这样的创作方式和创作重心是前所未有的,因此李渔的戏曲创作开中国古代戏曲之先河。这种雅俗共赏的作品传播速度也是惊人的,不仅在坊间疯狂流传,"湖上笠翁"无人不知无人不晓,其著作还被翻译成外语流传到日本、欧洲等地,其影响力与影响范围不容小觑。他曾说:"传奇原为消愁设,费尽枝头歌一阕;何事将钱买哭声,反会变喜成悲咽。唯我填词不卖愁,一夫不笑是吾忧;举世尽成弥勒佛,度人秃笔始堪投。"由此可见他的创作态度和目的。

214.《笠翁十种曲》是谁的作品?

《笠翁十种曲》是清代李渔所作戏曲集,内容包括《奈何天》《比目鱼》《蜃中楼》《怜香伴》《风筝误》《慎鸾交》《凰求凤》《巧团圆》《玉搔头》《意中缘》。故事情节一波三折引人入胜,人物形象鲜活生动,语言浅显易懂,题材皆为才子佳人的爱情,有一种模式化倾向,故事情节曲折而带有极强的戏剧色彩,人物语言诙谐幽默,直白易懂,但正由于这种过于亲民的创作风格,很多时候难免流于低俗,存在一些无实际意义而仅用于调笑的情节和台词。同时由于其中附有大量版画而备受关注,对于提升其价值和地位有重要意义,《中国美术全集》版画卷加以收录。

215.《闲情偶寄》是谁的作品？

《闲情偶寄》是清代李渔的代表作，很多人认为是一部养生著作，实际上其内容主题广泛，包括戏曲理论、饮食、营造、园艺、养生等，被誉为"古代生活艺术大全"。此书共八个部分，论述了戏曲、歌舞、服饰、修容、园林、建筑、花卉、器玩、颐养、饮食等。黄强曾说"《闲情偶寄》八部无一不是李渔养生理论的组成部分……《颐养部》总论养生，专论养生，而其他各部分论养生者必备的专门知识"。语言通俗易懂、生动有趣，风格清新自然，以其《饮馔部》"蔬食第一"为例："声音之道，丝不如竹，竹不如肉，为其渐近自然。吾谓饮食之道，脍不如肉，肉不如蔬，亦以其渐近自然也。草衣木食，上古之风，人能疏远肥腻，食蔬蕨而甘之，腹中菜园不使羊来踏跛。是犹作羲皇之民，鼓唐虞之腹，与崇尚古玩同一致也。所怪于世者，弃美名不居，而故异端其说，谓佛法如果，是则谬矣。吾辑《饮馔》一卷，后肉食而首蔬菜，一以崇俭，一以复古；至重宰割而惜生命，又其念兹在兹，而不忍或忘者矣。"

216. 袁枚是谁？

袁枚（1716—1797），字子才，号简斋，因辞官后定居江宁小仓山随园，号仓山居士、随园主人、随园老人，钱塘（今浙江杭州）人。与大学士直隶纪昀齐名，时称"南袁北纪"。代表作《小仓山房诗文集》《随园诗话》《随园随笔》《随园食单》《子不语》等。少时中第入仕，乾隆十三年辞官归隐，居住在随园，提出了性灵说，创建性灵派，影响深远。袁枚个性洒脱，为人放荡不羁，因此推举与本人性格相符的性灵说，提倡至情至性，认为情才是诗歌创作的起源和中心，即使言志也是源于情，其中男女之情又是重中之重，大力公开为表达男女之情正名，这一举动有着石破天惊般的效果。他的思想离经叛道，不屑于"六经"，认为都是假仁假义。而他所主张的性灵说，认为作诗应由性情而生，这种性情又须有个人特色，发乎于心彰显特色，同时需要天赋与学识并重，努力与学识固然重要，但是没有才气诗歌便没有生机，天分是进行完美创作必不可少的条件。袁枚在进行实际创作时也遵循着自己的理论主张，他作诗发自性情，又以才气入笔，与其个性相符的是，他的诗歌不为常理所束缚，显得自由洒脱无拘无束，情感真挚奔放，格调活泼灵巧，语言新颖晓畅，常常发出常人所不能之言，如其《马嵬》：

莫唱当年长恨歌，人间亦自有银河。石壕村里夫妻别，泪比长生殿上多。

别出心裁将帝王爱情与普通平民爱情作比，认为平民爱情甚至更为打动人心。

袁枚亲近自然，常常游历山水，所作山水诗也是其作品的一大亮点，写景自有新意，以简洁流畅的语言道出无尽深意，极具欣赏价值和艺术价值。

217. "乾隆三大家"是指哪三位作家？

清代中叶，袁枚、蒋士铨、赵翼并称"乾嘉三大家"或"乾隆三大家"。三人所处地域相近，袁枚是浙江人，赵翼是江苏人，蒋士铨是江西人，三人都是江南人，三人诗歌主张相类、诗风相似。他们的诗注重创新，摒弃陈言，大胆提出与传统观点不一样的理论主张，在诗坛中很有影响力，这种影响也一直扩散到后续余音。赵翼同样主张"性灵"，反对复古派以及"神韵说""格调说"。他更侧重于诗歌的创新，认为"不创前无有，焉传后无穷"（《读杜诗》），"诗文随世运，无日不趋新"（《论诗》），代表诗篇有《论史》《偶得》《闲居读书》，即使是平常生活的小事，也尽力从全新的角度提出不俗的见解与看法，如《晓起》："茅店荒鸡叫可憎，起来半醒半懵腾。分明一段劳人画，马啮残刍鼠瞰灯。"赵翼存诗4800多首，以五言古诗见长。他的文学著作有诗集53卷及《瓯北诗话》。史学著作有《二十二史札记》《陔馀丛考》《檐曝杂记》《皇朝武功纪盛》等。相比而言，蒋士铨的思想受传统文化影响较多，虽然提倡主性情，但这种性情里包含着"忠孝节义之心，温柔敦厚之旨"，代表作有《题文信国遗像》《南池杜少陵祠堂》《出门》《岁暮到家》《京师乐府词十六首》《饥民叹》《鸡毛房》等，关注社会现实和人民疾苦，题材、风格与另二人相较更加古朴。

218.《小仓山房文集》是谁的作品？

《小仓山房文集》是清代著名作家袁枚的作品集，因其隐居之地为江宁小仓山，并题其室为"小仓山房"，因此取名为《小仓山房文集》。文集共八十二卷。其中，诗集三十七卷，补遗二卷，文集二十四卷，续文集十一卷，外集文八卷。有石韫玉《袁文笺正》及《补注》、邹树荣《袁文笺正补正》可参看。袁枚诗主性灵，极具个人特色，诗句信手拈来，诗风清秀俊逸，感情奔放。蒋士铨曾为其集题词："我读随园文，太史之官徒纷纷。四百年来作者存，屈指中郎多虎贲。依傍门户袭笑颦，岂不皮傅但失真。先生弃官抱《典》《坟》，胎息元气藏精神。静观万物求其根，岳峙溟流手揾扪，天结地构心吐吞。我文之法如是云，庶几成吾一家言。百年数事代数人，特笔传志臣见闻。达者贵者功德尊，卑者贱者志业勤。孝义节烈困厄群，正气郁律生苦辛。端严疏密气象陈，旁见侧出须眉新。石渠、金匮遗佚频，公为存之待讨论。丞相卿尹大将军，削牍论事开螺纹。明体达用言可循，利弊得失毫毛分。规抑上官直气伸，亦严亦婉理道醇。君子受之回怒瞋，取而施行何其仁。循吏指画皆宜民，用之庙堂风益淳，文人之文斯可焚。读书论世平反申，一洗俗眼千年尘。自言序记别有遵，紧严峭洁荆公论。辨才豪气至此驯，玩之信然无迹痕。天授此笔回千钧，辅以学识成彬彬。染羽屡入缁綵纁，练丝沃盩涂宿因。角干三液胶必均，鲍人治革缓急匀。篇成读之觉恂恂，数易稿本谁策勋！我望海洋虽退奔，字字暖我阳和温。我翁志节埋九原，言行完美忧终沦。叩头陈状泪沄沄，倘赐表著公之恩。伤哉贱子亦史臣，乞因其子怜其亲。"

219.《随园诗话》的作者是谁？

《随园诗话》是清代极具影响力的一部诗话，作者为袁枚，是其诗歌理论及审美倾向的系统阐述，分条排列，每条或述一评，或记一事，或采一诗（或数诗），是为了反对当时诗坛流行的沈德潜"格调说"与翁方纲以考据为诗的风气而作。其所论述涉及诗歌创作的方方面面，包括写景、言情、咏物、咏史；立意构思、谋篇炼句；辞采、韵律、比兴、寄托、自然、空灵、曲折，以及诗的修改、诗的鉴赏、诗的编选，乃至诗话的撰写。《随园诗话》集中阐述了袁枚所倡导的"性灵说"，认为作诗首先须有真情，"诗人者，不失其赤子之心者也"（卷三），这里提到的赤子之心就是真情实感，真情是诗人作诗的基础，也是评判一首诗歌好坏的重要标准；"作诗，不可以无我""有人无我，是傀儡也"（卷十），强调诗人要有自己独特的个性，不能一味地模仿别人，这种个性决定了诗人的诗歌是独一无二的，要有创新的思维和创作手法；"经学渊深，而诗多涩闷，所谓学人之诗，读之令人不欢"（卷四），认为诗歌阅读起来要有愉悦感，不应被经学之类束缚累赘；"兴会所至，容易成篇"（卷二），诗歌创作中，灵感也十分重要，诗人不仅要有丰富的才学知识，更重要的是有灵气，能在创作中得心应手地表达出自己的真情实感，不至于作出枯燥沉闷的诗歌。此书也成为性灵派的重要代表书籍之一，详细地阐述了"性灵说"的具体理论主张。

220. 性灵派是一个怎样的流派？

性灵派是以袁枚为首的诗歌派别，代表人物有赵翼、张问陶等，主张文学创作应该注重"性情"，反对复古风气，在文学史上有着重要意义，对后期的"乾隆后三家"（舒位、王昙、孙原湘）起到了先导性的作用。袁枚、赵翼、张问陶，并称为"清代性灵派三大家"。袁枚首倡"性灵说"，认为作诗应由性情而生，这种性情又须有个人特色，发乎于心，彰显特色，同时需要天赋与学识并重。赵翼同样注重性灵在诗歌中的作用，但他本人更注重诗歌的创新性，立论比较全面、允当。张问陶是性灵派后期的主将和代表人物，主张抒写性情，强调独创，反对摹拟，著有《船山诗草》。

221. 张惠言是谁？

张惠言（1761—1802），清代古文"阳湖三家"之一，著名词人，原名一鸣，字皋文，号茗柯，今江苏常州人，又与惠栋、焦循一同被后世称为"乾嘉易学三大家"，代表作《茗柯文集》《词选》等。张惠言幼年丧父，母亲独自将其养大成人，乾隆年间中第而教授内务府佐领以下官宦子弟。他为自己所著《词选》所作之序阐述了自己的词学主张，提倡尊词体，提出了"比兴寄托"，重视词的内容，拔高词的地位，影响了词坛创作词风。其代表词篇有：《水调歌头·春日赋示杨生子掞》（五首）、《木兰花慢·杨花》、《风流子·出关见桃花》、《木兰花慢·游丝同舍弟翰风作》、《玉楼春·一春长放秋千静》。其中《水调歌头·春日赋示杨生子掞》（五首）受到关注和赞赏最多，其五曰："长镜白木柄，劚破一庭寒。三枝两枝生绿，位置小窗前。要使花颜四面，和着草心千朵，向我十分妍。何必兰与菊，生意总欣然。晓来风，夜来雨，晚来烟。是他酿就春色，又断送流年。便欲诛茅江上，只恐空林衰草，憔悴不堪怜。歌罢且更酌，与子绕花间。"谭献曾评曰："胸襟学问，酝酿喷薄而出，赋手文心，开倚声家未有之境。"（《箧中词》三）其词风十分严肃正经，充满奋发坚忍的精神。

222.《词选》是由谁编写的？

《词选》，也称《词总集》，由清代张惠言与其兄弟张琦合编，编于嘉庆二年。选录唐、五代、宋词44家，116首。柳永、吴文英词均未入选。选录唐词人李白、温庭筠、无名氏三家，词作二十首；五代词人李璟、李煜、韦庄等八家，词作二十六首；宋词人三十三家，词作七十首，共四十四家，一百十六首。张惠言过世后，其外孙董毅又编《续词选》二卷，续选词人五十二家，词作一百二十二首。陈延焯《白雨斋词话》称此选"精于竹垞（朱彝尊）《词综》十倍，去取虽不免稍刻，然轮扶大雅，卓乎不可磨灭"。《词选》提高了词体的地位，对词的发展和文学史的进程做出了不可磨灭的贡献。《词选》因反对当时词坛的肤浅之风而有意做出引导，所以选词要求有比兴寄托，需要对张惠言的理论主张有所支撑，因此挑选显得严格，甚至一部分选择、解说显得略微生硬和穿凿附会。

223. 周济的代表作有哪些？

周济（1781—1839），字保绪，号未斋，晚号止庵。今江苏宜兴人，清代词论家。清嘉庆十年进士，官至淮安府学教授。著有《味隽斋词》和《止庵词》各一卷，《词辨》十卷，《介存斋论词杂著》一卷，辑有《宋四家词选》。他把常州词派发扬光大，影响力是词派内其他人诸如黄景仁、左辅、钱季重等所未达到的。他认为词"非寄托不入""专寄托不出"，对于词要有所寄托，有自己的理解和阐述，强调词对历史的反映及对政治的评论。他提倡学习周邦彦、辛弃疾、吴文英、王沂孙的词作风格，掀起了一股学习周邦彦、吴文英的风气，引导了其时词坛风尚，使得常州词派真正地风靡开来，对于常州词派的传播与发展做出了重大贡献。据赵尔巽《清史稿》所载：周济，字保绪，荆溪人。好读史，喜观古将帅兵略，骑射击刺艺绝精。嘉庆十年进士。或谓之曰："对策语幸无过激。"济曰："始进，敢欺君乎！"及廷对，纵言天下事，字逾恒格。以三甲归班选知县，改就淮安府学教授。上丁释奠，礼毕，知府王毂就殿门外升舆，济趋前阻之，知府不怿去，济遂引疾归。是秋冒赈事发，自毂以下吏皆得罪，济以先去免。淮南北盐枭充斥，总督孙玉庭知济能，以防抚事属之。济集营弁，勒以兵法，奸民皆敛迹。已而叹曰："盐务不理其本，徒缉私，私不可胜缉也。"因谢去。济与李兆洛、张琦、包世臣订交。当是时，数吴中士有裨世用者，必首及世臣、济两人。济虽以才自喜，一日尽屏豪习，闭门撰述，成《晋略》八十卷，例精辞洁，于攻取防守地势多发明论赞中，非徒考订已也。晚复任淮安教授，遴秀童教以乐舞，礼成，观者盈千。周天爵移督湖广，邀济偕行。道卒，年五十九。

224. 常州词派有哪些代表作家？

常州词派，清中叶著名词派，张惠言是此派的开山鼻祖，周济则将其发扬光大。其时社会动荡，昔日平安喜乐的社会生活已不复存在，词坛上仍然是浙派风尚，推崇姜夔、张炎，一派歌舞升平，词风虚浮淫靡，显然这种风气已与社会需求严重脱节，敏感的文人们更愿意注重社会现实与政治变化，此时张惠言挺身而出，"开山采铜，创常州一派"。张惠言编订《词选》《词辨》来表明立场，开启流派之风，主张词要有比兴寄托，发挥和诗、文一样的作用，关注现实，反映历史与政治，而非只能抒发个人感情的小道，这种理论提升了词的地位，同时也是当时文人的情感需要，也在一定意义上开阔了词的作用与意义。常州词派不仅在当时影响甚大，也扩展到后期，对清词发展影响甚大，近代谭献、王鹏运、朱孝臧、况周颐这四大词家，就深受其影响。

225.《湖海楼全集》是谁的作品集？

陈维崧（1625—1682），字其年，号迦陵，今江苏宜兴人，代表作《湖海楼全集》《明史》。陈维崧出身书香世家，从小接受良好的家教，学识广博，但却甚少入仕，明亡入清后应试不尽如人意，长期未得官职，但因才学名声在外，在文坛中依然有很大影响力，许多著名文人如吴伟业、龚鼎孳、王士禛等都与其来往密切。陈维崧主要继承苏轼、辛弃疾的豪放之风，学习他们的风格而不止步于此，所作词一千八百多首，为词人所作数量最多者。他为人豪爽奔放，其词风亦如其人，大气磅礴。他主张尊词体，认为词也是正道，摒弃"小道"和"词为艳科"的看法，擅长用词体来描写宏大的主题，其词有"词史"之称。《夏初临·本意》《尉迟杯·许月度新自金陵归》《贺新郎·纤夫词》《南乡子·江南杂咏》等，都是以家国之事或社会现象为主题，意境宏大题材突出，有着鲜明的个人特色。其中《醉落魄·咏鹰》是经典之作。由于陈维崧学识广博，精通史实，故词作中也使用了许多典故，托物言志表现出悲壮之气，悲愤之中自有一番豪情壮志，表现出作者的壮志难酬。以豪情创作词，反常规而行之，为豪放词的发展与壮大发挥了不可磨灭的作用。

226. 阳羡词派是什么样的文学流派？

阳羡词派是清代前期词坛流派，主要活动在顺治年间和康熙前期。创立者和词派中心是著名词人陈维崧，因其为江苏宜兴人，而古时称宜兴为阳羡，因此被称作阳羡词派。陈维崧本人推崇苏轼、辛弃疾，因此阳羡词派整体词风也与此接近，豪放雄浑，慷慨激昂，其他词人如曹贞吉、万树、蒋景祁等与其风格接近，可谓同道中人。蒋景祁与陈维崧交游甚密，两人亦师亦友，不仅生活上交往密切、互相照应，在文学上也时时切磋讨论，两人颇多唱和，蒋景祁还自称为"阳羡后学"，他的词作主题较为广阔，不仅有家国之恨、兴旺之叹，亦有咏物写景、赠答之作，笔触见微知著，风格宏大不羁、豪放壮阔，代表作有《洞仙歌·西山纪游》《渡江云·江行自天门山至采石作》《金人捧露盘·荆壁铺为汉淮阴侯讲兵处》《调笑令·咏古》《满江红·赠梁汾舍人》等。

227. "浙西六家"的代表人物是谁？

朱彝尊（1629—1709），字锡鬯，号竹垞，晚号小长芦钓鱼师，浙江秀水（今浙江嘉兴市）人，代表作《曝书亭集》《日下旧闻》《经义考》《明诗综》《词综》等。他于清代应试做官，博古通今，是一个文学上的全才，尤其擅长词创作，与龚翔麟、李良年、李符、沈皞日、沈岸登五人并称为"浙西六家"，与陈维崧并称"朱陈"。朱彝尊受姜夔、张炎影响较深，反对明代学《花间集》的肤浅、艳丽之气，而提倡醇雅清醒，推崇尊崇词体，曾提出词"宜于宴嬉逸乐，以歌咏太平"，认为词的作用在于供人宴席嬉笑娱乐，歌颂盛世太平，这是基于当时社会发展稳定，清朝逐步步入盛世的背景而得出的结论。其《静志居琴趣》描写爱情，推陈出新，独出机杼，温婉含蓄，不流于艳俗，如《高阳台·桥影流虹》《城头月·别离偏比相逢易》《鹊桥仙·十一月八日》等。而处于社会动荡时期的词人也怀抱着忧国忧民之思，其《江湖载酒集》中词作便大多反映对现实社会的关注与担忧，这种词作便显得哀婉沉郁，不同主题与类型的词作朱彝尊驾驭起来都是如此得心应手，可见其才力之深厚。他的词作不仅轻灵蕴藉，也十分注重音律，格律严谨而和谐。除词外，朱彝尊的诗也颇负盛名，早期多是感叹故国消亡，悲叹战乱纷争，后期随着朝代更替完毕，社会稳定，题材与风格渐渐转为平和，不再那么悲壮激烈，这其实也代表着清初诗坛的风格转变。

228.《曝书亭集》是谁的作品集？

《曝书亭集》是清代著名文学家朱彝尊的作品集，由其本人亲自编订。全集共八十卷，包括赋一卷、古今诗二十二卷、词七卷（《江湖载酒集》三卷、《静志居琴趣》一卷、《茶烟阁体物集》二卷、《蕃锦集》一卷）、文五十卷，附录散曲《叶儿乐府》一卷。该集刻成于康熙四十八年（1709 年）。《曝书亭集》除原刻本外，还有《四库全书》本、《四部丛刊》影印本、《四部备要》排印本、《国学基本丛书》本。其诗另有江浩然《曝书亭诗录笺注》、杨谦《曝书亭集诗注》、孙银槎《曝书亭集笺注》三家注本，以杨注本为胜。其词另有翁之润刻《曝书亭词拾遗》四卷、叶德辉《曝书亭删余词》一卷。嘉庆李富孙撰《曝书亭集词注》七卷，质量较高。

229. 浙西词派是什么样的词派？

浙西词派是清代前期极具影响力的词派，影响深远，跨越了康熙、雍正、乾隆三朝百余年的词坛。创始者是朱彝尊，代表人物也多是浙江人，因而得其名，朱彝尊与该词派其他代表人物李良年、李符、沈皞日、沈岸登、龚翔麟并称"浙西六家"。彼时正处于明末清初，社会矛盾尖锐，刚刚经历了改朝换代的文人们内心抑郁，充满了故国情怀以及矛盾纠结的心情，但又无法通过诗、文等正统体裁发泄表达，只能选择词这种"小道"抒发个人感情，而词之体裁也恰恰能适应这种表达方式。当时，朱彝尊批评元明词坛道："宣、政而后，士大夫争为状寿之词，联篇累牍，殊无意味……陈言污语，俗气熏人骨髓。"因而决心整顿词坛风气。词派核心思想是尚醇雅、主清空，他们推崇张炎、姜夔，崇尚婉约派，反对豪放派，因此并不注重词的创作内容，而是对其形式如格律、辞藻、典故等有所要求。朱彝尊与词派成员经常切磋交流，如他在《静惕堂词序》中所说："余壮日从先生南游岭表，西北至云中，酒阑灯灺，往往以小令、慢词更迭唱和。有井水处，辄为银筝、檀板所歌。念倚声虽小道，当其为之，必崇尔雅，斥淫哇，极其能事，则亦足以宣昭六义，鼓吹元音。往者明三百祀，词学失传，先生搜辑遗集，余曾表而出之。数十年来，浙西填词者，家白石而户玉田，春容大雅，风气之变，实由于此。"朱彝尊与陈维崧的词合刻成《朱陈村词》，龚翔麟将朱彝尊的《江湖载酒集》、李良年的《秋锦山房词》、李符的《耒边词》、沈皞日的《茶星阁词》、沈岸登的《黑蝶斋词》以及自己的《红藕庄词》合刻于金陵，名《浙西六家词》，陈维崧作序。后期浙西词派重要词人有厉鹗、王昶、吴锡麒、郭麐、许昂霄、吴衡照、项鸿祚以及黄燮清、冯登府、杜文澜、张鸣珂等。

230.《己亥杂诗》的作者是谁？

《己亥杂诗》的作者龚自珍（1792—1841），字璱人，号定盦，浙江仁和（今杭州市）人。龚自珍是清道光九年（1829年）进士，但是一生都主要是在京城做小京官，道光十九年，辞官南归，两年以后卒于丹阳。

龚自珍是近代新诗风的先驱人物和杰出代表，他现在存诗六百余首，主要围绕当时的社会现实，批判现实、抒写怀抱，例如《己亥杂诗》一二五首：

九州生气恃风雷，万马齐喑究可哀。我劝天公重抖擞，不拘一格降人才。

龚自珍所生活的时代，清政府的高压政治使得一般的文人不敢擅自讨论国事，文人著述也都是为了生活和生存，并没有立言立德的志向，文人尚且如此，可想当时的政治状况和国家命运的多么的不堪。基于这样的现实，龚自珍发出了强烈的呼喊，要求从人才着手，使政治局面乃至于整个社会层面焕发出新的活力。

龚自珍的诗别具一格，另辟蹊径，在吸收前人创作经验的基础上，形成了自己的独特风格，例如《秋心》其一：

秋心如海复如潮，但有秋魂不可招。漠漠郁金香在臂，亭亭古玉佩当腰。气寒西北何人剑，声满东南几处箫。斗大明星烂无数，长天一月坠林梢。

这首诗是龚自珍为悼念去世的朋友所写的，但是他在抒发悼亡之情的时候，却用的是陈述的笔调，并且用"秋心"来比喻他对于朋友去世的哀痛之情，用"秋魂"来比喻他已经逝去的朋友，用"郁金香""古玉"等词来形容亡友的高尚品德，使得全诗在情感表达上，形象生动，耐人寻味。

龚自珍的诗，"浓郁的诗情近唐，以表意与陈述为主近宋，近唐而不流于兴象空浮，近宋而不流于枯瘠乏象，他融会了唐音、宋调的优点而避其流弊，以宋诗的面子包裹唐诗的里子，有独特的创造，自成一路，为古典诗歌艺术作了很好的总结"。

231.《四库全书》分为哪四部分？

《四库全书》全称《钦定四库全书》，在乾隆的主持下，由纪昀等三百六十多位高官、学者编撰，三千八百多人抄写，耗时十三年编成的丛书，分经、史、子、集四部，故名四库。乾隆命人手抄了七部《四库全书》，其中四部藏于紫禁城文渊阁、辽宁沈阳文溯阁、圆明园文源阁、河北承德文津阁，被称为"北四阁"，另三部藏于扬州文汇阁、镇江文宗阁和杭州文澜阁，被称为"南三阁"。文源阁本、文宗阁本和文汇阁本已失传，只有文渊阁本、文津阁本、文溯阁本和文澜阁本传世至今。文渊阁本今藏台北故宫博物院，文津阁本今藏北京图书馆，文溯阁本今藏甘肃省图书馆，文澜阁本今藏浙江省图书馆。《四库全书》共收书三千四百六十多种、七万九千多卷、三万六千多册，分为经、史、子、集四部。其中"经部"分为"易、书、诗、礼、春秋、孝经、五经总义、四书、乐、小学"等十类；"史部"分为"正史、编年、纪事本末、别史、杂史、诏令奏议、传记、史钞、载记、时令、地理、职官、政书、目录、史评"等十五类；"子部"分为"儒家、兵家、法家、农家、医家、天文算法、术数、艺术、谱录、杂家、类书、小说家、释家、道家"等十四类；"集部"分为"楚辞、别集、总集、诗文评、词曲"等五类。总共四十四类。所收录的内容广袤，包括中国文、史、哲、理、工、农、医，几乎涵盖了社会生活的方方面面。但在编写时，由于政治敏感性，销毁了大量对大清不利的书籍，总计约为一万三千六百卷；销毁版片总数一百七十余种、八万余块。

232. 沈德潜的代表作品有哪些？

沈德潜（1673—1769），字確士，号归愚，今江苏苏州人，清代诗人，为叶燮门人，并自认为得其真传。代表作《古诗源》《唐诗别裁》《明诗别裁》。早期仕途不顺，晚期又因"文字狱"致使所得荣誉功亏一篑。在文学创作方面，沈德潜提出了"格调说",因其推"崇明七子",受他们的影响,故主张扬唐抑宋,"格调说"也是据此而来。他说:"诗以声为用者也,其微妙在抑扬抗坠之间。读者静气按节,密咏恬吟,觉前人声中难写、响外别传之妙,一齐俱出。朱子云:'讽咏以昌之,涵濡以体之。'真得读诗趣味。"他评诗注重格律,提倡"温柔敦厚",其《说诗晬语》第一节曰:"诗之为道,可以理性情,善伦物,感鬼神,设教邦国,应对诸侯,用如此其重也。"在沈德潜看来,诗歌应服从于政治,应有益于统治者的统治,情感应内敛,平和含蓄,不能过于激烈或外露。其作品集《沈归愚诗文全集》共七十三卷,清沈德潜撰。清乾隆刻本。二十四册。全集内容包括《归愚诗钞》二十卷、《诗钞余集》十卷、《诗馀》一卷、《归愚文钞》二十卷、《文钞余集》八卷、《矢音集》四卷、《归田集》三卷、《八秩寿序寿诗》一卷、《说诗晬语》二卷、《浙江通省志图说》一卷、《黄山游草》一卷、《台山游草》一卷、《南巡诗》一卷、《沈德潜自订年谱》一卷等。

233. 格调说是由谁倡导的?

格调说是指由明代前、后七子和清代沈德潜所倡导。格调,即体格声调,其最早解释包含思想内容和声律形式两方面。格调说主张创作有益于人心和平、温柔敦厚的作品,故有法可循、以唐音为准的格调。此类诗歌具有一定的保守性,主要是维护封建统治。但也提倡诗的蕴蓄、理趣、诗化的境界和诗的主导作用等具有审美价值的有益观点。前、后七子的诗歌理论并不完全一致,但格调在他们的诗歌理论中都占有比较突出的地位。前七子的代表人物李梦阳强调"格古,调逸"(《潜虬山人记》),称"高古者格,宛亮者调"(《驳何氏论文书》)。后七子的代表人物王世贞认为:"才生思,思生调,调生格。思即才之用,调即思之境,格即调之界。"(《艺苑卮言》)他们都把格调作为论诗的重要环节。沈德潜在诗歌理论上背离了他的老师叶燮,重新提倡"格调说"。沈德潜对前、后七子十分推崇。他称赞李梦阳、何景明等人,对钱谦益贬低王世贞、李攀龙表示不满。他在诗歌的体、格、声、调等方面都制定了许多规则,但是他过于强调"学古"和"论法",只要内容忠孝和温柔敦厚,那么它的格调就一定是雅正的,因此在提出格调说后遭到许多人的批评。其中以提倡性灵说的袁枚为主,袁枚对于格调说的批评相当雄辩,文章很有说服力,于是沈德潜的格调说逐渐趋于衰颓。

234. 翁方纲是谁?

翁方纲(1733—1818),清代书法家、文学家、金石学家,字正三,一字忠叙,

号覃溪,晚号苏斋,直隶大兴(今属北京)人,精通金石、谱录、书画,代表作《粤东金石略》《苏米斋兰亭考》《复初斋诗文集》等。于乾隆十七年考中进士,官至内阁学士,曾被任命为《四库全书》纂修官,著有《复初斋文集》三十五卷,集外文四卷,《复初斋诗集》四十二卷,《两汉金石记》《粤东金石略》《汉石经残字考》《焦山鼎铭考》《庙堂碑唐本存字》《石洲诗话》等大量著作。他提出了"肌理说",曾说:"今人误执神韵,似涉空言,是以鄙人之见,欲以肌理之说实之,其实肌理即神韵也。"可见,他所说的肌理即神韵,意思是作诗的条理和其中所蕴含的义理,认为作诗应多条理,在这点上宋诗比唐诗优越许多,因此重宋诗而轻唐诗,同时不喜诗歌太多情趣,重视质朴考究。其代表作《听钟山房歌为石琢堂修撰赋》曰:"听钟山房数椽屋,谢子来题初小筑。法源开士作邻家,日夕钟声饭与粥。此钟此屋结墨缘,我忆前游诗境熟。逢春到寺约看花,四十五年如转烛。由拳宫傅老诗翁,客到谢家来不速。排筵烧烛照红妆,阇韵壶尊迟老祝。我随诸公齿尚髫,谢钱未订同年录。指与邻家海棠说,记见肌红交鬓绿。恨不留春合作图,多少联吟续成轴。又到颠风落絮时,谁寻禅榻茶烟宿。昔与谢子同星骖,状头钱石花递簪。湘舲宫坊亦寓此,岁在癸卯春月三。我诗招邀理前梦,清斋花下携都篮。海棠殷然证诗诺,似与诸老盟深谈。流光敲火又一纪,琢堂使节旋楚南。燕语贺来花信卜,莺迁喜为钟声拈。花作佛香钟佛偈,偈子入坐香入帘。我题重跋檐楣额,我诗重作禅话参。横街西头新月上,西峰雨后来飞岚。花时拟更湘舲约,蒙蒙香雾霏春衫。"其中风格可见一斑。

235. 观弈道人是哪位作家?

纪昀(1724—1805),字晓岚,一字春帆,晚号石云,道号观弈道人,直隶献县(今河北沧州市)人。清代政治家、文学家,乾隆年间官员。历官左都御史,兵部、礼部尚书、协办大学士加太子太保管国子监事致仕,曾任《四库全书》总纂修官。纪昀博览群书,工诗及骈文,尤长于考证训诂。任官五十余年,年轻时才华横溢、血气方刚,晚年的内心世界却日益封闭。其《阅微草堂笔记》正是这一心境的产物。他的诗文,经后人搜集编为《纪文达公遗集》。在嘉庆十年(1805年),纪昀病逝,因其"敏而好学可为文,授之以政无不达"(嘉庆皇帝御赐碑文),故卒后谥号文达,世称文达公。代表作品是以笔记形式写成的志怪小说——《阅微草堂笔记》。纪昀一生妻妾成群,原配马氏,比纪昀大三岁,是纪昀十七岁时娶的,夫妻二人相敬如宾,白头偕老,在纪昀七十二岁那年马氏才去世。小妾有六房,这些妻妾为纪昀生了四个儿子。纪昀颇好色,一日要临幸女子数人,一日要行房五次。有学者认为纪昀是通过这种放纵肉体的方式,来转移自己内心的豪情,压抑内心的痛苦。纪昀的一生诙谐、滑稽,机敏多变,才华出众,给后世留下许多趣话,素有"风流才子"和"幽默大师"之称。总体而言,他的一生与民间传说中的形象和银屏上的形象存在很大的不同。在流行的民间传说和电视剧中,纪昀与乾隆这对君臣的关系是十分融洽的,其间充满信任、调侃和幽默。这是经过美化了的描写,历史上不是这样的,纪昀不过是乾隆蓄养的文学词臣而已。

236. 郑板桥的原名是什么?

郑燮(1693—1765),字克柔,号理庵,又号板桥,人称"板桥先生",今江苏兴化人,为"扬州八怪"之一,著有《郑板桥集》。由于官职贴近平民百姓,所作诗歌有很多题材是反映民生疾苦的,如《孤儿行》《姑恶》《悍吏》等,其《逃荒行》曰:

十日卖一儿,五日卖一妇。来日剩一身,茫茫即长路。长路迂以远,关山杂豺虎。天荒虎不饥,旰人饲岩阻。豺狼白昼出,诸村乱击鼓。嗟予皮发焦,骨断折腰膂。见人目先瞪,得食咽反吐。不堪充虎饿,虎亦弃不取。道旁见遗婴,怜拾置担釜。卖尽自家儿,反为他人抚。路妇有同伴,怜而与之乳。咽咽怀中声,咿咿口中语。似欲呼爷娘,言笑令人楚。千里山海关,万里辽阳戍。严城嗒夜星,村镫照秋浒。长桥浮水面,风号浪偏怒。欲渡不敢撄,桥滑足无屦。前牵复后曳,一跌不复举。过桥歇古庙,聒耳闻乡语。妇人叙亲姻,男儿说门户。欢言夜不眠,似欲忘愁苦。未明复起行,霞光影踽踽。边墙渐以南,黄沙浩无宇。或云薛白衣,征辽从此去。或云隋炀皇,高丽拜雄武。初到若凤经,艰辛更谈古。幸遇新主人,区脱与眠处。长犁开古迹,春田耕细雨。字牧马牛羊,斜阳谷量数。身安心转悲,天南渺何许。万事不可言,临风泪如注。

这首诗描写的是大荒之年难民们逃荒的场景,描写细致生动,令人身临其境,敢于直接揭露社会的阴暗面。此外,郑燮也喜好山水,所作诗歌有很多是描写山水美景的,亦有大量题画诗,风格清新自然。

237. 黄景仁是谁?

黄景仁(1749—1783),字汉镛,号鹿菲子,今江苏省常州人,宋朝诗人黄庭坚后裔,和王昙并称"二仲",和洪亮吉并称"二俊",为毗陵七子之一,代表作有《两当轩集》《西蠡印稿》。家境贫困,但自幼刻苦攻读,少时便很有才情。黄景仁应试多次不中,其家境清贫,这种困境时时困扰着他,带给他极大的压力,这种愁苦是他诗歌的一大主题,如其《杂感》:"仙佛茫茫两未成,只知独夜不平鸣。风蓬飘尽悲歌气,泥絮沾来薄幸名。十有九人堪白眼,百无一用是书生。莫因诗卷愁成谶,春鸟秋虫自作声。"又如《昭君怨·初夏》:"一自护花消瘦,病过折锦时候。春去已天边,又今年。拥住薄衾如水,守得篆灰心死。常动有谁来?是风开。"可以看出他对于贫寒生活的忧愤,这种窘境带给他的种种辛酸。但他又是孤傲的,他所作之词大多为豪放词,尤其擅长咏古词,词风气势磅礴,纵横开阖,显得潇洒慷慨,如《绮罗香·金陵怀古》:"何处狮儿,半空飞下,横惹江东多事。霜骤金戈,开出千年佳丽。渡永嘉杂沓名流,宝钟阜延王气。到如今,一半兴亡,南飞乌鹊尚能记。莫问临春结绮,共澄心百尺,一样南内。回首新亭,消得几行清泪?叹曲里锦绣家山,禁几回北兵飞至。只添他,来往词人,多少沧桑意!"黄景仁的作品善于比兴寄托,以物或景表达自己的情怀,也不乏用典之处,更能化用前人诗句,翻新出巧。

238.《再生缘》的作者是谁?

《再生缘》是清朝中叶"弹词"作品,杭州女诗人陈端生著。全书基本上是七言排律的韵文,写元成宗时尚书之女孟丽君与都督之子皇甫少华之间的悲欢离合。原作共十七卷,近六十万字。作者陈端生于乾隆三十三年至三十五年(1768—1770年)写成前十六卷,后因母丧与丈夫充军远戍中辍。乾隆四十九年(1784年)又补写第17卷,但未终篇。《再生缘》的故事发生在元代昆明的三大家族之间。大学士孟士元有女孟丽君,才貌无双,许配云南总督皇甫敬之子皇甫少华。国丈刘捷之子奎璧欲娶丽君不成,遂百般构陷孟氏、皇甫两家。丽君男装潜逃,后更名捐监应考,连中三元,官拜兵部尚书,因荐武艺高强的少华抵御外寇,大获全胜,少华封王,丽君也位及三台。父兄翁婿同殿为臣,丽君却拒绝相认。终因酒醉暴露身份,丽君情急伤神,口吐鲜血,皇上得知,欲逼其入宫为妃,丽君进退两难,陈端生至此辍笔。续本中流传较广的为杭州女诗人梁德绳与其夫许宗彦所续的三卷。写丽君上本陈情,承认自己是丽君,皇后、皇甫一家求情保丽君不死。太后更将丽君认作螟蛉女,封为保和公主,与梁素华同归少华,为正室王妃。《再生缘》的艺术成就十分出色,洋洋六十万言的鸿篇巨制,文辞优美,叙事生动,描写细腻;艺术结构上独具匠心,情节离奇曲折,引人入胜。尤其在人物心理描写方面,较成功地塑造了孟丽君的艺术形象,并通过这一人物寄托了作者的人生理想,热情歌颂了当时社会条件下妇女挣脱礼教束缚的思想和行为,赞美了女性的才识和胆略。《再生缘》的影响之大,远非一般弹词所能及。"惟是此书知者久,浙江一省遍相传。"自问世之后,便广泛流传民间,且风靡一时。

239. 温州鼓词享有怎样的美誉?

温州鼓词又名"瑞安鼓词",素有"浙北评弹,浙南鼓词"的美誉,是流行于浙江省温州及其毗邻地区的一个汉族曲艺品种,俗称"唱词"。它用温州方言表演,具有浓厚的地方色彩和独特的艺术风格,在清代中期已见流传。温州鼓词的主要伴奏乐器有扁鼓、三粒板(拍)、牛筋琴、小抱月(梆)等。表演时,艺人端坐椅上,左手持鼓签,敲奏琴、鼓、梆、锣(堂锣)。与此同时,表演者兼生、旦、净、末、丑于一身,要求吐字清楚,情节交代分明,神态掌握准确,人物刻画逼真。温州鼓词的演唱形式,分"大词"和"平词"两种,以一人演唱为常见。大词,适宜唱经卷书。流传词目有《南游》,民间又称大词为"娘娘词"。平词,适合演唱以传书、小说编成的词目。瑞安鼓词的内容大都取材于历史小说和民间传说,以表现朝廷的忠奸斗争、社会上的颂善惩恶、家庭的悲欢离合和爱情故事居多。温州鼓词有说有唱,以唱为主,行词流畅,音节动听,长于抒情,善于叙事。代表曲目有:《封神》《包公案》《大红袍》《文君夜奔》等。

240. 梅花大鼓分为哪两大流派?

梅花大鼓来源于清代京城八角鼓票友的一种演唱形式,初为票友清客串时演唱,称为"清口大鼓",由于伴奏乐器为三弦、四胡、琵琶、扬琴及鼓板,便以"梅花五瓣"喻之,后又称之为梅花大鼓,在京津地区广泛流传至今。梅花大鼓形成了两大流派:金派与卢(或花)派。金派创始人为金万昌,他在演唱过程中把曲调和板式加以丰富,唱腔娓娓动听,尤其在伴奏音乐和唱腔音乐方面进行了创新。卢(花)派创始人卢成科根则开辟了梅花大鼓的高腔音域,形成了悲、媚、脆的演唱风格。联弹大鼓和含灯大鼓是梅花大鼓常见的演出形式,联弹大鼓得名于伴奏乐器和伴奏方式,一般为五音联弹,即演员击板司鼓,乐队四人相互协作,操作五种乐器(从左边起,第一人右手打琴,左手按第二人手中的三弦;第二人右手弹三弦,左手按第三人手中的四胡弦;第三人右手拉四胡,左手按第四人怀中琵琶;第四人右手弹琵琶,左手打第二架扬琴);含灯大鼓演唱者须口含一个灯架,灯架上点燃数支蜡烛,下缀彩色流苏,用牙齿咬住灯架进行表演,更增加了"杂耍"的色彩。梅花大鼓的慢板、中板,声腔宛转悠扬;快板、紧板,活泼有力;收束时的慢板稳重、余音袅袅,既能叙事又能抒情。因此梅花大鼓的曲目,多为表现儿女情长的辛酸故事。代表曲目有《黛玉葬花》《昭君出塞》《指日高升》等。梅花大鼓 2014 年入选第四批国家级非物质文化遗产代表性项目名录。

241.《彊村词》是谁的作品?

朱祖谋(1857—1931),清末文人,原名朱孝臧,字藿生,号沤尹,又号彊村,今浙江吴兴人,代表作《彊村词》。他身处清末乱世,见证了签订《辛丑条约》、辛亥革命等大事件,但遵从文人传统,始终效忠于清王朝。早期长于作诗,风格与黄庭坚、孟郊相近,被陈衍称为"诗中之梦窗(吴文英)",后因加入王鹏运所创词社,从此工于词。初期词关心时事,与国家政治大事相关,如《鹧鸪天·九日丰宜门外过裴村别业》《声声慢·辛丑十一月十九日,味珊赋落叶词见示感和》《烛影摇红·晚春过黄公度人境庐话旧》《摸鱼子·梅州送春》《夜飞鹊·香港秋眺》等。晚年词作技艺高超,多描写遗民情怀,同时精通格律,讲究词的声律。朱祖谋还善于校勘,辑《湖州词征》三十卷,《国朝湖州词录》六卷。其他已刻、未刻丛稿,由龙榆生于 1933 年汇编为《彊村遗书》出版,其中包括足本《云谣集杂曲子》一卷、《词莂》一卷、《沧海遗音集》十三卷等多种。其绝命词《鹧鸪天》云:"忠孝何曾尽一分,年来姜被减奇温。眼中犀角非耶是,身后牛衣怨抑恩。泡影事,水云身,枉抛心力作词人。可哀最是人间世,不结他生未了因。"代表着他对自己一生的回顾与评价。陈三立《朱公墓志铭》曰:"其词独幽忧怨悱,沉抑绵邈,莫可端倪。太史迁释《离骚》,明其称文小而其指极大,举类迩而见义远,其志洁故其称物芳。固有旷百世与之冥会者,非可伪为也。"

242.《大鹤山房全集》是谁的作品集?

郑文焯(1856—1918),晚清词人,字俊臣,号小坡,又号叔问,晚号鹤、鹤公、鹤翁、鹤道人,奉天铁岭(今属辽宁)人,代表作《大鹤山房全集》,工诗词,通音律,擅书画,懂医道,长于金石古器之鉴。光绪年间多次会试不中,遂弃官而去,游历山水,做江苏巡抚幕僚四十余年,与朱祖谋交游甚密,常切磋唱和。其作品以词作见长,倡导清雅的词风,用典自然无痕,风格清淡雅致,如其《采桑子》《虞美人》:

凭高满面东风泪,独立江亭。流水歌声,销尽年涯不暂停。归来自掩香屏卧,残月新莺。梦好须惊,知是伤春第几生?

《采桑子》

镜屏香冷芙蓉荐,花趁人凝澹。问谁下马看梳头?长是画帘高卷卧清秋。宿妆留得新眉在,人意依前改。一沟脂水绕楼东,中有几行闲泪往来红。

《虞美人》

词集有《瘦碧》《冷红》《比竹余音》《苕雅余集》等。吴昌绶收集其生平著述,如《说文引经考故书》《扬雄说故》《高丽好太王碑》《释文纂考》《医故》《词源斠律》《冷红词》《樵风乐府》《比竹余音》《苕雅余集》《绝妙好词校释》《瘦碧词》,合刊为《大鹤山房全集》。另外,郑文焯通医学,著有《医诂》一书,另有《千金方辑古经方疏证》八卷、《妇人婴儿方义》两卷,但未见传世。

243. 况周颐是谁?

况周颐(1859—1926),晚清词人。原名况周仪,因避宣统帝溥仪讳,改名况周颐。字夔笙,一字揆孙,别号玉梅词人、玉梅词隐,晚号蕙风词隐,广西临桂(今桂林)人。幼时才学便十分出色,二十一岁中举,在京为官期间结识了王鹏运,二人一见如故,交游甚密,频繁唱和,共创临桂词派,晚年穷困潦倒。况周颐对词情有独钟,痴迷于作词,少时所作之词好为侧艳语,入京后受王鹏运影响,提倡词作的"重、拙、大",词风为之一变,如《唐多令·甲午生日感赋》《苏武慢·寒夜闻角》《水龙吟·二月十八日大雪中作》《摸鱼儿·咏虫》《水龙吟·声声只在街南》等,词境愈加扩大,眼界及格局也有所提升。辛亥革命后,况周颐受朱孝臧影响,严于守律,注重词之格律,表达遗民的故国情怀。他尤善于词评,所作《蕙风词话》在词学史上占有重要地位。况周颐著作,有词九种,合刊为《第一生修梅花馆词》。晚年删定为《蕙风词》二卷。又有《秀道人修梅清课》一卷,与张祥龄、王鹏运联句词作《和珠玉词》一卷。又辑有《薇省词抄》十一卷,《粤西词见》二卷,《词话丛钞》十卷。此外还有《词学讲义》《玉栖述雅》《餐樱庑词话》《历代词人考略》《宋人词话》《漱玉词笺》《选巷丛谭》《西底丛谈》《兰云菱梦楼笔记》《蕙风簃随笔》《蕙风簃二笔》《香东漫笔》《眉庐丛话》《餐樱庑随笔》等。王国维《人间词话》评价道:"蕙风词,小令似叔原(晏几道),长调亦在清真(周邦彦)、梅溪(史达祖)间,而沉痛过之。彊村(朱孝臧)虽富丽精工,犹逊其真挚也。天以百凶成就一词人,果何为哉?"

244. 《蕙风词话》的作者是谁?

《蕙风词话》是清末名家况周颐的作品,对其词作思想进行了详尽的阐述,在词史上占有重要地位,主张"重、拙、大",认为"意内为先,言外为后,尤毋庸以小疵累大醇"(《蕙风词话》卷一),认为词作应有实际内容,有真情实感,有所寄托,亦强调作词的"真",即有所感触而后自然流露,同时还十分注重格律。朱孝臧称赞这部词话道:"自有词话以来,无此有功词学之作"(龙榆生《词学讲义附记》引)。其内容包括:"词非诗馀、词非诗之剩义、作词有三要、词重在气格、宋清人拙处不可及、词外求词、无词境即无词心、词忌刻意为曲折、词忌有字处为曲折、词中转折宜圆、词不嫌方、词不宜过经意、词宜恰到好处、词不宜琢率、真字是词骨、词宜不纤、词忌一矜字、作词浅亦非疵、填词须先求凝重、学词须按程序、作词要意不晦语不琢、不可作寒酸语、造句要自然、词不能谐俗、读词之法、述所历词境、以吾言写吾心、词有不尽之妙、词之风度、作词成就不易、词无庸勾勒、作词须知暗字诀、名手作词、词宜守律、上去声不可忽、上可代入、入声字适用、初学宜联句和韵、学词须先读词、词意忌复、改词之法、改词须知挪移法、词中对偶、起处不宜泛写景、作词要句中有意、词须选韵、虚字叶韵最难、宋词宜多读多看、勿学辛吴、不必学唐五代词、北宋人手高眼低、词用诗句曲用词事、词与曲作法不同、明以后词纤庸少骨……"。

245. 王鹏运是谁?

王鹏运(1849—1904),晚清词人。字佑遐,一字幼霞,中年自号半塘老人,又号鹜翁,晚年号半塘僧鹜。广西临桂(今桂林)人。与况周颐、朱孝臧、郑文焯合称"清末四大家",著有《味梨词》《鹜翁词》等集。王鹏运在词坛的地位很高,为词的发展做出了极大的贡献,也大力提携后辈,对很多人产生了深远的影响。其词十分注重社会现实和国家时事,词风与辛弃疾十分接近,如《祝英台近·次韵道希感春》《谒金门》《满江红·送安晓峰侍御谪戍军台》等。著有《袖墨集》《虫秋集》《味梨集》《鹜翁集》《蜩知集》《校梦龛集》《庚子秋词》《春蛰吟》《南潜集》,统名《半塘词稿》。晚年删定为《半塘定稿》二卷,《剩稿》一卷。其自序曰:"半塘僧鹜者,半塘老人也。老人今老矣,其自称老人时,年实始壮。或问之,老人泫然以泣作,而曰:礼不云乎:父母在,恒言不称老。某不幸,幼而失怙,今且失恃矣。称老,所以志吾痛也。然则半塘者何? 曰:是吾父吾母体魄之所藏也。吾纵不能依以终老,其敢一日忘之哉！由是朋辈无少长，皆以老人呼之而不名，悲其志也。老人仕于朝数十年，所如辄不合。尝娶矣，壮而丧其偶；生子又不育，尝读书应举子试矣，而世所尊贵如进士者，卒不可得。家人以老人之郁郁于前，冀其或取偿于后也；召瞽之工于术者，以老人生年干支使推之。瞽猝然曰：是半僧人命也。老人闻之则大慊，乃自号曰半僧。老人之友为言官也，尝妄有所论列，其事为人所不易言。老人之友，有为老人危者，上疏之前夕，为老人占之，得刻鹄类鹜之繇。疏上，几得奇祸，乃复自号'鹜翁'，曰：吾以傲夫卜，而自匿其草者。于是，三名者，尝随所适以自名焉。既而其友以疑罪死于法，老人伤之曰：吾哀吾友，吾忍忘吾鹜耶！遂撮三者自名为'半塘僧鹜'云。嗟乎！半塘者，老人之墓田丙舍也。曩以仕于朝，不得归；今投劾去矣，又贫不能归；老人又以出世之志，牵于身世，不得。遂求得西方贝叶之书，乃哆口瞠目不能读，读亦不能解。惟所谓鹜者，其鸣无声，其飞不能高以远；日浮沉于鸥鹭之间，而默以自容，或庶几焉。是老人之名副其实者，仅三之一耳，然则老人之遇，亦可知矣。"

246. 王国维是谁？

王国维（1877—1927），初名国桢，字静安，初号礼堂，晚号观堂，又号永观，今浙江省海宁人，代表作《人间词话》《曲录》《观堂集林》等。他出身书香世家，家族的教育与影响使得他从小就注重学识的积累，更为他此后的发展打下了良好的基础，并曾留学日本。因其思维超前，而成为近代中国最早运用西方哲学、美学、文学观点和方法剖析评论中国古典文学的开风气者，这种将西方学术研究方法与中国本土学术相结合的方法，引导了中国近代的学术界，因此被大量借鉴。其词集《人间词》印证了《人间词话》中的文学理论，不再只展现个人的细微情绪，而是采取了更广阔的视角，把个体放在茫茫宇宙中，经常把词意上升到哲学意义层面，正如周策纵《论王国维人间词》所说："往往以沉重之心情，不得已之笔墨，透露宇宙悠悠、人生飘忽、悲欢无据之意境，亦即无可免之悲剧。"《人间词话》中"无我之境"的"无我"，"理想"与"写实"都是来自叔本华的理论系统，王国维所受叔本华影响很深。在《人间词话》中王国维曾说过著名的词创作的三种境界：第一种境界："昨夜西风凋碧树。独上高楼，望尽天涯路。"第二种境界："衣带渐宽终不悔，为伊消得人憔悴。"第三种境界："众里寻他千百度，蓦然回首，那人却在灯火阑珊处。"王国维生前著作六十余种，编定《静安文集》《观堂集林》刊行于世。逝世后，另有《遗书》《全集》《书信集》等出版。王国维在文学、美学、哲学方面的贡献都是无法逾越的。

247. 词创作的三种境界说出自谁的哪部作品？

《人间词话》是著名国学大师、文学家王国维所著的一部文学批评著作，最初发表于《国粹学报》。《人间词话》已初具理论体系，许多人将它的论点作为词学、美学的根据，甚至在词论界里，许多人把它奉为圭臬。王国维在《人间词话》中根据文艺观，把多种多样的艺术境界划分为三种形态："上焉者，意与境浑；其次，或以境胜；或以意胜。"在中国文学批评史上第一次提出了"造境"与"写境"，"理想"与"写实"的问题。"造境"是作者提创意之能，充分发挥想象力，万物皆为我想象。"写境"则是作者提状物之才，客观真实地描绘物体，正是现实主义创作方法的基本特征。王国维好将"理想派"和"写实派"结合起来，形成一种新的创作方法。自然与理想熔于一炉，"情"与"景"交融成一体。王国维认为，这是上等的艺术境界，只有大诗人才能创造出这种"意与境"。王国维还进一步论说文艺创作必有取舍，有主观理想的注入；而虚构或理想，总离不开客观的材料和基本法则。所以，"理想"与"现实"二者的结合有充分的客观根据。现实主义与浪漫主义两种创作方法相结合也有其客观可能性。王国维的见解可谓透彻、精辟。"所造之境必合乎自然"，虽"虚构之境，其材料必求之于自然，而构造亦必从自然之法则"。在当时来说，是一种比较卓越的艺术见解。王国维在词中所描绘的形象不管是客观写出来，还是作者综合印象创造出来，它们并不是对事物做客观的、无生动的描写，而是贯穿作者的理想，即按照作者的观点、感情来选择、安排的。这就说明了文学艺术中的形象是作者头脑中生动的主观反映。

248. 文字狱是什么？

文字狱是指封建社会统治者迫害知识分子的一种冤狱，主要是用来迫害文人，排除异己。皇帝和他周边的大臣故意从诗文中摘取字句，罗织成罪，严重的会因此引来杀身之祸，甚至所有家人和亲戚都受到牵连，遭满门抄斩乃至株连九族的重罪。文字狱历朝皆有，但以清朝最多，据记载，仅仅庄廷鑨《明史》一案，"所诛不下千余人"。从康熙年间到乾隆年间，就有十多起较大的文字狱，被杀人数之多可想而知。清史上著名的文字狱大案除《明史》案外，还有《南山集》案，曾静、吕留良案等。在北宋时期，司马迁的外孙杨恽因《报孙会宗书》令"宣帝见而恶之"，并以大逆不道的罪名判处杨恽腰斩。金朝翰林学士张钧是金朝有史可查的第一个文字狱受害者，因为一场天灾为金熙宗起草"深自贬损"的诏书，被萧肄诬陷而被劈开嘴巴剁成肉酱。元朝身为高僧的宋恭帝赵㬎怀念宋朝，写了以下的诗句：寄语林和靖，梅花几度开？黄金台下客，应是不归来。皇帝看过此诗后，认为赵㬎是在"讽动江南人心"，下诏赐死赵㬎于河西。明朝明太祖朱元璋参加过元末农民起义，故十分讨厌"寇""贼"等字眼。又因为他当过和尚，所以对"光""秃""僧"这些字都非常讨厌。有一次，杭州府学教授徐一夔在书上用"光天之下""天生圣人""为世作则"等语赞美朱元璋。朱元璋却牵强附会，硬认为"光"是指光头，"生"就是"僧"，是在骂他当过和尚，"则"与"贼"音近，意在骂他是贼，竟下令把徐一夔杀了。文字狱的鼎盛时期在清朝，翰林院庶吉士徐骏，是康熙朝刑部尚书徐乾学的儿子，也是顾炎武的甥孙。雍正八年，徐骏在奏章里，把"陛下"的"陛"字错写成"狴"字，雍正见了，马上把徐骏革职。后来再派人一查，在徐骏的诗集里找出了如下诗句"清风不识字，何事乱翻书""明月有情还顾我，清风无意不留人"，于是雍正认为这是存心诽谤，照"大不敬"律斩立决。

文 类

先 秦

249. 先秦散文有什么特点？

散文，与韵文、骈文相对，是一种句式长短不一，韵律没有特别的规定，相对自由的文体。最早的雏形为甲骨卜辞。先秦主要有历史散文与诸子散文两种形式。历史散文如《春秋》《尚书》《左传》《国语》及《战国策》等；诸子散文如《论语》《孟子》《老子》《庄子》《荀子》及《韩非子》等。历史散文以记事为主要目的，诸子散文以宣扬各家思想为旨归，但两者都具有一定的文学价值。先秦历史散文不仅确定了编年体、纪传体、国别体等史书的基本体例，也形成了朴质劲直的叙事风格与"微言大义"的写作手法，言近旨远，意境悠长，对《史记》《汉书》等史书的写作产生了深远的影响。诸子散文文学性较历史散文更强，尤其是以寓言故事著称的《庄子》，瑰丽雄奇，汪洋恣肆，多为历代散文家所效仿。先秦风格多样的散文为后世散文的发展提供了宝贵而丰富的养分。唐代韩愈、柳宗元等人提倡的古文运动，就是要复归先秦散文的传统。借散文畅达的文气与自然的文风一洗六朝骈文所带来的绮靡时弊。

250.《尚书》是一部怎样的文集？

《尚书》是我国第一部记叙文集，代表了先秦早期历史散文的风貌。据《汉书·艺文志》记载，原书为一百篇。历秦焚书后，汉初仅存二十九篇，以当时通用的隶书写定，称《今文尚书》。汉武帝时，又从孔子古宅的坏壁里发现以古文字写的《尚书》，较今文多十六篇，称为《古文尚书》，但这十六篇后来亡佚。晋人又有伪作二十五篇。《尚书》大致可以分为誓辞、文诰书札及记事的片段三类。其中，誓辞有《甘誓》《汤誓》《牧誓》等，是用兵时鼓励臣民的话。文诰书札有《盘庚》《大诰》《康诰》《酒诰》等。《盘庚》三篇是盘庚在迁都前后针对当时贵族的反对与民众的怨愤而做的演讲辞。全文感情充沛、言辞尖锐而充满威慑力。《大诰》《洪范》是个人的往来书札。《尚书》记事的内容较少，有《尧典》等。可以说，同为史书，《春秋》以记事为主，《尚书》以记言为主。《尚书》文辞古奥，韩愈曾在《进学解》中说道："周《诰》殷《盘》，佶屈聱牙。"唐代孔颖达撰有《尚书正义》，被收入《十三经注疏》，是阅读《尚书》的较好注本。

251.《左传》是一部怎样的史书？

《左传》又名《春秋左氏传》，或《左氏春秋》，是一部编年体史书，相传为左丘明所作。叙事起于鲁隐公元年（前722年），止于鲁哀公二十七年（前468年）。《左传》以近二十万言的规模，全面、系统记载了春秋一代大事，广泛涉及周王朝和晋、鲁、楚、郑、齐、卫、宋、吴、秦、越、陈等十多个诸侯国。它采用编年记事的方式，虽然以《春秋》为纲，然而其记事范围之广，叙述内容的具体、详赡，则大大超出了《春秋》。《左传》为后世提供了春秋及其以前阶段之大量的思想史、经济史、社会史以及其他学术史的重要资料。《左传》叙事详细，善用简括的文字写出复杂的社会生活和历史事件。比如描写战争，它能写出战争的性质及原因，关于战争的具体情况也都能围绕这个中心来展开。描写人物，能够通过人物的语言和行动来表现人物性格。《左传》显示了由单纯记史向注重剪裁史料、精于谋篇、善于敷演故事的重要跨越，空前而触目地增加了叙事的形象性、生动性，从而体现早期史书中文学成分的显著积累。《左传》叙事生动精炼，传神肖物，富有文采，对后世的历史散文、文学散文都产生了深远的影响。三国吴人韦昭称《左传》"沉懿雅丽"，晋范宁说其"艳而富"，《文心雕龙》的作者刘勰更推尊它为"记籍之冠冕"。

252.《战国策》采用的是怎样的体例形式？

《战国策》是记录战国末年和秦汉之间纵横家思想的史料汇编。采用国别体的形式。书名"战国策"乃汉人刘向在整理图书的时候所加。纵横家是战国时期在各国间奔走游说，从事外交活动的人物。他们常常是通过合纵、连横的策略来解决各国军事与外交问题。代表性人物有苏秦、张仪等。《战国策》就是着重记载了西周、东周及秦、齐、楚、赵、魏、韩、燕、宋、卫、中山各国之事。分为十二策，三十三卷，共四百九十七篇，以国别为分类标准，分《秦策》《齐策》《楚策》等。与《左传》相比，《战国策》更长于铺陈，文辞辩丽恣肆。如《齐策一》"苏秦为赵合从说齐宣王"，排比句气势雄放，声调铿锵，具有鼓动人心的力量。《秦策》"苏秦始将连横说秦惠王"："形容枯槁，面目黧黑，状有愧色。"寥寥数笔将苏秦游说秦惠王失败后的落魄之状刻画得惟妙惟肖。《齐策》"邹忌讽齐王纳谏"以与徐公比美之事例作引，循循善诱，能曲达隐情。因此，《战国策》不仅反映了战国时期纵横家巧舌如簧的辩才，更是形成了雄辩、富丽与恣肆的文风，影响了苏洵、苏轼等后世文人的散文风格。

253.《论语》记录的是谁和他弟子的言论？

《论语》是由孔子弟子所辑，记录孔子及其弟子言论的语录体散文，集中体现了孔子的政治主张、伦理思想、道德观念及教育原则等。与《大学》《中庸》《孟子》并称"四书"。到唐代的时候，《论语》被列入"十三经"。原来的《诗》《书》《礼》《易》《春秋》"五经"，因《礼》有《周礼》《仪礼》《礼记》，《春秋》有《左传》《公羊》《穀梁》，加上《论语》《尔雅》《孝经》，就成为了"十三经"。《论语》中有许多涉及《诗》《书》、礼、乐的内容，集中体现了孔子的文艺思想。如："《诗三百》，一言以蔽之，思无邪"，"《关雎》，乐而不淫，哀而不伤"，"文质彬彬"，"尽善尽美"等，成为后世儒家诗教思想的基础。《论语》简括平易，迂徐含蓄。今人杨树达《论语疏证》、杨伯峻《论语译注》是比较好的注解本。

254. 怎么评价《孟子》？

《孟子》是先秦儒家代表人物孟轲和他的门人所作的一部著作。孟子宣扬仁政，在他的散文中，经常可以见到为了宣扬其观点，而展开的激烈争辩。因此，《孟子》文中有许多篇幅较长的议论文字，议论中又多用比喻和寓言故事来说理。文章生动有趣，又明白畅达。《孟子》还提出了"知人论世""以意逆志"的文学批评方法，在文学鉴赏与批评史上具有重要意义。"知人论世"是指阅读、理解作品需要结合作者的切身经历与时代背景，"以意逆志"则是指在"知人论世"的基础上，根据文辞来推测作者所要表达的意志与情感。

255.《老子》是哪一个流派的代表作品？

《老子》又名《道德经》，相传为道家鼻祖老子所作，共八十一章，分《道》与《德》上下两篇，凡五千言余。《老子》贯穿的是老子"道法自然"的哲学思想。语言简约，思辨性强，多用对比与排比手法，善于比喻。如："古之善为士者，微妙玄通，深不可识。夫唯不可识，故强为之容：豫若冬涉川，犹若畏四邻，俨若客，涣若冰将释，敦若朴，浑若浊，旷若谷。"这段文字是将排偶与比喻结合在一起，形象生动，语气连贯顺畅，刻画了七种品性特征，多方位地展示了"善为士者"的气度和风貌。又如"道可道，非常道；名可名，非常名。无，名天地之始；有，名万物之母。故常无欲，以观其妙；常有欲，以观其徼。此两者同出而异名，同谓之玄。玄之又玄，众妙之门。"同样运用了排比的手法，将道家错综复杂的玄学奥妙展现得淋漓尽致。

256.《逍遥游》选自哪一部作品？

《庄子》，又名《南华经》，是先秦道家代表人物庄周及其门人后学的著作。由《内篇》《外篇》及《杂篇》组成。其中《内篇》为庄子自撰，《外篇》《杂篇》出自门人后学之手。《庄子》的文学价值主要体现在它的寓言故事中。庄子善于虚构寓言故事和历史故事来说明其观点，浪漫主义色彩浓厚。如《逍遥游》中遨游于广阔天地间的鲲、鹏，不受任何拘束，自由自在，表达了作者对精神绝对自由的向往与追求。又以樗的故事来反驳有用无用之辨。《庄子》的文风瑰奇恣肆，纵横捭阖。苏轼曾说："吾昔有见于中，口未能言。今见《庄子》，得吾心矣。"他的散文更是深得《庄子》法乳。鲁迅先生则评价《庄子》说："其文则汪洋捭阖，仪态万方，晚周诸子之作，莫能先也。"

257. 春秋笔法指的是什么？

"春秋笔法"，也叫"春秋书法"或"微言大义"，是一种历史叙述方法和技巧。

所谓"寓褒贬于一字",即在文章的记叙之中表现出作者的思想倾向,而不是通过议论性文辞表达出来。孔子编写《春秋》,在记述历史时,暗含褒贬,行文中虽然不直接阐述对人物和事件的看法,但是却通过细节描写、修辞手法和材料的筛选,委婉而微妙地表达自己的主观价值判断。因而,左丘明说《春秋》是"微而显,志而晦,婉而成章,尽而不污,惩恶而劝善"。孔子曾说:"知我者,其惟《春秋》乎!罪我者,其惟《春秋》乎!"这也说明了"春秋笔法"的主观性倾向。春秋笔法的运用不仅限于史书的写作,也在文学创作及其他中多有出现。例如:《孟子·梁惠王下》:"闻诛一夫纣矣,未闻弑君也。"杀指无罪而杀,弑指以下犯上,诛则指有罪、有理而杀。仅用一个动词就表明了孟子对暴君纣的态度,也表达了他的仁政理想。古代诗论、文论也多受其影响,推崇言近旨远、隐而不显、温柔敦厚的审美宗尚。中国的古典诗词都是遵循这种以含蓄为美的思想。

秦 汉

258. 什么是汉赋?

汉赋是汉代兴起的一种新的文体。它介乎于诗歌和散文之间,韵散兼行,借鉴楚辞、战国纵横之文主客问答的形式,又吸取先秦史传散文的叙事手法,并往往将诗歌融入其中。主要有抒情小赋、体物大赋及叙事赋等类型。抒情小赋体制上基本与楚辞体一样,现存最早的抒情赋是贾谊的《吊屈原赋》,因为语句中嵌有"兮"字,形式与楚辞体近似,因而又被称为"骚体赋"。体物大赋则是对物的摹写,重铺陈,篇幅较长,辞藻华丽,以司马相如的《子虚赋》《上林赋》、扬雄的《羽猎赋》、东汉班固的《两都赋》等为代表。叙事赋则有署名宋玉所作的《神女赋》及《神乌赋》。东汉中后期,体物大赋逐渐衰落,以张衡的《两京赋》殿后,而抒情小赋备受青睐,出现了张衡的《归田赋》、赵壹的《刺世疾邪赋》、蔡邕的《述行赋》等诸多作品,篇幅短小精炼,但感情充沛真挚。《汉书》称小赋"辩丽可喜"。王国维先生说"一代有一代之文学",可以说,汉赋体现了汉代经济、政治的空前繁荣与文人的高度文化自信和卓绝的文学功力,是极具汉代特色的文学现象,也是汉代璀璨的文学成就之一。

259. 被贬为长沙王太傅的汉代文人是谁?

贾谊(前201—前168),今河南洛阳人。二十余岁,受汉文帝诏为博士。因深受文帝器重，擢为太中大夫。后因提出更定律令，受到排挤，被贬为长沙王太傅。后又做梁怀王太傅。梁怀王坠马死，贾谊自伤未能尽到太傅的责任，抑郁而终，年仅三十三岁。贾谊是汉初重要的辞赋作家。被贬长沙后，创作了许多辞赋作品，如《吊屈原赋》《鵩鸟赋》等。《吊屈原赋》是贾谊路过湘水，感怀屈原的身世经历，又联想到自身遭遇，有感而赋。此赋以悼念屈原为题，感叹其"遭世罔极""逢时不祥"，实则借屈原暗示其身遭流放的现实境遇，表达了他对小人擅权、佞臣当道的反抗和不满。《鵩鸟赋》是贾谊在长沙的第三年，见鵩入舍而感慨自身不幸的赋作。此赋以自己与鵩鸟的对话展开，指出了天地万物变化不息，人生无常，福祸相依，将人生的波澜起伏都归结于天命，流露出浓重的道家思想。《吊屈原赋》《鵩鸟赋》语句中皆嵌有"兮"字，如"凤缥缥其高逝兮，夫固自引而远去"，"祸兮福所倚，福兮祸所伏。忧喜聚门兮，吉凶同域"等，与屈骚相似。因此，这类赋又被称为骚体赋，在汉赋的发展史上起着承上启下的作用。贾谊被扬雄称作诗人之赋的开拓性人物。其作品在《文选》《全上古三代秦汉三国六朝文》中均有收录。

260. 枚乘是谁？

枚乘（？—前140），字叔，今江苏淮安人。久客诸侯，为上宾，与豪俊游，后为梁孝王宾客。枚乘辞赋今存《七发》《柳赋》《梁王菟园赋》三篇。其中《七发》是标志着汉代新体赋正式形成的第一篇作品。该赋虚拟楚太子沉溺于享乐而卧病不起，"吴客"前往探视，指出其病是耽乐纵欲的结果，即使扁鹊、巫咸这样的神医也不能治愈，只有用"要言妙道"才能治好。接下来吴客便从欣赏音乐、品尝美食、驱驰跑马、游乐遣兴等方面渲染声色犬马之乐，但太子不为所动。又讲述野外田猎、曲江观涛，太子稍有感奋，有阳气见于眉宇之间，但仍不能参与。最后吴客奏请方士论天下之精微，理万物之是非，致天下要言妙道，启发太子，太子听后顿时感到精神振奋，不药而愈。《七发》使用了多种虚构、夸张的手法来渲染铺陈，气势如虹，景象绚丽，具有强大的感发力。《七发》设为问答，层层铺叙，辞藻繁复华美，意旨讽谏，篇幅较长，标志着汉大赋体制的确立。后人多有模仿，写七件事而成篇，如傅毅的《七激》、张衡的《七辩》、崔骃的《七依》、曹植的《七启》。曹植将这些文章列为同类，萧统《文选》则在"骚""赋"之外，另列"七"体，以示区别。枚乘辞赋于《文选》《全上古三代秦汉三国六朝文》中均有收录。

261.《子虚赋》是谁的作品?

司马相如(前179—前118),字长卿,今四川成都人。汉景帝时,做武骑常侍,因病免官后,游梁国,为梁孝王门客。后受汉武帝召见,为郎官。司马相如是汉赋代表作家,主要作品有《子虚赋》和《上林赋》。《子虚》《上林》二赋并不作于同时,但是在内容上具有连续性。《子虚赋》写楚国的子虚在齐国的乌有先生面前夸说楚国云梦之大和楚王田猎的盛况,乌有先生批评他"奢言淫乐而显侈靡",又把齐国夸耀一番。《上林赋》则写亡是公听了子虚和乌有先生的对话,夸说"天子之上林"来压倒楚国和齐国。二赋均为鸿篇巨制,气势恢宏,极尽铺陈夸饰之能事,体现了汉大赋铺张扬厉的风格。赋篇末,以反对奢侈淫靡为结,也就是汉赋"劝百讽一"的固定叙述模式。司马相如因善为辞赋而进入官宦仕途,汉武帝读其《大人赋》感觉"飘飘有凌云之气,似有天地之间意"。司马相如为陈皇后所作《长门赋》,助陈皇后重得恩宠。扬雄更赞誉司马相如为"诗人之赋"的代表人物和集大成者。

262. 扬雄的代表作品有哪些?

扬雄(前53—18),字子云,今四川成都人。与司马相如为同乡,"少而好辞赋",其辞赋创作也受司马相如的影响。汉成帝时,以辞赋受诏黄门侍郎,常从成帝游猎,写了《甘泉赋》《羽猎赋》等。甘泉宫是汉代宫殿,《甘泉赋》描写了甘泉宫的崇殿华阙,虽有意劝上戒奢靡之风,但赋中所描绘的巨丽之美给人留下更深的印象。《羽猎赋》是模仿司马相如的《上林赋》写成,详写天子出猎之事。语言奇绝,描写夸张,格调沉博绝丽。另外,扬雄还写有《解嘲》《解难》等散文赋。《解嘲》仿拟东方朔《答客难》,采用主客问答的形式,探讨士人命运。笔力雄健,词锋锐利,多用排偶句,使得文章气势磅礴。扬雄对汉赋有一些评价。他把赋分为"诗人之赋"和"辞人之赋",并说"诗人之赋丽以则,辞人之赋丽以淫"。还表达了赋为"雕虫篆刻""壮夫不为"的观点。

263.《归田赋》是谁的代表作品?

《归田赋》是东汉辞赋家张衡创作的抒情小赋。汉顺帝永和三年(138年)张衡任河间相,向朝廷请辞,以归隐田园的实际行动来表达对黑暗政治的反抗。《归田赋》就是表达了张衡这种心情,也是中国文学史上第一篇描写田园隐居乐趣的作品。全文平淡清丽、结构短小灵活，语言自然清新，洗练优美，感情真挚，情景交融。它既是现存东汉第一篇完整的抒情小赋，又是现存的第一篇比较成熟的骈体赋。《归田赋》不同于先前的汉大赋，已开始由叙事大赋转入抒情小赋，风格上也不再追求气势的铺排、辞藻的堆砌，而类似于四六句骈文，开了骈赋的先河。东汉末年赵壹的《刺世疾邪赋》、祢衡的《鹦鹉赋》，三国两晋时期王粲的《登楼赋》、曹植的《洛神赋》、向秀的《思旧赋》、陶渊明的《悲士不遇赋》，以至具有同样特点的嵇康的《与山巨源绝交书》、刘伶的《酒德颂》、阮籍的《大人先生传》都或多或少地受到《归田赋》的影响与启发。而陶渊明的《归去来兮辞》则可以说是《归田赋》的直接效仿者。

264. "劝百讽一"是一种怎样的写作手法？

"劝百讽一"是汉赋的一种写作手法。如枚乘《七发》，前文都极尽夸耀之能事，铺排辞藻，结尾"客曰：'将为太子奏方术之士有资略者，若庄周、魏牟、杨朱、墨翟、便蜎、詹何之伦，使之论天下之精微，理万物之是非。孔、老览观，孟子筹之，万不失一。此亦天下要言妙道也，太子岂欲闻之乎？'于是太子据几而起，曰：'涣乎若一听圣人辩士之言。'涊然汗出，霍然病已"，以极少的语言点明全文规劝主旨。然而头重脚轻，往往并不能起到劝谏之效。司马相如的《子虚赋》《上林赋》也是这样。因此，《汉书·司马相如传》云："扬雄以为靡丽之赋，劝百而讽一，犹驰骋郑卫之声，曲终而奏雅，不已戏乎。"这也正是扬雄晚年谓赋为"雕虫篆刻""壮夫不为"的原因所在。

265.《史记》的作者是谁？

《史记》，又名《太史公书》，是汉代司马迁所著的一部历史著作。司马迁（前145—前90），字子长。汉武帝时期太史令司马谈之子。司马迁幼年深受父亲史学思想的熏陶，青年时期游历在外，为后来撰写史书积累了丰富的材料。武帝天汉三年，司马迁因"李陵之祸"，被捕入狱，遭受宫刑。出狱后，司马迁发愤著书，历时近六载，完成了史学巨制《史记》。全书从传说中的黄帝始，至汉武帝时代止，共一百三十篇。其中，"表"十篇，"本纪"十二篇，"书"八篇，"世家"三十篇，"列传"七十篇。"本纪"按帝王的世序和年代记述政治上的重要历史事件。"表"是排比并列历代帝王和侯国间的大事。"书"是经济、文化等方面的专史。"世家"是记叙诸侯王国和辅汉功臣。"列传"记述历史上重要人物的传记。值得一提的是，司马迁将项羽列于

"本纪",孔子列于"世家"中,体现了他的独特眼光。《史记》篇末有"太史公曰",对所记人物、事件等发表评论。这段议论文字被称为"赞"。《史记》写三千年的历史,所记时代跨度大,内容广博繁复,记录诸多重要的历史人物与事件,以及礼仪制度、文化风俗等内容,同时又具有很高的文学价值。《史记》刻画了许多栩栩如生的人物形象,如项羽、刘邦等。作者往往采用"互现"的手法,在多个篇章中从不同侧面来勾勒人物,表现人物性格的多面性与复杂性,使得历史人物更为鲜活与立体。《史记》不仅成为后世史学家效仿的典范,也对散文的发展产生了重要的影响,其人物形象的塑造更是给后世小说家以很大启发。鲁迅先生评价《史记》为"史家之绝唱,无韵之《离骚》"。《史记》版本众多,历代有《史记正义》《史记集解》《史记索隐》等。今人参照各种善本汇校而成的校点本《史记》,是目前较完善、更便阅读的本子。

266.《报任安书》的主要内容是什么?

《报任安书》是司马迁写给友人任安的一封书札,也是一篇优美的抒情散文。任安曾写信给司马迁,劝他"推贤进士",司马迁一直没有回复,当任安因事下狱,即将被处以极刑时,司马迁写下了这封回信。在信中,司马迁首先说明自己受过宫刑,被世人鄙视,所以不适合去推举贤德。其次说明自己受宫刑的原因,再诉说了自己偷生的信念在于要完全一部足以传世的著作,最后以自豪又痛苦的心情作结。整封书信感情充沛,触动人心。除《报任安书》之外,两汉时期还有许多情文并茂的书信,如李陵的《答苏武书》、田邑的《报冯衍书》、臧洪的《答陈琳书》等。

古者富贵而名摩灭,不可胜记,唯倜傥非常之人称焉。盖文王拘而演《周易》;仲尼厄而作《春秋》;屈原放逐,乃赋《离骚》;左丘失明,厥有《国语》;孙子膑脚,《兵法》修列;不韦迁蜀,世传《吕览》;韩非囚秦,《说难》《孤愤》;《诗》三百篇,大底圣贤发愤之所为作也。此人皆意有所郁结,不得通其道,故述往事、思来者。乃如左丘无目,孙子断足,终不可用,退而论书策,以舒其愤,思垂空文以自见。

司马迁《报任安书》节选

267.《汉书》是由谁编撰的?

《汉书》,又称《前汉书》,由中国东汉历史学家班固编撰,是中国第一部纪传体断代史,"二十四史"之一。《汉书》是继《史记》之后我国古代又一部重要史书,与《史记》《后汉书》《三国志》并称为"前四史"。《汉书》全书主要记述了上起西汉的汉高祖元年（前206年），下至新朝王莽地皇四年（23年）共230年的史事。包括纪十二篇，表八篇，志十篇，传七十篇，共一百篇，后人划分为一百二十卷，全书八十万余字。班固（32—92），东汉历史学家班彪之子，班超之兄，字孟坚，扶风安陵人（今陕西咸阳）。班固自幼聪敏，"九岁能属文，诵诗赋"，成年后博览群书，"九流百家之言，无不穷究"。著有《白虎通德论》六卷，《汉书》一百二十卷，《集》十七卷。前人评述《汉书》，多与《史记》相比较。不论是在史实、思想还是文风上，《汉书》对《史记》多有承袭。当然也存在对某些人物、事件的不同看法。就文风而言，朱熹说："太史公书疏朗，班固书密塞。"顾炎武则说："班孟坚为书，束于成格，而不得变化。""言皆精炼"，"事甚该密"，这是班固文章的特点，也反映了史传文学性的逐步削弱，纪实性增强的发展倾向。

268. 汉代的政论文有哪些代表作品？

汉代政论文首推贾谊的《过秦论》。《过秦论》分上、中、下三篇，主要讨论秦为什么灭亡，目的在于让统治者从秦的灭亡中吸取教训。贾谊在文章中大量使用排比、对偶句，并列使用了许多同义或近义的词语，极力夸张渲染，造成一股势不可挡的文气，充分展现了其救弊匡时的政治热情。东汉政论文的代表是王符的《潜夫论》与仲长统的《昌言》。《潜夫论》共三十篇，多数为政论文字，主要是对东汉后期世风时政的揭露和批评。《昌言》凡三十四篇，十余万言。今仅存十分之一二。它对社会政治的批判，比《论衡》《潜夫论》更为深刻有力。书中大量使用排偶和夸张，笔锋犀利，文气踔厉激扬。

269. 王充是谁？

王充（27—100?），字仲任，会稽上虞（今属浙江）人。据《后汉书》的记载，王充小时候家境清贫，买不起书，所以就经常去洛阳的书店看书，看一遍就能记下来，所以看了很多的书。《论衡》是王充所写的，反对东汉谶纬神学的哲学和散文著作。他用犀利的笔触，猛烈地批判了当时甚嚣尘上的各种宗教神学和虚妄荒诞的迷信思想。王充还在《论衡》中表达了对文学的态度。他强调文学的实用价值，认为写作文章的目的在于"劝善惩恶"。要求文章通俗易懂，反对夸饰，甚至反对流行于当时的辞赋。也反对因袭模拟，主张独创标新。作为一部散文著作，《论衡》善于就谬误与矛盾反复批驳，脉络清晰，论述严密。同时又实践了王充为文须通俗明白的主张。

文章不事雕琢，用语用例都浅显生动，行文真率，具有朴素自然的美感风貌。与当时文坛盛行的繁缛偶俪之文形成了鲜明对照，在东汉散文中独树一帜。

魏晋南北朝

270.《文赋》是谁的代表作品？

陆机（261—303），字士衡，吴郡（今江苏苏州）人。西晋太康文学代表人物之一。《文赋》是陆机总结前人和自身的创作经验所作的，第一篇详细论述文学创作过程的理论文章，在文学批评史上具有重要的意义。陆机认为，创作的来源是受外界事物的刺激和前人创作的启发。对文学的"感兴"，或者说"灵感"的概念做了较为详尽的描述。关于文体和风格的问题，陆机认为，人们性格不同，对文风的好恶也会不同。而文体的不同更意味着风格的不同。"诗缘情而绮靡，赋体物而浏亮，碑披文以相质，诔缠绵而凄怆，铭博约而温润，箴顿挫而清壮，颂优游以彬蔚，论精微而朗畅，奏平彻以闲雅，说炜晔而谲诳。"他把文体分为十类，对后世文体的分类有深刻影响。关于《文赋》的影响和价值，清代学者章学诚曾说："刘勰氏出，本陆机氏说而昌论文心。"章氏认为刘勰的《文心雕龙》实际上是脱胎于陆机的《文赋》。虽然《文心雕龙》的规模与理论显然比《文赋》更为完整，但确实可见陆机文学思想的痕迹。

271.《三都赋》的作者是谁？

左思（250？—305？），字太冲，西晋太康文学的代表人物。左思出身寒门，貌丑口讷。《世说新语》记载了这样一则关于左思的小故事：左思相貌丑陋，而且不修边幅。他却学着当时有名的美男子潘岳出游，招摇过市，结果路上的妇人都对他吐唾沫，左思只好灰溜溜地回家了。左思虽丑，但很有才。他的《咏史诗》八篇，享誉文坛。而帮他在当时赢得声名的却是《三都赋》。左思妹妹左棻被选入宫，左思得以移家洛阳。为了在洛阳立足，左思闭门写作，家里到处放着纸笔，想到一个好句子就随手记下来。历时十载，终于写成了《三都赋》。皇甫谧看了之后盛赞其才情。原本有意写作《三都赋》的陆机在看过左思的作品之后更是将自己的手稿都烧掉，认为自己不可能写得比左思好了。一时之间，洛阳的豪贵之家竞相传抄，以至于纸张供不应求，价格飞涨。这就是"洛阳纸贵"典故的来源。《三都赋》分别是《吴都赋》《魏都赋》及《蜀都赋》。上承司马相如《子虚赋》《上林赋》，张衡的《两京赋》而来，但避免了汉大赋中夸饰铺排的成分，尽量真实地反映了三国的经济、政治及文化面貌，既有着较高的文学水平，又有着重要的历史价值。

272.《兰亭集序》主要写的是什么？

晋穆帝永和九年（353年）三月三日，王羲之与谢安、孙绰等好友在会稽山兰亭集会，饮酒赋诗，所作诗编成《兰亭集》，王羲之为之作序曰《兰亭集序》。《兰亭集序》在历史上享有盛名的原因一方面是因为王羲之的书法，另一方面，这篇序的文笔也与王羲之书法相得益彰。序的前半段记述了这次雅集的概况，写山川之美，饮酒吟咏之乐。后半部分由眼前之乐联想到人生短促，以感慨作结，余韵悠长。全文骈散相间，文气流转自然。

273. 骈文是一种怎样的文体？

骈文，与散文相对，又称骈体文。起源于汉魏，兴盛于六朝，唐宋多用于公文写作，又称"四六文"，清代有复兴之势。南朝代表作家有徐陵、庾信。唐代李商隐、温庭筠、段成式也是骈文大家，因三人皆排行十六，所以并称"三十六"，所作骈文被称为"三十六体"。与散文相对，骈文在形式上有了更多的要求和限制。骈文与散文最为明显的区别在于句式，骈文以四言、六言句式为主，并要求两两对仗。而散文则是杂言，在对仗上也没有特别要求。其次，在声律上，散文韵律自由，而骈文则有平仄规则。骈文还要求使用典故，辞藻华美。因此骈文又被称为美文。骈文是六朝崇尚绮丽文风的产物。摘采铺文的骈体文在早期展示了文人深厚的文学素养和卓绝的创作技能，体现了六朝文学雍容华美的风貌。但对形式的片面追求影响了内容的表达，使得骈文逐渐走向空洞与呆板，对偶与典故的堆砌往往成为文人夸耀才情的手段。因此，在唐宋时期，文坛开始了一场反对骈文的复古运动。到清代，骈文重新受到文人的青睐。李兆洛编有《骈文类钞》。前辈学者瞿兑之的《骈文概论》、刘麟生的《骈文史》，今人学者姜书阁的《骈文史论》、于景祥的《独具魅力的六朝骈文》、钟涛的《六朝骈文的艺术形式与文化内蕴》等著作都是帮助了解骈文的参考书。

274.《文选》是由谁编的？

《文选》，是梁代昭明太子萧统所编的文集。全书三十卷，收录自先秦至齐梁间七百余篇作品，全部按文体分类编排，每类所选，都是当时的名篇佳作，具有明显的示范作用。《文选》一共分三十七种文体，分别是：赋、诗、骚、七、诏、册、令、教、策文、表、上书、启、弹事、笺、奏记、书、檄、对问、设论、辞、序、颂、赞、符命、史论、史述赞、论、连珠、箴、铭、诔、哀、碑文、墓志、行状、吊文、祭文等。这样的文体分类较曹丕的"四科八目"、陆机的十类已经细密了许多。昭明太子在序文中提到，《文选》的选录标准是"事出于沉思，义归乎翰藻"，说明《文选》是既看重思想内容，又注重辞藻文采的。《文选》的意义不仅在于保存了极为丰富的文学作品，更是树立各类文体的典范。因此，在中国文学史上，《文选》始终是一部被后人广泛深入研究的典籍，关于《文选》的研究，被称为"文选学"或"选学"。唐代李善对《文选》的典章制度和名物训诂做了考释。玄宗时期，又有吕延济、刘良、张铣、吕向、李周翰等五位文臣为《文选》做注解。宋代将李善注与五臣注合刻成一本书，统称《六臣注文选》。

275.《文心雕龙》的作家是谁？

《文心雕龙》是南朝刘勰所撰的一部文学批评著作。全书共十卷，五十篇。《原道》《征圣》《宗经》《正纬》是总论，接下来从文体、创作、鉴赏等方面分别论述。《文心雕龙》全面地总结了梁代以前的文学成果，在文体观、文学史观、风格论、文学鉴赏和批评等方面提出了系统而严密的文学理论，是中国文学批评史上第一部体大而虑周的文学理论专著。同时，《文心雕龙》受南朝文风的浸润，以骈文写成，本身也是一部优美的文学作品。但是《文心雕龙》以骈文论理，能做到既讲究辞采，又能以辞达意。书中对仗工整的骈句对论述的圆融通达有所助益。典故的运用增加了文章内容的厚度与张力。声律的宛转也使得全文朗朗上口。唐代刘知几以骈文写作史学理论著作《史通》多受其影响。范文澜《文心雕龙注》、詹锳《文心雕龙义证》是阅读《文心雕龙》较好的读本。

276."徐庾"是谁？

"徐庾"是南朝文学家徐陵与庾信的并称。徐陵（507—583），字孝穆，东海郯县

(今山东郯城)人。父徐摛,晋安王萧纲侍读,宫体诗代表作家。徐陵八岁能撰文,十二岁通《老》《庄》,博涉史籍,有口才。梁武帝时,任东宫学士。徐陵选编了《玉台新咏》,收录东周至梁代诗歌共六百九十篇,保存了许多优秀的诗歌作品,如汉乐府民歌《陌上桑》《孔雀东南飞》等。同时,徐陵的《玉台新咏序》以骈文写成,全文轻艳靡丽,是南朝宫体文风的典型代表。

庾信(513—581),字子山,南阳新野(今河南新野)人。父庾肩吾,为晋安王萧纲侍从,宫体诗代表作家。庾信的前半生在南朝度过,武帝时任东宫抄撰学士,在文坛脱颖而出,得与徐陵齐名。文坛一时争相仿效"徐庾体",即徐、庾父子作为东宫文学侍从时所作的风格绮艳流丽的诗文。四十二岁的庾信出使西魏,因江陵陷落而不得南归,历仕西魏、北周。但"虽位望通显,常有乡关之思"。这一时期的诗文多为思乡的哀怨之辞,情感深切,笔调苍劲,杜甫有诗称赞云:"庾信文章老更成,凌云健笔意纵横。"

277.《归去来兮辞》是谁写的?

《归去来兮辞》是晋代文学家陶渊明所作的辞赋。陶渊明(365—427),字元亮,后更名潜,浔阳柴桑(今江西九江)人。曾做过小官,因生计所迫,出任彭泽令。但仅上任八十余天,便不堪忍受官场缛节,弃官返乡。从此隐居躬耕,终其一生。《归去来兮辞》就是在他辞去彭泽令,归隐乡间后所写的。这篇辞赋由序和辞两部分组成。在序言中,陶渊明说明写作这篇辞赋的原因与时间。正文则围绕适性自然的话题展开,以"归去来兮"四个字领起全文。先表达了陶渊明"觉今是而昨非"的彻悟,然后铺叙回家的经过和隐居的闲适,最后归结到"聊乘化以归尽,乐夫天命复奚疑"的题旨。全文结构精巧,语词自然,具有清丽之美。

278.《桃花源记》表达的是一种怎样的情感?

《桃花源记》是陶渊明归隐之后所作的散文,与《归去来兮辞》同负盛名。这是一篇虚构性很强的散文,有着文言小说的意味。故事结构完整,情节生动,语言则简洁短小,较好地表现了故事的神秘色彩与起伏曲折的情节。陶渊明借这个故事要表达的是身处动荡时代对宁静平和的田园生活的向往。

唐 宋

279. 古文运动的发起人是谁？

"古文"这一概念最早由韩愈提出，是与"时文"即骈文相对的文体概念。它的特征在于散行单句，不拘格式，不同于骈文讲究排偶、音律、辞藻和典故。实质是复归先秦两汉文章的传统，与散文异名而同质。在韩愈、柳宗元等人的大力倡导下，从唐贞元到元和的二三十年间，古文逐步压倒骈文，成为了文坛的主要风尚，这就是文学史上的"古文运动"。"古文运动"一方面是儒学复古运动的产物。唐代从章句之学回归义理的探讨，促成了儒学的复兴。重新建立的道统需要有新的载体予以传播，受形式束缚的骈文显然不能适应历史的需求，因此古文重受重视。另一方面这也是唐代涤荡齐梁靡艳文风的必然要求。唐初陈子昂率先提出了诗歌复古的主张，以抵制六朝余风。萧颖士、李华、元结、独孤及、梁肃、柳冕等人致力于古文写作，可谓"古文运动"的先驱。韩愈正式提出了"文道合一"，开创了与六朝文坛全然不同的理论与创作局面。他要求文章言之有物，包举思想内涵和精神力量，以形成文气。还主张文章语言新颖，勿因袭守旧，文句应妥帖流畅。柳宗元也是唐代古文运动的推举者和实践者。他的古文理论与古文创作对古文运动的展开起到了极大的推动作用。古文运动的影响一直延续到宋代，欧阳修、王安石、苏轼等人衍其余波，将散文创作推上了一座高峰。

280. "韩柳"是指哪两位文学家？

"韩柳"是唐代文学家韩愈、柳宗元的并称。韩愈、柳宗元都是唐代古文运动的倡导者与践行者。韩、柳二人在散体文创作上有着众多的开拓，首先是建立了新的散文美学规范。韩愈、柳宗元虽反对骈文的雕琢绣绘，但并不重视散文的辞采和技巧，而是借鉴和吸收了骈体文的优长，熔铸一新，形成了长短错落、声调铿锵、文气浑灏的散文风格。在语言上，韩愈善于锻炼和创新，写出了许多新颖活泼的词语，比如"蝇营狗苟""崭露头角""弱肉强食""大放厥词"等成语，都是出自韩愈散文中。在结构上，韩愈构思巧妙，善于通过比喻、排比、细节描写来丰富文章的形象性和感染力，往往"一波未平，一波已作"，波澜起伏，抑扬开阖，变化多端。其次，韩、流二人对散文的贡献还在于将浓郁的情感注入其中，极大地强化了作品的抒情特征和艺术魅力，提升了散文的文学性。韩愈的散文感情激越而气魄雄放，柳宗元的散文情感内敛而简古峭拔。两者都因为精神气脉和情感内涵的贯注，散文展现出鲜明的个性特征，这是难能可贵的。韩愈、柳宗元二人先后创作了八百多篇散文，包括政论、书启、赠序、杂说、传记、祭文、墓志、寓言、游记等。韩愈散文有：《原道》《原性》《原人》《师说》《进学解》《送穷文》《杂说》《祭十二郎文》《送孟东野序》《柳子厚墓志铭》等。苏轼誉之"文起八代之衰"。柳宗元的山水游记最为著名，如《永州八记》。

281.《祭十二郎文》是谁写的？

《祭十二郎文》是韩愈所作的著名的抒情散文。文中"十二郎"是韩愈的侄儿，不幸早逝，韩愈在悲恸中写下了这篇祭文。哀吊之文，前人大多用骈体或四言韵文写作，目的在于借整齐的形式来塑造庄肃的感觉。但是韩愈选用了散体的方式来抒写，以诉说的口吻，将怀念与哀吊之情娓娓道来。文章从家族的衰落说起，写到自身的未老先衰，再写亡者之早夭，又想到生死之数与后嗣的成长，内心辛酸不已。中间一段写刚听到噩耗时将信将疑，不愿相信又不得不信的心理，透露出作者恳挚的骨肉之情，字里行间，凄楚动人。且多用语气助词，句式长短变化不一，错落相杂，很好地表现了感情的起伏变化。整篇文章浅近如话，却感人肺腑。明代文学家茅坤评价这篇祭文说："通篇情意刺骨，无限凄切，祭文中千年绝调。"

282.《进学解》的作者是谁？

《进学解》是韩愈散文名篇。文章借鉴了东方朔《答客难》和扬雄《解嘲》的俳谐方式，假托向学生训话，总结自己修行德业的经验，论述学与行、文与道、学习与个人前途的关系。第一段是先生勉励生徒的话。告诫学生要勤于问学。第二段则是学生对老师教诲的质问。采用的是欲抑先扬的手法，先揄扬老师的学业、儒道、文章与为人，节奏整齐分明，语气流荡重叠，气势层层递进。为接下来的转折作了有力的铺垫。借着学生发问老师虽然精于学业，为什么还是境遇不济。第三段老师回答了学生的疑问。量才而用，任人以贤是"宰相"的用人之方，但也有像孟子、荀子那样的圣人之徒怀才不遇。比起那些圣人自己的遭遇也算不上什么了。我们能做的是不断提高自己的才能，而其他的事还是交给选才的人去考虑。韩愈把自己的困惑与劝慰之辞分别借生徒与老师之口说出来，抽丝剥缕，有理有据。

283.《捕蛇者说》主要写的是什么？

《捕蛇者说》是唐代文学家柳宗元所作的一篇论说文。唐王朝经历安史之乱后，由盛转衰。中唐以后赋税加重，苛捐杂税使得民不聊生。柳宗元在永州任司马期间，亲眼见证了底层老百姓的苦痛生活。《捕蛇者说》写的就是永州百姓不堪赋税之苦的事情。文章以"异蛇"切入，在第一段着重突出了蛇有剧毒的特点，与永州百姓争相捕蛇以抵赋税形成强烈的对比。第二段借蒋氏之口，叙述了捕蛇者凶险而悲惨的遭遇。作者仍然运用对比的方式，"捕蛇者存"与乡亲"非死即徙"的对比，捕蛇者"弛然而卧"与乡亲惊恐对比，捕蛇者"一岁之犯死者二"和乡亲"旦旦有是"对比，突出捕蛇者以身犯险的难处，从反面说明了赋税之毒。第三段是议论与抒情的结合。作者一方面感叹赋税毒于蛇，同情百姓的艰辛生活；另一方面也表达了自己的无奈，只能期待借此文章来获得关注。一个简单的故事，一篇短小的散文，因为柳宗元的精心结构，才有了极强的感染力和文学性。文章主要是通过对比来逐步加深读者对赋税之毒的印象与体会。先事后理，条理清晰。

284."永州八记"是哪八篇山水游记？

"永州八记"是唐代文学家柳宗元在永州期间所作的八篇山水游记，分别是《始得西山宴游记》《钴鉧潭记》《钴鉧潭溪小丘记》《至小丘西小石潭记》《袁家渴记》《石渠记》《石涧记》《小石城山记》。唐顺宗永贞元年，柳宗元参加了王叔文领导的政治革新运动，革新失败，王叔文被杀，柳宗元被贬为绍州刺史，未及任又贬为永州司马。这八篇游记就创作于永州任上。永州长期的苦闷生活，柳宗元只有寄情山水，才能缓解一二。所以他游历了永州的山川美景，并将所见所闻所感写成了游记。柳宗元将山林溪石写得生动逼真，神妙入微，语言极其鲜活、凝练而精致。但他的游记不仅是对自然的描绘，更蕴含着自己痛苦的感受与抑郁的情怀。他写小石潭"凄神寒骨，悄怆幽邃"，钴鉧潭小丘被人遗弃，无不是自身心境的投射。这是山水文学的一种发展。同时，柳宗元的游记还善于谋篇布局，运用虚实相生、夹叙夹议的手法，使文章开阖变化，意趣无穷。

285.《滕王阁序》中的滕王阁在哪里？

《滕王阁序》，全称《秋日登洪府滕王阁饯别序》，是唐代文学家王勃所作的骈文名篇。"王勃(649—676),字子安,绛州龙门人。与杨炯、卢照邻、骆宾王以诗文齐名,并称"初唐四杰"。滕王阁位于江西省南昌市赣江滨,是唐高祖之子滕王李元婴任洪州都督时开始建造的。王勃省父,路经南昌,会逢洪州牧阎伯屿宴群僚于阁中。阎公命众人即席赋诗。王勃于是写下了这篇千古名作。序文首先交待了滕王阁的历史沿革、地理位置和周围环境。紧接着描绘了滕王阁雄伟壮丽的景象,又状写宴会高雅而宏大的气势,最后抒发了自己的感慨情怀。全文情景交融、气势恢宏、文辞优美,更留下了"落霞与孤鹜齐飞,秋水共长天一色"这样的锦句。堪称初唐骈文的典范之作,也是六朝美文流风余韵的代表。

286.《阿房宫赋》表达的是怎样的思想感情?

《阿房宫赋》是唐代文学家杜牧创作的一篇借古讽今的赋体散文。杜牧(803—853),唐代诗人。字牧之,京兆万年(今陕西西安)人,宰相杜佑之孙。太和二年(828年)进士,曾为江西观察使、宣歙观察使沈传师和淮南节度使牛僧孺的幕僚,历任监察御史、黄州、池州、睦州刺史,后入为司勋员外郎,官终中书舍人。有诗名,和李商隐合称"小李杜"。《阿房宫赋》作于唐敬宗宝历元年(825年)。当时敬宗即位后大造宫室,荒淫无度。杜牧不满敬宗的所作所为,便借此赋来进行讽谏。阿房宫是秦始皇父子刮尽民脂民膏修建的庞大宫殿,从公元前212年开始营造,到公元前206年工程还未全部完工,项羽攻入咸阳,把它烧成了灰烬。文章通过铺叙阿房宫的华丽与豪奢,借秦王朝的灭亡来规劝唐朝统治者,发出"秦人不暇自哀,而后人哀之,后人哀之而不鉴之,亦使后人而复哀后人"的警告。文章前三段为骈偶韵文,最后一段为散文,叙述与议论紧密结合,词句跌宕,富于变化。

287.《陋室铭》的作者是谁?

《陋室铭》是唐代文学家刘禹锡的作品。刘禹锡(772—842),字梦得,洛阳人。任监察御史期间,曾经参加了王叔文的"永贞革新",反对宦官和藩镇割据势力。革新失败后,被贬为安徽和州通判。《陋室铭》就是在被贬谪后所写的。开篇以山水起兴,目的在于引出全文主旨"斯是陋室,惟吾德馨"。接下来描写了居室的日常生活场景。因为主人德行的高尚,所以陋室之居也可以高雅闲适。这篇不足百字的短文,含而不露地表现了作者安贫乐道、洁身自好的高雅志趣和不与世事沉浮的独立人格。铭,起初为刻在器物上的文字,后发展为一种文体,多用骈文写成,《文心雕龙》有

"铭箴"篇云："夫箴诵于官，铭题于器，名目虽异，而警戒实同。"可见铭的作用在于警戒或者纪念。

> 山不在高，有仙则名。水不在深，有龙则灵。斯是陋室，惟吾德馨。苔痕上阶绿，草色入帘青。谈笑有鸿儒，往来无白丁。可以调素琴，阅金经。无丝竹之乱耳，无案牍之劳形。南阳诸葛庐，西蜀子云亭。孔子云：何陋之有？
>
> 刘禹锡《陋室铭》

288. "唐宋八大家"是哪八位古文名家？

唐宋八大家，又称唐宋古文八大家，是唐代韩愈、柳宗元和宋代欧阳修、王安石、苏洵、苏轼、苏辙、曾巩八位古文家的合称。韩愈、柳宗元是唐代古文运动的领袖，而欧阳修、三苏则是宋代古文运动的核心。明初朱右选韩、柳等人的古文为《八先生文集》。明末茅坤编选《唐宋八大家文钞》，"唐宋八大家"之名得以流传开来。宋代古文家中，欧阳修引领了一代诗文风尚。王安石（1021—1086），字介甫，号半山，又称荆公。王安石古文学孟子、韩愈，文章能"力去陈言"，"词简而精"，并以说理见长。代表作有《答司马谏议书》《上仁宗皇帝言事书》等。游记如《游褒禅山记》也是议论多于述景。因此，梁启超说王安石之文是"学人之文"，而八大家其余七人都是"文人之文"。有《临川先生文集》传世。苏洵（1009—1066），字明允，苏轼之父，古文纵横驰骤，以论兵见长，善于"指事析理，引物托喻"，能"烦而不乱，肆能不流"，有《老全先生文集》。苏辙（1039—1112），字子由，苏轼之弟，学问深受父兄影响，善政论和史论。文风稳健淡泊。其作《上枢密韩太尉书》《上曾参政书》《答黄庭坚书》多为人称道，有《栾城集》。曾巩（1019—1083），字子固。师事欧阳修，与王安石为好友。曾巩文章质朴，善于记叙，条理分明，纡徐简奥。文章收录于《元丰类稿》中。清代古文家归有光、唐顺之推崇唐宋八家古文，因此被称为唐宋派。

289. 欧阳修的代表作品有哪些？

欧阳修（1007—1072），字永叔，号醉翁，晚年又号六一居士，庐陵人。宋代文学史上最早开创一代文风的文坛领袖。晚唐骈文卷土重来，李商隐、段成式、温庭筠等人致力骈文写作，一时文坛重新被靡艳之风笼罩。宋初杨亿等人仿效李商隐而创西昆体，文风淫巧侈丽。宋初又有"太学体"，以古文反对骈俪，但文风艰涩险怪，有感于此，欧阳修提出了诗文革新的口号，接续唐代韩、柳的古文运动，并提出了适应宋代文学发展的新理论。欧阳修认为，西昆之风固然要涤清，但重道轻文的"太学体"的取向也有所偏颇，应该文道并重，承认文的独立性质。欧阳修散文取法韩、柳，但学其自然，而弃其险怪，能自出机杼，不因循蹈袭。欧阳修的政论文既能发实质之议论，鞭辟入里，又具有文学艺术性，慷慨陈词，感情激越。如《朋党论》，针对保守势力污蔑范仲淹等人结为朋党的言论，提出"小人无朋，唯君子则有之"的论点，有力驳斥了政敌的谬论。欧阳修的记叙文如历史散文《五代史记》、亭台记、哀祭文、碑志文等都有着充实的内容。如《丰乐亭记》，对滁州的历史故事、地理环境以及风土人情都作了细致的描写。在欧阳修的笔下，散文的实用性与审美性得到了较好的结合。散文的叙事、议论、抒情功能也得到了充分的发挥。

290.《醉翁亭记》的创作背景是怎样的？

《醉翁亭记》是欧阳修的散文作品。宋仁宗庆历五年（1045年），欧阳修因声援范仲淹等人推行的"庆历新政"而被贬至滁州任知州。《醉翁亭记》作于滁州任上第二年。全文一共分四段。第一段写醉翁亭之所在，以"环滁皆山也"五字领起，将滁州的地理环境一笔勾出。之后转向叙事抒情，结尾点出"醉翁之意不在酒，在乎山水之间也。山水之乐，得之心而寓之酒也"的命意。第二段，分述山间朝暮四季的不同景色。第三段写滁人的游乐和太守的宴饮。第四段，写宴会散、众人归的情景。文章结构精巧，前呼后应。语言凝练，格调清丽。句式骈散结合，声调铿锵顿挫，以一个"乐"字贯穿全篇，"醉翁之意不在酒，在乎山水之间也"的题旨，是作者有意将政治失意，仕途坎坷的内心抑郁和苦闷寄情于山水之间，消融于与民同乐之间，表现了随遇而安、与民同乐的旷达情怀。茅坤《唐宋八大家文钞》评之曰："文中之画。昔人读此文谓如游幽泉邃石，入一层才见一层，路不穷兴亦不穷，读已令人神骨翛然长往矣。此是文章中洞天也。"

291."先天下之忧而忧，后天下之乐而乐"的出处是哪部作品？

《岳阳楼记》是北宋文学家范仲淹应好友巴陵郡太守滕子京之请，于北宋庆历六年（1046年）九月十五日为重修岳阳楼写的。范仲淹（989—1052），字希文，苏州吴县人。范仲淹在文中用多个四字短句，从不同时节、气候描写了洞庭湖的胜状，气象壮观，感情激昂。最后一段抒情与议论相结合，由景及情，由古及今，点出"不以物喜，不以己悲"的主旨，更表达了"先天下之忧而忧，后天下之乐而乐"的高超情怀，使得全文在内容与情感上都得到了升华。庆历四年，滕子京贬谪巴陵，庆历六年，范仲淹亦被贬出京。范仲淹在此间应滕子京之请，而作此文，有着劝勉友人，兼劝慰自己的意思。全文记叙、写景、抒情、议论融为一体，动静相生，明暗相衬，文辞简约，音节和谐，用排偶章法作景物对比，是难得的美文。文中"先天下之忧而忧，后天下之乐而乐""不以物喜，不以己悲"更是成为流传甚广的名句。

292.《爱莲说》的作者是谁？

《爱莲说》是宋代理学家周敦颐所写的散文。周敦颐（1017—1073），字茂叔，号濂溪先生。这篇文章分为二部分：前一部分主要描写莲花高洁的形象；第二部分则赋予莲花以人格品性。《爱莲说》可以说是简要直切。全文不到一百五十字，所表现的内容却是丰富的。这里有爱花史的概述，有对莲花的描绘，有对菊花、牡丹的品评，还有自己感情的抒发。作者运用拟人化的手法，赋予了花儿各自不同的思想性格和品德情操。菊花，是隐逸者的形象；牡丹，是富贵者的形象；而莲花则是美的理想的化身。它像亭亭玉立的少女，娴静多姿；又像高洁不凡的雅士，风度翩翩；还像洁身自好的君子，清高傲世。这是托物言志的手法。文章从"出淤泥而不染"起，以浓墨重彩描绘了莲的气度、莲的风节，寄予了作者对理想人格的肯定和追求，也反映出作者鄙弃贪图富贵、追名逐利的世态的心理和自己追求洁身自好的美好情操。在文章结尾，作者一叹真正隐逸的高士极少，二叹品格高尚的君子罕见，三叹贪慕富贵的俗人很多，这使文章更具思想特色。

水陆草木之花，可爱者甚蕃。晋陶渊明独爱菊。自李唐来，世人甚爱牡丹。予独爱莲之出淤泥而不染，濯清涟而不妖，中通外直，不蔓不枝，香远益清，亭亭净植，可远观而不可亵玩焉。予谓菊，花之隐逸者也；牡丹，花之富贵者也；莲，花之君子者也。噫！菊之爱，陶后鲜有闻。莲之爱，同予者何人？牡丹之爱，宜乎众矣！

周敦颐《爱莲说》

293. 苏轼的议论文作品有哪些？

苏轼（1037—1101），字子瞻，号东坡居士。眉山人。苏轼是宋代文学大家，在诗、词、散文、书、画等方面都取得了很高的成就。其散文著述宏富，豪放自如，与欧阳修并称"欧苏"，为"唐宋八大家"之一。苏轼的文学思想是文、道并重。首先，苏轼认为文章的艺术具有独立的价值。文章并不仅仅是载道的工具，其自身的表现功能便是人类精神活动的一种高级形态。其次，苏轼心目中的"道"不限于儒家之道，而是泛指事物的规律。苏轼的散文呈现出多姿多彩的艺术风貌。他广泛地从前代的作品中汲取艺术营养，包括孟子和战国纵横家的雄放气势、庄子的丰富联想和自然恣肆的文风。苏文的风格则随着表现对象的不同而变化自如，像行云流水一样的自然、畅达。苏文气势雄放，语言却平易自然，这正是宋文异于唐文的特征之一。苏轼擅长写议论文。他早年写的史论有较浓的纵横家习气，如《贾谊论》《范增论》。这些史论在写作上善于随机生发，翻空出奇，表现出高度的论说技巧，成为当时士子参加科场考试的范文，所以流传极广。苏轼早年的政论文也有类似的风格特点，内容上有的放矢，言词则剀切沉着，接近于贾谊、陆贽的文风。杂说、书札、序跋等议论文，更能体现苏轼的文学成就。这些文章同样善于翻新出奇，但形式更为活泼，议论更为生动，而且往往是夹叙夹议，兼带抒情。它们以艺术感染力来加强逻辑说服力，所以比史论和政论更加具备美文的性质。苏轼的叙事记游之文，叙事、抒情、议论三种功能更是结合得水乳交融。

294.《前赤壁赋》表达了作者怎样的思想情感？

《前赤壁赋》是宋代大文学家苏轼于宋神宗元丰五年（1082年）贬谪黄州（今湖北黄冈）时所作的赋。此赋记叙了作者与朋友们月夜泛舟游赤壁的所见所感，以作者的主观感受为线索，通过主客问答的形式，反映了作者由月夜泛舟的舒畅，到怀古伤今的悲咽，再到精神解脱的达观。全赋在布局与结构安排中映现了其独特的艺术构思，情韵深致、理意透辟，在中国文学上有着很高的文学地位，并对之后的赋、散文、诗产生了重大影响。全文不论抒情还是议论始终不离江上风光和赤壁故事，形成了情、景、理的融合。此文既保留了传统赋体的那种诗的特质与情韵，同时又吸取了散文的笔调和手法，打破了赋在句式、声律的对偶等方面的束缚，更多是散文的成分，使文章兼具诗歌的深挚情韵，又有散文的透辟理念。散文的笔势笔调，使全篇文情郁郁顿挫，如"万斛泉涌"喷薄而出。意象连贯，结构严谨。景物的连贯，不仅在结构上使全文俨然一体，精湛缜密，而且还沟通了全篇的感情脉络，起伏变化。景物的反复穿插，丝毫没有给人以重复拖沓的感觉，反而在表现人物悲与喜的消长的同时再现了作者矛盾心理的变化过程，最终达到了全文诗情画意与议论理趣的完美统一。

295.《美芹十论》的作者是谁？

《美芹十论》是南宋辛弃疾所作的政论文。辛弃疾（1140—1207），字幼安，号稼轩居士，历城（今山东省济南）人。在辛弃疾出生前的十三年，山东一带已被金兵侵占。辛弃疾二十一岁参加抗金义军，次年奉表归南宋。辛弃疾一生坚决主张抗击金兵，收复失地。《美芹十论》是他献给孝宗的军事策略。"美芹"用的是《列子·扬朱》的典故。有人向同乡富豪赞美芹菜好吃，结果富豪吃了反倒嘴肿闹肚子。后人以"献芹"称所献之物菲薄，以示诚意。辛弃疾用"美芹"实际上是表示自己认为他的军事策略是很好的，但皇帝不一定会喜欢。自从辛弃疾献了《美芹十论》之后，人们就把"美芹"和"悲黍"共同称作忧国忧民，悲国家之颠覆的代名词了。从此美芹有了特定深远的含义了。十论分别为：《申势》《察情》《观衅》《自治》《守淮》《屯田》《致勇》《防微》《久任》及《详战》。

296. 骈文又称什么？

四六，骈文的别称。"四六"之称大约起于中、晚唐之间。柳宗元《乞巧文》形容骈文句式中说"骈四俪六，锦心绣口，宫沉羽振，笙簧触手"，便以四六句为骈文主要特点。晚唐李商隐得令狐楚的传授，擅长骈体章表奏记，自编成《樊南甲集》，称之"樊南四六"。后又编《樊南乙集》，即称骈文为"四六"。此后，"四六"之称便流行了。到宋代，骈文的四六句格式更为定型，"声律极其精切"。一些评论骈文的专著也往往以"四六"为题，如王铚《四六话》、谢伋《四六谈麈》等。南宋四六名家有汪藻、洪适、周必大。汪藻拜翰林学士，朝廷诏令多出自他手。汪藻诏令与唐代陆贽的诏令一样，既明畅洞达，曲尽情事，又具有激动人心的情感内蕴，如《皇太后告天下手书》。陆游、杨万里也善写四六文，南宋中后期四六作家还有李刘、李廷忠、真德秀、刘克庄等人。总的来说，宋代四六文端重典雅，是宋代文学中的一种重要文体。

元 明 清

297. 台阁体是指什么？

明初杨士奇（1365—1444）、杨荣（1371—1440）、杨溥（1372—1446）三人皆官至

尚书、大学士，居内阁数年之久。他们所作的诗文被称为"台阁体"。他们的诗文多歌功颂德、阐道辅教之作，就是纯粹写个人生活的作品也缺乏激情，多舒缓、平淡，甚至冗沓。《四库全书总目·杨文敏集提要》谓杨荣之文"具有富贵福泽之气，应制诸作，泂泂雅音；其他诗文，要皆雍容平易，肖其为人。虽无深湛幽眇之思，纵横驰骋之才，足以震耀一世，而迤逦有度，醇实无疵，台阁之文所由与山林枯槁者异也。"《四库提要》所说的台阁文的特征其实是与杨士奇、杨荣等人的政治身份和学问修养以及生活环境相关的。如杨士奇的《甘露赋并序》《永乐二十二年进士题名记》《务勤堂记》《退思斋记》等都是"关乎世教"的盛世之文。由于三人身份、地位的原因，他们的诗文影响甚大，模仿者越来越多，一时风靡文坛。弘治朝宰相李东阳是台阁体的代表。

298. 前七子的文学主张是什么？

前七子是明弘治、正德年间（1488—1521）的文学流派。成员包括李梦阳、何景明、徐祯卿、边贡、康海、王九思和王廷相七人，以李梦阳、何景明为代表。七个人都是进士，多负气节，对腐败的朝政和庸弱的士气不满，强烈反对当时流行的台阁体诗文和"啴缓冗沓，千篇一律"的八股习气，主张以复古来革新文风。李梦阳提出"文必秦汉，诗必盛唐"的观点，认为作文应师法秦汉，并提出"文必有法式，然后中谐音度"的师法原则。李梦阳论文推崇秦汉："西京之后，作者勿论矣"。李梦阳还贬斥文学主理现象，提出文学创作应重视真情的表达。何景明主张对古人作品要"领会神情""不仿形迹"，以达到"达岸舍筏"的目的。康海、王九思主要成就在散曲、杂剧，诗多率直。边贡、王廷相短诗清新、明快，但总体成就较逊色。前七子的文学主张和创作实践都有现实意义，有力地肃清了台阁体造成的空疏之风。但由于过分强调复古，文学的创造性显得不足，有的甚至沦为"高处是古人影子耳，其下者已落近代之口"，给文坛带来新的流弊。

299. 后七子的代表作家有哪些？

《明史·文苑三·李攀龙传》称李攀龙、谢榛、王世贞、宗臣、梁有誉、徐中行、吴国伦等人倡为诗社，有"七才子"之称。为区别"前七子"，故称"后七子"。"后七子"在嘉靖、隆庆年间提倡诗文复古，其诗文主张基本是"前七子"的继续，而影响更过之。其中，李攀龙的成就主要在诗，王世贞则诗文兼擅，是七人中散文的代表作者。王世贞（1526—1590），字元美，号弇州山人。王世贞谓"西京之文实，东京之文弱""六朝之文游""唐之文庸""宋之文陋""元无文"。为文应效法"秦汉"。持论有些偏颇，但其创作确实自具特色。王世贞的记序、题跋之作，多能体现他博综典籍，谙习掌故的特点。如《仲宣楼记》不同以往古人述沿革、抒观感的写法，而是证以典籍，考辨史实，融记事与考辨于一文中。

300. 归有光是谁？

归有光（1507—1571），字熙甫，号震川，昆山人。明代中叶，文坛上出现了前、后七子的复古运动，对扫除台阁体的文风有一定作用。但至嘉靖年间，已流为盲目尊古倾向。王慎中、茅坤、唐顺之等人起而抵制，提倡唐宋古文，被称为唐宋派，归有光为其领袖。归有光反对拟古，多从形式着眼，并未达到内容上的真正革新。他的作品以散文为主，十之八九为经解、题跋、议论、赠序、寿序、墓志、碑铭、祭文、行状以及制义之作，其中有些作品表现了对当时政治的不满，有些作品表现出对人民的同情。在若干记叙、抒情散文中，能做到"无意于感人，而欢愉惨恻之思，溢于言语之外"。归有光的散文"家龙门而户昌黎"，博采唐宋诸家之长，继承了唐宋古文运动的传统，同时又在唐宋古文运动的基础上有所发展。他进一步扩大了散文的题材，把日常生活中的琐事引进了严肃的"载道"之古文中来，使之更密切地和生活联系起来。这样，就容易使文章写得情真意切，平易近人，给人以清新之感。尤其是一些叙述家庭琐事或亲旧的生死聚散的短文，写得朴素简洁、悱恻动人，"使览者恻然有隐"。他的散文名作，如《项脊轩志》《先妣事略》《思子亭记》《女二二圹志》等，均未超过千字。《寒花葬志》为悼念夭殇小婢而作，全文共112字，但以两个细节勾勒婢女形象，写出庭闱人情，极为凝练。散文收录于《震川先生集》。

301.《项脊轩志》的作者是谁？

《项脊轩志》是明代文学家归有光的作品。归有光的远祖曾居住在江苏太仓的项脊泾。作者把小屋命名为项脊轩，有纪念意义。"志"即"记"，是古代记叙事物、抒发感情的一种文体。借记物、事来表达作者的感情。文章以项脊轩的前后变化为线索，写出一系列家庭琐事，表现了作者对家道衰落的惋惜心情和对死去的祖母、母亲、妻子的深切怀念，也表现了作者年青时刻苦读书、怡然自得的乐趣。文章所记的一切，都紧扣项脊轩来写，而以"悲""喜"作为贯串全文的意脉。作者善于抓住具有特征的语言、行动和生活细节来表现人物，从不同的角度把人物写得栩栩如生，情态各别。善于从日常生活中选取那些感受最深的细节和场面，表现人物的风貌，寄托内心的感情，是归文的一大特色。全文语言质朴，感情含而不露，余味兴然。

302. 唐顺之的代表作品有哪些？

唐顺之（1507—1560），字应德，一字义修，号荆川。汉族，武进（今属江苏常州）人。他一方面多推崇三代、两汉文学传统，同时也肯定了唐宋文的继承和发展，提出学习唐、宋文"开阖首尾经纬错综之法"。在其选辑的《文编》中，既选了《左传》《国语》《史记》等秦汉文，也选了大量唐宋文，并从此逐步确立了"唐宋八大家"的历史地位。另一方面，唐顺之又提出诗文写作应"直据胸臆，信手写出"，要师法唐、宋而"卒归于自为其言"。要有"真精神"及"千古不可磨灭之见"。并以"未尝较声律、雕文句"的陶渊明与"用心最苦而立说最严"的沈约加以比较。唐顺之的文章实践了自己的主张，文风简雅清深，间用口语，不受形式束缚。如《信陵君救赵论》，立足于社稷，批驳以私义救人。"词严义正"、层层深入，环环相扣，如对席论辩，一气呵成而结构谨严。《明史》说唐顺之文章"洸洋纡折，有大家风"。他的记叙散文《任光禄竹溪记》，本应约为园写记，而着眼于园名的由来，赞扬竹"孑孑然有似乎偃蹇孤特之士，不可谐于俗"的品德。文笔清新流畅，别具一格，立意新颖。唐顺之其他记叙散文，大多有叙有议。往往叙中择其一点，引申开来，情思遐飞而哲理蕴其中，自然浑厚而畅达豁然。如《西峪草堂记》《书秦风蒹葭三章后》《永嘉袁君芳洲记》等。

303. 八股文是一种怎样的文体？

八股文是明清科举考试的一种文体，也称制义、制艺、时文、八比文。八股文章就四书五经取题，内容须用古人的语气，不允许自由发挥，而句子的长短、字的繁简、声调高低等也都要相对成文，字数也有限制。八股文的形式，最早可溯源于唐朝的"帖括"。所谓"帖括"，就是概括地默写某一种经书的注解。唐代虽以诗、赋取士，但并未完全废除读"经"。宋代自王安石秉政，以"经义"试士，学子任治一经，考试时发挥"经义"为文字，这不同于唐代专重记忆注疏原文，考试概括来书写答案的"帖经"，而是发挥对经文意义的理解来写文，因而名为"经义"。元代考试，用"经义""经疑"为题述文,出题范围,限制在《大学》《中庸》《论语》《孟子》四书中。这就是最早的八股文雏形了。明代朱元璋洪武三年,诏定科举法,应试文仿宋"经义"。成化年间,经多名大臣提倡,逐渐形成比较严格固定的八股文格式,八股文的格律形式就此形成了。八股文就是指文章的八个部分,文体有固定格式:由破题、承题、起讲、入题、起股、中股、后股、束股八部分组成,题目一律出自四书五经中的原文。后四个部分每部分有两股排比对偶的文字,合起来共八股。八股取士为科举考试的量才提供了便利,但也造成了文风呆板,内容空洞,形式僵化的问题。光绪二十八年(1902年),清政府宣布停止科举考试使用八股。1904年,清政府举行了最后一次科举,翌年起废除。

304. 明代小品文的特点是什么?

"小品"之名,出自佛学。小品本是佛经的节文,因为简短精略,便于诵读、理解和传播,所以深受人们喜爱。晚明时期,"小品"从古文的附庸独立为一种自觉的文体。在晚明人的小品文集中,包括了序、跋、记、尺牍,乃至骈文、辞赋、小说等多种文体。而小品文的主要特点在于其审美特性"小"。也就是篇幅短小,文辞简约,独抒性灵,而韵味隽永,旨永神遥。小品文尤以晚明文人的创作成果最为突出。内容题材上显著特点是趋于生活化、个人化,渗透着晚明文人特有的生活情调。另一特点是率真直露,注重真情实感,不论是描写个人日常生活,表达审美感受,还是评议时政,抨击秽俗,时有胸臆直露之作。晚明小品的代表作家有袁宏道、袁宗道、袁中道三兄弟和张岱等。张岱(1597—1679),又名维城,字宗子,又字石公,号陶庵、天孙,别号蝶庵居士,晚号六休居士汉族,山阴(今浙江绍兴)人。他的小品文独出机杼、自成一格,代表作有《西湖七月半》《湖心亭看雪》等。

305. 公安派的代表人物有哪些?

公安派是晚明文坛的一个文学流派,以袁宏道为领袖,因为袁宏道是公安人,所以将这个文学流派称之为公安派。其中影响最大的是袁宏道、袁宗道、袁中道"三袁"。袁宏道(1568—1610),字中郎,号石公,曾师事李贽。受李贽"童心说"的启发,袁宏道提出了"性灵说"的文学理论。他主张诗文要独抒性灵,反对前后七子拾人牙慧的复古思想。这也是公安派的纲领思想。袁宏道的散文履践了他的"性灵说",尤其是游记和尺牍,都能抒写真性情,富有生趣。袁宗道(1560—1600),字伯修,号石浦,是袁宏道的兄长。他要求为文畅达,反对模拟之风。袁宗道的小品散文文笔清新,情感充沛。袁中道(1570—1623),字小修,是袁宏道的弟弟。袁中道的小品以游记为佳,善于写景,于清疏中见秀美。公安派的文学主张对矫正前后七子尊古复古所导致的模拟僵化文风起到了积极作用,但也留下了语言趋向口语化的俚俗隐患。

306.《晚游六桥待月记》的作者是谁?

《晚游六桥待月记》是袁宏道春游西湖时所写的游记小品。文章先总写了西湖景致最盛是春天,每天最佳的景致是朝烟和夕岚。接着又写今年春天的奇观,是梅花因"为寒所勒",而"与杏桃相次开发"。接下来,作者用简练的笔墨,写出了万人游湖的盛况。然后笔锋急转,指出西湖景色最为秀丽的是朝日始出,夕舂未下之时。尤其月下的花柳别有趣味。然这种景致不是一般人能享受的,只有山僧和游客才能体会。作者在文尾表达了自己不同于常人的审美情趣。这篇游记篇幅短小,却隽秀生动,语言流利浅近。写景中渗透了作者的性灵,韵味深远,情致盎然,是公安派小品文的代表之作。

307. 竟陵派是一个怎样的文学流派?

在公安派正盛之际,晚明文坛又出现了既反对前后七子复古之风,又对公安派俚俗倾向不满的文学流派,那就是以钟惺、谭元春为代表的竟陵派。竟陵派同公安派一样,强调诗文创作的独创性,反对模拟,重视诗文的真情。但竟陵派比公安派更为注重诗文的构思和锤炼。散文方面,文章的布局、语言的创新都是竟陵派所重视的。如钟惺的散文《与陈眉公》一信,只有短短数行,却跌宕起伏,耐人寻味。谭元春的山水游记能自成一格。他三游乌龙潭,便写了三篇游记。初游乌龙潭,交待了游的动机和乌龙潭的大致情况。二游乌龙潭是风雨中游,别有一番趣味。三游则是月夜漫游,乌龙潭又别具风味。三次不同的游历,三个不同的角度,写出了乌龙潭的常态,风雨中的韵味与夜晚色彩变换的美感。同一个地点,不同的心情与体验,在谭元春的笔下呈现得淋漓尽致而妙趣横生。

308. 桐城派得名的原因是什么?

桐城派是清代影响最广的散文流派。代表人物有方苞、刘大櫆、姚鼐。因为三人都是安徽桐城人，所以把他们及其追随者称为桐城古文派。方苞（1668—1749），字灵皋，号望溪。桐城派奠基人。他提出了义法说，即为文应该"言有物""言有序"。"有物"即阐发儒教内容，"有序"则是表述合乎中正之道。内容与形式也须有机结合。刘大櫆（1698—1779），字才甫，号海峰。他提出了"神气、音节、字句"相结合的理论。姚鼐（1732—1815），字姬传。他是壮大桐城派声势的主力。姚鼐在方、刘二人的基础上，进一步提出了"义理""考据""文章"三者相济为用的主张。他还编选了一部广为流传的古文选本《古文辞类纂》，远绍唐宋八大家，近法归有光，师承方苞、刘大櫆，归纳了桐城古文师法统序。桐城派是清代散文史上影响最广、流传时间最长的一个文学流派。

309. 乾嘉学派是一个怎样的学术流派？

乾嘉学派又称"乾嘉之学"，是清朝的一个学术流派，在乾隆、嘉庆两朝达到巅峰时期，因此被称为"乾嘉学派"。该学派喜欢采用儒家的传统方法进行考据研究，以训诂、考订治学见长。创始人是明末清初的大儒顾炎武，主要代表人物有阎若璩、钱大昕、段玉裁、王念孙、王引之等。当时的社会风气压抑，统治者的思想控制过于严密，文人学者无法自由抒怀，只能把关注点转移到学术理论上，避免牵扯到现实生活，梁启超指出："考证古典之学，半由'文网太密'所逼成。"乾隆即位后，更是大力提倡经学的考据。乾嘉学派又分为许多小的派别，以惠栋为首的"吴派"和以戴震为首的"皖派"就是其中极具代表性的两个派别。吴派喜欢搜集汉儒的经说，推崇汉代经说，遵循汉代经学研究，重视名物训诂、典章制度的传统，主要学者有沈彤、江声、余萧客、江藩、王鸣盛等；皖派则喜欢考证"三礼"（《周礼》《仪礼》《礼记》），一般从音韵、小学（即文字学）方面来阐述、解释、考证古书。乾嘉学派有着严谨的学术精神，认真细致地搜索材料加以考证，辑佚了许多亡佚的文献典籍，如马国翰的《玉函山房辑佚书》，辑出经部四百三十二种，史部八种，子部一百五十二种。总体而言，虽然乾嘉学派的学风显得有些脱离实际，但其严格的学术研究态度以及由此产出的学术产物，却是不可多得的珍贵材料，为之后的学术研究提供了坚实的基础和便捷的研究资料。

310.《游灵岩记》是谁的作品？

《游灵岩记》作于乾隆四十年（1775年）姚鼐自京返乡途中。全文共分为两个部分。第一部分写灵岩之石、灵岩之境，茂林积雪中的山寺，灵岩的群山甘泉，以及石碑篆刻。所有事物联系起来，组成了一个整体。第二部分写灵岩一带的地理形势及其历史沿革，同时写了琨瑞山的兴衰演变，以此来衬托灵岩的"自宋以来，观宇益兴"。这篇文章体现了典型的桐城家法，即集义理、考证、文章为一体。笔墨简省，境界俨然，而灵动不足。即使与明人高启的《游灵岩记》相比，姚鼐此文也是明显相形见绌。同为游记，桐城派的文章与公安派的小品风貌全然不同。前者老练简穆，甚至僵直呆板，后者则性灵摇荡，生趣盎然。这也是桐城散文的不足之处。

311.《骈体文钞》是由谁编选的？

《骈体文钞》是清代李兆洛编选的一部骈文总集。唐宋古文运动之后，骈文一度受到冷落。到清代有复兴之势。清代著名骈文作家有胡天游、杭世骏、洪亮吉和汪中等。也出现了一批骈文选集如吴鼒《八家四六文钞》、王先谦《十家四六文钞》等。李兆洛的《骈体文钞》是一部影响较大的骈文总集。收录自战国至隋代骈文。分上中下三编，上编为庙堂制作之文，分铭、颂等十八类；中编为指事述意之作，分书、论等八类；下编为缘情托兴之文，分连珠、杂文等五类。所收颇富，并间评风格流派异同。他标举魏、晋、六朝文旨。实际上有与姚鼐的《古文辞类纂》相抗衡之意。

312. 杲溪是哪位作家？

戴震（1724—1777），字东原，又字慎修，号杲溪，休宁隆阜（今安徽黄山屯溪区）人，清代著名语言文字学家、哲学家、思想家。精通考据学、文献学、校勘学。乾隆二十七年（1762年）举人，乾隆三十八年（1773年）被召为《四库全书》纂修官。戴震仕途一直不顺，六次会试不中，但由于其学识渊博、名声在外，乾隆帝下令其与录取的贡士一同参加殿试，赐同进士出身。他在训诂学方面做出了不可替代的贡献，所校《水经注》解决了长期以来经文、注文混淆的问题；所撰《声类表》《声韵考》等，将入声及祭、泰、夬、废四韵独立，析古韵为十六部。先后撰成《筹算》《勾股割圆记》《六书论》《尔雅文字考》及《考工记图注》《原善》《尚书今文古文考》《春秋改元即位考》《诗经补注》《声类表》《方言疏证》《声韵考》及《孟子字义疏证》等，纂修《直隶河渠书》《汾州府志》《汾阳县志》，校订《水经注》《仪礼集释》《周髀算经》《孙子算经》《张丘建算经》《夏侯阳算经》《海岛算经》及《五曹算经》等。

313. 汪中的作品有哪些？

汪中（1744—1794），字容甫，江都（今属江苏扬州）人，祖籍安徽歙县。与阮元、焦循同为"扬州学派"的杰出代表。著有《述学》六卷、《广陵通典》十卷、《容甫遗诗》六卷等。汪中尤工骈文。乾隆三十五年（1770年）十二月十九日，江苏仪征县盐船突发大火，一百三十多只船毁于火海，千余人殒命。《哀盐船文》是汪中为凭吊这次火灾中的罹难者所作的。作者怀着对遇难者深厚的同情之心，以凄丽哀痛之笔，详尽地描绘了盐船失火的惨状。文中叙火势之大，铺排渲染，惊人心魄。记船民火中相救求生，细致曲折，使人悲切欲泣。文末所发议论，语出肺腑，凄恻呜咽。全文用骈体写成，并无矫揉造作，而能感人至深。杭世骏评《哀盐船文》说："惊心动魄，一字千金。"

314.《古文观止》是一部怎样的文学作品？

《古文观止》是清人吴楚材、吴调侯于康熙三十三年（1694年）选定的古代散文选本。二吴均是浙江绍兴人，长期设馆授徒，此书是为学生编的教材。"观止"一词最先见于《左传》，表示尽善尽美的意思。书名"古文观止"意指文集所收录的文章代表古文的最高水平。该书所选古文，以散文为主，兼收韵文、骈文。先秦选得最多的是《左传》，汉代选得最多的是《史记》，唐宋时代选得最多的是韩愈、柳宗元、欧阳修、苏轼的文章。照文体来看，该书选韵文十三篇，如《楚辞·卜居》，陶渊明《归去来兮辞》，杜牧《阿房宫赋》等，这些作品都是"极声貌而穷文"，工于描绘，描绘中虽用韵语，但与诗不同，往往韵散结合，来加强声情之美。散文则或记人或记事，有议论有寓言等等。该书选文丰富多彩，篇幅较短，语言精练，便于诵读，其中不少是传诵千古的名篇。编者还对选文作了精彩的评注。有时从文章句法和用字入手进行分析，如欧阳修《醉翁亭记》评语："通篇共用二十个'也'字，逐层脱卸，逐步顿跌，句句是记山水，句句是记亭，句句是记太守，似散非散，似排非排，文家之创调也。"几句话就将这篇文章散中有骈的风致描述出来了。有时评语从身世人情入手，如《史记·屈原列传》评："史公作屈原传，其文便似《离骚》，婉雅凄怆，使人读之，不禁唏嘘欲绝。要之，穷愁著书，史公与屈子实有同心，宜其忧思唱叹，低回不置云。"这段文字又将作者与传记主人公心灵的共鸣之处一笔点透，道出其感人魅力所在。这些评语都为读者指示了学习古文写作的门径。

小说类

315.《山海经》具有怎样的文学价值？

《山海经》是中国志怪古籍，大约是战国中后期到汉代初中期的楚国或巴蜀人所作。现代学者也均认为成书并非一时，作者亦非一人。《山海经》分《山经》和《海经》两大部分，《山经》分为《南山经》《西山经》《北山经》《东山经》《中山经》5个部分，故《山经》又称作《五臧山经》（或作《五藏山经》，臧、藏为古今字）。《海经》分为《海外经》《海内经》《大荒经》。《海外经》包括《海外南经》《海外西经》《海外北经》《海外东经》四个部分；《海内经》包括《海内南经》《海内西经》《海内北经》《海内东经》四个部分；《大荒经》包括《大荒东经》《大荒南经》《大荒西经》《大荒北经》《海内经》五个部分。全书现存十八篇，其余篇章内容早佚。它的内容主要是民间传说中的地理知识，包括山川、道里、民族、物产、药物、祭祀、巫医等。同时，它又是一部神话传说集，保留了大量的上古神话，如夸父逐日、精卫填海等，而这些神话故事一定程度上反映着原始文化信息与早期中国的历史、文化精神。可以说，《山海经》蕴藏着丰富的地理学、神话学、民俗学、科学史、宗教学、民族学、医学等学科的宝贵资料。就《山海经》的文学价值而言，它包含着丰富的神话思维，对浪漫主义文学创作传统有巨大而深远的影响。深入地研究神话思维并揭示这种影响，不仅有利于从源头上来探讨浪漫主义文学创作传统形成的深层次影响因素，而且对于弄清各种文学现象形成和发展的规律都有很大帮助。

316. 什么是志怪小说？

志怪小说是中国古典小说形式之一，以记叙神异鬼怪故事传说为主体内容，产生和流行于魏晋南北朝。鲁迅《中国小说史略》说魏晋南北朝志怪小说兴盛的原因，是受了民间巫风、道教及佛教的刺激，而作者的态度，是将怪异传说视为事实来记载。志怪小说的内容很庞杂，大致可分为三类：记述地理博物的琐闻，如《神异经》《博物志》；记述正史以外的历史传闻故事，如《汉武故事》《汉武帝内传》；讲说鬼神怪异的迷信故事，如《搜神记》《列异传》《神仙传》《后搜神记》等。魏晋志怪小说中，《搜神记》保存最完整且具有代表性，作者是干宝。干宝（？—336），字令升，新蔡（今属河南）人，是两晋之际的史学名家，著有《晋纪》，时称良史。又好阴阳术数、神仙鬼怪。《搜神记》序中，自称作此书是为"发明神道之不诬"，同时亦有保存遗闻和供人"游心寓目"即赏玩娱乐的意思。此书原已散佚，由明人重新辑录而成，现为二十卷，四百多则，其中偶有误辑。《搜神记》的内容，一是"承于前载"，但并不都是照旧抄录，有些文字上作了加工；二是"采访近世之事"，出于作者手笔。其中大部分只是简略记录各种神仙、方术、灵异等事迹。也有不少故事情节比较完整，在虚幻的形态中反映了人们的现实关系和思想感情。尤其有价值的，是一些优秀的传说故事。如《李寄斩蛇》《韩凭夫妇》《东海孝妇》《干将莫邪》《董永》《吴王小女》等，都很有名，对后代文学有较大影响。

317. 什么是笔记小说？

笔记小说是一种笔记式的短篇故事。其特点是篇幅短小、内容繁杂。笔记小说于魏晋时期开始出现，学界一般均依鲁迅的观点概分为"志人小说"和"志怪小说"两种主要类型。广义上泛指一切用文言写的志怪、传奇、杂录、琐闻、传记、随笔之类的著作，内容广泛驳杂，举凡天文地理、朝章典制、草木虫鱼、风俗民情、学术考证、鬼怪神仙、艳情传奇、笑话奇谈、逸事琐闻等。志怪小说基本上受到史书体例的影响，多标榜其记事之确实，以史家的态度书写笔记，所以并非有意识的小说创作。而在艺术表现上，其故事情节多为直线发展的笔记体，缺乏人物形貌与心理的描写，也没有特别铺张情节的发展。中国古代的笔记小说，截至清末，大约不下于三千种，具有极高的史料价值，是一笔巨大的文化遗产。而笔记小说中的民间文学因素也是十分浓郁的，如在笔记小说相对较为成熟的魏晋、唐、宋时期以来的《搜神记》《世说新语》《太平广记》等，则是这方面的代表。然后，纪昀的《阅微草堂笔记》和蒲松龄的《聊斋志异》笔记小说，又达到了相当高度。笔记小说中的故事以及生活、视角与视点，均是平民化与带有十分明显的民间文学特色的，包含了许多传说、寓言、掌故、轶事，尤其是蒲松龄的《聊斋志异》更带有浓厚的民间文学色彩。《聊斋志异》不仅是平民化的视角，换句话说，"是老百姓眼里的世界"，而且叙述及语言方式上则更是浓墨重彩。人物呈现出的想象与创造力，营构的鬼、狐世界，细节的夸张与变形，以及其中的寓言性质及象征意义，注重环境氛围的营造和人物与故事情节，则是其最大的特色。

318.《世说新语》主要记载的是什么？

《世说新语》是一部笔记小说。其内容主要是记载东汉后期到晋宋间一些名士的言行与轶事。《世说新语》依内容可分为"德行""言语""政事""文学""方正"等三十六类(先分上,中,下三卷),每类有若干则故事,全书共有一千二百多则,每则文字长短不一,有的数行,有的三言两语,由此可见笔记小说"随手而记"的诉求及特性。《世说新语》及刘孝标注涉及各类人物共一千五百多个,魏晋两朝主要的人物,无论帝王、将相,还是隐士、僧侣,都包括在内。它对人物的描写有的重在形貌,有的重在才学,有的重在心理,但都集中到一点,就是重在表现人物的特点,通过独特的言谈举止写出了独特人物的独特性格,使之气韵生动、活灵活现、跃然纸上。《世说新语》的语言精练含蓄,隽永传神。明胡应麟说:"读其语言,晋人面目气韵,恍然生动,而简约玄澹,真致不穷。"可谓确评。有许多广泛应用的成语便是出自此书,例如:难兄难弟、拾人牙慧、咄咄怪事、一往情深、卿卿我我等等。此外,《世说新语》善用对照、比喻、夸张与描绘的文学技巧,不仅使它保留下许多脍炙人口的佳言名句,更为全书增添了无限光彩。如今,《世说新语》除了文学欣赏的价值外,人物事迹、文学典故等也多为后世作者所取材、引用,对后来的小说发展影响尤其大。《唐语林》《续世说》《何氏语林》《今世说》《明语林》等都是仿《世说新语》之作,被称为"世说体"。

319.《酉阳杂俎》的作者是谁?

《酉阳杂俎》,唐代段成式作的笔记小说集。段成式(803—863),字柯古,晚唐邹平人,唐代著名志怪小说家。段成式擅骈文,与李商隐、温庭筠齐名。《酉阳杂俎》有前卷二十卷,续卷十卷,篇目包括:忠志、礼异、天咫、玉格、壶史、贝编、境异、喜兆、祸兆、物革、诡习、怪术、艺绝、器奇、乐、酒食、医、黥、雷、梦、事感、盗侠、物异、广知、语资、冥迹、尸穸、诺皋记、广动植、贬误、寺塔记等,内容涉及仙、佛、鬼、怪、道、妖、人、动、植、酒、食、梦、盗墓、预言、凶兆、雷、丧葬、刺青、珍宝、政治、宫廷秘闻、八卦谈资、科技、民风、医药、矿产、生物、超自然现象、壁画、天文、地理等,可谓包罗万象。在记叙志怪故事的同时,《酉阳杂俎》还为后人保存了唐朝大量的珍贵历史资料、遗闻逸事和民间风情。有《津逮秘书》《学津讨原》《湖北先正遗书》《四部丛刊》影印明刊本等,均为三十卷,记有仙佛鬼怪、人事以至动物、植物、酒食、寺庙等等,分类编录,一部分内容属志怪传奇类,另一些记载各地与异域珍异之物,与晋张华《博物志》相类。其所记述,或采辑旧闻,或出自己撰,"多诡怪不经之谈,荒渺无稽之物,而遗文秘籍,亦往往错出其中,故论者虽病其浮夸,而不能不相征引"(《四库全书总目》)。其中不少篇目颇为隐僻诡异，如记道术的叫《壶史》，钞佛书的叫《贝编》，述丧葬的叫《尸穸》，志怪异的叫《诺皋记》等等。续集中有《寺塔记》二卷，详述长安诸佛寺的建筑、壁画等情况，保存了许多珍贵史料，每为后代编长安史志者所取资。

320. 什么是唐传奇？

唐传奇是唐代文言短篇小说，内容多传述奇闻逸事，后人称为唐人传奇，或称唐传奇。唐传奇中最早的《古镜记》，相传为隋末唐初人王度作，内容不脱六朝志怪小说余风。它以古镜为线索，把十多个怪异故事连缀起来组成长篇，叙述较为细致，较之笔记式的六朝小说是一大进步。《古镜》《白猿》两篇，标志着中国小说从六朝志怪向唐传奇发展的过渡。唐代中期是唐传奇的繁荣阶段，作品多，名家也多，一些最优秀的单篇传奇，几乎都产生在这一时期。从内容题材上看，大致可分为神怪、爱情、历史、侠义诸类。神怪类如沈既济《枕中记》、李公佐《南柯太守传》。神怪兼爱情类有沈既济《任氏传》，为后世《聊斋志异》等着重写狐精故事的先导。还有陈玄佑《离魂记》、李朝威《柳毅传》。专写人间爱情的传奇又如白行简《李娃传》、蒋防《霍小玉传》、元稹《莺莺传》。历史类以陈鸿的《长恨歌传》和《东城老父传》为代表。晚唐时期传奇专集大量出现，蔚成风气。其中比较著名的，如牛僧孺《玄怪录》、李复言《续玄怪录》、袁郊《甘泽谣》、裴铏《传奇》、康骈《剧谈录》、皇甫枚《三水小牍》等。唐代传奇对后代小说、戏曲及讲唱文学有较大的影响。传奇体成为宋以后历代文言短篇小说的主要样式，即使在白话小说兴起后，仍有一定势力。唐传奇的很多题材和人物为话本、戏曲及讲唱文学所采用。最为人所知的是《长恨歌传》对元代王伯成的诸宫调《天宝遗事》、白朴的杂剧《梧桐雨》和清代洪升的传奇戏曲《长生殿》的影响，《莺莺传》对宋代赵令畤的《崔莺莺双调蝶恋花鼓子词》、元代王实甫的《西厢记》的影响等。

321.《李娃传》的作者是谁？

《李娃传》是唐代白行简创作的传奇小说。白行简（776—826），字知退，白居易之弟。元和二年（807年）进士，曾任左拾遗、度支郎中、膳部郎中等职。《李娃传》描写的是荥阳公子郑生到长安应试，在平安里与名妓李娃一见倾心，后来资财耗尽，被老鸨设计逐出。郑生身无分文，流落长安，只得去到协办丧事的殡仪铺，靠唱挽歌维持生计，在天门街的挽歌比赛中，郑生以声情并茂的动人表演为其所在的东肆打败了西肆，却被他进京入计的父亲认出。其父以他玷辱门庭，"去其衣服，以马鞭鞭之数百"与他断绝父子关系，弃之而去。经凶肆同辈搭救，郑生保住了性命，却沦为乞丐。在一个大雪之夜，郑生行乞到安邑东门，被李娃认出。李娃收留郑生，并悉心调护。郑生身体恢复后，参加科举考试，并且登第为官。当郑生功成名就之后，李娃提出离开。但郑生坚持与李娃结为夫妇。最终，郑生与李娃得到了郑父的认可，李娃也被封为汧国夫人。作品在塑造李娃形象时深刻地揭示了人物思想性格的复杂性。李娃和郑生之间有爱情，但情的"相慕"又终于屈从于利的追求，在公子财资耗尽的时候，李娃也参与了老鸨逐客的阴谋。但是当她重遇落魄的公子时，她又能自赎其身，照顾与陪伴左右，这是情最终战胜了利。白行简在"情"和"利"的矛盾中塑造了一个性格复杂的李娃形象。这是这个故事之所以吸引人的地方。

322.《莺莺传》讲了一个怎样的故事？

《莺莺传》是唐人元稹所作的传奇小说。元稹（779—831），字微之，河南洛阳人，唐朝著名诗人、文学家。与白居易齐名，人称"元白"。《莺莺传》写的是张生与崔莺莺的爱情故事。张生旅居蒲州普救寺时发生兵乱，他救护了同寓寺中的远房姨母郑氏一家。在郑氏的答谢宴上，张生对表妹莺莺一见倾心。于是请婢女红娘传书，几经反复，两人终于花好月圆。后来张生赴京应试未中，滞留京师，与莺莺情书来往，互赠信物以表深情。但张生最终没有娶莺莺，而认为莺莺是天下之"尤物"，认为自己"德不足以胜妖孽"。一年多后，莺莺另嫁，张生也另娶。一次张生路过莺莺家门，要求以"外兄"相见，遭莺莺拒绝。作为《莺莺传》的女主人公，崔莺莺是一位出身于没落士族之家的少女，内心充满了情与礼的矛盾。第一次私见张生，莺莺对之一番严厉的说教，义正言辞，显得张生猥琐不堪。然而，她又抑制不住少女的春心，还是偷会委身。但心中始终是矛盾的。她一方面深感不安与羞愧，另一方面对这份见不得光的感情也极少有安全感，做好了随时抛弃的准备。因此，张生的始乱终弃似乎是她意料之中的。但作者为了替张生遗弃崔莺莺的无耻行径辩解开脱，竟借其口大骂崔莺莺为"尤物""妖孽""不妖其身，必妖于人"，这就不仅使得人物形象前后不统一，也造成了主题思想的矛盾。诚如鲁迅《中国小说史略》所说："篇末文过饰非，遂堕恶趣。"后来被改写成戏曲，金代有董解元《西厢记诸宫调》，元代有王实甫《西厢记》杂剧。戏曲中都将故事情节作了修改，使得张生与莺莺有了美好的结局，更符合小说、戏曲的审美习惯。

323.《长恨歌传》的作者是谁？

《长恨歌传》是历史题材的传奇小说。共一卷，陈鸿作。陈鸿，唐代小说家，字大亮。生卒年不详。贞元二十一年（805年）进士，登太常第。曾任太常博士、虞部员外郎、主客郎中等职。《长恨歌传》追述了开元年间杨贵妃入宫，在安禄山叛乱后，她跟唐玄宗在入蜀路上死于马嵬坡的始末，以及道人索魂天上与杨贵妃相见的事情。故事情节和《长恨歌》一样，不过白居易采用的是诗歌的形式，作者采用的则是小说的形式，两者实相得而益彰。本篇的前一部分暴露了封建帝王的荒淫腐朽的生活和祸国殃民的罪行，具有一定的谴责意义。自杨贵妃被缢死后，写李隆基的思念是"三载一意，其念不衰"；神仙世界里玉妃（杨贵妃）的哀怨是"复堕下界，且结后缘，或为天，或为人，决再相见，好合如旧。"对李杨"爱情"作出了生死不渝的歌颂。最后写王质夫、白居易、陈鸿三人游仙游寺，谈到了李杨"爱情"故事，王质夫请白居易写《长恨歌》，陈鸿写《长恨歌传》。这说明歌颂李杨"爱情"的故事早在民间流传，所以三人会谈论它。从艺术上论，本篇却仍有它相当的成就。虽然它对人物形象的刻画，故事情节的渲染，语言的提炼，比较白居易的《长恨歌》有不及之处，但是行文的流畅生动，布局的谨密严整，字里行间所流露出的今昔低徊之感，叙事中浓厚的抒情意味，亦可见出《长恨歌传》的特色。元代白朴的《梧桐雨》，清代洪昇的《长生殿传奇》都是长恨歌故事的改编。

324. 什么是话本？

话本是宋代兴起的白话小说，用通俗文字写成，多以历史故事和当时社会生活为题材，是宋元民间艺人说唱的底本。也称为"话文"或简称"话"。今存《清平山堂话本》《全相平话五种》等。话本（见宋元话本）在宋代逐渐盛行，开始有刻本流传。话本多数以叙说为主，中间穿插一些诗词，也有以唱词为主的。明代人则称为评话或词话。元代以前的话本留存不多，讲史家的话本一般称作"平话"，如《新编五代史评话》等，传世的还有《大宋宣和遗事》《五代史平话》《全相平话》；小说家的话本多称作"小说"，如元刻本《新编红白蜘蛛小说》（现存残页）和清平山堂刻本的《六十家小说》等，见于记载的篇目达一百四十多篇，现存不过二三十篇，散见于《京本通俗小说》《清平山堂话本》诸书。还有称作"诗话"的，如《大唐三藏取经诗话》。话本本来是说话人演讲故事的底本，往往只是略具梗概的提要，编印成书，就成为一种通俗读物，形成一种特殊的体裁和风格，代表中国白话小说的一个发展阶段。明清人摹仿话本体裁而写作的短篇白话小说,近人称为"拟话本";讲史类的作品则称为"演义"。

325.《梦溪笔谈》是一部怎样的作品?

《梦溪笔谈》,北宋科学家、政治家沈括(1031—1095)撰,是一部涉及古代中国自然科学、工艺技术及社会历史现象的综合性笔记体著作。《梦溪笔谈》一共分三十卷,其中《笔谈》二十六卷,分为十七门,各卷依次为"故事(一、二),辩证(一、二),乐律(一、二),象数(一、二),人事(一、二),官政(一、二),机智,艺文(一、二、三),书画,技艺,器用,神奇,异事,谬误,讥谑,杂志(一、二、三),药议"。《补笔谈》三卷,包括上述内容中十一门。《续笔谈》一卷,不分门。全书共六百零九条(不同版本稍有出入),内容涉及天文、历法、气象、地质、地理、物理、化学、生物、农业、水利、建筑、医药、历史、文学、艺术、人事、军事、法律等诸多领域。书中的自然科学部分,总结了中国古代、特别是北宋时期科学成就。社会历史方面,对北宋统治集团的腐朽有所暴露,对西北和北方的军事利害、典制礼仪的演变、旧赋役制度的弊害,都有较为翔实的记载。沈括,字存中,北宋科学家、政治家。杭州钱塘人,嘉祐进士。熙宁中参与王安石变法。1072年(熙宁五年)提举司天监,上浑仪、浮漏、景表三议,并推荐卫朴修《奉元历》。次年赴两浙考察水利、差役。1075年(熙宁八年)使辽,斥其争地要求。又图其山川形势、人情风俗,为《使契丹图抄》奏上。次年任翰林学士,权三司使,整顿陕西盐政,主张减少下户役钱。后知延州(今陕西延安),加强对西夏的防御。1082年(元丰五年),以徐禧失陷永乐城(今陕西米脂),连累坐贬。晚年居润州,筑梦溪园(在今江苏镇江东),举平生所见,撰《梦溪笔谈》。

326. 什么是章回小说?

章回小说是我国古典长篇小说的一种,是分章回叙事的白话小说,是我国古典小说的主要形式。分回标目,段落整齐,首尾完整,是其主要特点。是由宋元讲史话本发展而来。说话人不能把每段故事有头有尾地在一两次说完,必须连续讲若干次,每讲一次就等于后来的一回。在每次讲话以前,要用题目向听众揭示主要内容,这就是章回小说回目的起源。从章回小说中经常出现的"话说""看官""且听下回分解"等字样,可以看出它和话本之间的继承关系。《三国演义》便是典型的章回小说。

明清至近代，中国的中长篇小说普遍采用章回体的形式。现当代的一些通俗小说也仍在沿用此种形式。章回小说的每一回合的标题往往是一个对仗工整、整齐划一的概括性词句，比如《三国志演义》第一回"宴桃园豪杰三结义　斩黄巾英雄立首功"，都能极好地概括出每一回大致上的内容。这也符合了当时民间艺人为了吸引听众而使用这样的标题来点明内容。标题一般也比较简略，使人通俗易懂。章回小说是长篇小说的一种，章回小说往往分成三大类，即历史演义、英雄传奇、神魔怪异。大多数的章回小说都是历史演义，顾名思义，这类的章回小说都是以历史为基础而编写出来的，但为了使小说内容精彩，制造一定的矛盾，为了突出某一人物的英雄特色或者是一特定的主题，作者都会写得"三分实，七分虚"。

327.《剪灯新话》的作者是谁？

《剪灯新话》是明初瞿佑所作的文言传奇小说，大致成书于洪武十一年（1378年）左右。原为四卷二十二篇，另附录卷五《秋香亭记》一篇。瞿佑（1347—1433），字宗吉，号存斋。《剪灯新话》描绘了元末战乱社会的一片阴惨灰暗的景象，抒发了一代文人怀才不遇、愤世嫉俗的情绪。作者用神怪或荒诞的形式，抨击了贪官污吏和奸佞之臣。如《太虚司法传》描绘的世界，鬼怪横行，善良的人则饱受折磨，借此表达了对现实社会的不满。其中爱情小说是一大亮点。《翠翠传》描写了元末大动乱中金定与刘翠翠这对恩爱夫妻生离死别的悲剧，缠绵悱恻，凄婉动人。《金凤钗记》写少女兴娘死后借妹妹的躯体与情人私奔，《渭塘奇遇记》写王生和意中人异地梦中幽会，《滕穆醉游聚景园记》写滕穆和南宋宫女鬼魂结为夫妻。这些篇目赞美了可以超越生死、地域、时间的爱情。《剪灯新话》继承了唐代传奇小说的传统，也接受了宋元话本小说的影响。问世不久便引起了轰动，仿效之作纷纷涌现，如《剪灯传奇》《剪灯续录》《剪灯琐语》等。《剪灯新话》在明代中叶，就流传到了朝鲜、日本和越南一带。朝鲜的汉文小说《金鳌新话》、日本的《奇艺杂谈集》、越南的《传奇漫录》，从内容、题材和体裁，都可以看出受《剪灯新话》影响的明显痕迹。

328.《剪灯余话》是一部怎样的作品？

《剪灯余话》作者李昌祺，名祯，字昌祺，庐陵人。永乐二年进士，曾任河南左布政使。《剪灯余话》作于永乐十八年（1420年）前后，共四卷二十篇，另附录卷五《贾云华还魂记》一篇。《青城舞剑录》《秋夕访琵琶亭记》《长安夜行记》《何思明游丰都录》等篇，或写幽冥灵怪，或写古人古事，都寓含着对元末明初政治的讽议。同《剪灯新话》一样，《剪灯余话》中艺术成就较高的是描写爱情故事的小说，如《凤尾草记》《秋千会记》《芙蓉屏记》《鸾鸾传》《琼奴传》等。它们都描写生动，情节曲折，具有感人的悲剧魅力。《剪灯余话》有意模仿《剪灯新话》，体例、故事题材都差不多。但是两部小说都遭到了同时人的激烈抨击，《剪灯余话》被认为是"猥亵怪乱之语"，而被禁毁。景泰年间，江西巡抚在学宫祭祀庐陵乡贤，而李昌祺因为写了《剪灯余话》的缘故，不在祭祀之列。但这样仍然挡不住"剪灯"二话的流行。从小说史的角度来看，《剪灯新话》与《剪灯余话》给后来的话本小说和戏曲创作及改编提供了大量的题材。它们是唐传奇到清《聊斋志异》之间的桥梁，在文言小说史上起着承前启后的作用。

329.《三国志演义》的主要内容是什么？

《三国志演义》是中国文学史上第一部长篇小说与第一部章回体小说，也是明代"四大奇书"之一。作者罗贯中。《三国志演义》的题材来源，大部分出自陈寿的《三国志》和裴松之给这部史书作的注解中所引用的野史杂记，小部分是作者根据民间传说和自己的生活经验补充上去的。《三国志演义》通过对刘备、关羽、张飞、诸葛亮等的歌颂和对董卓、曹操等人的谴责，表达了作者对丑恶现实的不满和对理想的追求。在书中，作者拥刘反曹的倾向十分的明显。这在人物的塑造上体现得淋漓尽致。曹操阴险奸黠，作者将曹操的一举一动都写出奸诈的特点，更善于用对比和夸张的方法突出其性格特征。写刘备为人忠厚，仁物爱民，他的成员之间也是相互信任，相互支持，从正面、侧面多个角度体现了刘备的仁义。其次，书中还成功塑造了张飞、诸葛亮、周瑜等性格鲜明的典型人物，使得三国人物一个个生动活泼，跃然纸上。但鲁迅先生评价说《三国志演义》"欲显刘备之长厚而似伪，状诸葛之多智而近妖"，也说明小说存在人物性格过于单一而分明的弊端。《三国志演义》对战争的描写也体现了作者的笔力。三国时期大大小小的战争在作者笔下千变万化，不重复，不带班，各有特点。每次较大的战争，作者必详尽地介绍主将的性格，兵力配备部署，双方力量的对比，地位的转化，以及战略战术的运用。场景的描述更是写出了史诗般的激昂格调，比如赤壁之战。《三国志演义》语言精练，通顺畅达，浅近明白，把历史演义小说创作推向了最高峰。

330.《水浒传》具有怎样的艺术特点？

《水浒传》，明代"四大奇书"之一。关于作者问题，多有争议。施耐庵为作者，罗贯中参与了纂修，这种观点应该最为接近事实。也就是说，《水浒传》应该是施耐庵与罗贯中合作的产物。《水浒传》主要写了以宋江为首的农民起义运动。根据《宋史》等历史著作的记载，宋江其人其事都真实存在。宋元话本、笔记小说、杂剧中已经出现了许多宋江、李逵、武松等人的故事。施耐庵根据这些素材，结合自己的生活经验与元末农民起义的实际知识，写出了《水浒传》，完整地反映了一次农民革命的产生、发展和失败，反映了广阔的社会生活，塑造了多达数百个的人物形象，并且给读者留下了深刻的印象，比如性情刚烈的武松、慷慨直爽的鲁智深、鲁莽冲动的李逵、优柔寡断的林冲等。在人物性格的刻画上，作者对分寸的拿捏十分到位。同样粗鲁的李逵与鲁智深，都有粗中见细的时候，但是鲁智深的细致是因为他的处世经验所体现的老练，而李逵则是因为心思单纯老实。由此可见，作者描写人物高度个性化的功力。《水浒传》流行以后，成为后世许多文学艺术作品汲取题材的来源。但是，《水浒传》一味突出绿林好汉的快意恩仇，而忽视了人性的关怀。书中对女性的侮辱、对血腥暴力的宣扬都体现了作者的阶级局限。

331. 金圣叹是谁？

金圣叹（1608—1661），名采，字若采。明亡后改名人瑞，字圣叹，别号鲲鹏散士，自称泐庵法师。明末清初苏州吴县人，著名的文学家、文学批评家。他评点《水浒》《西厢》可以独具手眼，继之后将小说、戏曲评点推进到新的高度。他把人物性格的塑造放到首位，指出《水浒传》令人看不厌无非是作者把一百零八个人的性格都写出来了。而塑造性格成功的关键是捕捉住人物的独特的个性，从而评出"人有其性情，人有其气质，人有其形状，人有其声口"。即使是同一类型的性格，也要显示出同中之异。他的评点中还涉及描写一个人物的性格应表现出多面性、复杂性，又应表现出统一性、连贯性的问题。他认为人物语言也是体现个性化的重要途径，"一样人，便还他一样说话"。他也很重视情节和结构，认为情节要出人意料，用"奇恣笔法""龙跳虎卧"，但又要合乎情理，"写极骇人之事，却尽用极近人之笔"。又强调结构的完整性，"一部书只是一篇文章"，作者必须"全局在胸"，因此讲究"过接""关锁""脱卸"，要求行文如"月度回廊"，有必然的次第。总之，金圣叹已提出了较有系统的小说戏曲创作理论。金圣叹在评点的同时，也对原作加以修改，除词句外,还作了全局性的删削。他判定《水浒传》后50回系罗贯中"横添狗尾",故尽行砍去,故自称得"贯华堂古本"无续作,又伪造施耐庵序于前,遂成今传的70回本。

332.《西游记》的主要内容是什么?

《西游记》,明代"四大奇书"之一,也是明代神魔小说的代表。作者吴承恩。唐代贞观年间僧人玄奘只身西行前往天竺取经。历经五十余国,行程数万里,历时十七年。《西游记》就是在玄奘取经民间传说的基础上创作而成的神魔小说。西游记的故事经过了宋元时期多人的加工。南宋话本《大唐三藏取经诗话》中出现了猴行者。元代《西游记平话》已经有了许多情节,后来出现在《西游记》中。《西游记杂剧》中则有了唐僧出世,大闹天宫,收悟空、八戒、沙僧为徒,女儿国,火焰山等情节。因此,吴承恩的《西游记》是一个集大成者。他是在民间流传的神话和传说的基础上,吸收了话本、杂剧的故事,加工创作而写成的《西游记》。吴承恩的《西游记》不仅在内容、情节上较以往的故事更为丰富与饱满,结构上也更清晰,思想高度也有了进一步的提升。孙悟空应该是《西游记》的真正主人公。作者用了最多的笔墨来塑造这个独特的形象,赋予了他正直、勇敢、机智、顽强等性格特征。《西游记》以神魔为主要描写对象,为读者创造了一个幻想的世界。但是这个幻想的世界其实是现实生活的倒影。神魔的性格也都是现实人物性格的对照。因此,《西游记》具有典型的现实意义。就语言艺术来说,吴承恩善于运用口语化语言,一方面流利明快,叙述故事干净利落;另一方面生动诙谐,增强了全书的感染力。总的来说,《西游记》是一部伟大的浪漫主义长篇小说。作者采用浪漫主义的创作方法,写出了生动有趣的故事,塑造了耀眼的英雄形象。

333. 中国文学史上第一部由文人独立创作的长篇小说是什么?

《金瓶梅》,明代"四大奇书"之一。作者署名兰陵笑笑生。但真实姓名与生平事迹都无从查考。《金瓶梅》是我国第一部世情小说。故事是从《水浒传》武松杀嫂的情节引申出来的,主要描写了财阀西门庆与潘金莲、李瓶儿、庞春梅等人的淫乱家庭生活。《金瓶梅》是中国文学史上第一部由文人独立创作的长篇小说,标志着诸如《三国演义》《水浒传》《西游记》等几部小说取材于历史故事与神话传说而集体整理加工式小说创作模式的终结,开启了文人直接取材于现实社会生活而进行独立创作长篇小说的先河。《金瓶梅》全书一百回，人物两百多个，结构大而不乱。全书描写了西门庆的一生及其家庭从发迹到败落的兴衰史，并以西门庆为中心，一方面辐射市井社会，一方面反映官场社会，展开了一个时代的广阔图景，彻底暴露出人间的肮脏与丑恶。《金瓶梅》以相当多的篇幅描写了西门庆及其妻妾的家庭活动，写出了这个罪恶之家的林林总总，反映了正常人性惨遭扭曲和异化的过程。以潘金莲、李瓶儿、庞春梅为代表的诸多女性，尽管出身、性格、遭遇不尽相同，但都被超常的情欲、物欲所支配。她们以扭曲的人性去对抗道德沦丧的夫权社会，又在人性的扭曲中走向堕落和毁灭。作品在原始欲望的文本表象下面，同时具备了对人性本质的拷问，善与恶的分界在这本书中有了另一种解释。《金瓶梅》是中国古代小说发展的重要里程碑。它突破了中国长篇小说的传统模式，在艺术上较之此前的长篇小说有了多方面的开拓和创新，为中国古代小说的演进作出了历史性的贡献。

334.《封神演义》讲的是一个怎样的故事？

《封神演义》是明代道士许仲琳（一说为陆西星）所著的神魔小说，又名《封神榜》。全书共一百回，以内容篇幅巨大、幻想之奇特而闻名于世。其内容依托商灭周兴的历史背景，用武王伐纣为时空线索，从女娲降香开书，到周武王姬发封列国诸侯结束。大致分为纣王乱政、殷商伐西岐、武王伐纣、归国封神四个部分。其书的原型最早可追溯至南宋的《武王伐纣平话》，可能还参考了《商周演义》《昆仑八仙东游记》。全书以武王伐纣、商周易代的历史为框架，叙写天上的神仙分成两派卷入这场斗争，支持武王的为阐教，帮助纣王的为截教。双方祭宝斗法，几经较量，最后纣王失败自焚，姜子牙将双方战死的要人一一封神。小说博采民间传说，发挥神话传说善于想象夸张的特长，赋予各类人物以奇特的形貌，以至杨任剜目后可在手掌内生出神奇的眼睛，雷震子胁下长有可以飞翔的肉翅，哪吒则能化为三头六臂。仙术道法也神奇莫测，如土行孙等的土遁、水遁之法，陆压的躬身杀人之术等，都给读者以较深印象。小说在人物描绘上有一定成就，如妲己的阴险残忍，杨戬的机谋果敢，闻仲的耿直愚忠，申公豹的恶意挑拨等等，都写出了一定的性格。有些情节也相当曲折生动，如"哪吒闹海"一节，由七岁哪吒在河边的嬉戏玩耍，生发出一段意想不到的争斗，叙来层次分明，高潮迭起，同时也表现出哪吒由天真顽皮到勇武善斗的性格发展过程。此外如黄飞虎反出朝歌、广成子三谒碧游宫等，也有复杂细致的描写。其中的哪吒闹海、姜子牙下山、文王访贤、三抢封神榜、众仙斗阵斗法等情节，展现了古人丰富的想象力。

335. 什么是"三言"?

"三言"是指明代冯梦龙所编纂的《喻世明言》《警世通言》和《醒世恒言》三部白话短篇小说集。这是白话短篇小说发展历程上由民间艺人的口头艺术转为文人作家的案头文学的第一座丰碑。这些作品题材广泛，内容复杂，从各个角度不同程度地反映了当时市民阶层的生活面貌和思想感情。"三言"所收录的作品，无论是宋元旧篇，还是明代新作和冯梦龙拟作，都不同程度地经过冯梦龙增删和润饰。其中有对封建官僚丑恶的谴责和对正直官吏德行的赞扬，有对友谊、爱情的歌颂和对背信弃义、负心行为的斥责。还有不少作品描写了市井百姓的生活，如《施润泽滩阙遇友》《蒋兴哥重会珍珠衫》《杜十娘怒沉百宝箱》《卖油郎独占花魁》等。在这些作品里，强调人的感情和人的价值应该得到尊重，所宣扬的道德标准、婚姻原则，与封建礼教、传统观念是相违背的。这是充满生命活力的市民思想意识的体现。"三言"中的优秀作品，既重视故事完整，情节曲折和细节丰富，又调动了多种表现手段，刻画人物性格。它的刊行，推动了短篇小说的发展和繁荣，标志着中国短篇白话小说的民族风格和特点已经形成。冯梦龙（1574—1646），名梦龙，字犹龙，别署龙子犹，明末长洲人，一生致力于通俗文学的创作编辑，作品颇丰，其中以三言（《喻世明言》《警世通言》《醒世恒言》)最为著名。

336. 什么是"二拍"?

"二拍"是指凌濛初所编的《初刻拍案惊奇》和《二刻拍案惊奇》。作者辑录宋元明以来的文言笔记、传奇小说、戏曲、历史故事乃至社会传闻再创作而成。主体反映了市民生活中追求财富和享乐的社会风气，同时反映了资本主义萌芽时期人们渴望爱情和平等的自由主义思想。这些作品题材广泛、内容复杂，从各个角度不同程度地反映了当时市民阶层的生活面貌和思想感情。"二拍"的有些作品反映了市民生活和他们的思想意识。如《转运汉遇巧洞庭红》写商人泛海经商事，可以看出明末商人们追求钱财的强烈欲望。《乌将军一饭必酬》《叠居奇程客得助》等重视商业描写，在以往的短篇小说中非常罕见。有些作品提出在爱情婚姻生活中要求男女平等的观点。如《李将军错认舅》，描写了刘翠翠和金定忠贞不渝的爱情。先是翠翠迫使父母放弃"门当户对"的习俗陈规而和金定结合，后翠翠被李将军掳去作妾，金定又历尽艰辛，终于找到了翠翠。但迫于将军权势，不得以夫妻相认，最后以双双殉情来表示他们之间的至死不渝的感情。值得一提的是，"奉劝世人行好事，到头原是自周全"的劝谕思想是贯穿"二拍"始终的精髓,如卷十五《韩侍郎婢作夫人》的开头中说的一妇人因受商人帮助救出了丈夫,在她去答谢商人的一刹那,商人卧室的房墙倒了,要不是因妇人来答谢的时间巧合,恐怕商人就一命呜呼了,这种行好就有好报的教谕"二拍"中描写得很到位。"二拍"善于组织情节,因此多数篇章有一定的吸引力,语言也较生动。

337.《镜花缘》的作者是谁?

《镜花缘》,是清代文人李汝珍所作的长篇小说。该书前半部分描写了唐敖、多九公等人乘船在海外游历的故事,包括他们在女儿国、君子国、无肠国等国的经历。后半部写了武则天科举选才女,由百花仙子托生的唐小山及其他各花仙子托生的一百位才女考中,并在朝中有所作为的故事。其神幻诙谐的创作手法数经据典,奇妙地勾画出一幅绚丽斑斓的天轮彩图。《镜花缘》继承了《山海经》中的《海外西经》《大荒西经》的一些材料,经过作者的再创造,凭借他丰富的想象、幽默的笔调,运用夸张、隐喻、反衬等手法,创造出了结构独特、思想新颖的长篇小说。书中写了君子国、女儿国、无肠国、犬封国、聂耳国、玄股国等等这些国家,或是以人们形体的奇异,或是以人们生活方式的奇异,或是以人们特有的才学技能,或是以地方风土的特点,或是以地方特有的古迹文物,从各方面表现出作者极力扩张古人的幻想,要向中国之外发现不同的国家和不同的人们的愿望。在《镜花缘》文本的表层展示的是虚幻浪漫静谧的万般世相,而其深处却一度奔突、冲撞着由生命的热爱、执着与死亡的敬畏、疑惑的巨大张力支撑起的深沉悲痛的宇宙意识,这种对人类生存根本性问题的追问才是小说最具魅力的部分。李汝珍(1763—1830)清代小说家,字松石,江苏海州(今属连云港市)人。少年时师从凌廷堪(约1755—1809)学习古代礼制、乐律、历算、疆域沿革,李汝珍对疆域沿革特别感兴趣。由于李汝珍对八股文不屑,他终生不达,最大的官做过河南县丞,但他学问渊博,并精通音韵,青少年时代就有著作《李氏音鉴》问世。他生性耿直,不阿权贵,不善钻营,始终没有谋到像样的官职。中年以后,他感到谋官无望,潜心钻研学问。自1795年起到1815年,用二十年时间写成《镜花缘》一书。

338.《聊斋志异》主要记录的是一些怎样的故事?

《聊斋志异》是中国清朝著名小说家蒲松龄创作的文言短篇小说集。"聊斋"是蒲松龄的书房名。《聊斋志异》的意思是在书房里记录奇异的故事。全书共有短篇小说四百九十一篇，多记神仙狐鬼精魅故事。其内容大致可以分为才子佳人式的爱情故事；人与人或非人之间的友情故事；不满黑暗社会现实的反抗故事以及讽刺不良品行的道德训诫故事。蒲松龄一生贫困潦倒，却为他搜集民间传说，提供了便利。他不仅从民间文学中汲取艺术营养，而且直接在民间传说的基础上进行加工创造。这是他采用充满奇幻色彩的花妖狐魅故事来反映现实的重要原因。《聊斋志异》在艺术上代表着中国文言短篇小说的最高成就，它博采中国历代文言短篇小说以及史传文学艺术精华，用浪漫主义的创作方法，造奇设幻，描绘鬼狐世界，从而形成了独特的艺术特色。六朝志怪的写作目的是为了"发明神道之不诬"，内容荒诞无稽，情节简略、单调，艺术粗糙平板；《聊斋志异》虽然也写花妖狐魅的怪异题材，但为的是曲折反映社会现实，抒发作者内心"孤愤"，在内容的深广度上，都超过了以往的志怪、传奇。鲁迅认为，唐传奇"虽尚不离于搜奇记异，然叙述婉转，文辞华艳，与六朝之粗陈梗概者较，演进之迹甚明，而尤显者乃在是时则始有意为小说。"《聊斋志异》除了对唐代传奇情节曲折、叙写委婉、文辞华丽等特点的继承，又有对其的超越，具体表现在：一是从故事体到人物体，注重塑造形象；二是善用环境、心理等多种手法写人；三是具有明显的诗化倾向。

339.《儒林外史》的作者是谁？

《儒林外史》是清代吴敬梓作的长篇讽刺小说，共五十六回。"儒林"出自《史记》"儒林列传"，在这里主要指的是参加科举考试的读书人。"外史"是区别于"正史"，说明所记是正统记史之外的儒林传记。《儒林外史》的作者吴敬梓1722年（康熙六十一年）考取秀才，同年父亲病逝。由于不善于治理生计，他过着挥霍的浪子生活。1729年（雍正七年），他应科举时，被斥责为"文章大好人大怪"，遭到侮辱。后愤懑离开故土，靠卖文和朋友接济为生。1736年（乾隆元年），吴敬梓参加博学鸿词科预试。安徽巡抚赵国麟正式荐举他入京廷试，但他"坚以疾笃辞"（顾云《吴敬梓传》），从此不再参加科举考试。至晚年，常处于饥寒交迫。这样的个人经历，令他本人对考八股、开科举等利弊感受尤深。因此，吴敬梓在书中以写实主义描绘各类人士对于"功名富贵"的不同表现，一方面真实地揭示人性被腐蚀的过程和原因，从而对当时吏治的腐败、科举的弊端、礼教的虚伪等进行了深刻的批判和嘲讽；另一方面热情地歌颂了少数人物以坚持自我的方式所作的对于人性的守护，从而寄寓了作者的理想。吴敬梓善于设计悲喜交加的场景，加深讽刺的力度。比如周进撞号板，范进中举发疯，马二先生对御书楼顶礼膜拜，王玉辉劝女殉夫的大笑等。这瞬间的行为是以他们的全部生命为潜台词的，所以这瞬间的可笑又蕴含着深沉的悲哀，这最惹人发笑的片刻恰恰是内在悲剧性最强烈的地方。作者敏锐地捕捉人物瞬间行为，把对百年知识分子命运的反思和他们瞬间的行为巧妙地结合在一起，使讽刺具有文化容量和社会意义。

340. 曹雪芹是谁？

曹雪芹（约1715—约1753），名霑，字梦阮，号雪芹，又号芹圃、芹溪。祖籍辽阳，先世原是汉人，明末入满洲籍，属满洲正白旗。后来他的祖先随清兵入关，得到宠幸，成为显赫一时的世家。

曹雪芹成长在南京，少年时代曾经经历过一段富贵繁华的贵族生活。在他十三四岁，随着全家迁回北京。回京后，他曾在一所皇族学堂"左翼宗学"里当过长官文墨的杂差，境遇潦倒，生活艰难。晚年移居北京西郊，生活更加穷困，"满径藜蒿""举家食粥"。他以坚韧的毅力，专心致志地从事《红楼梦》的写作与修订。乾隆二十七年，幼子夭折，他陷于过度的忧伤和悲痛，卧床不起。到了这年除夕，终因贫病交加而离开人世，遗留下来的只有一部未完成的《红楼梦》。

341.《红楼梦》具有怎样的艺术特色？

《红楼梦》，中国古典四大名著之首，清代曹雪芹创作的章回体长篇小说，又名《石头记》。通行本八十卷为曹雪芹著，后四十回有高鹗续本。小说以贾、史、王、薛四大家族的兴衰为背景，贾宝玉、林黛玉、薛宝钗的爱情婚姻故事为主线，通过家族悲剧、女儿悲剧及主人公的人生悲剧，揭示出了封建末世的衰落与危机。《红楼梦》塑造了众多的人物形象，他们各自具有自己独特的个性特征，成为不朽的艺术典型，在中国文学史和世界文学史上永远放射着奇光异彩。《红楼梦》的情节结构，在以往传统小说的基础上，也有了新的重大的突破。它改变了以往如《水浒传》《西游记》等一类长篇小说情节和人物单线发展的特点，创造了一个宏大完整而又自然的艺术结构，使众多的人物活动于同一空间和时间，并且使情节的推移也具有整体性，表现出作者卓越的艺术才思。《红楼梦》的语言艺术成就，更是代表了中国古典小说语言艺术的高峰。作者往往只需用三言两语，就可以勾画出一个活生生的具有鲜明的个性特征的形象；作者笔下每一个典型形象的语言，都具有自己独特的个性，从而使读者仅仅凭借这些语言就可以判别人物。作者的叙述语言，也具有高度的艺术表现力，包括小说里的诗词曲赋，不仅能与小说的叙事融成一体，而且这些诗词的创作也能为塑造典型性格服务，能够切合小说中人物的身份口气。《红楼梦》无论是在思想内容上还是艺术技巧上都具有自己崭新的面貌，具有永久的艺术魅力，使它足以卓立于世界文学之林而毫无逊色。曹雪芹曾有诗云："满纸荒唐言，一把辛酸泪。都云作者痴，谁解其中味。"可见他为写作《红楼梦》所付出的一番心血。

342.《官场现形记》的作者是谁？

《官场现形记》是晚清李伯元所著的谴责小说。最早在《世界繁华报》上连载，共五编六十回，是我国近代第一部在报刊上连载并取得社会轰动效应的长篇章回小说。它由三十多个相对独立的官场故事连缀起来，涉及清政府中上自皇帝、下至佐杂小吏等，开创了近代小说批判现实的风气。作者塑造了一群形形色色的官僚形象，他们官职有高有低，权势有大有小，手段各不同，但都是"见钱眼开，视钱如命"、鱼肉百姓的吸血鬼。举人出身的王仁开馆授徒，为了激发学生读书的积极性，他说读书方可做官，而做官的好处则十分诱人，"点了翰林，就有官做，做了官，就有钱赚，还要坐堂打人，出起门来，开锣鸣道。"本来是上不得台面的话，他居然堂而皇之在课堂宣讲。不难想象，这种教育思想熏陶下的门徒，除了祸国殃民之外，还能有别的什么出息？让这种人充斥官场，官场该当是何等的丑态。读书科举而为官原是封建社会取官之"正途"，"正途"尚且如此不堪，其他之途当然是更加等而下之。《官场现形记》所写的不是个别的贪官污吏，而是整个政治体制的腐朽，无官不贪，无吏不污，卖官鬻爵、贪赃纳贿已成为官场的运行机制。《官场现形记》的语言仿效《儒林外史》并有所发展，充分运用了夸张、漫画式的讽刺手法，往往寥寥几笔，就将人物的音容体态勾勒出来，白描传神，是其所长；又善于描写细节，使笔下的人物生动传神，具有较强的艺术感染力。李伯元作为讽刺文学家出现在世界近代文坛，他那富有东方色彩的讽刺艺术之刻画入微，寓庄于谐，嬉笑怒骂，皆成文章，为中国讽刺文学史的扉页抹上了辉煌的亮色，也完全可以列入世界优秀讽刺文学之林。

343.《二十年目睹之怪现状》的作者是谁？

《二十年目睹之怪现状》，吴趼人著，是一部带有自传性质的作品，晚清四大谴责小说之一。作品以主人公的经历为主要线索，从他为父亲奔丧开始，到经商失败结束，通过"九死一生"二十年间的遭遇和见闻，描述了日益殖民地化的中国封建社会的政治状况、道德面貌、社会风尚以及世态人情，揭露了晚清社会和封建制度行将灭亡、无可挽救的历史命运。作品写了两百来件"怪现状"，勾画出一个到处充斥着"蛇鼠""豺虎""魑魅"的鬼蜮世界。在清末小说中，它反映的生活面较广，除官场之外，还包括商场、洋场，兼及医卜星相、三教九流，揭露了当时的政治状况、社会风尚、道德面貌和世态人情。小说富有特色的部分是对封建家庭的罪恶与道德沦丧的暴露。在拜金主义狂潮的冲击下，旧式家庭中骨肉乖违，人伦惨变。作者以犀利的笔锋直指那些道貌岸然的正人君子的丑恶灵魂。"九死一生"的伯父子仁就是一个典型的凉薄无行的伪君子。他堂而皇之地吞没亡弟万金遗产，夺孤侄寡娣的养命钱，几令"九死一生"流落街头。其人不苟言笑，动辄严斥子侄，而所做暧昧情事，令人齿冷。宦家子弟黎景翼为夺家产，逼死胞弟，又将弟媳卖入娼门。吏部主事符弥轩，高谈性理之学，却百般虐待将他自襁褓抚养成人的祖父。书中落墨甚多的苟才，也是被他的亲子龙光勾结江湖草医害死。旧家庭中的深重罪孽，令人毛骨悚然。作家揭发官场黑幕，亦颇重从道德批判切入小说采用第一人称限制叙事，在小说史上别开生面，以"九死一生"二十年间的悲欢离合、所见所闻贯穿始终，结构上成一抟结之局。

344.《孽海花》是一部怎样的小说？

《孽海花》，长篇谴责小说，清朝金松岑、曾朴著。共三十五回，最早见于《江苏》杂志。小说采用隐喻的手法，以苏州状元金沟和名妓傅彩云的经历为线索，展现了同治初年至甲午战争三十年中国社会政治文化生活的历史变迁。书中笔墨最为集中也最成功的是对封建知识分子与官僚士大夫的刻画，突出其虚伪造作和庸腐无能。《孽海花》批判了封建统治阶级的昏聩无能、封建士大夫的醉生梦死以及封建制度的腐朽没落，表现了资产阶级民主革命的要求和思想，具有强烈的时代精神，具有一定的政治意义。另外，小说着重表现了晚清高级知识分子在"由旧到新"这一历史"大转关"时期的精神生活和文化心态，反映了同光时代各种思想文化的冲突与嬗变，反映了它的文化意义。《孽海花》的篇幅并不长，全部三十五回，二十多万字，写了二百七八十个人物，涉及清社会各个阶层。《孽海花》在人物描写上，长于写上层社会，尤其是上层知识分子，特别是所谓清流、名士。除了金沟、傅彩云两个主角有自己的性格史之外，其他人物大多是侧影或剪影。但笔墨虽简，大多是白描，稍带些夸张，却能酷肖其人。在笔法上，作品很明显地借鉴古典小说的传统按法，许多地方可见《三国演义》《红楼梦》《儒林外史》的影响。《孽海花》文字典雅含蓄，征引繁博，具有很浓厚的文人风味。这种文体风格，一方面，使小说很耐读，意味隽永，读得越多，推敲愈深，愈有趣味。另一方面，因为典故太多，征引的史实太过繁多，如果不了解当时历史文化背景，就不易理解文字的言外之意，甚至难以读下去。尽管如此，《孽海花》仍然是晚清时代的一部小说杰作，它成为沟通古典小说与近代小说的桥梁。

345.《老残游记》的作者是谁？

《老残游记》，清末中篇小说，是刘鹗的代表作。小说写一个被人称作老残的江湖医生铁英在游历中的见闻和作为。老残是作品中体现作者思想的正面人物。他"摇个串铃"浪迹江湖，以行医糊口，自甘淡泊，不入宦途。但是他关心国家和民族的命运，同情人民群众所遭受的痛苦，是非分明，而且侠胆义肠，尽其所能，解救一些人民疾苦。全文随着老残的足迹所至，可以清晰地看到清末山东一带社会生活的面貌。《老残游记》的艺术品位甚高，留下蜕旧变新的明显印记。首先是叙事模式的转变，由说书人叙事转为作家叙事。小说具有浓郁的主观感情色彩，作家的创作个性和主体意识得到充分弘扬。小说视角也由传统的全知叙事转为第三人称限制叙事。其次是心理分析手法的运用。《二集》中写斗姥宫姑子逸云讲述她与任三爷热恋的长篇自白，就是一种大胆尝试。作家的笔锋触及人的潜意识中最隐秘的心弦震颤，将一个青春少女对于情欲、物欲的强烈渴求和盘托出，颇有现代心理分析的意味。而《老残游记》最突出的艺术特色是体现了中国小说由叙事型向描写型的转变。作品掺入诗和散文的笔法，开拓了审美空间。其文笔之清丽潇洒，意境之深邃高远，都达到很高境界。白描自然景色，尤见艺术功力。如写大明湖秋色，于梵宇僧楼、苍松翠柏间点染一株半株浓艳的丹枫，顿觉秋意盎然。写黄河冰封棱怒，则苍莽遒劲。《老残游记》所有的这些写作手法都为后世的小说创作提供了精彩的范例。

346. 陈端生是谁？

陈端生（1751—1796），出身官宦世家，有着良好的文学素养。《再生缘》全书二十卷八十回，其中前十七卷共六十八回是陈端生所撰，其余三卷共十二回是梁德绳在陈端生死后续写的。书中讲述了一个发生在元代的爱情故事。女主人公孟丽君是名臣之女，才貌无双，许配给了云南总督皇甫敬之子皇甫少华。国丈刘捷之子奎璧欲娶丽君不成，遂百般构陷孟氏、皇甫两家。丽君男装潜逃，后更名捐监应考，连中三元，官拜兵部尚书，因荐武艺高强的少华抵御外寇，大获全胜，少华封王，丽君也位及三台。父兄翁婿同殿为臣，丽君却拒绝相认。元帝发现其身份，反欲逼其入宫为妃，丽君不得已才与家人团圆。《再生缘》整体构思上的女权主义意识是十分明显的。陈端生所塑造的孟丽君有着超乎一般男性的能力与勇气，不仅能在男权社会中闯出一番事业，官拜兵部尚书，而且不愿受婚姻捆绑，试图继续以自由之身实现自身抱负。陈端生的道德困境与矛盾心理在书中也体现明显。在孟丽君为皇甫家平反后，陈端生并没有以大团圆结局就此结束，而是横生波折，丽君拒婚，复又抗旨，这都是她不甘心恢复女性身份，也是作者没有为女性找到更好的出路而所作的挣扎与纠结。然而她追求独立与自由的意愿仍然是进步的。

347.《阅微草堂笔记》的作者是谁？

《阅微草堂笔记》是清朝翰林院庶吉士出身的纪昀于乾隆五十四年（1789年）至嘉庆三年（1798年）间以笔记形式所编写成的文言短篇志怪小说，原名《阅微笔记》。十七世纪是中国历史上阶级矛盾、民族矛盾异常尖锐的时代。大动荡的年代，也在一定程度上有力地推动了思想领域的发展。纪昀在思想进步的影响下，崇尚汉学的实事求是，鄙薄宋学的虚伪与空谈，对假道学进行了极其严厉的斥责与抨击。在纪昀看来，道学家满口的"存天理，灭人欲"理论，视人欲为罪恶，才是最大恶。为了表达自己思想，纪昀就开始用文字勾勒讽刺这些假道学家的虚伪面目。中国文学发展到清代，写作模式已经成型，纪昀在这样的背景下吸收前人的经验和在前人的基础上开辟新模式，继承与创新相结合。《阅微草堂笔记》主要是搜集各种狐鬼神仙、因果报应、劝善惩恶等同时期流传的乡野怪谈，或者亲身所听闻的奇情轶事。《阅微草堂笔记》曾在历史上一时享有同《红楼梦》《聊斋志异》并行海内的盛誉。全书内容意在劝善惩恶，虽然不乏因果报应的说教，但是通过种种描写，折射出社会末世的黑暗和腐朽，进而反对宋儒的空谈性理疏于实践之理气哲学，并且讽刺道学家的虚伪矫作卑鄙，与旁敲侧击地揭露社会人心贪婪枉法及保守迷信。不过对处于社会下层的广大人民悲惨境遇的生活，纪昀在笔调中也表达出深刻的同情与悲悯。每则故事之后用一二语来总结其理事，以明因果、以理事非。《阅微草堂笔记》首先具有鲜明的反理教倾向，这其中体现出作者对人性及社会问题的进步认识。其次是对社会上诸类丑恶黑暗现象的谴责，对社会悲剧的痛心。最后是保留了丰富的官场及民间的掌故、民俗趣事和里巷异闻。这其中自然有不少荒诞不经、渗透着迷信糟粕的东西,但也具有历史、文学及社会文化价值的内容。《阅微草堂笔记》的价值是其他作品所无法替代的,它具有卓越的艺术成就。它融记叙和议论为一体,以夹叙夹议、从容自然的口吻,娓娓道来,极富感染力和表现力。其文体简约,笔法凝练,语言精湛。

348.《浮生六记》的作者是谁?

《浮生六记》是清人沈复所著的自传体散文。沈复(1763—1822),字三白,号梅逸,江苏苏州人。早年曾游幕江南,有过一段短暂而失败的经商经历。嘉庆年间随使臣到琉球,据考证,《浮生六记》即作于出使琉球时。《浮生六记》是沈复个人的自传性纪实之作,全书六卷,分别为"闺房记乐""闲情记趣""坎坷记愁""浪游记快""中山记历""养生记道"。今存前四卷,后两卷亡佚。各卷有独立的主题,全书连缀,又成为一个比较完整的个人日常生活实录。前两卷写夫妇相得,风格清逸。第三卷写颠沛流离,情节跌宕起伏。第四卷回溯游历,文辞又转向平和通脱。《浮生六记》对现实人物的描摹与人性现实的观照是值得关注的。书中女主人公,也就是沈复的妻子陈芸是一个被礼教迫害至深的女性。她原本与沈复伉俪情深,却因为家庭矛盾与公婆的误解,而被弃逐,最终贫病交迫而死。作者将自己的真实经历写出,深切地反映了个人在礼教压迫下的无限痛苦。另一方面,在书中,作者以深情直率的笔调叙了夫妻闺房之乐,写出了夫妻间至诚至爱的真情。这在中国文学史上,还是很少见的。别具慧眼的陈寅恪指出:"吾国文学,自来以礼法顾忌之故,不敢多言男女间关系,而于正式男女关系如夫妇者,尤少涉及。盖闺房燕昵之情意,家庭迷盐之琐屑,大抵不列于篇章,惟以笼统之词,概括言之而已。此后来沈三白《浮生六记》之《闺房记乐》,所以为例外创作。"这也是《浮生六记》难能可贵的地方。

349.《三侠五义》是什么?

《三侠五义》又名《忠烈侠义传》,共一百二十回。由民间说唱艺人石玉坤根据《龙图公案》润饰而成,是古典长篇侠义公案小说的经典之作。此书可分为三个部分,前二十七回写包拯断案,中间部分写侠客义士除暴安良,后三十六回主要写巡按颜查散征剿襄阳王。《三侠五义》作为中国最早出现的具有真正意义的武侠作品,对中国近代评书曲艺、武侠小说乃至文学艺术影响深远,称得上是武侠小说的开山鼻祖,由此掀起了各类武侠题材文学作品的高潮。《三侠五义》有关武功技击、江湖勾当以及机关埋伏种种名目之演述,均对以后武侠小说之内容素材有决定性之影响。此后武侠公案、短打评书盛极一时,例如《五女七贞》《永庆升平》《小五义》。清末民初亦有大量知识分子投身武侠小说创作,写了很多脍炙人口的佳作,比如王度庐的《卧虎藏龙》,还珠楼主的《蜀山奇侠传》,一直到港台的金庸的《射雕英雄传》《神雕侠侣》、古龙的《楚留香传奇》、温瑞安的《四大名捕》等等的武侠小说都在它的影响之下。而《三侠五义》侠义公案的故事,情节多纷繁曲折而又条理清晰,语言通俗,又成为各类戏曲的题材来源。如京剧《打銮驾》《遇皇后》《陈州放粮》《狸猫换太子》《花蝴蝶》《打棍出箱》《大破冲霄楼》《北侠除霸》《打龙袍》《五鼠闹东京》《乌盆记》《血手印》《铡判官》(探阴山)、《卧虎沟》(艾虎招亲)、《茉花村》等24部戏曲都是敷演《三侠五义》的故事,《铡美案》(秦香莲)等包公戏也是深受《三侠五义》的影响。

350.《施公案》是一部怎样的作品?

《施公案》又名《五女七贞》,清代民间通俗公案小说。早期版本亦称《施公案传》《施案奇闻》《百断奇观》,共九十七回,不署作者名,不知为何人所作,大约成书于乾隆、嘉庆年间。小说主要讲述了康熙年间清官施仕伦在黄天霸等江湖侠士辅佐下铲除贪官污吏、破案捕盗的故事。《施公案》中的故事既有说书艺人的独创,又有对前代的继承改编,其中继承的占大多数,这些来自前代的案例故事在不断的重写中被赋予了新的生命,呈现出不同的面貌。最初的公案小说多被收录于各种文集,直到明代才形成系统的公案小说集。而明代的公案小说又多是单独短篇,一篇讲述一个案件,由案发到结案。尽管后来逐渐具备章回小说的倾向,也只是在个别篇目中初露端倪,长篇体制尚不成熟。到了清代,就有了《施公案》这样的长篇章回小说,与前代相比艺术性增强。《施公案》开创了公案与侠义之合流及新的艺术结构,叙事模式由单一到复杂,回目之间前后勾连,环环相扣。情节设计悬念横生、惊险刺激、奇巧曲折。《施公案》中所写到的武功套路也对后世武侠小说影响很大。

351.《海上花列传》的作者是谁?

《海上花列传》,清末小说,共六十四回,题"花也怜侬著",实为韩邦庆作。韩邦庆(1856—1894),字子云,松江人。科举不第,曾长期旅居上海。这部长篇小说主要描写的是清末上海妓女的生活。小说以赵朴斋、赵二宝兄妹为主要线索,写他们从农村来到上海后,被生活所迫而堕落的故事。赵朴斋因狎妓招致困顿,沦落至拉洋车为生。二宝则沦为娼妓。赵氏兄妹的遭遇和经历,在上海下层社会生活中,有一定的典型性。书中广泛描写了官僚、名士、商人、买办、纨绔子弟、地痞流氓等人的狎妓生活以及妓女的悲惨遭遇。内容虽以写妓院生活为主,而旁及官场和商界,反映了日益殖民地化的城市上海的部分社会面貌。作者以看似不动声色的笔墨,描写了当时贫富悬殊、贵贱分明的社会生活画面。《海上花列传》所塑造的人物是性格复杂而内涵丰富的。作者对那些被环境不同程度压迫的人表现出了理解、同情与悲悯。而对人物语言、行为的描写则真切而生动。而且,《海上花列传》是以吴语写成,是我国文学史上第一部方言小说。这是一次成功的尝试。方言不仅能够更为贴切表现人物的特征,也能够拉近与特定区域读者的距离。因此胡适称赞它说:"《海上花列传》是吴语文学的第一部杰作。苏白的文学的正式成立,要从《海上花列传》算起。韩子云与他的《海上花列传》真可以说是给中国文学开了一个新局面了。希望他们(说吴语的文人)继续发展这个已经成熟的吴语文学的趋势。《海上花列传》的胜利不单是作者私人的胜利,乃是吴语文学运动的胜利。"

成语类

A

 352. 如何解释"爱屋及乌"?

【出处】出自《尚书大传·大战》。

【释义】因为爱一个人而连带爱他屋上的乌鸦。比喻爱一个人而连带地关心到与他有关的人或物。

【历史典故】

传说,殷商末代的商纣王是个穷奢极欲、残暴无道的昏君。姬昌,即后来的周文王,因为反对纣王,曾被囚禁,想了很多办法才得以出狱。

当时,周的都城在岐山,周文王回到岐山后,下决心要推翻商朝的统治。他首先聘得军事家姜尚为军师,积极练兵备战,又兼并了邻近的几个诸侯小国,势力逐渐强大起来。接着,又将都城东迁至丰邑,准备向东进军。可是,迁都不久,周文王就逝世了。

周文王的儿子姬发继位，即周武王。姜太公继续担任军师。武王的同母弟姬旦，异母弟姬奭是武王的两个得力助手。同时，武王还得到了其他几个诸侯的拥护。于是，武王正式宣布出兵伐纣。大军在孟津渡过黄河，向东北挺进，直逼商朝的朝歌。因为商纣王已失尽人心，军队也多不愿为他送命，于是逃的逃、降的降，起义的起义，朝歌很快就被攻克。纣王自杀，商朝就此灭亡。以后的八百年，便成了周的天下，称为周朝。

当周武王攻克朝歌之初，对于怎样处置商朝遗留下来的权臣贵族、官宦将士，能不能使局面稳定下来，武王心里还没有谱，因此有些担忧。为此，他曾同姜尚等商议。姜尚道："我听说，如果喜爱那个人，就连带喜爱他屋上的乌鸦；如果憎恨那个人，就连带夺来他的仆从家吏，全部杀尽，让他们一个也不留，您看如何？"

武王认为不能这样。这时召公上前说："我听说过：有罪的，要杀；无罪的，让他们活。应当把有罪的人都杀死，不让他们留下残余力量。大王你看怎么样？"武王认为也不行。

这时周公上前说道："我看应当让各人都回到自己的家里，各自耕种自己的田地。君王不偏爱自己旧时朋友和亲属，用仁政来感化普天下的人。"

武王听了非常高兴，心中豁然开朗，觉得天下可以从此安定了。

后来，武王就照周公说的办，天下果然很快安定下来，民心归附，西周也更强大了。

353. 如何解释"暗度陈仓"？

【出处】出自司马迁《史记·淮阴侯列传》。

【释义】陈仓：古代的地名，今陕西宝鸡东，为通向汉中的交通孔道。比喻正面迷惑敌人，而暗中从侧翼对敌人进行突然袭击。也比喻暗中进行活动，以造假手段来达到某种目的。

【历史典故】

秦朝被推翻后，项羽企图独霸天下，他对身边的将领们都没有什么顾忌，唯独对刘邦放不下心。

原来在早些时候，他曾与刘邦约定：谁最先攻下秦都咸阳，谁就在关中称王。结果没想到，最先进入咸阳的是刘邦。项羽不愿意让刘邦当关中王，但是又不想落了口实，便故意把巴、蜀和汉中三个偏远的郡分给他，封他为汉王，想把他束缚在偏僻的山里，自己则自封为西楚霸王，占领长江中下游和淮河流域一带广大肥沃之地，以彭城为都城。

事实上，项羽的担心不是没有道理的，刘邦的确有独霸天下的野心，只是慑于项羽的威势，不得不听从支配，暂时领兵西上，开往南郑，并且接受张良的计策，把一路走过的几百里栈道全部烧毁。表面上，烧毁栈道的借口是为了便于防御，实际上，更重要的是为了迷惑项羽，让他以为刘邦真的不打算出来了，从而放松对刘邦的戒备。刘邦到了南郑，发现了一个很有才华和见识的人——韩信，立马拜他为大将，请他为自己策划夺取天下的军事部署。

韩信果真不负众望，第一步战略便是，夺取关中，打开东进的大门，建立兴汉灭楚的根据地。由于东进离不开栈道，而栈道在张良的计策下已经被烧毁，于是韩信派出几百名官兵去修复栈道，并且放出这个消息。守关中西部的将领章邯听到了这个消息，觉得很可笑，他们当初自己烧了栈道，现在想着再来修复，这么大的工程，何年何月才能完成呢？因此压根没有当回事儿。可是，不久章邯便接到急报，说刘邦的大军已攻入关中，陈仓被占，守将被杀。章邯十分震惊，在证实消息后，慌忙领兵抵抗，但是已经来不及了，关中地区一下子被刘邦占领了。

原来韩信表面上派兵修复栈道，装作要从栈道出击的姿态，实际上早就和刘邦统率主力部队，暗中抄小路袭击了陈仓，趁章邯不备时，取得了胜利。这就叫作"明修栈道，暗度陈仓"。

B

 354. 如何解释"拔苗助长"？

【出处】出自《孟子·公孙丑上》。

【释义】把苗拔起，帮助其生长，比喻不管事物的发展规律，强求速成，反而把事情弄糟。也作"揠苗助长"。

【历史典故】

宋国有一个农夫，他总是担心自己田里的禾苗长不高，就天天到田边去看。

可是，时间一天一天过去了，他发现禾苗好像一点儿也没有往上长。于是，他在田边焦急地转来转去，自言自语地说："我一定得想办法帮助它们生长。"

一天，他终于想出了办法。他急忙跑到田里，把禾苗一棵棵地拔起，从早上一直忙到太阳落山，弄得自己精疲力尽。

他回到家里，十分疲劳，气喘吁吁地说："今天可把我累坏了，但力气总算没白费，我让禾苗长高了一大截。"

他的儿子听了，急忙跑到田里一看，发现田里的禾苗全都死了。

 355. 如何解释"百步穿杨"？

【出处】出自《战国策·西周策》。

【释义】步：古代的一步，指行走时两脚之间距离的两倍。杨：杨柳的叶子。百步穿杨：本义指能在一百步以外，射穿指定的某一片杨树叶子。后来形容箭法或枪法非常高明。

【历史典故】

战国时代，涌现了许多风云人物，他们在历史舞台上，为后人留下了自己的故事。秦国的白起将军就是他们里面的一位。

有一次，白起带领秦国军队去攻打魏国。当时魏国有个名叫苏厉的谋士，听了这个消息，十分担心国家的存亡，于是绞尽脑汁，想出了一个办法。苏厉立马去拜访周天子，说服了位高权重的周天子派使者去劝战。使者到了白起的营中后，没有立即说明来意，而是先按照苏厉的吩咐给白起讲了一个故事：

相传楚国襄阳郡有个著名的射箭手，名叫养由基。还有一个力大无比的勇士，名叫潘虎，也十分擅长射箭。虽然两人的箭术很精，但他们互相看不起对方，总想分出个高下。有一天，这两个人又比上了。

靶子设在五十步外，潘虎拉开强弓，一连三箭都正中红心。养由基笑着说："射中红心有什么难的，我还是射百步外的杨柳叶吧！"说罢，他指着百步外的一棵杨柳树，叫人在树上选一片叶子涂上红色作为靶子。然后一箭贯穿在这片杨柳叶的中心。

在一片喝彩声中，有个人在养由基身旁冷冷地说："喂，有了百步穿杨的本领，这才可以教他射箭了！"养由基转过身，好奇地问道："那你准备怎样教我射箭？"

那人说："我并不是来教你怎样射箭，而是来提醒你该怎样保持名声的。不知你是否想过，等到你力气用尽，只要一箭不中，你那百发百中的名声就会受到影响。所以，对于一个真正善于射箭的人，要学会爱护好的名声！"

白起听后，默默沉思了很久，最后停止了对魏国的进攻，魏国也转危为安。

356. 如何解释"班门弄斧"？

【出处】最先出自唐代柳宗元的《王氏伯仲唱和诗序》："操斧于班、郢之门，斯强颜耳。"也见于欧阳修的《与梅圣俞书》："昨在真定，有诗七八首，今录去，班门弄斧，可笑可笑。"

【释义】班指鲁班，春秋时期鲁国著名的木匠。在鲁班门前舞弄斧子。比喻在行家面前卖弄本领，古代用"班门弄斧"批评那种无知却又好卖弄的人。

【历史典故】

鲁班是春秋战国时期著名的木匠，相传古代的雨伞就是他最先发明出来的，直到现在，人们都还将他视为木匠界的鼻祖级人物。据说当时还有一个工匠，名字叫石，人们叫他匠石，是楚国京城郢都人，他和鲁班难分伯仲，能力不相上下，都是世间少见的顶级匠师。那么，他的本领高到什么程度呢？

庄子在《徐无鬼》中，记叙了和他相关的一则小故事。

相传，匠石有一个好朋友，两个人常常一起配合表演。这个朋友会在自己鼻尖上，薄薄地涂上一层淡淡的白灰，匠石手中拿着巨大的斧子，瞅准了朋友的鼻尖，"唰"一下子，斧子把鼻尖上一层薄薄的白灰给扫得一干二净，鼻子尖连皮都蹭不到。如此可见他的本领有多大了。

唐代的柳宗元说，假如有人"操斧于班、郢之门"，也就是拿着斧子敢在鲁班和匠石面前耍弄，那就有点儿"强颜"，就是脸皮厚到不知自己几斤几两了。

357. 如何解释"杯弓蛇影"？

【出处】出自汉代应劭《风俗通》。

【释义】指因错觉而产生疑惧，比喻疑神疑鬼，妄自惊忧。

【历史典故】

相传，在晋朝，有一个名叫乐广的人，他非常喜欢结交朋友，经常请朋友到家里喝酒聊天。

有一天，乐广又准备了一桌子的好酒好菜，宴请宾客，大厅中觥筹交错，十分热闹，大家都在猜拳行令，对饮聊天。

一位客人正在举杯痛饮的时候，无意中，眼角余光瞥见杯中好像有一条活着的游动着的小蛇，客人心里十分惊恐，但碍于主人的情面，不好扫其他客人的兴致，只好硬着头皮把酒喝下。然后，他这位客人朋友没有说明原因，就急匆匆地告辞离开了。这让乐广感到很纳闷：他为什么突然不喝酒就走了呢？是不是自己招待不周到呢？

过了好几天，乐广一直没有见到这位朋友。乐广很记挂他，生怕自己上次没有尽到主人之谊，于是就提着礼物，亲自登门去看望他。一去才知道，原来这位朋友已经病了好几天了，而且病得很厉害。乐广纳闷地问："前几天喝酒的时候，你不是还好好的，怎么一下子就病得这么厉害了呢？"

刚开始的时候，这位朋友遮遮掩掩，回答不上来。乐广越发觉得奇怪了，再三追问，这位朋友才支支吾吾地说出实情："那天你盛情招待我们，本来大家都喝得很尽兴。可是，我喝了几杯以后，突然发现酒杯里有一条小蛇，而且它还慢慢地蠕动。我当时感到很毛骨悚然，也觉得很恶心。但顾及你的面子和大家的兴致，我硬着头皮，勉强喝了那杯酒，然后就急匆匆地离开了。回到家里以后，我感到全身上下都不舒服，总觉得肚子里有一条小蛇在游动。然后，我就一病不起了。"

乐广得知他的病情后，十分着急，但是也觉得很不可思议。哪里来的蛇呢？思前想后，突然记起自己家墙上挂有一张弯弓，他猜想，这位朋友所说的蛇可能是倒映在酒杯中的弓影，带着这样的猜测，他再次把这位客人请到家中，请朋友坐在原来的位置上，举起装好美酒的杯子，这时候，墙上弯弓的影子又映入杯中，在光线的辅助下，宛如一条游动的小蛇，客人顿时惊得目瞪口呆，这时，乐广指着墙上挂着的弓，笑着说："都是它在作怪，杯中的蛇其实是这张弓的影子！"

随后，乐广把弓从墙上取下来，这时，杯中小蛇也消失了。这位朋友恍然大悟，他开心地说："原来是这样啊，杯中的蛇竟然是墙上的弓的影子！"疑窦顿开，心里的石头落了地，不再疑神疑鬼，病也就随之而愈了。

358. 如何解释"背水一战"？

【出处】出自司马迁《史记·淮阴侯列传》。

【释义】背：背向。水：指江河。背水：背后是水，表示没有退路。后来指处于绝境之中；为求出路而决一死战。

【历史典故】

楚汉相争中，韩信表现出了自己卓越的军事才能，为后人留下了许多经典的战术参考。

公元前205年十月，刘邦派他与张耳率几万军队向东挺进，攻击赵国。一路上韩信的部队要通过一道极狭的山口，叫井陉口。赵王赵歇和赵军统帅陈余听闻这一消息，提早在井陉口聚集二十万重兵，严密防守。

赵王手下谋士李左车对大将陈余说："韩信这次出兵，一路上打了很多胜仗，现在他又乘胜远征，企图攻下赵国，其势锐不可当。不过，他们运送粮食需经过千里之遥。我们井陉山路狭窄，车马不能并进，汉军的粮草队必定落在后面。不如让我带领三万士兵，从小道出击，去拦截他们的武器粮草，断绝他们的供给，这样汉军即便不战死也会饿得半死。将军你只要在这里坚守要塞，不与他们交战，这样他们前不能战，后不能退，不需要几天我们就可活捉韩信。"然而大将陈余不听，仗着兵力优势，坚持要与汉军正面作战。

韩信探听到这一情况，非常高兴。他赶紧命令部队在离井陉三十里的地方安营，到了半夜，他派出两千轻骑从小路隐蔽前进，要求他们在赵军离开营地后迅速冲入赵军营地，换上汉军旗号；然后韩信又派出一万人沿着河岸背水摆开阵势。背水历来是兵家绝地，一旦背水，非死不可。陈余得知消息后，大笑韩信不懂兵法，不留退路，自取灭亡。

到了天明，韩信率军发动进攻，双方展开激战。不一会，韩信、张耳假装败退，向河岸阵地靠拢。陈余则指挥赵军拼命追击。这时，韩信命令主力部队出击，背水结阵的士兵因为没有退路，也回身猛扑敌军。这时韩信埋伏的两千轻骑兵，见赵军倾巢出击，立即飞奔驰入赵营，拔掉赵国的全部军旗，换上汉军的红旗。

这边战场，赵军无法取胜，正要回营，忽然发现营中已插遍了汉军旗帜，慌乱之中只能四散奔逃。这时汉军两面夹击，赵军大败。士兵们杀死了陈余，抓获了赵王。在庆祝胜利的时候，将领们问韩信："兵法上说，列阵可以背靠山，前面可以临水泽，现在您让我们背靠水排阵，我们当时不相信，然而竟然取胜了，这是一种什么策略呢？"

韩信笑着说："这是兵法上有的，只是你们没有注意到罢了。兵法上说'陷之死地而后生，置之亡地而后存'。如果是有退路的地方，士兵都逃散了，怎么能让他们拼命呢！"

359. 如何解释"杯水车薪"？

【出处】出自《孟子·告子上》。

【释义】用一杯水去救一车着了火的柴草。比喻无济于事，徒劳无功，解决不了问题。

【历史典故】

从前，有个樵夫砍柴回家，天气炎热，他推了满满的一车柴火来到一家茶馆门前休息。在屋里刚坐下喝了一会茶，就听见外面有人高喊："不好了，救火啊！柴车着火了！"

樵夫立即起身，端起茶杯就冲了出去。他非常认真地把茶杯里的水泼向燃烧的柴车，然后再跑回去，又盛了满满一杯水，想要再次灭火。但等他再次端着茶跑出去时，柴草已经烧成灰烬了。

C

 360. 如何解释"才高八斗"？

【出处】出自《南史·谢灵运传》

【释义】才，指文才、才华。斗，器具名。形容人的文才高超，知识丰富。

【历史典故】

魏晋时期，著名的大才子谢灵运曾赞誉曹植"才高八斗"。

谢灵运出身名门，是东晋名臣谢玄的孙子。

他是南朝时期著名的诗人，也是文学史上第一个大量创作山水诗的诗人，被誉为山水田园诗鼻祖，非常有才华，高傲冷蔑，对一般人是不屑一顾的。

除此之外，他不仅是个诗人，还酷爱登山。登山时常穿一双木制的钉鞋，上山时取掉前掌的钉齿，下山就取掉后掌的钉齿。这样上下山就格外的省力，而且走得稳当，这就是著名的"谢公屐"。

喜爱游山玩水的谢灵运，每到一个地方游览过后，就喜欢用笔记录下奇观异景，用精致工整的语言刻画山水的秀美。慢慢地，描写山水就成为了一种独立的诗歌题材。据说诗仙李白就曾非常羡慕谢灵运的生活，他的游历生活，多多少少也受了谢灵运的影响。

谢灵运曾经这样说：天下的文学之才总共有一石，其中曹植独占了八斗，我的才学占一斗，天下其他人共分一斗。这就是人们常说的才高八斗的由来，可见曹植的才华与名气。

从此以后，谢灵运的这句"才高八斗"就成了才学出众的代名词了。

 361. 如何解释"草木皆兵"？

【出处】出自《晋书·苻坚载记下》

【释义】把山上的草木都当作敌兵。形容人在惊慌时疑神疑鬼。

【历史典故】

东晋时期，秦王苻坚亲自率领九十万大军，去攻打晋国。

晋国派大将谢石、谢玄领八万兵马迎战。苻坚十分自得，觉得此战必胜，根本没把力量悬殊的晋军看在眼里。得知晋军兵力不足，就想以多胜少，抓住机会，迅速出击。

谁料，苻坚的二十五万先锋部队，在寿春一带被晋军出奇击败，损失惨重，大将被杀，士兵死伤万余。秦军的锐气大挫，军心动摇，士兵惊恐万状，纷纷逃跑。

夜晚，苻坚在寿春城上远远望见晋军队伍严整，士气高昂，再北望八公山，发现山上一草一木都像晋军的士兵一样。此时，他才后悔自己过于轻敌了。惊慌失措之中，觉得自己的敌人十分强大，难以战胜。但是已经骑虎难下，便也只能继续谋划。出师不利给苻坚心头蒙上了不祥的阴影，他令部队靠淝水北岸布阵，企图凭借地理优势扭转战局。

这时晋军将领谢玄提出要求，要秦军稍往后退，让出一点地方，以便渡河作战。苻坚暗笑晋军将领不懂作战常识，想利用晋军忙于渡河难于作战之机，给它来个突然袭击，于是欣然接受了晋军的请求。

谁知，后退的军令一下，秦军就如潮水一般溃不成军，而晋军则趁势渡河追击，把秦军杀得丢盔弃甲，尸横遍野。苻坚中箭而逃。

362. 如何解释"程门立雪"？

【出处】出自《宋史·杨时传》。

【释义】程门指的是程颐，北宋著名学者。旧指学生恭敬受教，现指尊敬师长。比喻求学心切和对有学问长者的尊敬。

【历史典故】

北宋时期，在福建将东县，有个叫杨时的进士，他特别喜好钻研学问，到处寻师访友，曾就学于洛阳著名学者程颢门下。后来，程颢又将杨时推荐到其弟程颐门下，在洛阳伊川所建的伊川书院中求学。

杨时那时已经有四十多岁，学问也相当高，但是他仍谦虚谨慎，不骄不躁，尊师敬友，深得程颐的喜爱，被程颐视为得意门生，得其真传。

有一天，杨时同一起学习的游酢，向程颐请求学问，却不巧赶上老师正在屋中打盹儿。杨时便劝告游酢不要惊醒老师，于是两人静立门口，等老师醒来。

一会儿，天飘起鹅毛大雪，越下越急，杨时和游酢却还立在雪中，游酢实在冻得受不了，几次想叫醒程颐，都被杨时阻拦住了。

直到程颐一觉醒来，才赫然发现门外的两个雪人。因为这件事，程颐深受感动，从此以后，更加尽心尽力教杨时，杨时也不负重望，最后终于学到了老师的全部学问。之后，杨时回到南方传播程氏理学，且形成独家学派，世称"龟山先生"。

后人便用"程门立雪"这个典故，来赞扬那些求学师门，诚心专志，尊师重道的学子。

D

 363. 如何解释"大器晚成"？

【出处】出自《老子》。

【释义】原意"铸造越大的器皿（如鼎、钟）越晚成型。"喻指"越是大才能的人通常越晚成功。"

【历史典故】

楚庄王熊旅统治朝政三年，没有发布一项政令，也没有一样政绩上的作为。

右司马伍举来到君王座驾旁，对楚庄王讲了一段微妙的话，说："有一只鸟停驻在南方的阜山上，三年不展翅、不飞翔、也不鸣叫，沉默无声。这是什么鸟呢？"

楚庄王说："三年不展翅，是为了生长羽翼；不飞翔、不鸣叫，是为了观察民众的态度。虽然还没飞，一飞必将冲天；虽然还没鸣，一鸣必会惊人。你放心，我知道了。"

经过半年，楚庄王就亲自听取朝政。废除了十项政令，启用了九项政令，诛杀大奸臣五人，提拔隐士六人。就这样国家被大力整治。楚庄王又带兵讨伐齐国，在徐州大败了齐军，在河雍战胜了晋军，在宋国汇合诸侯，终于使楚国称霸天下。

庄王不因为小事而加害忠善的人，因此能有好的名声；没有事先显示，因此能有好的功绩。

庄王一直默默地积累力量，因此成功的时间比较晚。越是有大才能的人通常越晚成功，越是大的成就往往越不可估量，因为它们往往需要更多的积累和坚持。

 364. 如何解释"倒屣相迎"？

【出处】出自《三国志》。

【释义】屣：鞋。古人家居脱鞋席地而坐，急于迎客，将鞋穿倒。形容热情迎客，有时也比喻客人尊贵。

【历史典故】蔡邕，是东汉末的一位著名文人，官任左中郎将。

汉献帝西迁，王粲也迁到长安。左中郎将蔡邕见到王粲，认为他不同常人。当时蔡邕才学非常有名，在朝廷位尊权重。他十分好客，家里经常车马满巷，宾客满座。但他在众人之中最佩服诗人王粲的才能。

一次，蔡邕因工作劳累，十分困乏，正躺在床上休息。忽然家丁报告王粲来访。听说王粲在门外求见，他立即起身出迎。因为他太高兴，没有来得及穿好鞋子，倒拖着鞋子，跑出去迎接（倒屣迎之）。

蔡邕又发帖设宴，请王粲为上宾。王粲进来，年龄很小，身材又矮，满座的宾客都很吃惊。蔡邕说："这是王公的孙子，有非凡的才学，我比不上他。我家里的书籍文章，全部都要送给他。"其他客人看到蔡邕对王粲十分敬重热情，都感到十分惊异。宴罢，蔡邕还亲自送王粲至府门外，回过头来对其他客人说："王粲此人，才能非凡，我不及之啊！"后人于是用"倒屣相迎"来形容主人热情好客和来宾在主人心里的重要地位。

365. 如何解释"东施效颦"？

【出处】出自《庄子·天运》。

【释义】效：仿效，模仿。颦：皱眉头。东施：越国的丑女。西施：越国的美女。比喻模仿别人，不但模仿不好，反而出丑。有时也作自谦之词，表示自己根底差，学别人的长处没有学到家。

【历史典故】

传说春秋时期，越国有一美女，名唤西施，她不仅有沉鱼落雁之容，闭月羞花之貌，就连平时所做的任何一个动作，都是非常美的。因此常有一些姑娘模仿她的衣着装束；也常有一些人有意无意地模仿她的行为举止。

有一天西施患病，心口非常痛。她出去洗衣服时，皱着眉头，用一只手捂着胸口走在路上。虽然非常难受，但旁人看来，这天的西施却又别有一番风姿。

西施有一邻居，名叫东施，长得很丑，见西施人长得美，别人又时常效仿西施的衣着举止。她十分羡慕，也希望可以像西施那样美，就常常暗地里观察，看西施到底与别人有什么不同之处。

这一天，她看到西施用手捂着胸口，皱着眉头的样子后，觉得西施的样子非常美。于是她就跟着学起这个样子来。因为东施本来容貌就丑，又皱起了眉头，看上去更加丑陋了，而她本来形体就含胸弓背，还学西施又捂住了胸，弄得更加不堪，走在马路上，邻里的有钱人看见了，赶快紧闭家门不出来；贫穷的人看见了，也都带着妻子儿女，远远地跑开了。

东施只知道西施皱着眉头好看，却不知道皱着眉头好看的原因，盲目模仿，只能弄巧成拙，让自己变得更加丑陋。

366. 如何解释"对牛弹琴"？

【出处】出自汉代牟融《理惑论》。

【释义】比喻对不讲道理的人讲道理，对不懂得美的人讲风雅。也用来讥讽人讲话时不看对象。

【历史典故】

战国时代，有一个叫公明仪的音乐家，他能作曲也能演奏，七弦琴弹得非常好，弹的曲子优美动听，很多人都喜欢听他弹琴，人们很敬重他。

公明仪不但在室内弹琴，遇上好天气，还喜欢带琴到郊外弹奏。有一天，他来到郊外，春风徐徐地吹着，垂柳轻轻地动着，一头黄牛正在草地上低头吃草。公明仪一时兴致来了，摆上琴，拨动琴弦，就给这头牛弹起了最高雅的乐曲《清角之操》来。老黄牛在那里却无动于衷，仍然一个劲地低头吃草。

公明仪想，这支曲子可能太高雅了，该换个曲调，弹弹小曲。老黄牛仍然毫无反应，继续悠闲地吃草。公明仪便拿出自己的全部本领，一一弹奏最拿手的曲子。这回，老黄牛偶尔甩甩尾巴，赶着牛虻，仍然低头闷不吱声地吃草。最后，老黄牛慢悠悠地走了。老黄牛完全不管公明仪是否还在对它弹奏曲子，换个地方吃草去了。

公明仪见老黄牛对他的曲子始终无动于衷，很是失望。人们对他说："你不要生气了！不是你弹的曲子不好听，而是你弹的曲子不对牛的耳朵啊！"

最后，公明仪也只好叹口气，抱琴回去了。

F

367. 如何解释"分道扬镳"？

【出处】出自《魏书·河间公齐传》。

【释义】比喻人们分别发展和施展各自的聪明才智，或者比喻因志趣、目标不同而各走各的路。

【历史典故】

南北朝时期的北魏，国都原在平城，魏孝文帝时迁都洛阳。据《北史》载，"洛阳令"即"京兆尹"元志，曾同"御史中尉"李彪发生过一件有趣的争路纠纷。

据说元志仗着自己有些才能，相当骄傲，对于某些学问不高的大官贵族，往往表示轻视。有一天，他坐着车子正在街上走着，恰巧遇见李彪的车子迎面过来。那时，官员出门总是前呼后拥的，官职越高，随行人马就越多，威风气派也就越大。老百姓在街上遇见他们，老远就得回避。官职低的官，也得让官职高的官先走。如遇官职相仿，客气些的也就让道。元志论官职是应该让李彪的，可是他瞧不起李彪，偏不相让。李彪很生气，当场训斥元志。元志不服，两人就争吵起来。

元志和李彪到孝文帝面前去评理。李彪说，自己是"御史中尉"，洛阳一个地方官，怎敢同他对抗，居然不肯让道。元志说，他是国都所在地的长官，住在洛阳的人，都编在他主管的户籍里，他怎可同普通的地方官一样向一个御史中尉让道。

孝文帝听了，不愿意评判他们谁是谁非，便笑道："洛阳是寡人的京城，应该分路扬镳。从今以后，你们可以分开走，各走各的不就得了吗！"

368. 如何解释"负荆请罪"？

【出处】出自《史记·廉颇蔺相如列传》。

【释义】负：背着；荆：荆条。背着荆杖，表示服罪，向当事人请罪，形容主动向人认错、道歉，给予自己严厉责罚，也表示向人认错赔罪。

【历史典故】

秦渑池会结束以后，蔺相如由于功劳很大，被赵王封为上卿，位在武将廉颇之上。

廉颇很不满，对身边人说："我是赵国将军，有攻城野战的大功，而蔺相如只不过靠能说会道立了点功，可是他的地位却在我之上，况且他本来是个平民，我实在是感到羞耻，难以忍受。"并且扬言说："我遇见蔺相如，一定要羞辱他。"

蔺相如听到后，常常避开，不肯和他相会。每到上朝时，他常常推说有病，不愿和廉颇去争位次的先后。就连蔺相如外出时，在邯郸城回车巷，只要远远看到廉颇，蔺相如就掉转车子回避。

蔺相如的门客看到他这样，一起直言进谏："我们之所以离开亲人来侍奉您，就是仰慕您高尚的节义呀！如今您与廉颇官位相同，廉颇口出恶言，而您却害怕躲避他，您怕得也太过分了，平庸的人尚且感到羞耻，何况是身为将相的人呢！我们这些人没出息，请让我们告辞吧！"

蔺相如挽留他们，于是说："诸位认为廉将军和秦王相比谁厉害？"门客们回答说:"廉将军比不了秦王。"蔺相如说:"秦王威势这么大,我都敢在朝廷上呵斥他,羞辱他的群臣,我蔺相如虽然无能,所以我会怕廉将军吗?只是我想到,强大的秦国之所以不敢攻打赵国邯郸城,就是因为有我和廉将军在呀,如果两虎相斗,势必不能共存。我之所以这样忍让,就是为了要把国家的急难摆在前面,而把个人的私怨放在后面。"

后来,蔺相如的话传到了廉颇的耳朵里。廉颇静下心来想了想,觉得自己为了争一口气,就不顾国家的利益,真不应该。于是,他脱下战袍,背上荆条,到蔺相如府门上请罪。蔺相如见廉颇来负荆请罪,连忙热情地出来迎接。

从此以后,他们俩成了好朋友,同心协力保卫赵国。

G

 369. 如何解释"高山流水"?

【出处】最早出自《列子·汤问》。

【释义】《高山流水》为中国十大古曲之一。通常比喻知己或知音,也比喻乐曲高妙。

【历史典故】

伯牙是一位有名的琴师,他的琴术很高明,钟子期则善于欣赏音乐。

伯牙弹琴的时候,想着在登高山。钟子期高兴地说:"弹得真好啊!我仿佛看见了一座巍峨的大山!"于是,伯牙又想着流水来弹琴,钟子期又说:"弹得真好啊!我仿佛看到了汪洋的江海!"伯牙每次想到什么,钟子期都能从琴声中领会到伯牙所想。

有一次,他们两人一起去泰山的北面游玩。游兴正浓的时候,突然天空下起了暴雨。于是他们来到一块大岩石下面避雨,伯牙心里突然感到很悲伤,于是就拿出随身携带的琴弹起来。开始弹连绵细雨的声音,后来又弹大山崩裂的声音。每次弹的时候,钟子期都能听出琴声中所表达的含义。伯牙于是放下琴感叹地说:"好啊,好啊,你能想象出我弹琴时所想的意境,我的琴声无论如何也逃不掉你的耳朵!"

后来,钟子期死了,伯牙摔琴断弦,终生不再弹琴,认为世上再没有能听懂他琴中之意的人了。两人因为相知相惜的友情,成为人们形容知音之情的典范。

H

370. 如何解释"邯郸学步"?

【出处】出自《庄子·秋水》。

【释义】邯郸,今河北省邯郸市。相传赵国都城邯郸的人,擅长行走,不仅步子轻快,而且姿态也非常优美。这里比喻一味地模仿别人,不仅学不到本事,反而把原来的本事也丢了。

【历史典故】

相传在两千年前,燕国寿陵有一位少年,这位寿陵少年出生贵族,不愁吃穿,长相也颇为英俊,可他就是缺乏自信心,经常感到事事不如人,低人一等,总觉得衣服是人家的好,饭菜是人家的香,站相坐相也是人家高雅。

于是,他见什么学什么,学一样丢一样,虽然学习的东西很多,但始终不能做好一件事,也不知道自己该是什么模样。家里的人总是劝他改一改这个毛病,但他总觉得是家里人管得太多,根本听不进去。

有一天,他看多了别人走路的高雅样子,竟怀疑自己该不该这样走路,越看越觉得自己走路的姿势太笨太丑了。

后来,他在路上碰到几个人说说笑笑,听得有人说邯郸人走路姿势很美。于是他急忙走上前去,想打听个明白。不料想,那几个人看见他,一阵大笑之后扬长而去。

他思前想后,怎么也不知道邯郸人走路的姿势究竟美在哪里。这成了他的心病。终于有一天,他瞒着家人,跑到遥远的邯郸学走路去了。

一到邯郸,他感到处处新鲜,简直令人眼花缭乱。人们走起路来,各有风姿,十分好看。于是他如饥如渴地学习了起来,看到小孩走路,他觉得活泼可爱,学;看见老人走路,他觉得稳重矫健,学;看到妇女走路,摇摆多姿,学。

就这样学着学着,不过半月光景,他学得连走路也不会了,路费也花光了,只好爬着回去了。

371. 如何解释"画蛇添足"?

【出处】出自《战国策·齐策二》。

【释义】原意为画蛇时给蛇添上脚。后比喻做了多余的事,非但无益,反而不合适。

【历史典故】

古时候，楚国有一家人，祭完祖宗之后，主人准备将祭祀用的一壶酒，赏给帮忙办事的人喝。参加的人很多，这壶酒如果大家都喝是不够的，若是让一个人喝，那能喝得有余。那么，这一壶酒到底怎么分呢？

大家都安静下来，这时有人建议：每个人在地上画一条蛇，谁画得快又画得好，就把这壶酒归他喝。大家都认为这个方法好，都同意这样做。于是，在地上画起蛇来。

有个人画得很快，一转眼最先画好了，他就端起酒壶要喝酒。但是他回头看看别人，还都没有画好呢。心里想：他们画得真慢。又想显示自己的本领，他洋洋得意地说："你们画得好慢啊！我再给蛇画几只脚也不算晚呢！"于是，他便左手提着酒壶，右手拿了一根树枝，给蛇画起脚来。

正在他一边画着脚，一边说话的时候，另外一个人已经画好了。那个人马上把酒壶从他手里夺过去，说："你见过蛇吗？蛇是没有脚的，你为什么要给它添上脚呢？所以第一个画好蛇的人不是你，而是我了！"

那个人说罢就仰起头来，咕咚咕咚把酒喝下去了。

372. 如何解释"画龙点睛"？

【出处】出自唐代张彦远的《历代名画记·梁》。

【释义】原形容梁代画家张僧繇作画的神妙。后多比喻写文章或讲话时，在关键处用几句话点明实质，使内容更加生动有力。

【历史典故】

南北朝时期的梁朝，有位很出名的大画家名叫张僧繇，他的绘画技术很高超。当时的皇帝梁武帝信奉佛教，修建的很多寺庙，都请他去作画。

有一年，梁武帝要张僧繇为金陵的安乐寺作画，在寺庙的墙壁上画四条金龙。他答应下来，并且仅用三天时间就画好了。这些龙画得栩栩如生，惟妙惟肖，就像真龙一样活灵活现。

张僧繇画好后，吸引了很多人前去观看，大家都称赞画得好，太逼真了。可是，人们走近一点看，就会发现美中不足的是四条龙全都没有眼睛。大家纷纷请求他，把龙的眼睛点上。张僧繇解释说："给龙点上眼珠并不难，但是点上了眼珠，这些龙会破壁飞走的。"

大家听后都不相信，认为他这样解释很荒唐，墙上的龙怎么会飞走呢？日子长了，很多人都以为他是在说谎。

张僧繇被逼得没有办法，只好答应给龙"点睛"，但是他为了要让庙中留下两条白龙，只肯为另外两条白龙点睛。这一天，在寺庙墙壁前有很多人围观，张僧繇当着众人的面，提起画笔，轻轻地给两条龙点上眼睛。

奇怪的事情果然发生了，他点过第二条龙眼睛，过了一会儿，天空乌云密布，狂风四起，雷鸣电闪，在雷电之中，人们看见被"点睛"的两条龙震破墙壁凌空而起，张牙舞爪地腾云驾雾飞向天空。

过了一会，云散天晴，人们被吓得目瞪口呆，一句话都说不出来了。再看看墙上，只剩下了没有被点上眼睛的两条龙，而另外两条被"点睛"的龙不知去向了。

373. 如何解释"讳疾忌医"？

【出处】出自宋代朱熹《与田侍郎》。

【释义】讳：忌讳、避忌；忌：怕，畏惧。隐瞒疾病，不愿医治。比喻掩饰缺点、错误，不愿改正。

【历史典故】

名医扁鹊，有一次去见蔡桓公。他在旁边立了一会儿对桓公说："你有病了，现在病还在皮肤的纹理之间，若不赶快医治，病情将会加重！"桓公听了笑着说："我没有病。"待扁鹊走了以后，桓公对人说："这些医生就喜欢医治没有病的人，并把这个当作自己的功劳。"

十天以后，扁鹊又去见桓公。扁鹊说桓公的病已经发展到肌肉里，如果不治，还会加重。桓公不理睬他。扁鹊走了以后，桓公很不高兴。

再过了十天，扁鹊又去见桓公，说他的病已经转到肠胃里去了。如果再不从速医治，就会更加严重了。桓公仍旧不理睬他。

又过了十天，扁鹊去见桓公时，对他望了一望，回身就走。桓公觉得很奇怪，于是派使者去问扁鹊。扁鹊对使者说："病在皮肤的纹理间是烫熨的力量所能达到的；病在肌肤是针石可以治疗的；病在肠胃是火剂可以治愈的；病若是到了骨髓里，那是司命所掌管的事了，我也没有办法了。而今在骨髓，我不再请求了。"

五天以后，桓公浑身疼痛，赶忙派人去请扁鹊，扁鹊却早已经逃到秦国了。桓公不久就死掉了。良医治病，病在表皮时就及时医治。这是为了在刚显露苗头时及时处理。事情的祸福也有开端，所以圣人总是尽可能早地予以处理。

J

374. 如何解释"江郎才尽"?

【出处】出自《南史·江淹传》。

【释义】尽:没了。比喻才思减退。指年轻时很有才气,到晚年文思渐渐衰退。

【历史典故】

南朝的江淹,年轻的时候,就已经成为一个鼎鼎有名的文学家,他的诗和文章在当时获得极高的评价,为人推崇。

可是,当他年纪渐渐大了以后,他的文章渐渐没有以前写得好了,相比起来退步不少。他的诗写出来平淡无奇,而且即便提笔吟握好久,依旧写不出一个字来;即便偶尔灵感来了,诗写出来了,但文句枯涩,内容平淡得一无可取。

于是就有人说,有一次江淹乘船停在禅灵寺的河边,梦见一个自称叫张景阳的人,向他讨还一匹绸缎,他就从怀中掏出几尺绸缎还他。因此,他的文章以后便不精彩了。还有人说,有一次江淹在冶亭中睡午觉,梦见一个自称郭璞的人,走到他的身边,对他说:"文通兄,我有一支笔在你那儿已经很久了,应该可以还给我了吧!"江淹听了,就顺手从怀里取出一支五色笔来还他。据说从此以后,江淹就文思枯竭,再也写不出什么好的文章了。

江淹也曾得意地对弟子说:"本素官,不求富贵,今之忝窃遂至于此,平生言止足之事,亦以备矣。"

由此可见,其实并不是江淹的才华已经用完了,而是他当官以后,一方面由于政务繁忙,另一方面也由于仕途得意,无须自己动笔,劳心费力,就不再动笔了。久而久之,文章自然会逐渐逊色,缺乏才气。

375. 如何解释"精卫填海"?

【出处】出自《山海经》。

【释义】精卫:古代神话中的鸟名。精卫衔来木石,决心填平大海。旧时比喻仇恨极深,立志报复。后比喻意志坚决,不畏艰难。

【历史典故】

炎帝的小女儿在东海溺水而亡,化身为精卫鸟。

精卫栖身于布满拓木林的发鸠山上,它天天从发鸠山衔了小石子,或者小树枝,展翅高飞，直至东海，把石子或树枝投下去。日复一日，年复一年，不管是赤日炎炎还是雨雪霏霏，不死鸟精卫回翔在波涛汹涌、浩瀚无垠的大海上空，投下颗颗碎石、根根断枝，它不间断地叫着"精卫、精卫"，以激励自己的斗志，它要以锲而不舍的精神，将东海填平。

东海恼怒了，咆哮了，浪涛喧哗，白沫四溅："你为什么要把我填平？你为什么恨我这么深？"，天空中传来精卫鸟仇恨的啼鸣："因为你夺走了我年轻的生命，因为你还将夺走千千万万的年轻的生命。"

"算了吧，小鸟儿！你就是填一千年，一万年，也填不平我呀！"东海用轰隆隆的大笑声来掩饰自己的窘态。

"我要填的！我要填的！我要一千万年、一万万年地填下去，哪怕填到世界末日，宇宙终结。"不死鸟精卫悲啸着，飞翔着，从发鸠山至东海，循环往复，衔石投海，永无休止。

376. 如何解释"惊弓之鸟"？

【出处】出自《晋书·王晋传》。

【释义】被弓箭吓怕了的鸟不容易安定。比喻经过惊吓的人碰到一点动静就非常害怕。

【历史典故】

从前，更羸陪同魏王散步，看见远处有一只大雁飞来。

他对魏王说："我不用箭，只要虚拉弓弦，就可以让那只飞鸟跌落下来。"魏王听了，耸肩一笑道："你的射箭技术竟能高到这等地步？"

更羸自信地说："能。"

不一会儿，等那只大雁飞到了他的头顶上空。更羸拉弓扣弦，随着嘣的一声弦响，只见大雁先是向高处猛地一窜，随后在空中无力地扑打几下，便一头栽落下来。

魏王惊奇得半天合不拢嘴，拍掌大叫道："啊呀，箭术竟能高超到这等地步，真是意想不到呀！"

更羸解释说："不是我的箭术高超，而是因为这只大雁身有隐伤。"

魏王更奇怪了："大雁远在天边，你怎么会知道它有隐伤呢？"

更羸回答道："这只大雁飞得很慢，鸣声悲凉。根据我的经验，飞得慢，是因为它体内有伤；鸣声悲，是因为它长久失群。这只孤雁疮伤未愈，惊魂不定，所以一听见尖利的弓弦响声便惊逃高飞。由于急拍双翅，用力过猛，引起旧伤迸裂，跌落下来。"

 377. 如何解释"居安思危"？

【出处】出自左丘明的《左传·襄公十一年》。

【释义】居：处在。思：考虑。处在安乐的环境中，要想到可能有的危险。指要提高警惕，防止祸患。

【历史典故】

春秋时期，有一次宋、齐、晋、卫等十二国联合出兵攻打郑国。

郑国国君十分恐慌，急忙向十二国中最大的晋国求和，得到了晋国的同意，其余十一国也就停止了进攻。郑国为了表示感谢，给晋国送去了大批礼物，其中有：著名乐师三人、配齐甲兵的成套兵车共一百辆、歌女十六人，还有许多钟磬之类的乐器。

晋国的国君晋悼公见了这么多的礼物，非常高兴，将八个歌女分赠给他的功臣魏绛，说："你这几年为我出谋划策，事情办得都很顺利，我们好比奏乐一样的和谐合拍，真是太好了。现在让咱俩一同来享受吧！"

然而，魏绛谢绝了晋悼公的分赠，劝告晋悼公说："咱们国家的事情之所以办得顺利，首先应归功于您的才能，其次是靠同僚们齐心协力，我个人有什么贡献可言呢？但愿您在享受安乐的同时，能想到国家还有许多事情要办。《书经》上有句话说得好：'居安思危，思则有备，有备无患。'谨以此话规劝主公！"

魏绛这番远见卓识而又语重心长的话，使晋悼公听了很受感动，接受了魏绛的建议，从此也对他更加敬重。

K

 378. 如何解释"刻舟求剑"？

【出处】出自战国时期由吕不韦组织门客编撰的《吕氏春秋·察今》。

【释义】比喻人的眼光未必与客观世界的发展变化同步，也比喻办事刻板，拘泥而不知变通。

【历史典故】

相传，在战国时期，楚国有个人十分呆板，做事情不知道变通，做出了很多让人啼笑皆非的事情。

有一次,他在山林中迷了路,遇到了砍柴的樵夫。樵夫知道了他要去的地方后,好心陪他找路,送他出去,并且在沿途留下记号,以防找不到回来的路。最后,两人在标记的启发下,找到了走出去的路。楚人对樵夫十分敬慕,并且记下来了这个好办法。

这个楚人很喜欢剑术,总是随身佩戴一把宝剑。有一天,他在乘船渡江的时候,沉迷于江边的景色,没有发现自己系宝剑的绳子松了,一不留神,起身时,宝剑滑入了江中。

船还在行驶中,身边人看见这一幕,劝他赶紧下去捞剑,去晚了就捞不到了。他却摆摆手,说不用着急,我已经有好办法了。

只见他掏出随身带的小刀,在船上刻下痕迹,并且自言自语道:"我的剑就是从这儿掉下去的!"船继续前行,待船家停船时,这个楚人站起身,面对惊讶的目光,从容不迫地脱了衣服,从船舷边所刻记号处跳入水中。

他在水中捞来捞去,怎么也捞不到那把剑,于是浮出水面抚摸着船边的记号,如梦游般喃喃着:"我的剑明明是从这儿掉下去的,怎么找不到了呢?"

L

 379. 如何解释"滥竽充数"?

【出处】出自《韩非子·内储说上》。

【释义】滥:失实的,假的;竽:古代的一种乐器;充:冒充;数:数目。不会吹竽的人混在吹竽的队伍里充数。比喻没有真才实学的人,混在行家里面凑一个数,或比喻拿不好的东西混在好的里面。有时候也用来表示自谦,说自己水平不够,只是凑个数而已。

【历史典故】

战国时期,齐国的国君齐宣王十分爱好音乐,尤其喜欢听人吹竽,在他手下有大约三百个善于吹竽的乐师。齐宣王很喜欢热闹,爱摆排场,总想在人前显示做国君的威严,所以每次听吹竽的时候,总是叫这群乐师在一起合奏给他听。

有个名叫南郭的处士,听说了齐宣王喜欢听合奏,觉得有机可乘,就跑到齐宣王那里去,吹嘘自己说:"大王啊,听过我吹竽的人没有不被感动的,就是鸟兽听了也会翩翩起舞,花草听了也会合着节拍摆动,我愿把我的绝技献给大王。"齐宣王听得高兴,于是很爽快地收下了他,把他也编进那支三百人的吹竽队中。

这以后,南郭处士就随那三百人一块儿合奏给齐宣王听,和大家一样享受着优厚的待遇，心里极为得意。

其实南郭处士压根儿就不会吹竽。每逢演奏的时候，南郭处士就捧着竽混在队伍中，看见人家摇晃身体，他也跟着摇晃身体，人家摆头他也摆头，脸上流露动情忘我的表情，看上去比别人吹奏得还要更投入。就这样，南郭处士靠着蒙骗，混过了一天又一天，每天不劳而获地白拿丰厚的薪水。

但是好景不长，过了几年，爱听竽合奏的齐宣王死了，他的儿子齐湣王继承了王位。虽然齐湣王也爱听吹竽，但他更喜欢听独奏。于是齐湣王发布了一道命令，要这三百个人轮流来吹竽给他欣赏。

这时，南郭处士急得像热锅上的蚂蚁，每天惶惶不可终日。他想来想去，觉得这次再也混不过去了，只好连夜收拾行李逃走了。

380. 如何解释"洛阳纸贵"？

【出处】出自《晋书·文苑·左思传》。

【释义】原指洛阳之纸，因人人争相购买用来抄书看，一时求多于供，货缺而贵。比喻文章写得好，风行一时。比喻作品有价值，广为流传。

【历史典故】

在西晋太康年间，洛阳出了位很有名的文学家叫左思，他的《三都赋》在京城洛阳广为流传。左思写成《三都赋》历经了很多曲折。

左思小时候，他父亲就一直看不起他。父亲左雍从一个小官吏慢慢做到御史，很希望儿子可以光耀门楣，然而他见儿子身材矮小，貌不惊人，说话结巴，显出一副痴痴呆呆的样子，常常对外人说后悔生了这个儿子。

少年时期，他父亲请人教过他书法、弹琴，但是成绩都不太好。及至左思成年，左雍还对朋友们说："左思虽然成年了，可是他掌握的知识和道理，还不如我小时候。"

左思当然不甘心受到这种鄙视，于是开始发愤学习。他读过东汉班固写的《两都赋》和张衡写的《西京赋》后，虽然很佩服文中华丽的文辞，宏大的气魄，可是也看出了其中虚而不实、大而无当的弊病。从此，他决心依据事实和历史的发展，写一篇《三都赋》，把三国时魏都邺城、蜀都成都、吴都南京写入赋中。

为写《三都赋》，使得笔笔有着落有根据，左思开始收集大量的历史、地理、物产、风俗人情的资料，大量的书、资料、堆满了屋子。收集好后，他闭门谢客，开始苦写。他在一个书纸铺天盖地的屋子里昼夜冥思苦想，常常是好久才推敲出一个满意的句子。经过十年，这篇凝结着左思甘苦心血的《三都赋》终于写成了。

在名人作序推荐下，《三都赋》很快风靡了京都，懂得文学之人无一不对它称赞不已。因此，人们都争相买纸抄写《三都赋》来阅读，由于纸供不应求，一时间洛阳纸价上涨，即便如此，抄书的人还是络绎不绝。可见这本书多么有价值，多么受大家的欢迎了。

M

381. 如何解释"买椟还珠"？

【出处】出自《韩非子·外储说左上》。

【释义】椟：盒子。珠：珍珠。买来装珍珠的木匣退还了珍珠。比喻没有眼力，取舍不当。

【历史典故】

从前，有一个楚国人，他有一颗漂亮的珍珠，并且打算把这颗珍珠卖出去。为了能让珍珠卖个好价钱，他决定要将珍珠好好包装一下，想着只要有了高贵的包装，那么珍珠的"身份"就自然会高起来。

于是，这个楚国人找来名贵的木材，又请来手艺高超的匠人，为珍珠做了一个盒子（即椟），用桂椒香料把盒子熏得香气扑鼻。然后，又在盒子的外面精雕细刻了许多好看的花纹，还镶上漂亮的金属花边，做完这些之后，盒子看上去闪闪发亮，好像是一件精致美观的工艺品。

然后，楚国人将珍珠小心翼翼地放进盒子里，把它拿到市场上去卖。

到市场后没多久，就有很多人围上来欣赏楚人的盒子。

其中，一个郑国人将盒子拿在手里看了半天，爱不释手，最后出高价，将楚人的盒子买了下来。郑人交过钱后，便拿着盒子边欣赏把玩，边往回走。可是没走几步他又转身回来了。

楚人以为郑人后悔了要退货，正想着如何应对的时候，郑人已经走到楚人跟前。只见郑人打开盒子，将里面的珍珠取出来，交给楚人说："先生，您将一颗珍珠忘放在盒子里了，我是特意回来还珠子的。"

于是郑人将珍珠交给了楚人，然后转身头也不回地走了。

楚人拿着被退回的珍珠，十分尴尬地站在那里。他原以为别人会欣赏他的珍珠，可是没想到精美的外包装超过了包装盒内的价值，反倒让郑人舍弃了珍珠，他不禁感觉哭笑不得。因此，郑人的行为也被认为是没有眼力、取舍不当的。

382. 如何解释"盲人摸象"？

【出处】出自原始佛教经典书籍《长阿含经》的卷十九。

【释义】比喻对事物只凭片面的了解或局部的经验，就乱加猜测，想做出全面的判断。

【历史典故】

据古代印度佛经中讲，古时印度有一个小国，国王名叫镜面王。他信奉释迦牟尼的佛教，每天都拜佛诵经，十分虔诚。可是，国内当时流行着很多神教巫道，多数臣民被他们的说教所迷惑，人心混乱，是非不明，很不利于国家的治理。

镜面王很想让其臣民们都皈依佛教，于是就想出了一个主意。

镜面王吩咐侍臣凑集了一群盲人，带领他们来到王宫。第二天上午，镜面王召集所有的大臣和数万平民聚集在王宫前的广场上。广场上的人们交头接耳，谁也不知道国王将要宣布什么重大的事情。侍臣领着盲人们来到了镜面王的高座前，按照国王吩咐让他们摸大象。

过了一会儿，镜面王让盲人们每个人都讲述一下摸到的大象是什么模样的。这时，摸到大象头部的说大象像大勺子；摸到大象牙的说大象像牛角；摸到大象尾巴后部的说大象像棍杖；摸到大象耳朵的则说大象犹如簸箕。最后，摸到大象鼻子的盲人说："圣明的大王，大象实在像一根粗绳索。"一群盲人分成了几伙，吵吵嚷嚷，争论不休，都说自己正确而别人说的不对。他们又纷纷到镜面王前争辩说："大王！大象的模样确实像我说的那样！"

这时，在场的臣民见此都大笑不止，镜面王也意味深长地看着众人笑了起来，说："盲人呀！你们又何必争论是非呢？你们仅仅看到了一点，就认为自己是对了吗？唉！你们没有看见过象的全身，自以为是得到了象的全貌，就好比没有听见过佛法的人，自以为获得了真理一样。"接着国王又问在场的所有大臣和平民："臣民们啊！专门去相信那些琐屑的浅薄的邪论，而不去研究切实的、整体的佛法真理，和那些盲人摸象，有什么两样呢？"

从此，全国臣民便都虔诚地信奉佛教了。

383. 如何解释"孟母三迁"？

【出处】出自《三字经》。

【释义】孟子的母亲为了使孩子拥有一个真正好的教育环境，煞费苦心，曾多次搬迁住处，现在有时用来指父母用心良苦，竭尽全力培养孩子。

【历史典故】

孟子，名轲。战国时期鲁国人。三岁时父亲去世，由母亲一手抚养长大。

孟子小时候很贪玩，模仿性很强。他家原来住在坟地附近，他常常玩筑坟墓或学别人哭拜的游戏。母亲认为这样不好，就把家搬到集市附近，孟子又模仿别人做生意和杀猪的游戏。孟母认为这个环境也不好，就把家搬到学堂旁边。孟子就跟着学生们学习礼节和知识。孟母认为这才是孩子应该学习的，心里很高兴，就不再搬家了。这就是历史上著名的"孟母三迁"的故事。

对于孟子的教育，孟母更是重视。除了送他上学外，还督促他学习。有一天，孟子从老师子思那里逃学回家。孟母正在织布，看见孟子逃学，非常生气。于是拿起一把剪刀，就把织布机上的布匹割断了。孟子看了很惶恐，跪在地上请问原因。孟母责备他说："你读书就像我织布一样。织布要一线一线地连成一寸，再连成一尺，再连成一丈、一匹，织完后才是有用的东西。学问也必须靠日积月累，不分昼夜勤求而来。你如果偷懒，不好好读书，半途而废，就像这段被割断的布匹一样变成了没有用的东西。"

孟子听了母亲的教诲，深感惭愧。从此以后专心读书，发愤用功，身体力行、实践圣人的教诲，终于成为一代大儒，被后人称为"亚圣"。

384. 如何解释"名落孙山"？

【出处】出自宋代范公偁的《过庭录》。

【释义】指考试或选拔未被录取。

【历史典故】

宋朝时，有一个名叫孙山的才子。

有一次，他和一个同乡的儿子一同到京城，去参加举人的考试。

放榜的时候，孙山的名字虽然被列在榜文的倒数第一，但仍然是榜上有名。而和他一起去的那位同乡的儿子，却没有考上。

不久，孙山先回到家里，同乡便来问他儿子有没有考取。孙山既不好意思直说，又不便隐瞒。于是，就随口念出两句不成诗的诗句来："解名尽处是孙山，贤郎更在孙山外。"

他这诗句的意思是说："榜上的最后一名是我孙山，而令郎的名字却还在我孙山的后面。"指的是令郎没有被录取。

从此，人们便根据这个故事，把投考学校或参加各种考试，没有被录取的情况，叫作"名落孙山"。

385. 如何解释"磨杵成针"？

【出处】出自宋代祝穆的《方舆胜览·眉州·磨针溪》。

【释义】把铁棒磨成了针。比喻做任何艰难的工作，只要有毅力，下苦功夫，就能够克服困难，做出成绩。也作"铁杵成针"。

【历史典故】

相传，唐朝著名大诗人李白小时候不喜欢念书，常常逃学，四处闲逛。

有一天，李白在山中读书，没有完成好自己的学业就放弃了。他在山中四处闲逛，不知不觉到了一条小溪旁。在一个破茅屋门口，坐着一个满头白发的老婆婆，正在磨一根棍子般粗的铁杵。李白走过去，问："老婆婆，您在做什么？"

"我要把这根铁杵磨成一根绣花针。"老婆婆抬起头，笑了笑，接着又低下头继续磨着。

"绣花针？"李白又问："是缝衣服用的绣花针吗？"

"当然！"

"可是，铁杵这么粗，什么时候能磨成细细的绣花针呢？"

老婆婆反问李白："滴水可以穿石，愚公可以移山。铁杵为什么不能磨成绣花针呢？"

"可是，您的年纪这么大了？"

"只要我下的功夫比别人深，没有做不到的事情。"

老婆婆的一番话，令李白很惭愧。李白十分惊讶这位老婆婆的毅力，于是就回去把自己的功课完成了。那老婆婆自称姓武。现在那溪边还有一块武氏岩。

N

386. 如何解释"囊萤积雪"？

【出处】出自《晋书·车胤传》。

【释义】囊萤：晋代车胤把萤火虫装在口袋里，借萤火虫发出的光读书。积雪：南朝孙康映雪读书。形容刻苦攻读。

【历史典故】

晋代时期，有个读书人，名叫孙康。他幼时喜爱学习，常常感到时间不够用。很想夜以继日地读书，但是无奈家中贫穷，没钱购买灯油。等到天黑，就没有办法读书。尤其是在冬天，长夜漫漫，他辗转很久，也难以入睡，同时也觉得让时间这样白白跑掉，非常可惜。

有一天半夜，孙康从睡梦中醒来，当他把头侧向窗户时，发现窗外透进了几丝白光。开门一看，原来刚刚下了一场大雪。整个大地好像披上一层银装，闪闪发光，使他眼花缭乱。

正当他站在院子里欣赏雪后美景时，忽然心中一动：映着雪的光亮，是否可以读书呢？于是，他急忙跑回到屋里，拿出书来，对着雪地的反光，一看果然字迹清楚。他十分激动，感觉不到困，立即穿好衣服，取出书籍，在雪地上看书。看书看到手脚冻僵了，就起身跑一跑，搓搓手指，然后继续看。

从此孙康不再为没有灯油而发愁。整个冬天，他都夜以继日地读书。即使是北风呼号，滴水成冰，他也从来没中断学习。功夫不负有心人，若干年后，孙康学有大成，终于成为一位很有名望的学者。

而同朝的车胤，从小就好学不倦，因为家中贫穷，没钱买灯油供他晚上读书，在夏夜他见室外飞舞着萤火虫，就用白纱布袋把捉来的萤火虫吊在书本上方，借着微弱的光线进行读书。

之后，人们用囊萤积雪来形容家境贫困却学习努力。

387. 如何解释"牛角挂书"？

【出处】出自《新唐书·李密传》："闻包恺在缑山，往从之。以蒲鞯乘牛，挂《汉书》一帙角上，行且读。"

【释义】比喻读书勤奋，学习刻苦。

【历史典故】

李密的上代是北周和隋朝的贵族。李密少年时候，被派在隋炀帝的宫廷里当侍卫。他生性活泼，在值班的时候左顾右盼，被隋炀帝发现了。隋炀帝认为这孩子不大老实，就免了他的差使。李密被免职回家以后，发愤读书，决定做个有学问的人。

有一回，李密骑了一条牛，出门看朋友。在路上，他把《汉书》挂在牛角上，抓紧时间读书。正好宰相杨素坐着马车从后面赶上来，看到前面有个少年在牛背上读书，暗暗惊奇。杨素在车上招呼说："哪个书生，这么用功啊？"

李密回过头来一看，认得是宰相。李密慌忙跳下牛背，向杨素作了一个揖，报了自己的名字。

杨素问他："你在看什么？"

李密回答说："我在读项羽的传记。"

于是，杨素跟李密亲切地交谈了一阵，觉得这个少年很有抱负。回家以后，杨素跟他儿子杨玄感说："我看李密这孩子的学识、才能，比你们几个兄弟强得多。将来你们有什么紧要的事，可以找他商量。"

从此，李密得到了杨素的赏识，他勤奋好读书的名声也渐渐传播开来。

388. 如何解释"弄巧成拙"？

【出处】出自宋朝黄庭坚《拙轩颂》。

【释义】弄：卖弄，耍弄；巧：灵巧（指心思）；拙：笨拙。本想耍小聪明，结果反而误了事。

【历史典故】

孙知微是北宋时期一个有名的画家。

有一次，成都寿宁寺请他为寺院画一幅《九曜图》。他画好草图以后，因为正好有事要外出，就把弟子们找来，说："这幅画的轮廓我已经画好了，剩下着色的工作，你们几人接着做完吧，一定要认真做好。"

老师走了以后，弟子们准备上色，可是，忽然发现图中水星菩萨的侍从童子手中拿的水晶瓶是空的。一个学生说："老师平时画瓶，总要在瓶上画一束鲜艳的插花，这一次可能匆忙当中忘了画上，我们给画上吧。"大家都赞同他的意见，于是，他就在水晶瓶上很用心地画上了一枝粉红色的莲花。

第二天，孙知微归来。当他看到水星菩萨的侍从捧的瓶子中居然冒出一朵莲花时，气愤得吼叫起来："《道经》中说，这水星菩萨的水晶瓶不是插花用的，而是用来镇妖伏水的宝贝。瓶中根本就没有什么花草，如果添上花，它就不是神物而是一只普通的花瓶了。你们这是自以为很聪明而坏了事啊！"

弟子们一个个吓得低下头去。

P

389. 如何解释"庖丁解牛"？

【出处】出自《庄子·养生主》。

【释义】庖：厨师。丁是他的名。解：剖开、分割。庖丁解剖了全牛。比喻经过反复实践，掌握了事物的客观规律，做事得心应手，运用自如。

【历史典故】

从前，有一个名叫庖丁的厨师替梁惠王宰牛，他的手所接触的地方，肩所靠着的地方，脚所踩着的地方，膝盖所顶着的地方，在刀子的灵活转动下，都发出皮骨相离声，十分好听，仿佛在演奏着音乐。

梁惠王说："真棒！你的技术怎么会高明到这种程度呢？"

厨师放下刀子回答说："因为我所在乎的，是宰牛的规律，而不仅仅只是宰牛的技术啊。我最开始学习宰牛的时候，对于牛身体的结构还不了解，只能看到整头的牛。但是三年之后，我见到牛，就能看到牛的内部筋骨了。等到现在宰牛的时候，我不必用眼睛去看，全凭精神意愿在活动。技术高明的厨工每年换一把刀，是因为他们用刀子去割肉。技术一般的厨工每月换一把刀，是因为他们用刀子去砍骨头。现在我的这把刀已经用了十九年了，宰牛数千头，而刀口却像刚从磨刀石上磨出来的一样十分锋利。因为我知道，牛身上的骨节是有空隙的，可是刀刃却并不厚，用这样薄的刀刃刺入有空隙的骨节，那么在运转刀刃时一定宽绰而有余地了，虽然如此，可是每当碰上筋骨交错的地方，我一见那里难以下刀，就十分警惧而小心翼翼，目光集中，动作放慢。刀子轻轻地动一下，哗啦一声骨肉就已经分离，像一堆泥土散落在地上了。然后，我提起刀，为这一成功而感到悠然自得、心满意足。拭好刀然后把它收了起来。"

梁惠王说："好啊！我听了你的话，好像学到了治国之道。"

390. 如何解释"破釜沉舟"？

【出处】出自《史记·项羽本纪》。

【释义】釜：煮饭用的一种锅；舟：船。打破饭锅，凿沉渡船。比喻决一死战。也形容做事的决心很大。

【历史典故】

秦朝末年，各地人民纷纷举行起义，反抗秦朝的暴虐统治。农民起义军的领袖，最著名的是陈胜、吴广，接着有项羽和刘邦。

公元前208年，秦将章邯镇压陈胜、吴广起义之后，又攻破邯郸。反秦武装赵王歇及张耳被迫退守在巨鹿，被秦将王离率二十万人围困。楚怀王派宋义为上将军，项羽为次将，带领二十万人马去救赵国。

宋义引兵至安阳后，接连四十六天按兵不动。对此项羽十分不满，认为现在军营里没有粮食。宋义按兵不动，这样不顾国家，不体谅兵士，不像个大将的样子。第二天，项羽趁朝会的时候，拔出剑来把宋义杀了。他提了宋义的头，对将士说："宋义背叛大王，我奉大王的命令，已经把他处死了。"

于是将士们则拥项羽为上将军。项羽杀宋义的事，威震楚国，名闻诸侯。

随后，他率所有军队悉数渡黄河，前去营救赵国，以解巨鹿之围。楚军全部渡过漳河以后，项羽让士兵们饱饱地吃了一顿饭，每人再带三天干粮，然后传下命令："皆沉船，破釜甑"，意思是说把渡河的船凿穿沉入河里，把做饭用的锅砸个粉碎，把附近的房屋放把火统统烧毁。这就叫破釜沉舟。项羽用这办法来表示他有进无退、一定要夺取胜利的决心。

就这样，没有退路的楚军战士以一当十，杀伐声惊天动地。经过九次的激战，楚军最终大破秦军。秦军的几个主将，有的被杀，有的当了俘虏，有的投了降。这一仗不但解了巨鹿之围，而且把秦军打得再也振作不起来。过两年，秦朝就灭亡了。

楚军的骁勇善战大大提高了项羽的声威。以至战后，项羽于辕门接见各路诸侯时，各诸侯皆不敢正眼看项羽。

Q

 391. 如何解释"杞人忧天"？

【出处】出自《列子·天瑞》。

【释义】杞：周代诸侯国名，在今河南杞县一带。杞国有个人怕天塌下来。比喻不必要的或缺乏根据的忧虑和担心。

【历史典故】

从前在杞国，有一个胆子很小，而且有点神经质的人。他常会想到一些奇怪的问题，而让人觉得难以理解。

有一天，他吃过晚饭后，拿了一把大蒲扇，坐在门前乘凉，开始自言自语道："假如有一天，天塌了下来，那该怎么办呢？我们岂不是无路可逃，而将活活地被压死，这不就太冤枉了吗？"

从此以后，他几乎每天为这个问题发愁、烦恼。朋友见他终日精神恍惚，脸色憔悴，都很替他担心。但是，当大家知道原因后，都跑来劝他说："老兄啊！你何必为这件事自寻烦恼呢？天怎么会塌下来呢？即使天真的塌下来，那也不是你一个人忧虑发愁就可以解决的啊，想开点吧！"

可是，无论人家怎么说，他都不相信，仍然时常为这个不必要的问题担忧。后来的人就根据上面这个故事，引申出"杞人忧天"这句成语。它的主要意义在于唤醒人们不要为一些不切实际的事情而忧愁，与"庸人自扰"的意义大致相同。

392. 如何解释"黔驴技穷"？

【出处】出自唐代柳宗元的《柳河东集·黔之驴》。

【释义】黔：今贵州省一带；技：技能；穷：尽。比喻有限的一点本领也已经用完了。

【历史典故】

黔地这个地方本来是没有驴的，一个人用船运了一头驴到这个地方。运到后，发现没有什么用处，于是把它放在山脚下。

山脚的老虎看到它是个庞然大物，突然降临，于是把它作为神来对待，躲藏在树林里偷偷看它。看了很久之后，老虎小心翼翼地出来接近它，但是不知道它是什么东西。

有一天，驴叫了一声，声音十分洪亮，老虎感到很害怕，远远地逃走，认为驴要咬自己。但是后来，老虎来来回回地观察它很久，觉得它并没有什么其他特殊的本领。

后来，老虎慢慢熟悉了驴的叫声，前前后后地靠近它，但始终不与它搏斗。有一天，老虎壮起胆子，渐渐地靠近驴子，态度更加不庄重，假装在冒犯它。

驴非常生气，但是只会用蹄子踢老虎。老虎于是很高兴，心里盘算这件事："原来驴的技艺仅仅只是这样罢了！"于是跳起来大吼了一声，咬断了驴的喉咙，吃光了它的肉，心满意足地离开。

驴子外形庞大，好像有德行，声音洪亮，好像有能耐，老虎当初看不出驴的本领，即使自己再凶猛，终究不敢猎取驴子。可是当发现驴子实际上没有什么本领，便主动出击，驴子最后沦为这样的下场，也很可悲啊！

393. 如何解释"前事不忘，后事之师"？

【出处】出自《战国策·赵策一》。

【释义】汲取从前的经验教训，作为以后工作的借鉴。意在提醒人们记住过去的教训，以作后来的借鉴。

【历史典故】

春秋末年，晋国的大权落到智、赵、魏、韩四卿手中，晋定公实际上成了傀儡。公元前458年，四卿联合出兵攻打晋定公。定公无力抵抗，只好被迫出逃，结果病死在路上。

定公死后，晋哀公即位。智卿智伯独揽了朝政大权，成为晋国最大的卿。其他三卿赵襄子、魏桓子和韩康子都不敢和他抗衡。智伯分别向魏桓子和韩康子要了土地。当他要求赵襄子割地时，遭到了严厉拒绝。智伯非常恼怒，立即派人传令给魏桓子和韩康子，要他们出兵和自己一起去攻打赵襄子。

赵襄子忙找谋臣张孟谈商量。张孟谈建议到晋阳去抵抗。智伯率魏、韩两家攻打晋阳，由于魏、韩不愿为智伯卖命，智伯无法取胜。

晋阳被智伯水淹，围困了整整三年，城里粮食也快要吃完，很多人冻饿成病，军心也开始动摇了。

一天，张孟谈面见赵襄子，说："魏、韩两家是被迫的，我准备去向他们说明利害，动员他们反戈联赵，共同消灭智伯。"赵襄子听了非常高兴，连连拱手表示感谢。

当天夜晚，张孟谈潜入魏、韩营中，说服了魏桓子和韩康子。三家决定联合起来消灭智伯，事成之后平分智氏之领地。到了约定的那一天，赵、魏、韩三家联合进攻，杀得智军四散逃窜，智伯被擒。从此，晋国成了赵、魏、韩三家鼎立的局面。

一天，张孟谈向赵襄子告别。赵襄子急忙挽留。张孟谈说："你想的是报答我的功劳，我想的是治国的道理。正因为我的功劳大，名声甚至还会超过你，所以才决心离开。在历史上从来没有君臣权势相同而永远和好相处的。前事不忘，后事之师。请你让我走吧。"赵襄子只好惋惜地答应了。张孟谈辞去官职，退还封地，隐居到负亲丘去，在那里平安地度过了自己的晚年。

R

 394. 如何解释"入木三分"？

【出处】出自唐朝张怀瓘的《书断·王羲之》。

【释义】形容书法笔力刚劲有力，也比喻文章或见解深刻、透彻。

【历史典故】

王羲之的字写得这样好，与他的天资固然有关系，但最重要的还是由于他的刻苦练习。他为了把字练好，无时无刻心里总是想着字体的结构，揣摩着字的架子和气势，而且不停地用手指头在衣襟上划着。时间久了，连身上的衣服也划破了。

他曾经在池塘边练习写字，每次写完，就在池塘里洗涤笔砚。时间一久，整个池塘的水都变黑了。由此可见，他在练习书法上所下功夫之深了。

一次，当时的皇帝要到北郊去祭祀，让王羲之把祝词写在一块木板上，再派工人雕刻。雕刻的工人在雕刻时非常惊奇，发现王羲之写的字，笔力竟然渗入木头三分多。他不由赞叹说："右军将军的字，真是入木三分呀！"

395. 如何解释"孺子可教"？

【出处】出自西汉·司马迁《史记·留侯世家》。

【释义】孺子是小孩子；教是教诲。小孩子是可以教诲的，后形容年轻人有出息，可以培养。

【历史典故】

张良，字子房。他原是韩国名门公子，姓姬。后来因为行刺秦始皇未遂，逃到下邳隐匿，才改名为张良。

有一天，张良来到下邳附近的圯水桥上散步，在桥上遇到一个穿粗布衣裳的老人。那老人走到张良面前，直接把一只鞋子丢到桥下，然后对张良说："喂！小伙子！你替我去把鞋捡起来！"

张良很惊讶，想打那老头。但看到老人年纪很大，便忍住了。他下桥把鞋捡了起来，然后又恭敬地跪着替老人穿上。老人伸脚穿好鞋，然后笑着转身就走了。

张良更吃惊了，盯着老人离开的背影。那老人走了一里路左右，返身回来，说："你这小伙子很不错，值得我指教。五天后的早上，到桥上来见我。"张良听了，连忙答应。

第五天早上，张良赶到桥上。老人已先到了，生气地说："跟老人约好时间却迟到，怎么回事啊？再过五天，早些来见我！"

又过了五天，公鸡一打鸣，张良就出发赶到桥上。不料老人又先到了，老人说："又迟到，怎么回事啊？五天后再早点来。"

又过了五天，张良刚过半夜就摸黑来到桥上等候。过了一会，老人也来了，高兴地说："小伙子，你这样才对！"

老人说着，拿出一本书交给张良，说："你要下苦功钻研这部书。钻研透了，以后可以做帝王的老师。十年后有大成就。十三年后，小子你将再见到我，济北谷城山下的黄石就是我啦。"然后老人就离开不见了。第二天早晨，张良看那本书，乃是《太公兵法》。张良觉得这事很奇特，于是常常用功钻研此书。

后来，张良研读《太公兵法》很有成效，成了汉高祖刘邦的重要谋士，为刘邦建立汉朝立下了汗马功劳。

S

 396. 如何解释"塞翁失马"？

【出处】出自汉代刘安的《淮南子·人间训》。

【释义】比喻虽然一时受到损失，也许反而因此能得到好处。也指坏事在一定条件下可变为好事。

【历史典故】

相传，有位擅长推测吉凶掌握术数的人，居住在靠近边塞的地方。

有一次，他的马无缘无故跑到了胡人的住地。人们都为此来宽慰他。

那老人却说："这怎么就不是一种福气呢？"过了几个月，那匹失马带着胡人的许多匹良驹回来了。人们又前来祝贺他。那老人又说："这怎么就不是一种灾祸呢？"

他的家中来了很多好马，他的儿子爱好骑马，结果从马上掉下来摔断了腿。人们都前来慰问他。那老人说："这怎么就不是一件好事呢？"

过了一年，胡人大举入侵边塞，健壮男子都被征兵去作战。边塞附近的人，死亡众多。唯有塞翁的儿子因为腿瘸而免于征战，父子俩一同保全了性命。

397. 如何解释"三顾茅庐"？

【出处】出自《三国志·蜀书·诸葛亮传》。

【释义】顾：拜访；茅庐：草屋。比喻真心诚意，一再邀请。

【历史典故】

官渡大战后，曹操打败了刘备。刘备只得投靠刘表。曹操为了得到刘备的谋士徐庶，就谎称徐庶的母亲病了，让徐庶立刻去许都。徐庶临走时，告诉刘备卧龙岗有个奇才叫诸葛亮，如果能得到他的帮助，就可以得到天下了。

于是第二天，刘备就和关羽、张飞带着礼物，去卧龙岗拜访诸葛亮。谁知诸葛亮刚好出游去了，书童也说不准他什么时候回来。刘备只好回去了。

过了几天，刘备、关羽和张飞冒着大雪又来到诸葛亮的家。刘备看见一个青年正在读书，急忙过去行礼。可没想到那个青年是诸葛亮的弟弟。他告诉刘备，哥哥被朋友邀走了。刘备非常失望，只好留下一封信，说渴望得到诸葛亮的帮助，平定天下。

转眼见，过了新年，刘备选了个好日子，又一次来到卧龙岗。这次，诸葛亮正好在睡觉。刘备让关羽、张飞在门外等候，自己在台阶下静静地站着。过了很长时间，诸葛亮才醒来，刘备向他请教平定天下的办法。

诸葛亮给刘备分析了天下的形势，说："北让曹操占天时，南让孙权占地利，将军可占人和，拿下西川成大业，和曹、孙成三足鼎立之势。"刘备一听，非常佩服，请求他相助。诸葛亮感动于刘备的诚意，答应为他出山。

398. 如何解释"三人成虎"？

【出处】出自《战国策·魏策二》。

【释义】指三个人谎报城市里有老虎，听的人就会信以为真。比喻说的人多了，就能使人们把谣言当作事实。

【历史典故】

庞葱要陪太子到邯郸去做人质。

庞葱对魏王说："现在，如果有一个人说大街上有老虎，您相信吗？"魏王说："不相信。"庞葱说："如果是两个人说呢？"魏王说："那我就要疑惑了。"庞葱又说："如果增加到三个人呢，大王相信吗？"魏王说："我相信了。"

庞葱说："大街上不会有老虎那是很清楚的，但是三个人说有老虎，就像真有老虎了。如今邯郸离大梁，比我们到街市远得多，而毁谤我的人超过了三个。希望您能明察秋毫。"魏王说："我知道该怎么办。"

于是庞葱告辞而去，而毁谤他的话很快传到魏王那里。后来太子结束了人质的生活，果真如庞葱所担忧的那样，魏王听信了谗言，不再接见庞葱了。

399. 如何解释"守株待兔"？

【出处】出自《韩非子·五蠹》。

【释义】株：露出地面的树根。兔：这里比喻原来的经验。守着树根等着兔子来撞，比喻不知变通，死守教条的做法。

【历史典故】

相传在战国时代的宋国，有一个农民，他日出而作，日入而息。过得十分辛苦，但即便如此，遇到好年景，也不过刚刚吃饱穿暖；一遇灾荒，可就要忍饥挨饿了。他非常想改善自己的生活，但他性子又太懒，胆子又特小，还总想碰到送上门来的意外之财，可一直没有遇到。因此，他每天都只能过着一样的生活。

然而，人生里总会有一点好运气，终于有一天，奇迹发生了。

那是深秋的一天，这天他正在田里辛苦地耕地，周围有人在打猎。打猎者们的吆喝之声四处响起，受惊的小野兽没命地奔跑。

这时候突然，有一只兔子，正在慌不择路地逃跑时，一不留神，不偏不倚，一头撞上了他田边的树根，晃了几晃，倒下来，死掉了。

这个农民赶紧跑到树桩旁，把撞死的兔子捡回家，当天晚上，他美美地饱餐了一顿兔子肉。第二天，他回到田地里，想起昨天捡到的兔子，还有晚上那顿鲜美的兔子肉，非常满足，想着今天要是再遇到兔子，那晚上就又有兔子肉吃了，既然晚上有兔子肉吃，那不如不种地了，坐在树根旁等着兔子来就好了。

从那往后，他便真的不再种地。每天从早到晚，只知道守着被兔子撞上的树根，期待着下一只"没长眼睛"的兔子，幻想着吃兔子肉的场景。

400. 如何解释"四面楚歌"？

【出处】出自《史记·项羽本纪》。

【释义】形容人们遭受各方面攻击或逼迫的人事环境，以致陷于孤立窘迫的境地。

【历史典故】

项羽和刘邦原来约定以鸿沟（在今河南荣县境贾鲁河）东西边作为界限，互不侵犯。

后来刘邦听从张良和陈平的规劝，觉得应该趁项羽衰弱的时候消灭他。于是和韩信、彭越、刘贾会合兵力追击正在向东开往彭城（即今江苏徐州）的项羽部队。经过一番努力，终于布置了几层兵力，把项羽紧紧围在垓下（在今安徽灵璧县东南）。

这时，项羽手下的兵士已经很少，粮食又没有了。

夜里听见四面围住他的军队都唱起楚地的民歌，项羽非常吃惊地说："刘邦已经得到楚地了吗？为什么他的部队里面楚人这么多呢？"说着，心里已丧失了斗志。于是，便从床上爬起来，在营帐里面喝酒，和他最宠爱的妃子虞姬一同唱歌。唱完，直掉眼泪。军队里的将士不禁也思念起家乡的亲人,情绪低落,士气低沉。

过了一会儿,项羽骑上马,带了仅剩的八百名骑兵,从南突围逃走。边逃边打,最后被逼到乌江畔。项羽认为自己大势已去,只好自刎而死。

T

 401. 如何解释"探骊得珠"?

【出处】出自《庄子·列御寇》。

【释义】骊:古指黑龙。在骊龙的额下取得宝珠。原指冒大险得大利。后常比喻做文章抓住了题中的要害。

【历史典故】

很久很久以前,有一户人家住在黄河边上,靠割芦苇、编帘子簸箕为生,日子过得非常贫困。

一天,这家人的儿子在河边割芦苇,烈日当空,晒得他头昏眼花,于是就坐下来休息。他望着眼前的河水,突然想起父亲说过:在河的最深处有许多珍宝,可是,那里住着一条凶猛的黑龙,叫骊龙,因此谁也不敢去。他想,要是潜到河底,找到珍宝,自己一家人就不用再像现在这样这么辛苦劳作还吃不饱。他把心一横,三下两下脱了衣服,一头扎进冰冷的河里。

开始他还看得见四周的小鱼在游来游去,再往深处,光线变得越来越暗,水也越来越凉。最后,他什么都看不见了,四周一团漆黑。他心里有点害怕,不知该往哪儿游。就在这时,不远处有一个圆圆的物体在闪闪发光。定睛细看,啊,原来是明珠!他憋足一口气游过去,双手抱住明珠,使劲一拽,明珠就到了他怀里。他迅速浮出水面,上岸后撒腿就往家跑。

父亲一见明珠,问他是从哪儿得到的。他把经过一五一十地告诉了父亲。父亲听了大惊说:"好险哪!这颗价值千金的明珠是长在黑龙下巴底下的。你摘它的时候黑龙必定是睡着了。它要是醒着,你可就没命了。"

 402. 如何解释"螳臂当车"?

【出处】出自《庄子·人间世》。

【释义】当:阻挡。螳螂举起前腿想挡住前进的车子。比喻不自量力或抗拒不可抗拒的强大力量必然导致失败。

265

【历史典故】

春秋时期，有一次齐庄公乘坐马车去打猎。马车正在前行，走着走着发现道路上有只小虫子向车轮扑来，只见它气冲冲地舞动着两只前腿，好像在挥动着两把大刀，要阻挡车轮前进。

齐庄公看见这么小的虫子，竟敢向比它身子大好多倍的车轮搏斗。他马上命令车夫把车停住。便问道："这是只什么虫子，有这么大的胆量？"

车夫回答说："这是一只螳螂，这种小虫子只知道向前冲，不知道往后退。它根本不衡量自己到底有多大的力量。你看，车辆距离很近了，马上就要被辗着了，可是它仍站立不动，不让车辆前进。它往往轻视对手，真是不自量力。"

齐庄公仔细地盯着螳螂看，高兴地笑着说："好一个无敌的勇士，我们还是不要伤害它吧！"

随后命令车夫把马车后退，再靠路边赶，让开了它。这件事情，很快就传开了。人们都说庄公敬爱勇士。便有好多勇敢的武士，纷纷来投奔他。

403. 如何解释"推心置腹"？

【出处】出自《后汉书·光武帝本纪》："萧王推赤心置人腹中，安得不投死！"

【释义】把赤诚的心交给人家。比喻真心待人。

【历史典故】

西汉末年，王莽篡政，天下大乱，各地农民纷纷起义，群雄讨莽。

公元22年，绿林农民军起义爆发后，汉光武帝刘秀的族兄刘玄加入陈牧领导的平林兵。公元23年，绿林军诸部合兵击破新莽将领甄阜、梁丘赐，遂号刘玄为更始将军。

因刘玄是刘姓宗室，同年二月便被绿林军拥立为帝。建元更始，刘玄恢复汉朝国号，自称玄汉王朝。此时，刘秀在名义上还只是刘玄手下的一个将领。

刘玄虽然称帝，但是位子并不牢靠，不光王莽老派兵打他，他手下的将领也不全听他的。于是，刘玄想了一招——通过大封宗室来收拢人心。因刘秀屡立战功，又是刘玄的族人，于是就封他为"萧王"。

刘秀被封为"萧王"时，正在跟另一草莽英雄王郎"死磕"。王郎本是个算命的，看到大家都造反了，就拉了一帮宗室豪强，盘踞河北，定都邯郸，也自称汉帝。刘秀和王郎在河北省中南部的滹沱河、滏阳河一带展开大战。

战争中，刘秀渐渐取得优势。公元24年秋，刘秀率兵攻打王郎于鄡（今河北束鹿县东南），大破之，王郎的部将渠帅和不少士兵都投降了。刘秀封渠帅为列侯，但双方毕竟打了这么多年，投降的士兵并不很放心，担心刘秀报复。

为使降将降兵放心，刘秀决定采用安抚之计，他令降将各归其本部，统领原来的兵马。刘秀本人则不带保镖，一个人骑着马，往降兵的营区走去。

降兵一看来了个骑马的大官都围上来看，心想这是谁啊？仔细一看，这不是打败了自己的"萧王"么？他怎么一个人大摇大摆地来我们这里巡查？难道不怕我们杀了他吗？

虽然大家心里很疑惑，但这番举动也让他们知道了刘秀对他们没有戒备心理，把他们真正当成了自己人了，从此降将们再也不用担惊受怕了。

W

404. 如何解释"完璧归赵"？

【出处】出自司马迁《史记·廉颇蔺相如列传》。

【释义】本指蔺相如将和氏璧完好地自秦国送回赵国都城。后来比喻把原物完整无缺地归还本人。

【历史典故】

公元前283年，秦王听闻赵国有一块珍贵的玉璧，于是派使者拜见赵王，说秦王情愿让出十五座城来换这块"和氏璧"，希望赵王答应。

赵王就跟大臣们商量要不要答应。如果答应了，怕上秦国的当，秦国要是不认账，那不仅丢了和氏璧，还拿不到城；要是不答应，又怕得罪秦国。议论了半天，还不能决定该怎么办。

这时，有人推荐蔺相如，说他足智多谋，可以想到好办法。于是赵王将这个任务交给了蔺相如。两人商量完对策后，蔺相如带着和氏璧到了秦国都城咸阳。

秦王在别宫里接见了他，蔺相如把和氏璧献上去。秦王接过璧，十分开心，自己看完之后，还把璧递给美人和左右侍臣，让大伙儿传着看。大臣们都向秦王庆贺得到一块宝物。蔺相如站在朝堂上等了老半天，也不见秦王提换城的事。他知道秦王不是真心拿城来换璧。然而璧已落到别人手里，又该怎么才能拿回来呢？

突然，他灵机一动，想到了一个好主意。他故作玄虚说玉璧虽然世上罕见，然而却有小瑕疵。要为秦王指出，秦王一听，赶紧吩咐侍从把和氏璧递给他。

蔺相如一拿到璧，趁人不备，往后退了几步，靠着宫殿上的一根大柱子，瞪着眼睛，怒斥秦王言而无信，拿着和氏璧，对着柱子做出要砸的样子。

秦王慌了神，怕他真的砸坏了璧，连忙向他赔不是，说自己见到宝玉十分开心，一时没有顾及这个承诺，然后命令大臣拿上地图来，把准备换给赵国的十五座城指给蔺相如看。蔺相如还是怒气未消，立即提出要秦王斋戒五日，举行接受璧的仪式的要求，秦王只能答应了。

当晚，蔺相如暗中叫一个随从的人打扮成买卖人的模样，把璧贴身藏着，偷偷地从小道跑回邯郸去了。到了举行交换仪式时，蔺相如才把送和氏璧回赵国的事，告诉了秦王，秦王无可奈何，但是自知理亏，顾及和赵国的关系，只好作罢。

其实，秦王本来也不存心想用十五座城去换和氏璧，不过想借这件事试探一下赵国的态度和力量。蔺相如完璧归赵后，他也没再提交换的事。

405. 如何解释"望梅止渴"？

【出处】出自南朝刘义庆的《世说新语·假谲》。

【释义】原意是梅子酸，人想吃梅子就会流涎，因而止渴。后比喻愿望无法实现，用空想安慰自己。

【历史典故】

东汉末年，有一次，曹操带兵攻打张绣，一路走得非常辛苦。正是盛夏时节，太阳挂在空中，散发着强大的热量，大地都快被烤焦了。这个时候，曹操的军队已经走了很多天了，十分疲惫。一路上又都是荒山秃岭，没有人烟，方圆数十里都没有水源。将士们想尽了办法，也没办法弄到一滴水喝。

头顶烈日，战士们被晒得头昏眼花，可是又找不到水喝，大家都口干舌燥，感觉喉咙里仿佛着了火，许多人的嘴唇都干裂得不成样子，淌着鲜血。每走几里路，就有人会倒下，因中暑而死去，就连身体最强壮的士兵，也渐渐支持不住了。

曹操目睹这样的情景，心里非常焦急。他策马奔向旁边一个山岗，在山岗上极目远眺，想找个有水的地方。可是他失望地发现，干旱的地区大得很，并没有水源的影子。再回头看看士兵，早就渴得受不了，看上去怕是很难再前进了。

曹操是个很聪明的人，他心里盘算着：如果还找不到水，这么耗下去，不但会贻误战机，还会有损失不少的人马，我得想个什么办法来鼓舞士气，激励大家走出这片干旱地带呢？

曹操想了又想，突然灵机一动，脑子里蹦出个好点子。他站在山岗上，抽出令旗指向前方，大声喊道："前面不远的地方，我知道有一大片梅林，结满了又大又酸又甜的梅子，大家再坚持一下，走到那里吃到梅子就能解渴了！"

战士们听了曹操的话，想起梅子的酸味，就好像真的吃到了梅子一样，口里顿时生出了不少口水，精神也振作起来，鼓足力气加紧向前赶去。就这样，曹操终于率领军队走到了有水的地方。

曹操利用人们对梅子酸味的条件反射，成功地克服了干渴的困难。

406. 如何解释"韦编三绝"？

【出处】出自《史记·孔子世家》。

【释义】韦编：用熟牛皮绳把竹简编连起来；三：概数，表示多次；绝：断。编连竹简的皮绳断了多次。比喻读书勤奋。

【历史典故】

春秋时期的书，主要是写在竹简上，多则几十个字，少则八九个字。一部书要用许多竹简，通过牢固的绳子之类的东西按次序编连起来才最后成书，便于阅读。

通常，用丝线编连的叫"丝编"，用麻绳编连的叫"绳编"，用熟牛皮绳编连的叫"韦编"，其中为熟牛皮绳最为结实。像《周易》这样厚重的书，当然是由许许多多竹简通过熟牛皮绳编连起来的。

相传，孔子晚年攻读《周易》的时候，曾翻来覆去地读，竟使编连《周易》的绳子断了好几次。根据孔子苦读《周易》的故事，后人引申出"韦编三绝"这个成语，用以形容人勤奋读书。

407. 如何解释"闻鸡起舞"？

【出处】出自《晋书·祖逖传》。

【释义】原意为听到鸡啼就起来舞剑，后来比喻有志报国的人即时奋起。

【历史典故】

东晋时候，范阳遒县人祖逖是个心胸开阔、具有远大抱负的人。

可他小时候却是个不爱读书的淘气孩子。进入青年时代，他意识到自己知识的贫乏，深感不读书无以报效国家，于是就发奋读起书来。他广泛阅读书籍，认真学习历史，从中汲取了丰富的知识，学问也大有长进。他曾几次进出京都洛阳，接触过他的人都说，祖逖是个能辅佐帝王治理国家的人才。

在祖逖二十四岁的时候，曾有人推荐他去做官，他没有答应，仍然不懈地努力读书。后来，祖逖和幼时的好友刘琨一同担任司州主簿。

他与刘琨感情深厚,不仅常常同床而卧,同被而眠,而且还有着共同的远大理想:建功立业,复兴晋国,成为国家的栋梁之材。一次,半夜里祖逖在睡梦中听到公鸡的鸣叫声,他一脚把刘琨踢醒,对他说:"你听见鸡叫了吗?"刘琨说:"半夜听见鸡叫不吉利。"祖逖说:"我偏不这样想,咱们干脆以后听见鸡叫就起床练剑如何?"刘琨欣然同意。

于是他们每天鸡叫后就起床练剑,剑光飞舞,剑声铿锵。冬去春来,寒来暑往,从不间断。功夫不负有心人,经过长期的刻苦学习和训练,他们终于成为能文能武的全才。

后来,祖逖被封为镇西将军,实现了他报效国家的愿望;刘琨做了征北中郎将,兼管并、冀、幽三州的军事,也充分发挥了他的文才武略。

408. 如何解释"卧冰求鲤"?

【出处】出自《搜神记》卷十一。

【释义】指的是晋人王祥冬天为继母在冰上捕鱼的故事,后用来形容子女孝顺。

【历史典故】

晋朝的王祥,早年丧母,继母朱氏对他并不好,常在其父面前数说王祥的是非。他因而失去父亲的疼爱,而且继母总是让他打扫牛棚,做杂务。但是王祥是个很孝顺的孩子,父母生病时,他忙着照顾父母,连衣带都来不及解。有一年冬天,继母朱氏生病想吃鲤鱼。但因天寒河水冰冻,无法捕捉,王祥便赤身卧于冰上。忽然间冰化开,从裂缝处跃出两条鲤鱼。王祥喜极,持归供奉继母。继母又想吃烤黄雀,但是黄雀很难抓,在王祥担心之时,忽然有数十只黄雀飞进他捕鸟的网中。他大喜,旋即又用来供奉继母。人心终究不是铁石浇铸成的,王祥的继母终于被一次次的孝行所感动,终至羞愧自己的行为。后来后母便把王祥当成自己亲生的孩子来看待了。

而王祥卧冰求鲤的故事,在十里乡村传为佳话。人们都称赞王祥是人间少有的孝子。有诗颂曰:"继母人间有,王祥天下无。至今河水上,留得卧冰模。"

X

409. 如何解释"胸有成竹"?

【出处】出自宋代苏轼《文与可画筼筜谷偃竹记》。

【释义】成竹:完整的竹子;胸:心里。原指画竹子时要在心里有一幅竹子的形象。后比喻做事之前心里就有了全面的谋划和打算。

【历史典故】

北宋时候，有一个著名的画家，名叫文同，是当时画竹子的高手。

文同为了画好竹子，不管是春夏秋冬还是刮风下雨，他都不间断地在竹林子里头钻来钻去。三伏天气，太阳像一团火，烤得地面发烫。可是，文同照样跑到竹林里对着太阳的那一面，站在烤人的阳光下，全神贯注地观察竹子的变化。他一会儿用手指头量一量竹子的节有多长，一会儿又记一记竹叶子有多密。汗水湿透了他的衣衫，满脸都流着汗，可他一点也不在乎。

有一回，天空刮起了一阵狂风。接着，电闪雷鸣，眼看着一场暴雨就要来临，人们都纷纷往家跑。就在这时候，坐在家里的文同，急急忙忙抓过一顶草帽，往头上一扣，然后往山上的竹林子里奔去。哪知，他刚走出大门，大雨就跟用脸盆泼水似的下了起来。

文同一心要看风雨当中的竹子，哪里还顾得上雨急路滑！他撩起衣服，爬上山坡，奔向竹林。当他上气不接下气地跑进竹林，也顾不得流到脸上的雨水，两眼一眨不眨地就观察起竹子来了。只见竹子在风雨的吹打下，弯腰点头，摇来晃去。文同细心地把竹子受风吹雨打的姿势记在心头。

由于文同长年累月地对竹子进行细微的观察和研究，竹子在春夏秋冬四季的形状有什么变化；在阴晴雨雪天，竹子的颜色、姿势又有什么两样；在强烈的阳光照耀下和在明净的月光映照下，竹子又有什么不同；不同的竹子，又有哪些不同的样子，他都摸得一清二楚。所以画起竹子来，根本用不着画草图。

有个名叫晁补之的人，称赞文同说："文同画竹，早已胸有成竹了。"

410. 如何解释"悬梁刺股"？

【出处】出自西汉刘向《战国策·秦策一》。

【释义】悬梁：用绳索等吊具绑其头部（头发），使其固定在一个空间位置（悬空），不会因困倦自由活动。梁：房梁。股：大腿。悬梁刺股指只要付出时间和精力，就会有收获，用以激励人发愤读书学习。

【历史典故】

东汉时期，有一个叫孙敬的年轻人，他孜孜不倦，十分勤奋好学，经常闭门读书，从早读到晚也很少休息，有时候到了三更半夜的时候，很容易打瞌睡，为了不因此而影响学习，孙敬便想出一个办法。他找来一根绳子，把绳子的一头绑在自己的头发上，另一头绑在房子的房梁上，这样一来，只要读书疲劳打瞌睡的时候，头稍微一低，绳子就会牵住头发，扯痛头皮，他就会因疼痛而清醒，然后就可以起来再继续读书，凭着这样治学的精神，后来他成为了赫赫有名的政治家。

战国时期的苏秦是一个有名的政治家，但是他在年轻的时候学问并不多，到了好多地方都没有人关注，即使有雄心壮志也得不到重用，于是他下定决心发愤图强努力读书。

由于他经常读书读到深夜，于是在自己疲倦到想要打盹的时候，他就用事先准备好的锥子往大腿上刺一下，这样突然的痛感使他猛然清醒起来，振作精神继续读书。

Y

 411. 如何解释"掩耳盗铃"？

【出处】出自《吕氏春秋·自知》。

【释义】掩：遮盖；盗：偷。把耳朵捂住偷铃铛，以为自己听不见别人也会听不见，比喻自欺欺人。

【历史典故】

春秋时候，晋国世家赵氏灭掉了范氏，有人趁机跑到范氏家里想偷点东西。这时他看见范家院子里吊着一口大钟，钟是用上等青铜铸成的，造型和图案都很精美。小偷心里高兴极了，想把这口精美的大钟背回自己家去。可是钟又大又重，怎么也挪不动。他想来想去，只有一个办法，那就是把钟敲碎，然后再一点点搬回家。

小偷找来一把大锤子，拼命朝钟砸去，咣的一声巨响，把他吓了一大跳。小偷心想这下糟了，这钟声不就等于告诉人们我正在这里偷钟吗？他心里一急，身子一下子扑到了钟上，张开双臂想捂住钟声，可钟声又怎么捂得住呢！钟声依然悠悠地传向远方。

他越听越害怕，不由自主地抽回双手，使劲捂住自己的耳朵。"咦，钟声变小了，听不见了！"小偷高兴起来，"妙极了！把耳朵捂住不就听不到钟声了吗！"他立刻找来两个布团，把耳朵塞住，心想，这下谁也听不见钟声了。于是就放手砸起钟来，一下一下，钟声响亮地传到很远的地方。

人们听到钟声马上蜂拥而至，把小偷捉住了。

412. 如何解释"阳春白雪"？

【出处】出自战国楚宋玉的《对楚王问》。

【释义】《阳春》《白雪》是在战国时代楚国的艺术性较高、难度较大的歌曲。后来泛指高深的、不通俗的文学艺术。

【历史典故】

有一天，楚襄王问宋玉："先生有什么隐藏的德行么？为何士民众庶不怎么称誉你啊？"宋玉说："有唱歌的人，居住在楚国，起初吟唱《下里巴人》。国中可以应和的，有数千人。当唱歌的人唱《阳阿薤露》时，国中可以应和的，只有数百人。当唱歌的人唱《阳春》《白雪》时，国中可以应和的，不过数十人。当歌曲再增加一些高难度的技巧，唱着'引商刻羽，杂以流徵'的时候，国中可以应和的，不过几个人而已。"

宋玉的结论是：《阳春》《白雪》等歌曲越高雅、越复杂，能唱和的人自然越来越少，即曲高和寡。

宋玉进而说，"非独鸟有凤而鱼有鲲也，士亦有之。"意思是但凡世间伟大超凡者，往往特立独行，其思想和行为往往不为普通人所理解。

413. 如何解释"叶公好龙"？

【出处】出自汉代刘向《新序·杂事五》。

【释义】叶公：春秋时楚国贵族。好：喜好。比喻表面爱好某种事物，实际上并不真正爱好。

【历史典故】

春秋时期，楚国有一个自称叶公的贵族。叶公自认为很喜欢龙，也经常对别人夸耀说："我特别喜欢龙，龙多么神气、多么吉祥啊！"

因为很喜欢龙，所以当他家装修房子的时候，他就让工匠们帮他在房梁上、柱子上、门窗上、墙壁上，到处都雕刻上龙的花纹，家里装修得就像龙宫一样豪华。就连叶公自己的衣服上也绣上了栩栩如生的龙的图案。

后来，叶公喜欢龙的消息，传到了天宫中真龙的耳朵里，真龙很受感动，心里想："没想到人间还有一个这样喜欢我的人呢！我得下去看看他。"

于是有一天，龙从天上降下来，来到了叶公的家里。

龙想进到叶公家里，于是把大大的头伸进叶公家的窗户，长长的尾巴拖在地上。这时，叶公听到有声音，以为有贼，就赶紧走出卧室来看，这一看可不得了了，看见一只真龙正在那里，睁大眼睛瞪着自己，叶公顿时吓得脸色苍白，浑身发抖，大叫一声，连滚带爬地逃走了。

从那以后，人们就知道了叶公并不是真的喜欢龙，他喜欢的只不过是那些像龙的东西而不是龙。后来，人们就用这个典故来讽刺那些名不副实，表里不一的人。他们看上去好像很喜欢一样东西，却实际上并非像表现出来的那样。

414. 如何解释"一鼓作气"？

【出处】出自《左传·庄公十年》。

【释义】形容在劲头正盛的时候一下子把事情完成。

【历史典故】

春秋时期，战争不断。

公元前684年，齐国出兵攻打鲁国。鲁庄公率兵前去长勺，决定与齐军决一死战。齐军先声夺人，擂起战鼓准备进攻。

鲁庄公刚要率兵应战，却被同来的曹刿劝住了。他认为时机不到，劝鲁庄公再等等。齐军见鲁军没有动静，又一次擂响战鼓。可曹刿还认为时机不到。齐军见鲁军还是按兵不动，又第三次敲响鼓向他们挑衅。这时，曹刿当机立断，劝鲁庄公说："进攻的时机到了。"

齐军三次进攻未果，早已士气大减，疲惫不堪，有的人甚至已经坐下休息。鲁军的突然出击使他们猝不及防，顿时溃不成军。

战争胜利后，鲁庄公问曹刿说："为什么要等齐军擂三次鼓后，才出击呢？"曹刿说："打仗，主要靠军队的士气。敲第一遍鼓时，士气最旺；第二遍鼓时，士兵的勇气就已经减退了；第三遍敲鼓，勇气已经耗尽。这时我军趁机擂鼓而上，士气旺盛之军攻打松懈疲乏之军，哪有不胜的道理？"鲁庄公听了曹刿的这番话，不禁称赞道："将军真是精通战事的奇才啊！"

415. 如何解释"一诺千金"？

【出处】出自《史记·季布栾布列传》。

【释义】指许下的一个诺言有千金的价值。比喻说话算数，极有信用。

【历史典故】

秦朝末年，在楚地有一个叫季布的人，性情耿直，为人侠义好助。只要是他答应过的事情，无论有多大困难，都设法办到。因而一直受到大家的赞扬。

楚汉相争时，季布是项羽的部下，曾几次献策，使刘邦的军队吃了败仗。刘邦当了皇帝后，想起这事，就气恨不已。于是下令通缉季布。这时敬慕季布为人的人，都在暗中帮助他。不久，季布经过化装，到山东一家姓朱的人家当佣工。朱家明知他是季布，仍收留了他。后来，朱家又到洛阳去找刘邦的老朋友汝阴侯夏侯婴说情。刘邦在夏侯婴的劝说下撤销了对季布的通缉令，还封季布做了郎中，不久又改做河东太守。

有一个季布的同乡人曹邱生，专爱结交有权势的官员，借以炫耀和抬高自己。季布一向看不起他。听说季布又做了大官，他就马上去见季布。季布听说曹邱生要来，就虎着脸，准备发落几句话，让他下不了台。谁知曹邱生一进厅堂，不管季布的脸色多么阴沉，话语多么难听，立即对着季布又是打躬，又是作揖，要与季布拉家常叙旧，并吹捧说："我听到楚地到处流传着'得黄金千两，不如得季布一诺'这样的话，您怎么能够有这样的好名声传扬在梁、楚两地的呢？我们既是同乡，我又到处宣扬你的好名声，你为什么不愿见到我呢？"

季布听了曹邱生的这番话，心里顿时高兴起来，留下他住几个月，作为贵客招待。临走，还送给他一笔厚礼。后来，曹邱生又继续替季布到处宣扬，季布的名声也就越来越大了。

416. 如何解释"一言九鼎"？

【出处】出自汉代司马迁《史记·平原君虞卿列传》。

【释义】九鼎：古代国家的宝器，相传为夏禹所铸。一句话抵得上九鼎重。比喻说话份量很重，能起到很大作用。

【历史典故】

战国时，秦国的军队团团包围了赵国的都城邯郸，形势十分危急。赵国国君孝成王派平原君到楚国去求援。

平原君打算带领二十名门客前去完成这项使命。已挑了十九名，尚少一个定不下来。这时，毛遂自告奋勇提出要去，平原君半信半疑，勉强带着他一起前往楚国。

平原君到了楚国后，立即与楚王谈及"援赵"之事，谈了半天也毫无结果。这时，毛遂对楚王说："我们今天来请您派援兵，您一言不发。可您别忘了，楚国虽然兵多地大，却连连吃败仗，连国都也丢掉了。依我看，楚国比赵国更需要联合起来抗秦呀！"毛遂的一席话说得楚王口服心服，立即答应出兵援赵。

平原君回到赵国后感慨地说:"毛先生一至楚,一席话使赵国重于九鼎大吕,三寸之舌胜过百万军队。"自此,对毛遂青睐有加,十分尊敬。

417. 如何解释"以身试法"?

【出处】出自《汉书·王尊传》。

【释义】试着亲身去做触犯法律的事。指明知故犯。

【历史典故】

西汉时,高阳出了一位廉洁奉公的官员,叫王尊。

王尊从小失去了父亲,由伯父抚养长大。伯父家里比较贫穷,王尊每天要赶羊群到野外去放牧。这孩子最爱读书,放牧时总要带些书阅读。渐渐地,他对书上提到的那些秉公执法的官吏十分崇敬,希望自己将来也成为这样的人物。一天,他向伯父央求,希望伯父能为他在郡的监狱里谋一份差使。

这时王尊才十三岁,伯父听后惊讶地说:"你还是个孩子啊,又不懂刑律,怎么能到监狱去做事呢?"王尊说:"孩儿已从书中见到过很多。以后再跟狱长多学学,不就行了吗?"

伯父经不住王尊一再央求,便备了礼托人找狱长说情。狱长便把王尊当听差在身旁使唤。王尊当了几年听差,经常接触到刑狱方面的事务,长进很快。

一次他随狱长去太守府办事,被太守看中,便把他留在府中做文书方面的事。又过了几年,王尊辞去职务,攻读儒家经典,之后再被任用。由于他执法严正,逐步提升,当上了县令,后来又升为安定郡太守。

当时,安定郡官场非常混乱,一些官员利用权势作威作福,鱼肉百姓。王尊一到那里,立即整顿吏治,并昭示属县所有官吏忠于职守,以身作则,为下属作出榜样。法律无情,不要用自己的身体去尝试法律。郡里有个属官心狠手辣,搜刮大量民脂民膏,民愤极大,告示贴出后不见悔改,于是王尊把他捉拿归案。这贪官入狱后,没几天就一病身亡。接着,王尊又惩办了一批罪行严重而又没有悔改的豪强。这样一来,安定郡开始太平起来。

王尊疾恶如仇,执法如山,受到了百姓的尊敬和爱戴。

418. 如何解释"鹬蚌相争,渔翁得利"?

【出处】出自《战国策·燕策》。

446. 福兮祸之所伏 447. C 448. 蟪蛄不知春秋 449. A 450. A
451. 佛教、基督教、伊斯兰教 452. B 453. B 454. A 455. C
456. A 457. B 458. A 459. B 460. 唐招提寺 461. D 462. C
463. A 464. C 465. 慧能（六祖慧能） 466.《大唐西域记》
467.《五灯会元》 468. 苦、集、灭、道 469. A 470. 佛、法、僧
471. 戒、定、慧 472. C 473. A 474. 眼、耳、鼻、舌、身、意
475. C 476. D 477. B 478. A 479. 庭前柏树子 480. B
481. A 482. D 483. C 484. D 485. A 486. A 487. C
488. A 489. C 490. C 491. B 492. C 493. C 494. C
495. C 496. A 497. C 498. A 499. B 500. D 501. B
502. 孙武 503.《韩非子》 504. C 505. D 506. B 507. C
508. C 509. A 510. D 511. C 512. 死生之地，存亡之道 513. 百战百胜 不战而屈人之兵 514. B 515. 江海不择小助，故能成其富
516. 苟可以强国 苟可以利民 517. A 518. 一飞冲天 一鸣惊人
519. C 520. 管仲 鲍叔牙 521. 答：画绝、文绝和痴绝。 522. 答：画圣。 523. 答：《笔法记》。 524. 答：董源、李成、范宽。 525. 答：渔父。 526. 答：倪瓒。 527. 答：浙派。 528. 答：送别。
529. 答：沈周、文徵明、唐寅、仇英。 530. 答：《真赏斋图》《中庭步月图》。
531. 答：唐寅。 532. 答：陈洪绶。 533. 答：陈洪绶和崔子忠。
534. 答：朱耷。 535. 答：群虾。 536. C 537. D 538. B 539. 答：王羲之《快雪时晴帖》、王献之《中秋帖》、王珣《伯远帖》。 540. 答："书圣"是王羲之，"草圣"是张芝。 541. 答：据宋高宗赵构《翰墨志》等书记载，智永居住在永欣寺阁（故址在今绍兴）三十年，书写了《真草千字文》八百本，分施浙东各个寺院。智永手迹流播既广，书名卓著，登门拜求墨宝的人络绎不绝，竟使智永住处门限几被踩烂，只得用铁皮包裹起来，人称"铁门限"，一时传为书坛佳话。 542. B 543. 答：欧阳询、虞世南、褚遂良、薛稷，简称为"欧虞褚薛"。 544. 答：唐代书法家欧阳询、虞世南。 545. C 546. C
547. 答：唐孙过庭《书谱》。 548. A 549. 答："颠张"指的是张旭，"醉素"指的是怀素。两位均是盛唐书坛以善写狂草而闻名的大书法家。 550. 答：秦代李斯。 551. B 552. D 553. B 554. C 555. B 556. D
557. C 558. 答：指吴门一批青年才子和名士以诗文书画为契机，切磋文艺，纵谈剧论，评论题跋，互为推重，形成非常良好的艺术氛围。时将祝枝山、徐祯卿、唐寅、文徵明四人誉称为"吴中四才子"。 559. C 560. A

292. 土木之变　　293. 一条鞭法　　294. 甲午战争　　295.《徐霞客游记》
296.《四库全书》　　297. 圆明园　　298. 马关条约　　299. 女真　　300. 金瓶掣签　　301. 靖难之役　　302. 军机处　　303. 尼布楚条约　　304. 公车上书
305. 李鸿章　　306. 李时珍　　307. 李自成　　308. 理藩院　　309. 虎门销烟
310. 隆庆和议　　311. 马关条约　　312. 康有为　　313. 清君侧　　314. 均田免赋　　315. 移宫案　　316. A　　317. 南明　　318. 内阁　　319. 尼布楚条约
320. 捻军　　321. A　　322. C　　323. 程颢、程颐、朱熹　　324. B
325.《论语》《孟子》《中庸》《大学》　　326. A　　327.《诗经》　　328. B
329. C　　330. B　　331. A　　332.《论语》　　333. C　　334. B　　335.《礼记》　　336.《春秋公羊传》《春秋谷梁传》《春秋左传》　　337. D　　338. B
339.《尔雅》　　340.《周礼》　　341. A　　342. A　　343. 朱熹　　344. C
345. B　　346. D　　347. B　　348. A　　349. 孟子　　350. 荀子　　351. 贾谊　　352. 董仲舒　　353. A　　354. D　　355. C　　356. C　　357. A
358. C　　359. A　　360. 程颢、程颐　　361. 周敦颐、程颢、程颐、邵雍、张载
362. C　　363. D　　364. 王守仁　　365. B　　366. A　　367. C　　368. 黄宗羲、王夫之、顾炎武　　369. 答：至圣孔子（孔丘）、复圣颜回（颜子）、宗圣曾子（曾参）、述圣子思、亚圣孟子（孟轲）。　　370. 孔门十哲　　371. B
372. A　　373. C　　374. C　　375. A　　376. C　　377. 孟子　　378. 荀子
379. 荀子　　380. C　　381. D　　382. 韩愈　　383. B　　384. A　385. D
386. A　　387. D　　388. B　　389. C　　390. B　　391. A　　392. B
393. 仁、义、礼、智、信　　394. 不亦说乎　　395. 为人谋而不忠乎，与朋友交而不信乎，传不习乎　　396. A　　397. 知之为知之，不知为不知　　398. 义　利
399. B　　400. 见不贤而内自省也　　401. 游必有方　　402. B　　403. A
404. 不知其可也　　405. D　　406. 苦其心志　劳其筋骨　饿其体肤　空乏其身　　407. D　　408. 失道者寡助　　409. B　　410. 幼吾幼，以及人之幼
411. 舍生而取义者也　　412. 富贵　贫贱　威武　413. C　　414. 不积跬步，无以至千里　　415. 术业有专攻　　416. 亦必有坚韧不拔之志　　417. D
418. 为往圣继绝学　为万世开太平　　419. 答：格物、致知、诚意、正心、修身、齐家、治国、平天下。　　420. 君子以自强不息　君子以厚德载物　　421. D
422. A　　423. 黄帝　　424. D　　425. C　　426. C　　427. A　　428. B
429. C　　430. A　　431. A　　432. D　　433. D　　434. A　　435. B
436. B　　437. B　　438. A　　439. C　　440. C　　441. B　　442. 上善若水
443. 故天下莫能与之争　　444. 柔之胜刚　　445. 大直若屈　大辩若讷

148. 渤海　　149. 怛罗斯之战　　150. 大索貌阅　　151. 唐太宗　　唐高宗　　152. 藩镇割据　　153. 甘露之变　　154. 柜坊　　155. B　　156. 淮西之乱　　157. C　　158. 会昌　　159. 鉴真　　160. 开皇律　　161. C　　162. A　　163. 明经　　进士　　164. 彍骑　　165 两税法　　166 常平法　　167. 马嵬之变　　168. 南衙北司之争　　169. 南诏　　170. 李德裕　　牛僧孺　　171. 晁衡　　172. C　　173. 史通　　174. 输籍定样　　175. 四镇之乱　　176. 文成公主　松赞干布　　177. 通济渠　　山阳渎　　永济渠　　江南河　　178. D　　179. A　　180. D　　181. 孙思邈　　182.《唐律疏议》　　183. 黄巢　　184. 天可汗　　185. A　　186. 李林甫　　杨国忠　　187. 通典　　188. 魏徵　　189. 后梁　后唐　后晋　后汉　后周　　190. 笞、杖、徒、流、死　　191. 姓氏录　　192. 玄武门之变　　193. 大唐西域记　　194. 薛延陀　　195. 燕云十六州　　196. 毕昇　　197. 隋炀帝　　198. 永贞革新　　199. 元和郡县图志　　200. 长庆会盟　　201. 赵州桥　　202. 贞观之治　　203. A　　204. 租庸调制　　205. 赤心报国，誓杀金贼　　206. 王安石　　207. A　　208. 采石　　209. 澶渊之盟　　210. 陈桥兵变　　211. A　　212. 合州之战　　213. 金哀宗　　214. 宋代枢密院（枢府）　　215. 梁山泊　　216. 王安石　　217. 应天府　　218. 高梁河之战　　219. D　　220. 郭太史　　221. 海上之盟　　222. 行中书省（或简称行省）　　223. D　　224. 黄天荡之战　　225. 会子　　226. 嘉定和议　　227. 交子　　228. 靖康之变（也称靖康之难、丙午之耻）　　229. 开禧北伐　　230. 忠定　　231. 拓跋元昊　　232. 隆兴和议　　233. A　　234. 猛安谋克制　　235. 募役法　　236. 南面官　北面官　　237. 澎湖巡检司　　238. 成吉思汗　　239. B　　240. 庆历新政　　241. 奴隶　　242. 绍兴和议　　243. 沈括　　244. 帅司　　245. 四大汗国　　246. 蒙古、色目、汉人、南人　　247. C　　248. 建炎　　249. 瘦金体　　250. 杯酒释兵权　　251. 宋夏和议（或庆历和议）　　252.《史记》　　253．D　　254. B　　255. D　　256. 李顺　　257. 农桑通诀　　258. 文天祥　　259. 文献通考　　260. 西辽　　261.《通典》《通志》《文献通考》　　262. 宣政院　　263.《中俄瑷珲条约》（或简称《瑷珲条约》）　　264. D　　265. 柴荣　　266. C　　267. 耶律阿保机　　268. 北京条约　　269.《营造法式》　　270. 闭关政策　　271. 曾国藩　　272. 厂卫　　273. D　　274.《大诰》　　275. A　　276.《大明律》　　277. 英法联军之役　　278. 东林党争　　279. 东南互保　　280. 多伦会盟　　281.《资治通鉴》　　282. C　　283. D　　284. 赋税黄册　　285. 改土归流　　286.《古今图书集成》（或称《文献汇编》《古今图书汇编》）　　287. A　　288. 国子监　　289. 海国图志　　290. 郑和下西洋　　291. 胡蓝之狱

国学知识竞赛试题答案

（历史哲学艺术卷）

1. A   2. 城濮之战   3. 初税亩   4. D   5. A   6. B   7. C
8. 西周时期   9. D   10. C   11. A   12. C   13. C   14. 胡服骑射
15. 蚩尤   16. C   17. A   18. 葵丘之盟   19. 莒   即墨   20. D
21. 良渚文化   22. 龙山文化   23. 马陵之战   24. C   25. 鸣条之战
26. 牧野之战   27. 女娲   28. 盘庚   29. D   30. 平王东迁   31. C
32. A   33. C   34. D   35.《尚书》   36. D   37. 司南   38. C
39. 桂陵之战   40. D   41. B   42.《夏小正》   43. 阪泉之战
44. 禅让制   45. C   46. C   47. 长平之战   48. 郑国渠   49. 晋文公（重耳）   50. D   51. 周文王（姬昌）   52. B   53. 婚姻   54. 春秋三传   55. 和亲   56. D   57. B   58. D   59. A   60. 汉武帝刘彻
61. 陈胜、吴广起义（大泽乡起义）   62. D   63. 都江堰   64. C   65. D
66. B   67. 汉光武帝刘秀   68. 罢黜百家，独尊儒术   69. D   70. 麻沸散
71. B   72. B   73. B   74. 巨鹿之战   75. 桑弘羊   76. 郡县   77. 昆阳大战   78. C   79. 灵渠   80. 轮台罪己诏（轮台诏）   81. 更始
82. D   83. D   84. 丞相   太尉   御史大夫   85. D   86. B   87. D
88. 算缗   告缗   89.《太初历》   90. 推恩令   91. D   92. 卫青
93. D   94. 巫蛊之祸   95. 五铢钱   96. 西域都护（府）   97. 匈奴
98.《盐铁论》   99. 约法三章   100. 蔡伦   101. 候风地动仪（地动仪）
102. B   103. B   104. 嘉峪关   山海关   105. 汉元帝
106. 中朝   107. D   108. 八王之乱   109. 北府军   110. D   111. C
112. 赤壁之战   113. C   114. 王猛   115. 宇文泰   116. 高平陵事变
117. 官渡之战   118. 河阴之变   119. C   120. C   121. A   122. 九品中正制   123. C   124. 梁武帝萧衍   125. 六镇起义   126. 隆中对
127. C   128. 南中   129. 齐民要术   130. 侨置   土断   131. 裴松之
132. D   133. 郦道元   134. B   135. 曹魏   136. 琅琊   137. 匈奴鲜卑   138. D   139. 永嘉南渡   140. 元嘉之治   141. 占田制   142. 诸葛亮   143 宗主督护制   144. D   145. A   146. 安史之乱   147. A

549. "颠张醉素"分别指的是谁?

_____

550. "玉筯篆"相传是谁所创?

_____

551. 有"天下第二行书"之美誉的是哪部作品? （　　）
A.《兰亭序》　　　　　　　　B.《祭侄文稿》
C.《黄州寒食诗帖》　　　　　D.《前赤壁赋》

552. 下列不属于"宋四家"的是哪个人物? （　　）
A. 苏轼　　　B. 欧阳修　　　C. 黄庭坚　　　D. 蔡襄

553. 下列哪位书家的字被称之为"树梢挂蛇"? （　　）
A. 苏轼　　　B. 黄庭坚　　　C. 米芾　　　D. 蔡京

554. 一提到唐代草书,人们便会想到"颠张醉素",请问下列哪部作品属于"醉素"? （　　）
A.《古诗四帖》　B.《肚痛帖》　C.《自叙帖》　D.《论草书帖》

555. "刷字"是形容下列哪位书家? （　　）
A. 苏轼　　　B. 米芾　　　C. 黄庭坚　　　D. 蔡襄

556. 下列哪部作品属于赵孟頫的传世楷书代表作? （　　）
A.《兰亭十三跋》　　　　　　B.《归去来辞卷》
C.《赤壁赋》　　　　　　　　D.《汉汲黯传》

557. 宋代苏轼说:"遂为本朝第一""为近世第一",这是指下列哪位书家? （　　）
A. 黄庭坚　　　B. 米芾　　　C. 蔡襄　　　D. 欧阳修

558. "吴中四才子"分别指的是谁?

_____

559. 下列属于董其昌传世楷书代表作的是哪部作品? （　　）
A.《昼锦堂记》　B.《归去来辞》　C.《洛神赋》　D.《醉翁亭记》

560. 康有为《广艺双舟辑》评道:"完白既出之后,三尺竖童仅解操笔,皆能为篆。"其中"完白"指的是谁? （　　）
A. 邓石如　　　B. 伊秉绶　　　C. 何绍基　　　D. 赵之谦

534.《孤鸟图轴》的作者是谁？

_____

535. 齐白石改革创新后尤擅画哪类题材绘画？

_____

536. 下列哪个历史典故与王羲之有关？（   ）
A. 画龙点睛　　B. 日书万字　　C. 写经换鹅　　D. 芭蕉学书

537. 书法史上被称作"一笔书"的作品是指的哪种书体？（   ）
A. 篆书　　　　B. 隶书　　　　C. 行书　　　　D. 草书

538. 下列哪位书法家的作品具有"一笔书"特点？（   ）
A. 王羲之　　　B. 王献之　　　C. 颜真卿　　　D. 怀素

539. 书法史上有被奉为稀世墨宝的《三希堂法帖》，其中"三希帖"指的是哪三位古代名家的作品？

_____

540. 历史上被誉为"书圣""草圣"的书法家分别是谁？

_____

541. "铁门限"的典故指的是什么？

_____

542. "铁门限"和"退笔冢"的典故与下列哪位书法家有关？（   ）
A. 王羲之　　　B. 智永　　　　C. 欧阳询　　　D. 虞世南

543. "唐初四大家"具体指的是谁？

_____

544. 书法史上被称作"欧虞"的书家分别是指谁？

_____

545. 唐代楷书名碑《雁塔圣教序》是哪位书家的作品？（   ）
A. 颜真卿　　　B. 柳公权　　　C. 褚遂良　　　D. 虞世南

546. "唐初四大家"之一的薛稷最擅长画哪类题材作品，并被时人称为四绝之一？
（   ）
A. 佛像　　　　B. 牡丹　　　　C. 云鹤　　　　D. 竹石

547. "通会之际，人书俱老"的观点出自古代哪部书论著述？

_____

548. "入木三分"的典故与下列哪位书家有关？（   ）
A. 王羲之　　　B. 王献之　　　C. 张旭　　　　D. 智永

517. "刑过不辟大臣，赏善不遗匹夫"出自哪里？　　　　　　　　（　　）
A.《韩非子》　　　B.《商君书》　　　C.《秦律》　　　D.《荀子》

518. 此鸟不飞则已，_____；不鸣则已，_____。

519. 成语"一鸣惊人"最早出自哪部书？　　　　　　　　　　　（　　）
A.《史记》　　　B.《战国策》　　　C.《韩非子》　　　D.《墨子》

520. "管鲍之交"形容的是_____和_____之间的友谊。

521. 顾恺之被时人称为哪三绝？
_____

522. 吴道子被当时人称为什么？
_____

523. 荆浩的著作是什么？
_____

524. 北宋三大家是哪三位？
_____

525. 吴镇最善画什么图？
_____

526. 云林指的是谁？
_____

527. 戴进是哪一画派的代表人物？
_____

528. "灞桥"在唐代是代表什么的地点？
_____

529. "吴门四家"是哪四家？
_____

530. 文徵明的代表作有哪些？
_____

531.《秋风执扇图》的作者是谁？
_____

532.《痛饮读骚图》的作者是谁？
_____

533. "南陈北崔"指的是哪两位画家？
_____

A. 苏秦　　　　B. 秦始皇　　　　C. 秦庄王　　　　D. 吕不韦

501. 把中国称作"赤县神州"的是哪个人？（　　）

A. 公孙龙　　　B. 邹衍　　　　　C. 惠施　　　　　D. 吕不韦

502.《孙子兵法》是_____的作品。

503. "自相矛盾""守株待兔"等寓言故事出自_____。

504.《非攻》《尚贤》等是哪部著作中的篇目？（　　）

A.《韩非子》　B.《管子》　　　C.《墨子》　　　D.《吕氏春秋》

505. 明确提出对战争情况的了解不能相信鬼神的是谁？（　　）

A. 孙膑　　　　B. 管仲　　　　　C. 吴起　　　　　D. 孙武

506. 人人之间平等的、不分亲疏贵贱的爱，是哪家的观点？（　　）

A. 儒家　　　　B. 道家　　　　　C. 墨家　　　　　D. 法家

507. "尚贤""尚同"是谁的政治主张和理想？（　　）

A. 孔子　　　　B. 孟子　　　　　C. 墨子　　　　　D. 荀子

508. 下列人物谁十分提倡节俭？（　　）

A. 孔子　　　　B. 管仲　　　　　C. 墨子　　　　　D. 庄子

509. "治世不一道，便国不法古"出自下列哪部作品？（　　）

A.《商君书》　B.《韩非子》　　C.《谏逐客书》　D.《吕氏春秋》

510. 谁将法、术、势三者结合统一了起来？（　　）

A. 商鞅　　　　B. 李斯　　　　　C. 荀子　　　　　D. 韩非

511. 唐太宗说："以人为镜，可以明得失"，此前谁提出了将他人作为镜子的说法？（　　）

A. 孟子　　　　B. 荀子　　　　　C. 墨子　　　　　D. 韩非

512. 孙武认为战争是十分重要的国家大事，在《孙子兵法》开篇就提道："兵者，国之大事，_____，不可不察也。"

513. 孙武认为战争的最高境界，就是在战争开始前让敌人失去战斗意志和战斗力，他说："_____，非善至善者也，_____，善之善者也。"

514. "子非鱼，安知鱼之乐"跟哪两位人物有关？（　　）

A. 惠施、公孙龙　　　　　　　　B. 惠施、庄子

C. 管仲、鲍叔牙　　　　　　　　D. 庄子、公孙龙

515. 太山不立好恶，故能成其高；_____。

516. 商鞅认为只要是能够富民强国的政策都可以使用，他说："_____，不法其故；_____，不循其礼。"

A. 兼爱　　　　　B. 非攻　　　　　C. 节用　　　　　D. 礼制

485. 下列哪个人物是名家代表？　　　　　　　　　　　　　　　　　　（　　）

A. 公孙龙　　　　B. 鬼谷子　　　　C. 张仪　　　　　D. 苏秦

486. 阴阳家也被认为是从哪个学派中产生的支派？　　　　　　　　　　（　　）

A. 道家　　　　　B. 名家　　　　　C. 墨家　　　　　D. 儒家

487. "远交近攻"是哪家的思想主张？　　　　　　　　　　　　　　　　（　　）

A. 兵家　　　　　B. 名家　　　　　C. 纵横家　　　　D. 法家

488. 农家将哪个上古人物作为祖师？　　　　　　　　　　　　　　　　（　　）

A. 神农　　　　　B. 黄帝　　　　　C. 大禹　　　　　D. 许行

489. 《吕氏春秋》可以看作是哪家著作？　　　　　　　　　　　　　　（　　）

A. 儒家　　　　　B. 法家　　　　　C. 杂家　　　　　D. 名家

490. 苏武帮助谁成为"春秋五霸"之一？　　　　　　　　　　　　　　（　　）

A. 齐桓公　　　　B. 吴王阖闾　　　C. 晋文公　　　　D. 越王勾践

491. "围魏救赵""田忌赛马"跟下列哪个人物有关？　　　　　　　　　（　　）

A. 孙武　　　　　B. 孙膑　　　　　C. 白起　　　　　D. 管仲

492. 管仲被视为哪家流派的先驱人物？　　　　　　　　　　　　　　　（　　）

A. 法家　　　　　B. 兵家　　　　　C. 名家　　　　　D. 杂家

493. 战国时期，商鞅在哪个国家进行了变法？　　　　　　　　　　　　（　　）

A. 魏国　　　　　B. 卫国　　　　　C. 秦国　　　　　D. 赵国

494. 韩非子是下列哪个人物的学生？　　　　　　　　　　　　　　　　（　　）

A. 管仲　　　　　B. 商鞅　　　　　C. 李斯　　　　　D. 荀子

495. 《谏逐客书》是谁的作品？　　　　　　　　　　　　　　　　　　（　　）

A. 韩非　　　　　B. 商鞅　　　　　C. 李斯　　　　　D. 张仪

496. 墨子提出"非乐""节葬"的主张，批评了哪家学派的思想？　　　（　　）

A. 儒家　　　　　B. 法家　　　　　C. 道家　　　　　D. 名家

497. 惠施是谁的知己好友？　　　　　　　　　　　　　　　　　　　　（　　）

A. 公孙龙　　　　B. 张仪　　　　　C. 庄子　　　　　D. 韩非

498. 张仪曾经戏弄了谁，将六百里土地，说成六十里？　　　　　　　（　　）

A. 楚怀王　　　　B. 秦武王　　　　C. 苏秦　　　　　D. 惠施

499. 成语"前倨后恭"跟下列哪位人物有关？　　　　　　　　　　　　（　　）

A. 张仪　　　　　B. 苏秦　　　　　C. 韩非　　　　　D. 惠施

500. "奇货可居"和"一字千金"与下列哪个人有关？

468. 佛教的"四谛"指_____。

469. "六道轮回"的"六道"中没有下列哪一道？ （   ）
  A. 菩萨道　　　B. 人道　　　C. 地狱道　　　D. 畜生道

470. "佛教三宝"指的是_____。

471. 佛教的"三学"指的是_____。

472. 下列哪个佛教用语一般没有消亡、去世的含义？ （   ）
  A. 圆寂　　　　B. 涅槃　　　C. 解脱　　　　D. 寂灭

473. 人们念诵"南无阿弥陀佛"是为了在死后能进入什么世界？ （   ）
  A. 西方极乐世界　B. 天堂　　　C. 佛界　　　　D. 地狱

474. 佛教中常说"六根清净"，这"六根"指的_____。

475. 小说《天龙八部》的名字来自哪个宗教？ （   ）
  A. 儒教　　　　B. 道教　　　C. 佛教　　　　D. 明教

476. 以下哪部书不是记录禅宗公案的典籍？ （   ）
  A.《五灯会元》　B.《指月录》　C.《碧岩录》　D.《大唐西域记》

477. "不是风动，不是幡动，仁者心动"这句话在禅宗中十分著名，它是谁的名言？ （   ）
  A. 神秀　　　　B. 慧能　　　C. 玄奘　　　　D. 鉴真

478. "身是菩提树，心如明镜台。时时勤拂拭，勿使惹尘埃"是谁写的偈颂？ （   ）
  A. 慧能　　　　B. 神秀　　　C. 神会　　　　D. 玄奘

479. 曾经有弟子问赵州从谂禅师："如何是佛祖西来意？"从谂回答："_____。"

480. 哪个禅师用"见山是山，见水是水""见山不是山，见水不是水""见山只是山，见水只是水"形容禅修的三重境界？ （   ）
  A. 慧能　　　　B. 神秀　　　C. 行思　　　　D. 马祖道一

481. "三教九流"中的"九流"不包括下列哪家？ （   ）
  A. 兵家　　　　B. 名家　　　C. 杂家　　　　D. 法家

482. 下列哪位人物不是兵家代表？ （   ）
  A. 孙武　　　　B. 孙膑　　　C. 白起　　　　D. 吕不韦

483. 下列哪部作品不是法家人物创作的？ （   ）
  A.《韩非子》　　B.《商君书》　C.《淮南子》　　D.《谏逐客书》

484. 下列哪项思想主张不属于墨家？ （   ）

A.《庄子》　　　B.《孟子》　　　C.《列子》　　　D.《淮南子》

450. "庖丁解牛"的故事出自那部著作？　　　　　　　　　　　　　　（　　）

A.《庄子》　　　B.《列子》　　　C.《淮南子》　　　D.《史记》

451. 世界三大宗教指的是_____。

452. 下列哪个佛教分支不是中国的佛教的主要部分？　　　　　　　　（　　）

A. 大乘佛教　　　B. 南传佛教　　　C. 北传佛教　　　D. 汉传佛教

453. 禅宗是在哪个国家产生的本土佛教宗派？　　　　　　　　　　　（　　）

A. 印度　　　　　B. 中国　　　　　C. 日本　　　　　D. 泰国

454. 佛教创立者释迦牟尼原来的身份是什么？　　　　　　　　　　　（　　）

A. 王子　　　　　B. 农民　　　　　C. 教师　　　　　D. 官员

455. 鸠摩罗什在中国哪个时期来到了中国？　　　　　　　　　　　　（　　）

A. 汉朝　　　　　B. 唐朝　　　　　C. 南北朝　　　　D. 三国

456. 玄奘是中国哪个佛教宗派的创始人？　　　　　　　　　　　　　（　　）

A. 法相宗　　　　B. 唯识宗　　　　C. 禅宗　　　　　D. 净土宗

457. 弘忍是禅宗的第几代祖师？　　　　　　　　　　　　　　　　　（　　）

A. 第一代　　　　B. 第五代　　　　C. 第六代　　　　D. 第四代

458. 六祖慧能和哪位禅宗大师师出同门？　　　　　　　　　　　　　（　　）

A. 神秀　　　　　B. 神会　　　　　C. 弘忍　　　　　D. 达摩

459. 真正将南宗禅发扬光大的是哪位人物？　　　　　　　　　　　　（　　）

A. 神秀　　　　　B. 神会　　　　　C. 弘忍　　　　　D. 慧能

460. 鉴真东渡后，在日本主持修建的著名寺庙叫_____。

461. "磨砖作镜"讲述的是谁的故事？　　　　　　　　　　　　　　（　　）

A. 慧能　　　　　B. 神会　　　　　C. 神秀　　　　　D. 马祖道一

462. 下列哪位僧人是唐代著名的天文学家？　　　　　　　　　　　　（　　）

A. 玄奘　　　　　B. 鉴真　　　　　C. 僧一行　　　　D. 马祖道一

463.《四十二章经》的内容主要来自哪部佛经？　　　　　　　　　　（　　）

A.《阿含经》　　B.《金刚经》　　C.《心经》　　　D.《道德经》

464. 用汉字翻译的最短的佛经是哪一部？　　　　　　　　　　　　　（　　）

A.《金刚经》　　B.《四十二章经》　C.《心经》　　　D.《妙法莲华经》

465.《六祖坛经》主要记述了_____的言行。

466. 玄奘回国后，奉皇帝旨意编写了一部讲述西域情况的书，这部书叫_____。

467. 宋代普济和尚编写的禅宗史书是_____。

A. 老子　　　　B. 庄子　　　　C. 孔子　　　　D. 列子

432. 道教的《南华真经》是哪部道家著作？　　　　　　　　　　　（　　）
A.《老子》　　B.《道德经》　　C.《列子》　　D.《庄子》

433.《冲虚真经》是哪部道家作品？　　　　　　　　　　　　　　（　　）
A.《老子》　　B.《道德经》　　C.《列子》　　D.《庄子》

434.《管子》曾被归入哪几个学派？　　　　　　　　　　　　　　（　　）
A. 道家、法家　　B. 道家、儒家　　C. 道家、兵家　　D. 法家、兵家

435.《汉书·艺文志》将《淮南子》列为哪家作品？　　　　　　　（　　）
A. 法家　　　　B. 杂家　　　　C. 道家　　　　D. 儒家

436. "道生万物"是谁最先提出来的观点？　　　　　　　　　　　（　　）
A. 庄子　　　　B. 老子　　　　C. 黄帝　　　　D. 周公

437. "小国寡民"是下列哪个人物最先提出的理想中的国家？　　　（　　）
A. 孔子　　　　B. 老子　　　　C. 庄子　　　　D. 管子

438. "有无相生"是谁最先提出来的观点？　　　　　　　　　　　（　　）
A. 老子　　　　B. 庄子　　　　C. 王弼　　　　D. 郭象

439. 哪个人把"逍遥游"当作最高的人生境界？　　　　　　　　　（　　）
A. 老子　　　　B. 列子　　　　C. 庄子　　　　D. 王重阳

440. "坐忘"和"心斋"的说法出现在下列哪部书中？　　　　　　（　　）
A.《道德经》　　B.《论语》　　C.《庄子》　　D.《列子》

441. 下列哪个观点是王弼提出的？　　　　　　　　　　　　　　（　　）
A. 福祸相依　　B. 得意忘象　　C. 无为而治　　D. 不争而争

442. 老子十分欣赏水的品性，他说："＿＿＿＿＿＿＿，水善利万物而不争，处众人之所恶，故几于道。"

443. 老子提倡不争，他认为：夫唯不争，＿＿＿＿＿＿＿＿＿＿。

444. 弱之胜强，＿＿＿＿＿＿＿，天下莫不知，莫能行。

445. ＿＿＿＿＿＿＿，大巧若拙，＿＿＿＿＿＿＿。

446. 塞翁失马，焉知非福。用《道德经》中的话，就是"祸兮福之所倚，＿＿＿＿＿＿＿＿＿＿"。

447. "鲲鹏之志"出自哪部作品？　　　　　　　　　　　　　　　（　　）
A.《道德经》　　B.《管子》　　C.《庄子》　　D.《淮南子》

448. 朝菌不知晦朔，＿＿＿＿＿＿＿＿＿＿＿＿＿。

449. "君子之交淡若水"出自哪部作品？　　　　　　　　　　　　（　　）

415. 韩愈认为每个人学习知识的前后时间不一样，学习的内容也不相同，这叫"闻道有先后，_____"。

416. 儒家提倡人要有高远的志向，苏轼在《晁错论》中说："古之成大事者，不惟有超世之才，_____。"

417. 北宋大儒周敦颐把那种花看成是花中君子？　　　　　　　　　　（　）
　　A. 菊花　　　　B. 梅花　　　　C. 牡丹　　　　D. 莲花

418. 著名的"横渠四句"指"为天地立心，为生民立命，_____，_____"。

419.《大学》"三纲八目"中的"八目"指的是哪八项内容？
_____

420. 清华大学的校训来自儒家名言：天行健_____，地势坤_____。

421. 下列哪位不是道家人物？　　　　　　　　　　　　　　　　　（　）
　　A. 老子　　　　B. 庄子　　　　C. 列子　　　　D. 颜子

422. 道教中的"太上老君"指的是谁？　　　　　　　　　　　　　（　）
　　A. 老子　　　　B. 庄子　　　　C. 列子　　　　D. 黄帝

423. "黄老之学"中的"黄"指的是_____。

424. 下列哪个人物不是玄学代表？　　　　　　　　　　　　　　　（　）
　　A. 王弼　　　　B. 夏侯玄　　　C. 向秀　　　　D. 庄子

425. 孔子称赞老子像哪种传说中的动物？　　　　　　　　　　　　（　）
　　A. 麒麟　　　　B. 凤凰　　　　C. 龙　　　　　D. 鲲鹏

426. 道教中的"冲虚真人"指的是谁？　　　　　　　　　　　　　（　）
　　A. 老子　　　　B. 庄子　　　　C. 列子　　　　D. 文子

427. 庄子在道教中本尊为什么？　　　　　　　　　　　　　　　　（　）
　　A. 南华真人　　B. 冲虚真人　　C. 通玄真人　　D. 太上老君

428.《老子指略》是以下谁的著作？　　　　　　　　　　　　　　（　）
　　A. 郑玄　　　　B. 王弼　　　　C. 夏侯玄　　　D. 郭象

429. 玄学中"独化论"是谁的观点？　　　　　　　　　　　　　　（　）
　　A. 向秀　　　　B. 王弼　　　　C. 郭象　　　　D. 阮籍

430. 道教支派全真教的开创者是下列哪个人物？　　　　　　　　　（　）
　　A. 王重阳　　　B. 张三丰　　　C. 葛洪　　　　D. 丘处机

431.《道德经》是下列哪个人物的著作？　　　　　　　　　　　　（　）

397. "两小儿辩日"的故事所讲述的道理，用孔子的话说是"_____，是知也"。

398. 孔子说："君子喻于_____，小人喻于_____。"

399. 成语"箪食瓢饮"讲述的是下列那个儒家人物？（   ）
A. 孔子　　　　B. 颜回　　　　C. 子路　　　　D. 曾子

400. 见贤思齐焉，_____。

401. 儒家十分强调孝敬父母，孔子曾经说："父母在，不远游，_____。"

402. 下列那个词语体现了孔子所提倡的教学态度？（   ）
A. 见贤思齐　　B. 诲人不倦　　C. 教学相长　　D. 因材施教

403. "岁寒三友"指的是下列哪三种植物？（   ）
A. 松、竹、梅　B. 松、菊、梅　C. 菊、梅、竹　D. 松、竹、菊

404. 讲诚信、守信用是儒家十分重视的道德品质，孔子曾经说："人而无信，_____。"

405. "生于忧患，死于安乐"出自下列哪部书？（   ）
A.《论语》　　B.《荀子》　　C.《韩非子》　　D.《孟子》

406. 天将降大任于是人也，必先_____，_____，_____，_____，行拂乱其所为。

407. "先天下之忧而忧，后天下之乐而乐"是以下那个人物的名言？（   ）
A. 孟子　　　　B. 荀子　　　　C. 王安石　　　D. 范仲淹

408. 得道者多助，_____。

409. 下列人物中，最先将君王比作船，将人民比作水，用水能载船，也能让船沉没的道理比喻君民关系的是谁？（   ）
A. 孟子　　　　B. 荀子　　　　C. 魏征　　　　D. 唐太宗

410. 儒家的理想社会是人人相互关爱的社会，孟子在书中讲："老吾老，以及人之老；_____。"

411. 生，亦我所欲也，义，亦我所欲也，二者不可得兼，_____。

412. 孟子眼中的"大丈夫"所拥有的品质，是_____不能淫，_____不能移，_____不能屈。

413. 成语"青出于蓝"出自哪部作品？（   ）
A.《庄子》　　B.《孟子》　　C.《荀子》　　D.《史记》

414. 荀子认为学习要一点一滴地积累，他说："_____；不积小流，无以成江海。"

380. 当一个朝代要灭亡时，上天会降下灾祸，这种思想是哪种观点的体现？
（　　）
A. 道法自然　　　B. 天人合一　　　C. 天人感应　　　D. 人定胜天

381. "大一统"是西汉哪位儒者的政治理念？（　　）
A. 晁错　　　　　B. 贾谊　　　　　C. 卫绾　　　　　D. 董仲舒

382. "道统"论的提出，是为了与佛、道抗衡，复兴儒学，它的提出者是_____。

383. "复性"论的提出者李翱是那个朝代的人？（　　）
A. 汉朝　　　　　B. 唐朝　　　　　C. 宋朝　　　　　D. 明朝

384. 以下哪项内容是"二程"的思想核心？（　　）
A. 理　　　　　　B. 气　　　　　　C. 心　　　　　　D. 礼

385. 以下谁提出了"格物穷理"的学习和认识方法？（　　）
A. 张载　　　　　B. 程颢　　　　　C. 王守仁　　　　D. 朱熹

386. 陆九渊是"陆王心学"的代表，他的思想核心是？（　　）
A. 心即是理　　　B. 心外无物　　　C. 正心诚意　　　D. 格物穷理

387. 谁提出了"心外无物"的思想主张？（　　）
A. 张载　　　　　B. 朱熹　　　　　C. 陆九渊　　　　D. 王守仁

388. 王阳明会对下列哪种主张提出批评？（　　）
A. 心即是理　　　B. 理在心中　　　C. 格物穷理　　　D. 知行合一

389. "一阴一阳之谓道"是哪个学派的说法？（　　）
A. 阴阳家　　　　B. 道家　　　　　C. 儒家　　　　　D. 名家

390. "理"和"气"是儒家的重要概念，以下谁认为理在先，气在后？（　　）
A. 陆九渊　　　　B. 朱熹　　　　　C. 王守仁　　　　D. 王夫之

391. 儒家关于"太极"的思想来自以下哪部书？（　　）
A.《周易》　　　 B.《尚书》　　　 C.《老子》　　　 D.《黄帝内经》

392. 儒家的阴阳观念来自于那个学派的思想。（　　）
A. 道家　　　　　B. 阴阳家　　　　C. 名家　　　　　D. 道教

393. "三纲五常"中的"五常"指的是_____。

394. 学而时习之，_____？

395. 曾子每天多次反省自己，他说："吾日三省吾身：_____？"

396. "有则改之，无则加勉"是以下哪个人物的名言？（　　）
A. 朱熹　　　　　B. 孔子　　　　　C. 曾子　　　　　D. 荀子

A. 嵩阳书院、岳麓书院　　　　B. 石鼓书院、白鹿洞书院
C. 白鹿洞书院、岳麓书院　　　D. 嵩阳书院、石鼓书院

363. 以下被称为"象山先生"的是？（　　）
A. 周敦颐　　B. 王夫之　　C. 王守仁　　D. 陆九渊

364. "孔、孟、朱、王"中的"王"是指＿＿＿＿＿＿＿。

365. 明朝末年，出现了一位"离经叛道"的思想家，他是（　　）
A. 王艮　　　B. 李贽　　　C. 唐伯虎　　D. 顾炎武

366.《明夷待访录》的作者是？（　　）
A. 黄宗羲　　B. 李贽　　　C. 顾炎武　　D. 王夫之

367.《日知录》和《天下郡国利病书》的作者是？（　　）
A. 黄宗羲　　B. 李贽　　　C. 顾炎武　　D. 王守仁

368. 明末清初的"三大儒"指＿＿＿＿＿＿＿＿。

369. 儒家"五圣"分别是哪五圣，是哪五个人？
＿＿＿＿＿＿＿＿＿＿＿＿＿＿＿＿＿＿＿＿＿＿＿＿＿＿＿＿

370. 相传孔子有弟子三千人，其中最优秀的十个人被合称为＿＿＿＿＿＿＿。

371. "正名"是谁的思想观点？（　　）
A. 老子　　　B. 孔子　　　C. 惠施　　　D. 韩非

372. "仁"是儒家思想的核心，"克己复礼以为仁"是谁对"仁"的解释？
（　　）
A. 孔子　　　B. 颜回　　　C. 子思　　　D. 孟子

373. "己所不欲，勿施于人""君子成人之美"体现的是什么样的思想？
（　　）
A. 忠信　　　B. 礼义　　　C. 忠恕　　　D. 忠孝

374. 下列哪个成语没有体现孔子"中庸"的思想？（　　）
A. 和而不同　B. 文质彬彬　C. 成人之美　D. 过犹不及

375. "有教无类"是谁提出的教育理念？（　　）
A. 孔子　　　B. 曾子　　　C. 子思　　　D. 孟子

376.《三字经》中说"人之初，性本善"，来自谁的观点？（　　）
A. 孔子　　　B. 曾子　　　C. 孟子　　　D. 荀子

377. "民为贵，社稷次之，君为轻"是＿＿＿＿＿＿＿的名言。

378. 先秦的儒家人物中，认为人性本恶的是＿＿＿＿＿＿＿。

379. 先秦儒家即提倡"礼"，又重视"法"的是＿＿＿＿＿＿＿。

A. 老子　　　　B. 孔子　　　　C. 墨子　　　　D. 苏秦

346. 孔子的一个学生去世后，孔子悲叹道："天丧予，天丧予！"这个学生是？（　　）

A. 子路　　　　B. 曾子　　　　C. 曾点　　　　D. 颜回

347. 曾子指的是下列哪个人物？（　　）

A. 曾点　　　　B. 曾参　　　　C. 曾巩　　　　D. 曾国藩

348. 被尊称为"述圣"的是谁？（　　）

A. 子思　　　　B. 孟子　　　　C. 颜回　　　　D. 曾子

349. 被称为"亚圣"的是_____。

350. 汉代时，为了避皇帝的名讳，把先秦一位儒家人物改叫"孙卿"，这个人是_____。

351. 《过秦论》《论积贮疏》的作者是_____。

352. "下马陵"是哪位汉朝思想家的陵墓？（　　）

A. 晁错　　　　B. 贾谊　　　　C. 董仲舒　　　D. 霍去病

353. 是谁模仿《周易》和《论语》创作了《太玄》和《法言》？（　　）

A. 扬雄　　　　B. 贾谊　　　　C. 董仲舒　　　D. 王弼

354. 孔颖达主编了下列哪部书？（　　）

A.《十三经注疏》　　　　　　B.《四书章句集注》

C.《五经正义》　　　　　　　D.《隋书》

355. 被列为"唐宋八大家"之首的唐代大儒是？（　　）

A. 韩愈　　　　B. 柳宗元　　　C. 李翱　　　　D. 欧阳修

356. 《复性书》的作者是？（　　）

A. 柳宗元　　　B. 韩愈　　　　C. 李翱　　　　D. 朱熹

357. 《封建论》的作者是？（　　）

A. 柳宗元　　　B. 韩愈　　　　C. 苏轼　　　　D. 张载

358. 王安石创作了下列哪个作品？（　　）

A.《复性书》　B.《封建论》　C.《周官新义》　D.《五经正义》

359. 濂溪先生指下列哪位人物？（　　）

A. 周敦颐　　　B. 张载　　　　C. 朱熹　　　　D. 范仲淹

360. 北宋著名理学家"二程"指_____。

361. "北宋五子"指_____。

362. 朱熹乐于讲学，他曾经主持重修了哪些书院？（　　）

327. 孔子说:"诗三百,一言以蔽之,曰:'思无邪。'"这里的"诗三百"指的是_____。（　　）

328. "五经"中的《书》指的是哪部书？（　　）
A.《周易》　　B.《尚书》　　C.《礼记》　　D.《春秋》

329.《礼记》在汉代经过了谁的编定？（　　）
A. 贾谊　　　B. 董仲舒　　C. 戴圣　　　D. 郑玄

330. 下列哪部书是儒家和道家共同的经典？（　　）
A.《尚书》　　B.《周易》　　C.《礼记》　　D.《道德经》

331. "五经"中也叫作《麟经》的是？（　　）
A.《春秋》　　B.《易经》　　C.《诗经》　　D.《尚书》

332. 记录孔子及其弟子言行的重要经典是_____。

333. "四书"中有一部书原本地位并不高，后来被朱熹列入"四书"，这部书是？（　　）
A.《中庸》　　B.《大学》　　C.《孟子》　　D.《论语》

334.《中庸》原来是哪部儒家经典中的篇章？（　　）
A.《尚书》　　B.《礼记》　　C.《大学》　　D.《尔雅》

335.《大学》原来是儒家经典中_____的篇章。

336. "春秋三传"指的是_____。

337.《礼经》指的是下列哪部书？（　　）
A.《周礼》　　B.《礼记》　　C.《周官》　　D.《仪礼》

338.《孝经》阐述的主要内容是？（　　）
A. 仁　　　B. 义　　　C. 礼　　　D. 孝

339. 被称为中国"辞书之祖"的儒家经典是_____。

340.《礼记》《仪礼》和_____并称"三礼"。

341.《荀子》的作者是？（　　）
A. 荀况　　B. 荀彧　　C. 荀勖　　D. 荀攸

342.《五经正义》是在哪个朝代编写的？（　　）
A. 汉朝　　B. 唐朝　　C. 宋朝　　D. 清朝

343.《四书章句集注》是_____编写的。

344.《传习录》记录了谁的言行？（　　）
A. 朱熹　　B. 孔颖达　　C. 王守仁　　D. 张载

345. 成语"丧家之犬"讲述的是谁的故事？（　　）

本的条约是《_____》。

312. 《新学伪经考》的作者是_____。

313. 明代建文帝即位后采取削藩政策，不仅监视朱棣，还欲调走他的军队。朱棣于1399年以"_____"为名起兵，发动"靖难之役"，夺取建文帝的帝位。

314. 崇祯十一年（1638），农民起义军各部连遭失利，张献忠等一度降明，李自成隐伏深山，坚持斗争。次年，各部又大举活动。张献忠等再起，突围入川。李自成屡败屡起，于崇祯十三年（1640）率五十骑入河南，提出"_____"的口号，两年后发展为百万之众，实力大振。

315. 明末三大案分别是"梃击案""红丸案"和"_____"的合称。

316. 在政治上裁撤中书省，废丞相，分相权于六部，地方行政机构设承宣布政使司、提刑按察使司、都指挥使司分掌权力，抑制豪强，严惩贪官和不法勋贵的皇帝是_____。 （   ）

    A. 朱元璋　　　　　　　　　B. 爱新觉罗·玄烨
    C. 赵匡胤　　　　　　　　　D. 朱棣

317. 清军入主中原，明朝宗室及文武大臣大多逃亡南方，还据有淮河以南的半壁江山抵抗清兵，官吏和农民军余部支持的明后裔子孙在东南建立了一些抗清政权，史称_____。

318. 明清政府的中枢机构是_____。

319. 1689年9月清政府和沙俄政府签订的第一个中俄边界条约，它是中俄双方在平等的基础上签订的，基本上反映了两国政府的主张，符合双方的利益。它的签订，维持了一百年中俄边境的稳定。这部条约叫作《_____》。

320. 太平天国革命时期，活动于北方的农民起义军叫作_____。

321. 儒家是下列哪个时期出现的学派？ （   ）
    A. 春秋　　　B. 战国　　　C. 汉朝　　　D. 西周

322. 理学是下列哪个朝代兴起的？ （   ）
    A. 汉朝　　　B. 唐朝　　　C. 宋朝　　　D. 明朝

323. 程朱理学是因为_____三个人得名的。

324. 下列哪位不是陆王心学的代表？ （   ）
    A. 王守仁　　　B. 张载　　　C. 王艮　　　D. 陆九渊

325. "四书"指_____。

326. 下列哪部书不属于"十三经"？ （   ）
    A.《道德经》　　B.《尚书》　　C.《诗经》　　D.《孝经》

洋水师的济远和广乙两艘巡洋舰，随后击沉了英籍高升号运输船，俘获操江号炮舰，这就是丰岛海战。_____随即全面爆发。

295. 徐霞客所作的地理学巨著是_____。

296. 中国古代最大的一部丛书是_____。

297. 1960年10月13日，英法联军占领北京后，侵入_____，大肆劫掠，恣意破坏，致使大量奇珍异宝损失殆尽。

298. 日本于1894年（农历甲午年）挑起的侵略朝鲜和中国的战争，即中日甲午战争。1895年4月，清政府被迫和日本签订了丧权辱国的《_____》。

299. 建州三卫是明朝在东北地区建州_____聚居地设立的三个地方军政机构。

300. 清政府用掣签于金瓶以确定活佛转世人选的制度，被称为_____。

301. 建文元年（1399），燕王朱棣起兵于北平，以遵祖训、诛奸臣为名，号称"靖难"。惠帝先后派老将耿炳文和膏粱子弟李景隆率师北伐，都被燕王打败。建文四年（1402）六月，燕兵破京师，惠帝死于宫中（一说是逃亡）。燕王朱棣即位，改元永乐，是为成祖，历时四年的内战结束，这场内战被称为_____。

302. 清朝自雍正开始设置的中枢决策机构是_____。

303. 1689年康熙帝派索额图等订立《_____》，确定中俄之间的东段边界。

304. 光绪二十一年（1895）《马关条约》签订时，康有为联合赴京会试的举人一千三百余名上书，要求拒签和约、迁都再战、变法图强，即"_____"。

305. 《中法新约》《马关条约》《中俄密约》《辛丑条约》等许多不平等条约的订立者是_____。

306. 《本草纲目》的作者是_____。

307. 崇祯十七年（1644）正月，_____在西安建立大顺政权，年号永昌。二月，向北京进军。三月十九日攻入北京内城，推翻了明王朝。

308. 清代管理蒙、回、藏少数民族事务的机关是_____。

309. 1838年，林则徐任湖广总督，提出"修防兼重"，整修江汉堤防，成效显著。12月底被任为钦差大臣，到广东查禁鸦片。次年林则徐与两广总督邓廷桢协力查办鸦片走私商，严令英、美烟贩交出私运来粤的鸦片，共二百三十七万斤，6月3日在虎门海滩当众焚毁，史称"_____"。

310. 明穆宗隆庆年间蒙古与明朝达成和议，结束了明朝与蒙古近两百年的敌对状态，这次和议叫作"_____"。

311. 在清政府签订的不平等条约中，承认割让辽东半岛、台湾、澎湖列岛给日令》为基础，详定_____。

277. 1856—1860年英法联合发动的对华侵略战争，即第二次鸦片战争，又被称为"_____"。

278. 明末东林党与魏忠贤的阉党、浙党、齐党、楚党、昆党、宣党之争被称为"_____"。

279. 1900年义和团反帝爱国运动在北方蓬勃发展，影响遍及全国。因为害怕义和团的势力波及属于自己势力范围的长江流域，英国在参与八国联军进攻津、京的同时，策划"_____"。

280. 清康熙帝为加强北方边防和对喀尔喀蒙古的管理，于康熙三十年在多伦诺儿与蒙古各部贵族进行会盟，这次会盟史称"_____"。

281. 我国第一部编年体通史是_____。

282. 以下不属于元代大运河组成部分的是_____。（ ）
A. 济州河　　　B. 通惠河　　　C. 永济渠　　　D. 会通河

283. 卫所是哪个朝代的军队的基本组织形式？（ ）
A. 唐朝　　　B. 宋朝　　　C. 元朝　　　D. 明朝

284. 明朝政府为核实户口、征调赋役而编制的户口总册被称为_____。

285. 明清在西南少数民族地区废除自元代以来世袭之土官，而代之以流官的统治，史称_____。

286. 有"古代百科全书"之称的清代官修的大型类书是_____。

287. "广州十三行"是鸦片战争前，清政府特许在广州经营对外贸易的商行，其名称起源于_____。（ ）
A. 明代　　　B. 元代　　　C. 宋代　　　D. 唐代

288. 元、明、清三代国家设立的最高学府和教育行政管理机构是_____。

289. 1841年魏源受林则徐嘱托，据《四洲志》译稿及中外文献资料，于《南京条约》订立后不久整理成书，编成《_____》。

290. 明初朝廷组织的大规模的远洋航行是_____。

291. 明初的胡惟庸案、蓝玉案，合称"_____"，其根本目的是朱元璋为了巩固自己的统治，防止文臣武将专权，扫清子嗣统治的政治障碍。

292. 明朝军队被瓦剌军打败，英宗被俘的事件是_____。

293. 明中期张居正改革时所确立的通行全国的赋税制度是_____。

294. 1894年7月25日，日本联合舰队第一游击队在朝鲜丰岛海域突然袭击北幅。《农书》分为《_____》《百谷谱》《农器图谱》三大部分。

258. 陆秀夫、张世杰和_____并称为"宋末三杰"。

259. 宋元之际马端临编撰的一部着重叙述历代典章制度沿革的分类通史是《_____》。

260. 1132年，耶律大石在叶密立城登基称帝，号"菊儿汗"，群臣又尊汉号为"天祐皇帝"，建元延庆，_____正式建立。

261. 被称为"三通"的史学著作是_____。

262. 元代管理全国佛教事务和吐蕃地区军事民政的中央机构叫作_____。

263. 1858年黑龙江将军奕山与俄国东西伯利亚总督穆拉维约夫签订的不平等条约，是中俄之间第一个不平等条约，这个条约叫作_____。

264. 八股文是明清科举考试规定的一种文体，也称制义、制艺、时文、八比文，这种文体源出于_____。（　　）
   A. 先秦　　　B. 汉　　　C. 唐　　　D. 宋

265. 五代后周时期为后来北宋的统一事业奠定基础的统治者是_____。

266. 八旗制度是_____建立的一种军事、社会组织形式。（　　）
   A. 汉族　　　B. 蒙古族　　　C. 满族　　　D. 匈奴

267. 契丹政权的建立者是_____。

268. 第二次鸦片战争期间，英法联军攻进北京后，英、法、俄强迫清政府签订的不平等条约是《_____》。

269. 北宋官方颁布的一部关于建筑设计、施工规范的著作是_____。

270. 鸦片战争前清政府限制和禁止对外交通、贸易的政策被称为_____。

271. 与李鸿章、左宗棠发起洋务运动，创办江南制造局、福建马尾船政局等军事工业，促进了中国的近代化建设的人是_____。

272. 明朝东厂、西厂、内行厂和锦衣卫的合称的特务机构是_____。

273. 川楚白莲教起义是清代_____年间四川、湖北农民起义。（　　）
   A. 康熙　　　B. 雍正　　　C. 乾隆　　　D. 嘉庆

274. 明太祖朱元璋亲自写定的刑典是_____。

275. 大礼仪之争是明朝_____年间围绕着当时"继统"与"继嗣"的礼仪形式的争论。（　　）
   A. 嘉靖　　　B. 成化　　　C. 万历　　　D. 洪武

276. 明朝建立的前一年，即1367年，朱元璋命左丞相李善长、御史中丞刘基等编成《律令》四百三十条。洪武六年十一月，朱元璋命刑部尚书刘惟谦等以《律

243. 《梦溪笔谈》的作者是_____。

244. 宋太宗至道三年（997），将全国州郡划分为十五路（以后路的数目有所增加），并陆续在各路设置安抚司掌军事与民政，简称_____。

245. 除去元朝（大汗汗国）外的四个相对独立的国家（"兀鲁思"），即钦察汗国（金帐汗国）、察合台汗国、窝阔台汗国、伊儿汗国（伊利汗国），它们通常被称为_____。

246. 元朝统治者，为保持自己的特权地位和维护对人口远远超过本族的汉族及其他少数民族的统治，进一步推行民族压迫和民族分化政策，根据民族和被征服的先后，分人为_____四等。

247. "四时捺钵"是_____代实行的一种制度。
 A. 宋　　　　　B. 西夏　　　　　C. 辽　　　　　D. 元

248. 徽、钦二帝被俘后，赵构于靖康二年五月即位于南京（今河南商丘），改元_____，史称南宋。

249. 宋徽宗自创一种书法字体被后人称之为_____。

250. 宋太祖赵匡胤在内政方面加强中央集权，并通过"_____"削夺禁军宿将和藩镇的兵权，派文官带京官衔出任州县长官，设转运使掌地方财权，解决了自唐朝中叶以来地方节度使拥兵自擅的局面。

251. 宋仁宗庆历年间与西夏的和议，让双方维持了二十余年的和平相处。这次和议被称为"_____"。

252. 《通志》是郑樵一生学问的集大成之作。这部书仿照_____纪传体通史体例共二百卷。

253. 头下军州，亦称"投下军州"，是_____代设置的一种军事行政的联合组织。
 A. 宋　　　　　B. 金　　　　　C. 元　　　　　D. 辽

254. 金朝开国皇帝完颜阿骨打是_____民族。
 A. 汉　　　　　B. 女真　　　　　C. 党项　　　　　D. 蒙古

255. 下列变法措施中，不属于王安石变法的是_____。　　（　）
 A. 青苗法　　　B. 免役法　　　C. 均输法　　　D. 府兵制

256. 北宋初期川陕农民起义，提出的"均贫富"口号，是对唐末农民起义中的均平思想的具体化、明确化，对以后的农民起义具有重大影响。它是我国农民战争史进入一个新时期的标志，这次起义的领导人是王小波和_____。

257. 《王祯农书》刊行于元仁宗皇庆二年（1313），约13万多字，有插图281

发动北伐，分道进兵，史称"＿＿＿＿＿＿＿＿"。

230. 李纲，字伯纪，号梁溪先生，常州无锡人，祖籍福建邵武。两宋之际抗金名臣。宋徽宗政和二年（1112），李纲登进士第，历官至太常少卿，绍兴十年（1140）病逝。淳熙十六年（1189），特赠陇西郡开国公，谥号"＿＿＿＿＿"。

231. 西夏开国皇帝李元昊，原名为＿＿＿＿＿。

232. 隆兴二年（1164）冬，宋金双方签订了和约，史称"＿＿＿＿＿＿"。

233. 《马可·波罗行纪》一书曾轰动一时，流传甚广，被译成多种文字，在中世纪欧洲人面前展示了一个崭新而神奇的东方世界，影响了以后几个世纪的欧洲的航海家、探险家，这本书的作者是哪个国家的人？（　　）

　　A. 意大利　　　B. 德国　　　C. 法国　　　D. 英国

234. 完颜阿骨打称帝以后，扩充和整顿了金朝的军队，阿骨打将这种氏族社会末期的部落组织加以发展，使原本金朝在女真族聚居区建立的地方行政组织，也成了一部分较早归附金朝的奚人和契丹人的社会基层组织，这种制度叫作＿＿＿＿＿。

235. "免役法"是王安石变法颁布的关于废除差役实行募役的法令，又称为＿＿＿＿＿。

236. 为了适应这些不同的民族和不同的生产方式，耶律德光取得幽云十六州后，在中央设置双轨统治机构。中央行政机构分别隶属于南北二枢密院，称为"＿＿＿＿"和"＿＿＿＿"。

237. 元代开始设立的管理澎湖、台湾地区的行政机构是＿＿＿＿＿。

238. 蒙古建国后，成吉思汗组建上万人的怯薛，由＿＿＿＿＿指挥，人员来自亲随和千户、百户、十户那颜（贵族）子弟。

239. 王安石变法期间的"青苗法"，又被称为（　　）

　　A. 清平法　　　B. 常平法　　　C. 保甲法　　　D. 新平法

240. 庆历三年（1043）八月，范仲淹任参知政事，富弼为枢密副使。九月，他们向仁宗上了一封《答手诏条陈十事》的奏疏提出十项改革方案，朝廷颁布了几道诏令，推行范仲淹等人的主张，史称"＿＿＿＿＿＿＿＿"。

241. 驱口又称驱奴、驱。初时仅称战俘奴隶为驱口，后来良人被掠卖、罪人被籍没的也叫驱口，以后则成为＿＿＿＿＿通称。驱口属贱民，为主人私产，主人可奴役、买卖和馈赠。

242. 南宋与金在1141年签订的和议，确定了宋金之间政治上的不平等关系，结束了长达十余年的战争状态，形成了南北对峙的局面，这一和议被称为"＿＿＿＿＿"。

众_____，打出"劫富济贫"旗号造反，四处攻略，活动范围在河北、京东、淮南一带，先后攻略十余州军。

216. 方田均税法是北宋_____变法的重要举措之一。

217. 宋初建首都开封府为东京，以陪都河南府（今河南洛阳东）为西京，大中祥符七年（1014），升_____为南京，庆历二年（1042），升大名府（今河北大名）为北京，遂有四京府。

218. _____是辽与宋第一次在战场上的直接对话，结束了宋朝统一的步伐。宋朝在军事上总体开始处于劣势。

219. 更戍法是_____的兵役制度。

A. 唐朝　　　　B. 汉朝　　　　C. 明朝　　　　D. 北宋

220. 郭守敬，字若思，元朝著名天文学家、数学家、水利工程专家。官至太史令、昭文馆大学士、知太史院事，世称_____。

221. 宋、金联合攻打辽国的盟约。因双方使节都由海上往返谈判，因此叫作_____。

222. 元代地方最高的行政机构是_____。

223. 黄道婆，又名黄婆或黄母，松江府乌泥泾镇（今上海市徐汇区华泾镇）人。_____著名的棉纺织家、技术改革家。　　　　　　　　（　　）

A. 元末明初　　B. 明末清初　　C. 清末民初　　D. 宋末元初

224. 南宋建炎四年，抗金名将韩世忠在长江黄天荡（今南京东北）东西水域，截击金军归师的著名水战，这场战役叫作"_____"。

225. 宋朝发行量最大的纸币是_____。

226. 开禧北伐时，宋军分道进兵，初时收复了一些地方，不久，金援兵大量南下，宋军大败。金人要求惩办战争祸首，主和派礼部侍郎史弥远勾结杨皇后等人，杀死韩侂胄，函其首送给金人。嘉定元年（1208），由史弥远主持与金议和，订立和约，史称_____。

227. 世界上最早的纸币是_____。

228. 公元1126年正月，金东路军渡过黄河，直逼北宋东京开封。宋徽宗急忙传位于太子赵桓（宋钦宗），连夜南逃。宋钦宗派使者赴金营求和不成。闰十一月初，东京城破，宋钦宗亲赴金营，献上降表。次年（1127）四月，金军俘徽、钦二帝及后妃、皇子、宗室贵戚北撤，立宋朝投降头目张邦昌做傀儡皇帝，国号楚，北宋灭亡，这一事件被称为"_____"。

229. 开禧二年（1206）五月，身任平章军国事的韩侂胄未做充分准备，便贸然旧史家誉为"_____"。

203. 唐宋宰相和皇帝议事的机构为_____。

A. 政事堂　　　B. 枢密院　　　C. 宣政院　　　D. 通政司

204. 唐代前期以均田制的推行为基础的赋税制度是_____。

205. 建炎元年（1127）九月，南宋都统制王彦率岳飞等十一将七千人北渡黄河，收复新乡（今属河南）后，遭数万金军围攻，因寡不敌众失败。岳飞投奔抗金名将宗泽，王彦则率部众突围至共城（今河南辉县），联合太行山区河东、河北一带的义军，坚持抗金。所有将士面刺"_____"八字，以示决心，故称"八字军"。

206. 保甲法是北宋_____变法的重要举措。

207. "杯酒释兵权"事件与下列哪位皇帝有关？　　　　　　　　　　（　　）

A. 赵匡胤　　　B. 朱元璋　　　C. 李世民　　　D. 刘邦

208. 采石之战是指1161年南宋文臣虞允文率领军民于_____阻遏金军渡江南进的防御战。

209. 北宋与辽在澶州缔结的一次盟约。澶州亦名澶渊郡，故称"_____"。

210. 后周显得七年（960）元旦，赵匡胤制造契丹和北汉发兵南下的谣言，后周宰相范质等人匆忙派遣赵匡胤统率诸军北上抵御。大军行至附近的陈桥驿，赵匡胤弟赵光义和归德军掌书记赵普授意将士把黄袍加在赵匡胤身上，拥立他为皇帝，这一事件被称为"_____"。

211. 孛儿只斤·铁木真（1162—1227），古代蒙古族的首领，蒙古帝国的创建者，尊号"成吉思汗"，意为_____。　　　　　　　　　　　　　　（　　）

A. 拥有海洋四方　　　　　　　　B. 拥有大陆四方

C. 拥有海洋八方　　　　　　　　D. 拥有大陆八方

212. 钓鱼城之战，导致蒙古这场灭宋战争的全面瓦解，使宋朝得以延续20年之久，这场战役又叫作_____。

213. 南宋在联合蒙古灭金朝之后，出兵收复位于河南三京（东京开封府、西京河南府和南京应天府）之地的军事行动。宋理宗端平元年（1234）正月，宋蒙联军攻破蔡州，_____自杀，金国灭亡。

214. 北宋所谓的"二府"是指_____和宰相的政事堂（政府）的合称。

215. 北宋徽宗宣和二年（1120），当方腊起义之际，宋江等三十六人聚

185. 以下史书不属于"唐修八史"的是_____。（　　）
A.《宋书》　　　B.《陈书》　　　C.《北齐书》　　　D.《周书》

186. 唐玄宗在位后期，骄奢淫逸，重用奸佞_____、_____为相，并宠信宦官高力士等人，政治日益败坏。

187.《_____》为后来典章制度分类专史开创了先例，确立了我国史籍中"政书"的体例，开创了我国史学史上一个新传统。

188. "以铜为镜，可以正衣冠；以古为镜，可以知兴替；以人为镜，可以明得失。"这句话是唐太宗对_____的评价。

189. 唐朝灭亡以后，在中原地区相继出现了_____、_____、_____、_____、_____五个朝代，史称"五代"。

190. 封建时代的五刑为_____。

191. 武则天时，修《_____》列武氏为第一等，凡五品官都升为"士流"，进一步打破士族门阀制度，扩大统治的社会基础。

192. 武德九年（626），李世民通过"_____"，杀死太子李建成、四弟李元吉，被李渊立为皇太子，后继位称帝，是为唐太宗。

193. 由唐代高僧玄奘口授、弟子辩机笔录的《_____》是玄奘亲见亲闻的旅行记录，有极高的史料价值。

194. 贞观三年（629），唐太宗遣使册封_____首领夷男为真珠毗伽可汗。

195. 五代时期，石敬瑭举兵反叛后唐，以将_____献给契丹为条件，得到契丹出兵的支持。

196. 北宋庆历年间，布衣_____发明了活字印刷术。

197. 大业元年（605），_____命尚书令杨素为营作大监，每月役使工匠200万人，开始了大规模营建东都的建设。

198. 唐顺宗时期以王叔文为首的朝官反对宦官集团的革新运动，史称"_____"。

199. 唐代李吉甫撰写的《_____》是我国现存最早的比较完整的全国性的地理书。

200. 唐穆宗统治时期，吐蕃赞普派专使到唐朝请求会盟，缔结友好盟约，史称"_____"。

201. 隋代工匠李春设计的_____是世界最早的敞肩石拱桥。

202. 唐太宗继位后，总结隋亡的历史教训，注重以隋亡为戒。为此，他采纳了魏征、房玄龄、杜如晦等人的建议，勤于政事，励精图治，天下"号称太平"，故

169. 唐朝时乌蛮贵族在西南地区建立的地方政权叫_____。

170. 唐朝后期，从宪宗至宣宗的四十余年间，朝臣中分成以_____为首的"李党"，及以_____、李宗闵为首的"牛党"，形成"牛李党争"之势。

171. 隋唐时期，日本不断派人到中国学习先进的律令制度、文化艺术、科学技术等等。其中与诗仙李白交好的日本留学生阿倍仲麻吕，汉名叫作_____。

172. 三省六部制在唐朝进一步完善。以下不属于三省的是_____。（　　）
　　A. 中书省　　　　B. 门下省　　　　C. 秘书省　　　　D. 尚书省

173. 提出了史学家必须具备才、学、识"三长"的论点的历史理论著作是《_____》。

174. 隋文帝根据宰相高颎的建议，由国家制定划分户口的标准，发到各州县，每年正月五日，县令派人到农村，依定样划分户等，作为征调赋税、力役的依据，史称"_____"。

175. 唐德宗即位后，决定削藩。建中二年（781），成德节度使李宝臣死，其子李惟岳要求袭位。唐德宗不许。李惟岳便勾结魏博镇田悦、淄青镇李纳、山南东道节度使梁崇义共同起兵反抗朝廷，史称"_____"。

176. 唐朝与吐蕃联姻的代表人物是_____与完成统一西藏任务的吐蕃赞普_____结为夫妻。

177. 隋代大运河以东都洛阳为中心，北起涿郡，南到余杭。其工程共分四段：_____、_____、_____和_____。

178. 以下四个历史人物，不属于隋末农民起义军领袖的是_____。（　　）
　　A. 李密　　　　B. 窦建德　　　　C. 杜伏威　　　　D. 刘武周

179. 隋唐时期，在长安城东南的龙首原营建大兴城的皇帝是_____。（　　）
　　A. 隋文帝　　　　B. 隋炀帝　　　　C. 唐高祖　　　　D. 武则天

180. 以下四项不属于隋炀帝的政绩的是_____。（　　）
　　A. 营建东都　　　　　　　　B. 开凿大运河
　　C. 革新科举，创设进士科　　D. 设置瀚海都督府

181. 《千金方》的作者是唐代医学家_____。

182. 中国唐代刑律及其疏注的合编是叫_____。

183. "黄王起兵，本为百姓，非如李氏不爱汝曹，汝曹但安居无恐"中的"黄王"指的是唐末农民起义军领袖_____。

184. 贞观四年（630），唐太宗在击败东突厥后，注重扩大国内各民族间的联系，被铁勒、回纥等族统治者尊为"_____"。

153. 唐文宗联合朝臣谋诛宦官未遂的政治事件被称为"＿＿＿＿＿"。

154. 唐代出现的在商品经济发达的大城市，专门经营货币和贵重物品保管业务的店铺叫作＿＿＿＿。

155. 原为各种艺能之士的待诏之所，后来演变成唐代草拟机密诏制以备咨询的重要机构是＿＿＿＿。（　　）

    A. 政事堂　　　B. 翰林院　　　C. 大理寺　　　D. 宣政院

156. 唐宪宗元和年间，名将李愬率领九千士兵奔袭淮西镇老巢蔡州（今河南汝南），一举俘获了吴元济，平定了＿＿＿＿。

157. 隋唐时期北方游牧民族铁勒的一支，今维吾尔族的祖先，在隋唐时期称作
    A. 薛延陀　　　B. 突厥　　　C. 回纥　　　D. 靺鞨

158. 中国历史上曾多次出现统治者毁灭佛寺、裁汰僧尼的事件，其中"三武灭佛"指的是北魏太武帝灭佛、北周武帝灭佛以及唐武宗＿＿＿＿年间的灭佛。

159. 唐朝律宗大师＿＿＿＿和尚六次东渡，历尽艰辛，终于在天宝十三载（754年）携同弟子到达日本，于奈良东大寺设坛传授佛教戒律，成为日本密宗的开山祖师。

160. 隋文帝时期颁布的国家法典叫作《＿＿＿＿》。

161. 唐玄宗统治前期出现的治世被称为＿＿＿＿。（　　）

    A. 仁宣之治　　B. 昭宣中兴　　C. 开元盛世　　D. 元和中兴

162. 唐代开元通宝的铸制与流通，在我国钱币形制发展史上有着划时代的意义。它开始铸造于哪个年代？（　　）

    A. 武德　　　　B. 贞观　　　　C. 显庆　　　　D. 开元

163. 唐代的科举分常举和制举两种。常举主要有八科，其中以＿＿＿、＿＿＿两科最重要。

164. 随着府兵制的衰败，唐玄宗开元十一年（723），京师宿卫一切募士承担，共募得12万，号称"长从宿卫"，次年，改称"＿＿＿＿"。

165. 唐德宗建中元年（780），宰相杨炎主持改变旧税制度，废除以丁身为本的租庸调制，实施以资产为宗的＿＿＿＿，分夏秋两次征收。

166. 唐朝中后期，理财专家刘晏大力推行＿＿＿＿。通过各道设立的巡院提供的信息，政府在丰收地区用较高的价钱买进粮食，在歉收地区则用较低的价钱售出。

167. 安史之乱后，唐玄宗带着杨贵妃等人仓皇出逃，途中发生了士兵哗变事件，史称＿＿＿＿。

168. 唐代后期官僚集团和内廷宦官集团争夺权力的斗争被称为＿＿＿＿。

136. "王与马，共天下"中的"王"指的是_____王氏家族，其代表人物是王导、王敦。

137. 魏晋南北朝时期，内迁中原的主要有五个民族，即_____、_____、羯、氐、羌，旧史称之为"五胡"。

138. 夷陵之战中，火烧连营的吴军主将是_____。　　　　　　　　（　）
    A. 周瑜　　　B. 孙坚　　　C. 吕蒙　　　D. 陆逊

139. 西晋时期北方战乱后，中原人民为躲避战乱而向南方地区进行的大规模民族大迁徙的现象叫作_____。

140. 南朝宋武帝至宋文帝统治时是南朝国力最为强盛的历史时期，史称"_____"。

141. 西晋初年对世族大地主无限制的占有土地和劳动力给予了某种程度上的限制，而实施的土地制度是_____。

142. 杜甫的名句"出师一表真名世，千载谁堪伯仲间"吟咏的对象是_____。

143. 北魏孝文帝改革，在基层政权组织形式方面，以三长制取代了_____。

144. 以下哪项不属于南朝科学家祖冲之的发明创造？　　　　　　（　）
    A. 用分数355/113来表示圆周率　　B. 编制《大明历》
    C. 重新发明指南车　　　　　　　　D. 制造天文仪器浑天仪

145. 与"闻鸡起舞""乘风破浪"有关的北伐名将是_____。　　（　）
    A. 祖逖　　　B. 刘裕　　　C. 岳飞　　　D. 陈庆之

146. 唐玄宗天宝年间发生的"_____"是唐朝由盛转衰的历史转折点。

147. 唐朝时期在今新疆南部设立的最高军政机构是_____。　（　）
    A. 安西都护府　B. 北庭都护府　C. 安东都护府　D. 安北都护府

148. 唐朝时期东北靺鞨人建立的地方民族政权国号叫作"_____"。

149. 751年，唐朝军队与阿拔斯王朝军队在中亚地区的会战是_____。

150. 隋朝初年为清查户口而在全国范围内将百姓与户籍上描述的外貌一一核对，这种做法叫作"_____"。

151. 隋唐时期，突厥人在北方和西北建立的两个少数民族政权东突厥和西突厥，先后灭于_____、_____统治时期。

152. 唐朝中后期出现的掌握重兵的地方势力割据一方，互相攻伐，对抗中央的现象，史称"_____"。

120. 纪、传史书专门记载妇女事迹,是哪部正史的首创? （ ）
A.《史记》　　B.《汉书》　　C.《后汉书》　　D.《三国志》

121. 以下哪次北伐战争发生在东晋时期? （ ）
A. 桓温北伐　　B. 雍熙北伐　　C. 开禧北伐　　D. 隆兴北伐

122. 流行于魏晋南北朝时期的选拔人才的制度是_____。

123. 北魏孝文帝改革后,开始实施的计口分田制度是_____。 （ ）
A. 占田制　　B. 课田制　　C. 均田制　　D. 屯田制

124. 沉溺佛教,广建寺院,曾三次舍身于同泰寺的南朝皇帝是_____。

125. 北魏末年发生在沃野、怀朔、武川、抚冥、柔玄、怀荒等地的起义叫作"_____"。

126. 诸葛亮主张东结孙吴,内修政理,西和诸戎,南抚夷越,以荆州、益州为根据地,遇到时机,可兵分两路钳击中原,夺取天下。这番论说后世称之为"_____"。

127. 以下不属于三国时期发明家马钧的贡献的是? （ ）
A. 制造指南车　　B. 改进绫机　　C. 革新龙骨水车　　D. 发明筒车

128. 诸葛亮在平定_____时采纳马谡提出的"攻心为上,攻城为下,心战为上,兵战为下"的战略,收到良好效果。

129. 北魏农学家贾思勰所著的《_____》是中国现存的最早最完整的农书。

130. 东晋政府为解决南渡的北方人口的户籍问题而推行的户籍整理措施是_____与_____。

131. 南朝宋文帝认为《三国志》过于简略,于是令_____为之作注。

132. 以下哪项不属于北魏中期创设的基层政权组织的管理人员? （ ）
A. 邻长　　B. 里长　　C. 党长　　D. 保长

133. 北魏_____为《水经》作注解,从而使之成为魏晋南北朝时期地理学的代表著作。

134. 中国历史上沉重打击了以门阀士族为核心的封建统治集团和地主阶级的农民起义是_____。 （ ）
A. 陈胜、吴广起义　　　　B. 孙恩、卢循起义
C. 宋江、方腊起义　　　　D. 王仙芝、黄巢起义

135. 三国时期,_____政权的屯田最广,力量最为强大,促进了北方农业生产的恢复和发展,为晋统一全国打下了基础。

· 8 ·

A. 大宛，大月氏　　　　　　B. 大月氏，乌孙
C. 大宛，康居　　　　　　　D. 大夏，乌孙

103. 著有《伤寒杂病论》，被后世称为"医圣"的是_____。（　　）
A. 华佗　　　B. 张仲景　　　C. 孙思邈　　　D. 扁鹊

104. 明代为了防御蒙古部落鞑靼、瓦剌的侵扰，对长城进行了全面整修改建。自洪武至万历时曾前后修筑长城达十八次，西起_____，东至_____。

105. 昭君出塞发生在_____统治时期，促进了汉匈关系的发展和中原与塞北的联系。

106. 汉武帝从侍从近臣、贤良文学中加以选拔，授予侍中、给事中、常侍等头衔，令其参与政策的制定，逐渐形成的中央决策机构叫作"_____"。

107. 以下不属于平定诸吕之乱的功臣的是_____。（　　）
A. 灌婴　　　B. 陈平　　　C. 周勃　　　D. 张良

108. 西晋初年，宗室间争夺政权的变乱叫作"_____"。

109. 太元八年（383），在淝水之战中东晋的_____以少胜多，一举击败前秦数十万大军。

110. 以下不属于北魏孝文帝改革的内容的是_____。（　　）
A. 实行俸禄制　B. 建立三长制　C. 迁都洛阳　D. 胡服骑射

111. 以下历史事件与曹操无关的是_____。（　　）
A. 黄巾军起义　B. 赤壁之战　C. 平定南中　D. 挟天子以令诸侯

112. _____奠定了魏、蜀、吴三分天下的政治基础。

113. "风声鹤唳""草木皆兵"与以下哪次战役有关？（　　）
A. 赤壁之战　B. 官渡之战　C. 淝水之战　D. 昆阳之战

114. 前秦苻坚任用汉人_____执政，进行了一系列改革，国力逐渐强盛，基本统一了中国北方。

115. 府兵制行用于西魏、北周至隋唐时期，最早为西魏时_____所创，起源于鲜卑的部落兵制。

116. 司马懿通过_____清除了以曹爽为首的曹氏宗室在朝中的势力，司马氏得以完全掌握了权力，为日后司马炎代魏立晋奠下了根基。

117. _____是历史上以弱胜强的著名战例，奠定了曹操统一中原的基础。

118. 汉化的鲜卑代北士族在"_____"中遭到了毁灭性的打击。

119. 以下哪场战乱发生在南朝梁武帝统治时期？（　　）
A. 七国之乱　B. 八王之乱　C. 侯景之乱　D. 永嘉之乱

86. 以下四座城市中，路上丝绸之路不曾经过的城市是_____。（   ）
A. 长安　　　B. 洛阳　　　C. 鄯善　　　D. 敦煌

87. 苏武牧羊十九年才得以返国，其间他不可能认识以下哪位皇帝？（   ）
A. 汉武帝　　　B. 汉昭帝　　　C. 汉宣帝　　　D. 汉元帝

88. 汉武帝时期出台的打击商人的经济政策是_____。

89. 我国现存的第一部具有较完整文献资料记载的古代历法是_____。

90. 汉武帝时，规定诸侯王除了由嫡长子继承王位之外，可以把王国土地的一部分分封给嫡长子以外的子孙的政策叫"_____"。

91. 以不下属于王莽改制的政治措施是_____。（   ）
A. 将全国土地改称"王田"，奴婢改称"私属"
B. 五均六筦
C. 发行"错刀""契刀""大钱"等货币
D. 工商食官

92. 西汉武帝时期抗击匈奴，与霍去病齐名的名将是_____。

93. 以下政治经济措施与出现"文景之治"局面无关的是_____。（   ）
A. 三十税一　　　B. 入粟拜爵　　　C. 废除族诛　　　D. 铸五铢钱

94. 汉武帝晚年发生的一场宫廷内乱被称为_____。

95. _____是中国钱币史上使用时间最长的金属货币。

96. _____的设置，保证了丝绸之路的畅通，加强了民族间的团结和经济文化的交流，标志西域正式归属中央政权。

97. 秦汉之际，活跃在我国北方的最强大的少数民族是_____。

98. 汉昭帝时召开会议辩论盐铁官营等国家政策。后来，桓宽根据会议记录整理为《_____》。

99. 刘邦入关后为稳定关中社会秩序而颁布法令称"杀人者死，伤人及盗抵罪"，被称为"_____"。

100. 东汉元兴元年（105）_____改进了造纸术。他在西汉发明麻质纤维造纸的基础上，进一步探索研究，总结出了用树皮、麻头、破布、破渔网造纸的新经验。

101. 东汉天文学家张衡创制了世界上第一台测定地震方位的仪器叫作_____。

102. 汉武帝时期先后两次派张骞出使西域，其欲联络的西域国家分别是_____。（   ）

71. 宣传"苍天已死,黄天当立,岁在甲子,天下大吉"思想的农民起义是 _____。 ( )
    A. 绿林起义　　　B. 黄巾起义　　　C. 红巾军起义　　　D. 黄巢起义

72. "匈奴未灭,何以家为"的历史典故与哪位名将有关? ( )
    A. 卫青　　　B. 霍去病　　　C. 李广　　　D. 窦固

73. 勾股定理最早记录在我国古代哪部数学著作中? ( )
    A.《周髀算经》　B.《九章算术》　C.《海岛算经》　D.《孙子算经》

74. 项羽破釜沉舟大败秦军主力的战役是_____。

75. 汉武帝时期采用的均输、平准的经济政策出自政治家、理财专家_____之手。

76. 秦统一后,彻底废除了"封诸侯,建藩卫"的制度,将地方行政机构分为____和____两级。

77. 绿林起义军歼灭王莽主力军的战役是_____。

78. 李斯在辅佐秦始皇建立大一统的中央集权国家中作出了巨大贡献。以下秦朝的社会措施与他无关的是_____。 ( )
    A. 废分封制,推行郡县制　　　B. 焚书坑儒
    C. 按军功授爵　　　　　　　D. 统一文字

79. 为秦王朝统一岭南提供了重要的保证的水利工程是_____。

80. 汉武帝晚年颁布_____,表示当今政事,最要紧的应当在于"禁苛暴,止擅赋,力本农",决意把行政重心转移到安定生产方面来。

81. 由绿林起义军建立又被绿林起义军推翻的政权是_____政权。

82. 以下历史人物与西汉景帝时期的七国之乱没有直接联系的是_____。
 ( )
    A. 晁错　　　B. 刘濞　　　C. 周亚夫　　　D. 董仲舒

83. 以下不属于秦始皇在统一中国后,为了加强专制主义中央集权的统治而采取的措施。 ( )
    A. 中央实行三公九卿制　　　B. 地方推行郡县制
    C. 统一法令、度量衡、文字　D. 修阿房宫、骊山陵

84. 秦始皇统一六国后,以三公九卿制为中央官制。三公,即____、____、____。

85. 以下不属于司马迁《史记》中的体例是_____。 ( )
    A. 本纪　　　B. 表　　　C. 世家　　　D. 志

54.《左传》《公羊传》《穀梁传》合称"_____"。

55. 白登之围后，刘邦认识到自己的实力不足以与匈奴抗衡，因此在以后的相当一段时期里，汉朝采取"_____"政策笼络匈奴，以维护边境安宁。

56. "不入虎穴，焉得虎子"的典故与以下哪位汉朝军事家有关？　　　（　）
　　A. 卫青　　　　B. 霍去病　　　C. 李广　　　　D. 班超

57. 以下为汉武帝时确立的选拔官吏制度是_____。　　　　　　　（　）
　　A. 世禄世卿制　B. 察举制　　　C. 九品中正制　D. 科举制

58. 以下不属于谶纬迷信的是_____。　　　　　　　　　　　　　（　）
　　A. 亡秦者，胡也　　　　　　　B. 篝火狐鸣
　　C. 鱼腹丹书　　　　　　　　　D. 天下大势，分久必合合久必分

59. 以下历史事件与楚汉之争没有关联的是_____。　　　　　　　（　）
　　A. 巨鹿之战　B. 鸿门宴　　　C. 成皋之战　　D. 四面楚歌

60. 将全国分为十三个州（部），正式建立刺史制度的汉朝君主是_____。

61. 中国历史上第一次大规模的平民起义是_____。

62. 以下历史人物中，与党锢之祸没有直接联系的是_____。　　　（　）
　　A. 窦武　　　　B. 陈蕃　　　　C. 李膺　　　　D. 曹操

63. 战国时，秦国的蜀郡守李冰主持修建的水利工程是_____。

64. 以下哪种书属于秦始皇焚书之列？　　　　　　　　　　　　　　（　）
　　A. 种树　　　　B. 医药　　　　C. 卜筮　　　　D. 尚书

65. 以下不属于汉光武帝的为政措施的是_____。　　　　　　　　（　）
　　A. 退功臣，进文吏　　　　　　B. 扩大尚书台的权力
　　C. 废除郡国都尉　　　　　　　D. 十五税一

66. 刘邦建立汉朝后，曾说："此三者，皆人杰也，吾能用之，此吾所以取天下也。"以下哪个历史人物不属刘邦所说的三个"人杰"？　　　　　（　）
　　A. 萧何　　　　B. 曹参　　　　C. 张良　　　　D. 韩信

67. 结束自新莽末年以来长达近二十年的军阀混战与割据局面的汉朝皇帝是_____。

68. 汉武帝在思想文化领域曾采纳董仲舒的"_____"的建议。

69. 以下与鸿门宴无关的历史人物是_____。　　　　　　　　　　（　）
　　A. 范增　　　　B. 项庄　　　　C. 樊哙　　　　D. 韩信

70. 东汉末年著名的医学家华佗是世界上最早施用全身麻醉术的医生。他发明的麻醉药叫"_____"。

36. 夏王朝统治前期出现中兴之世的在位帝王是_____。（   ）
   A. 太康   B. 仲康   C. 相   D. 少康

37. 我国古代人民发明的_____是世界上最早的指南仪器，后来逐步发展成指南针。

38. 战国初年取代姜氏成为齐国国君的齐国卿大夫是_____。（   ）
   A. 鲍氏   B. 栾氏   C. 田氏   D. 高氏

39. 战国前期齐国军事家运用避实就虚、救赵败魏的著名战役是_____。

40. 吴起在楚国主持的政治改革发生在哪位楚王统治时期？（   ）
   A. 楚庄王   B. 楚文王   C. 楚顷襄王   D. 楚悼王

41. 下列哪些历史人物没有出现在吴越争霸战争中？（   ）
   A. 范蠡   B. 孙膑   C. 伍子胥   D. 文种

42. 我国现存采用夏时最早的历书是_____。

43. 炎帝与黄帝争夺黄河中下游统治权的战役是_____。

44. 远古时期尧传位于舜，舜传位于禹的部落联盟首领继承制被后世称为_____。

45. 因出土大量的甲骨文和青铜器而引起世人瞩目的商朝都城遗址殷墟位于河南哪座城市？（   ）
   A. 郑州   B. 开封   C. 安阳   D. 商丘

46. 战国时期纵横家的言论汇编在哪本书中？（   ）
   A.《左传》   B.《春秋》   C.《战国策》   D.《国语》

47. 战国后期，秦国军队大败赵国军队，并使赵国元气大伤的著名战役是_____。

48. 战国时韩桓惠王为了阻止秦国对韩国的兼并，诱劝秦国征调民力，兴修的水利工程是_____。

49. 春秋时期为避祸而长期流亡他国的著名霸主是_____。

50. 西周初年的政治家周公旦没有参与以下哪件事？（   ）
   A. 武王灭商   B. 分封诸侯   C. 迁都洛邑   D. 征伐百越

51. 为"翦商"事业奠定基础的周族统治者是_____。

52. 大会诸侯于孟津并取得牧野之战的胜利的周朝统治者是_____。（   ）
   A. 周文王   B. 周武王   C. 周穆王   D. 周成王

53. 宗法制只适用于同姓贵族之间，与异姓贵族之间的关系则以_____关系为纽带联结起来。

A. 大汶口文化　　B. 屈家岭文化　　C. 河姆渡文化　　D. 马家窑文化

14. 战国时期赵武灵王所推行的军事改革是_____。

15. 黄帝在涿鹿之战中打败的部落首领是_____。

16. 战国末期，燕国太子丹派出刺杀秦王嬴政的刺客是_____。（　　）
A. 专诸　　　　B. 聂政　　　　C. 荆轲　　　　D. 唐雎

17. 流行于西周时期的土地制度是_____。（　　）
A. 井田制　　　B. 均田制　　　C. 课田制　　　D. 占田制

18. 公元前651年，齐国为确立霸主地位而举行的会盟是_____。

19. 乐毅伐齐时，没有攻陷的两座城市是_____和_____。

20. 以下不属于李悝变法的措施是_____。（　　）
A. 尽地力之教　B. 平籴法　　　C. 夺淫民之禄　D. 便鱼盐之利

21. 因玉器文化而闻名的新石器时代晚期文化是_____。

22. 因黑陶文化而闻名的新石器时代晚期文化是_____。

23. 战国中期齐国军事家孙膑在_____中运用了减灶增兵之计。

24. 以下政治活动，由宋国主持的是_____。（　　）
A. 葵丘之会　　B. 践土之盟　　C. 弭兵之会　　D. 黄池之会

25. 商汤灭夏的决定性战役是_____。

26. 周武王灭商的决定性战役是_____。

27. 中国古代传说中造人的神祇是_____。

28. 把都城从奄迁到殷的商王是_____。

29. 我国上古神话中开天辟地的神祇是_____。（　　）
A. 后羿　　　　B. 夸父　　　　C. 刑天　　　　D. 盘古

30. 标志着西周结束，东周开始的历史事件是_____。

31. 战国四公子中，策划窃符救赵的是_____。（　　）
A. 平原君赵胜　B. 春申君黄歇　C. 信陵君魏无忌　D. 孟尝君田文

32. 春秋末年三家分晋的过程中，最后被消灭的卿大夫是_____。（　　）
A. 智氏　　　　B. 范氏　　　　C. 高氏　　　　D. 中行氏

33. 以下不属于山顶洞人掌握的技能是_____。（　　）
A. 磨制石器　　B. 钻木取火　　C. 制造陶器　　D. 渔猎采集

34. 战国时商鞅在秦国进行的政治、经济改革不包括_____。（　　）
A. 制定连坐法　B. 按军功授爵　C. 统一度量衡制　D. 统一文字

35. 中国最早的历史文献汇编是_____。

国学知识竞赛试题

（历史哲学艺术卷）

1. 中国是人类发源地之一，是世界上发现早期人类化石和遗物最多的国家。以下文化遗址中，出现时间最早的是_____。（   ）
   A. 北京人　　　B. 山顶洞人　　　C. 半坡人　　　D. 河姆渡人

2. 春秋时期，晋楚争霸中，晋军主动退避三舍的战役是_____。

3. 春秋时期，鲁国通过实施_____，在法律上承认了土地私有制的合法性，加速了井田制的瓦解。

4. 以下四个春秋时期的君主，不属于春秋五霸的是_____。（   ）
   A. 齐桓公　　　B. 晋文公　　　C. 楚庄王　　　D. 郑庄公

5. 以下四种新石器时代文化中，出现在黄河下游地区的是_____。（   ）
   A. 大汶口文化　B. 屈家岭文化　C. 良渚文化　　D. 马家窑文化

6. 大禹治水时的部落联盟首领是_____。（   ）
   A. 尧　　　　　B. 舜　　　　　C. 炎帝　　　　D. 黄帝

7. 以下哪种远古文化为研究夏文化提供了丰富的考古资料？（   ）
   A. 半坡文化　　B. 河姆渡文化　C. 二里头文化　D. 仰韶文化

8. 中国古代大规模分封诸侯的现象最早出现在_____。

9. 春秋时期，齐桓公任用管仲改革内政，以下不属于其改革的内容是_____。（   ）
   A. 叁其国而伍其鄙　　　　　　B. 作内政而寄军令
   C. 相地而衰征　　　　　　　　D. 三十税一

10. 国人暴动发生在哪个周王统治时期？（   ）
    A. 周穆王　　　B. 周幽王　　　C. 周厉王　　　D. 周平王

11. 被称为《春秋外传》的是_____。（   ）
    A. 国语　　　　B. 左传　　　　C. 战国策　　　D. 吕氏春秋

12. 战国时期，从事"连横"运动的主要人物是_____。（   ）
    A. 苏秦　　　　B. 公孙衍　　　C. 张仪　　　　D. 苏代

13. 以下四种新石器时代文化中，出现在长江下游地区的是_____。（   ）

利于病。" 437. 答：不能。"拔苗助长"指的是把苗拔起，帮助其生长，比喻不管事物的发展规律，强求速成，反而把事情弄糟。所以"拔苗"不可以帮助成长。 438. 答：指的是不必要的或缺乏根据的忧虑和担心。 439. 答：惊弓之鸟。 440. 答：说明人讲话不看对象。 441. 答：比喻自欺欺人。 442. 答："唇"代表虢国，"齿"代表虞国。 443. 答：可以。"杯水车薪"意思是用一杯水去救一车着了火的柴草。比喻无济于事，徒劳无功，解决不了问题。 444. 答：螳螂举起前腿想挡住前进的车子。比喻不自量力或抗拒不可抗拒的强大力量必然导致失败。 445. 答：爱屋及乌。 446. 答：把自己家里的破扫帚当成宝贝。比喻东西虽然不好，自己却很珍惜。 447. 答：汉光武帝刘秀。 448. 答：骊，古指黑龙。在骊龙的颔下取得宝珠。原指冒大险得大利。后常比喻做文章抓住了题中的要害。

况，能起到引导作用　　387. 江郎才尽　　388. 居安思危　　389. 有志报国的人即时奋起　　390. 指时刻警惕，准备作战，连睡觉时也不放松戒备，随时准备着杀敌。形容杀敌报国心切　　391.《三国志·蜀志·诸葛亮传》　　392. 王羲之　　393. 张僧繇　　394. 原指画竹子时要在心里有一幅竹子的形象。后比喻做事之前已经有了主意　　395. 比喻表面爱好某种事物，实际上并不真正爱好　　396.《列子·汤问》列御寇　　397. 塞翁失马　　398. 李白　　399. 自相矛盾　　400. 只信教条，不顾实际　　401. 坐井而观天　　402. 高深、不通俗　　403. 高山流水　　404. 答：打破饭锅，凿沉渡船。比喻决一死战。也形容做事的决心很大。　　405. 答：指着鹿，说是马。比喻故意颠倒黑白，混淆是非。　　406. 答：出自《左传·庄公十年》："夫战，勇气也。一鼓作气，再而衰，三而竭。"　　407. 答：指许下的一个诺言有千金的价值。比喻说话算数，极有信用。　　408. 答：指退隐后再度出任要职。也比喻失势后重新恢复地位。　　409. 张良　　410. 扁鹊　　411. 孟子　　412. 陶侃的母亲湛氏　　413. 答：讲的是晋人王祥冬天为继母在冰上捕鱼的故事。　　414. 答：盲人摸象。　　415. 答：韬光养晦。　　416. 答：比喻读书勤奋，学习刻苦。　　417. 项羽　　418. 答：一句话抵得上九鼎重。比喻说话力量很大，能起到很大作用。形容言语极有分量，能起决定性作用。　　419. 答：逐鹿中原。　　420. 答：该词指的是汲取从前的经验教训，作为以后工作的借鉴。意在提醒人们记住过去的教训，以作后来的借鉴。　　421. 答：讲的是蔡邕倒拖着鞋子，跑了出去迎接王粲的故事。　　422. 答：可以形容投考学校或参加各种考试，没有被录取。　　423. 答："愚人食盐"是佛家寓言。出自《百喻经》。该词是指干任何事情都要有一个限度，恰到好处时美妙无比，一旦过头就会走向反面，哪怕是好事也会给弄得很糟。　　424. 答："三人成虎"指三个人谎报城市里有老虎，听的人就信以为真。比喻说的人多了，就能使人们把谣言当作事实。　　425. 答：亡羊补牢。　　426. 答：炎帝的小女儿"女娃"。　　427. 答：该词讲的是楚庄王，指的是越是大才能的人通常越晚成功。　　428. 答：比喻人们分别发展和施展各自的聪明才智，或者比喻因志趣、目标不同而各走各的路。讲的是元志和李彪的故事。　　429. 答："老生"指老书生，该词出自三国时期。　　430. 答：一毛不拔。　　431. 答：狐狸借老虎之威吓退百兽。后以"狐假虎威"比喻仰仗或倚仗别人的权势来欺压、恐吓人。　　432. 答：比喻所谋之事有害于对方的切身利益，终难达到目的。　　433.《战国策·燕策》　　434. 答：试着亲身去做触犯法律的事。指明知故犯。　　435. 本想耍小聪明，结果反而误了事。　　436. 答：出自西汉·司马迁《史记·留侯世家》："且忠言逆耳利于行，良药苦口蔓不枝，香远益清，亭亭净植，可远观而不可亵玩焉   296．庄子   297．苏轼   298．以"献芹"称所献之物菲薄，以示诚意。辛弃疾用"美芹"实际上是表示自己认为他的军事策略是很好的，但皇帝不一定会喜欢   299．骈文的别称

300．杨士奇 杨荣 杨溥   301．徐祯卿 边贡 康海 王九思 王廷相

302．C   303．B   304．A   305．《信陵君救赵论》   306．《大学》《中庸》《论语》《孟子》   307．A   308．D   309．A   310．竟陵派

311．D   312．考证   313．战国   314．杭世骏   315．吴楚材 吴调侯

316．《南山经》《西山经》《北山经》《东山经》《中山经》   317．B

318．B   319．东汉后期   320．《壶史》   321．A   322．白行简

323．张生   324．陈鸿   325．宋代   326．沈括   327．历史演义 英雄传奇 神魔怪异   328．存斋   329．李昌祺   330．《三国志》   331．宋江

332．泐庵法师   333．孙悟空   334．兰陵笑笑生   335．《武王伐纣平话》

336．《喻世明言》《警世通言》《醒世恒言》   337．《初刻拍案惊奇》《二刻拍案惊奇》   338．《李氏音鉴》   339．文言短篇小说   340．五十六

341．高鹗   342．长篇章回小说   343．晚清   344．傅彩云   345．老残

346．女权   347．三   348．《忠烈侠义传》   349．施仕伦   350．方言小说

351．暗度陈仓   352．百步穿杨   353．比喻在行家面前卖弄本领，古代用来批评那种无知却又好卖弄的人   354．把墙上的弓的影子看作了蛇，比喻疑神疑鬼，妄自惊扰   355．韩信   356．蔺相如   357．南辕北辙   358．《吕氏春秋·察今》   359．比喻方向或办法不对头，不可能达到目的   360．谢灵运

361．草木皆兵   362．只要付出时间和精力，就会有收获；只要下功夫，就会有收获。用以激励人发愤读书学习   363．买椟还珠   364．不知变通，死守教条的做法   365．《庄子·天运》   366．廉颇 蔺相如   367．形容朋友之间因志趣不合，感情破裂，以致断绝往来   368．比喻一味地模仿别人，不仅学不到本事，反而把原来的本事也丢了   369．画蛇添足   370．唐代沈既济的《枕中记》

371．南郭   372．求学心切和对有学问长者的尊敬   373．毛遂自荐

374．《庄子·养生主》   375．车胤 孙康   376．形容家贫而读书刻苦

377．曹植   378．唐代柳宗元的《柳河东集·黔之驴》   379．拾人牙慧

380．读书勤奋   381．用河流里的水漱口，枕在石头上睡觉。代指隐居生活或者品质的高洁无尘   382．望梅止渴   383．《拟孙权答曹操书》   384．在纸面上谈论打仗。比喻空谈理论，不能解决实际问题。也比喻空谈不能成为现实

385．孙武   386．老马认识曾经走过的道路。比喻阅历多的人富有经验，熟悉情

163. C　164. D　165. B　166. B　167. A　168. A　169. B
170. B　171. C　172. A　173. C　174. 杨维桢　175. 萨都剌
176. D　177. 高启　178. 不辞辛苦出山林　179. B　180. 何景明
181. 杨基　182. A　183. A　184. C　185. D　186.《浣纱记》
187. A　188. A　189. B　190. D　191. C　192. A　193. C
194. D　195. B　196. D　197. D　198. D　199. C　200.《牧斋初学集》和《牧斋有学集》　201. 钱谦益　202. D　203. 冲冠一怒为红颜
204. B　205. C　206. 却道故人心易变　207. 王士禛　208. A
209. 洪昇　210. 洪昇、孔尚任　211. D　212. D　213. C　214. D
215. B　216. 袁枚　217. 袁枚　218. C　219. 袁枚　220. D
221. 张惠言　222. 张惠言　223. A　224. 张惠言　225. 略记寻呼处
226. 陈维崧　227. D　228. 朱彝尊　229. D　230. D　231. 经、史、子、集　232. A　233. 沈德潜　234. 沈德潜　235. 翁方纲　236. 纪昀
237. 纪昀　238. 郑燮　239. 二仲　二俊　240. 陈端生　241. C
242. 金　243. A　244. 郑文焯　245. 况周颐　246. 况周颐　247. D
248. 王国维　249.《人间词话》　王国维　250. 文字狱　251. D
252. 历史散文　诸子散文　253. 记叙文集　254. 编年体　255. 国别体
256.《大学》《中庸》《孟子》《论语》　257. 知人论世　以意逆志
258. 名可名，非常名　259.《庄子·齐物论》　260. 是一种历史叙述方法和技巧。所谓"寓褒贬于一字"，即在文章的记叙之中表现出作者的思想倾向，而不是通过议论性文辞表达出来　261. 抒情小赋　体物大赋　叙事赋　262. 骚体赋　263. "七"体　264.《子虚赋》《上林赋》　265. 扬雄　266. 张衡
267. 劝百讽一　268. 本纪　书　世家　列传　269. 通古今之变　成一家之言
270. 纪传体断代史　271. 政论文　272. 王充　273. 诔　铭　箴　颂　论　奏　说　274. 左思　275. 王羲之　276. 辞藻　典故　声律　277. 萧统
278.《文心雕龙》　279. 南朝文学家徐陵与庾信的并称　280.《归田赋》
281. 陶渊明　282. 韩愈　柳宗元　283. 韩愈　284. 韩愈　285.《答客难》《解嘲》　286. 柳宗元　287. 至小丘西小石潭记　袁家渴记　石渠记　石涧记　小石城山记　288. 秋水共长天一色　289. 杜牧　290. 斯是陋室，惟吾德馨　291. 柳宗元　欧阳修　王安石　苏洵　苏轼　苏辙　曾巩
292. 西昆体　太学体　293. 醉翁之意不在酒，在乎山水之间也　294. 先天下之忧而忧，后天下之乐而乐　295. 出淤泥而不染，濯清涟而不妖，中通外直，不

31

国学知识竞赛试题答案

（文学卷）

1. B   2. B   3. A   4. C   5. D   6. B   7. C   8. D
9. A   10. C   11. D   12. B   13. D   14. A   15. B   16. A
17. B   18. D   19. C   20. A   21. C   22. B   23. C   24. D
25. A   26. C   27. A   28. B   29. A   30. C   31. A   32. B
33. D   34. B   35. A   36. A   37. C   38. D   39. A   40. C
41. D   42. A   43. C   44. D   45. B   46. 何况我辈孤且直
47. D   48. A   49. B   50. C   51. C   52. B   53. B   54. A
55. B   56. A   57. A   58. C   59. B   60. C   61. B   62. B
63. C   64. A   65. C   66. A   67. C   68. D   69. D   70. A
71. A   72. C   73. B   74. C   75. A   76. D   77. B   78. C
79. A   80. D   81. C   82. B   83. A   84. B   85. B   86. A
87. 野渡无人舟自横   88. B   89. D   90. C   91. C   92. 尽是刘郎去后栽   93. B   94. D   95. D   96. B   97. 元白   98. B   99. 行人临发又开封   100. 东风不与周郎便   101. B   102. A   103. 长烟落日孤城闭   104. 乱红飞过秋千去   105. C   106. A   107. 似曾相识燕归来
108. 也无风雨也无晴   109. B   110. D   111. B   112. B   113. C
114. A   115. 蓬舟吹取三山去   116. B   117. C   118. C   119. 家祭无忘告乃翁   120. B   121. B   122. B   123. 为谁流下潇湘去
124. B   125. B   126. D   127. 不辞镜里朱颜瘦   128. A   129. A
130. 画船听雨眠   131.《花间集》 赵崇祚   132. 莫待无花空折枝
133. 只缘身在最高层   134. 只缘身在此山中   135. 为有源头活水来
136. 丰年留客足鸡豚   137. 诗酒趁年华   138. 小楼一夜听春雨   139. 恨不相逢未嫁时   140. C   141. D   142. D   143. B   144. D   145. 碧山   146. 莺啼序   147. C   148. B   149. D   150. C   151. B
152. A   153. C   154. A   155. C   156. 小扣柴扉久不开   157. 文山
158. D   159. C   160. B   161. 直教生死相许   162.《西厢记诸宫调》

437. "拔苗"可以帮助成长吗?

438. "杞人忧天"指的是什么?

439. 如果说"经过惊吓的人碰到一点动静就非常害怕",可以用什么词形容?

440. "对牛弹琴"说的是什么现象?

441. "掩耳盗铃"比喻什么?

442. "唇亡齿寒"中的"唇"和"齿"分别代表哪个国家?

443. "杯水车薪"用来比喻什么?

444. "螳臂当车"是什么意思?

445. "因为爱一个人而连带爱他屋上的乌鸦。比喻爱一个人而连带地关心到与他有关的人或物。形容过分偏爱或爱得不适合。"该释义指的是哪个成语?

446. "敝帚自珍"是什么意思?

447. "推心置腹"主人公原型是谁?

448. "探骊得珠"的意思是什么?

421. "倒屣相迎"讲的是什么故事?

422. "名落孙山"可以形容什么?

423. "愚人食盐"出自哪里?是什么意思?

424. "三人成虎"是什么意思?

425. 如果出了问题以后想办法补救,防止继续受损失,可以用哪个成语加以形容?

426. "精卫填海"中"精卫"是谁?

427. "大器晚成"历史典故的主人公是谁?指的是什么意思?

428. "分道扬镳"是什么意思?说的是哪两个人的故事?

429. "老生"是什么意思?"老生常谈"出自什么时候?

430. 如果形容为人非常吝啬自私,可以用哪个成语?

431. "狐假虎威"是什么意思?

432. "与虎谋皮"是什么意思?

433. "鹬蚌相争,渔翁得利"出自＿＿＿＿＿＿＿＿＿＿。

434. "以身试法"是什么意思?

435. "弄巧成拙"是什么意思?

436. "忠言逆耳"出自哪句典故?

404. "破釜沉舟"是什么意思？

405. "指鹿为马"是什么意思？

406. "一鼓作气"出自哪句典故？

407. "一诺千金"是什么意思？

408. "东山再起"的寓意是什么？

409. "孺子可教"中的"孺子"指的是_____。

410. "讳疾忌医"讲的是蔡桓公和_____医生的故事。

411. "孟母三迁"一词中"孟母"是_____的母亲。

412. "截发延宾"典故中"截发"的人是_____。

413. "卧冰求鲤"讲了一个什么样的故事？

414. 哪个成语比喻对事物只凭片面的了解或局部的经验，就乱加猜测，想做出全面的判断？

415. "青梅煮酒论英雄"故事中，刘备装作胸无大志，胆小如鼠，可以用哪个成语形容？

416. "牛角挂书"是什么意思？

417. "四面楚歌"说的是_____的故事。

418. "一言九鼎"是什么意思？

419. "群雄并起，争夺天下"可以用哪个成语解释？

420. "前事不忘，后事之师"是什么意思？

了吴王夫差。这个成语最早出自北宋苏轼的_____一文。

384."纸上谈兵"的意思是_____
_____。

385."三令五申"这个典故是_____训练女兵，向吴王演示兵法的故事。

386."老马识途"的意思是说_____
_____。

387. 年轻时很有才气，到晚年文思渐渐衰退。具有这个意思的成语是_____。

388."_____，思则有备，有备无患，敢以此规。"——《左传·襄公十一年》

389."闻鸡起舞"原意为听到鸡啼就起来舞剑，后比喻_____。

390."枕戈待旦"的意思是_____
_____。

391."三顾茅庐"的典故出自_____。

392."入木三分"比喻文章或见解深刻、透彻，最开始是用来指_____的书法笔力刚劲有力。

393."画龙点睛"比喻写文章或讲话时，在关键处用几句话点明实质，使内容更加生动有力，原是指梁代画家_____作画的神妙。

394."胸有成竹"的意思是_____
_____。

395."叶公好龙"的意思是_____
_____。

396."愚公移山"比喻坚持不懈地改造自然和坚定不移地进行斗争，这个典故出自_____，作者是_____。

397."福兮祸之所伏，祸兮福之所倚。"与它有相同意思的成语有_____。

398."磨杵成针"是指把铁棒磨成了针，这个成语的典故与唐代的一位大诗人有关，他是_____。

399."以子之矛攻子之盾"这句话后来成了一个成语，它是_____。

400."郑人买履"常常用来讽刺_____的人。

401."_____，曰天小者，非天小也。"——唐·韩愈《原道》

402."阳春白雪"是用来指_____的文学艺术。

403. 通常用来比喻知己或知音，也比喻乐曲高妙的成语是_____。

362. "悬梁刺股"的意思是指_____
_____。

363. 买来装珍珠的木匣退还了珍珠,比喻没有眼力,取舍不当。这是指成语_____。

364. 守株待兔原指守着树根等着兔子来撞,现比喻_____。

365. "东施效颦"比喻模仿别人,不但模仿不好,反而出丑。这个典故出自_____。

366. "负荆请罪"中是_____负荆向_____请罪。

367. "割席分坐"的意思是指_____。

368. "邯郸学步"的意思是指_____。

369. 原意是画蛇时给蛇添上脚,后比喻做了多余的事,非但无益,反而不合适的成语是_____。

370. "黄粱一梦"的典故出自_____。

371. "滥竽充数"是指不会吹竽的人混在吹竽的队伍里充数,后用"_____先生"来指相同的意思。

372. "程门立雪"是用来比喻_____。

373. 比喻自告奋勇,自己推荐自己担任某项工作的成语是_____。

374. "庖丁解牛"的典故出自_____。

375. "囊萤积雪"是指_____和_____刻苦攻读的故事。

376. "凿壁偷光"是说凿穿墙壁借邻舍的烛光读书,现用来形容_____。

377. "七步之才"指的是_____,他曾七步成诗而被赦免了死罪。

378. "黔驴技穷"比喻有限的一点本领也已经用完了。这个典故出自_____
_____。

379. 比喻完全抄袭他人的片言只语,套用他人说过的话,没有个人的创见的成语是_____。

380. "读《易》,韦编三绝"是说孔子把《周易》反反复复读了许多遍以至于编联竹简的皮绳都断了多次,后用"韦编三绝"来比喻_____。

381. "漱流枕石"的意思是_____
_____。

382. "前有大梅林,饶子,甘酸可以解渴。士卒闻之,口皆出水。"这是_____的典故。

383. "卧薪尝胆"是指越王勾践战败后,奋发图强,立志雪耻强国,最终打败会轰动效应的_____。

343. 《二十年目睹之怪现状》揭露了_____时期封建制度行将灭亡、无可挽救的历史命运。

344. 《孽海花》采用隐喻的手法，以苏州状元金沟和名妓_____的经历为线索，展现了同治初年至甲午战争三十年中国社会政治文化生活的历史变迁。

345. _____是《老残游记》中体现作者思想的正面人物。

346. 《再生缘》在整体构思上，具有十分明显的_____主义意识。

347. 《浮生六记》中，第_____卷写颠沛流离，情节跌宕起伏。

348. 《三侠五义》是古典长篇侠义公案小说的经典之作，又名_____。

349. 《施公案》主要讲述了康熙年间清官_____在黄天霸等江湖侠士辅佐下铲除贪官污吏、破案捕盗的故事。

350. 《海上花列传》以吴语写成，是我国文学史上第一部_____。

351. "明修栈道，_____"是三十六计之一。

352. 形容能在一百步以外，射穿指定的某一片杨树叶子，后来形容箭法或枪法非常高明的成语是_____。

353. "班门弄斧"的意思是指_____。

354. "杯弓蛇影"的意思是_____。

355. "背水一战"的意思是指处于绝境之中，为求出路而决一死战。这个成语的典故与汉代的一位大将军有关，他是_____。

356. "完璧归赵"的典故是指_____将和氏璧完好地自秦国送回赵国都城的故事。

357. 《战国策·魏策四》有言"犹至楚而北行也"，用来比喻行动和目的正好相反，这是指成语_____。

358. "刻舟求剑"的典故出自战国时期由吕不韦组织门客编撰的_____。

359. "缘木求鱼"出自《孟子·梁惠王上》"以若所为，求若所欲，犹缘木而求鱼也，"它的意思是_____。

360. _____曾说过："天下才共一石，曹子建独得八斗，我得一斗，自古及今共分一斗。"

361. 把山上的草木都当作敌兵，形容人在惊慌时疑神疑鬼。这是指成语_____。

318. 笔记小说出现的时期为_____。（   ）
A. 西汉时期   B. 魏晋时期   C. 隋唐时期   D. 两宋时期
319. 《世说新语》的内容主要是记载_____到晋宋间一些名士的言行与轶事。
320. 《酉阳杂俎》中，记道术的篇目名为_____。
321. 下列作品中，属于神怪类唐传奇的是_____。（   ）
A. 《南柯太守传》 B. 《李娃传》 C. 《长恨歌传》   D. 《东城老父传》
322. 《李娃传》是唐人_____创作的传奇小说。
323. 《莺莺传》写的是_____与崔莺莺的爱情故事。
324. 《长恨歌传》是历史题材的传奇小说，作者是_____。
325. 话本多以历史故事和当时社会生活为题材，兴起于_____。
326. 《梦溪笔谈》的作者是北宋科学家、政治家_____。
327. 章回小说是长篇小说的一种，往往分成三大类，即_____、_____、_____。
328. 《剪灯新话》的作者为瞿佑，字宗吉，号_____。
329. 《剪灯余话》的作者是_____。
330. 《三国志演义》的题材来源，大部分出自陈寿的_____和裴松之给这部史书作的注解中所引用的野史杂记。
331. 《水浒传》主要写了以_____为首的农民起义运动。
332. 金圣叹，别号鲲鹏散士，自称_____。
333. _____是《西游记》的真正主人公，作者用了最多的笔墨来塑造这个独特的形象，赋予了他正直、勇敢、机智、顽强等性格特征。
334. 《金瓶梅》是明代"四大奇书"之一，作者署名_____。
335. 《封神演义》的原型最早可追溯至南宋的_____。
336. "三言"是指明代冯梦龙所编纂的_____、_____和_____三部白话短篇小说集。
337. "二拍"是指凌濛初所编的_____ _____。
338. 《镜花缘》的作者李汝珍学问渊博，并精通音韵，青少年时代就有著作_____问世。
339. 《聊斋志异》在艺术上代表着中国_____的最高成就。
340. 《儒林外史》是清代吴敬梓作的长篇讽刺小说，共_____回。
341. 《红楼梦》通行本80卷为曹雪芹著，后40回有清人_____续本。
342. 《官场现形记》共五编六十回，是我国近代第一部在报刊上连载并取得社

300. 明"台阁体"的代表人物有_____、_____、_____。

301. 明"前七子"是指李梦阳、何景明、_____、_____、_____、_____、_____七人。

302. 下列人物中不属于"后七子"的是_____。（　　）
A. 徐中行　　B. 吴国伦　　C. 王守仁　　D. 谢榛

303. 下列散文中，不属于归有光所写的是_____。（　　）
A.《项脊轩志》B.《杜环小传》C.《思子亭记》D.《先妣事略》

304.《项脊轩志》属于下列哪种文体？（　　）
A. 散文　　B. 祭文　　C. 议论　　D. 赠序

305. 唐顺之所著的文章_____立足于社稷，批驳以私义救人。

306. 元代考试，用"经义""经疑"为题述文，并将出题范围限制在_____、_____、_____、_____四书中。

307. 下列作品集中，作者不是张岱的是_____。（　　）
A.《喻世明言》B.《琅嬛文集》C.《陶庵梦忆》D.《西湖梦寻》

308. 下列人物中，不属于"公安三袁"的是_____。（　　）
A. 袁宏道　　B. 袁中道　　C. 袁宗道　　D. 袁似道

309.《晚游六桥待月记》描写的是哪个季节的西湖景色？（　　）
A. 春季　　B. 夏季　　C. 秋季　　D. 冬季

310. 晚明文坛出现的既反对前后七子复古之风，又对公安派俚俗倾向不满的文学流派是_____。

311. 下列人物中不属于桐城派代表人物的是_____。（　　）
A. 方苞　　B. 刘大櫆　　C. 姚鼐　　D. 王夫之

312. 姚鼐的《游灵岩记》体现了典型的桐城家法，即集义理、_____、文章为一体。

313. 李兆洛的《骈体文钞》收录了自_____至隋代的骈文。

314. 清代文学家_____评《哀盐船文》说："惊心动魄，一字千金。"

315.《古文观止》是清人_____、_____于康熙三十三年（1694年）选定的古代散文选本。

316.《山海经》的《山经》分为_____、_____、_____、_____、_____5个部分。

317. 下列传说故事中，不出自《搜神记》的是_____。（　　）
A.《干将莫邪》B.《夸父逐日》C.《李寄斩蛇》D.《吴王小女》

274. "洛阳纸贵"讲的是西晋文学家_____的故事。

275. 《兰亭集序》的作者是_____。

276. 骈体文的四大构成要素有对偶、_____、_____、_____。

277. 《文选》是由梁代_____所编的文章总集。

278. 中国文学批评史上第一部体大而虑周的文学理论专著是_____。

279. "徐庾"是指_____。

280. 《归去来分辞》明显受汉代张衡抒情小赋_____的影响和启发。

281. 《桃花源记》是晋代文学家_____所作的散文名篇。

282. 唐代古文运动的倡导者有_____和_____。

283. 被苏轼评为"文起八代之衰"的唐代散文家是_____。

284. 《祭十二郎文》是唐代散文家_____的作品。

285. 《进学解》主客问答的形式是受东方朔_____和扬雄_____的影响。

286. 《捕蛇者说》是唐代散文大家_____的作品。

287. "永州八记"包括《始得西山宴游记》《钴鉧潭记》《钴鉧潭西小丘记》《_____》《_____》《_____》《_____》《_____》。

288. 落霞与孤鹜齐飞,_____。

289. 《阿房宫赋》是唐代作家_____的作品。

290. 《陋室铭》全文的文眼是_____。

291. "唐宋八大家"是指韩愈、_____、_____、_____、_____、_____、_____、_____。

292. 宋初欧阳修所倡导的古文运动纠正了_____和_____的不良文风。

293. 《醉翁亭记》中最能体现欧阳修心境的句子是"_____"。

294. 《岳阳楼记》全文的主旨在于:"_____"。

295. 用一句话概括莲的品质:"_____"。

296. 苏轼的散文多受诸子百家中_____的影响。

297. 《前赤壁赋》是宋代文学家_____的作品。

298. "美芹"是指_____。

299. 四六是指_____。

实"的问题的著作和其作者是_____。

250. 皇帝和他周边的大臣故意从诗中摘取字句，罗织成罪，严重的会因此引来杀身之祸，甚至所有家人和亲戚都受到牵连，遭满门抄斩乃至株连九族的重罪，这种做法通常被称为_____。

251. 下列著述，不属于戴震作品的是_____。   （   ）
   A.《勾股割圆记》   B.《尔雅文字考》
   C.《五曹算经》   D.《蕙风词话》

252. 先秦散文包括_____和_____。

253.《尚书》是我国第一部_____。

254.《左传》是一部_____史书。

255.《战国策》是一部_____史书。

256. "四书"包括_____、_____、_____、_____。

257. 孟子提出的文学批评理论包括"_____"和"_____"。

258. 道可道，非常道。_____，_____。

259. 李商隐《无题》"庄周晓梦迷蝴蝶"诗句中的典故出自_____。

260. "春秋笔法"是指_____。

261. 汉赋的主要类型有_____、_____、_____。

262.《鹏鸟赋》是一篇_____。

263.《文选》把枚乘的《七发》、傅毅的《七激》、张衡的《七辩》、崔骃的《七依》、曹植的《七启》等赋统称为_____。

264. 司马相如的大赋代表作有_____ _____。

265.《甘泉赋》《羽猎赋》是汉代_____的代表作。

266.《归田赋》是汉代作家_____的作品。

267. 汉赋写作中常用的一种讽谏的手法是"_____"。

268.《史记》是由"表""_____""_____""_____""_____"等部分组成。

269. 欲以究天人之际，_____。

270.《汉书》是我国第一部_____。

271.《过秦论》是汉代作家贾谊所作的_____。

272.《论衡》的作者是汉代_____。

273.《文赋》把文体分为诗、赋、碑、_____、_____、_____、_____、_____、_____。

蓄、理趣、诗化的境界和诗的主导作用等具有审美价值的有益观点,这一主张的倡导者是_____。

235. 主张"肌理说",肌理亦即神韵,意思是作诗的条理和其中所蕴含的义理,认为作诗应多条理,在这点上宋诗比唐诗优越许多,因此,重宋诗而轻唐诗,同时不喜诗歌太多情趣,重视质朴考究,这位诗人是_____。

236. 《四库全书》总纂修官是_____。

237. 《阅微草堂笔记》的作者是_____。

238. 郑板桥是"扬州八怪"之一,清代一位耳熟能详的诗人,"板桥"是他的号,他的原名是_____。

239. 清代诗人黄景仁,是宋朝诗人黄庭坚后裔,他和王昙并称"_____",和洪亮吉并称"_____"。

240. 《再生缘》的作者是_____。

241. 关于"温州鼓词",下列说法错误的是_____。（　　）

A. 又名"瑞安鼓词",素有"浙北评弹,浙南鼓词"的美誉

B. 表演者兼生、旦、净、末、丑于一身

C. 温州鼓词的演唱形式,分"大词"和"平词"两种,以二人对唱为常见

D. 温州鼓词的主要伴奏乐器有扁鼓、三粒板（拍）、牛筋琴、小抱月（梆）等

242. 梅花大鼓：来源于清代京城八角鼓票友的一种演唱形式,初为票友清客串时演唱。由于伴奏乐器为三弦、四胡、琵琶、扬琴及鼓板,便以"梅花五瓣"喻之,后又称之为梅花大鼓,在京津地区广泛流传至今。梅花大鼓形成了两大流派：卢（或花）派和_____派。

243. 朱祖谋的绝命词词牌为_____。（　　）

A. 《鹧鸪天》　B. 《菩萨蛮》　　C. 《声声慢》　　D. 《临江仙》

244. 《大鹤山房全集》的作者是_____。

245. 《蕙风词话》的作者是_____。

246. 在词学批评中,首次提出"重、拙、大"观念的是_____。

247. "清末四大家"不包括_____。（　　）

A. 况周颐　　B. 郑文焯　　　C. 王鹏运　　　D. 王国维

248. 提出将"昨夜西风凋碧树。独上高楼,望尽天涯路""衣带渐宽终不悔,为伊消得人憔悴"和"众里寻他千百度,蓦然回首,那人却在,灯火阑珊处"分别作为词创作的三种境界的人是_____。

249. 中国文学批评史上第一次提出了"造境"与"写境","理想"与"写

218. 袁枚作品集名为《小仓山房文集》，得名于_____。（ ）
A. 袁枚字仓山　　　　　　　B. 袁枚出生于小仓山房
C. 袁枚隐居于此　　　　　　D. 袁枚号小仓山

219. 《随园诗话》的作者是_____。

220. 性灵派的代表人物不包括_____。（ ）
A. 袁枚　　B. 赵翼　　C. 张问陶　　D. 王士禛

221. "乾嘉易学三大家"包括惠栋、焦循和_____。

222. 《词选》的作者是_____和他的兄弟张琦合编。

223. 下列著述中，不是周济作品的是_____。（ ）
A. 《词选》　　　　　　　　B. 《介存斋论词杂著》
C. 《宋四家词选》　　　　　D. 《词辨》

224. 常州词派的开山鼻祖是_____。

225. 陈维崧《醉落魄·咏鹰》：寒山几堵，风低削碎中原路。秋空一碧无今古，醉袒貂裘，_____。

226. 阳羡词派：清代前期词坛流派，主要活动在顺治年间和康熙前期。创立者和词派中心是著名词人_____。

227. 下列不属于浙西六家的是_____。（ ）
A. 朱彝尊　　B. 龚翔麟　　C. 李符　　D. 陈维崧

228. 《曝书亭集》的作者是_____。

229. 《浙西六家词》不包括_____。（ ）
A. 《江湖载酒集》　B. 《末边词》　C. 《黑蝶斋词》　D. 《曝书亭集》

230. 《己亥杂诗》的作者龚自珍是哪个朝代的人？（ ）
A. 宋　　B. 元　　C. 明　　D. 清

231. 《四库全书》：全称《钦定四库全书》，共收书3460多种、79000多卷、36000多册，分为_____四部。

232. 乾嘉学派，又称"乾嘉之学"，是清朝前期的一个学术流派，在乾隆、嘉庆两朝达到巅峰时期，因此，被称为"乾嘉学派"。该学派喜欢采用儒家的传统方法进行考据研究，以训诂、考订治学见长，其创始人是_____。（ ）
A. 顾炎武　　B. 沈德潜　　C. 张惠言　　D. 段玉裁

233. 《古诗源》《唐诗别裁》《明诗别裁》的作者是_____。

234. 格调说主张创作有益于人心和平、温柔敦厚的作品，故有法可循、以唐音为准的格调。此类诗歌具有一定的保守性，主要是维护封建统治。但也提倡诗的蕴瞿式耜、钱曾、钱陆灿及吴历等，主要是受到了_____的影响。

202. 下列诗篇中，不是吴伟业作品的是_____。（ ）
    A.《捉船行》 B.《芦州行》 C.《马草行》 D.《琵琶行》

203. 吴伟业《圆圆曲》：鼎湖当日弃人间，破敌收京下玉关，恸哭六军俱缟素，_____。

204. 吴伟业的七言歌行体叙事诗，被称为"梅村体"，得名于_____。（ ）
    A. 吴伟业字梅村   B. 吴伟业号梅村
    C. 吴伟业隐居梅村   D. 吴伟业祖籍梅村

205. 下列别集中，不属于纳兰性德作品的是_____。（ ）
    A.《通志堂集》 B.《侧帽集》 C.《纳兰集》 D.《饮水词》

206. 纳兰性德《木兰词·拟古决绝词柬友》：人生若只如初见，何事秋风悲画扇。等闲变却故人心，_____。

207. 康熙诗坛上，有"南朱北王"的说法，其中南朱是指朱彝尊，那么北王是指_____。

208. 洪昇的《四婵娟》不包括下列哪一部剧？（ ）
    A.《谢灵运咏絮擅诗才》   B.《卫茂漪簪花传笔阵》
    C.《李易安斗茗话幽情》   D.《管仲姬画竹留清韵》

209. 《长生殿》是作者是_____。

210. "南洪北孔"所指的两位剧作家分别是_____。

211. 下列人物形象，不属于《桃花扇》中人物的是_____。（ ）
    A. 侯方域   B. 李香君   C. 柳敬亭   D. 柳梦梅

212. 下列剧作，不属于李玉作品的是_____。（ ）
    A.《永团圆》 B.《人兽关》 C.《占花魁》 D.《千民安》

213. 下列作品，不属于李渔作品的是_____。（ ）
    A.《无声戏》 B.《十二楼》 C.《闲情偶记》 D.《笠翁十种曲》

214. 下列作品，不属于李渔《笠翁十种曲》的是_____。（ ）
    A.《奈何天》 B.《比目鱼》 C.《蜃中楼》 D.《永团圆》

215. 李渔的《闲情偶寄》不包括下列哪一个部分？（ ）
    A.《词曲部》 B.《楚辞部》 C.《声容部》 D.《居室部》

216. 清代"性灵说"的代表诗人是_____。

217. 清代中叶，以_____为首，与蒋士铨、赵翼并称"乾嘉三大家"或"乾隆三大家"。三人所处地域相近，三人诗歌主张相类、诗风相似。

A．晏殊　　B．范仲淹　　C．秦观　　D．欧阳修

189．下列人物，不属于《牡丹亭》的是_____。（　　）

A．杜丽娘　　B．张生　　C．柳梦梅　　D．春香

190．提出"词别是一家"的词人是_____。（　　）

A．苏轼　　B．秦观　　C．周邦彦　　D．李清照

191．辛弃疾《沁园春·三径初成》："三径初成，鹤怨猿惊，稼轩未来。甚云山自许，平生意气。衣冠人笑，抵死尘埃。意倦须还，身闲贵早，岂为莼羹鲈脍哉？秋江上，看惊弦雁避，骇浪船回。东冈更葺茅斋，好都把轩窗临水开。要小舟行钓，先应种柳；疏篱护竹，莫碍观梅。秋菊堪餐，春兰可佩，留待先生手自栽。沉吟久，怕君恩未许，此意徘徊。"是一首_____。（　　）

A．悼亡词　　B．春怨词　　C．园林词　　D．悲秋词

192．秦观被称为"山抹微云秦学士"，得名于他的词_____。（　　）

A．《满庭芳》　B．《千秋岁》　C．《踏莎行》　D．《望海潮》

193．以物喻愁是中国古代文人的常用手法，李煜将愁比作一江东流的春水，秦观在《千秋岁》中，将愁比作_____。（　　）

A．山　　B．江　　C．海　　D．花

194．明末清初"三大儒"不包括_____。（　　）

A．顾炎武　　B．黄宗羲　　C．王夫之　　D．陈子龙

195．《寻隐者不遇》的作者是_____。（　　）

A．辛弃疾　　B．贾岛　　C．孟郊　　D．陈子昂

196．下列诗篇，不属于黄宗羲作品的是_____。（　　）

A．《山居杂咏》　　　　B．《宋六陵》
C．《哭外舅叶六桐先生》　D．《海上》

197．在科举考试上因命中考题而拒不作答，最终凭借不隐不欺的品质而得到宋真宗的赏识，赐同进士出身的文人是_____。（　　）

A．晏几道　　B．范仲淹　　C．秦观　　D．晏殊

198．下列作品中，不是王夫之作品的是_____。（　　）

A．《宋论》　B．《春秋世论》　C．《永历实录》　D．《日知录》

199．下列作品中，不是钱谦益作品的是_____。（　　）

A．《初学集》　B．《有学集》　C．《毛笔集》　D．《投笔集》

200．钱谦益的《初学集》和《有学集》又称为_____。

201．明末清初以常熟虞山命名的东南诗坛重要流派，主要成员有冯舒、冯班、

173. 元杂剧的剧本包括三个部分，其中不包括_____。（   ）
   A. 曲词   B. 宾白   C. 角色   D. 科
174. "铁崖体"诗是指_____的诗风风格。
175. 在元代诗坛、词坛上占有重要地位的少数民族诗人是_____。
176. 下列不属于"元诗四大家"的是_____。（   ）
   A. 虞集   B. 杨载   C. 范梈   D. 萨都剌
177. 《登金陵雨花台望大江》的作者是_____。
178. 于谦《咏煤炭》：凿开混沌得乌金，藏蓄阳和意最深。爝火燃回春浩浩，洪炉照破夜沉沉。鼎彝元赖生成力，铁石犹存死后心。但愿苍生俱饱暖，_____。
179. 李梦阳是明代前七子之一，在创作中倡导"文必秦汉，诗必盛唐"，主张向_____学习。（   ）
   A. 王维   B. 杜甫   C. 李白   D. 孟浩然
180. 有"弘正七子"之冠的称号的诗人是_____。
181. 《忆昔行赠杨仲亨》的作者是_____。
182. 台阁体是明代前期上层官僚之间，形成的一种文学风气，流行于明代_____年间。（   ）
   A. 永乐   B. 洪武   C. 万历   D. 嘉靖
183. 茶陵派是在台阁体衰微之后，逐渐兴起的诗派，形成的时间大约是在明代_____年间。（   ）
   A. 成化   B. 洪武   C. 万历   D. 嘉靖
184. 下列不属于《四声猿》的杂剧是_____。（   ）
   A.《狂鼓史渔阳三弄》   B.《玉禅师翠乡一梦》
   C.《女状元辞凤得凰》   D.《雌木兰替父从军》
185. 李开先《宝剑记》的故事，取材于_____。（   ）
   A.《三国演义》   B.《西游记》
   C.《世说新语》   D.《水浒传》
186. 在中国古代戏曲史上，常常被认为是昆山腔谱曲改革之后的第一部演出的传奇作品，是具有开拓性价值的昆腔大戏是_____。
187. 下列诗人中，创作数量最多的是_____。（   ）
   A. 王世贞   B. 李白   C. 杜甫   D. 李梦阳
188. 汤显祖与下列哪位作家是同乡？（   ）

关不住，一枝红杏出墙来。

157. 文天祥（1236—1283），字履善，又字宋瑞，号_____。

158. 下列不属于"中兴四大诗人"的是_____。（   ）
A. 陆游   B. 杨万里   C. 范成大   D. 辛弃疾

159. 元好问，字裕之，太原秀容（今山西忻州）人。元好问曾经在遗山读书，因此他自号遗山，被称为元遗山，按照当时的政治形势，他是_____。（   ）
A. 宋人   B. 辽人   C. 金人   D. 蒙古人

160. 下列词人中，不属于"宋末四大家"的是_____。（   ）
A. 蒋捷   B. 吴文英   C. 张炎   D. 周密

161. 元好问《雁丘词》：问世间，情为何物，_____。

162. 现在唯一留下来的完整的诸宫调作品是董解元的_____。

163. 下列剧作不属于关汉卿作品的是_____。（   ）
A.《窦娥冤》 B.《单刀会》 C.《西厢记》 D.《蝴蝶梦》

164.《窦娥冤》中，窦娥死前的三桩奇愿不包括_____。（   ）
A. 血飞白练 B. 六月飞雪 C. 亢旱三年 D. 抓获真凶

165. 关汉卿剧作《单刀会》的主人公是_____。（   ）
A. 窦娥   B. 关羽   C. 岳飞   D. 周瑜

166. 下列人物，不属于《西厢记》的是_____。（   ）
A. 崔莺莺   B. 杜丽娘   C. 张生   D. 杜确

167.《梧桐雨》的作者是_____。（   ）
A. 白朴   B. 马致远   C. 关汉卿   D. 王实甫

168.《墙头马上》的作者是_____。（   ）
A. 白朴   B. 马致远   C. 关汉卿   D. 王实甫

169.《天净沙·秋思》被誉为"秋思之祖"，其作者是_____。（   ）
A. 白朴   B. 马致远   C. 关汉卿   D. 王实甫

170.《倩女离魂》是作者是_____。（   ）
A. 白朴   B. 郑光祖   C. 关汉卿   D. 王实甫

171. 元代南戏作品中，成就最高的剧作及其作者是_____。（   ）
A.《倩女幽魂》 郑光祖   B.《西厢记》 王实甫
C.《琵琶记》 高明   D.《窦娥冤》 关汉卿

172. 下列剧作中，不属于"四大南戏"的是_____。（   ）
A.《紫钗记》 B.《白兔记》 C.《拜月亭》 D.《杀狗记》

143. 下列诗人中，不属于西昆体代表作家的是_____。（　　）
　　A. 杨亿　　B. 潘阆　　C. 刘筠　　D. 钱惟演

144. 下列诗人中，不属于江西诗派代表作家的是_____。（　　）
　　A. 黄庭坚　　B. 陈师道　　C. 陈与义　　D. 杜甫

145. 王沂孙，字圣与，号中仙，又号_____。

146. 现存最长的词调名为《_____》。

147. 王奕《贺新郎·秦淮观斗舟有感，追和思远楼》"汨罗无复灵均楚"中的"灵均"是指_____。（　　）
　　A. 贾谊　　B. 苏轼　　C. 屈原　　D. 司马迁

148. 张舜民《江神子·癸亥陈和叔会于赏心亭》："须记琵琶。子细说因缘。"是化用了谁的《咏怀古迹》诗句？（　　）
　　A. 李白　　B. 杜甫　　C. 白居易　　D. 苏轼

149. 下列诗文集不属于朱敦儒的是_____。（　　）
　　A.《陈渊集》　　B.《岩壑小集》
　　C.《岩壑老人诗文集》　　D.《花间集》

150. 得名于苏轼的"乳燕飞华屋，悄无人，桐阴转午，晚凉新浴"句的词牌名是_____。（　　）
　　A.《水调歌头》　　B.《金缕曲》
　　C.《燕歌行》　　D.《菩萨蛮》

151. 一般认为，《六州歌头·长淮望断》是宋室南渡以后，"词坛上包容量最大的一首壮词"，这首词的作者是_____。（　　）
　　A. 张元幹　　B. 张孝祥　　C. 辛弃疾　　D. 陆游

152. 辛弃疾的词句"了却君王天下事，赢得生前身后名，可怜白发生"，是他为他的哪位好友所写？（　　）
　　A. 陈亮　　B. 刘过　　C. 刘克庄　　D. 陆游

153. 下列词人中，在创作中刻意模仿辛弃疾的是_____。（　　）
　　A. 陆游　　B. 吴文英　　C. 刘过　　D. 张孝祥

154. 南宋辛弃疾一派词人中，成就最大的词人是_____。（　　）
　　A. 刘克庄　　B. 刘过　　C. 张孝祥　　D. 张元幹

155. 下列不属于"永嘉四灵"的是_____。（　　）
　　A. 徐照　　B. 徐玑　　C. 叶适　　D. 翁卷

156. 叶绍翁的《游园不值》：应怜屐齿印苍苔，_____，春色满园

郁而终了，现在仅流传她的词作约_____首。　　　　　　　　　　（　　）

A. 27　　　　B. 30　　　　C. 50　　　　D. 57

129. 姜夔在《扬州慢》的序中说："予怀怆然，感慨今昔，因自度此曲，千岩老人以为有黍离之悲也"，"黍离之悲"这个典故出自_____。（　　）

A.《诗经》　　B.《离骚》　　C.《世说新语》　　D.《长恨歌》

130. 韦庄《菩萨蛮》：人人尽说江南好，游人只合江南老。春水碧于天，_____。

131. 现存最早的文人词的总集是_____，编者是_____。

132. 《金缕衣》：劝君莫惜金缕衣，劝君惜取少年时。花开堪折直须折，_____。

133. 《登飞来峰》：飞来山上千寻塔，闻说鸡鸣见日升。不畏浮云遮望眼，_____。

134. 《题西林壁》：横看成岭侧成峰，远近高低各不同。不识庐山真面目，_____。

135. 《观书有感二首》：半亩方塘一鉴开，天光云影共徘徊。问渠那得清如许？_____。

136. 《游山西村》：莫笑农家腊酒浑，_____。山重水复疑无路，柳暗花明又一村。

137. 苏轼《望江南·超然台作》：春未老，风细柳斜斜。试上超然台上看，半壕春水一城花。烟雨暗千家。　寒食后，酒醒却咨嗟。休对故人思故国，且将新火试新茶。_____。

138. 《临安春雨初霁》：世味年来薄似纱，谁令骑马客京华。_____，深巷明朝卖杏花。

139. 《节妇吟》：君知妾有夫，赠妾双明珠。感君缠绵意，系在红罗襦。妾家高楼连苑起，良人执戟明光里。知君用心如日月，事夫誓拟同生死。还君明珠双泪垂，_____。

140. 花蕊夫人是_____国主孟昶的妃子。　　　　　　　　　　　（　　）

A. 南唐　　B. 后周　　C. 后蜀　　D. 后汉

141. 下列诗人中，不属于白体代表作家的是_____。　　　　　（　　）

A. 王禹偁　　B. 李昉　　C. 徐铉　　D. 寇准

142. 下列诗人中，不属于晚唐体代表作家的是_____。　　　　（　　）

A. 林逋　　B. 寇准　　C. 希昼　　D. 钱惟演

A. 赵明诚　　B. 苏轼　　　　C. 綦崇礼　　　D. 张汝舟

117. 陆游《诉衷情》：胡未灭，鬓先秋，泪空流。此生谁料，心在天山，身老_____。（　　）

A. 沧州　　　B. 青州　　　　C. 幽州　　　　D. 汴州

118. 绍兴二十五年（1155年）左右，陆游回到他的家乡绍兴。绍兴城南禹迹寺的旁边，有一个园林，在一个春光明媚的日子，陆游来到了园中，一边欣赏美景，一边酝酿着诗兴，心情慢慢平静了下来。这时，碰到了他的前妻——唐琬，于是写下了《钗头凤·红酥手》，请问，这座名园是_____。（　　）

A. 沈园　　　B. 公园　　　　C. 明园　　　　D. 花园

119. 陆游《示儿》：死去元知万事空，但悲不见九州同。王师北定中原日，_____。

120. 下列选项中，不是姜夔自度曲的是_____。（　　）

A.《扬州慢》　　　　　B.《长亭怨慢》
C.《暗香》　　　　　　D.《水调歌头》

121. 吴梅在《乐府指迷笺释》序中指出，"近世学梦窗者，几半天下"，"梦窗"指的是_____。（　　）

A. 姜夔　　　B. 吴文英　　　C. 陆游　　　　D. 辛弃疾

122. 辛弃疾的词《摸鱼儿》："千金纵买相如赋，脉脉此情谁诉"，与下列哪个历史人物有直接关系？（　　）

A. 卓文君　　B. 陈皇后　　　C. 蔡文姬　　　D. 杨贵妃

123. 秦观《踏莎行》：驿寄梅花，鱼传尺素。砌成此恨无重数。郴江幸自绕郴山，_____。

124. 贺铸的《鹧鸪天·死半桐》是一首_____词。（　　）

A. 闺怨　　　B. 悼亡　　　　C. 咏物　　　　D. 怀古

125. 北宋词人贺铸，又被称为"贺梅子"，得名于下列哪一首词？（　　）

A.《鹧鸪天·死半桐》　　B.《青玉案·凌波不过横塘路》
C.《踏莎行》　　　　　　D.《六州歌头》

126. 下列哪个称号，不属于温庭筠？（　　）

A. 温方城　　B. 温助教　　　C. 温八叉　　　D. 温小山

127. 五代词人冯延巳《鹊踏枝》：谁道闲情抛弃久。每到春来，惆怅还依旧。日日花前常病酒。_____。

128. 朱淑真是李清照之后，宋代又一位女词人，可惜她因夫妻不和，很早就郁

A．李煜　　　　B．李璟　　　　C．韦庄　　　　D．温庭筠

103．范仲淹《渔家傲》：塞下秋来风景异。衡阳雁去无留意。四面边声连角起。千嶂里。_____。

104．欧阳修《蝶恋花》：雨横风狂三月暮，门掩黄昏、无计留春住。泪眼问花花不语，_____。

105．宋初有一位词人，他的词以俗为名，但是流传很广，据说当时凡是有饮水井处，都能唱他的词，这位词人是_____。　　　　　　　　　　　　　　　　　（　　）

A．晏殊　　　B．欧阳修　　　C．柳永　　　D．秦观

106．北宋第一个大力创作长调慢词的词人是_____。　　　　　　　　（　　）

A．柳永　　　B．秦观　　　C．苏轼　　　D．晏几道

107．晏殊《浣溪沙》：无可奈何花落去，_____。

108．苏东坡的词《定风波》：回首向来萧瑟处。归去。_____。

109．苏轼的《水调歌头·明月几时有》寄托了对_____的思念、牵挂之情。
　　　　　　　　　　　　　　　　　　　　　　　　　　　　　　　（　　）

A．苏小小　　　B．苏辙　　　C．苏洵　　　D．苏东坡

110．_____是苏东坡十分敬重的一位词人，苏东坡曾去拜访这位词人却吃了闭门羹。　　　　　　　　　　　　　　　　　　　　　　　　　　（　　）

A．范仲淹　　　B．李清照　　　C．晏殊　　　D．晏几道

111．北宋目前所知的词人中，年寿最高的一位是_____。　　　　　（　　）

A．晏几道　　　B．张先　　　C．范仲淹　　　D．柳永

112．清代词学家周济曾评价一位词人说："将身世之感打并入艳情"，是说这位词人的身世的骤转急下，让他的词在传统的艳情题材中融入了更为深厚的生命悲感，这位词人是_____。　　　　　　　　　　　　　　　　　　　　　　（　　）

A．柳永　　　B．李煜　　　C．晏几道　　　D．秦观

113．周邦彦的《西河》"燕子不知何世"化用了下列哪位诗人的诗？（　　）

A．李白　　　B．杜甫　　　C．刘禹锡　　　D．李商隐

114．北宋词人贺铸，陆游说他"状貌奇丑，色黑青而有英气"，叶梦得说他"长七尺，眉毛耸拔，面铁色"，他因为长相被称为_____。　　　　　（　　）

A．贺鬼头　　　B．贺丑头　　　C．贺鬼脸　　　D．贺丑脸

115．李清照《渔家傲》：我报路长嗟日暮。学诗谩有惊人句。九万里风鹏正举。风休住。_____。

116．李清照与_____短暂的婚姻，让她"毁了一世名节"。　　　　（　　）

93. 白居易,字乐天,晚年号_____。（　　）
A. 乐天居士　B. 香山居士　C. 江州居士　D. 香山道士

94.《长恨歌》是白居易有感于唐玄宗与杨贵妃的故事而写,下列诗句中,不是出自《长恨歌》的是_____。（　　）
A. 在天愿作比翼鸟,在地愿为连理枝
B. 天长地久有时尽,此恨绵绵无绝期
C. 汉皇重色思倾国,御宇多年求不得
D. 千呼万唤始出来,犹抱琵琶半遮面

95.《琵琶行》是白居易歌行体的代表之作,大约作于元和十一年（816年）,白居易被贬江州刺史之时,以一位琵琶女的故事为主线,抒发白居易个人被贬之后的情感,下列诗句中,不是出自《琵琶行》的是_____。（　　）
A. 别有幽愁暗恨生,此时无声胜有声
B. 曲终收拨当心画,四弦一声如裂帛
C. 座中泣下谁最多？江州司马青衫湿
D. 鸳鸯瓦冷霜华重,翡翠衾寒谁与共

96. 新乐府运动是中唐时期,由_____和_____共同倡导的一次文学改革运动,其主要的领域是诗歌。（　　）
A. 白居易　元结　　　B. 白居易　元稹
C. 韩愈　孟郊　　　　C. 韩愈　柳宗元

97. 元稹的诗,在当时与白居易齐名,合称_____。

98. 王建在元和末年,写了一组题为《宫词》的诗,一共_____首。
（　　）
A. 五十　　B. 一百　　C. 二百　　D. 八十

99. 张籍《秋思》：洛阳城里见秋风,欲作家书意万重。复恐匆匆说不尽,_____。

100. 杜牧的诗歌《赤壁》中的名句："_____,铜雀春深锁二乔。"

101. 李白与杜甫是唐代最著名的两位诗人,被称为"李杜"。唐代还有两位诗人被称为"小李杜",是杜牧和谁的合称？（　　）
A. 李贺　　B. 李商隐　　C. 李益　　D. 李煜

102. 王国维《人间词话》所说"词人者,不失其赤子之心者也。故生于深宫之中,长于妇人之手,是后主为人君所短处,亦即为词人所长处",王国维所说的词人是_____。（　　）

C. 且放白鹿青崖间。须行即骑访名山。

D. 连峰去天不盈尺，枯松倒挂倚绝壁。

82. 杜甫，字子美，京兆杜陵人，他被称为_____。（   ）

A. 诗圣   B. 诗仙   C. 诗史   D. 诗鬼

83. "重男轻女"是中国古代一个固有的观念，但是在唐人的一首诗里，诗人却高呼"信知生男恶，反是生女好"，看似与当时的文化传统不相符合，请问，这句诗的作者是_____。（   ）

A. 杜甫   B. 李白   C. 白居易   D. 王维

84.《丽人行》是杜甫的著名诗篇，这首诗所写的是古代哪个节日时的场景？（   ）

A. 清明节   B. 上巳节   C. 端午节   D. 中秋节

85. 元结的《舂陵行》与下列哪件事有关？（   ）

A. 征税   B. 征战   C. 思归   D. 闺怨

86. 下列诗人中，不属于"大历十才子"的是_____。（   ）

A. 韦应物   B. 李端   C. 卢纶   D. 钱起

87. 韦应物的《滁州西涧》：春潮带雨晚来急，_____。

88. 韩孟诗派的代表人物是_____。（   ）

A. 韩愈 孟浩然   B. 韩愈 孟郊

C. 韩翃 孟浩然   D. 韩翃 孟郊

89. "郊寒岛瘦"形容的是唐代诗人孟郊和贾岛的诗风，即孟郊、贾岛诗歌中共同具有的_____风格的形象概述。（   ）

A. 雄浑   B. 富贵   C. 婉约   D. 穷酸

90. 唐代有一位诗人，因为他的父亲名"晋肃"，"晋"与"进士"的"进"同音，"肃"与"进士"的"士"音近，所以他当时参加科举考试，被认为是有讳他父亲的名，因此，他不得参加科举考试，这位悲剧诗人是_____。（   ）

A. 李白   B. 李商隐   C. 李贺   D. 李益

91. 刘禹锡的名篇《酬乐天扬州初逢席上见赠》，是刘禹锡在宝历二年（826年）罢和州刺史的时候，在扬州碰到了哪位诗人时所作？（   ）

A. 李白   B. 杜牧   C. 白居易   D. 韩愈

92. 刘禹锡《元和十年自朗州承召至京，戏赠看花诸君子》：紫陌红尘拂面来，无人不道看花回。玄都观里桃千树，_____。

73. 著名的诗人王之涣,有一首诗被认为是唐人绝句的压卷之作,这首诗是
_____。 ( )
   A.《鹳雀楼》　　　　　　　　B.《凉州词》
   C.《送元二使安西》　　　　　　D.《渭城曲》

74. "旗亭画壁"的故事,是盛唐时期的三位诗人,在旗亭喝酒、听曲、赌诗的
传说,请问这三位诗人分别是_____。 ( )
   A. 王维　王昌龄　王之涣　　　B. 高适　岑参　孟浩然
   C. 王昌龄　高适　王之涣　　　D. 王维　王之涣　高适

75. 王昌龄《芙蓉楼送辛渐》:_____,平明送客楚山孤。 ( )
   A. 寒雨连江夜入吴　　　　　　B. 冷雨连江夜入吴
   C. 寒雨联江夜入吴　　　　　　D. 苦雨连江夜入吴

76. 盛唐诗人高适,在安史之乱以后,高适跟随唐玄宗到蜀,拜谏议大夫,从
此仕途通畅,做了淮南节度使和蜀州、彭州刺史,代宗即位以后,为刑部侍郎、转
左散骑常侍、渤海县侯,他擅长的诗歌题材是_____。 ( )
   A. 悼亡诗　　B. 田园诗　　C. 山水诗　　D. 边塞诗

77. 盛唐时期有一批创作边塞诗歌的诗人群体,其中流传作品最多的一位诗人
是_____。 ( )
   A. 高适　　　B. 岑参　　　C. 王昌龄　　D. 杜甫

78. 李白出生于安西都护府碎叶城,这个城市现在位于哪个国家境内? ( )
   A. 哈萨克斯坦　　　　　　　　B. 乌兹别克斯坦
   C. 吉尔吉斯斯坦　　　　　　　D. 土库曼斯坦

79. 李白《将进酒》:古来圣贤皆寂寞,_____。 ( )
   A. 惟有饮者留其名　　　　　　B. 唯有官者留其名
   C. 惟有歌者留其名　　　　　　D. 惟有诗者留其名

80. 《梦游天姥吟留别》这首诗是李白被当朝权贵排挤,被放出京城。天宝四载
(745年),李白从东鲁(山东南部)向南到越中(今浙江),临行之前,诗人向前
来相送的朋友写下了这首诗篇,这首诗是一首_____。 ( )
   A. 绝句　　　B. 律诗　　　C. 楚辞　　　D. 古体诗

81. 《蜀道难》是乐府旧题,原属于《相和歌辞·瑟调曲》,旧题有功业难成的
意思,下列哪一句诗,不是出自李白的《蜀道难》? ( )
   A. 尔来四万八千岁,不与秦塞通人烟。
   B. 但见悲鸟号古木,雄飞雌从绕林间。

63. 初唐有一首诗，被闻一多称为是"宫体诗的自赎"，这首诗的作者是_____。
   (   )
   A. 刘希夷   B. 卢照邻   C. 张若虚   D. 陈子昂

64. 唐代有太常寺的礼乐制度，但太常是朝廷礼乐之司，掌管的是朝廷正乐。唐玄宗因喜爱俗乐，为了将俗乐引进宫廷而不受太常寺的限制，设立了_____。
   (   )
   A. 教坊   B. 乐府   C. 大晟府   D. 梨园

65. 宋之问的《度大庾岭》诗，最后一句"但令归有日，不敢恨长沙"是借用了_____的故事。   (   )
   A. 屈原   B. 曹操   C. 贾谊   D. 司马迁

66. 下列诗人中，对格律诗的定型产生了重大作用的是_____。   (   )
   A. 沈佺期   B. 张若虚   C. 陈子昂   D. 王勃

67. 初唐陈子昂的《登幽州台歌》诗有"前不见古人，后不见来者"千古名句，这句诗是感叹_____任用贤才的事。   (   )
   A. 楚怀王   B. 秦昭王   C. 齐威王   D. 燕昭王

68. 《代悲白头翁》的作者是_____。   (   )
   A. 王昌龄   B. 刘希夷   C. 陈子昂   D. 张若虚

69. 张九龄在荆州期间，写了一首《感遇》诗，诗中作者咏物言志，有"岂伊地气暖？自有岁寒心"句，表达了自己的坚贞和清高品格。这首诗所咏的对象是_____。   (   )
   A. 菊花   B. 莲花   C. 牡丹   D. 丹橘

70. 孟浩然《临洞庭湖赠张丞相》：欲济无舟楫，_____。   (   )
   A. 端居耻圣明   B. 端居耻圣名
   C. 端居耻盛名   D. 端居耻盛明

71. "大漠孤烟直，长河落日圆"这句诗为历代传诵，将塞外的风景写得生动形象，描绘出塞外沙漠的浩瀚无边，诗句画面开阔，意境雄浑，这句诗的作者是_____。
   (   )
   A. 王维   B. 孟浩然   C. 高适   D. 岑参

72. "阳关三叠"是中国古代著名的送别诗，唐人的送别多唱歌，而且要重复唱三变，将作者对朋友的不舍、对离别的哀伤反复吟咏。这首诗的作者是_____。
   (   )
   A. 王昌龄   B. 王维   C. 王之涣   D. 李白

A. 萧绎　　　B. 高适　　　　C. 萧纲　　　　D. 何逊

54. 《木兰诗》是北朝乐府民歌的代表作品，讲的是花木兰替父从军的故事，这个果敢的女子，出征之前到市场上买了战场需要的装备，即"东市买_____，西市买_____，南市买_____，北市买_____"。（　　）

A. 骏马　鞍鞯　辔头　长鞭　　B. 骏马　长鞭　辔头　鞍鞯
C. 辔头　鞍鞯　骏马　长鞭　　D. 辔头　长鞭　骏马　鞍鞯

55. 《西洲曲》是南朝民歌中，独立于_____和_____之外的作品。
（　　）

A. 北朝乐府　吴歌　　　　B. 吴歌　西曲
C. 汉乐府　格律诗　　　　D. 西曲　抒情小赋

56. 隋朝诗人杨素，《全隋诗》中收录了他的十九首诗，其中_____首是赠给薛道衡的。（　　）

A. 14　　　B. 15　　　C. 13　　　D. 8

57. 下列诗篇中，属于薛道衡作品的是_____。（　　）

A. 《昔昔盐》　　　　　　B. 《野望》
C. 《思归》　　　　　　　D. 《夕出通波阁下观妓》

58. 王绩的《野望》："东皋薄暮望，徙倚欲何依。树树皆秋色，山山唯落晖。_____，_____。相顾无相识，长歌怀采薇。"（　　）

A. 牧童驱牛返，猎马带禽归。　B. 牧人驱牛反，猎马带人归。
C. 牧人驱犊返，猎马带禽归。　D. 牧童驱犊返，猎人带禽归。

59. 下列选项中，不属于"初唐四杰"的是_____。（　　）

A. 卢照邻　　B. 王绩　　C. 骆宾王　　D. 王勃

60. 卢照邻的《长安古意》："长安大道连狭斜，青牛白马七香车。_____，金鞭络绎向侯家。"（　　）

A. 玉辇纵横过主地　　　　B. 玉辇纵横过主弟
C. 玉辇纵横过主缔　　　　D. 玉辇纵横过主第

61. 杨炯的《从军行》说"牙璋辞凤阙，铁骑绕龙城"，"牙璋"是指_____。
（　　）

A. 兵符　　B. 军队　　C. 将军　　D. 圣旨

62. 著名的《讨武檄文》的作者是_____。（　　）

A. 杨炯　　B. 骆宾王　　C. 王勃　　D. 卢照邻

C. 欲变已忘言   D. 欲辨已望言
41. 陶渊明的《归园田居》一共_____首。   ( )
   A. 2   B. 3   C. 4   D. 5
42. 田园诗的开山鼻祖是_____。   ( )
   A. 陶渊明   B. 谢灵运   C. 曹植   D. 屈原
43. 与谢灵运、鲍照合称为"元嘉三大家"的诗人是_____。   ( )
   A. 陶渊明   B. 谢朓   C. 颜延之   D. 沈约
44. "池塘生春草，园柳变鸣禽"句的作者是_____。   ( )
   A. 谢朓   B. 鲍照   C. 陶渊明   D. 谢灵运
45. 中国古代山水诗的开山鼻祖是_____。   ( )
   A. 陶渊明   B. 谢灵运   C. 谢朓   D. 潘岳
46. 鲍照《拟行路难》：自古圣贤尽贫贱，_____。
47. 《登玄畅楼》诗中有"上有离群客，客有慕归心"，诗人登楼所见"离群客"的形象描写，不仅是动物的"归心"，也是作者自己的"归心"，这首诗的作者是_____。   ( )
   A. 谢朓   B. 谢灵运   C. 颜延之   D. 沈约
48. "余霞散成绮，澄江静如练"的作者是_____。   ( )
   A. 谢朓   B. 谢灵运   C. 颜延之   D. 沈约
49. 何逊是南朝著名诗人，他曾任建安王萧伟的记室，被称为"何记室"，除此之外，他还因为做安成王萧秀的幕僚，兼尚书水部郎被称为_____。   ( )
   A. 何幕僚   B. 何水部   C. 何尚书   D. 何常侍
50. 唐朝诗人杜甫，非常仰慕李白的才华，他曾用"李侯有佳句，往往似_____"来赞美李白的诗句。   ( )
   A. 何逊   B. 沈约   C. 谢朓   D. 阴铿
51. 永明体是南朝齐、梁、陈三代兴起的一种新诗体，提出了"四声八病"之说。下列选项中，不属于四声的是_____。   ( )
   A. 平声   B. 上声   C. 下声   D. 入声
52. "竟陵八友"就是萧子良文学集团中的八位代表人物，下列诗人中，不属于"竟陵八友"的是_____。   ( )
   A. 谢朓   B. 阴铿   C. 王融   D. 沈约
53. 宫体诗最初是南朝梁简文帝萧纲为太子的时候，入主东宫所用。下列诗人中，不属于宫体诗典型诗人的是_____。   ( )

A. 王粲　　　B. 曹植　　　C. 阮瑀　　　D. 孔融

26. 曹丕的《典论·论文》说_____的诗"壮而不密"。　　　　　　（　　）
A. 曹植　　　B. 刘伶　　　C. 刘桢　　　D. 阮籍

27. 蔡琰的《悲愤诗》一共两首，一首是楚辞体，另一首是_____。（　　）
A. 五言古体　B. 七言古体　C. 四言古体　D. 杂言体

28. 阮籍的《咏怀诗》一共_____首。　　　　　　　　　　　　　（　　）
A. 80　　　　B. 82　　　　C. 86　　　　D. 89

29. 被刘勰在《文心雕龙》中评为"清峻"，而钟嵘的《诗品》说他是"峻切"的诗人是_____。　　　　　　　　　　　　　　　　　　　　　（　　）
A. 嵇康　　　B. 阮籍　　　C. 曹植　　　D. 刘伶

30. 下列不属于"竹林七贤"的人是_____。　　　　　　　　　　（　　）
A. 阮咸　　　B. 向秀　　　C. 阮瑀　　　D. 王戎

31. 被钟嵘的《诗品》评为"才高词赡，举体华美"的诗人是_____。（　　）
A. 陆机　　　B. 嵇康　　　C. 阮籍　　　D. 左思

32. 潘岳、石崇、左思、陆机等人曾被称为_____。　　　　　　（　　）
A. 文章四友　B. 二十四友　C. 吴中四士　D. 竹林七贤

33. 中国诗歌史上的"咏史"主题，首见于_____。　　　　　　　（　　）
A. 左思　　　B. 曹植　　　C. 阮瑀　　　D. 班固

34. 下列诗人中，属于游仙诗代表诗人的是_____。　　　　　　（　　）
A. 左思　　　B. 郭璞　　　C. 张华　　　D. 张协

35. 中国古代诗歌以"游仙"为名，是从_____的作品开始的。　（　　）
A. 曹植　　　B. 郭璞　　　C. 张协　　　D. 潘岳

36. 东晋玄言诗的代表人物是_____和孙绰。　　　　　　　　　（　　）
A. 许询　　　B. 左思　　　C. 陆机　　　D. 郭璞

37. 下列诗篇中，属于张华作品的是_____。　　　　　　　　　（　　）
A.《悼亡诗》B.《秋日诗》C.《轻薄篇》D.《游仙诗》

38. 文学史上所谓的"三张"，不包括_____。　　　　　　　　　（　　）
A. 张协　　　B. 张载　　　C. 张亢　　　D. 张华

39.《扶风歌》的作者是_____。　　　　　　　　　　　　　　（　　）
A. 刘琨　　　B. 张协　　　C. 左思　　　D. 陶渊明

40. 陶渊明《饮酒》诗云。"此中有真意，_____。"
A. 欲辨已忘言　　　　　　B. 欲辩已忘言

12. 《九辩》的作者是_____。 （ ）
   A. 屈原　　B. 宋玉　　C. 唐勒　　D. 孔子

13. 《乐府诗集》汇编成册是在哪个朝代？ （ ）
   A. 唐朝　　B. 汉朝　　C. 明朝　　D. 宋朝

14. 《孔雀东南飞》原名为_____。 （ ）
   A. 《古诗为焦仲卿妻作》　　B. 《无名氏为焦仲卿妻作》
   C. 《古诗为焦仲卿作》　　　D. 《古诗无名氏为焦仲卿作》

15. 下列篇目中，不属于《古诗十九首》的是_____。 （ ）
   A. 《行行重行行》　　B. 《孔雀东南飞》
   C. 《迢迢牵牛星》　　D. 《冉冉孤生竹》

16. 《四愁诗》是一首经过改造的骚体诗，除首句之外，其余句子都是标准的七言诗句，这首诗的作者是_____。 （ ）
   A. 张衡　　B. 郦炎　　C. 蔡邕　　D. 曹操

17. 《见志诗》的作者是_____。 （ ）
   A. 张衡　　B. 郦炎　　C. 蔡邕　　D. 曹操

18. 东汉诗人蔡邕，曾有一首寓言诗，为一只"翠鸟"构想出一个可以容身的空间，这首诗题为_____。 （ ）
   A. 《翠鸟》　　B. 《翠鸟赋》　　C. 《赋翠鸟》　　D. 《翠鸟诗》

19. 下列乐府题中，属于古代送葬时用的挽歌的是_____。 （ ）
   A. 《短歌行》　B. 《长歌行》　C. 《蒿里行》　D. 《燕歌行》

20. 《短歌行》是乐府题，它在郭茂倩的《乐府诗集》中属于_____。 （ ）
   A. 《相和歌辞》　B. 《横吹曲辞》　C. 《琴曲歌辞》　D. 《杂歌谣辞》

21. 曹操的《步出夏门行》一共四章，这四章不包括下列的哪一项？ （ ）
   A. 《观沧海》　B. 《冬十月》　C. 《士不同》　D. 《龟虽寿》

22. 现存比较早的、完整的文人七言诗《燕歌行》的作者是_____。 （ ）
   A. 曹操　　B. 曹丕　　C. 曹植　　D. 嵇康

23. 《白马篇》的作者是_____。 （ ）
   A. 曹操　　B. 曹丕　　C. 曹植　　D. 嵇康

24. "建安七子"中不包括_____。 （ ）
   A. 孔融　　B. 刘桢　　C. 应玚　　D. 曹植

25. 被刘勰《文心雕龙·才略》认为是"七子之冠冕"的诗人是_____。
   （ ）

国学知识竞赛试题

（文学卷）

1. 《诗经》是我国文学史上第一部诗歌总集，分为风、雅、颂三个部分，其中"风"共有_____篇 （　　）
   A. 305　　　B. 160　　　C. 105　　　D. 40

2. 《诗经·卫风·硕人》这样描写庄姜："手如柔荑，肤如凝脂，领如蝤蛴，齿如瓠犀，螓首蛾眉"，请问这句话采用了哪一种艺术手法？　（　　）
   A. 赋　　　B. 比　　　C. 兴　　　D. 雅

3. 《诗经》的第一篇是？　（　　）
   A.《关雎》　B.《蒹葭》　C.《黍离》　D.《桃夭》

4. 《蒹葭》属于"十五国风"的哪一部分？　（　　）
   A.《周南》　B.《召南》　C.《秦风》　D.《郑风》

5. 屈原是战国时期哪个国家的人？　（　　）
   A. 秦国　　B. 齐国　　C. 赵国　　D. 楚国

6. 我国文学史上第一首长篇抒情诗是_____。　（　　）
   A.《诗经》　B.《离骚》　C.《九歌》　D.《天问》

7. 下列篇目中，不属于《九歌》的是_____。　（　　）
   A.《国殇》　B.《东君》　C.《招魂》　D.《湘夫人》

8. 下列篇目中，属于《九章》的是_____。　（　　）
   A.《礼魂》　B.《东皇太一》　C.《湘君》　D.《涉江》

9. 被郭沫若称为"空前绝后的第一等奇文字"的屈原作品是_____。　（　　）
   A.《天问》　B.《离骚》　C.《哀郢》　D.《怀沙》

10. 西汉末年，刘向辑录屈原、宋玉等人的作品，编辑成册，命名为_____。
    （　　）
    A.《诗经》　B.《九章》　C.《楚辞》　D.《九歌》

11. 下列作品中，不属于宋玉作品的是_____。　（　　）
    A.《登徒子好色赋》　　B.《高唐赋》
    C.《神女赋》　　　　　D.《洛神赋》

【释义】蚌：贝类，软体动物，有两个椭圆形介壳，可以开闭。鹬：一种水鸟，羽毛呈茶褐色，嘴和腿都细长，常在浅水边或水田中捕食小鱼、昆虫、河蚌等。比喻双方相持不下，而使第三者从中得利。

【历史典故】

战国时候，秦国最强。它常常仗着它的优势去侵略别的弱国。弱国之间，也常常互有摩擦。

有一次，赵国声称要攻打燕国。当时，著名的游说之士苏秦，有个弟弟叫苏代，也很善于游说。苏代受燕王的委托，到赵国去劝阻赵王出兵。

到了邯郸，苏代见到了赵惠文王。赵惠文王知道苏代是为燕国当说客来了，却没想到苏代却说是来讲个故事的。接下来，苏代讲了他要讲的故事。

他说这次到赵国来，经过易水的时候，看见一只蚌，正张开双壳，在河边晒太阳。忽然飞来一只水鸟，伸出长嘴去啄蚌的肉。蚌立刻用力合拢它的壳，把水鸟的嘴夹住了。这时候，水鸟对蚌说："不要紧，只要今天不下雨，明天不下雨，你就会晒死的。等你死了我再吃你的肉。"

蚌不服气，它回敬水鸟说："不要紧，只要你的嘴今天拔不出来，明天拔不出来，你也会活不成的。咱谁吃谁的肉，还说不定呢！"

它俩争吵不休，谁也不肯相让。

正在它俩争吵的时候，有一个打鱼的人走了过来。那打鱼的人毫不费力地伸手便把它俩一起抓去了。

苏代讲完了上边的故事，然后严肃地对赵惠文王说："尊敬的大王，听说贵国要发兵攻打燕国。如果真的发兵，那么，两国相争的结果，恐怕要让秦国做渔人了。赵惠文王觉得苏代的话有道理，便放弃了攻打燕国的打算。"

419. 如何解释"愚人食盐"？

【出处】出自《百喻经》。

【释义】是指干任何事情都要有一个限度，恰到好处时美妙无比，一旦过头就会走向反面，哪怕是好事也会弄得很糟。

【历史典故】

从前有一个愚笨的人，有一天到一个很远的朋友家里去。

主人便很殷勤地招待。煮了几道好菜招待这位客人，可是忘了放盐，所以每道菜都淡而无味。这位客人对主人说："你今天烧的菜都很名贵，可是淡了一点，所以不太好吃。"主人说："啊！我忘了放一样东西！"

于是到厨房拿了些盐，放进每一道菜，搅拌了一会儿再请客人尝尝，这回每道菜都很美味可口。这位客人便问主人说："你放了些什么，菜就那么好吃？"

主人说："放盐呀！之所以每样菜都好吃，是因为有盐，盐是百味之源。"

傻人以为盐既然那么好吃，回去每餐都买盐来吃好了，省得煮那么多菜。于是他到街上买了一大包盐。回到家里他急忙打开，抓了一把盐放进嘴里，苦涩不堪，还一直以为是被那位朋友骗了。

420. 如何解释"愚公移山"？

【出处】选自《列子·汤问》。

【释义】比喻坚持不懈地改造自然和坚定不移地进行斗争。

【历史典故】

传说中的太行、王屋两座山，占据七百里，高七八千丈，本来在冀州南边，黄河北岸以北的地方。

北山下面住着个名叫愚公的人，年纪接近九十，向着山居住。

他苦于山区北部的阻塞，出来进去都要绕道，就召集全家人商量说："我想跟你们尽力挖平险峻的大山，使道路一直通到豫州南部，到达汉水南岸，可以吗？"这时，他的妻子提出疑问说："凭你的力气，连魁父这座小山都不能削平，能把太行、王屋怎么样呢？况且把土石放到哪里去呢？"愚公说："把它扔到渤海的边上，隐土的北边。"大家见愚公十分执着，最后都同意了。

于是愚公率领儿孙中能挑担子的三个人上了山，凿石头，挖土，用箕畚运到渤海边上。邻居京城氏的寡妇有个孤儿，刚七八岁，也蹦蹦跳跳地跑去帮助他。冬夏换季，才能往返一次。

河湾上的智叟讥笑愚公，阻止他干这件事，说："你太不聪明了！就凭借你残余的岁月、剩下的力气连山上的一棵草都动不了，又能把泥土石头怎么样呢？"北山愚公长叹说："你的思想真顽固，顽固到了无法改变的地步，连孤儿寡妇都比不上。即使我死了，还有儿子在呀；儿子又生孙子，孙子又生儿子；儿子又有儿子，儿子又有孙子；子子孙孙无穷无尽，可是山却不会增高，还怕挖不平吗？"河岸上的智叟无话可答。

握着蛇的山神听说了这件事，怕他不停地挖下去，就向天帝报告了。天帝被愚公的诚心感动，命令大力神夸娥氏的两个儿子背走了那两座山，一座放在朔方的东部，一座放在雍州的南部。从此以后，冀州的南部直到汉水南岸，再也没有高山阻隔了。

Z

 421. 如何解释"凿壁借光"？

【出处】出自《西京杂记》卷二。

【释义】凿穿墙壁借邻舍的烛光读书。现用来形容家贫而读书刻苦。

【历史典故】

汉朝时，有一个读书人，名叫匡衡，十分的勤奋好学。可是他家里很穷，所以白天必须干活，只有到了晚上，他才能有时间去读书。但又因为买不起蜡烛，所以天一黑，就无法看书了。

他邻居家很有钱，一到晚上，屋子都点起蜡烛，把屋子照得通亮。

他对邻居说："我晚上想读书，可买不起蜡烛，能借用你们家的一寸之地吗？"邻居特别瞧不起比他们家穷的人，就对匡衡说："你既然都穷得买不起蜡烛，还读什么书呢？真是痴人说梦啊。"

匡衡听后，非常气愤，不过他也因此更下定决心，一定要把书读好。

有一天，匡衡干完活回到家，想到了一个好主意。他悄悄地在墙上凿了个小洞，这样隔壁的烛光，就可以通过这个小孔透过来了。借着这微弱的光线，匡衡如饥似渴地读起书来，也渐渐地把家中的书全都读完了。

附近有个大户人家，家里有很多藏书。有一天，匡衡卷着铺盖，出现在大户人家门前。他对主人说："我想请您收留我，我可以给您家里白干活，不用任何报酬。只求能让我阅读您家的全部书籍就可以了。"主人听过之后，被他好学的精神所感动，于是答应了他借书的要求，还支持他学习。

匡衡保持着这样勤奋学习的态度，在以后的人生道路上越走越顺，后来他受到皇帝赏识，做了汉元帝的丞相，也成为西汉时期非常有名的大学者。

422. 如何解释"枕戈待旦"？

【出处】出自《晋书·刘琨传》。

【释义】戈：古代的一种兵器，和"矛"相似；旦：天亮。兵器为枕，以待天明。指时刻警惕，准备作战，连睡觉时也不放松戒备，随时准备着杀敌。形容杀敌报国心切。

【历史典故】

西晋人祖逖和刘琨,都是性格豪迈、行侠仗义的志士。

他们俩年轻时,不但文章写得好,而且都喜欢练武健身,立志报效祖国。当时,晋国虽然表面上还管辖着中原大地,但实际上已是内忧外患。祖逖和刘琨谈起国家局势时,总是感慨万千,常常聊到深夜。

有一天,祖逖和刘琨谈得十分兴奋,刘琨不知什么时候睡着了,祖逖却久久沉浸在谈话的兴奋之中,不能入睡。睡梦之中,祖逖听见荒原上的雄鸡叫了起来,一跃而起,踢醒了刘琨:"听,这雄鸡啼鸣多么振奋人心呀,快起来练剑吧!"于是,两人操起剑来,在高坡上对武。

从此,他俩每天清早听到头一声鸣叫,一定会来到荒原上抖擞精神练剑。

刘琨被祖逖的爱国热情深深感动,也决心献身于祖国。

有一次他给家人的信中写道:"在国家危难时刻,我经常枕戈待旦,习武健身,立志报国,常担心落在祖逖后边,不想让他起在我前面!"

423. 如何解释"郑人买履"?

【出处】出自《韩非子·外储说左上》。

【释义】履:鞋子。常常用来讽刺只信教条,不顾实际的人。

【历史典故】

郑国有个想买鞋子的人,他先在家里量好了自己脚的尺码后,匆忙来到集市。他当他拿到鞋子时才发现忘记带尺码来了。于是,又回家去取。等到他拿着尺码再赶回来,集市已经散了,他最后没有买到鞋。

有人问他说:"你为什么不用自己的脚试一试鞋子的大小呢?"他回答说:"我宁可相信尺码,也不相信自己的脚!"

这个郑国人只相信量脚得到的尺码,而不相信自己的脚,不仅连鞋子也没有买到,还成为了大家的笑柄。

而现实生活中,类似这样的只懂死守教条而不懂变通,没有头脑的人的确是有的。有的人说话、办事、想问题,只从书本和规范出发,不顾实际。长此以往,他们的思想会僵化,行动也容易受到局限。

424. 如何解释"纸上谈兵"?

【出处】出自《史记·廉颇蔺相如列传》。

【释义】在纸面上谈论打仗。比喻空谈理论,不能解决实际问题。也比喻空谈不能成为现实。

【历史典故】

战国时期,赵国大将赵奢曾以少胜多,大败入侵的秦军,被赵惠文王提拔为上卿。

他有一个儿子叫赵括,赵括从小就学习兵法,喜欢谈论用兵打仗的事,并且认为天下没有人能够抵挡他。赵括曾经跟他的父亲赵奢讨论过用兵打仗的事,赵奢不能驳倒他,但是赵奢不承认他的军事才能。

赵括的母亲问赵奢其中的原因,赵奢说:"打仗是要以命相搏的事,但是赵括把它说得轻而易举。假使赵国不让赵括做将军也就算了,如果一定要他担任将军,那么毁掉赵国军队的一定是赵括。"

果然,公元前259年,秦军来犯,赵军在长平坚持抗敌。那时赵奢已经去世。廉颇负责指挥全军,他年纪虽高,打仗却很有一套,秦军也无法取胜。秦国知道拖下去于己不利,就施行了反间计,派人到赵国散布"秦军最害怕赵奢的儿子赵括将军"的谣言。赵王上当受骗,于是派赵括替代了廉颇。

赵括替代廉颇担任抗秦大将后,更改了原有的纪律和规定,重新安排军官。秦将白起听说了这件事后,派出引诱赵括做出错误判断的小股部队,佯装失败,另一面却断绝他的粮道,致使士气大乱。四十多天后,赵国士兵饥饿,赵括为了振奋士气,亲自带领兵士上阵战斗。秦军射死了赵括。赵括的军队大败,几十万兵士投降秦军后,秦军把他们全部活埋了。

 425. 如何解释"逐鹿中原"?

【出处】出自《史记·淮阴侯列传》。

【释义】逐:追赶;鹿:指所要围捕的对象;中原:本来指我国黄河中下游一带,是中华民族的发祥地。现泛指整个中国。常比喻帝位、政权。"逐鹿中原"指群雄并起,争夺天下。

【历史典故】

秦末,汉王刘邦的大将韩信功高盖主,受到刘邦的猜忌。韩信有个谋士叫蒯通,竭力劝韩信自立为王，与刘邦、项羽三分天下。否则，在别人的手下为臣，而有震主之威，一定会招致杀身之祸。韩信却因为感念刘邦对自己有知遇之恩，没有听从蒯通的劝告。

汉王朝建立后，韩信果然不满高祖刘邦的怠慢而图谋反叛，招来杀身之祸。韩信事败之后后悔不已，连声说"悔不用蒯通之计"。刘邦得知后，将蒯通抓了起来。刘邦亲自审问他："是你当初唆使韩信谋反的吗？"

"是的，我当初让他称王。可那家伙，不听我的计策，真是自取灭亡。"蒯通很失望地说。

刘邦大怒，命令卫兵将蒯通拉出去烹了。蒯通却大喊冤枉。

"蒯通，你唆使韩信谋反，有什么冤枉？"刘邦问道。

蒯通说道："当年的形势，好比秦王丢了一只鹿。天下的英雄好汉一起来追逐捕捉，天分高的跑得快的便先得到它。说起来大家本都是英雄好汉。俗话说得好，盗跖的狗能在圣人尧的面前吼叫。这并不是说尧是不仁不义之人，而是因为尧不是它的主子。下臣我当时只知道韩信是我的主子，为他出谋划策是很自然的啊。天底下没有机会为皇上您效力的人多的是，难道您能全给烹了吗？"

刘邦觉得蒯通的话有道理，最后赦免了他的罪。

426. 如何解释"忠言逆耳"？

【出处】出自西汉司马迁《史记·留侯世家》。

【释义】逆耳：不顺耳，不中听。忠实的劝告听起来不舒服。

【历史典故】

公元前207年，刘邦率大军到咸阳后，进入秦宫探看。只见宫室华丽，各处宝物不计其数，都是他从未见过的。每到一处，都有很多漂亮的宫人向他跪拜。他越看越感到新奇，兴味也越来越浓。于是，就打算住在宫内好好享受一番。

刘邦的部将樊哙见刘邦要住在宫中，问他说："沛公是想有天下呢，还是只想当一个富家翁呢？"刘邦回答说："我当然想有天下。"樊哙真诚地说："臣进入秦宫里，见到里面的珍奇财宝不可胜数，后宫中美人数以千计，这些都是导致秦朝灭亡的东西啊。望沛公迅速返回霸上，千万不要留在宫中。"

刘邦对樊哙的劝谏不以为然，还是准备住在宫中。谋士张良知道这件事后，对刘邦说："秦王无道，百姓造反，打败了秦军，沛公才能来到这里。您为天下除掉害民的暴君，理应克勤克俭。如今刚入秦地，就想享乐。俗语说：'忠诚正直的劝告往往不顺耳,但有利于行为;有效的药吃的时候很苦,但有利于疾病。'希望沛公听从樊哙的忠告。"

刘邦听了,终于醒悟过来,马上下令将府库封起来,关掉宫门,随即率军返回霸上。

427. 如何解释"自相矛盾"？

【出处】出自《韩非子·难一》。

【释义】矛,长矛,进攻敌人的武器;盾,保护自己的盾牌。比喻一个人说话、行动前后抵触,不一致。也指同伙间的相互争吵或冲突。

【历史典故】

在战国时期,楚国有一个卖兵器的人,到市场上去卖矛和盾。

他先夸耀自己的盾,说:"我的盾,是世界上最坚固的,无论怎样锋利尖锐的东西也不能刺穿它！"

然后,他又夸耀自己的矛,说:"我的矛,是世界上最尖利的,无论怎样牢固坚实的东西也挡不住它一戳。只要一碰上,嘿嘿,马上就会被它刺穿！"

说完这些,他十分得意,大声吆喝起来:"快来看呀,快来买呀,世界上最坚固的盾和最锋利的矛！"

这时,市场上的人质问他:"如果用你的矛去刺你的盾,它们将会怎样？"那个人顿时傻眼了,久久无法回答。围观的人先都一愣,随即爆发出一阵大笑,然后散了。

那个卖兵器的人,只好灰溜溜地扛着自己最锋利的矛和最坚固的盾走了。

428. 如何解释"坐井观天"？

【出处】出自唐代韩愈的《原道》。

【释义】坐在井里看天。用来比喻和讽刺眼界狭窄或学识肤浅之人。

【历史典故】

从前,在一口浅井里有一只青蛙。

它对从东海中来的大鳖说:"我多么快乐啊！出去玩玩,就在井口的栏杆上蹦蹦跳跳,回来休息就蹲在残破的井壁的砖窟窿里休息休息;跳进水里,水刚好托着我的胳肢窝和面颊;踩泥巴时,泥深只能淹没我的两脚,漫到我的脚背上。回头看一看那些螃蟹与蝌蚪一类的小虫吧，哪个能同我相比呢！并且，我独占一坑水，在井上想跳就跳，想停就停，真是快乐极了！您为什么不常来我这里参观参观呢?"

海鳖左脚还没踏进井里，右腿已被井壁卡住了。于是，它在井边犹豫地徘徊了一阵就退回来了，把大海的景象告诉青蛙，说道："千里的确很远，可是它不能够形容海的辽阔；千仞的确很高，可是它还不能够说明海的深度。夏禹的时候，十年有九年水灾，可是海水并不显得增多；商汤时，八年有七年干旱，可是海水也不显得减少。永恒的大海啊，不随时间的长短而改变，也不因为雨量的多少而涨落。这才是住在东海里的最大快乐啊！"

青蛙只知道井里的快乐，只看得见上方的狭窄天空。可青蛙不知道井之外，还有更广阔的世界。

国学知识问答录

主编 ◎ 杨雨

历史哲学艺术卷

湖南教育出版社

目 录

历史类

429. 我国北京地区发现的最早的猿人化石是什么? ……………… 1
430. 春秋时期奠定晋国霸主地位的战争是什么? ……………… 1
431. 春秋时期鲁国实行的按亩征税的制度叫什么? ……………… 2
432. 春秋五霸指的是哪五个人? ……………… 2
433. 大汶口文化是什么时代的文化? ……………… 3
434. 上古时代大禹治水是怎么回事? ……………… 3
435. 为研究夏朝文化提供了丰富的考古资料的文化遗存是什么? ……………… 3
436. 中国古代分封诸侯的政治制度叫什么? ……………… 4
437. 春秋时期齐桓公任用管仲为相进行了什么样的改革? ……………… 4
438. 周厉王统治时期的国人暴动是怎么回事? ……………… 5
439. 中国最早的一部国别体史书是什么? ……………… 5
440. 战国中后期纵横家所宣扬并推行的外交和军事政策叫什么? ……………… 6
441. 1973年发现于浙江余姚河姆渡镇的新石器文化是什么? ……………… 6
442. 战国时期赵武灵王所推行的军事改革叫什么? ……………… 6
443. 黄帝为什么被后人尊为中原各族的共同祖先? ……………… 7
444. "荆轲刺秦王"的来龙去脉是怎样的? ……………… 7
445. 出现于商朝,盛行于西周时期的土地制度是什么? ……………… 8
446. 春秋时期,齐国为确立霸主地位而举行的会盟是什么? ……………… 8
447. 战国后期,燕国上将军乐毅伐齐是怎么回事? ……………… 9
448. 战国初期魏文侯实行的一次改革是什么? ……………… 9

449. 以玉器文化而出名的新石器文化是什么? ⋯⋯⋯⋯⋯⋯⋯⋯⋯⋯ 9
450. 曾经被称为"黑陶文化"的新石器文化是什么? ⋯⋯⋯⋯⋯⋯⋯ 10
451. 战国中期，孙膑在哪场战役中运用了减灶增兵之计? ⋯⋯⋯⋯ 10
452. 春秋时期晋国、楚国平分霸权的会盟是什么? ⋯⋯⋯⋯⋯⋯⋯ 11
453. 商汤灭夏的决定性战役是什么? ⋯⋯⋯⋯⋯⋯⋯⋯⋯⋯⋯⋯⋯ 11
454. 周武王灭商的战役是什么? ⋯⋯⋯⋯⋯⋯⋯⋯⋯⋯⋯⋯⋯⋯⋯ 11
455. 上古传说中的女娲是如何造人的? ⋯⋯⋯⋯⋯⋯⋯⋯⋯⋯⋯⋯ 12
456. 商朝国王盘庚为什么要将都城迁到殷? ⋯⋯⋯⋯⋯⋯⋯⋯⋯⋯ 12
457. 上古神话中天地是如何开辟的? ⋯⋯⋯⋯⋯⋯⋯⋯⋯⋯⋯⋯⋯ 13
458. 周平王为什么要把都城从镐京迁都到洛邑? ⋯⋯⋯⋯⋯⋯⋯⋯ 13
459. 战国后期，魏公子信陵君为何窃取魏王的兵符率军救援赵国抗击秦国? ⋯⋯⋯⋯⋯⋯⋯⋯⋯⋯⋯⋯⋯⋯⋯⋯⋯⋯⋯⋯⋯⋯⋯⋯⋯⋯⋯⋯ 13
460. 春秋末年晋国是如何被韩、赵、魏三家瓜分的? ⋯⋯⋯⋯⋯⋯ 14
461. 北京周口店发掘的中国的晚期智人化石是什么人? ⋯⋯⋯⋯⋯ 14
462. 战国时，商鞅在秦国主持的变法的主要内容是什么? ⋯⋯⋯⋯ 15
463. 中国最早的历史文献汇编是什么? ⋯⋯⋯⋯⋯⋯⋯⋯⋯⋯⋯⋯ 15
464. 为什么夏朝在少康统治时被叫作"少康中兴"? ⋯⋯⋯⋯⋯⋯⋯ 16
465. 世界上最早的指南仪器是什么? ⋯⋯⋯⋯⋯⋯⋯⋯⋯⋯⋯⋯⋯ 16
466. 战国初年齐国卿大夫田氏是如何取代姜氏成为齐国国君的? ⋯ 16
467. "围魏救赵"最早指的是战国哪场战役? ⋯⋯⋯⋯⋯⋯⋯⋯⋯⋯ 17
468. 战国初年吴起在楚国变法的主要内容是什么? ⋯⋯⋯⋯⋯⋯⋯ 17
469. 春秋末年吴国和越国进行的争霸战争的大致经过是怎样的? ⋯ 18
470. 我国现存采用夏时最早的历书是什么? ⋯⋯⋯⋯⋯⋯⋯⋯⋯⋯ 18
471. 炎帝为什么被后世尊奉为中华民族人文初祖? ⋯⋯⋯⋯⋯⋯⋯ 18
472. 上古时代的部落联盟首领尧传位于舜、舜传位禹是怎么回事? ⋯ 19
473. 河南安阳发掘的商朝后期的都城遗址叫什么? ⋯⋯⋯⋯⋯⋯⋯ 19
474. 战国时期纵横家言论的汇编著作叫什么? ⋯⋯⋯⋯⋯⋯⋯⋯⋯ 19
475. 战国后期秦赵之间的一次决定性战役是什么? ⋯⋯⋯⋯⋯⋯⋯ 20
476. 战国时期秦国在关中开凿的水利工程是什么? ⋯⋯⋯⋯⋯⋯⋯ 20
477. 与齐桓公并称"齐桓晋文"的是谁? ⋯⋯⋯⋯⋯⋯⋯⋯⋯⋯⋯⋯ 21
478. 周公旦为周朝的立国做出了什么贡献? ⋯⋯⋯⋯⋯⋯⋯⋯⋯⋯ 21

479. 周文王是如何为"翦商"事业奠定基础的？	22
480. 周王朝的建立者是谁？	22
481. 古代贵族凭借血缘对族人进行统辖管理的制度是什么？	22
482. 我国第一部叙事详细的编年体史书是什么？	23
483. 汉高祖刘邦被匈奴围困在白登山是怎么回事？	23
484. "不入虎穴，焉得虎子"的典故最早源出哪位名将？	24
485. 两汉时期选拔人才的主要制度是什么？	24
486. 以阴阳五行、天人感应为基础，以预占为特征的神学体系是什么？	25
487. 秦王朝覆灭后，项羽与刘邦是如何争夺全国统治权的？	26
488. 刺史是什么？其职能又是如何演变的？	26
489. 中国历史上第一次大规模的平民起义是什么？	27
490. 东汉桓帝、灵帝时的党锢之祸是怎么回事？	27
491. 战国时期，秦国在成都平原修建的水利工程是什么？	28
492. 秦始皇为统一思想而在意识形态领域采取的措施是什么？	28
493. 什么是"光武中兴"？	29
494. 西汉的开国皇帝是谁？	29
495. 西汉王朝最强盛时期的在位皇帝是谁？	30
496. 鸿门宴是什么？	30
497. 发明"麻沸散"的古代医生是谁？	31
498. 东汉末年张角领导的农民大起义是什么？	31
499. "匈奴未灭，何以家为"是汉朝哪位名将说的？	32
500. 我国古代哪部数学著作首先提出勾股定理？	32
501. 秦末农民起义中，项羽在哪场战役中击溃秦军主力？	33
502. 汉武帝时期制定的均输、平准政策具体是如何实施的？	33
503. 郡县制是如何形成的？	34
504. 西汉末年绿林起义军歼灭王莽主力军的战役是什么？	34
505. 秦朝在岭南地区开凿的水利工程是什么？	35
506. 汉武帝晚年为何要颁布《轮台罪己诏》？	35
507. 王莽末年发生在荆州一带的农民大起义是什么？	35
508. 西汉景帝时期吴、楚等诸侯国发动的叛乱事件叫什么？	36
509. 秦朝的开国皇帝是谁？	36

510. 秦朝时确立的中央官制是什么? ……………………………… 37
511. 中国第一部纪传体通史是什么? ……………………………… 37
512. 中国古代东西交流的最著名商路是什么? …………………… 38
513. 历史典故"苏武牧羊"是怎么回事? ………………………… 38
514. 汉武帝时期出台的打击商人的经济政策是什么? …………… 39
515. 汉武帝时期创制的以正月为岁首的历法是什么? …………… 39
516. 汉武帝为巩固中央集权、削弱诸侯国的势力,颁布了什么重要政令?
 ……………………………………………………………………… 40
517. 王莽改制的主要内容是什么? ………………………………… 40
518. 西汉时期抗击匈奴与霍去病齐名的名将是谁? ……………… 41
519. 西汉文帝、景帝统治时期为什么被称作"文景之治"? …… 41
520. 汉武帝晚年发生的巫蛊之祸是怎么回事? …………………… 41
521. 汉武帝时发行的一种新型铜币叫什么? ……………………… 42
522. 汉代设立的西域最高军政长官叫什么? ……………………… 42
523. 活跃在秦汉时期的北方最强大的少数民族是哪个民族? …… 43
524. 西汉昭帝时召开的盐铁会议是讨论什么的? ………………… 43
525. 秦朝末年刘邦入关后为稳定关中社会秩序而采取了什么措施? … 44
526. 造纸术为什么被称为中国四大发明之一? …………………… 44
527. 东汉时期发明地动仪的科学家是谁? ………………………… 45
528. 汉武帝时期为何派张骞出使西域? …………………………… 45
529. 被后世学者奉为"医圣"的医学家是谁? …………………… 45
530. 我国古代修建的一种长墙式的军事防御工程叫什么? ……… 46
531. 西汉元帝时为何要派宫女王昭君出塞与匈奴和亲? ………… 46
532. 汉武帝设立的削弱相权的中央决策机构是什么? …………… 47
533. 西汉初年的诸吕之乱是怎么回事? …………………………… 47
534. 西晋宗室间争夺政权的重大变乱叫什么? …………………… 47
535. 东晋在招募北方流民基础上组建的一支战斗力很强的军队是什么? … 48
536. 北魏孝文帝改革的主要内容是什么? ………………………… 48
537. 东汉末年"挟天子以令诸侯"的人是谁? …………………… 49
538. 东汉末年,奠定三国鼎立的基础的战役是什么? …………… 50
539. "风声鹤唳,草木皆兵"的典故出自哪场战役? …………… 50

540. 东晋十六国时期曾一度统一北方的氐族首领是谁？ 51

541. 西魏、北周至唐中期的兵制是什么？ 51

542. 司马氏为控制曹魏政权而发动的政变是什么？ 52

543. 东汉末年曹操和袁绍为争夺对黄河中下游的统治权而进行的一场有决定意义的战争是什么？ 52

544. 北魏权臣尔朱荣策划并实施的一起屠杀皇族和百官公卿的事件叫什么？ 53

545. 南朝萧梁末年北齐降将侯景为何发动叛乱？ 53

546. 记载东汉一朝的历史的正史是什么？ 54

547. 东晋时桓温先后三次北伐中原，其结果如何？ 54

548. 魏晋南北朝时期的官吏选拔制度是什么？ 55

549. 北魏至唐中叶实行的计口分田的制度叫什么？ 55

550. 南朝时期极度沉溺佛教的皇帝是谁？ 56

551. 北魏末年边镇各族人民和兵士的大起义是什么？ 56

552. 诸葛亮在隆中为刘备规划的政治蓝图叫什么？ 56

553. 指南车的发明者是谁？ 57

554. 诸葛亮平定南中发生在哪一年？ 57

555. 《齐民要术》是一部什么样的书？ 58

556. 侨置与土断是一个什么样的户籍措施？ 58

557. 《三国志》的作者是谁？ 59

558. 三长制是一种什么组织？ 59

559. 《水经注》是一部什么样的书？ 59

560. 孙恩、卢循起义是怎样的？ 60

561. 屯田是一种什么样的农业组织形式？ 60

562. 王与马，共天下是什么意思？ 61

563. "五胡乱华"的起因是什么？ 61

564. 夷陵之战是一次什么战役？ 62

565. 永嘉南渡是什么历史事件？ 62

566. 元嘉之治是什么时候出现的历史局面？ 63

567. 占田制是什么时期的制度？ 63

568. 木牛流马、孔明灯是谁发明的？ 64

569. 宗主督护制是一种什么制度? ... 64
570. 世界上第一个把圆周率的精确数值计算到小数点后第七位数的数学家是谁? ... 65
571. 祖逖北伐是一次什么战争? ... 65
572. 安史之乱是一次什么样的叛乱? ... 65
573. 安西都护府是什么机构? ... 66
574. 渤海国是什么时期的政权? ... 66
575. 怛罗斯之战是一次什么战役? ... 67
576. 大索貌阅是一个什么样的措施? ... 67
577. 东、西突厥是什么时期的政权? ... 68
578. 藩镇割据是怎样发展的历史现象? ... 68
579. 甘露之变是一次什么事件? ... 69
580. 柜坊、飞钱是什么时候的产物? ... 69
581. 唐代翰林院是什么机构? ... 69
582. 淮西之乱是什么时期的叛乱事件? ... 70
583. 回纥是什么民族? ... 70
584. 会昌灭佛是一次什么运动? ... 71
585. 被日本人称之为"过海大师"的人是谁? ... 71
586. 《开皇律》是什么时期颁布的? ... 72
587. 开元盛世是哪位皇帝统治下的局面? ... 72
588. 开元通宝是什么时候的货币? ... 72
589. 科举制是一种什么制度? ... 73
590. 彍骑、长征健儿是怎样发展起来的? ... 73
591. 两税法是什么时候的税制? ... 74
592. 刘晏理财是什么时候的财政改革? ... 74
593. 马嵬之变是一次什么事件? ... 75
594. 南衙北司之争指的是什么? ... 75
595. 南诏是什么时期的政权? ... 76
596. 牛李党争是什么时候的朋党之争? ... 76
597. 遣唐使是哪个国家派出的使团? ... 77
598. 三省六部制是一个什么制度? ... 77

599. 中国古代第一部系统的史学评论著作是什么书？ 78
600. 什么是"输籍定样"？ 78
601. 四镇之乱是什么时期的叛乱事件？ 78
602. 文成公主进藏是与谁成婚？ 79
603. 隋代大运河是一项什么样的工程？ 79
604. 唐代前期以均田制的推行为基础的赋税制度是什么？ 80
605. 隋末农民战争是怎样发展的？ 80
606. 隋朝开国皇帝是谁？ 81
607. 隋炀帝是一位什么样的帝王？ 81
608. 《千金方》的作者是谁？ 82
609. 中国现存第一部内容完整的封建法典是什么？ 82
610. 唐末农民战争是怎样演进的？ 83
611. 被铁勒、回纥等族统治者尊为"天可汗"的唐朝皇帝是谁？ 83
612. 唐修八史是哪八部历史？ 84
613. 唐朝在位最长的皇帝是谁？ 84
614. 我国第一部记载历代典章制度沿革的历史典籍是什么？ 85
615. 《谏太宗十思疏》的作者是谁？ 85
616. 五代是哪些朝代的合称？ 86
617. 五刑是指哪五种刑法？ 86
618. 我国历史上唯一一位女皇帝是谁？ 87
619. 玄武门之变是一个什么事件？ 87
620. 《西游记》中的唐僧是以谁为原型的？ 88
621. 薛延陀是什么？ 88
622. 燕云十六州包括哪些地方？ 89
623. 印刷术起源于什么时候？ 89
624. 隋朝营建东都发生在哪一年？ 90
625. 什么是"二王八司马事件"？ 90
626. 我国现存最早的比较完整的全国性的地理总志是什么？ 90
627. 什么是长庆会盟 91
628. 赵州桥是什么时候修建的？ 91
629. 贞观之治是哪位皇帝统治下的局面？ 91

630. 八字军是一支什么样的军队？ ……………………………… 92
631. 什么是保甲法？ ……………………………………………… 92
632. 杯酒释兵权指的是什么？ …………………………………… 93
633. 采石之战是一次什么战役？ ………………………………… 93
634. 澶渊之盟是一次什么样的盟约？ …………………………… 94
635. 陈桥兵变是谁策划的军事政变？ …………………………… 94
636. 成吉思汗在蒙古语里是什么意思？ ………………………… 95
637. 达鲁花赤是一个什么职官？ ………………………………… 95
638. 钓鱼城之战是一次什么战役？ ……………………………… 96
639. 端平入洛是一次什么军事行动？ …………………………… 96
640. 宋朝"二府"是指哪两个机构？ …………………………… 97
641. 方腊、宋江起义发生在什么时候？ ………………………… 97
642. 方田均税法是什么时期的政策？ …………………………… 98
643. 府州军监是什么时候的行政区划？ ………………………… 98
644. 高梁河之战是一次什么战役？ ……………………………… 98
645. 更戍法是什么制度？ ………………………………………… 99
646. "郭太史"是谁？ …………………………………………… 99
647. 《海上之盟》是一个什么盟约？ …………………………… 100
648. 行省是什么？ ………………………………………………… 100
649. 黄道婆是谁？ ………………………………………………… 101
650. 黄天荡之战是一次怎样的战役？ …………………………… 101
651. 会子是什么时候的纸币？ …………………………………… 102
652. 嘉定和议是什么时候订立的合约？ ………………………… 102
653. 交子是什么时候的纸币？ …………………………………… 102
654. 宋朝的禁军、厢军是什么意思？ …………………………… 103
655. 靖康之变是什么历史事件？ ………………………………… 103
656. 开禧北伐发生在什么时候？ ………………………………… 104
657. 北宋主张抗金的李纲是什么人？ …………………………… 104
658. 西夏的开国皇帝是谁？ ……………………………………… 105
659. 隆兴和议是一个什么和约？ ………………………………… 105
660. 马可·波罗是哪个国家的人？ ……………………………… 106

661. 猛安谋克是什么组织？ ……………………………………………………… 106
662. 募役法是什么意思？ …………………………………………………………… 107
663. 辽朝南、北面官制是什么行政体制？ …………………………………… 107
664. 澎湖巡检司是什么机构？ …………………………………………………… 107
665. "怯薛"是一个什么称谓？ ………………………………………………… 108
666. 青苗法是什么？ ………………………………………………………………… 108
667. 庆历新政是一次什么样的改革？ ………………………………………… 108
668. 驱口是什么意思？ ……………………………………………………………… 109
669. 绍兴和议是什么？ ……………………………………………………………… 109
670. 《梦溪笔谈》的作者是谁？ ………………………………………………… 110
671. 帅漕宪仓是一个什么机构？ ………………………………………………… 110
672. 四大汗国是指哪几个汗国？ ………………………………………………… 111
673. 四等人制是一种什么制度？ ………………………………………………… 111
674. 四时捺钵是一种什么制度？ ………………………………………………… 112
675. 南宋的第一位皇帝是谁？ …………………………………………………… 112
676. 宋徽宗是一位怎样的帝王？ ………………………………………………… 112
677. 北宋的开国皇帝是谁？ ……………………………………………………… 113
678. 宋夏和议是什么时候签订的？ …………………………………………… 113
679. 《通志》的作者是谁？ ………………………………………………………… 114
680. "头下军州"是什么？ ………………………………………………………… 114
681. 金朝的开国皇帝是谁？ ……………………………………………………… 115
682. 王安石变法的主要内容有哪些？ ………………………………………… 115
683. 王小波李顺起义发生在什么时候？ ……………………………………… 116
684. 《王祯农书》是一部怎样的著作？ ……………………………………… 116
685. "宋末三杰"之一的文天祥是谁？ ……………………………………… 116
686. 《文献通考》的作者是谁？ ………………………………………………… 117
687. 西辽是什么政权？ ……………………………………………………………… 117
688. 《瑷珲条约》是什么时候签订的？ ……………………………………… 118
689. 八股文是一种什么文体？ …………………………………………………… 118
690. 五代后周时期为后来北宋的统一事业奠定基础的统治者是谁？ …… 119
691. 八旗制度是一种什么制度？ ………………………………………………… 119

692. 契丹政权的建立者是谁? ……………………………………………… 120
693. 《北京条约》是什么时候签订的? ……………………………………… 120
694. 我国第一部编年体通史是什么史书? ………………………………… 121
695. 闭关政策是一种什么政策? …………………………………………… 121
696. 被称为"曾文正公"的晚清名臣是谁? ……………………………… 122
697. 厂卫是什么机构? ……………………………………………………… 122
698. 什么是白莲教起义? …………………………………………………… 123
699. 《大诰》是哪位皇帝写定的刑典? …………………………………… 123
700. 大礼仪之争是一次什么样的争论? …………………………………… 123
701. 《大明律》是一部什么法典? ………………………………………… 124
702. 第二次鸦片战争是什么? ……………………………………………… 124
703. 东林党争是什么样的党争? …………………………………………… 125
704. "东南互保"是一个什么协议? ……………………………………… 126
705. 多伦会盟是哪位皇帝主持的? ………………………………………… 126
706. 北宋官方颁布的一部关于建筑设计、施工规范的著作是什么? …… 126
707. 元代管理全国佛教事务和青藏地区军事民政的中央机构是什么? …… 127
708. 元代大运河是如何修建起来的? ……………………………………… 127
709. 赋税黄册是什么? ……………………………………………………… 128
710. 什么是"改土归流"? ………………………………………………… 128
711. 被称为"古代百科全书"的是什么书? ……………………………… 128
712. 广州十三行起于什么时候? …………………………………………… 129
713. 国子监是什么机构? …………………………………………………… 129
714. 《海国图志》的作者是谁? …………………………………………… 130
715. 明朝军队的基本组织形式是怎样的? ………………………………… 130
716. "胡蓝之狱"是什么事件? …………………………………………… 131
717. 明初大规模的远洋航行是什么? ……………………………………… 131
718. 明朝时英宗被俘的事件是什么? ……………………………………… 132
719. 黄海海战是一场什么战役? …………………………………………… 132
720. 一条鞭法是怎样的赋税制度? ………………………………………… 132
721. 徐霞客所著的一部以日记体为主的地理学著作是什么? …………… 133
722. 火烧圆明园是一个怎样的历史事件? ………………………………… 133

723. 甲午中日战争是一场什么战争？ …… 134
724. 建州三卫是什么机构？ …… 134
725. 金瓶掣签的作用是什么？ …… 135
726. 什么是靖难之役？ …… 135
727. 军机处是什么机构？ …… 135
728. 康熙帝的功绩有哪些？ …… 136
729. 《孔子改制考》的作者是谁？ …… 136
730. 北洋水师的创始人是谁？ …… 137
731. 《本草纲目》的作者是谁？ …… 137
732. 大顺政权的建立者是谁？ …… 138
733. 理藩院是主管什么的？ …… 138
734. 主持虎门销烟的民族英雄是谁？ …… 139
735. 隆庆和议发生在哪一年？ …… 139
736. 《马关条约》的内容有哪些？ …… 140
737. 清乾隆年间官修的中国古代最大的一部丛书是什么？ …… 140
738. 明成祖是哪位皇帝？ …… 141
739. 明末农民战争是如何发展的？ …… 141
740. 明末三大案是哪三大案？ …… 142
741. 明朝的开国皇帝是谁？ …… 142
742. 南明是什么？ …… 143
743. 明清内阁是一个什么样的机构？ …… 143
744. 《尼布楚条约》是什么时候签订的？ …… 144
745. 捻军是什么？ …… 144

哲学类

百 家

746. "诸子百家"真的有"百家"吗？ …… 145
747. "三教九流"指的是什么？ …… 146
748. 兵家是什么样的学派？ …… 146
749. 法家是什么样的学派？ …… 146
750. 与儒家同称"显学"的墨家是什么样的学派？ …… 147

751. 以善于思辨著称的名家是什么样的学派？ …… 147
752. 阴阳家是什么样的学派？ …… 148
753. "纵横捭阖"的纵横家是什么样的学派？ …… 148
754. 农家是什么样的学派？ …… 149
755. 杂家是什么样的学派？ …… 149
756. "兵圣"孙武是一个怎样的军事家？ …… 150
757. 孙膑有哪些事迹和思想？ …… 151
758. 田忌赛马是一个什么事件？ …… 151
759. 马陵之战是一次什么战役？ …… 151
760. 管仲是一个怎样的人？ …… 152
761. 楚国购鹿是一个什么事件？ …… 152
762. 为秦国变法的商鞅是怎样的人？ …… 153
763. 立木为信是什么事件？ …… 153
764. 韩非子有什么样的思想成就？ …… 154
765. 秦朝著名丞相李斯是什么样的人？ …… 154
766. 墨子是什么人？ …… 155
767. 墨子救宋发生在什么时候？ …… 155
768. 庄子的好友惠施是怎样的一个人？ …… 156
769. 庄子送葬是一个什么故事？ …… 156
770. 戏弄楚怀王的张仪是什么人？ …… 157
771. "锥刺股"的苏秦是什么人？ …… 157
772. 秦国丞相吕不韦是怎样的一个人？ …… 158
773. 邹衍是什么人？ …… 159
774. 《孙子兵法》是一部什么样的兵书？ …… 159
775. 《韩非子》是什么书？ …… 160
776. 郑人买履是一个什么故事？ …… 160
777. 自相矛盾是一个什么故事？ …… 160
778. 《墨子》有哪些内容？ …… 161
779. 《吕氏春秋》是什么书？ …… 161
780. "知己知彼"有着怎样的思想内涵？ …… 162
781. "兼爱""非攻"指的是什么？ …… 162

- 782. "尚贤""尚同"是什么意思？ ……………………………………… 163
- 783. "节用"的思想内涵是什么？ ……………………………………… 163
- 784. "治世不一道，便国不法古"是什么意思？ ……………………… 164
- 785. "法、术、势"指的是什么？ …………………………………… 164
- 786. "君子不镜于水，而镜于人"是什么意思？ …………………… 165
- 787. "兵者，国之大事，死生之地，存亡之道，不可不察也"是什么意思？ …………………………………………………………………… 165
- 788. "百战百胜，非善之善者也，不战而屈人之兵，善之善者也"体现了什么思想？ …………………………………………………… 166
- 789. 烛之武退秦师是一个什么故事？ ……………………………… 166
- 790. "子非鱼，安知鱼之乐"这句话背后有什么故事？ …………… 167
- 791. "太山不立好恶，故能成其高；江海不择小助，故能成其富"表达了什么思想？ ………………………………………………… 167
- 792. "刑过不避大臣，赏善不遗匹夫"是哪部书中的名言？ ……… 168
- 793. "三年不翅，将以长羽翼；不飞不鸣，将以观民则。虽无飞，飞必冲天；虽无鸣，鸣必惊人。"这句话背后有什么故事？ …… 169
- 794. 管仲说："生我者父母，知我者鲍子也。"这体现了什么？ …… 169

道 家

- 795. 道家是什么样的学派？ ………………………………………… 170
- 796. 道教是什么？与道家有什么关系？ …………………………… 171
- 797. 黄老之学是什么样的思想流派？ ……………………………… 171
- 798. 玄学是什么？ …………………………………………………… 172
- 799. 老子是什么人？ ………………………………………………… 172
- 800. 列子是什么人？ ………………………………………………… 173
- 801. "老庄"中的"庄"指的是谁？ ……………………………… 173
- 802. 王弼对道家学说有什么影响？ ………………………………… 174
- 803. 郭象是什么样的人？ …………………………………………… 175
- 804. 历史中的王重阳是什么样的人？ ……………………………… 175
- 805. 《道德经》是什么书？ ………………………………………… 176
- 806. 《庄子》都有哪些内容？ ……………………………………… 176

807. 《列子》是一部什么书？ ……………………………………… 177
808. 《管子》是什么书？ …………………………………………… 177
809. 《淮南子》为什么被视为道家著作？ ………………………… 178
810. "道生万物"是什么意思？"道"是什么？ …………………… 178
811. "小国寡民""无为而治"是什么样的思想？ ………………… 179
812. "有无相生"有着什么样的思想内涵？ ……………………… 180
813. "逍遥游"是谁的理想？ ……………………………………… 180
814. "坐忘""心斋"是什么意思？ ………………………………… 181
815. "得意忘象"是谁提出的思想学说？ ………………………… 181
816. "上善若水"是谁的名言？ …………………………………… 182
817. "夫唯不争，故天下莫能与之争"是什么意思？ …………… 182
818. "弱之胜强，柔之胜刚，天下莫不知，莫能行"蕴含了什么思想？
 ……………………………………………………………………… 183
819. "大直若屈，大巧若拙，大辩若讷"讲述了什么道理？ …… 184
820. "祸兮福之所倚，福兮祸之所伏"出自哪部著作？ ………… 184
821. "北冥有鱼，其名为鲲。鲲之大，不知其几千里也。化而为鸟，其名为鹏。鹏之背，不知其几千里也"出自哪里？ ……………… 185
822. "朝菌不知晦朔，蟪蛄不知春秋"这句话有什么内涵？ …… 186
823. "君子之交淡若水，小人之交甘若醴"出自哪部著作？ …… 186
824. "吾生也有涯，而知也无涯"是什么意思？ ………………… 187

佛 家

825. 佛教是怎样的宗教？ …………………………………………… 188
826. 大乘佛教、小乘佛教分别指什么？ …………………………… 189
827. 禅宗是什么？ …………………………………………………… 190
828. 佛教始祖释迦牟尼是什么人？ ………………………………… 190
829. 鸠摩罗什是谁？他对中国佛教发展有什么贡献？ ………… 191
830. 《西游记》中的"唐僧"是谁？ ………………………………… 192
831. 弘忍是什么人？ ………………………………………………… 192
832. 慧能对禅宗的发展有什么影响？ ……………………………… 193
833. 神会是什么人？ ………………………………………………… 194

834. 东渡日本的鉴真是怎样的僧人? …… 194
835. 马祖道一是一个什么历史人物? …… 195
836. 僧一行有什么贡献? …… 195
837. 《四十二章经》是怎样的一部经书? …… 196
838. 《心经》是什么经? …… 196
839. 《六祖坛经》记载了什么内容? …… 197
840. 《大唐西域记》讲述了什么内容? …… 197
841. 《五灯会元》是一部什么书? …… 198
842. 佛教的"四谛""八正道"都有什么内容? …… 198
843. 什么是"因果报应""六道轮回"? …… 199
844. 佛教三宝指的是哪"三宝"? …… 199
845. 佛教的"戒""定""慧"是什么? …… 200
846. 涅槃和解脱有什么异同? …… 200
847. "西方极乐世界"是什么样的世界? …… 201
848. "五蕴""十二处""十八界"分别指什么? …… 201
849. 佛教的"天龙八部"有哪八部? …… 202
850. 禅宗"公案"是什么? …… 202
851. "不是风动,不是幡动,仁者心动"背后有什么故事? …… 203
852. "菩提本无树,明镜亦非台,本来无一物,何处惹尘埃"是谁的著名偈颂? …… 203
853. "庭前柏树子"是谁的话?蕴含着什么样的智慧? …… 204
854. "见山是山,见水是水"讲的是什么? …… 205

儒 家

855. 儒家、儒教、儒学有什么联系和区别? …… 205
856. 宋朝出现的理学是什么样的哲学流派?有哪些代表人物和分支学派? …… 206
857. "程朱理学"是什么学派?有什么影响? …… 207
858. "陆王心学"是什么?与"程朱理学"有何不同? …… 208
859. "四书五经"是怎么来的? …… 209
860. "十三经"都包括了哪些儒家经典? …… 209

861. 《诗经》是一部什么样的书？ ... 210
862. 《尚书》讲述了什么内容？ ... 211
863. 《礼记》记载了什么内容？ ... 211
864. 儒家和道家共同的经典《周易》是一部什么样的书？ ... 212
865. 《春秋》是什么书？有什么特色？ ... 212
866. 《论语》记述了什么内容？ ... 213
867. 《孟子》包含了哪些思想内容？ ... 214
868. "四书"之一的《中庸》是一部怎样的经典？ ... 214
869. 《大学》讲述了什么内容？ ... 215
870. "春秋三传"指哪几部书？ ... 215
871. 《仪礼》记载了哪些内容？ ... 216
872. 《孝经》是一部什么样的经典？ ... 217
873. 《尔雅》是什么书？为什么被列入儒家经典？ ... 217
874. 《周礼》记载了哪些内容？ ... 218
875. 《荀子》包含了哪些思想内容？有什么样的影响？ ... 218
876. 《五经正义》是什么书？ ... 219
877. 朱熹的《四书章句集注》有什么影响？ ... 219
878. 《传习录》是什么书？ ... 220
879. 儒家创始人孔子是什么样的人物？为什么被称为"圣人"？ ... 220
880. 孔子最欣赏的弟子颜回是怎样的一个人？ ... 221
881. 儒家的"宗圣"是谁？ ... 222
882. 子思是谁？他对儒家学说的发展有什么贡献？ ... 223
883. "亚圣"孟子是什么样的人？ ... 224
884. 荀子有哪些思想成就？ ... 225
885. 贾长沙、贾太傅指的是谁？ ... 226
886. 西汉大儒董仲舒提出了哪些观点？ ... 226
887. 辞赋大家扬雄是怎样的哲学家？ ... 227
888. 《五经正义》的主编孔颖达是怎样的儒者？ ... 228
889. 位列"唐宋八大家"之首的韩愈是一位怎样的思想家？ ... 228
890. 李翱是什么人？ ... 229
891. 大文豪柳宗元有哪些思想成就？ ... 230

892. "拗相公"王安石提出了哪些哲学观点？	230
893. "濂溪先生"指的是谁？	231
894. "二程"指的是哪两个大儒？	232
895. "横渠先生"是谁？	233
896. 朱熹是什么人？他对思想文化的发展有哪些贡献？	233
897. "象山先生"是谁？	234
898. "孔、孟、朱、王"中的"王"是谁？	235
899. 李贽是怎样的一个思想家？	236
900. 黄宗羲是什么人？	237
901. 顾炎武有哪些思想成就？	237
902. "船山先生"是谁？	238
903. "五圣""四配"指的是哪些人？	239
904. 什么是"七十二贤"和"孔门十哲"？	239
905. 什么是"正名"？	240
906. 孔子讲的"仁""义"有哪些内涵？	240
907. 孔子提出的"忠"和"恕"是什么？	241
908. "中庸"包含着什么思想内涵？	241
909. "有教无类"是什么意思？孔子还有哪些著名的教育思想？	242
910. 《三字经》讲"人之初，性本善"，"性善论"是谁的观点？	243
911. "仁政"包含了哪些思想内涵？	244
912. "性恶论"指什么？是谁的思想观点？	245
913. 什么是"隆礼""重法"？	245
914. 什么是"天人感应"？	246
915. "大一统"是什么样的思想观点？	247
916. 儒家的"道统"是谁提出来的？	247
917. "复性"是什么？	248
918. 理学中的"理"和"天理"是什么？	249
919. "格物穷理"是谁提出的？指的是什么？	249
920. "心即理"是谁提出的观点？	250
921. "心外无理""心外无物"体现了什么样的思想内涵？	250
922. 什么叫"致良知"和"知行合一"？	251

923. 儒家是怎么理解"道"的？ ………………………………………… 251
924. 儒家的"理""气"是什么？ ………………………………………… 252
925. 儒家是怎么解释"太极"的？ ……………………………………… 252
926. 儒家的"阴阳"观念有哪些？ ……………………………………… 253
927. 儒家思想中的"纲常"指什么？ …………………………………… 253
928. "学而时习之，不亦说乎？有朋自远方来，不亦乐乎？人不知而不愠，不亦君子乎"是孔子的名言，这句话包含了哪些思想？ ………… 254
929. "吾日三省吾身，为人谋而不忠乎？与朋友交而不信乎？传不习乎？"是谁讲的话？ ……………………………………………………… 255
930. "有则改之，无则加勉"出自哪部著作？ ………………………… 255
931. "知之为知之，不知为不知，是知也"蕴含了什么道理？ ……… 256
932. "君子喻于义，小人喻于利"是孔子的名言，孔子是如何认识"君子"和"小人"的？ ……………………………………………………… 257
933. "君子食无求饱，居无求安"是什么意思？ ……………………… 258
934. "见贤思齐焉，见不贤而内自省也"体现了什么样的学习态度？ … 259
935. 孔子为什么说"父母在，不远游，游必有方"？ ………………… 259
936. "学而不厌，诲人不倦"体现了什么思想？ ……………………… 260
937. "岁寒，然后知松柏之后凋也"体现了什么样的精神品质？ …… 261
938. "人而无信，不知其可也"是孔子的名言，这句话体现了什么思想？ ……………………………………………………………………… 262
939. "生于忧患，死于安乐"是哪部书中的名言？体现了谁的观点？ … 263
940. "天将降大任于是人也，必先苦其心志，劳其筋骨，饿其体肤，空乏其身，行拂乱其所为"是什么意思？ …………………………… 264
941. "乐民之乐者，民亦乐其乐，忧民之忧者，民亦忧其忧"是谁的名言？ ……………………………………………………………………… 265
942. "得道者多助，失道者寡助"讲述了什么道理？ ………………… 265
943. 为什么说"民为贵，社稷次之，君为轻"？ ……………………… 266
944. "老吾老，以及人之老，幼吾幼，以及人之幼"体现了"尊老爱幼"的美德，这句话出自哪部书？ ……………………………………… 266
945. "舍生而取义者也"是谁的名言？ ………………………………… 267
946. "富贵不能淫，贫贱不能移，威武不能屈"出自哪部著作？ …… 268

947. "青，取之于蓝，而青于蓝"是哪个成语的源头？ 269
948. 荀子名言"不积跬步，无以至千里；不积小流，无以成江海"讲述了什么道理？ 269
949. "闻道有先后，术业有专攻"是谁的名言？是什么意思？ 270
950. "古之立大事者，不惟有超世之才，亦必有坚韧不拔之志"是谁的名言？ 271
951. "予独爱莲之出淤泥而不染，濯清涟而不妖"出自哪篇著名文章？ 271
952. "为往圣继绝学，为万世开太平"是什么意思？"横渠四句"指的是什么？ 272
953. 什么是"修身、齐家、治国、平天下"？"三纲八目"是什么？ 272
954. "天行健，君子以自强不息；地势坤，君子以厚德载物"出自哪部古代典籍？ 273

艺术类

955. 顾恺之是谁？ 274
956. 吴道子的代表作品有哪些？ 275
957. 荆浩提出的山水"六要"指的是什么？ 276
958. 南派山水画开山鼻祖是谁？ 276
959. 吴镇最擅长画什么？ 277
960. 倪瓒的代表作品有哪些？ 277
961. 戴进是谁？ 278
962. 吴伟 279
963. 沈周的《庐山高图》运用了怎样的画法？ 279
964. 文徵明有哪些代表作品？ 280
965. 唐寅和唐伯虎是同一个人吗？ 281
966. 陈洪绶是谁？ 282
967. 崔子忠是谁？ 282
968. 朱耷是谁？ 283
969. 齐白石擅长于画什么？ 284
970. 王羲之最重要的贡献是什么？ 285

971. 王献之书法的整体风格是什么? …… 286
972. 王珣的什么作品为今存唯一得见的东晋文人书法真迹? …… 286
973. 智永的哪一代表作被后人视为学习楷书和草书的范本? …… 287
974. 欧阳询的哪一作品最为流传? …… 287
975. 虞世南的代表作品有? …… 288
976. 褚遂良是谁,有哪些代表作? …… 288
977. 薛稷擅长画什么? …… 289
978. 孙过庭以何种字体最为著称? …… 289
979. 张旭的书法风格是什么? …… 289
980. 李邕的行书传世之作有哪些? …… 290
981. 李阳冰篆书被后世称为什么? …… 290
982. 颜真卿的楷书和行书的风格分别是什么? …… 290
983. 柳公权以何字体著称?世人称其为什么? …… 291
984. 杨凝式的传世书迹有什么? …… 291
985. "宋四家"是什么? …… 292
986. 辐射式书体是什么? …… 292
987. 米芾的代表作有哪些? …… 293
988. 蔡襄代表作有哪些? …… 293
989. 赵孟頫代表作有哪些? …… 294
990. 祝允明是谁? …… 294
991. 文徵明 …… 294
992. 董其昌的代表作有哪些? …… 295
993. 邓石如的代表作有哪些? …… 295

历史哲学艺术卷

历史类

429. 我国北京地区发现的最早的猿人化石是什么？

北京人化石。北京人遗址于 1921 年在北京市西南郊周口店龙骨山的一处洞穴中被发现，1929 年由我国古生物学家裴文中发掘出第一个北京人头骨，之后又发现石制品、骨角制品以及用火的遗迹。北京人遗址是我国目前发现的遗存最丰富的旧石器时代遗址。1987 年，被联合国教科文组织列入"世界文化遗产"名录。

北京人生活在距今约 70 万—20 万年，体质特点已具备人的性质，但还保留着某些猿的特征：头骨低平、眉嵴突出、面部短而吻部前伸；脑容量约为现代人的 2/3；头部前倾，身材粗短，腿短臂长，但能够稳健地直立行走。

北京人的婚姻形态为群婚，以狩猎为生。

北京人已学会制作比较粗糙的石器，采用以石击石的方法打制出刮削器、尖状器、雕刻器和砍斫器等工具，用来满足削制木矛、砍柴取暖、肢解猎物、挖掘块根等需求。

北京人已经开始使用火，还能保留火种。用火大大提高了他们适应环境的能力。

北京人的文化遗物非常丰富，是我们了解远古社会历史的一个重要依据。通过对北京人的研究，可以发现早期猿人向现代人类演进和发展变化的规律，为人类起源的研究提供了可靠的证据。

430. 春秋时期奠定晋国霸主地位的战争是什么？

城濮之战，春秋时晋国与楚国之间的争霸战役。公元前 634 年左右，楚国势力强盛，欲称霸中原，企图北上。北方强国晋国自晋文公登位以来，实力逐渐恢复。两大强国争夺霸权的斗争不可避免。公元前 633 年，楚成王率兵攻宋，宋向晋求救。次年，晋文公伐楚盟国曹、卫，晋、楚两军对峙。由于晋取得了齐、秦的支持，楚成王命楚将子玉撤兵，子玉不听执意与晋决战。晋文公为了避开楚军的锋芒，主动退避三舍（九十里），既是报答以前楚成王给予的礼遇，也是运用"卑而骄之""怒而挠之"的诱敌之计。四月，晋军及宋、秦、齐军与楚、陈、蔡军战于城濮（今山东鄄城）。晋下军先击溃陈、蔡，楚右军随之而溃。晋栾枝率部假装退却，诱楚追击。晋中军与上军击楚左军，左军亦溃，楚军大败，子玉羞愤自杀。经此一战，楚国北进锋芒受到挫折。不久，晋文公会诸侯于践土，周襄王正式策命文公为"侯伯"，晋文公的霸主地位确立。

431. 春秋时期鲁国实行的按亩征税的制度叫什么？

初税亩，鲁宣公十五年（公元前594年）开始实行的按亩征税的制度。在此之前，不少诸侯、卿、大夫事实上已经把井田作为他们的私有财产，并且随着铁制农具的发展，使他们有可能进而在受封的井田之外，把新开垦的土地作为私田。属于国家所有制性质的井田制正在逐步瓦解，土地私有制的产生和发展已成不可抗拒的趋势。鲁国公室为了增加财政收入，开始实施初税亩。其内容是："公田之法，十足其一；今又履其余亩，复十取一。"即不分公田、私田，凡占有土地者均须按亩纳税，税率为亩产量的十分之一。史学界对初税亩中土地税的性质及税亩制本身的历史意义存在不同的看法。较为流行的说法是，初税亩表明鲁国正式宣布废除井田制，在法律上承认了土地私有制的合法性，加速了井田制的瓦解。初税亩的出现，标志着我国从奴隶制税制向封建制税制转化的开端。

432. 春秋五霸指的是哪五个人？

春秋五霸是春秋时期相继称霸的五个诸侯。春秋时期，周王室势力衰微，权威不再，已经无法有效控制天下诸侯。一些强大的诸侯国为了在政治、军事中占据主导地位，开启了激烈的争霸战争，相互征伐，前后共有数位诸侯依次成为霸主。

据统计，"五霸"共有八种不同的说法。通行的说法有两种：一说齐桓公、宋襄公、晋文公、秦穆公、楚庄王；另一说则是齐桓公、晋文公、楚庄王、吴王阖闾和越王勾践。齐桓公、晋文公是春秋时期最为标准的两位霸主，实至名归，史称"齐桓晋文"，各史籍皆认同，没有争议。秦、楚两国虽不被中原国家敬重，但秦穆公和楚庄王不论才干、功绩都十分显著，无法埋没，也有相当高的认可度。春秋后期吴王阖闾和越王勾践也都是一时之雄。而宋襄公虽然没有称霸的绝对实力，但他坚持仁义的理念，因而得到一定的尊重。

在周王室衰微、无力控制天下的情况下，霸主肩负着协调、平衡各国关系，保护附属国的义务。这主要通过以盟约的形式申明反对用战争解决诸侯国之间的争端体现出来。

433. 大汶口文化是什么时代的文化？

大汶口文化是新石器时代晚期黄河下游的一种文化。因它的主要遗址在山东泰安大汶口而得名。年代约为公元前4300—前2400年，分布区域东至黄海之滨，南达苏皖北部，西到河南东部，北达辽东半岛。根据大汶口文化内涵的不同特点，一般分为早、中、晚三期。早期处于母系氏族社会，中、晚期处于父系氏族社会。大汶口文化以特点鲜明的陶器为主要特征，盛行三足和圈足器，早期全系手制，多红色，晚期出现轮制，多黑色和灰色。早期只见单色黑彩，中期彩陶增多，红、白、黑、赭等色均有，几何纹是其彩陶的主要图案。生产工具以磨制石器为主，早期制造粗糙，中期以后磨制精致，并用琢钻和管钻法打孔。装饰品做工精致，中期以后出现雕刻镶嵌技术。大汶口文化为龙山文化的源头。

434. 上古时代大禹治水是怎么回事？

大禹治水是中国古代神话传说和故事传说。尧舜统治时期，天下洪水为害，居民的生命财产受到极大的威胁。尧命有崇氏首领鲧治理洪水。鲧用堵塞的方法，筑造堤坝想挡住洪水。结果洪水一来，堤坝都被冲毁了。就这样用了将近九年的时间，不但没有取得成效，反而洪水越来越大，水灾越闹越凶。鲧治水失败，被继任的部落联盟首领舜处死。舜又命鲧的儿子禹治水。禹汲取了父亲治水失败的教训，改用疏导的方法，开渠排水，疏通江河，兴修水利，灌溉农田。禹治水期间，尽职尽责，心怀民众疾苦，在外十三年，三过家门而不入。经过艰苦卓绝的努力，终于治平了洪水。禹的声望日隆，舜死后被拥戴为部落联盟的首领，由于禹平治了水土，社会生产力迅速发展，为奴隶制国家的建立提供了必要的经济基础。

435. 为研究夏朝文化提供了丰富的考古资料的文化遗存是什么？

二里头文化，是介于中原龙山文化和二里岗文化之间的一种青铜时代文化。该文化以发现于河南省洛阳偃师二里头命名。二里头文化主要分布于河南西部和山西南部，在河南东南部、湖北北部、河北南部及陕西东部等地也陆续有所发展。偃师二里头遗址是一处夏代晚期的都城遗址，总面积约3平方公里，遗存可划分为四个时期。遗址内发现有宫殿、居民区、制陶作坊、铸铜作坊、窖穴、墓葬等遗迹。出土有大量石器、陶器、玉器、铜器、骨角器及蚌器等遗物，其中的青铜爵是目前所知中国最早的青铜容器。二里头文化的碳-14法测定年代接近夏代纪年，又分布在传说中的夏人活动范围内，为探索夏文化提供了丰富资料。

436. 中国古代分封诸侯的政治制度叫什么？

分封制，最初流行于西周时期。分封的目的是为了巩固奴隶制国家政权。西周大规模地分封诸侯是在周公当政和成康时期进行的。所封诸侯都在王畿以外，各建邦国，拱卫王室。受封者共分为三类：一是王室子弟。这类诸侯国数量多，所在位置也多为要冲之地，与王室关系密切，是西周诸侯国的主体部分；二是异姓诸侯。这些诸侯与周人有同盟关系，齐国和宋国就属于这种类型；三是古代帝王的后代。这类封国一般比较小，有的只是象征性的，在西周政治中作用不大。

分封制规定，诸侯必须服从周天子的命令，有为周天子镇守疆土、随从作战、交纳贡赋和朝觐述职的义务。同时，诸侯在自己的封疆内，又对卿大夫实行再分封。卿大夫再将土地和人民分赐给士。卿大夫和士也要向上一级承担作战等义务。这样层层分封下去，形成了贵族统治阶层内部的森严等级。

周王先后分封的重要诸侯国有：鲁、齐、燕、卫、宋、晋等。分封制巩固了西周的统治，拓展了疆域。到了春秋时期，周王室日益衰微，大诸侯国为争夺土地、人口及对其他诸侯国的支配权，不断进行兼并战争。葵丘会盟，齐桓公的霸主地位得到正式承认，分封制走向崩溃。秦朝统一后，分封制被郡县制取代。

437. 春秋时期齐桓公任用管仲为相进行了什么样的改革？

齐桓公继位后，任用管仲为相，积极改革内政。改革的主要内容为：(1)行政管理方面，"叁其国而伍其鄙"。即基本上维持"国""野"分治的制度，在"国"中设置二十一乡（工乡三、商乡三、士乡十五）。士乡又分成三个部分（五乡为一军，共三军），这叫"叁其国"。在"野"设置五属，叫"伍其鄙"。各级设官治理，严格实行士、农、工、商分区定居制，不许杂处、迁徙。(2)军事制度方面，"作内政而寄军令"。在"国"内采用轨、里、连、乡的编制，实行政、军合一。加强对国家常备军士的控制和定期操练，使其成为一支"莫之能御"的战斗武装。为了增加兵员，还提高部分鄙野庶人的社会地位，选拔其中"秀民"充当"士"。(3)经济方面，实行"相地而衰征"的税收政策。除继续维持井田制外，对新出现的大量私田，按土质肥瘠征税。由官吏统一管理山林河泽，鼓励贸易，"通齐国之鱼盐于东莱"。管仲进行的改革，很快收到"通货积财，富国强兵"的效果，奠定了齐国建立霸业的基础。

438. 周厉王统治时期的国人暴动是怎么回事？

周厉王时，国内矛盾十分尖锐。周厉王十分贪暴，任用荣夷公专利，禁止百姓利用河流、湖泊、山林、田野等自然资源，凡使用者必须缴纳赋税。都城里的国人（住在"国中"的自由民，很多是由各级贵族的疏远宗亲转化而来，区别于"野人"）对厉王的霸道行为十分不满，一时怨声载道。大臣召公见此情形，向厉王进谏说："大王，百姓对您的那项法令怨言颇多，如果不废除的话，局面恐怕不好收拾。"厉王不听劝告，反而说："我自有应对之策。"接着，厉王又颁布一条法令，禁止国人议论朝政，并派卫巫四处监视，一有发现，立即抓捕处死。一时间，国人只得忍气吞声，走在路上，只能用目光互相打招呼。到公元前841年，国人终于忍无可忍，成千上万的平民和奴隶联合起来，发动暴动，厉王连夜逃出都城，才免于一死。暴动者冲进宫中，没有找到厉王，听说召公把太子静藏在自己家里，于是就逼召公把太子静叫出来，召公无奈，只好以自己的儿子冒充太子静，结果被暴动者打死。国人们推举召公和周公共同代理天子职权，当年称共和元年，是我国历史上有确切纪年的开端。历史上把这前后相继的两件事分别称作"国人暴动"和"共和行政"。共和十四年（公元前828年），厉王在彘（今山西霍县）死去，召公和大臣们拥立太子静继位，是为周宣王。

439. 中国最早的一部国别体史书是什么？

《国语》，又名《春秋外传》或《左氏外传》，中国最早的一部国别体史书。相传为春秋末鲁国左丘明所撰，但现代有的学者从内容判断，认为是战国时期的学者依据春秋时期各国史官记录的原始材料整理编辑而成的。《国语》共二十一卷，分周、鲁、齐、晋、郑、楚、吴、越八国记事。包括周语三卷、鲁语二卷、齐语一卷、晋语九卷、郑语一卷、楚语二卷、吴语一卷、越语二卷。记事时间，起自西周中期，下迄春秋战国之交，前后约五百年。所记历史自周穆王伐西戎开始，直到韩、赵、魏三家灭智伯结束。书中主要记载了西周末年及春秋时期西周与各国的政治、军事及外交活动，特别是对春秋时期的各国史实记载比较详细。在内容上偏重于记述历史人物的言论。《国语》在思想内容上有很强的伦理倾向，主要反映了儒家崇礼重民等观念。重视人民的地位和作用，具有浓重的民本思想。《国语》在艺术特色上长于记言，语言上较为质朴，有虚构故事情节，在先秦文学史上占有一定地位。

440. 战国中后期纵横家所宣扬并推行的外交和军事政策叫什么？

合纵连横，简称纵横，其实质是战国时期的各大国为拉拢别国而进行的外交、军事斗争。战国时期，齐、楚、燕、韩、赵、魏、秦七雄并立。到了战国中期，以齐、秦两国最为强大，东西对峙，互相争取盟国，以图击败对方。大国间冲突加剧，外交活动也更为频繁，出现了合纵和连横的斗争。弱国联合进攻强国，称为"合纵"。随从强国去进攻其他弱国，称为"连横"。

战国后期，因为秦国的势力不断强大，成为东方六国的共同威胁，于是六国合纵以谋合力抵抗强秦，而连横则是六国分别与秦国联盟，以求苟安。秦国为了破坏关东诸国的合纵，以便于自身向东方扩张，就用军事压力和政治离间等手段，在关东诸国争取盟国，以达到孤立各国，各个击破的目的。

从事"合纵"运动的主要人物是公孙衍、苏秦，从事"连横"运动的主要人物是张仪。由于关东诸国之间的矛盾冲突及秦国的挑拨，合纵政策并没有起到削弱秦国的目的，反而秦国通过连横政策增强了实力，打击了关东诸国的力量。

441. 1973 年发现于浙江余姚河姆渡镇的新石器文化是什么？

河姆渡文化，中国长江下游地区的新石器文化。因发现于浙江余姚河姆渡镇而得名。河姆渡遗址距今约 7000 年。

该文化种植和饲养经济比较发达。使用骨耜进行耕作，使用石刀进行收割。河姆渡遗址中出土的籼稻遗存，是世界上较早的人工栽培水稻，这对于研究中国水稻栽培的起源及在世界稻作农业史上的地位，具有重大意义。渔猎经济仍然占有重要地位，但已经开始蓄养猪、狗等家畜。

原始手工业较为发达。流行夹炭黑陶，带支脚的陶釜是常见的炊器。制骨手工业兴盛，木作手工艺比较成熟。

河姆渡文化的建筑形式主要是栽桩架板高于地面的干栏式建筑，适应了南方潮湿多雨的环境。另外，在遗址中发现的水井遗址，井壁用木框架支护，井上盖有井亭，是中国目前所知最早的水井遗址。

河姆渡文化的发现，证明了长江流域同黄河流域一样存在灿烂古老的新石器文化。

442. 战国时期赵武灵王所推行的军事改革叫什么？

胡服骑射。赵国地处北边，经常与林胡、楼烦、东胡等北方游牧民族接触。胡人在军事服饰方面有一些特别的长处：穿窄袖短袄，方便于生活起居和狩猎作战；作战时用战马、弓箭，与中原的兵车、长矛相比，具有更大的灵活机动性。赵武灵王即位的时候，赵国正处在国势衰落时期。为了富国强兵，赵武灵王号令全国着胡服，习骑射，并带头穿着胡服去会见群臣。改革的措施主要有两点：一是把原来宽袍大袖的服装改为胡人那种短装紧身的服饰，束皮带，穿皮靴，以适应马上训练与作战；二是通过不同途径组建骑兵。经过"胡服骑射"改革，赵国成为当时除秦国外国力最强的国家。从此，中原各国纷纷效仿，逐步以步骑兵代替车兵成为军队主力。

443. 黄帝为什么被后人尊为中原各族的共同祖先？

黄帝是传说中的古华夏部落联盟首领。姬姓，号轩辕氏、有熊氏。少典之子。有土德之瑞，故被尊称为黄帝。黄帝部落最初兴起于今陕西北部，后沿洛水南下，东渡黄河，定居于河北涿鹿附近，从游牧转向定居。当时，姜姓部落首领炎帝管治后期，中原各部族互相攻伐，战乱不止。黄帝便乘时而起，打败不同的部族，其余部族的首领亦纷纷归附，于是形成炎帝、黄帝、蚩尤鼎足而立的局面：黄帝居中原；炎帝居太行山以西；蚩尤是九黎君主，居东方。炎帝与蚩尤争夺黄河下游地区，炎帝失败，向黄帝求救。黄帝在三年中与蚩尤打了九仗，都未能获胜。最后黄帝与蚩尤在涿鹿决战，黄帝在大将风后、力牧的辅佐下，终于擒杀了蚩尤，获得胜利，统一了中原各部落，建都在涿鹿。战后，黄帝率兵进入九黎地区，随即在泰山之巅，会合天下诸部落，举行了隆重的封禅仪式，告祭天地。其后，又击败炎帝。从此，黄、炎两族结成了巩固的部落联盟，黄帝被举为部落联盟的首领。传说，他在率领诸部落共同开发中原的过程中，推算历法，教导百姓播种五谷，兴文字，作干支，制乐器，创医学等等，因而被后人尊为中原各族的共同祖先。

444. "荆轲刺秦王"的来龙去脉是怎样的？

商鞅变法后，秦国逐渐强盛。公元前228年，秦名将王翦攻占赵都邯郸，俘虏赵王迁，赵国灭亡。之后，兵临易水，威胁燕国。此时正值燕王喜在位，国力衰落，太子丹主持朝政。太子丹决心派遣刺客去胁迫秦王嬴政，命他承诺退还侵略的土地，并保证不再继续侵略。太子丹结识了勇士荆轲。荆轲答应了刺杀秦王的请求，并要求将秦国的降将樊於期的头颅和燕国督亢的地图，献给秦王，以获取秦王的信任。太子丹不忍杀死樊於期。荆轲于是亲自去劝说樊於期，樊於期自杀。太子丹准备了一把涂有毒药的锋利匕首送给荆轲，又派了勇士秦舞阳做荆轲的副手。临行前，众人在易水边为荆轲送行，荆轲高唱："风萧萧兮易水寒，壮士一去兮不复还。"秦王在咸阳宫接见荆轲。结果秦舞阳露怯，秦王起疑，就让荆轲单独上殿。荆轲献上木匣，秦王验看无误。荆轲把一卷地图慢慢展开，到地图全都打开时，预先卷在地图里的匕首露出。秦王大惊。荆轲连忙抓起匕首，左手拉住秦王的袖子，右手把匕首向秦王胸口直扎过去。秦王挣脱，荆轲自后追赶。二人绕着朝堂上的铜柱跑。在一个官员的提示下，秦王拔出了宝剑，砍断了荆轲的左腿。荆轲倒地，用匕首投秦王，结果打在铜柱上。秦王又上前砍了几剑。荆轲身受八处剑伤，这时，武士赶上殿来，结果了荆轲的性命。事后秦王大怒，命王翦攻打燕国。公元前226年秦军攻下燕都，燕王喜与太子丹逃往辽东。秦王又派大将李信追击，燕王喜被迫缢死太子丹，献太子丹首级求和，暂缓了危局。公元前222年，秦军攻打辽东，俘燕王喜，燕国灭亡。

445. 出现于商朝，盛行于西周时期的土地制度是什么？

井田制，其实质是一种以国有为名的贵族土地所有制。《周礼·小司徒》："九夫为井，四井为邑。"《孟子·滕文公上》："方里而井，井九百亩，其中为公田，八家皆私百亩，同养公田。公事毕，然后敢治私事。"因土地划分为许多方块，且形似"井"字形，所以叫井田。井田制既是诸侯和百官作为俸禄的等级单位，也是课验直接耕种者勤惰的计算单位。在井田制下，诸侯和百官从周王那儿直接得到的土地及依附于土地的生产者，只能世袭，不经过王室或公室的特许，不得买卖，这就是"田里不鬻"，因而成为公田。西周后期随着生产力的发展，私田大量出现，出现了土地转让或买卖，井田制逐渐走向衰落。

446. 春秋时期，齐国为确立霸主地位而举行的会盟是什么？

葵丘之盟。春秋时期的齐国是东方的大国，齐桓公在位时，任用管仲为相，进行了一系列的改革，使得国势日渐强盛。公元前651年，齐桓公在葵丘（今河南兰考）大会诸侯，参加会盟的有鲁、宋、卫、郑、许、曹等国的国君，周天子也派了代表参加。在葵丘之会上，齐桓公代表诸侯各国宣读了要共同遵守的盟约。其主要内容是：不准把水祸引向别国；不准因别国灾荒而不卖给粮食；不准更换太子；不准以妾代妻；不准让妇女参与国家大事。这些内容，有些是各国在经济上互相协作的要求，有些是维护宗法统治秩序的需要。条约规定："凡我同盟之人，既盟之后，言归于好。"葵丘之盟以后，齐桓公成为中原的霸主，开创了春秋时期霸主政治的先河。

447. 战国后期，燕国上将军乐毅伐齐是怎么回事？

公元前318年，燕王哙将君位"禅让"给相邦子之，并把三百石以上高官的玺印全部收回，交由子之任命。此举引起了太子平等旧贵族的不服。子之为王的第三年，将军市被与太子平合谋攻打子之，燕国大乱。齐宣王趁火打劫，攻破燕国，燕王哙、子之均被杀。后来，赵武灵王护送燕王哙的庶子公子职回燕国即位，即为燕昭王。燕昭王即位后，励精图治，招揽人才，意图振兴燕国，并报齐国干涉之仇。经过多年努力，国家逐渐强盛。此时的齐国也很强大，四处征伐，对其他诸侯国威胁很大，百姓也不堪其苦。燕昭王认为时机已到，以乐毅为上将军，联合韩国、赵国、魏国、秦国，共同讨伐齐国。公元前284年，乐毅统率联军攻齐，在济西大败齐军。接着克齐七十二城，攻下了齐都临淄。齐湣王出走，不久被杀。当时齐国仅剩莒、即墨仍在坚守，乐毅围城，三年不下。燕昭王死后，惠王立，他本与乐毅有隙，齐将田单借此施反间计，于是惠王撤掉乐毅，改用骑劫领兵。骑劫放纵燕军残害齐军降卒，甚至掘坟焚尸，激起齐国百姓的极大愤恨。齐将田单知道士气可用，用"火牛阵"夜袭燕军，杀死骑劫，乘胜收回大片失地，乐毅伐齐之功尽失，齐国转危为安。但齐国所损太大，从此一蹶不振，秦、齐对峙的局面被打破了。乐毅解职后，燕惠王企图将他召回，乐毅担心被杀，遂投奔赵国。后来燕惠王醒悟，乐毅又与燕国重新交好，成为燕、赵两国客卿。乐毅后来死于赵国。

448. 战国初期魏文侯实行的一次改革是什么？

李悝变法。魏文侯时，任用李悝为相，主持变法。其主要内容为：（1）经济上推行"尽地力之教"和"平籴法"的政策，鼓励农民精耕细作，增加产量，国家在丰年以平价购买余粮，荒年以平价售出，以平粮价，主张同时播种多种粮食作物，以防灾荒；（2）"夺淫民之禄"，废除维护贵族特权的世卿世禄制度，按"食有劳而禄有功"的原则选拔官吏；（3）确立封建法制。汇集当时各国法律制定《法经》，分《盗经》《贼经》《囚经》《捕经》《杂经》《具经》六篇，以保护王权，加强专制；（4）改革军制。严选武士。武士必须是穿甲胄、背负重弩、手持利刃、能疾行而前者。中选的人免除全家徭役，并奖给田宅。李悝变法增加了魏国的国力，使之成为战国初期强国之一。

449. 以玉器文化而出名的新石器文化是什么？

良渚文化，江浙地区新石器时代晚期的一种文化。因1936年最先发现于浙江余杭良渚镇而得名。距今约四五千年左右。主要分布于太湖流域。良渚文化发展分为石器时期、玉器时期、陶器时期。陶器以夹沙的灰黑陶和泥质灰胎黑皮陶为主，普遍采用轮制。种类繁复，圈足器、三角器和平底器较多，器表有的施以种种刻划纹饰。石质工具种类多，制作细，专用性强，主要有磨制精细的大型三角犁形器、扁薄长方形穿孔石斧、半月形石刀和石镰、有段石锛和石镞等。良渚文化最值得一提的是玉器文化，玉器是该文化遗址最大特色。良渚玉器包含有璧、琮、钺、璜、冠形器、三叉形玉器、玉镯、玉管、玉珠、玉坠、柱形玉器、锥形玉器、玉带及环等，相当精美。

450. 曾经被称为"黑陶文化"的新石器文化是什么？

龙山文化，新石器时代晚期的一种文化。因1928年首先发现于山东章丘龙山镇城子崖而得名。主要分布于以山东半岛为主的黄河中下游地区。陶器多是轮制，少数手制。质料有细泥、细沙和粗沙三种；陶色有黑、灰、红和少数白色。火候较高，质地坚硬。除有素面磨光外，纹饰有弦纹、划纹、附加堆纹和镂孔等。器形复杂，种类繁多，盛行三足、圈足或平底，常见器有盆、豆、杯、盘、罐、鼎、鬲等。黑陶是最早发现的龙山文化的典型陶器，质地细腻，造型美观，所以龙山文化过去又有"黑陶文化"之称。生产工具以磨制石器为主。居所主要是半地穴式的圆形房屋，也有长方形，单间居多。经济以农业为主，畜牧业较为发达。龙山文化经历时间长，分布辽阔，各地区有不同特点与类型，一般分为山东龙山文化（约前2500—约前2000年）、河南龙山文化（约前2600—约前2000年）、陕西龙山文化（约前2300—约前2000年）等，又各分为若干类型。龙山文化的人们已处于父系氏族社会。

451. 战国中期，孙膑在哪场战役中运用了减灶增兵之计？

马陵之战，战国中期齐国大败魏国的战役。公元前342年，魏攻韩，韩告急于齐。次年，齐威王以田忌、田婴为将，孙膑为军师率军救韩。齐军直指魏国都城大梁（今河南开封）。魏惠王派魏太子申、庞涓率兵十万迎战。齐军进入魏国境内纵深地带后，魏军尾随而来，孙膑针对魏兵蔑视齐军的实际情况，在认真研究了战场地形条件之后，定下减灶诱敌、设伏聚歼的作战方针，造成在魏军追击下，齐军士卒大批逃亡的假象，并在马陵（今山东省郯城县马陵山附近）利用有利地形，选择齐军中1万名善射的弓箭手埋伏于道路两侧，规定到夜里以火光为号，一齐放箭。魏太子申、庞涓以为齐军怯，率少数精锐轻装部队昼夜兼程追赶，结果进入包围圈。齐军万弩齐发，大败魏师，俘虏魏太子申，庞涓自杀。此战齐歼魏军十万，齐国力量

迅速发展，成为当时数一数二的强大国家，称霸东方。魏国的军事实力从根本上被削弱，又被秦国乘虚而入，从此丧失了独霸中原的能力，于是开始寻求组建联盟以共同抗击齐国、秦国两大强国的夹击，战国进入了合纵连横的时代。

452. 春秋时期晋国、楚国平分霸权的会盟是什么？

弭兵之会。春秋后期，晋、楚两国国内矛盾尖锐，都有停止争霸、弭兵（休兵）的愿望。公元前595—前594年，楚庄王率师围宋国都九月，使宋国"易子而食，拆骸以爨"。公元前579年，宋国大夫华元约合晋大夫士燮、楚公子罢遂在宋国都西门外相会订盟，约定：晋楚互不交兵，互通聘使，互救灾害，互相援助抗击侵略者。但晋、楚均无止息战争的诚意，盟约缔结四年后，两国发生鄢陵之战，弭兵盟约失效。公元前546年，宋国大夫向戌再次倡议弭兵之盟，得到晋、楚、齐等国响应。是年夏，晋、楚、齐、秦、鲁、卫、陈、郑、蔡、许、曹、邾、滕和宋等14国，又在宋相会。齐、秦是大国，邾、滕是齐、宋的属国，这四国不参与盟约。会上规定，晋、楚之从国必须交相见，就是说两国的仆从国必须既朝晋又朝楚，承认晋、楚为共同的霸主。第二次弭兵之会后，晋楚两国平分霸权，中原诸侯间的战争得以减少。弭兵之会为争霸各国提供了喘息和备战的时机，却并没有也不可能真正消除战祸，但在一定程度上带来了比较安宁的社会环境，中原地区战争减少进入了和平时期，使社会经济和文化渐渐发展和繁荣起来。

453. 商汤灭夏的决定性战役是什么？

鸣条之战。夏朝末年，夏王桀生性暴虐，不思进取，骄奢淫逸，即位后不修德政，民不聊生，外患不断，危机四伏。诸侯国不愿受其奴役，纷纷叛离。老百姓指着太阳咒骂夏桀："太阳啊你什么时候灭亡，我们愿意跟你一起灭亡。"商汤趋夏乱而蚕灭夏的许多属国，以扩大自己的力量。约公元前1600年，商汤正式兴兵讨伐夏桀。会战前商汤举行誓师大会，誓词即《尚书》中的《汤誓》。夏商两军在鸣条（今山西夏县附近）交战。当日雷雨大作，商军个个奋勇作战，夏军节节溃退，桀败亡。中国历史上的第一个奴隶制的王朝夏朝遂灭亡。

454. 周武王灭商的战役是什么？

牧野之战。周文王死后，武王姬发继位，拜精通兵法的太公望为师，励精图治，加强军备，为灭商做准备。他曾率师东观兵于孟津，诸侯在没有约定的情况下前来会合的有八百。武王认为时机尚未成熟，率师返回。后来纣王残暴更甚，内部矛盾更加剧烈。公元前1046年，武王趁着商军主力远征东夷，都城朝歌（今河南淇县）空虚，率戎车三百乘，虎贲三千人，甲士四万五千人，渡过孟津伐纣，各路反商诸侯会集，庸、蜀、羌、微、卢、彭、濮等方国亦出兵助周。商纣听说周军来袭，仓促间征发大量奴隶和守卫国都的军队一起抵御武王，两军对峙于朝歌效外的牧野（今淇县以南卫河以北地区）。然而商军士气低落，无心应战。商军中的奴隶不愿为纣王卖命，阵前倒戈，商军溃败。纣见大势已去，逃回都城，登上鹿台，自焚而死。武王率兵入商都，商朝灭亡。

455. 上古传说中的女娲是如何造人的？

盘古开辟天地之后，终于累倒了，他的身躯化成了日月星辰、山川草木。残留在天地间的浊气慢慢化作虫鱼鸟兽。这时，有一位女神女娲，她在莽莽的原野上行走，总觉得这世上还缺少一些生气。于是，她挖了些泥土，和上水，照着自己的影子捏了起来，捏成了一个模样与自己差不多的小东西，有五官七窍，有双手双脚。捏好后往地上一放，居然活了起来。女娲满心欢喜，接着又捏了许多。她把这些小东西叫作"人"。这些"人"是仿照神的模样造出来的，气概举动自然与别的生物不同，还会像女娲一样讲话。女娲想把世界变得更热闹些，于是又不停地捏。但世界毕竟太大了，捏出的小人仍然太少。她又想出一个办法，折下一条藤蔓，伸入泥潭，沾上泥浆向地上挥洒。结果点点泥浆也变成一个个小人，如此一来速度就快多了。女娲越洒越起劲，大地就到处有了人。后来，女娲想看看自己造的人生活得怎样，结果令她很意外，原来许多小人都已经死掉了。既然人总是会死的，但自己总不能无休止地造下去。女娲心里很着急，但她终于想出了让人类延续的办法。女娲参照世上万物繁衍的方法，让人类男女配合，生育后代。又创立了婚姻制度，使之有别于禽兽乱交。因为女娲抟土造人，又为之发明婚姻，因而后人就把女娲奉为"大地之母"和"神媒"。

456. 商朝国王盘庚为什么要将都城迁到殷？

盘庚迁殷是发生在商朝中期的一次历史事件，是前后商的分水岭。长期以来，商人一直居无定所，频繁迁都。从汤至盘庚，商人五次迁都。盘庚继位以后，鉴于贵族阶级生活奢靡，社会危机加重，决定把都城从当时的奄（今山东曲阜）迁到殷（今河南安阳），结果遭到贵族的反对。盘庚迁都的决心非常坚定，他发布告谕，凡是违背的人都要受重罚。从盘庚迁殷后直至商灭亡，商朝都城没有再迁徙。因此，商朝又称作殷或殷商。由于盘庚执行比较开明的政策，社会繁荣富足，百姓生活安定，商朝走向中兴。

457. 上古神话中天地是如何开辟的？

相传远古时候没有天地万物，到处充斥着一团寂静、黑暗的混沌之气，好像一个浑圆的鸡蛋。这浑圆的东西当中，孕育着人类的祖先——盘古。盘古在这混沌之中，一直睡了一万八千年。有一天，盘古突然醒了。他见周围一片漆黑，就抡起大斧头，朝眼前的黑暗猛劈过去。只听一声巨响，混沌一片的东西渐渐分开了。轻而清的东西，缓缓上升，变成了天；重而浊的东西，慢慢下降，变成了地。

天和地分开以后，盘古怕它们还会合在一起，就头顶着天，用脚使劲蹬着地。天每日增高一丈，地每日增厚一丈，盘古也每日长高一丈。这样又经过一万八千年，天高得不能再高，地深得不能再深，盘古终于累得倒了下去。盘古倒下后，他呼出的气息，变成了四季的风和飘动的云；他发出的声音，化作了隆隆的雷声；他的双眼变成了太阳和月亮；他的四肢，变成了大地上的东、西、南、北四极；他的毛发、肌肤，变成了辽阔的大地和花草；他的血液，变成了奔流不息的江河；他的汗，变成了滋润万物的雨露。

458. 周平王为什么要把都城从镐京迁都到洛邑？

周宣王死后，幽王继位，昏庸暴戾，宠爱褒姒，废掉申后和太子宜臼，立褒姒为后，以褒姒的儿子伯服为太子，引起朝政混乱。据记载，褒姒不爱笑，幽王为了博得褒姒一笑，竟下令点燃了告急招兵的烽火，诸侯率兵前来救援，发现被戏弄后纷纷叛离。公元前771年，宜臼逃至申国母舅家，申侯联合缯侯与犬戎等部，发兵进攻宗周，幽王急令点燃烽火告急，结果诸侯们因前次上当，均不应召发兵，结果镐京被攻占，幽王、伯服被杀于骊山（今陕西临潼附近）下，西周覆灭。众诸侯拥立宜臼为王，是为平王。次年，因镐京及王畿遭战争破坏，平王得晋文侯、郑武公、秦襄公和其他诸侯之助，东迁于洛邑（今洛阳），重建周王朝，为东周之始。历史上将这次迁都叫作"平王东迁"，平王东迁标志着西周结束，东周开始。

459. 战国后期，魏公子信陵君为何窃取魏王的兵符率军救援赵国抗击秦国？

长平之战后，秦将白起坑杀赵军降卒四十万人，赵军伤亡殆尽，元气大伤。秦昭王继续派兵攻打赵国和韩国，其中白起攻打赵国都城邯郸。韩国和赵国十分惊恐，派苏代用重金贿赂秦相应侯范雎。于是范雎以秦兵疲惫，急待休养为由，允许韩、赵割地求和。白起就此与范雎结下仇怨。公元前259年，秦王派王陵领兵包围赵都邯郸，赵国进行了顽强的抵抗。秦军屡遭挫折，死伤很多。秦王想以白起为将，白起不同意范雎继续进攻邯郸的策略，托病不出。最终秦只得用郑安平为进攻邯郸的主将。赵惠文王的弟弟平原君多次通过他的夫人（魏相信陵君的姐姐）向魏安釐王和信陵君求救。公元前257年，魏、楚准备救赵，魏安釐王派将军晋鄙带领10万大军驻扎邺城（今河北临漳县），声援赵国。但因畏惧秦国，不敢进兵。魏国都城的守门人侯嬴向信陵君献计，让魏王的宠姬设法将魏王的兵符偷出来，夺取晋鄙的军权，北援赵国，西退秦军。信陵君采纳了他的建议，果然得到兵符。到了邺城，公子假传魏王的命令取代晋鄙。晋鄙合上兵符，仍怀疑这件事，信陵君的随从朱亥击杀晋鄙。信陵君夺得军队的指挥权，从中挑选出精兵八万，攻击秦军。这时楚春申君黄歇也派景阳带大军前来救赵。秦军在赵、魏、楚三军的内外夹攻下，终于大败。

460. 春秋末年晋国是如何被韩、赵、魏三家瓜分的？

春秋晚期的晋国由赵、韩、魏、智（知）、范、中行氏六卿专政。后赵氏击败了范氏和中行氏，于是由赵、智、韩、魏四家分其土地。剩下这四家中以智氏的势力最大。智伯瑶执政后，打着恢复晋国的霸主地位的幌子，要求赵襄子、魏桓子、韩康子每家都拿出一百里土地和户口归还晋公室。三家都担心失去土地后，自家的实力会下降，不愿献出封邑。但由于三家心不齐，韩康子首先照办；魏桓子也惧怕智氏的威力，也把土地、户口让了；只有赵襄子拒绝了。智伯瑶回报晋出公，晋出公命令智家和韩、魏两家一起发兵攻打赵家。公元前455年，智、韩、魏三家人马攻打赵家。赵襄子退守晋阳（今山西太原）。晋阳被围困三年，智伯掘晋水淹晋阳，此举引起韩魏两家的惊惧。因为韩家封邑平阳、魏家封邑安邑均临水。赵襄子乘机派人游说韩魏两家合力攻打智氏。公元前453年，赵、韩、魏三家联合消灭了智氏，从此晋国的政权和大部分土地都控制在这三家手中。公元前403年，周威烈王正式册命韩虔、赵籍、魏斯为诸侯，史称"三家分晋"。这时晋君已沦为附庸，公元前376年韩、赵、魏最终废了晋静公，复又三分其残余领地。晋国自此灭亡。

461. 北京周口店发掘的中国的晚期智人化石是什么人？

山顶洞人。因1933年发掘于北京市周口店龙骨山的山顶洞而得名。距今约一万八千年。

山顶洞人基本消除了猿的特征，除了头骨比较低平，眉弓比较发达以外，与现代人基本上相同。山顶洞人具有较多的蒙古人种特征，如颧骨较大而且向前突出，鼻骨低而宽，鼻梁稍凹，上门齿成铲形等。

山顶洞人已会磨制石器，骨针和装饰品的制作水平也很高。山顶洞的地层中出土了多种动物化石和丰富的装饰品遗物，装饰品种类繁多，有兽牙、穿孔石珠、小卵石、海蚶壳和刻沟骨管等，可见他们已经具有较高的审美意识。一些穿孔饰物的孔内还残留着用赤铁矿研磨的红色粉末，可能与宗教祭祀有关。

山顶洞人掌握了人工钻木取火技术，并且进入了原始氏族公社的萌芽时期。山顶洞人文化是这一时期最重要、最完整的一个文化，为我们研究这一时期的人类社会提供了丰富的资料。

462. 战国时，商鞅在秦国主持的变法的主要内容是什么？

商鞅，姓公孙氏，名鞅，卫国人，也称卫鞅。少好刑名之学，曾做过魏相公叔痤家臣。后来公叔痤去世，卫鞅听说秦孝公下令国中求贤，欲续修穆公之业，遂西入秦，提出"治世不一道，便国不法古"的富国强兵主张，孝公大悦，任为左庶长，主持变法。公元前356年，商鞅进行第一次变法，内容包括：（1）编造户籍，五家为"伍"，十家为"什"；颁发法律，制定连坐法，告奸者赏，不告奸者腰斩，匿奸者与降敌同罚，轻罪用重刑；（2）废除贵族世袭特权；奖励军功，按军功授爵，定秦爵二十级，凡斩敌首一个，赐爵一级；禁止私斗，违者重罚；（3）重农抑商，奖励耕织，特别奖励垦荒，生产粟帛多者可免除徭役；（4）焚烧儒家经典，禁止游宦之民。公元前350年，商鞅又进行第二次变法，内容包括：（1）废除贵族的井田制，"开阡陌封疆"，允许土地买卖；（2）普遍推行县制，设置县一级官僚机构；（3）迁都咸阳，修建宫殿；（4）统一度量衡制。商鞅变法，加速了社会经济变革和集权政体的形成，使秦国逐渐富强起来，成为战国时最强大的国家，为统一六国奠定了物质基础。

463. 中国最早的历史文献汇编是什么？

《尚书》，也称《书》《书经》。因为是"上古的史书"，故名"尚书"，是商、周统治者的讲话记录及东周、战国时期根据远古材料加工编成的虞、夏史事记录。秦始皇焚书时，秦博士伏生将《尚书》藏在屋壁中，汉初由其传出二十九篇，用当时隶书写定，称为《今文尚书》，从此便由史书变成儒家五经之一。汉武帝时，又从孔子住宅的墙壁中发现用古文写的竹简，称作《古文尚书》。孔安国曾校读并作传，不久就亡佚了。东晋初，梅赜献呈《古文尚书》二十五篇和孔安国的《尚书传》，拆解、新增凑成刘向、郑玄所称古文五十八篇之数，从此就作为《书经》流传下来。历代学者认为是伪作。但伪本中保存了原已失散的汉代今文二十八篇，是商、周文献的孑遗，为研究古代历史的珍贵史料。

464. 为什么夏朝在少康统治时被叫作"少康中兴"？

少康是夏王朝第六世君王，是夏王朝中有作为的君王，姒姓，夏王相的儿子。母亲为有仍氏之女后缗。夏王相统治后期，东夷族寒浞发动叛乱，杀死相，夺取了王位。相的妻子后缗当时正怀孕，被迫逃回有仍国（今山东济宁），生下相的遗腹子少康。少康长大后当了有仍氏的牧正，管理畜牧。受到寒浞及其子浇迫害，又逃到有虞氏（今河南虞城南），任庖正，掌管饮食。后少康在有虞氏、斟灌与斟鄩和夏族旧部靡的帮助下，攻灭了寒浞和其子浇，恢复了夏王朝的统治。经过这场动荡之后，夏王朝的国力逐渐恢复发展。少康在位期间，勤政爱民，专心农业水利，这一段历史被称作"少康中兴"。

465. 世界上最早的指南仪器是什么？

司南，中国古代辨别方向用的一种仪器。战国末年，劳动人民在生产实践过程中，发现了磁石的指南性，利用磁石的这一特性制成一种正方向、定南北的仪器，叫作"司南"。司南并无考古实物。东汉时的思想家王充的《论衡》中有"司南之杓，投之于地，其柢指南"的记载。据考证，司南形似汤匙，是用天然磁铁矿石琢成的，有一根长柄和光滑的圆底，将其放在一个刻着方位的光滑的盘子中，利用磁铁指南的作用，只要把柄轻轻转动，静止时长柄所指的方向便是南方。司南是世界上最早的指南仪器，后来逐步发展成指南针。

466. 战国初年齐国卿大夫田氏是如何取代姜氏成为齐国国君的？

早在春秋初年，陈国内乱，公子完惧祸奔齐，被任命为工正，陈完改姓氏为田氏，此为陈（田）氏立于齐之始。齐景公时，田桓子为大夫，以大斗出贷，小斗收进，笼络民心，民归之如流水。田桓子又联合鲍氏，攻灭公族栾氏、高氏，并救济国之贫弱孤寡者，甚得民心，田氏之势日盛。田乞继承田桓子的事业，尽逐齐世卿国氏、高氏、弦氏、晏氏，为相专齐政。田常执政后，复修田乞之政，百姓竞相归附。公元前481年，田常发动政变，杀齐简公与右相监止，诛杀残留的旧贵族。公元前391年，田成子的曾孙田和废掉齐康公并于前386年迁齐康公于海滨，使食一城,以奉其祀,自立为国君。公元前386年,周安王正式册命田和为齐侯,列于周室。公元前379年,齐康公卒,田氏仍然保留"齐"这一国号,史称"田齐"。

467. "围魏救赵"最早指的是战国哪场战役?

围魏救赵是战国前期齐国救赵败魏的桂陵之战。公元前354年,赵国进攻卫国,迫使卫国追随赵国,而卫国原是魏国的附属国,魏不容赵国的染指,便派将军庞涓率甲士八万人攻打赵国都城邯郸。赵国求救于齐。齐国先派出少数兵力攻魏,使魏国两面受敌。魏国经过一年苦战,于次年十月攻下邯郸。齐国派大将田忌、军师孙膑率八万之众救赵。孙膑采取"避实就虚"的战术,乘魏国国内防御空虚,向魏国都城大梁(今河南开封)进攻,迫使魏将庞涓兼程回救。齐军在魏军归路上,预先在桂陵(今河南长垣西北)有利地形设置埋伏,待魏军轻敌猛进之际,大败魏军,生擒庞涓。桂陵之战并没有击溃魏军主力,齐国也没有正式进攻魏国首都大梁,邯郸仍为魏国所占领。公元前351年,魏惠王与赵成侯在漳河边结盟,魏军撤出邯郸。齐国将庞涓释放,庞涓回国再度为将。历史上把这种避实就虚、攻其必救的战术叫作"围魏救赵",成为两千多年来军事上诱敌就范的常用手段。

468. 战国初年吴起在楚国变法的主要内容是什么?

吴起,战国初期卫国人。先学儒家,后改学兵法。曾被鲁穆公用为将,大败齐军,后遭谗言,奔魏。魏文侯用吴起为将,夺得秦国西河之地,被任命为西河守。魏武侯时,遭陷害,奔楚,楚悼王任用吴起为令尹,主持变法。吴起认为楚地千里,拥兵百万而如此贫弱,原因在于"大臣太重,封君太众"。主张:(1)制定法令,加强王权,削弱贵族特权,改革爵禄制度,削减大臣的封爵,收回封君三代以后的封爵和俸禄,令旧贵族迁往"广虚之地";(2)精简机构,"损不急之枝官",裁减冗员,节省国家开支;(3)整顿吏治,打击徇私舞弊,任贤用能,提高办事效率,改变社会风气;(4)打击游手好闲之人,奖励"耕战之士",鼓励从事农业生产,保证生产发展;(5)扩充军备,提高战士待遇,建立一支富有战斗力的军队,并由国君统一指挥。改革一年,楚国开始富强,北并陈、蔡,南占扬越,打败魏国。第二年,楚悼王死,旧贵族发动叛乱,包围王宫,吴起被乱箭射死,变法措施几乎全部被废除。

469. 春秋末年吴国和越国进行的争霸战争的大致经过是怎样的？

春秋末年吴国和越国进行的争霸战争被称为"吴越争霸"。吴欲争霸中原，必先征服越国，以解除其后方威胁；越欲北进中原，更必先服吴才有可能，因而引起延续二十余年的吴越战争。吴王阖闾即位后，重用伍子胥、孙武整顿内政和军事，国力逐渐强大。公元前506年，吴王阖闾以孙武为大将、伍子胥为副将，联合蔡、唐两国兴师伐楚。越王允常乘吴王攻占楚都而国内空虚之际袭击吴国，阖闾匆忙回师。公元前496年，吴王阖闾率军攻越，双方主力战于槜李（今浙江嘉兴），越大败吴军。阖闾负伤身死，夫差继位为王。公元前494年，越以水军攻吴，战于夫椒（今江苏太湖中洞庭山）。越军战败，主力被歼。吴军乘胜追击，占领越都会稽（今浙江绍兴）。越王勾践求和，请为属国。夫差以为后顾之忧已解，即准备北进，意图争霸中原。当夫差与晋国争霸之时，不料勾践经过十余年的卧薪尝胆，在大夫文种、范蠡的辅佐下，国力恢复。勾践分兵两路攻吴，派一部分兵力切断吴军主力回援之路，自己率主力乘势攻入吴都，吴王夫差求和。公元前475年，越再度攻吴。吴军无力迎战，据都城防守。吴八次遣使请和，均遭拒绝。两年后，城破，夫差自杀，吴国灭亡。此后，越王勾践北上会诸侯于徐州，周元王封勾践为伯。越终于成为春秋时期的最后一任霸主。

470. 我国现存采用夏时最早的历书是什么？

《夏小正》，是我国现存最早的文献之一，也是现存采用夏时最早的历书。原为《大戴礼记》中的一篇，后分出单独流传。《夏小正》由"经"和"传"两部分组成，全文共四百多字。它的内容是按一年十二个月，分别记载每月的物候、气象、星象和有关重大政事，特别是生产方面的大事。《夏小正》记载的生产事项，包括农耕、渔猎、采集、蚕桑、畜牧等，但无一字提到"百工之事"，这是社会分工还不发达的反映。所有这些，表明《夏小正》历法的原始和时代的古老。

471. 炎帝为什么被后世尊奉为中华民族人文初祖？

炎帝，传说为上古时代姜姓部落首领。传说姜姓部落的首领由于懂得用火而得到王位，所以称为炎帝。炎帝部落最初居住在姜水流域，后逐渐沿渭水、黄河东徙，到达今山东地区。结果与东方的九黎族的首领蚩尤发生冲突。蚩尤击败了炎帝部落，并进而占据了炎帝部落所居之地。炎帝部落为了维持生存，遂向黄帝求援。在黄帝的支援下击败了蚩尤部落。后来又为黄帝所败，遂与黄帝部落合并。相传炎帝亲尝百草，用草药治病；发明刀耕火种创造了两种翻土农具，教民垦荒种植粮食作物；他还领导部落人民制造出了饮食用的陶器和炊具。因为发明农业，而又有神农氏之称（一说炎帝与神农氏并非一人）。后世将炎帝与黄帝共同尊奉为中华民族人文初祖。

472. 上古时代的部落联盟首领尧传位于舜、舜传位禹是怎么回事？

黄帝之后，中原相继出现了三个很有名的部落联盟首领，分别是尧、舜、禹。尧在位70年，感觉到有必要选择继任者。他早就认为自己的儿子丹朱凶顽不可用，因此与四岳商议，请他们推荐人选。大家一致推举了德行突出的舜。舜的父亲叫瞽叟，他偏爱舜的后母所生的儿子象。尽管家人对舜很不友好，但他对父母却非常孝敬，对弟弟很友爱。尧听了大家的意见，便把自己的两个女儿娥皇、女英嫁给舜，以此来考察他。通过考察，尧最终认为舜确实是个可靠的接班人，就把首领的位子让给舜。后来，舜年老后，又把位子让给治水有功的禹。这种部落联盟首领的更替与继承方式，史称"禅让制"。

473. 河南安阳发掘的商朝后期的都城遗址叫什么？

殷墟，位于河南省安阳市区西北小屯村一带，距今已有超过3000年的历史。自盘庚迁都于此至帝辛亡国的273年间，商以此为都。

北宋以来此地时有商文物出土，清末又因出土大量的甲骨文和青铜器而引起世人瞩目。1928年10月，董作宾主持了试掘，同年12月，当时的中央研究院历史语言研究所成立考古组，负责殷墟的发掘工作，先后主持工作的有董作宾、李济、梁思永、郭宝钧等。新中国成立后，殷墟的发掘工作得以恢复，取得了丰硕成果。

殷墟遗址的范围约30平方千米，以洹水南岸小屯村附近的宫殿、宗庙区为中心，分布有居民聚落、手工业作坊、王陵区及贵族墓地等。这里还出土了大量青铜器和超过十万片的甲骨。甲骨文中所记载的资料将中国有文字记载的可信历史提前到了商朝，也产生了一门新的学科——甲骨学。

殷墟的发掘，是中国考古事业中规模最大，持续时间最长的考古发掘。殷墟发掘为商代考古奠定了基础，也为商代社会、政治经济和文化的研究提供了丰富资料。

474. 战国时期纵横家言论的汇编著作叫什么？

《战国策》，又名《国策》，国别体史学著作。作者不明，今人普遍认为该书非成于一时一人之手。汇集成书当在秦统一以后。西汉刘向考订整理为三十三篇，因为书中所记为"战国时游士辅所用之国，为之策谋"，故定名为《战国策》。北宋时已有缺失，由曾巩作了订补。《战国策》是战国时期纵横家言论的汇编，是战国时期的谋士游说的活动记录。同时也展示了东周战国时代的历史特点和社会风貌。全书没有系统完整的体例，都是相互独立的单篇。记事年代起于战国初年，止于秦灭六国，约240年的历史。在思想层面上，《战国策》肯定战国时期谋臣策士追求个人名利的利己主义人生观，以"士"的言论为主要内容，其道德哲学观多取道家，社会政治观接近法家，与儒家正统思想相悖，因而受到历代学者的贬斥。《战国策》善于述事明理，大量运用寓言、譬喻，语言生动，富于文采，人物形象鲜明，是一部非常好的历史散文，在先秦文学史上占有较高的地位。

475. 战国后期秦赵之间的一次决定性战役是什么？

长平之战。公元前262年，秦将白起伐韩，攻取野王（今河南沁阳），切断了上党郡通往韩国都城的道路。上党郡守冯亭以上党献赵，以联赵抗秦。赵孝成王受地，令廉颇率军守长平（今山西高平）以拒秦。廉颇以秦军攻势正盛，于是筑垒固守，与秦军相持达三年之久。公元前260年，赵王中秦相范雎反间计，使赵括代廉颇为将。赵括空言兵法，无实战经验。而秦军则以名将白起作为最高统帅，战争的走向发生了变化。此时，由于秦国的外交策略得当，没有国家对赵国施以援手。白起针对赵括急于求胜的弱点，采取了佯败后退、诱敌脱离阵地，进而分割包围、予以歼灭的作战方针。赵军被包围，粮道断绝，只得筑壁坚守以待援军，因粮绝而全军降秦，白起坑杀赵卒四十余万人于长平。从此赵国一蹶不振，无力再与秦国抗衡。秦国国力大幅度超越同时代的各国，从此走上了统一六国的道路。长平之战是战国历史的最后转折，是中国古代军事史上最早、规模最大、最彻底的大型歼灭战。

476. 战国时期秦国在关中开凿的水利工程是什么？

郑国渠，是关中平原上最早兴建的大型水利工程。战国时韩桓惠王为了阻止秦国对韩国的兼并，于公元前246年派水工郑国到秦国实施"疲秦"之计，诱劝秦国征调民力，兴修水利。秦王嬴政采纳郑国的建议，并由郑国主持在关中渭水以北兴建大型灌溉渠。在修渠的过程中，韩王的阴谋败露，秦王要杀郑国。郑国以修渠对秦国有利作辩解，说修渠不过"为韩延数岁之命"，却"为秦建万世之功"。秦王觉得有理，于是让他继续主持修渠。十年之后，工程竣工。"溉泽卤之地四万余顷"。从此以后"关中为沃野，无凶年，秦以富强"。这个原本旨在削弱秦国的计策反而有助于增强秦国的国力,为秦统一六国提供了物质上的保障。

477. 与齐桓公并称"齐桓晋文"的是谁?

晋文公(前671—前628),姬姓,名重耳。晋献公之子。公元前659年,深受晋献公宠爱的骊姬预谋要立自己的儿子奚齐为太子,便害死太子申生。之后骊姬又开始诬陷晋献公另外的两个儿子重耳和夷吾,得知消息后的重耳出逃,开始了自己在外19年的流亡生涯。到楚国时,楚成王设宴款待,楚成王半开玩笑地问重耳:"若公子回国,如何报答我呢?"重耳笑道:"大王的恩惠是无法用金银财宝报答的。若我回到晋国执政,我要让两国和睦相处;一旦两国发生争斗,我将退避三舍,以报答大王的恩德。"楚王的臣下非常愤怒,想杀死重耳,楚王却不答应。不久秦穆公派人来接重耳,重耳一行人便去了秦国。公元前636年,秦穆公护送重耳回晋国。重耳回国后,杀死晋怀公自立,是为晋文公。重耳在国外流亡19年,辗转8个诸侯国,直至62岁才登基做国君。他即位后,励精图治,减轻刑罚,救济饥荒,发展生产,晋国很快就强盛起来。后来又在城濮之战中打败楚国,主持践土之盟,成为中原霸主。

478. 周公旦为周朝的立国做出了什么贡献?

周公,姬姓,名旦。又作叔旦。周文王姬昌第四子,周武王姬发之弟。西周初期杰出的政治家、军事家、思想家、教育家,被尊为"元圣"和儒学先驱。由于他的采邑在周,爵为上公,因此被称为周公。曾辅助武王灭商。武王死后,成王以幼年继位,由他摄政。其兄弟管叔、蔡叔、霍叔不服,殷贵族武庚乘机与管、蔡串通,并联合东夷中的徐、奄、薄姑等邦国,发动叛乱,企图复国。周公及时做好安定内部的工作,毅然出师东征,首先诛灭了武庚,并杀死管叔,流放蔡叔。收服殷商遗民,封康叔于卫,封微子于宋,让他奉行殷之祭祀。周公讨平管蔡之后,乘胜向东方进军,灭掉了奄等五十多个国家,把飞廉赶到海边杀掉。从此周的势力延伸到海边。为了加强对东方的控制,周公建议成王把国都迁到洛邑(今河南洛阳)。派召公在洛邑驻兵,称"殷八师",加强对殷商遗民的监督。同时,编制西六师,保卫以镐京(今陕西西安)为中心的周人兴起之地。除此之外,周公完善了宗法制度、分封制、嫡长子继承法和井田制。提出了"明德慎罚""敬德保民"的观点,制定了完整的礼乐仪式。周公摄政七年后,还政于成王。周公一生的功绩被《尚书》概括为:"一年救乱,二年克殷,三年践奄,四年建侯卫,五年营成周,六年制礼乐,七年致政于成王。"

479. 周文王是如何为"翦商"事业奠定基础的？

周文王，商末周族首领，周王朝的奠基者。姬姓，名昌，史称西伯或昌伯。其父季历为商王文丁杀后，姬昌于是继立。他一面效法其先祖后稷、公刘，重视发展农业生产；一面调整内部关系，增强国力。礼贤下士，广罗人才，许多外部落的人才以及从商纣王朝来投奔的贤士，他都以礼相待，予以任用。拜吕尚为军师，问以军国大计。曾宣布不把罪人家属籍没为奴（"罪人不孥"），以争取周人的支持，同时又将逃亡的奴隶一一找回（"有亡荒阅"），以稳定奴隶制的统治秩序。周的实力增强壮大，引起商王朝的不安。崇侯虎暗中向纣王进言说，西伯到处行善，树立自己的威信，诸侯都向往他，恐怕不利于商王。纣王于是将姬昌拘于羑里（今河南汤阴北）。周国大臣散宜生重价购得宝物、美女献给纣王。纣王大悦，赦免姬昌出狱，赐给弓矢斧钺，姬昌获得专征大权。姬昌又通过调解虞、苗两国的争端，使河东地区众多小国纷纷归附。周在西征犬戎和密须，消除后顾之忧后，便渡河东征，连克黎（今山西长治西南）、邢（今河南沁阳西北），直接威胁殷都。后灭掉商的最大与国崇（今陕西户县一带），并在崇建立丰邑，作为国都。文王"享国五十年"，为"翦商"事业奠定了基础。

480. 周王朝的建立者是谁？

周武王。姬姓，名发。周文王姬昌次子。周文王死后，姬发即位。对内重用贤良，继续以姜尚为军师，并用周公、召公和毕公等人，继承其父文王的遗志。对外争取联合更多诸侯国，壮大力量。武王审时度势，积极为灭商准备条件，等待时机。为便于进攻商都朝歌，在沣水东岸建立新都镐京（今陕西西安）。受命九年后姬发在孟津大会诸侯，前来会盟的诸侯有八百个，一起举行伐商演习。两年后，听说商纣王昏庸暴虐更加严重，杀死了比干，囚禁了箕子，持续征讨东南夷的战争已把商朝弄得国困民乏。武王见时机已到，便兴师伐纣，在牧野之战中大败商纣王的军队，一举灭商，建立了西周王朝。姬发为了加强对全国的统治进行了大规模的分封，把同姓贵族、异姓贵族以至商的后裔分封为大小不同的诸侯，姬昌则做了诸侯们必须无条件服从的天子。

481. 古代贵族凭借血缘对族人进行统辖管理的制度是什么？

宗法制，也是统治者维护社会和政治秩序的一种重要手段。它的核心是嫡长子继承制。宗法制在商朝后期已经存在，到周朝变得更为典型和系统。按照宗法制的

历史哲学艺术卷

规定，周王的嫡长子继承王位，其余诸子应分封到地方去当诸侯；诸侯的嫡长子继承国君位，其余诸子分封为卿大夫；卿大夫的嫡长子继位，其余诸子分封为士；士的长子为士，庶子为平民。周天子既是天下的共主，又是天下的大宗，享有主祭的权利。被分封的庶子，对嫡子的大宗来说，是为小宗，但在其封国内又为大宗。宗法关系的基本内容，实质上就是大宗和小宗依据自己的特殊身份，对不同范围内，包括直系和旁系亲属族人的管辖统治。宗法制只适用于同姓贵族之间，与异姓贵族之间则以婚姻关系为纽带联结起来。宗法制以血缘关系为纽带，确定了贵族的亲疏、等级、分封和世袭的关系。宗法制与分封制相结合，亲缘关系与政治关系相结合，有效地起到了维系社会、政治秩序的作用，这就是周朝有别于后世的一个重要特征。春秋时期，随着经济发展和社会的复杂化，严格意义上的宗法制度难以维持，至战国最终瓦解。尽管宗法制已经崩溃，但宗法观念仍影响后世。

482. 我国第一部叙事详细的编年体史书是什么？

《左传》，也称《左氏春秋》或《春秋左氏传》，共三十五卷。儒家经典十三经之一，与《春秋公羊传》《春秋榖梁传》合称"春秋三传"。《左传》相传是春秋末年鲁国人左丘明所作，近人多认为是战国初年以《春秋》为纲，博采各国史料编成的。《左传》的记述年代起自鲁隐公元年（前722年），止于鲁哀公二十七年（前468年）。《左传》以《春秋》为纲叙事，其中有说明《春秋》书法的，有用史实补充《春秋》经文的，也有订正《春秋》记事错误的。其记事范围之广，叙述内容的具体、详赡，则大大超出了《春秋》。《左传》对东周王室和各主要诸侯国的盛衰兴亡，对春秋时代的重要政治和军事活动，都有比较具体的记载。此外，还保存了一些夏、商、西周的事迹和传说。《左传》敢于秉笔直书，所记事件与人物具有很高的历史真实性；在对史料取舍或事件的叙述中往往表现出爱憎与臧否的不同态度；对历史人物的褒贬，集中体现了对仁、义、礼、德等道德规范的肯定。此外，《左传》语言简洁而准确，生动而富于表现力，注意细致描摹，长于运用比喻，在铺叙事件的过程中，展现了一批性格丰满的历史人物，因而具有较高的文学价值。《左传》是研究春秋时期的思想史、经济史、社会史以及其他学术史的重要资料。它的出现，标志着我国古代史书的编纂步入了新的发展阶段。

483. 汉高祖刘邦被匈奴围困在白登山是怎么回事？

秦汉之际，匈奴冒顿单于统一了匈奴各部，逐渐强盛起来，直接威胁到汉王朝在中国北部的统治。公元前201年秋，冒顿单于亲率10万铁骑围攻韩王信（汉初异姓王之一，战国时韩国王室后裔，为与同时期名将韩信加以区分，史称韩王信）的都城马邑（今山西朔州），韩王信向匈奴求和。汉高祖刘邦怀疑韩王信暗通匈奴，致书责备，韩王信担心会被诛，便与匈奴约定共同攻汉，以马邑之地请降。随后韩王信与匈奴挥师南下，进入雁门关，攻下太原。次年冬，刘邦亲率32万大军出征匈奴，同时镇压韩王信叛乱。汉军连连取胜，多次击败韩王信和匈奴的军队，产生了麻痹轻敌的思想。冒顿单于步步后退，设计将刘邦所率骑兵围困在平城（今山西大同）附近的白登山（今山西大同东北马铺山），并截住汉军步兵，使二者不能相救。刘邦组织多次突围，不能成功。正值隆冬，气候严寒，粮草不济，汉军减员很多，被围了七天后，汉军危在旦夕。这时，谋士陈平探知冒顿单于对新妻阏氏十分宠爱，于是向刘邦献计，派遣使臣暗中以金银珠宝贿赂阏氏。于是阏氏劝冒顿放过刘邦。冒顿本来与韩王信的部下约定了会师日期，但他们没有按时前来，冒顿怀疑他们同汉军有勾结，就采纳了阏氏的建议，打开包围圈的一角，让汉军撤出。白登之围后，刘邦认识到自己的实力不足以与匈奴抗衡，因此在以后的相当长一段时期里，采取"和亲"政策笼络匈奴，以维护边境安宁。

484. "不入虎穴，焉得虎子"的典故最早源出哪位名将？

班超（32—102），字仲升。东汉时期著名军事家、外交家。史学家班固之弟。永平五年（62年），班超的哥哥班固被召入京任校书郎，班超和他的母亲也一同迁居至洛阳。班超家境贫寒，靠替官府抄写文书来维持生计。班超久有效法张骞立功异域之志，终于投笔从戎。永平十六年（73年）奉车都尉窦固等人出兵攻打北匈奴，班超随从北征，任假司马之职。他率兵进攻伊吾（今新疆哈密西），在蒲类海（今新疆巴里昆湖）与北匈奴交战，斩获甚多。窦固很赏识他的才干，于是派他率三十六人出使西域。班超以"不入虎穴，焉得虎子"的精神，歼灭匈奴在鄯善的使者，威震西域。鄯善举国震恐，表示愿意归附汉朝廷。永元七年（95年），朝廷为了表彰班超的功勋，下诏封他为定远侯。永元九年（97年），班超派甘英出使大秦（罗马帝国），甘英至西海（波斯湾）而还。公元102年，因病，班超以七十高龄返回洛阳，不久去世。班超在西域近三十年，使五十余国与汉朝通好，保持了"丝绸之路"的畅通。

485. 两汉时期选拔人才的主要制度是什么？

察举制。确立于汉武帝元光元年（前134年）。秦朝建立后，商周时期的官员世袭制（世官制）彻底终结，秦还未建立起系统的人才选拔制度便二世而亡。汉朝为了适应国家统治的需要，建立了一整套选拔官吏的制度，名为"察举制"。察举是自下而上推选人才的制度,也叫"选举"。汉高祖刘邦首下求贤诏,要求郡国推荐具有治国才能的贤士大夫,开"察举制"先河。惠帝、吕后诏举"孝弟力田",察举开始有了科目。汉文帝下诏"举贤良方正能直言极谏者",并且定下了"对策"(考试)和等第,但未形成正式制度。汉武帝时,察举的各种科目不断充实,有了统一的选才标准和考试办法,察举制正式确立。汉武帝时规定,凡丞相、列侯、刺史等在辖区内随时考察、选取人才并推荐给上级或中央,经过试用考核再任命官职。察举对象既可以是平民,也可以是官吏。按照举期分类,察举的科目可分为常科(岁科)与特科两大类。常科,即定时定人数举荐;特科由皇帝根据需要下诏举行,并不定期。常科有孝廉、茂才(秀才)、察廉(廉吏)、光禄四行,其中又以"孝廉"一科为最重要。"孝廉"始于汉武帝元光元年(前134年),武帝下诏,"初令郡国举孝廉各一人",最初不是常科,后来成为岁举常科才受重视,渐显重要。孝廉出身的官吏,更被认为是"正途""清流"。特科包括贤良文学、贤良方正、明经、有道、敦厚、明法、阴阳灾异等,名目繁多,以"贤良方正"为最重要。察举制基本保证了国家对行政人才的需求。察举制度在西汉时比较严格规范,但到东汉后期,政治腐败,权贵豪门徇私舞弊,察举制失去原本的效用。

486. 以阴阳五行、天人感应为基础,以预占为特征的神学体系是什么?

谶纬之学。谶是巫师或方士制作的一种隐语或预言,起源很早,战国时流行于秦、赵等国。秦末农民大起义曾利用这种迷信形式,如《史记·秦本纪》所载"亡秦者,胡也"的谶语,《史记·陈涉世家》所载"篝火狐鸣""鱼腹丹书"的故事。西汉中期以后方士们采集、制造大量谶言,结集为书。与此同时,以《春秋公羊传》《春秋繁露》等为代表的西汉今文经学,依据其阴阳五行、天人感应的理论,解释社会政治现象,预占色彩日趋浓厚。哀、平之际,谶言迷信与今文经学中的阴阳五行、天人感应神学合流,并吸收社会上流传已久的天文占、五行占、杂占、符命、五德终始等迷信形式,形成谶纬神学。王莽代汉,光武中兴,都利用过谶纬中的图谶符命。谶纬之学在东汉时成占统治地位的社会思想,极为盛行,亦称内学,经过官方学者整理删简,逐渐定型,以符瑞预占为主的称谶书,如《河图》《洛书》《论语谶》等;附会儒家经义以言灾祥符命的称纬书,如《易》《书》《诗》《礼》《乐》《春秋》《孝经》七经纬等。其内容实质并无很大区别。经过石渠阁、白虎观两次经学会议,谶纬之学逐步完成了与今文经学的结合。其中既充斥荒诞迷信的内容,又包含一些天文、历法、地理、农学、医学、乐律等方面的科学史资料。

487. 秦王朝覆灭后，项羽与刘邦是如何争夺全国统治权的？

公元前207年十月，刘邦率军进至咸阳郊外，大破秦军，秦王子婴向刘邦投降，秦朝灭亡。项羽在巨鹿之战后，率诸侯军进入关，与刘邦会于鸿门。鸿门宴后，项羽入屠咸阳，杀秦宗室，焚秦宫室，劫掠关中，自立为"西楚霸王"，都彭城（今江苏徐州）。又分封了十八个诸侯王，其中刘邦被封为汉王，据巴蜀、汉中之地。前206年八月，刘邦乘项羽镇压齐地叛乱之际，起兵攻占关中，接着率兵东出，远袭彭城，兵败后退居荥阳、成皋一线，与军力强大的项羽成对峙局面。刘邦采取正面坚持、南北两翼牵制、后方骚扰的作战方针，又联合各地反项羽的势力来保障这一方针的实施。前203年，双方言和，相约以鸿沟为界，东属楚，西属汉。次年，刘邦采纳张良、陈平的建议，乘项羽撤兵之际，一面率军全力出击，一面封韩信、彭越为王，促其南下会师，围追项羽，最终将项羽军围困于垓下（今安徽灵璧东南）。汉军四面唱起楚歌，使楚军失去作战斗志。项羽感到大势已去，率少数军士突围至乌江（今安徽和县东北）后，终不敌，自刎而死。楚汉战争结束，刘邦于是兼有楚地。前202年二月，刘邦在定陶附近的汜水之北（今山东曹县北）即皇帝位，国号汉，五月迁都于长安，是为西汉王朝。

488. 刺史是什么？其职能又是如何演变的？

刺史为古代官职。刺，检核问事之意，即监察之职。史，御史之意。刺史的本义是负责监督类的官员。秦始皇在统一六国后，在地方上，郡一级置守、尉、监。监，或称郡监、监御史等，负责监察郡守等人的行政事务。汉初，鉴于监御史常常失职，与郡守勾结起来欺骗朝廷，汉文帝命丞相另派人员出刺各地，监察郡守和监御史，属于临时派遣。这样，在地方上就形成了两套监督机制。因为职事重叠交叉，容易出现互相推诿纠纷等问题，不利于提高行政效率。汉武帝元封五年（前106年），将全国分为十三个州（部），每州设立一名刺史，正式建立刺史制度，史称"十三刺史部"。刺史的职权有明确的规定，即"奉诏六条察州"。这样，既可以为刺史行使权力提供依据，又可以防止刺史滥用职权干扰地方的正常行政事务。由于充任刺史者为俸禄六百石的低级官员，而其监察的对象郡守的俸禄却是两千石。因而能够促使刺史为了追求更高的待遇而恪尽职守，创造业绩。西汉后期，刺史在行使监察权时，一度出现干涉郡守职权的现象。且刺史名称也发生变化，时而称州牧，时而改回刺史之名，其俸禄也一度提高到两千石。东汉灵帝时，刺史实际已为一州军政的长吏、太守的上级。地方上就形成了州、郡、县三级行政体制。魏、晋时的刺史有领兵、单车之别，单车即不领兵之意，领兵刺史多加将军号。隋文帝时，为加强中央集权,简化行政机构,裁汰冗员,于是废除郡一级,实行州县两级。唐代中期,出于屯田与守边的需要,设立节度使、观察使等,逐渐侵蚀刺史之权,或者兼任刺史。尤其"安史之乱"后,节度使更是遍布全国,形成藩镇割据,刺史职任渐轻。宋代,刺史之名成为武臣虚衔,元代以后消失。

489. 中国历史上第一次大规模的平民起义是什么?

大泽乡起义,又称"陈胜吴广起义"。秦朝末年陈胜、吴广率领戍卒在蕲县大泽乡(今安徽宿县东南)发动的农民起义。秦二世元年(前209年)秋,秦朝廷征发贫民屯戍渔阳(今北京密云),陈胜、吴广等900余名戍卒也在此列,途中在蕲县大泽乡为大雨所阻,不能如期到达目的地。按照法律,过了规定的期限是要杀头的。陈胜、吴广商议:逃亡是死,造反也是死,不如拼死干一番事业。于是他们先是用"鱼腹丹书""篝火狐鸣"等迷信方式制造舆论,后借机杀死押解戍卒的军官,假借秦公子扶苏和楚将项燕的名义,发动兵变。起义军推举陈胜为将军,吴广为都尉。连克大泽乡和蕲县,并在陈县(今河南淮阳)建立张楚政权,各地纷纷响应。陈胜派周文率领起义军攻入关中,逼近秦朝都城咸阳。秦二世惊慌失措,赶快派大将章邯把在骊山做苦役的囚犯、奴隶放了出来,编成一支军队,向起义军反扑。原来的六国贵族各自忙着占地盘,并不支援。周文的起义军孤军作战,终于失败。吴广在荥阳被部下田臧杀死。陈胜败走,在退到城父(今安徽蒙城)时,被车夫庄贾杀害。起义宣告失败。大泽乡起义沉重打击了秦王朝的统治,揭开了秦末农民起义的序幕,是中国历史上第一次大规模的平民起义。

490. 东汉桓帝、灵帝时的党锢之祸是怎么回事?

东汉桓帝、灵帝时,士大夫与宦官发生党争,宦官依靠皇权,向官僚士大夫发动大规模和残酷的迫害活动,致使官僚集团被禁止仕宦或参与政治活动,史称"党锢之祸"。东汉后期,由于宦官专权垄断了仕途,大批太学生和儒生上进无门,就与官僚士大夫结合,在朝野形成了一个庞大的反对宦官专权的政治力量。延熹九年(166年),宦官集团对党人发动了一次大规模的迫害活动。其导火线是张成事件。方士张成交结宦官,因事先知道朝廷将要大赦,故怂恿儿子杀人。河南尹李膺不顾赦令,坚持将张成的儿子处死。宦官诬陷李膺交结太学诸生,诽谤朝廷。在宦官的怂恿下,桓帝下令抓捕李膺等"党人"二百余人。宦官推波助澜,大肆制造冤狱。第二年,"党人"虽被释放,但被"禁锢终身"。这是第一次党锢之祸。灵帝即位,外戚窦武与太傅陈蕃掌权,起用李膺等"党人",密谋诛杀宦官。事败,窦武、陈蕃被害，李膺等人复遭废锢。建宁二年(169年)，宦官侯览又诬陷反对宦官的督邮张俭结党图危社稷，将李膺等百余人重新收捕，因牵连或陷害以至于死、徙、废、禁者又有六七百人。熹平五年(176年)，灵帝下诏州郡，凡"党人"的门生、故吏、父子兄弟及五服的亲属都免官禁锢。是为第二次党锢事件。经过这场浩劫，天下儒生几乎被一网打尽。直至中平元年(184年)黄巾起义爆发后，灵帝才下诏赦免"党人"。党锢之祸是东汉统治阶级内部矛盾激化的表现，大大地消耗了统治阶级的力量，为黄巾之乱和汉朝的最终灭亡埋下伏笔。

491. 战国时期，秦国在成都平原修建的水利工程是什么？

都江堰，我国古代著名水利工程之一。在四川灌县城西，岷江出口处。战国时，秦国的蜀郡守李冰主持修建。渠首由都江鱼嘴、飞沙堰和宝瓶口三个主要工程组成。都江鱼嘴把岷江分成内外两江，外江是主流，用以分洪泄水，也可灌溉，内江经开凿的宝瓶口进入成都平原，用以灌溉。这一工程既消除了岷江长期存在的水患，又灌田三百余万亩。相传李冰制定了"深淘滩，低作堰"的岁修原则，保证了都江堰防洪灌溉作用的发挥。从此，成都平原变成了旱涝保收、"沃野千里"的"天府之国"。

492. 秦始皇为统一思想而在意识形态领域采取的措施是什么？

焚书坑儒。秦朝统一以后，一些儒生、游士对秦始皇的专制独裁不满，希望恢复分封局面。秦始皇三十四年(公元前213年)，博士淳于越又提出恢复分封制的主张。丞相李斯驳斥其议，认为"诸生不师今而学古，以非当世，惑乱黔首"，指责儒生以古非今，诽谤朝政，提出禁止私学和焚书的建议，得到秦始皇认可。于是秦始皇颁布焚书令，规定除《秦记》、医药、卜筮、种树之书以外，民间所藏《诗》《书》和诸子百家书等一律限期交到官府，统一焚毁；逾期不交者处以黥刑或罚做苦役。凡谈论《诗》《书》等儒家经典者弃市，借古谤今者灭族，吏见知不举者与之同罪。废止私学，欲学法令者以吏为师。次年，又发生了坑儒事件。秦始皇晚年为求长生不老，遂寄望于方士为他寻觅不死仙药。因方士侯生、卢生无法为秦始皇寻觅仙草，便以秦始皇贪于权势、专用刑罚为由，斥骂秦始皇，相约逃亡。始皇大怒，于是下令御史拿问诸生。其时受株连的儒生达四百六十余人，全部被活埋于咸阳。秦始皇长子扶苏谏劝，亦被遣至上郡监军。"坑儒"激起广大儒生不满和反抗。陈胜、吴广起义时，孔子的后裔孔鲋即抱礼器投奔义军。焚书坑儒体现了秦政的暴虐，造成了文化上的巨大损失，开创了文化专制的先例，加速了秦朝的灭亡。

493. 什么是"光武中兴"?

光武中兴,也称建武盛世,指东汉光武帝刘秀统治时期出现的治世。西汉末年,绿林、赤眉大起义推翻新莽政权后,很快又陷入了混战状态。西汉宗室后裔刘秀乘机壮大自己的势力,最终统一了中国,沿用汉的国号,年号建武,是为光武帝(谥号"光武")。为了恢复、发展社会生产,缓和西汉末年以来的社会危机,光武帝以"柔道"治天下,采取一系列措施来恢复和发展经济。政治上加强中央集权,"退功臣而进文吏",对功臣赐优厚的爵禄,摘除其军政大权,禁止他们干政;排斥三公,把一切行政大权归之于尚书台,全国政务经尚书台总揽于皇帝;在地方上废除郡国中掌握军队的都尉,遣散地方军队;废除更役制度,简政减吏,裁并400多县。经济上解放生产力,多次下诏释放奴婢,禁止任意杀伤奴婢以及废除"奴婢射伤人弃市律";薄赋敛,恢复西汉较轻的田税制,实行三十税一;组织军队屯垦,放免刑徒为庶民,用于边郡屯田;抑制豪强,下令度田、检查户口,加强封建国家对土地和劳动力的控制。文化上重视图书文化建设和皇家藏书的收藏;提倡儒学,兴建太学,推崇气节。同时从休养生息的总方针出发,对周边少数民族采取友好互助的政策,不尚边功。他所实行的各项政策措施,既维护了东汉统治,也维护了国家统一,促进了社会经济的发展。东汉初年出现了社会安定、经济恢复、人口增长的局面,国力也逐渐恢复到西汉强盛时期的水平。古代史书因而誉之为"光武中兴"。

494. 西汉的开国皇帝是谁?

汉高祖刘邦(前256—前195),字季。沛(今江苏沛县)人。西汉王朝的建立者。初为沛泗水亭长,因释放刑徒而亡匿于芒砀山中。公元前209年,集合三千子弟响应陈胜起义,攻占沛县等地,称沛公,不久投奔项梁,任砀郡长,被楚怀王封为武安侯。他领导的起义军,成为反秦主力之一。其后与项羽开展争夺皇位之战达五年之久。因为他知人善任,注意纳谏,能充分发挥部下的才能,又注意联合各地反对项羽的力量,终于击败项羽,建立西汉王朝,即位后着手稳定封建秩序,采用休养生息的政策治理天下。号召流亡山泽的人回归本土,复故爵田宅,下令释放因穷困沦为奴婢的人,免除回乡士兵一定时期的徭役,减轻田租,十五税一;迁徙各地豪强到关中,消灭韩信、彭越等异姓王割据势力,又裂土分封九个同姓诸侯王;令丞相萧何制定九章律。这些都有利于社会经济的恢复和全国的安定统一。公元前195年,刘邦在讨伐英布叛乱时被流矢射中,其后病重不治,同年去世,庙号太祖,谥号高皇帝。

495. 西汉王朝最强盛时期的在位皇帝是谁？

汉武帝刘彻（前156—前87），西汉皇帝，汉景帝子，十六岁即位。在位期间，从各方面加强中央集权，是汉帝国鼎盛时期。在政治上，中央设置中朝，地方设置十三刺史部；采纳主父偃的建议，颁布"推恩令"使诸侯王可以分封子弟为侯，从此封国分为若干小的封邑，势力不断削弱，名存实亡；任用酷吏打击地方豪强势力。在思想领域采纳董仲舒"罢黜百家，独尊儒术"的建议，利用改造后的儒家思想统治人民；设立"太学"，通过"太学"或"贤良策试"以培养和选拔人才。在经济上打击富商大贾，采纳桑弘羊的主张，把冶铁、煮盐、铸钱等重要工商业收归国家专营；设平准官、均输官，以控制物价；并运用国家力量，治理黄河，兴修水利。军事上，在京师建立八校尉和期门、羽林等"长从"募士以加强中央政府的军事实力，并大量移民到边境屯田，以巩固边防。建元二年（前139年）起，多次派张骞等前往月氏、乌孙、安息等地，加强对西域的联系。元光二年至元狩四年（前133年—前119年）间，任用卫青为大将、霍去病为骠骑将军，连续发动反击匈奴的战争，解除匈奴威胁，保障了黄河流域广大地区经济、文化的发展。元鼎六年（前111年）消灭南越割据政权，统一今两广一带，又在今云南、贵州等省设置郡县。这些措施巩固了专制主义中央集权的封建国家。由于不断用兵，徭役兵役征发不断增加，致使农民大量破产流亡，各地爆发农民起义。征和四年（前89年），下罪已诏。后元二年（前87年），汉武帝去世，庙号世宗，谥号孝武皇帝。

496. 鸿门宴是什么？

公元前206年项羽在咸阳郊外的鸿门（今属陕西西安）举行的一次宴会。秦末，陈胜吴广起义失败后，楚国贵族项梁立楚怀王之孙熊心为楚王，仍称楚怀王。项梁战死后，怀王派宋义、项羽等去救援被秦军围困的赵国，同时派刘邦领兵攻打函谷关。临行时，怀王与诸将约定，谁先入关，便封为关中王。结果刘邦先入关中，秦王子婴向刘邦投降。刘邦入关后，与秦民约法三章，并派人驻守函谷关，以防项羽进关。当时项羽刚刚于巨鹿之战取得胜利，并歼灭了秦军的主力，正向关中进发，得知刘邦已经攻陷关中，一怒之下攻陷函谷关，直抵新丰鸿门。刘邦不足以和项羽硬拼，只得退出咸阳，回师霸上。项羽的兵力约40万，刘邦的兵力约10万。这时刘邦的左司马曹无伤暗中派人告诉项羽说刘邦想在关中称王。项羽听了，更加恼怒，决定第二天发兵攻打刘邦。项羽谋士范增认为刘邦必成大器，便建议项羽设下"鸿门宴"，决意在宴会上铲除刘邦，但此事为项羽叔父项伯知悉，项伯顾念和刘邦的下属张良的故人之情，向刘邦报信。刘邦硬着头皮应约赴宴。鸿门宴当日，项羽优柔寡断,范增命"项庄舞剑,意在沛公",一心要在席中把刘邦刺死,可是刘邦先后被项伯和刘邦的大将樊哙解围,最终刘邦借口如厕,逃遁而去,回到军中后立即将曹无伤诛杀。鸿门宴为后来的楚汉之争埋下伏笔,是间接促成项羽败亡以及刘邦建立汉朝的原因。后人也常用"鸿门宴"一词比喻不怀好意的宴会。

497. 发明"麻沸散"的古代医生是谁?

华佗(约145—208),又名旉,字元化。沛国谯(今安徽亳州)人。东汉末年著名的医学家。少时曾在外游学,不图利禄,拒不为官,常行医民间,足迹遍及今江苏、山东、安徽、河南等地。通内、外、妇、儿、针灸各科,外科尤为擅长。因而有"外科圣手""外科鼻祖"之称。施针用药,简而有效。在多年的医疗实践中,善于区分不同病情和脏腑病位,对症施治。华佗是世界上最早施用全身麻醉术的医生。他曾收集一些有麻醉作用的药物,经过多次不同配方的炮制,制成麻醉药——"麻沸散"。针对"肠胃积聚"等病,把麻醉药和热酒配制,使患者服下、失去知觉,再剖开腹腔,施行腹部手术,据记载"四五日创愈,一月之间皆平复"。华佗也是中国古代医疗体育的创始人之一。他认为人体必须经常活动,才能使饮食消化,血脉流通,少生疾病,遂模仿虎、鹿、熊、猿、鸟的姿态,创"五禽戏"以锻炼身体。晚年因不从曹操征召为侍医,被关杀牢中。所著医书《青囊经》失传。

498. 东汉末年张角领导的农民大起义是什么?

东汉末年张角领导的农民大起义又叫黄巾起义。东汉中期以后,豪强地主大量兼并土地,外戚、宦官交替专权,官吏贪残腐朽,加之对羌长期战争的消耗使广大群众处于水深火热之中。巨鹿(今属河北邢台)人张角是太平道首领,自称"大贤良师",通过画符治病传道。他利用桓灵时期流行"汉行气尽,黄天当兴"的谶语,向道众宣传"苍天已死,黄天当立,岁在甲子,天下大吉"的思想,为推翻朝廷作舆论准备。活动十余年,道众达几十万,遍布青、徐、幽、冀、荆、扬、兖、豫八州,按军队编制把道众分为三十六方。后令各处道众在官府大门上用白土书写"甲子"字样,计划在甲子年即中平元年(184年)发动起义。预定起义前一个月,叛徒告密,张角被迫连夜通知各地提前起义。起义军以黄巾裹头,因称"黄巾军"。他们攻打官府,捕杀官吏,打击豪强地主,"旬日之间,天下响应,京师震动",东汉政府派重兵镇压。后张角病死,起义军由其弟张宝、张梁领导。二人先后战死,主力军奋战九个多月终被镇压,但分散在各地的义军仍坚持战斗多年。黄巾起义与秦末、西汉末两次农民起义相比,是一次有周密计划、有长期准备、有明确目标的农民起义。

虽然起义失败，但动摇了东汉的统治。

499. "匈奴未灭，何以家为"是汉朝哪位名将说的？

霍去病（前140—前117），河东平阳（今山西临汾）人。卫青姐卫少儿之子。西汉名将。武帝曾为他建造府第，他谢绝说："匈奴未灭，何以家为。"前后六次出击匈奴，解除了匈奴对汉王朝的威胁。元朔六年（公元前123年），十七岁的霍去病被汉武帝任命为骠姚校尉，随卫青击匈奴于漠南，率领八百骁骑深入敌境数百里，斩获敌人两千余人，并且俘虏了单于的叔父，勇冠全军，被封为冠军侯。元狩二年（前121年），汉武帝任命霍去病为骠骑将军，两次率兵出击占据河西（今河西走廊及湟水流域）地区浑邪王、休屠王部，歼敌4万余人，俘虏匈奴贵族120多人。同年秋，奉命迎接率众降汉的匈奴浑邪王，率部斩杀匈奴变乱者，稳定了局势。从此，汉朝控制了河西地区，为打通西域奠定了基础。匈奴为此悲歌："亡我祁连山，使我六畜不蕃息；失我焉支山，使我妇女无颜色。"元狩四年（前119年）春，同卫青分两路深入漠北，出击匈奴。霍去病率军北进两千多里，与匈奴左贤王部接战，歼敌七万余人，俘虏匈奴贵族83人，乘胜追杀至狼居胥山（今蒙古肯特山），在狼居胥山举行了祭天封礼。经此一战，"匈奴远遁，而漠南无王庭"。他和卫青发起的对匈奴的进攻性战争，改变了汉朝长期在对匈奴战争中的守势状态，一举打败匈奴。从而长久地保障了西汉边境的安全。

500. 我国古代哪部数学著作首先提出勾股定理？

《九章算术》，我国古代数学的重要典籍。它的作者已不可考，应该出自于众人之手，经过三百余年的修改与补充，到东汉前期基本定型，现今流传的大多是在三国时期刘徽为《九章》所作的注本。这本书记载了九类问题，共二百四十六个题目的解法，分为《方田》《粟米》《衰分》《少广》《均输》《方程》《商功》《盈不足》《勾股》九章，系统总结了战国、秦、汉时期的数学成就。其中，《方田》主要讲述了平面几何图形面积的计算方法；《粟米》是讲不同粮食的交易如何换算；《衰分》是讲比例分配的算法；《少广》介绍了开平方、开立方的方法；《均输》是讲粟米、徭役征收的计算方法；《方程》是讲联立一次方程的解法；《商功》是讲各种体积的计算；《盈不足》是讲亏盈类问题的解法；《勾股》是讲勾股定理的运用问题。全书内容包括了现在初等数学中算术、代数、几何的大部分。书中关于分数四则运算、联立一次方程的解法、负数概念的运用和正负数加减法等内容，都是具有世界意义的成就。《九章算术》是当时世界上最简练有效的应用数学著作，它的出现标志中国古代数学形成了

完整的体系。

501. 秦末农民起义中，项羽在哪场战役中击溃秦军主力？

巨鹿之战。秦末农民起义中，项羽率领义军在巨鹿（今河北平乡）击溃秦名将章邯、王离所率的秦军主力的一次决定性战役，也是中国历史上著名的以少胜多的战役之一。

公元前208年，秦上将军章邯击溃项梁领导的楚地反秦义军，乘机渡过黄河，与王离军合力攻打赵国，大败赵军。赵王歇逃入巨鹿城，被秦军重重围困。楚怀王命卿子冠军宋义为上将军，项羽为次将，北上救赵。行至安阳（今河南安阳西南），宋义故意停留不前，希望等秦赵两败俱伤后，坐收渔利，结果为项羽所杀。项羽派遣英布和蒲将军率两万大军先行救赵，随后自己率领义军渡过漳水（一说黄河），破釜沉舟，烧掉房屋帐篷，只带三日干粮，以示不胜则死的决心。义军以迅雷不及掩耳之势直奔巨鹿，经过激战，义军击退章邯，巨鹿之围遂解。

巨鹿之战基本上消灭了秦军的主力，扭转了整个战局，有力地支援了刘邦进军关中的行动，奠定了反秦斗争胜利的基础。

502. 汉武帝时期制定的均输、平准政策具体是如何实施的？

均输是西汉的一项财政制度。西汉时，郡国各地每年要向朝廷上贡本地物产。这种做法弊端很多：须役使大批农民进行运输，民户不堪其苦；长途运输，贡品难免受损变质，造成贡品的积压浪费；路途遥远，运费常超过原价很多。汉武帝元鼎二年（前115年）桑弘羊出任大农丞时试行均输制。五年后他升任大农令，将此法颁行全国。其具体做法是：在大司农下面设均输官，派驻全国各地，将各地上贡的物产除品质特优者仍须运送京师外，一般贡品由当地均输官直接在当地或运往邻地高价地区出售，或将贡品按当地售价折成现金交给朝廷，或按朝廷需要及市场行情酌情购买一些货物运回朝廷。这样，既可减少以往贡品运送造成的损失，又可相对减轻民户负担，同时还增加了财政收入。北宋王安石变法时，为增加政府财政收入，也曾采用均输制度。此后由于商品经济进一步发展，除漕粮外，实物贡赋形态及封建劳役日益退居次要地位，均输措施才随之消逝。平准是创始于西汉的一种通过贵时抛售、贱时收买的方式稳定市场价格的一种经济措施。汉武帝时，政府改铸新币引起物价上涨，另外由于均输官从全国各地采购回来的货物需要出卖，为了避免商贾囤积居奇，操纵市场，牟取暴利，元封元年（公元前110年），大农令桑弘羊建立了平准制度，在大司农下设平准官，贵时抛售、贱时收买，以平抑物价。同时，平准官也统辖均输官带回长安的货物和被朝廷垄断的铁器等商品的买卖。由此，国库收入迅速增加。平准制度将商人的巨额利润转移到了朝廷手里，实际上是一种国家商业垄断。平准制度成为后世历代朝廷解决财政困境、增加国库收入的重要手段。后来王莽改制时设立的"司市"、王安石变法时设立的"市易务"都与汉代的平准机构类似。随着商品经济的发展，元明以后大规模的官营平准机构未再出现。

503. 郡县制是如何形成的？

郡县制是由春秋战国到秦代逐渐形成的地方行政制度。春秋时，秦、晋、楚等国初在边地设县，后逐渐在内地推行。春秋末年以后，各国开始在边地设郡，面积较县为大，但地位比县低。战国时逐渐形成县统于郡的两级制。秦统一后，彻底废除了"封诸侯，建藩卫"的制度，将地方行政机构分为郡和县两级。郡是中央政府辖下的地方行政机构，长官为郡守，掌全郡政务；郡尉辅佐郡守，并掌军事；监御史为中央派遣的监察官，掌监察工作。郡下设县，边地少数民族地区设道。县有大县小县之分，万户以上的大县设县令，不满万户的小县设县长。县令、县长下设县尉、县丞。县尉掌管全县的军事和治安，县丞为县令和县长的助手，掌全县司法。县下有基层组织乡、里、亭。郡、县长官均由中央政府任免，成为专制主义中央集权的一部分。其郡、县二级行政制一直为后世所沿用。郡县制确立后，中央通过考课和监察以加强对地方政权的控制。秦汉的郡县制代替了周的分封制，也即从地方分权演进为干强枝弱的中央集权制，为后来的地方行政体制奠定了坚固的基础。

504. 西汉末年绿林起义军歼灭王莽主力军的战役是什么？

昆阳之战，也是我国历史上以弱胜强的典型战例之一。地皇四年（23年），绿林军拥立西汉宗室刘玄为皇帝后，刘玄派王凤、王常、刘秀攻下了昆阳（今河南叶县）等地；派刘縯围攻宛城（今河南南阳），声势大振。原本把进攻的重点放在围剿北方的赤眉军的王莽这才发现南方的绿林起义军对新莽政权的威胁更大。王莽急派王寻、王邑纠集四十二万大军，号称百万前往镇压。途中包围了已被义军占据的昆阳城，并用楼车和挖掘地道攻城。鉴于双方力量悬殊，王凤等对坚守昆阳信心不足。刘秀经过分析情况，便做出决策，以王凤、王常率人坚守昆阳城，自己则轻骑突围出城，征集援兵，准备对王莽军内外夹攻。刘秀集结了绿林军三千精兵，乘王莽军轻敌懈怠之际，集中力量猛攻敌军中坚，杀死王寻。城外其他各军亦奋战配合。城内义军乘机出击，里外奋勇夹攻，"震呼动天地"，一举全歼莽军主力。昆阳之战影响很大，"海内豪杰翕然响应"，"旬月之间"遍及全国。昆阳之战是刘秀击败王莽的关键一战，对绿林军入关和新莽政权的覆灭起到了决定性作用，同时也为刘秀日后夺取天下奠定了基础。

505. 秦朝在岭南地区开凿的水利工程是什么？

灵渠。秦始皇统一北方六国之后，又对南越发动了大规模的军事征服活动，改善和保证交通补给成了这场战争的成败关键。为了转运粮饷，秦始皇命令在今广西兴安县凿渠，引湘水入漓江，是为灵渠。灵渠的凿通，沟通了湘江、漓江，打通了南北水上通道，为秦王朝统一岭南提供了重要的保证，大批粮草经水路运往岭南，有了充足的物资供应。前214年，即灵渠凿成通航的当年，秦兵就攻克岭南，随即设立桂林、象郡、南海三郡，将岭南正式纳入秦王朝的版图。灵渠联接了长江和珠江两大水系，自秦以来，对巩固国家的统一，加强南北政治、经济、文化的交流，密切各族人民的往来，都起到了积极作用。

506. 汉武帝晚年为何要颁布《轮台罪己诏》？

《轮台罪己诏》，亦称《轮台诏》。汉武帝时连年征战，耗费了巨额钱财，其他的财政支出也相当惊人，土地兼并愈演愈烈，农民破产流亡乃至沦为奴婢的日益增多，农民起义相继发生。晚年的汉武帝，深感统治政策有改弦易辙的必要。征和四年（前89年），汉武帝拒绝了桑弘羊在轮台扩大屯田的建议，下诏"陈既往之悔"，表示当今政事，最要紧的应当在于"禁苛暴，止擅赋，力本农"，决意把行政重心转移到安定生产方面来。此后汉武帝减少了边事，转向对内政的整顿，实行"息民重农"的政策，减轻徭赋，重视农业，命赵过推行代田法，改进农具和耕作技术，以发展生产。这些转变果然收到一定的实效，社会逐步安定，生产得以恢复发展。

507. 王莽末年发生在荆州一带的农民大起义是什么？

绿林起义，王莽末年的农民大起义。王莽新朝的徭役租税比西汉末期更繁重，土地兼并激烈，各地天灾连年不断。天凤四年（17年），荆州一带大旱，新市（今湖北京山北）人王匡、王凤发动饥民起义，以绿林山（今湖北大洪山地区）为聚集地，史称绿林军。地皇二年（21年），新莽荆州牧发兵二万人进攻绿林军，绿林军击败莽军，部众增至数万人。次年，绿林山一带发生疫病，起义军分兵转移，一路由王常、成丹率领，西入南郡（治今湖北荆州），称下江兵；一路由王匡、王凤、马武率领，北上南阳，称新市兵。新市兵进攻随县（今湖北随县），得到平林人陈牧、廖湛等人领导的平林兵的响应，两军合兵一处，声势愈振。西汉宗室刘縯、刘秀领导的舂陵军也加入进来。地皇四年（23年），各军会合，立西汉宗室刘玄为帝，建元"更始"。王莽派四十二万大军镇压，在昆阳（今河南叶县）被起义军打败，义军乘胜占洛阳，同时又迅速攻入长安，推翻了王莽新政权。刘玄移都长安后，生活开始腐化。王匡、王凤等农民将领受到排斥。公元25年，王匡等农民将领同进入关中的赤眉军联合，杀死刘玄，结束了更始政权。后来起义军被刘秀的军队所镇压。

508. 西汉景帝时期吴、楚等诸侯国发动的叛乱事件叫什么？

七国之乱。汉初，刘邦在消灭了拥兵自重、专制一方的异姓诸侯王之后，总结秦亡的历史教训时，认为秦亡的原因是没有分封同姓子弟为王。因此，他又陆续分封了九个刘氏子弟为王，史称"同姓九王"。然而，这些同姓诸侯王势力逐渐膨胀，造成了与中央集权的尖锐矛盾。景帝二年（前155年），御史大夫晁错向景帝上《削藩策》，请求削减封地，收回旁郡。汉景帝采纳了他的建议，于第二年下诏削藩，先后削夺楚、赵等诸侯国的封地，将其划归中央直接管辖。吴王刘濞就联合其他六国诸侯王，以"清君侧"为名发动叛乱。由于刘濞早有预谋，所以七国军队在叛乱之初进展顺利。汉景帝听信谗言，杀死晁错。但此举并没有让七国军队停下进攻的步伐，七国联军反而认为景帝软弱无能，于是刘濞自称东帝，与西汉政权分庭抗礼。汉景帝这才决心武力镇压，派太尉周亚夫率三十六位将军领兵抵御吴楚联军。仅用时三个月，叛乱即被平息，七王皆死。参加叛乱的七国，除保存楚国另立新王外，其余六国皆被废除，同姓诸侯王的势力受到致命打击。汉景帝趁势削弱诸侯王的权力以加强中央集权。诸侯国虽仍然存在，但已经不再具有同中央对抗的物质条件。

509. 秦朝的开国皇帝是谁？

秦始皇（前259—前210），嬴姓，赵氏，名政，秦庄襄王之子。即位时年仅十三，由吕不韦和嫪毐专政。公元前238年亲政，镇压嫪毐发动的叛乱。次年，免吕不韦职。任用李斯为相，重用王翦父子和蒙武父子等能征善战的将领，实行"远交近攻"的战略。从前230年灭韩开始，到前221年灭齐，统一六国，结束了长期以来诸侯割据混战的局面，建立了中国历史上第一个统一的中央集权的封建国家。秦的统一符合历史发展的要求和各族人民的共同愿望。秦始皇在统一中国后的十多年中，为了加强专制主义中央集权的统治，巩固封建国家的统一，采取了一系列措施：确定"皇帝"的称号，建立了以皇帝为中心的封建官僚体制；在中央实行三公九卿制，管理国家大事；在地方废除分封制，推行郡县制；统一法令、度量衡、文字；修筑长城和驰道，防御匈奴；南征百越，修筑灵渠等。这些措施在客观上有利于经济文化的发展，对统一的多民族的封建国家的形成有重要作用。但秦始皇为了镇压人民的反抗，销毁民间兵器，焚书坑儒，徭役赋税繁重，滥用民力，修阿房宫，筑骊山陵，求不死之药，严刑酷法，连年用兵。这些都暴露了秦始皇的残暴面目，破坏了社会生产，并促成了秦王朝的迅速灭亡。公元前210年，秦始皇死于他第五次东巡途中的沙丘宫。他去世不久，便爆发了第一次全国性的农民起义。

510. 秦朝时确立的中央官制是什么？

三公九卿制。三公和九卿是秦朝中央政府的高级官员。其名称源自周代，但部分官职的设置又有些不同。周代曾经出现过"三公九卿"，分别以辅佐皇帝的太师、太保、太傅（一说司马、司徒、司空）为三公，以少师、少保、少傅、冢宰、司马、司寇、司空、司徒、宗伯为九卿。秦始皇统一六国后，以三公九卿制为中央官制。三公，即丞相、太尉、御史大夫。丞相负责辅佐皇帝处理全国事务，是皇帝的助手。太尉协助皇帝掌管全国军队。御史大夫掌图籍章奏，监察百官。三公之间互不统属，直接对皇帝负责。三公之下有九卿，他们的名称和职掌是：廷尉，掌管司法；治粟内史，掌管国家财政税收；奉常，掌管宗庙祭祀礼仪；典客，处理国内各少数民族事务和对外关系；郎中令，掌管皇帝的侍从警卫；少府，掌管供皇室需要的山海地泽收入和官府手工业；卫尉，掌管宫廷警卫；太仆，掌管宫廷车马；宗正，掌管皇帝宗族事务。三公九卿均由皇帝任免调动，不得世袭。汉代沿用三公九卿制，后来具体名称有所变化。丞相被改为"大司徒"，太尉改为"大司马"，御史大夫改为"大司空"。九卿中的廷尉改为"大理"，治粟内史改为"大司农"，奉常改为"太常"，典客改为"大鸿胪"等，不过其基本职责都变化不大。三公九卿制的建立首次确立了我国中央集权制，加强了皇权。

511. 中国第一部纪传体通史是什么？

《史记》，西汉司马迁撰，原称《太史公书》《太史公记》《太史记》《太史公》。记载上起传说中的黄帝，止于汉武帝末年两千多年的历史，共一百三十篇，包括十二本纪、十表、八书、三十世家、七十列传。"本纪"按年月编写历代帝王事迹，兼述当时的政治、经济、军事、文化、外交等重大历史事件，为全书纲领。"表"用表格形式谱列人物和史事。"书"是有关各种典章制度以及某些自然与社会现象的专编。"世家"载子孙世袭的王侯封国历史。"列传"主要是人物传记，也兼记少数民族和域外国家的情况。全书规模宏大，体制完备，首创以本纪、列传为主，书、表相辅的编纂方法。这种体例及书中所体现的进步史观，对后世史学有着极其深远的影响。《史记》因记叙详实，内容丰富，材料系统，文字生动，成为人们研究汉武帝以前中国历史的重要典籍，其对历史人物的叙述，语言生动，形象鲜明，在中国文学史上也有很高的地位。成书之后有部分内容散佚，褚少孙曾作补。后人注释之作主要有裴骃撰《史记集解》，司马贞撰《史记索隐》，张守节撰《史记正义》。清梁玉绳作《史记志疑》，侧重考订史事。近人尚有多种注释、考证之作。

512. 中国古代东西交流的最著名商路是什么？

丝绸之路。一般指陆上丝绸之路，广义上讲又分为陆上丝绸之路和海上丝绸之路。陆上丝绸之路在西汉张骞出使西域后开通。其主要路线为，东起汉都长安，向西经河西走廊到达敦煌。从敦煌再西向分为两条通道：其一经鄯善（今新疆罗布淖尔南）、于阗（今新疆和田）、莎车（今新疆叶尔羌）等地，越葱岭（今帕米尔高原）到大月氏、安息等国；其二，经车师前王庭（高昌，今吐鲁番附近）、龟兹（今新疆库车）、疏勒（今新疆喀什）等地，越葱岭到大宛、康居、奄蔡，由奄蔡南下，可达安息，由安息向西到达大秦（罗马帝国）。这两条大道成为当时东西方经济交流的两大动脉。因为在国际上享有盛誉的我国的丝和丝织品经此路西运，故称"丝绸之路"。海上丝绸之路形成于汉武帝之时。从中国出发，向西航行的南海航线，是海上丝绸之路的主线。唐宋以后，随着中国南方的进一步开发和经济重心的南移，以及我国造船、航海技术的发展，从广州、泉州、杭州等地出发的海上航路日益发达，越走越远，从南洋到阿拉伯海，甚至远达非洲东海岸，人们把这些海上贸易往来的各条航线，通称之为"海上丝绸之路"。由于陆上丝绸之路经常被战争阻断，海上丝绸之路最终替代陆上丝绸之路，成为我国对外交往的主要通道。丝绸之路的开通，促进了东西方经济、文化交流，促进了沿线地区的进步，也丰富了中国人民的物质生活和精神生活。

513. 历史典故"苏武牧羊"是怎么回事？

苏武（前140—前60），字子卿，杜陵（今陕西西安）人。西汉大臣。苏武年轻时凭着父亲代郡太守苏建的庇荫，与兄长苏嘉、弟弟苏贤皆官拜郎中，后升任栘中厩监。汉武帝天汉元年（前100年）拜中郎将。当时汉朝和匈奴的关系时好时坏，双方各扣留了对方派出的使节。匈奴且鞮侯单于即位后，害怕受到汉朝攻击，送还了之前扣押的汉使路充国等。武帝于是遣苏武以中郎将持节出使匈奴，护送扣留在汉的匈奴使者回国，并赠送单于礼物，以答谢单于。一同出使的还有副中郎将张胜及临时委派的使臣常惠等百余人。就在苏武完成出使任务准备返国时,匈奴上层发生了谋反事件,牵连到副中郎将张胜。单于大怒,召集贵族商议,想杀汉使。苏武认为自己屈节辱命,无颜归汉,于是拔刀自刺,被救活。单于很欣赏苏武的节操,多次派人向苏武游说,欲使其投降,并许以高官厚禄,都被苏武严词拒绝。见劝说无效,匈奴就把苏武关进一个露天的大地穴,断绝水粮,希望借此可以改变苏武的信念。正值严冬,苏武受尽折磨,渴了就吃雪,饿了就嚼身上穿的羊皮袄。单于见苏武仍不屈服,越发敬重苏武的气节,不忍杀害,又不想让他返国,于是把苏武流放到北海(今西伯利亚贝加尔湖一带,近年也有学者考证为甘肃民勤)去牧羊,并扬言称,公羊生子方可释放他回国。苏武历尽艰辛,留居匈奴十九年持节不屈,使节上挂着的旄牛尾装饰物都掉光了,头发和胡须也都变花白了。汉昭帝时,几经交涉,始元六年(前81年),苏武才获释回汉。汉宣帝时,赐爵关内侯。苏武去世后,被汉宣帝列为麒麟阁十一功臣之一,以彰显其节操。

514. 汉武帝时期出台的打击商人的经济政策是什么?

算缗、告缗。汉初实行重农抑商政策,虽然收到一定成效,但并没有真正解决问题。至武帝时,社会经济有了显著的发展,但由于武帝内兴功利,又连年对外征战,国家财政发生很大困难,商人势力乘机兴风作浪。他们以高利贷盘剥贫民,囤积居奇,投机倒把,积累了数以万计的巨额财产,既不佐国家之急,又严重损害平民百姓的利益,促使社会矛盾日趋激化。为了解决财政困难的燃眉之急,并打击富商大贾、高利贷者,元狩四年(前119年),在御史大夫张汤的建议下和桑弘羊等人的具体筹划下,汉武帝颁布了算缗令。所谓算缗,就是向工商业者和高利贷者征收财产税。手工业者和高利贷者必须向政府申报资产,以一千钱为一缗,每二千缗纳税一百二十钱,作为一算。如果商人瞒报或虚报自己的财产,那么不仅要没收所有财产,还要罚戍边一年。"告缗"在汉武帝元鼎三年(前114年)开始推行,由杨可主管其事。所谓告缗,就是向朝廷揭发工商业者和高利贷者隐产漏税的违法行为。鼓励百姓相互告发身边没有按照"算缗"制度缴纳税钱、隐瞒财产的人,并按照规定将没收财产的一半奖励告发者。自此绝大多数的商人宣告破产,政府则收获了大量的财产、奴婢和私田。算缗、告缗的推行,为武帝的内外功业提供了物质上的保证,起到了加强专制主义中央集权制度的作用。

515. 汉武帝时期创制的以正月为岁首的历法是什么?

《太初历》。西汉初年,沿用秦朝的《颛顼历》,以十月为岁首。但《颛顼历》并不精确，到汉武帝时已出现了一些误差。公元前104年，经司马迁等人提议，汉武帝下令改定历法，并责成邓平、唐都、落下闳等人议造新历法。武帝于当年改元太初，并颁布实施新历法，故新历法被称为《太初历》。《太初历》规定一年等于365.2502日，一月等于29.53086日；以"加差法"替代之前的"减差法"以调整时差。将原来以十月为岁首改为以正月为岁首；开始采用有利于农时的二十四节气；在没有中气的月份，插入闰月，调整了太阳周天与阴历纪月不相合的矛盾，使朔望晦弦较为正确，是我国历法上一个划时代的进步。《太初历》是我国现存的第一部具有较完整文献资料记载的古代历法，也是当时世界上最先进的历法。

516. 汉武帝为巩固中央集权、削弱诸侯国的势力，颁布了什么重要政令？

推恩令。七国之乱平定后，汉景帝采取一系列相应的措施，使诸侯王的势力受到很大的削弱。但至武帝初年，一些大国仍然连城数十，地方千里，并且诸侯王骄奢淫逸，时常违抗中央政令，严重威胁着中央集权的巩固。汉武帝为削弱诸侯王势力，于元朔二年（前127年）采纳主父偃建议，颁行此令。规定诸侯王除了由嫡长子继承王位之外，可以"推私恩"把王国土地的一部分分封给嫡长子以外的子孙，并上报朝廷，由皇帝制定列侯封号，诸侯王无权废除或更改。这样，名义是上施德惠，实际上是剖分其国以削弱诸侯王的势力。推恩令下达后，诸侯王的支庶多得以受封为列侯，不少王国也先后分为若干侯国。按照汉制，侯国隶属于郡，地位与县相当。因此，封地大的王国被分成封地较小的侯国，这个过程直接导致了王国的缩小和朝廷直辖土地的扩大。这样，汉朝朝廷不用贬斥诸侯王，就使得大的王国自己分崩离析了。推恩令达到了晁错所提出的"众建诸侯而少其力"的效果，有利于加强中央集权。

517. 王莽改制的主要内容是什么？

王莽改制是王莽新朝以托古为名所进行的改革。王莽（前45—23），字巨君。新王朝的建立者。汉元帝皇后王政君侄。西汉末，继其伯叔出任大司马大将军，掌握朝廷实权，封新都侯。先后立九岁的平帝、两岁的孺子婴为帝，而莽以"安汉公""宰衡""假皇帝"等名义作登基的准备。初始元年（8年）王莽废汉称帝，改国号为新。王莽掌权后，为了缓和尖锐的阶级矛盾，颁发诏令，实行"托古改制"：将全国土地改称"王田"，奴婢改称"私属"，都不得买卖；宣称一家不满八个男子而占田超过一井（九百亩）的，余田须分与亲族邻里，无田的按一夫一妻受田百亩的规定分配，企图制止土地兼并，实现儒家设想的井田制。10年，王莽又推行"五均六筦"，

以公权力平衡物价，防止商人剥削，增加国库收入。并屡次改变币制，铸造"错刀""契刀""大钱"等货币，大肆掠夺财富。还恢复五等爵，经常改变官制。王莽改制不仅未能挽救西汉末年的社会危机，反而使各种矛盾进一步激化，由于政策多迂通不合实情处，百姓未蒙其利，先受其害，朝令夕改，使百姓官吏不知所从，不断引起天下各贵族和平民的不满。地皇四年（23年），新王朝终于在赤眉、绿林等农民起义军的打击下崩溃，王莽也被杀。

518. 西汉时期抗击匈奴与霍去病齐名的名将是谁？

卫青（？—前106），字仲卿，河东平阳（今山西临汾）人。随母为平阳公主家骑奴，后因同母异父姐卫子夫被武帝立为皇后，乃拜为太中大夫。因抗击匈奴有功，官至大司马大将军，封长平侯。卫青关心士卒，团结部众，指挥若定，有大将之风。前后七次击退匈奴进犯，使"匈奴远遁，而幕南无王廷"。同时他也是与其齐名的抗击匈奴的名将霍去病的舅舅。

519. 西汉文帝、景帝统治时期为什么被称作"文景之治"？

西汉文帝、景帝统治期间，社会比较安定，经济得到显著恢复和发展，故被后世史家誉为盛世，称为"文景之治"。西汉前期，文帝与其子景帝相继在位，采取了"与民休息""轻徭薄赋"等一系列政策，发展经济，巩固统治。社会生产得到恢复和发展，土地开辟，人口增加，劳动人民的生活状况也有较大改善。至武帝即位之初，社会呈现繁荣景象。《史记·平准书》称："非遇水旱之灾，民则人给家足，都鄙廪庾皆满，而府库余货财。京师之钱累巨万，贯朽而不可校。太仓之粟陈陈相因，充溢露积于外，至腐败不可食。众庶街巷有马，阡陌之间成群，而乘字牝者傧而不得聚会。"这一记载虽不无溢美之词，却也反映了当时社会的繁荣。但文、景时期外有匈奴的严重骚扰，内有淮南王刘长及吴楚七国的叛乱，所谓"太平盛世"，实际上存在着许多不稳定的因素。文景之治是我国封建社会的第一个盛世，为后来汉武帝征伐匈奴奠定了坚实的物质基础。

520. 汉武帝晚年发生的巫蛊之祸是怎么回事？

巫蛊之祸是汉武帝晚年发生的一场宫廷内乱。当时迷信以为用巫术诅咒及用木偶人埋于地下可以害人，称为"巫蛊"。征和二年（前91年），丞相公孙贺之子公孙敬声被人告发用巫蛊咒武帝，与阳石公主通奸。第二年正月，公孙贺被逮捕下狱，经调查罪名属实，父子二人都死于狱中，并被灭族。诸邑公主与阳石公主、卫青之子卫伉受到牵连被诛。这时，京师长安方士巫师云集，大都是以旁门左道的奇幻邪术害人。后宫妃嫔、宫女为躲避灾祸，亦请巫师进行祭祀消灾，因相互妒忌争吵，就轮番告发对方诅咒皇帝、大逆不道。汉武帝大怒，将被告发的人处死，后宫妃嫔、宫女以及受牵连的大臣共有数百人。武帝宠臣江充与太子刘据、卫皇后有嫌隙，见汉武帝年老多病，害怕武帝去世后被刘据诛杀，便说武帝之病因巫蛊作祟而起。武帝遂命他负责查出巫蛊案。江充用酷刑和栽赃迫使人认罪，大臣百姓惊恐之下诬指他人犯罪，数万人因此而死。江充趁机诬告太子宫中埋有木人，太子恐惧，起兵捕杀江充，武帝发兵追捕，太子也发兵抗拒。激战五日后，太子败逃，皇后卫子夫随即自杀，后宫吏欲捕太子，太子自尽，两皇孙亦死。田千秋等人上书讼太子冤，终于清醒过来的武帝夷江充三族。此事件牵连者达数十万人，史称巫蛊之祸。

521. 汉武帝时发行的一种新型铜币叫什么？

五铢钱。汉初，币制混乱，私铸盛行，引起市场混乱、通货膨胀、民众流亡等社会问题。为树立信誉，稳定金融，使私铸者无利可图，以彻底解决私铸问题，汉武帝于元狩五年（前118年），"罢半两钱，行五铢钱"。钱形圆，有方孔，重五铢，铸有篆字"五铢"二字。然而各郡国官吏旧习难改，私自铸钱，以谋中饱私囊。汉武帝采纳了公卿们的建议，于元鼎二年（前115年）收回了各郡国的铸币权，由中央政府指定上林三官统一铸造，统一货币发行。此后各代五铢钱均有铸造，但形状大小不尽相同。唐高祖武德四年（621年）废五铢，改铸开元通宝，但五铢钱继续在民间流通。五铢钱的发行稳定了货币制度，有利于经济的稳定发展。五铢钱是中国钱币史上使用时间最长的金属货币，在货币发展史上具有深远影响，奠定了中国硬通货铸币圆形方孔的传统。

522. 汉代设立的西域最高军政长官叫什么？

西域都护。或称都护西域、使西域都护。西汉置，汉代设立的西域最高军政长官。西域都护官秩二千石，相当内地郡守，其下设副校尉、丞、司马等属吏。西汉武帝时置使者、校尉领护西域。宣帝神爵二年（公元前60年）以郑吉监护西域三十六国（后分为五十多国），遂为常制。郑吉即为西域第一任都护。都护职在统领大宛及其以东城郭诸国兼督察乌孙、康居等行国，颁行朝廷号令；诸国有乱，得发兵征讨。至新莽末年，西域乱，朝廷与西域断绝，都护李崇没于龟兹，遂罢都护。东汉或设或撤，安帝永初元年（107年），西域乱，自此不复置都护。西域都护的设置，保证了丝绸之路的畅通,加强了民族间的团结和经济文化的交流,标志西域正式归属中央政权。同时,因其在当地实行屯田政策,也在一定程度上促进了西域农业生产的发展。

523. 活跃在秦汉时期的北方最强大的少数民族是哪个民族?

匈奴。《史记·匈奴列传》:"其先祖夏后氏之苗裔也。"中国北方历史悠久的游牧民族,战国时活动于秦、赵、燕以北地区。秦始皇兼并六国后,命秦将蒙恬将匈奴逐出黄河河套地区以及河西走廊地区。秦汉之际,冒顿单于统一各部,建立起强大的奴隶制军事政权,并不断南下骚扰。汉初,刘邦曾率军出击匈奴,中计被困白登山,后采纳陈平之计,向冒顿单于的阏氏行贿,才得脱险。为休养生息,刘邦不得不对匈奴采取"和亲"政策。汉武帝时,开始转入军事反击。前127年至前119年,经河南、河西、漠北三大战役,匈奴受到很大打击,势力渐衰。后匈奴部落贵族发生分裂,出现了五单于争立事件。宣帝甘露元年(前53年)呼韩邪单于附汉,又娶王昭君与汉修好。其后六七十年间,汉与匈奴一直友好相处。东汉光武帝建武二十四年(48年),匈奴分为二部,南部附汉称为南匈奴,留居漠北的称北匈奴。南匈奴屯居五原、云中、朔方(均在今内蒙古)等郡,北匈奴于和帝时为东汉和南匈奴所击败,部分西迁。东汉末匈奴分为五部。两晋时曾先后建立前赵、夏、北凉等国。其中前赵还是中原地区第一个少数民族政权。

524. 西汉昭帝时召开的盐铁会议是讨论什么的?

盐铁会议,亦称盐铁之议,西汉昭帝时召开的辩论盐铁官营等国家政策的会议。宣帝时,桓宽根据会议记录整理为《盐铁论》。元狩三年(前120年),汉武帝擢用桑弘羊为财政大臣,实行盐铁官营等经济政策,虽然增加了政府财政收入,但弊端日益显著,激起民怨。昭帝即位后,大将军霍光辅政,继续遵行汉武帝末年与民休息的政策。始元六年(前81年),令丞相车千秋、御史大夫桑弘羊召集郡国所举贤良文学六十余人至京师,问以百姓疾苦及施政教化的要务。在会议上,贤良文学对盐铁官营等财政措施进行了全盘否定,并进而攻击汉武帝时期的内外政策;作为这些财政措施的经办人,桑弘羊坚决捍卫汉武帝的内外政策,不仅就盐铁等政策的存废与贤良文学展开了激烈论辩,而且充分肯定了诸如抗击匈奴、加强中央集权、大力抑摧豪强和农商并举政策的作用。此外,还涉及农业的基本政策,对社会现状的估计和伦理道德观念的理解,以及如何看待古与今的关系等问题,这次会议已成为汉武帝一代政治得失的会议。最终,桑弘羊做出了一定妥协,会议结束后,朝廷仅仅罢去了郡国酒榷和关内铁官,其他各项政策仍维持不变。盐铁会议的本质是对汉武帝时期推行的各项政策进行总的评价和估计。盐铁会议的召开,对昭宣时期汉王朝的统治政策产生了积极的影响,对昭帝、宣帝时期社会经济的恢复和发展起了重要的作用。

525. 秦朝末年刘邦入关后为稳定关中社会秩序而采取了什么措施?

约法三章。秦军围攻巨鹿的时候,楚怀王与项羽、刘邦约定,先入关中灭秦者为关中王。前207年,刘邦率兵进入咸阳后,秦王子婴迎降。刘邦称关中王。刘邦本欲住在秦帝宫殿里面,后经张良等人劝谏,便封存秦宫中财宝,退出咸阳,驻军霸上。为了取得民心,又召集诸县父老豪杰,郑重地对他们说:"父老苦秦苛法久矣,秦法规定,诽谤者灭族,偶语者弃市。我来时曾与诸侯相约,先入关中者为王。如今我当为王,与父老约,法三章耳:杀人者死,伤人及盗抵罪。余悉除去秦法,诸吏人皆官复原职。"史称"约法三章"。秦人闻之大喜,争以牛羊酒食飨劳军士,唯恐刘邦不为王。约法三章对于争取民心、恢复关中社会秩序产生了积极的影响。

526. 造纸术为什么被称为中国四大发明之一?

造纸术是人类文明史上的一项杰出的发明创造。远古以来,中国劳动人民就已经懂得养蚕、缫丝。秦汉之际以次茧作丝绵的手工业十分普及。这种处理次茧的方法称为漂絮法。这一技术后来发展成为造纸中的打浆。在造纸术发明的初期,造纸原料主要是树皮和破布。当时的破布主要是麻纤维。西汉初年,纸已在中国问世。最初的纸是用麻皮纤维或麻类织物制造成的,由于造纸术尚处于初期阶段,工艺简陋,所造出的纸张质地粗糙,表面不平滑,不适宜于书写,一般只用于包装。东汉元兴元年(105年)蔡伦改进了造纸术。他在西汉发明麻质纤维造纸的基础上,进一步探索研究,总结出了用树皮、麻头、破布、破鱼网造纸的新经验。他的发明,使造纸原料多样化,还能用旧利废,提高了植物纤维纸的质量,促进了造纸业的发展。历史上把他造的纸称"蔡侯纸"。在蔡伦改进造纸术后,造纸术先传入与我国毗邻的朝鲜和越南,随后传到了日本。后来,又经中亚传到印度、阿拉伯地区。造纸术的发明和推广,对世界科学、文化的传播产生了深刻的影响,对于社会的进步和发展起着重大的作用。

历史哲学艺术卷

527. 东汉时期发明地动仪的科学家是谁？

张衡（78—139），字平子，南阳西鄂（今河南南阳）人。东汉著名天文学家、数学家、发明家、文学家。张衡学识渊博，特别精心于天文历算学的研究，在安、顺二帝时任太史令。117年张衡在西汉天文学家落下闳、耿寿昌等人创造浑天仪的基础上，设计了一种新的浑天仪，以漏水转动，仪器上显示的星宿出没与实际观察完全相符。132年，他又创制了世界上第一台测定地震方位的仪器——候风地动仪。地动仪用精铜铸成，圆径八尺，顶盖突起，形如酒樽。中有大柱，傍行八道，施关发机。它有八条口含铜珠代表八个方位的龙，在每条龙的下方都有一只蟾蜍与其对应。任何一方如有地震发生，该方向龙口所含铜珠即落入蟾蜍口中，由此便可测出发生地震的方向。张衡的地动仪比欧洲造出的地震仪要早一千多年。

528. 汉武帝时期为何派张骞出使西域？

张骞通西域是汉武帝时期对西域诸国所采取的大规模外交活动。张骞（前164—114），字子文，汉中城固（今陕西城固）人。西汉开辟西域道路的第一个使者。他奉武帝之命，先后两次出使西域。第一次出发时间为建元二年（前139年），以郎（皇帝侍从官）应募，出使大月氏，目的是联络大月氏共同夹击控制西域三十六国（位于葱岭以东）的匈奴。途中被匈奴扣留十年，后得隙逃脱，翻越葱岭，经大宛、康居等中亚国家到达大月氏。其时大月氏已由游牧"行国"改向农业定居，不想与匈奴打仗。张骞停留年余，只好无望而归。归途又被匈奴俘虏，拘禁一年多，后又设法逃走，于元朔三年（前126年）返抵长安。后因向导击匈奴有功，被武帝封为博望侯。第二次出发时间为元狩四年（前119年），目的是招引乌孙回河西故地，并与西域各国联系。此行目的虽未达到，但张骞和他的副使却相继引来了乌孙、大宛、康居、大夏等国的使者。他的两次出使，沟通并加强了汉王朝与西域的关系，开辟了中西文化交流通道，促进了经济、文化的交流和发展。

529. 被后世学者奉为"医圣"的医学家是谁？

张仲景（150—219），名机（一作玑）。东汉南阳郡（今河南南阳一带）人。自幼博览群书，不满一般士人追逐权势，不问民间疾苦、有病听命巫祝的现象，立志从事医学研究。学医于同郡张伯祖。曾任长沙太守。建安中，南阳疾疫，同族病死者三分居二，其死于伤寒症者又十居其七。他收集民间验方，结合自己实践，写成《伤寒杂病论》。《伤寒杂病论》是我国第一部由理论到实践的临症诊疗专著。其书流散，经后人整理成《伤寒论》和《金匮要略》。《伤寒论》是我国第一部论述多种外感热性病的专书，《金匮要略》以论述内科杂病为主，也涉及一些妇科及外科病。张仲景在中医学上的贡献，表现在诊断和治疗两个方面。诊断方面，对复杂的病情进行分析归纳，先分析是阴症还是阳症，进而辨明表里，再辨明虚实、寒热，形成了中医诊断学上的"八纲"原理。治疗方面，他用汗、吐、下、和、温、清、补、消概括了各种症状的疗法，为祖国中医学奠定理论基础。这些都被后世医家视为准绳，他本人也被后世学者奉为"医圣"。

530. 我国古代修建的一种长墙式的军事防御工程叫什么？

长城，是一种形式和墙体相近、防御性质和墙体一样的防御建筑。主要分布在北方游牧区与农耕区的交接地区。春秋战国时期，各国为了彼此防御，都在形势险要之地修筑长城。春秋时楚国修筑方城，北起今河南方城北，南至今泌阳东北，此为最早之长城。战国时齐、楚、魏、燕、赵、秦和中山等国亦各兴筑长城。秦始皇统一六国后，为了防御北方匈奴贵族的南侵，将秦、赵、燕三国北边长城进行修缮，连贯为一，西起临洮（今甘肃定西），北傍阴山，东至辽东，俗称"万里长城"，至今仍有遗迹残存。后来汉、北魏、北齐、北周、隋各代，都曾在北边与游牧民族接境地带筑过长城。特别是明代，为了防御蒙古部落鞑靼、瓦剌的侵扰，对长城进行了全面整修改建。自洪武至万历时曾前后修筑长城达十八次，西起嘉峪关，东至山海关，当时称为"边墙"。我们现在所见的长城遗迹多为明长城。长城气魄雄伟，是世界历史上伟大工程之一，充分体现了我国劳动人民的高度智慧和无限创造力，成为中华民族悠久文明的象征。

531. 西汉元帝时为何要派宫女王昭君出塞与匈奴和亲？

王昭君名嫱，字昭君。西汉南郡秭归（今湖北宜昌）人。出身平民，汉元帝建昭元年（前38年）被选入宫待诏。公元前54年，匈奴呼韩邪单于被他哥哥郅支单于打败，南迁至长城外，同西汉结好，并向汉元帝请求和亲。竟宁元年（前33年），汉元帝答应了和亲要求，决定从宫人中挑选一个才貌双全的宫女，作为公主，嫁给呼韩邪单于。王昭君以入宫数岁不得见帝，自请嫁匈奴。最终王昭君嫁入匈奴，被封为宁胡阏氏（皇后）。王昭君在匈奴期间，参与政事，对于汉匈沟通与和睦有着调和作用，她多次劝说单于应明廷纲，清君侧，修明法度，多行善政，举贤授能，奖励功臣，以得民心，取汉室之优，补匈奴之短。呼韩邪单于去世后，昭君向汉廷上书求归，汉成帝敕令"从胡俗"，依游牧民族收继婚制，复嫁呼韩邪单于长子复株累单

于，两人共同生活十一年，育有二女。在她的影响下，其子女及周围的人都努力维护与汉的通好关系。昭君出塞促进了汉匈关系的发展和中原与塞北的联系。

532. 汉武帝设立的削弱相权的中央决策机构是什么？

中朝。中朝是与丞相、御史大夫和九卿所组成的外朝相对而言的。汉武帝主持政务以后，不仅频繁地任免丞相，而且将丞相分为左右两人，以削弱相权，加强皇权。同时汉武帝从侍从近臣、贤良文学中选拔人才，授予他们侍中、给事中、常侍等头衔，这些人出入禁省，随侍左右，顾问应对，参与大政，逐渐形成中朝。中朝经过发展壮大后，其作用明显超过了外朝，成为皇帝身边重要的秘书机构。中朝在宫内办公，以尚书令为首，实际上是决策机构，而外朝成了执行机关。这样，专制皇权就进一步加强了。

533. 西汉初年的诸吕之乱是怎么回事？

诸吕之乱是指西汉初年，吕后（刘邦妻，姓吕名雉）及其亲族篡权乱政的历史事件。刘邦死后，惠帝刘盈登基。刘盈生性懦弱，大权渐渐落在吕后手中。吕后以残忍手段害死刘邦爱子赵王如意及其母亲戚夫人。刘盈忧郁病死后，吕后临朝称制，独揽朝政，违背刘邦"非刘氏而王，天下共击之"的盟誓，分封吕氏子弟为王，掌管禁军。朝政完全掌握在吕氏手中，刘氏天下变成吕氏天下，朝中老臣、刘氏宗室深感愤慨，敢怒不敢言。吕后病死后，诸吕惶惶不安。相国吕产、上将军吕禄"矫制以令天下"，密谋夺取刘氏天下。吕禄女婿朱虚侯刘章将此事告知齐王刘襄，刘襄起兵讨伐诸吕。吕产派大将军灌婴率兵迎战。灌婴本是汉室开国元勋，他领兵后随即倒戈，并派人与齐王联合，按兵不动。刘章又与开国老臣太尉周勃、右丞相陈平暗中联系。周、陈设计让上将军吕禄交出了兵权，并掌控了南北二军。随后捕杀了吕产、吕禄，其余诸吕不分男女老幼全部被处死，吕氏集团彻底被消灭，统治大权又回到刘氏集团手中。诸吕之乱平定后，大臣们经讨论一致决定，拥立汉高祖的儿子代王刘恒为帝，是为汉文帝。诸吕之乱的平息，使西汉避免了一场大规模战乱，迎来了后来的文景之治这一稳定时期。

534. 西晋宗室间争夺政权的重大变乱叫什么？

八王之乱。因与乱者主要有汝南王亮、楚王玮、赵王伦、齐王冏、长沙王乂、成都王颖、河间王颙、东海王越，故名。晋初鉴于曹魏失国，于是大封同姓王，掌握军政实权,用以屏藩王室。晋武帝死后,惠帝继位,贾皇后与辅政外戚杨骏争权。元康元年(291年),贾后与司马玮合谋发动禁军政变,杀死杨骏。而大权却为司马亮及太保卫瓘所掌握,贾后野心未能实现。贾后又指使司马玮杀司马亮、卫瓘,事后反诬司马玮矫诏擅杀大臣,将他处死。公元299年,贾后废太子遹,次年杀之。司马伦、司马冏以此为名,联兵入宫杀贾后。永宁元年(301年),司马伦废惠帝自立,司马冏起兵讨伐,司马颖、司马颙举兵响应。禁军将领王舆起兵杀司马伦,迎惠帝复位。此后,司马冏、司马乂、司马颖、司马颙、司马越等,为争夺中央统治权连年混战,战场从洛阳、长安延展到黄河南北。光熙元年(306年),司马越入朝专政,杀司马颖、司马颙,毒死惠帝,另立怀帝,大权落入司马越之手。诸王势力在混战中消耗殆尽,这场历时十六年的"八王之乱"才算结束。八王之乱严重破坏了社会生产,激起了各族人民起义;各少数民族贵族乘机起兵,西晋政权终于在战乱中瓦解。

535. 东晋在招募北方流民基础上组建的一支战斗力很强的军队是什么?

北府兵。随着前秦统一北部中国,东晋王朝受到空前的军事压力。太元二年(377年),东晋孝武帝诏求良将镇御北方。当时的重臣谢安遂任命其侄子谢玄应举。朝廷任命谢玄为建武将军、兖州刺史、领广陵相、监江北诸军事,镇广陵。当时广陵(今江苏扬州)和京口(今江苏镇江)聚居着大量逃避北方战乱而来的流民,谢玄到任后,在这些人中选拔骁勇士卒如刘牢之等,建立了一支军队,太元四年(379年),谢玄改镇京口(今江苏镇江),因为当时京口是江东的军事重镇,时称北府,故而其军得名北府兵。北府兵的士卒和下层将领皆由招募而来,他们多为北方南下流寓淮南的流民及流民武装的首领,有丰富的作战经验,骁勇善战。北府兵的军事实力使它成为各政治集团争夺的对象,北府将领也成为左右东晋政局的重要力量。太元八年(383年),在淝水之战中北府军以少胜多,一举击败前秦数十万大军,一战成名。隆安三年(399年),孙恩起义,刘牢之率领的北府兵又成为镇压起义兵的主要力量。晋安帝元兴元年(402年),北府军奉命征讨在荆州割据的桓玄,刘牢之随即投降桓玄,桓玄称帝后削减刘牢之兵权,刘牢之意图起兵对抗,众叛亲离之下自杀。元兴三年(404年),原北府军参军刘裕率余部在京口起兵反抗桓玄,并杀之。此后,新组建的北府军成为刘裕的军事支柱,为刘裕建宋提供了军事保证。

536. 北魏孝文帝改革的主要内容是什么?

北魏孝文帝拓跋宏(元宏)亲政前后推行了一系列改革。北魏统一中国北方之后，地方政权多为贵族和豪强把持，大量人口依附豪强，逃避封建国家的赋役。延兴元年（471年），拓跋宏即位。年仅五岁，由祖母冯太后临朝称制。为了加强中央集权，缓和当时的阶级矛盾和民族矛盾，冯太后对内实行了一系列改革。太和八年（484年）颁行俸禄制（此前，魏官吏没有俸禄，任意向人民进行掠夺），禁止官吏私自向百姓征税，统一财政收支。太和九年（485年），实行均田制以及新的租调制。次年建立三长制，由邻、里、党三长负责征收租调、征发徭役和兵役，加强对基层的控制。太和十四年（490年），太后死，孝文帝亲政，又进一步进行改革。太和十七年（493年），孝文帝将都城由平城（今山西大同）迁至洛阳，此后几年中，他大力推行汉化：禁止鲜卑语，凡朝廷官员年三十以下者均需讲汉语；禁鲜卑服，令着汉人服装；改胡姓为汉姓；变南徙鲜卑人籍贯为洛阳人，死后葬于洛阳；鼓励与汉人通婚，自己与皇弟均娶汉世家大族女为妃；行门阀之制，以鲜卑八姓和汉五姓为最高门第，凡厮养之户不得与士民为婚；参照汉、晋、南朝典章旧制，审定新律令、官制及朝仪。这些改革对于巩固北方的统一，加强中央集权，促进民族融合，起到了一定的积极作用。

537. 东汉末年"挟天子以令诸侯"的人是谁？

曹操（155—220），字孟德，小名阿瞒，东汉沛国谯县（今安徽亳州）人。三国时政治家、军事家、文学家，曹魏政权的奠基人。曹操的父亲曹嵩是宦官曹腾的养子，灵帝时官至太尉。曹操二十岁举孝廉为郎，历任洛阳北部尉、顿丘（今河南清丰）令，颇有政绩。汉灵帝中平元年（184年）黄巾起义后，曹操被授予都尉一职，随皇甫嵩镇压黄巾军有功，任济南国（今山东济南一带）相。中平六年（189年）起兵讨董卓。建安元年（196年）年曹操迎汉献帝，因洛阳残破，迁都许昌。取得"挟天子以令诸侯"的地位。实行屯田，达到"以畜军资"目的。先后削平吕布、袁绍等割据势力，逐渐统一中国北方。建安十三年（208年），献帝罢三公，以曹操为丞相。七月，曹操率军南征，后被孙权、刘备败于赤壁。赤壁战后，曹操知统一中国非一日之功，一面抓紧时机进行统一战争，一面着手经济、政权建设。继续屯田、兴办水利，减轻赋税，发展生产，整顿内政，唯才是举，抑制豪强，加强中央集权。建安十八年（213年）受封为魏公，建安二十一年（216年）进爵为魏王。子曹丕称帝后，追赠为武帝。曹操有权谋，崇尚刑名，用人唯才，兼资文武。著有《孙子略解》《兵书接要》等书。好音乐，善诗歌，《蒿里行》《观沧海》《龟虽寿》等抒发自己的政治抱负，并反映了汉末人民的苦难生活，气魄雄伟，慷慨悲凉；散文亦清峻整洁，有《魏武帝集》。

538. 东汉末年，奠定三国鼎立的基础的战役是什么？

赤壁之战，亦称乌林之役。东汉末年，曹操先后平定袁术、吕布、袁绍父子后，据有河北及中原大部。建安十三年（208年）七月南征荆州，想进而统一南方。当时荆州牧刘表去世，刘表幼子刘琮举州投降曹操。寄寓于刘表的刘备，自樊城率众过襄阳，退至当阳，遣关羽率水军往江陵（今湖北荆州）接应。操率轻骑五千穷追，于当阳长坂大破刘备军，刘备率余众与关羽及刘表长子江夏太守刘琦会于夏口（今湖北武汉）。曹操夺取江陵，准备顺流东下，并写信给孙权招降。刘备派遣诸葛亮游说孙权。诸葛亮指出，曹操军队远来疲敝、不习水性、荆州民心未服，孙刘合力必能破操，则鼎足之势成。鲁肃劝孙权不可放弃已据江南之局面，周瑜力言曹操军队可破之理由，孙权最终决心应战。曹操先头部队初战不利，退至乌林（今湖北洪湖东南），与孙刘联军隔江对峙。当时曹军因为不服水土，疫疾流行，加上北人不习水性，曹操便令战船首尾相连。铁索连船的弱点被周瑜部将黄盖发现，周瑜采纳黄盖的诈降计，用小船满载引火物，乘着东南风，等到接近曹军船舰时同时发火，曹军战船一时难以移动，被烧殆尽。曹军大量人马被烧、溺死。周瑜、刘备水陆并进，曹操败逃。这场战役曹军死者大半，曹操留部将守江陵、襄阳一带，自己引军北还。刘备实力迅速崛起，在此后十年内逐渐占有荆州、益州，与孙、曹渐成鼎足三分之势。

539. "风声鹤唳，草木皆兵"的典故出自哪场战役？

淝水之战，是东晋以少胜多，击败前秦的决定性战役。因战役主要发生在淮水支流淝水一带，故名。前秦苻坚统一中原后，不顾群臣谏阻，于东晋太元八年（383年）八月，强征各族丁壮，率步骑兵八十七万大举南下，自恃"有众百万，资仗如山"，"投鞭于江，足断其流"，企图一举统一南北。晋相谢安派遣谢石、谢玄率北府兵八万迎战。十月，前秦苻融率前锋二十五万进至淮颍地区，在洛涧（今安徽怀远境）与北府兵相拒。苻坚遣所俘晋将朱序到晋营说降，朱序劝谢石乘秦军尚未集中，速战败其前锋。谢石采纳，十一月遣刘牢之率北府兵五千夜袭洛涧，击溃秦军前哨。谢石遂率晋军抵达淝水东岸。苻坚见晋军阵容严整，遥望八公山上草木，以为都是晋兵，开始有畏惧之意。谢玄要求秦军后移，以便渡河决战。苻坚想乘晋军半渡之时加以截击，于是挥军稍退。由于兵士厌战，一退不可收拾。加上朱序在阵后大呼秦军已败，晋军趁机渡江猛攻，秦军大乱，自相践踏，死者蔽野。秦军闻风声鹤唳，皆以为追兵且至，昼夜不敢停息。苻坚身中流矢，单骑逃至淮北，退回长安。这场战役之后，晋军乘胜收复河南地区，前秦则土崩瓦解，北方再度大分裂。

淝水之战进一步确定了早已存在的南北对峙的局面，东晋的胜利使南方避免了一场大的混乱和破坏，经济得以继续发展。

540. 东晋十六国时期曾一度统一北方的氐族首领是谁？

苻坚（338—385），字永固，又字文玉，小名坚头。氐族。略阳临渭（今甘肃秦安）人。前秦开国国君苻健之侄，初为东海王。357年，在汉、氐大臣的支持下，杀了残暴的苻生，自立为大秦天王。任用汉人王猛执政，进行了一系列改革：在政治上，明法峻刑，大力整顿吏治，打击专横不法的氐族贵族，争取汉族地主阶级的支持，加强集权；在经济上，注意发展农业生产，垦辟田畴，广植农桑；在思想文化上，提倡儒学，建立学校，选拔优秀学生为官。经过改革，国力大增。先后攻灭前燕、前凉和代国，基本上统一北方。此时，前秦改革时间不长，新征服的地区民心未附，但此时的苻坚自恃强大，听不进不同意见，开始积极部署对东晋的进攻。他不听王猛临终前不要攻打东晋、专修内政的忠告和群臣的反对，于383年七月，在全国征调步兵六十万、骑兵二十七万，大举攻晋，结果在淝水之战中为晋军打败。北方各族首领乘机反秦自立，前秦渐告瓦解。385年，苻坚为羌族首领姚苌擒杀。此后半个多世纪，北方再次陷入分裂和混战之中。

541. 西魏、北周至唐中期的兵制是什么？

府兵制。为西魏时宇文泰所创，起源于鲜卑的部落兵制。共置二十四府，分属二十四军，由六柱国大将军分领，下设十二大将军，宇文泰为最高统帅。挑选有勇力的农民充当兵士，免除本身的租庸调，平时从事生产，农闲时受战阵训练。另立军籍，可以随时调发，是西魏的主要武装力量。北周武帝时，府兵成为皇帝的侍卫，兵士改称侍官，隶属于中央六卫，由皇帝统帅。隋初，军府改称骠骑府，以骠骑将军、车骑将军统领。大业三年（607年）改称鹰扬府。以鹰扬郎将、鹰击郎将统领。各府分隶十二卫，府兵称"卫士"，户籍改属郡县，从事生产。唐沿隋制，府兵制成为兵农合一的军事制度。贞观十年（636年），改为折冲府，设折冲都尉和左右果毅都尉。天下十道共设六百三十四府，分属十二卫和东宫六率。唐代以"内重外轻"作为设置军府的指导思想，大部分军府都在京师附近。军士平时务农，农闲军训，服役时自备武器、衣服和粮食，轮番宿卫京师或戍边。遇有战事，府兵由中央任命将领率领出征，战事结束，"兵散于府，将归于朝"。这种措施使军队不至于成为将帅私有，减少了军人拥兵专擅或割据的可能性。由于军士负担过重，逃避兵役的现象时有发生，多不按时轮番更代。天宝年间，府兵制逐渐被募兵制取代。

542. 司马氏为控制曹魏政权而发动的政变是什么？

高平陵事变。正始十年（249年），司马懿趁曹爽陪曹芳离洛阳至高平陵扫坟，起兵政变并控制京都，自此曹魏军权大权落入司马氏手中，史称"高平陵事件"。司马懿，河内温县（今河南温县）著名的士族。始被起用于曹操。曹操封魏王后，以司马懿为太子中庶子以佐助曹丕。曹丕临终时，令司马懿与曹真等为辅政大臣，辅佐魏明帝曹叡。明帝时，司马懿是指挥对蜀作战的主将，屡迁抚军将军、大将军、太尉等重职。司马懿和他的儿子司马师、司马昭逐渐控制了军政大权。238年，他又率兵平定割据辽东的公孙渊，成为魏国有声望的大臣。明帝死，遗诏司马懿与宗室曹爽共同辅佐年仅八岁的小皇帝曹芳。司马懿时为太尉，曹爽上表推举司马懿为太傅，夺取了他的兵权。曹爽集团于是完全掌握宫中禁军。司马懿于正始八年（247年）称病，不预朝政，暗中却在布置力量，伺机消灭曹爽集团。次年，曹爽亲信李胜到荆州上任刺史前向司马懿辞行，司马懿在他面前装出气息奄奄、不久于人世的样子，因此令曹爽放松了对他的戒备。正始十年（249）正月，曹爽等陪同曹芳出洛阳城南拜谒明帝的高平陵。司马懿乘机在洛阳发动政变，把曹爽集团一网打尽，夺取了朝中大权，史称"高平陵事变"。司马懿通过政变清除了以曹爽为首的曹氏宗室在朝中的势力，司马氏得以完全掌握权力，为日后司马炎代魏立晋奠下了根基。

543. 东汉末年曹操和袁绍为争夺对黄河中下游的统治权而进行的一场有决定意义的战争是什么？

官渡之战。建安四年（199年），袁绍战胜公孙瓒，占据青、冀、并、幽四州，势力很强。他想以消灭公孙瓒之余威，率兵南下，一举消灭曹操。袁绍以精兵十万，劲骑万余匹，南渡黄河。袁绍虽兵多粮足，但内部矛盾重重，军纪松弛，人心不齐。曹操能用于迎击袁绍的士卒虽不过两三万人，兵、粮都远不及袁绍；可是曹操的统治集团内部比较稳定，将士用命。为了争取战略主动，曹操派人镇抚关中；以魏种守河内，防止袁绍从西路进犯；又令臧霸进兵青州，从东方牵制袁绍；派于禁屯驻黄河岸边，从正面阻挡袁军；然后曹操自己将主力放在许昌以北的官渡（今河南中牟东北），以待袁绍。次年二月，袁绍率大军进驻黎阳（今河南黎阳），并派大将颜良从东面渡黄河，进犯白马（今河南延津北）。曹操用声东击西、各个击破的战术，奇袭白马袁军，斩颜良；后用诱敌深入之法，打败袁绍追兵，斩大将文丑，初战告捷，军心大振。八月，袁军主力逼近官渡，相持三月之久。十月，曹操以五千奇兵，夜袭袁绍军于官渡附近的乌巢（今河南延津西南），全烧袁军粮食辎重，袁军大乱。曹军主力乘势出击，歼袁军七万余人，袁绍率残部逃回河北。官渡之战是历史上以弱胜强的著名战例，奠定了曹操统一中原的基础。

544. 北魏权臣尔朱荣策划并实施的一起屠杀皇族和百官公卿的事件叫什么？

河阴之变。北魏末年，战乱频繁，社会矛盾尖锐，统治阶级内部党争不止。北魏孝明帝元诩即位之初，胡太后临朝称制，重用其姻亲元叉。元叉随后发动政变，杀死清河王元怿，废黜胡太后。后来，胡太后在高阳王元雍的支持下杀死元叉，重新专制朝政。为长期控制政局，武泰元年（528年），胡太后毒死亲生儿子孝明帝，将刚出生的皇女冒充皇子，立为皇帝，后又另立三岁的元钊为傀儡皇帝。三月，契胡酉长尔朱荣以为孝明帝报仇为借口，进军洛阳。四月，尔朱荣立元子攸为帝，是为孝庄帝。胡太后得知消息，调集军队与尔朱荣决战，被尔朱荣打败。胡太后见大势已去，下令后宫嫔妃和她一起到永宁寺出家为尼。四月十三日，尔朱荣胁迫胡太后和幼帝元钊离开洛阳，当军队行进到河阴（今河南荥阳）时，尔朱荣下令将胡太后和元钊投入黄河之中。为绝后患，又以祭天为名，邀请朝中百官到河阴的陶渚（今河南孟津东）。尔朱荣令铁骑两千余人将百官包围，纵兵大杀。王公大臣两千余人，不分良奸，无一幸免。史称"河阴之变"。汉化的鲜卑代北士族在这次事变中遭到了毁灭性的打击。至此，尔朱荣掌握了北魏实权。两年后，孝庄帝乘尔朱荣朝见的机会，亲手将其杀死。

545. 南朝萧梁末年北齐降将侯景为何发动叛乱？

梁太清元年（547年），原东魏大将侯景因与掌握东魏大权的高澄发生矛盾，于是投降西魏，但西魏对他心怀戒备，于是侯景转而求降于梁，献上河南十三州之地。梁武帝萧衍不顾大臣们的反对，封侯景为河南王、大将军。又遣将率军救援侯景，结果被东魏打败，主帅萧渊明被俘，几乎全军覆没。东魏又进击侯景，侯景率残部渡过淮河，袭据寿春。东魏继而实施离间计，佯称与梁议和，愿意以被俘的萧渊明交换侯景。梁武帝对此竟然同意。侯景本有灭梁之意，遂与梁宗室萧正德相勾结，于次年八月率部进攻建康（今江苏南京），萧正德开门迎侯景，侯景遂立萧正德为帝。太清三年（549年）三月，侯景攻陷建康台城（宫城）。城破之时，城中只剩下二三千人，尸骸堆积，惨不忍睹。不久梁武帝饥愤而死，侯景立萧纲为帝（简文帝），萧正德不满，被缢死。侯景又东略三吴，使富庶的长江下游地区"千里绝烟，人迹罕见，白骨成聚，如丘陇焉"。大宝二年（551年）侯景又废杀萧纲立萧栋，不久又命萧栋禅让而称帝，国号汉。次年，梁将陈霸先、王僧辩大败侯景军，攻下建康。侯景乘船出逃，被部下杀死。侯景之乱历时五年，使社会经济遭到严重破坏。

546. 记载东汉一朝的历史的正史是什么？

《后汉书》，南朝宋范晔著，记载东汉自光武帝刘秀到献帝刘协近两百年历史的纪传体断代史。共120卷，包括本纪10卷，列传80卷，志30卷。在范晔作《后汉书》之前，已出现了许多家的后汉史。范晔在诸家后汉史，特别是在刘珍等人《东观汉记》的基础上，博采众家，斟酌去取，写成了《后汉书》。由于他死得过早，"志"没有写成。《后汉书》简明周详，文字流畅，叙事生动，故后来居上，淘汰了以前各家的后汉史。《后汉书》大部分沿袭《史记》《汉书》的现成体例，但在成书过程中，范晔根据东汉一代历史的具体特点，则又有所创新，有所变动。首先，他在帝纪之后添置了皇后纪。东汉时曾有六个太后临朝，把她们的活动写成纪的形式，既名正言顺，又准确地反映这一时期的政治特点。其次，《后汉书》以类相从，不拘年代，新增了《党锢传》《宦者传》《文苑传》《独行传》《方术传》《逸民传》《列女传》七个类传。纪、传史书专门记载妇女事迹，是他的首创。《后汉书》结构严谨，编排有序。南朝梁刘昭为《后汉书》作注，又把西晋史学家司马彪《续汉书》的志抽出来，加以注释，补入《后汉书》。后来，唐高宗的儿子李贤又为《后汉书》作注。

547. 东晋时桓温先后三次北伐中原，其结果如何？

桓温（312—373）是龙亢（今安徽怀远）人，晋明帝之婿，曾出镇荆州，掌握长江中上游的兵权。永和三年（347年），桓温率军入蜀，灭李氏的成汉国，声威大振。他企图通过北伐，进一步扩大自己的权势，先后三次进行北伐。第一次是在永和十年（354年），他亲率步骑连破氐族苻健军，直抵长安附近的灞上（今陕西西安东）。当地居民"持牛酒迎温于路者十八九。耆老感泣曰：'不图今日复见官军！'"因军粮不足，桓温未能攻克长安，退返襄阳。第二次北伐是在永和十二年（356年），打败羌族姚襄，收复洛阳。桓温向晋穆帝建议还都洛阳；又建议自西晋末年南迁的士庶人等，一律返回故乡。可这时上自皇帝下至达官贵人，均安于江南一隅，不愿北还。桓温的建议未被采纳。后来桓温返回江南，洛阳和其他已收复的土地又相继失掉。第三次北伐是在太和四年（369年），桓温率步骑五万人大破前燕军，进抵枋头（今河南浚县）。可是前燕得到前秦的支援，截断了晋军的粮道，桓温只得退兵。在退兵途中，晋军遭到前燕骑兵的追击，死者三万余人。桓温北伐，恢复了部分失地，打击了氐族、羌族、鲜卑贵族的残暴统治，支持了北方各族人民的反压迫斗争，虽得到广大人民的支持，但由于东晋统治集团内部勾心斗角，破坏北伐，所以最终还是以失败告终。

548. 魏晋南北朝时期的官吏选拔制度是什么？

九品中正制，又称九品官人法。东汉延康元年（220年），曹丕用吏部尚书陈群建议，立九品官人之法。它的主要内容是，在各州郡选择"贤有识见"、有名望，善识别人才的官员任"中正"，查访评定州郡人士，依才能将他们分成上上、上中、上下、中上、中中、中下、下上、下中、下下九等，作为吏部授官的依据。曹芳时，司马懿当国，于各州加置大中正，遂有大、小中正之别。九品中正制的实施，结束了两汉以来的察举制度，是中国古代选官制度的重大改革。整个魏晋南北朝时期都以此制选官。九品中正制在最初，"才能"在评品时尚且为一个因素，但不久它就完全被门第观念所取代了。因为中正官大多出身于世家大族，他们荐人做官，必然要维护本阶层的利益。因此后来就到了只问门第高下，不究贤愚善恶的地步，官员都从世家大族中选定，造成"上品无寒门，下品无世族"的情况。九品中正制实际上成为了世族豪门垄断官阶的工具，起到了巩固门阀制度的作用。

549. 北魏至唐中叶实行的计口分田的制度叫什么？

均田制。即封建国家为了维护财政和徭役的来源而将控制在国家手中的土地按照一定数量定期分配给农民，然后向他们征收租调徭役的一种方法。西晋末年，中国北方在长期战乱之后，户口迁徙，土地荒芜，国家赋税收入受到严重影响。为保证国家赋税来源，北魏孝文帝于太和九年（485年）颁布均田制并开始执行。主要内容有：（1）男子十五岁以上，受露田四十亩，桑田二十亩；妇人受露田二十亩，分露田时会加倍或加两倍授给，以备休耕；身死或年满七十岁，须还露田于官，桑田则为世业田，不须还官；按照规定，桑田内要种植一定数量的桑、榆、枣树等，至于不宜蚕桑的地区，则改受麻田，男子十亩，妇人五亩。（2）露田、桑田均不得买卖，但"盈者得卖其盈，不足者得买所不足"。（3）奴婢受田数量和办法与农民相同，可得壮牛一头，田三十亩，但不再给桑田。（4）地方官吏各随在职地区给予公田，刺史十五顷，下至县令、郡丞六顷。新旧任相交接，不许出卖。均田制的实施，在一定的时间内和一定程度上，限制了豪强大族兼并土地。国家公开授田，可以招徕流民和豪强大族控制下的依附农民，有助于开垦荒地，发展生产。自耕农增多，户口滋殖，有利于国家征收赋税和调发徭役。北魏以后，北齐、北周、隋唐时期继续沿用，具体方法上有所变更。如唐代还规定因迁徙等原因，可卖口分田（北魏时称露田），扩大了土地买卖。唐朝时，由于政府控制的土地越来越少，奴婢、耕牛已不再授田，妇女一般情况下也不再授田。唐朝后期，土地兼并日益严重，均田制逐步趋于瓦解。

550. 南朝时期极度沉溺佛教的皇帝是谁？

梁武帝萧衍（464—549），字叔达。南兰陵（今江苏常州西北）人。南北朝时期梁朝的建立者。齐高帝萧道成族弟，出任雍州刺史、镇襄阳。中兴元年（501年），乘齐室内乱，于襄阳起兵，在江州刺史陈伯之的支持下，攻取京师建康（今江苏南京），次年灭齐称帝，国号梁，习称萧梁。在位达四十七年，在南朝诸帝中位列第一。统治初期，勤于政务，广泛纳谏，对宋齐以来的种种弊端有所纠正。为了使各州郡置于自己的控制之下，采取了更换异己、任用亲信，兼以讨伐的方针。他任用能干的寒人掌机要，又下令推荐东晋以来湮役无闻的士族做官，还提高宗室诸王的实权。在位晚期，开始怠于政事，沉溺佛教，广建寺院，曾三次舍身于同泰寺，群臣为他付出巨额的赎身钱。梁武帝佞佛使大量的社会财富和户口流入佛寺。由于醉心研究佛教理论，疏于朝政，致使奸臣当道。他把儒家的"礼"、道家的"无"和佛教的涅槃、"因果报应"糅合在一起，创立了"三教同源说"，在中国古代佛教思想史上占有极其重要的地位。太清元年（547年），因欲贪得河南地接受东魏大将侯景归降，结怨于东魏高澄，后为高澄所败，又欲纳还侯景媾和，终于酿成"侯景之乱"。太清三年（549年），侯景攻破建康，他被软禁建康台城，饥病而死。

551. 北魏末年边镇各族人民和兵士的大起义是什么？

六镇起义。北魏初年，为防止柔然南下，在北方边境设置沃野、怀朔、武川、抚冥、柔玄、怀荒等军镇。最初，这些军镇，因为是拱卫首都平城（今山西大同）的军事要地，所以受到特别的重视。但随着柔然的衰落和北魏的迁都，军镇地位逐渐衰落，人民生活艰苦，镇将又任意霸占土地，奴役人民，激起各族兵民的反抗。522年，柔然兴兵犯魏，进攻六镇。时怀荒镇兵民饥饿，要求镇将开仓发粮，镇将于景不许，镇民便杀了于景。接着沃野镇士兵、匈奴人破六韩拔陵率众起义，"诸镇华夷之民，往往响应"。破六韩拔陵攻下武川、怀朔二镇，又连败北魏官军，不久北边六镇全被义军占领。北魏政府一面派大军镇压，一面在起义军中挑拨民族关系，同时还求助于宿敌柔然。525年起义军在内外夹攻下失败，破六韩拔陵下落不明。六镇兵民20多万人被强迫迁到河北，分散就食。

552. 诸葛亮在隆中为刘备规划的政治蓝图叫什么？

隆中对策。东汉末年，政治黑暗，民不聊生，地方豪强的武装割据混战。刘备先后依附公孙瓒、陶谦、曹操、袁绍，后来又到荆州投靠刘表，企图以"帝室之胄"

的身份,用"恢复汉室"的名义,广揽人才,称雄天下。后来荆襄名士司马徽和谋士徐庶先后向刘备推荐了诸葛亮。刘备便亲自前往拜访,去了三次才见到诸葛亮(史称"三顾茅庐")。诸葛亮在自己的草庐里接待刘备,并分析了天下形势,陈说了三分天下之计,主张东结孙吴,内修政理,西和诸戎,南抚夷越,以荆州、益州为根据地,遇到时机,可兵分两路钳击中原,夺取天下。刘备听后大赞,力邀诸葛亮出山相助。这番论说后世称之为"隆中对"。诸葛亮在对策中,为刘备成就蜀汉大业规划了一条明确而又完整的内政、外交政策和军事路线,相当周详地描绘出了一个魏、蜀、吴鼎足三分之势的蓝图。诸葛亮所提出的"隆中对"是此后数十年刘备和蜀汉的基本国策。刘备后来就是基本上按照这个政治方案建立了蜀汉政权,形成了天下三分的政治局面。

553. 指南车的发明者是谁?

马钧。三国时人,为精通机械原理的发明家。他的不少发明创造对当时生产力的发展起了相当大的作用。马钧出身寒贫,精于巧思,后为魏国给事中。因为有口吃的毛病,不擅言谈,为驳"古无指南车"之说,利用差动齿轮机械构造原理造出指南车。指南车制成后,他又奉诏制木偶百戏,称"水转百戏",木人可自动做出各种动作。接着马钧又改造了绫机。由于旧的绫机生产效率很低,工人劳动强度大,他深入生产,认真研究,重新设计了一种新式绫机。新绫机不仅更精致,更简单适用,而且生产效率也比原来的提高了四五倍。新绫机的诞生,大大加快了中国古代丝织业的发展,并为中国家庭手工业织布机奠定了基础。马钧还革新了用于农业灌溉的工具龙骨水车(翻车),利用人力可以将水由低处提到高处。因为他在传动机械方面有很深的造诣,所以当时人们对他的评价很高,称他为"天下之名巧"。

554. 诸葛亮平定南中发生在哪一年?

蜀汉建兴三年(225年)。南中,包括今之云南、贵州和川南地区,生活着许多少数民族,总称为"西南夷"。刘备定蜀后,置都督控制南中,并用南中夷汉豪强任地方官,因此统治并不巩固。223年,刘备因夷陵之战中大败,不久病逝。蜀国"主幼国危",南中又发起了反叛。益州郡(今云南)大姓雍闿、越巂郡(今四川西昌)夷帅高定、牂柯郡(今贵州凯里)丞朱褒先后发动叛乱。东吴趁火打劫,在外呼应。因国君新丧,国内不稳,对于南中叛乱,诸葛亮最初不欲用兵。但在绥抚失败以后,被迫用兵。225年春,诸葛亮亲率大军分三路南征,他率主力进军越巂郡,同时派马忠、李恢分进牂柯、益州。诸葛亮采纳马谡提出的"攻心为上,攻城为下,心战为上,兵战为下"的战略,军事进攻与心理攻击并用。此时,雍闿为高定所杀,南中豪强孟获趁机收编了雍闿部众。李恢大破益州郡叛军,马忠也打败朱褒,诸葛亮斩杀高定,三路大军汇合一处。五月,大军渡过泸水,俘虏孟获。蜀军成功平定南中。战后,诸葛亮"不留兵,不运粮",重用地方上层势力,任用马忠、吕凯等人采取怀柔政策治理南方,此后南中再没有发生过大规模叛乱。蜀汉确立在南中的统治,一方面稳定了政局,使蜀国能利用南中的人力、物力支援北伐,减除后顾之忧,另一方面也打破了这一地区的闭塞状态,将汉族先进的经济、技术和文化传播到这一地区,加强了南中同蜀中的联系。

555.《齐民要术》是一部什么样的书?

北魏贾思勰所撰的一部综合性农书。"齐民"指平民百姓。"要术"指谋生方法。贾思勰是北魏时期的农学家。他平时关心农业生产,具有丰富的农业知识。他从文献中搜集了许多我国古代和当时的农业生产经验和知识,又询问老农,撰成《齐民要术》一书,大约成书于北魏末年。全书分为十卷,共九十二篇,论述了土壤整治,肥料施用,精耕细作,防旱保墒,选种育种,粮食和蔬菜作物的栽培,果树的培植和嫁接,畜禽的饲养和医治,食品的加工和储藏,以及野生植物的利用等,反映了当时我国北方的农业生产技术水平。其中许多技术直到现在还在应用,如果树的嫁接,果树熏烟防霜法,葡萄冬季埋蔓法等。《齐民要术》对中国古代农学的发展产生过重大影响,是我国古代的一部很有价值的农业科学著作,也是中国现存的最早最完整的农书,在世界农学史占有重要地位。

556. 侨置与土断是一个什么样的户籍措施?

东晋政府为解决南渡的北方人口的户籍问题而推行的户籍整理措施。八王之乱和永嘉之乱后,北方人口大量南迁,东晋南朝政权利用侨寄的方法,设立了众多的侨州、侨郡和侨县,以安置北方南迁来的移民(侨人)。政府在移民聚居之地,按移民原籍所在的州、郡、县的名称设立临时性地方行政机构,进行登记和管理,并以流民中的大族担任刺史、太守和县令。侨州郡县原意本是寄寓,并无实土,侨州郡县的户籍亦只属于临时性质,著籍者可享受免除徭役的优待。侨州郡多在丹阳、晋陵、广陵等郡境内,侨县更是不可胜数,由于侨州郡、县数目繁多,故此在行政管理上造成诸多不便,统属亦十分混乱。为解决侨置引起户籍混乱、从而影响财政收入的问题,从晋成帝开始,东晋南朝曾多次实行土断。所谓土断,就是以土(居住地)作为断定户籍的依据,使之著籍,取消侨人原来的临时户籍(白籍),改由居住地编制统一的黄籍,同时也取消了侨人免除调役的优待。兴宁二年(364年)三月,桓温主持庚戌土断,严厉清查户口,对隐匿人口的豪族地主也给予惩处,收效很大。义熙九年(413年),刘裕主持的义熙土断也很有成效。土断的实施,使国家控制的户口大量增加,赋税收入明显增加。

557.《三国志》的作者是谁?

西晋史学家陈寿。《三国志》共65卷,包括《魏书》30卷,《蜀书》15卷,《吴书》20卷。陈寿作《三国志》之前,魏、吴二国已有史书。陈寿吸取魏、吴史书的材料,又自编蜀国史书,编纂成为《三国志》。陈寿写书时,正当魏晋之际,天下乱离,资料不全,故内容显得不够充实,没有记载王侯、百官世系的"表",也没有记载经济、地理、职官、礼乐、律历等的"志"。但《三国志》善于叙事,文笔简洁,剪裁得当,当时就受到称赞。它与《史记》《汉书》和《后汉书》合称"前四史",是古代史书中广受赞誉的几部。陈寿死百余年后,三国史料大量出现,宋文帝以《三国志》过于简略,于是令裴松之作注。裴注《三国志》则重在增补史实,广采博引,极大地丰富了原书的内容。

558. 三长制是一种什么组织?

北魏中期为控制户籍,取代宗主督护制而实行的基层政权组织。北魏孝文帝太和十年(486年),采纳内秘书令李冲建议,规定五家立一邻长,五邻立一里长,五里立一党长。三长必须由乡里中能办事而又谨守法令的人担任,职掌为每四年造一次户籍,检查户口,监督耕作,征收租调,征发徭役、兵役及照顾孤贫老弱等。邻长可免除一夫征戍,里长二,党长三。三长制的推行,加强了中央集权,使所征租调有所根据。大量的隐匿户因此得以清查,国家直接控制的自耕农民大量增加,国家赋税收入相应增加,农民赋税负担也有所减轻,社会经济有所恢复和发展。废除宗主督护制和实行三长制,沉重打击了世家大族的利益,因而遭到不少守旧派的反对。但在北魏文明太后、孝文帝和李冲等执政大臣的坚持下,三长制得以继续实施。北魏后来的均田制,就是在三长制的基础上推行的。北魏的三长制后来成为北齐、隋、唐时期乡里组织的基础。

559.《水经注》是一部什么样的书?

魏晋南北朝时期地理学的代表著作,北魏郦道元著,共四十卷。《水经》是我国

第一部记述河道水系的专著。郦道元为《水经》作注解,起文二十倍于《水经》,内容丰富,体例严谨,引用书籍多达四百余种,今多不传,所记河流除《水经》记载的干流一百三十七条外,又引及支流一千二百五十二条。他不仅征引群书,而且还亲自到实地考察,访问群众,追溯源流,探查脉络。《水经注》详细记载了水道的分布和变迁,还兼及水道所经地区的土壤、气候、山陵、城邑、关津的地理情况、建置沿革和有关历史事件、人物、风土,甚至神话传说。是我国古代一部全面系统的综合性地理著作。文笔绚丽生动,在文学上也具有较高价值。其书在宋代已佚五卷,今本仍作四十卷,是经后人分割以足原数。

560. 孙恩、卢循起义是怎样的?

晋孝武帝死后,东晋统治阶级内部争权夺利。司马元显掌握大权后,为了建立自己的军队,以与长江上游的桓玄、下游的刘牢之相对抗,于隆安三年(399年),强征东南八郡的"免奴为客"的农民当兵。此举不但引起拥有奴客的士族的不满,也给农民带来深重灾难。再加上农民赋役沉重,因而纷起反抗。孙恩,琅邪人,世代信奉五斗米道。他的叔父孙泰是道教首领,因密谋起兵,被杀。孙恩逃到海岛上,聚众百余人,准备报仇。借此机会,孙恩率众登陆,攻破上虞、会稽(两地位于今浙江绍兴)等地。东南八郡的广大农民纷起响应,许多官僚和士族被杀,不少官府和地主庄园被焚毁。东晋王朝派谢琰、刘牢之率领北府兵前往镇压,起义军不敌,转移到海岛上。从隆安四年(400年)到元兴元年(402年)起义军多次登陆作战,最后一次登陆时被晋军击败,孙恩投海而死,余部由他的妹夫卢循率领,转战各地,继续战斗。安帝义熙六年(410年),东晋派刘裕北伐南燕。卢循乘机北上,分为两路。大败东晋卫将军、北府名将刘毅,直抵建康城外。这时,刘裕已灭南燕,率军南归,进驻京口(今江苏镇江)。卢循惊慌失措,犹豫不定,贻误战机。在南撤的路上,多次作战失利,后来只剩下几千人。义熙七年(411年),卢循再攻交州(今越南境内),战败投水而死。孙恩、卢循领导的农民大起义,前后共有数十万人参加,战斗持续了十二年之久,几乎扫荡了东晋的全境。这次起义虽然失败,但沉重打击了以士族为核心的封建统治集团和地主阶级。

561. 屯田是一种什么样的农业组织形式?

亦称屯垦,自西汉以后历代政府用于组织劳力、垦种荒地或边远土地的一种农业生产组织形式。西汉以来,历代为解决军粮供给、军费开支及补充国库储备,多组织兵士、利用人犯或招募农户垦种。主要采取军屯和民屯两类形式。军屯即以军事组织形式由军兵及其家属进行屯种,民屯即以民户为主体进行组织屯种,其中包括一般民户屯种及罪犯屯种。屯田的土地属于国家所有,由政府提供全部或部分生产资料,强制士兵、农民或某些罪犯耕种。屯田组织性强,耕地面积广,能使用先进的耕作法,产量往往较高,这就使军队取得了给养和税粮,充实了国家力量。如三国时期,曹魏屯田最广,力量最为强大,促进了北方农业生产的恢复和发展,为晋的统一打下了基础。但由于屯田剥削太重,屯田兵和屯田客不断反抗,迫使晋统一全国后既行废止。唐宋时,称军屯为屯田,民屯为营田。元代除军屯、民屯外,并有军民混合屯。明代又有商屯,始创于洪武三年(1370年)。盐商招募农民开垦边郡荒地,耕种得粮,缴纳于边郡,换取盐引(贩盐的凭证),所以叫作"商屯",又称盐屯,后渐废。清沿明制,而屯田规模更大。历代所行屯田,变大片荒地为良田,对恢复发展生产、开发边疆起到了积极作用。

562. 王与马,共天下是什么意思?

世家大族琅邪王氏辅佐司马氏重建晋王朝,形成共同掌权的局面。早在西晋末年,一些北方士族鉴于局势恶化,纷纷南迁江东。晋怀帝永嘉元年(307年),东海王司马越安排司马睿为安东将军,都督扬州诸军事,王导为谋主,把根据地从下邳(今江苏睢宁西北)移至建业(今江苏南京)。为了在江东站稳脚跟,王导劝司马睿"收其贤人君子,与之图事"。司马睿采纳了他的意见,以刁协、庾亮等百余人为掾属,称为"百六掾",获得北方侨姓门阀的支持。又在王导与王敦的帮助下,使江南士族渐来归附。后来王导又通过任命江南士族为官以及联姻等形式,进一步拉拢了他们。司马睿方才站定了脚跟。317年,晋愍帝投降的消息传到建业,司马睿正式称帝,是为晋元帝,东晋建立。由于王导有拥戴之功,故司马睿要他升御床共坐。此后元、明、成三帝一直待王导以殊礼。在权力上,元帝任王导为丞相,掌大权;以王敦为镇东大将军,掌握长江中下游的军队。所以当时有"王与马,共天下"之说,反映出琅邪王氏在晋初的特殊地位,从此开创了东晋时期祭则司马,政在士族的政治格局,使门阀士族政治在东晋发展到了最高峰。

563. "五胡乱华"的起因是什么?

晋惠帝时期的八王之乱以后,晋室分裂,国力空虚,民生凋敝。北方少数民族趁机起兵,进入中原。在百余年间,先后由胡人及汉人建立了数十个政权,史称"五胡乱华"。汉末三国以来,汉族统治者为加强对各少数民族的控制,补充内地劳动力和加强军事实力,经常招引和强制原居住于边疆的少数民族入居内地。魏晋时期,出现了少数民族内迁的高潮。当时内迁的主要有五个民族,即匈奴、鲜卑、羯、氐、羌,旧史称之为"五胡"。各族内迁以后,与汉人杂处,过着定居的农业生活,同时也受到魏晋统治者的歧视、压迫与奴役。因此,反抗不断发生。西晋八王之乱使统治者自顾不暇,无力再控制内迁各族。各地流民起义的同时,各族上层分子也抓住时机起兵反晋,其中的代表人物有匈奴贵族刘渊。304年,刘渊起兵于今山西,定国号为汉,自称汉王,以争取汉人的支持。308年,刘渊称帝。从刘渊建国到北魏统一北方的130多年时间内,各少数民族的上层分子和汉族官僚地主,在混战割据的北方纷纷建立政权,史家称之为"五胡十六国"。

564. 夷陵之战是一次什么战役?

又称"彝陵之战""猇亭之战"。赤壁之战后,刘备势力日益强大,特别是荆州关羽的发展,使孙权总感觉到上游门户大开,十分不安。建安二十四年(219年),他乘关羽集中兵力在襄阳一线进攻曹军之际,派吕蒙袭杀关羽,夺回荆州。这一行动,将刘备彻底封锁于三峡之内。刘备于章武二年(222年)为夺回荆州,以实施两面钳击中原的战略,以替关羽报仇为名,调集大军东下,亲征东吴,自巫峡连营至夷陵(今湖北宜昌东南),主力直抵猇亭(今湖北宜都北长江北岸),声势浩大。孙权求和不成后,决定一面向曹魏求和、避免两线作战,一面派陆逊率军应战。吴大将陆逊分析认为刘备兵势强大,居高守险,锐气正盛,求胜心切,吴军应暂时避开蜀军的锋芒,再伺机破敌,耐心说服了诸将放弃立即决战的要求,采取以逸待劳的战略,把几百里崇山峻岭让给蜀军,将优势兵力集结于猇亭地区相拒,并坚守不出达六七月之久。蜀军将士逐渐斗志涣散松懈,失去了主动优势地位。此时正值酷暑时节,蜀军将士不胜其苦。刘备只好将水军舍舟转移到陆地上,把军营设于深山密林里,屯兵休整,准备秋后再发动进攻。陆逊乘蜀军疲惫之际,利用盛夏季节,令吴军每人执一火把,全力出击,火烧蜀军四十多营,刘备大败,尽失舟船器械和水步军,狼狈逃至白帝城(今四川奉节),次年死去。夷陵之败让新建的蜀汉政权受到沉重的打击,东吴守住了荆州。此战两国实力都受到影响,为双方日后重修于好、共同抗魏奠定了基础。

565. 永嘉南渡是什么历史事件?

西晋永嘉之乱后,中原人民为躲避战乱而向南方地区进行的大规模人口迁徙。西晋末年,中原地区曾发生过长达十六年的八王之乱。西晋王朝开始走向分崩瓦解,匈奴、鲜卑、羯、羌、氐五族乘虚而入,北方社会动荡不安。当时,琅邪王司马睿为安东将军,都督扬州诸军事,驻建业(今江苏南京),江南比较稳定。当权的官僚们极力设法把自己的子弟、亲属安插到江南任地方官吏,以为自保之策。为逃避战乱,北方的门阀士族带领家眷、民户大量南逃,流徙到江左一带。随从一户大地主南逃的往往有千余家,人口达到数万之多。有的逃到广陵(今江苏扬州),有的逃到京口(今江苏镇江)以南。这是中原汉人第一次大规模南迁。西晋灭亡后,晋朝都城迁至江东建康,自此史称东晋。

566. 元嘉之治是什么时候出现的历史局面?

南朝宋武帝至宋文帝统治时国力最为强盛的历史时期,史称"元嘉之治"。宋武帝刘裕由于出身底层,深知底层百姓的疾苦。从他掌权到称帝前后,体恤民情,集权中央,整顿吏治,重用寒门,以策试选拔官吏,弥补九品中正制的缺陷,废除苛法,轻徭薄赋,赈济穷人,打击豪强士族,限制士族地主兼并土地,还地于民。主持"土断",精简许多侨州郡县,扩大政府的赋役对象,同时发展教育,大力笼络文人,弘扬文化,广收图籍和书籍。在军事上,由于刘裕在晋末南征北讨,平定了农民起义和地方军阀割据势力,使刘宋疆域的北部防线到达潼关、黄河一带,为江淮流域的百姓休养生息提供了北方大片缓冲的屏障地带。422年,在位仅三年的宋武帝刘裕死后,长子刘义符即位,两年后,被辅政大臣徐羡之等所杀,立刘裕三子宜都王刘义隆,史称宋文帝。宋文帝继续实行刘裕的治国方略,在位三十年励精图治,休养生息,发展生产,使百姓得以休养生息,社会生产有所发展,经济文化日趋繁荣,开创了国力较为强盛的历史时期。

567. 占田制是什么时期的制度?

西晋初年颁布的限制占有土地的制度。魏末晋初,屯田兵和屯田客不堪统治者的残酷剥削和压迫,不断逃亡和反抗。同时,屯田区的土地和劳动人手也逐渐被世族大地主所瓜分,屯田制度已经无法持续下去了。于是,晋武帝即位前后两次下令罢屯田官。为了扩大耕田面积,增加租税收入,晋武帝于太康元年(280年)颁布了占田、课田和户调法令。占田令规定:(1)王公在京城占田,大国十五顷,次国十顷,小国七顷,职官一品至九品,占田五十顷至十顷,每低一品,减田五顷;允许官员各以品第高低荫庇其亲属作为依附民,多者九族,少者三世;又许荫人为佃客和衣食客,规定第一、二品占有佃客五十户,三品十户,四品七户,五品五户,六品三户,七品二户,八、九品一户,占有衣食客,六品以上三人,七、八品二人,九品一人。(2)农民垦种官有土地,男子一人占田七十亩,女子占田三十亩,同时还颁布了征赋的课田令。在占田制下，政府不是将土地授给农民，只是承认其占有土地的限额，将其占有合法化。占田制的实施，解除了屯田制下军事管制的强迫劳动，对世族大地主无限制的占有土地和劳动力给予了某种程度上的限制，同时使无地或者少地的农民得以开垦荒地，据为己有，有利于农业生产的恢复和发展，户口显著增加，赋税收入也增加了。

568. 木牛流马、孔明灯是谁发明的？

诸葛亮（181—234），字孔明，号卧龙（一作伏龙）。琅邪阳都（今山东沂水）人。三国时期著名政治家、军事家、外交家。早孤，东汉末年随叔父诸葛玄至荆州。诸葛玄死，隐居隆中。当时刘备依附荆州刺史刘表，经徐庶介绍，刘备三顾草庐请教。诸葛亮分析天下形势，提出联孙抗曹、统一中国的著名的"隆中对"。刘备听后心悦诚服，完全采纳。刘备称帝后，任丞相。刘备死，辅佐后主刘禅，封武乡侯，领益州牧。外交上，团结孙吴；政治上，任人唯贤，赏罚严明，打击豪强；经济上，发展农业，实行屯田，兴修水利，注重发展盐、铁、织锦等手工业。又采用绥抚和征讨相结合的策略加强与西南各族的联系。内政稳定后，多次领兵北伐曹魏，希图"兴复汉室"。蜀汉建兴十二年（234年），与魏司马懿相拒于渭南，因积劳成疾，病逝于五丈原（今陕西岐山）。诸葛亮还发明了木牛流马、孔明灯等，并改造连弩，可一弩十矢俱发，称为"诸葛连弩"。其文学代表作品有《出师表》《诫子书》等，对后世影响很大。诸葛亮一生"鞠躬尽瘁、死而后已"，是中国传统文化中忠臣与智者的代表人物。

569. 宗主督护制是一种什么制度？

北魏前期地方基层组织的一种形式。西晋末年以后，北方长期战乱，十六国时期，少数民族政权频繁更迭，地方基层行政机构实际已不复存在，各地豪强地主聚族而居，纷纷以宗族乡党的形式，割据一方。宗主也叫作坞主或壁帅，他们聚族而居，拥有众多的宗族、部曲，修有坞壁，是一些大大小小的割据势力、豪强的武装首领。依附其下的包荫户往往有数百家、上千家，乃至万家，均为他们的私家人口。宗主与包荫户之间是一种主人与佃客的关系。而佃客形同于农奴，任凭宗主剥削和奴役，国家不得征调亦不能干预。北魏政权建立后，任命鲜卑族部落主为宗主，承认宗主对于包荫户的控制和奴役，以世家大族为宗主，督护百姓，于是形成"宗主督护制"。在宗主督护制下，各地宗主实际分割了国家大量的劳动力，构成了地方割据势力的基础。孝文帝为了加强中央集权，实行三长制，取代了宗主督护制，此制遂废，但三长仍多为宗主充任。

570. 世界上第一个把圆周率的精确数值计算到小数点后第七位数的数学家是谁？

祖冲之（429—500），字文远，范阳遒（今河北涞水北）人。南朝宋、齐间大数学家，在天文历算和机械制造方面也有很深的造诣。他在前人的基础上，计算出圆周率在3.1415926和3.1415927之间，欧洲人千余年后才达到这一成就。他还用分数来表示圆周率，一个是355/113，叫密率；一个是22/7，叫约率。密率是分子分母都在1000以内的分数形式的圆周率最佳近似值，是当时的最高成就。为了纪念他的贡献，人们把密率称为"祖率"。他的数学著作有《缀术》等，宋以后均失传。由他撰写的《大明历》是当时最为精确的历法，为后世的天文研究提供了正确的方法。同时，在机械制造方面，祖冲之在马钧的指南车失传之后，又将其重新制造出来。

571. 祖逖北伐是一次什么战争？

东晋初年祖逖领导的北伐。祖狄，两晋之际一位著名的北伐将领。早在他任司州主簿时，就曾与好友刘琨"闻鸡起舞"，发誓要报效国家。曾从惠帝北伐，兵败后退居洛阳。西晋末年，京师大乱，祖逖挟宗族数百家迁居京口（今江苏镇江）。东晋建国前夕，他向时任镇东大将军的司马睿提出了带兵北伐和收复中原的请求。当时司马睿正忙着建立政权，财政也比较困难。于是任命祖狄为豫州刺史，拨给他千人的粮饷和三千匹布，让其自行募兵、自制兵器。建兴元年（313年），祖逖在极端困难的条件下，开始了北伐战争。他率领自己的部曲百余家渡江后，在淮阴（今江苏淮安）冶铸兵器，募得两千人向前进发，在打败石虎的进攻后，进军陈留郡（今河南开封东），"黄河以南，尽归晋土"。祖狄在收复的地区劝课农桑，练兵积谷，努力为进军河北做准备。但就在这时，东晋政权内部发生了争权夺利的斗争，北伐受到牵制。晋元帝任命吴人戴渊为征西将军，坐镇合肥，防御王敦，祖逖也要受戴渊的节制。祖逖知内乱将兴，北伐事业必将无成，忧愤成疾，于太兴四年（321）病死于军中。羯族石勒再次占领黄河以南的地区，晋军退守淮南。北伐遂告失败。

572. 安史之乱是一次什么样的叛乱？

唐朝安禄山、史思明发动的叛乱。唐玄宗统治前期，在边境的若干重要地区设置节度使。节度使在其辖区内军政、民政、财政无所不统，成为地方割据势力。中央集权削弱，藩镇割据势力兴起。玄宗后期，重用李林甫、杨国忠，政治黑暗。天宝十四载(755年)十一月,平卢、范阳、河东三镇节度使安禄山伪称奉密诏讨杨国忠,率十五万大军于范阳(今北京)起兵叛乱,连败唐军,攻入洛阳。次年正月,安禄山在洛阳称帝,国号燕。七月,玄宗逃往蜀中,太子李亨(唐肃宗)于灵武(今属宁夏)即位。叛军进入长安,所至烧杀抢掠。至德二载(757年),安禄山被其子安庆绪所杀,唐将郭子仪等与回纥援军收复两京,安庆绪退至邺城(今河南安阳),安禄山部将史思明降唐。次年,史思明复叛,并南下救援安庆绪,解邺城之围,乾元二年(759年)史思明杀安庆绪于范阳,自称燕帝,再度南下攻入洛阳及附近州县。上元二年(761年),叛军分裂,史思明被其子史朝义所杀。宝应元年(762年)十月,唐军收洛阳,叛军北逃。次年正月,史朝义走投无路自缢而死,叛乱始平。安史之乱历时八年才被唐将郭子仪、李光弼等平定。叛军攻占洛阳、长安等地,黄河流域社会经济遭到严重破坏。这场统治阶级的内部斗争严重破坏了社会生产,唐朝从此由盛转衰,形成藩镇割据局面。

573. 安西都护府是什么机构?

唐朝在西域设置的军政机构之一。唐六都护府之一。贞观四年(630年),伊吾(今新疆哈密)等七城胡人归附唐朝,唐以其地为西伊州(后改名为伊州),作为进军西域的据点。贞观九年(635年),唐派兵降伏吐谷浑,打通向西域用兵的道路。贞观十四年(640年),唐将侯君集攻取高昌,唐朝以其地置西州,并于交河城(今新疆吐鲁番西雅尔和卓)设安西都护府。经过不断经略,到贞观二十二年(648年),西域大部统一于唐,唐迁安西都护府于龟兹(今新疆库车),统领龟兹、焉耆、于阗、疏勒四镇,称"安西四镇"。四镇成为唐朝经营西域的军事基地,对西域的统一、巩固边防和维护中西陆路交通发挥了重要作用。安西都护府下设都督府、州、县等,管辖天山以南的塔里木盆地及葱岭以西、楚河以南的广大中亚地区。

574. 渤海国是什么时期的政权?

唐朝时期东北靺鞨人建立的地方民族政权。靺鞨,满族的祖先。商周时称为肃慎,汉魏时称为挹娄,北朝时称为勿吉,隋唐时改称为靺鞨。靺鞨族主要活动在东北的白山(长白山)、黑水(黑龙江)地带。他们多从事农业。隋唐之际,靺鞨已发展成七大部。其中,居于南部的粟末部和居于北部的黑水部,势力最为强盛。粟末部比较先进,大概已经发展到奴隶制的初期阶段。圣历元年(698年),其首领大祚荣建立政权,自立为震国王。开元元年(713年),唐玄宗封大祚荣为渤海郡王,以其所部为忽汗州,令大祚荣兼任都督。从此,这个政权就以渤海为号。到开元十四年

(726年),唐朝正式名之曰渤海国,晋封渤海郡王为渤海国王。渤海国最盛时,南至朝鲜半岛的北部,东抵今俄罗斯滨海地区,境内有五京、十五府、六十二州,国都为上京龙泉府(今黑龙江宁安)。渤海国历代新王继位,都要报请唐中央册封,与唐朝保持着密切的政治、经济和文化关系。渤海的政治制度,也仿唐制,同时使用汉文。渤海文化在唐文化的影响下有很大发展,在当时有"海东盛国"之誉。

575. 怛罗斯之战是一次什么战役?

唐朝军队与阿拔斯王朝军队在中亚地区的会战。天宝初,经营西域的唐将高仙芝先后平定了小勃律和车师国。这两次远征使得高仙芝在西域获得了极大的声誉。同一时期,750年,阿拉伯帝国发生革命,阿拔斯王朝(即黑衣大食)取代倭马亚王朝(白衣大食),继续执行东扩的计划。在此情况下,高仙芝以西域的石国无蕃臣礼节为由,发动了对石国的战争,攻占并血洗石国城池,借机打击阿拔斯王朝在中亚的势力。侥幸逃脱的石国王子于是向阿拔斯王朝求救。大食援军计划袭击唐朝西域四镇,高仙芝先发制人,主动进攻大食。高仙芝率领军队长途奔袭,深入七百余里,最后在怛罗斯(今哈萨克斯坦边境)与大食军队遭遇。大食人以逸待劳死守怛罗斯城,成功地拖住了唐军前进的脚步。高仙芝向来以奇袭而非以攻城著称,以至于怛罗斯城数日不克。趁此良机,大食援军赶往怛罗斯城下,对唐军形成包围之势。于是双方调集所有部队,陈兵怛罗斯河两岸,展开野战。唐军逐渐占据了优势,一度压制住了大食。然而第五天傍晚,高仙芝的盟军西突厥葛逻禄部,突然倒向大食,彻底切断了大唐步兵和骑兵的联系。大食大将齐雅德抓住时机,率骑兵趁着夜色突进了唐军混乱的阵中,两万唐军顿时溃不成军,几乎全军覆没。在那被俘的一万多名唐军中,多数是优秀的工匠。于是中国的造纸术等工艺便传到了中亚以至整个阿拉伯世界。

576. 大索貌阅是一个什么样的措施?

隋朝初年为清查户口而采取的措施。南北朝以来,户口隐漏日趋严重,国家所能直接掌握的劳动力减少,而地方豪强地主占有的人口增多,严重削弱了中央政府的力量。隋初,为了更好地控制劳动人手和征赋税,对户籍进行整顿和重新编制。开皇三年(583年),隋文帝下令在全国各州县大索貌阅,核点户口。所谓"大索"就是清点户口,并登记姓名、出生年月和相貌,所谓"貌阅",则是将百姓与户籍上描述的外貌一一核对。隋文帝规定,凡出现户口不实的情况,地方官吏里正、保长、党长要被处以流刑。又开"相纠之科",鼓励人们检举告发。同时又规定凡堂兄弟以下亲属同族而居的，必须分立户口。此次检查使户数新增超过 164 万。大量逃避的丁壮和隐匿的户口被重新编入户籍，大大增加了国家的财政收入，壮大了隋朝的国力。

577. 东、西突厥是什么时期的政权？

隋唐时期，突厥人在北方和西北建立的两个少数民族政权。北朝末期，突厥势力逐渐强大，建立了汗国，对中原政权构成了不小的威胁。突厥汗国在它的统治区分设了许多可汗。隋初，突厥名义上的最高统治者是沙钵略可汗，北周曾把千金公主嫁给他。开皇二年(582年)，沙钵略打着为北周报仇的旗号，纠集诸可汗的兵力共40万大举南下攻隋，结果战败逃去。军事上的失败，引起突厥内部的分裂。沙钵略可汗因为恼怒阿波可汗单独同隋讲和，率兵袭击阿波的牙帐，阿波西奔达头可汗。自此，阿波与达头联合起来，占有西域地区，称西突厥，与东面的沙钵略抗衡。这样，突厥就分裂为东、西两个汗国。唐初，占据大漠南北的东突厥屡次攻掠内地，成为唐朝的重大威胁。贞观三年(629年)，唐太宗趁突厥内部分裂之机，派李靖、李勣等统兵十余万分道出击。次年，颉利可汗被俘，东突厥汗国灭亡。唐政府在东突厥故地，置定襄、云中两都督府，下设六个州，任用原来的突厥贵族为刺史，具体管理当地的突厥部落。

578. 藩镇割据是怎样发展的历史现象？

唐朝中后期出现的掌握重兵的地方势力割据一方，互相攻伐，对抗中央的现象。唐睿宗景云二年(711年)开设河西节度使。唐玄宗时，因为喜立边功，使得边防重镇的军事实力迅速增强，当时的精兵猛将都聚集在边镇之地。天宝初年，唐朝共设置了安西、北庭、河西、朔方等九个节度使和岭南五府经略。这些边镇掌握了全国六分之五的军队。在平定安史之乱过程中，朝廷被迫以魏博、成德、幽州三镇分授安史旧将为节度使。他们在辖区内，扩充军队，委派官吏，征收赋税，形成河朔三镇的割据形势。除此之外，朝廷还对内地掌握兵权的刺史多加节度使称号，造成了乱后"方镇相望于内地"的藩镇割据局面。各地藩镇往往父子相继，或为部将承袭其后，山东、江淮之间也多仿效，列镇相望。九世纪初，藩镇发展到四十几个，形成"天下尽裂于方镇"的局面。藩镇间或互相攻战，或联合反唐。唐王朝虽屡图削弱藩镇，但收效甚微。元和年间唐宪宗一度平定淮西等镇，河朔各镇也暂时服从中央，但不久又复故态。封建割据局面一直延续到五代十国，将近两个世纪，人民遭受兵祸和残酷剥削，社会生产受到严重破坏。至北宋初，宋太祖解除藩镇兵权，藩镇割据局面才告结束。

579. 甘露之变是一次什么事件？

唐文宗联合朝臣谋诛宦官未遂的政治事件。唐文宗李昂深知宦官专权的危害，决定铲除宦官集团。宦官王守澄为了监视文宗，将李训、郑注推荐给文宗。但李、郑二人却并未按照王守澄的意图行事。文宗欣赏李、郑的才能，利用二人谋诛宦官。太和九年(835年)秋，李训和郑注利用宦官集团的内部矛盾，先后铲除了王守澄等几个重要的宦官，有力地压制了宦官势力。之后，文宗任用李训为宰相，郑注为凤翔节度使，准备内外合势消灭宦官集团。但李训急于建功，在条件不成熟的情况下，采取了冒险行动。当年十一月，在紫宸殿举行早朝时，左金吾卫大将军韩约奏报左金吾仗院内石榴树上夜降甘露。李训提议，天降祥瑞于皇宫，是大唐再兴的吉兆，皇帝应亲往礼拜上天，以求国运。于是文宗皇帝来到含元殿暂住，命朝官们先往观看。众人看后奏称，不似天降的真正甘露。文宗再命宦官仇士良、鱼弘志等率全体宦官前去察看情况。仇士良等到达后，识破李训早已设下的埋伏，迅速逃回，聚歼宦官计划失败。宦官胁迫文宗进宫后，当即派遣神策军大肆屠杀参与其事的官吏，李训、舒元舆、韩约等人先后遭到捕杀。郑注也在凤翔被监军宦官杀死，史称"甘露之变"。甘露之变后，由于官吏大批遭杀，朝臣空员极多，无人理事，宦官更加专横，文宗不久即含恨而死。

580. 柜坊、飞钱是什么时候的产物？

唐代商品经济发展的产物。柜坊，亦称"僦柜"，是唐代出现的专门经营货币和贵重物品保管业务的店铺。柜坊出现在商品经济发达的大城市，其主要业务是代替客商保管钱物，并凭借书帖或信物替存钱者支付款项，以此收取一定钱物的柜租。飞钱，亦称"便钱"，是唐代出现的私人创设的货币汇兑方式，始见于元和元年(806年)。飞钱类似于后世的汇票，可解除商旅长途携带钱帛及各地运输税钱入京之劳。柜坊和飞钱是商业发展、交易频繁、营业额巨大的产物，有利于商品经济的发展。

581. 唐代翰林院是什么机构？

唐代草拟机密诏制以备咨询的重要机构。原为各种艺能之士的待诏之所。唐初在皇宫和政府部门，多设有学士机构。学士无品秩，地位不高，但得参与谋议，充作政府顾问，唐太宗亦间或请名儒学士起草诏书。武则天因为对旧官僚不信任，常

历史哲学艺术卷

令"北门学士"居中用事，参决百司表奏，以分宰相之权。开元二十六年（738），玄宗以中书省不能及时完成众多的诏令起草任务为由，成立了翰林学士院，负责一部分诏书的起草工作。德宗在泾原兵变时逃避外地，中枢机务委命翰林学士陆贽起草诏令，时称陆贽为"内相"。此时翰林院的组织机构尚不严密，决策权还不固定。永贞元年（805年）唐宪宗继位后，开始对翰林院进行强化和改革。在诸学士之上置翰林学士承旨，时称"院长""翰长"，为翰林院首脑。由于翰林学士与中书舍人都有草诏权，分工不明，宪宗乃分翰林学士和中书舍人为两制，各置六员。由于翰林院在宫禁之内，故称翰林学士为"内制"，唐后期中书省在皇城，故称中书舍人为"外制"。时内制重于外制，朝廷的制诰、诏令、赦文等都由翰林学士执笔，中书舍人只能起草一些不太重要的文书。这样，翰林学士的草诏权就被固定下来，翰林院成为设置于内廷的正式决策机构。

582. 淮西之乱是什么时期的叛乱事件？

唐宪宗统治时期发生的藩镇叛乱事件。唐宪宗元和九年（814年），淮西节度使吴少阳死，其子吴元济自领军务，并派兵四处抢掠。唐宪宗在宰相武元衡和大臣裴度的支持下，发兵进讨。由于统兵将帅拥兵自重，军令不一，加之淮西和河北同时用兵，战线过长，故战争拖延了三年，毫无进展。元和十二年（817年），宪宗任命宰相裴度为淮西宣慰处置使，负责督率军务。裴度到前线后，了解到担任监军使的宦官经常干扰掣肘各军将领的情况，奏请宪宗将监军取消，使将领们能独立处理军事，被动的战局逐渐得以扭转。名将李晟之子李愬，智勇兼备，被任命为西线统帅，在这年冬天的一个雪夜里，利用敌人疏于防范的弱点，率军奔袭淮西镇老巢蔡州（今河南汝南），一举俘获了吴元济，平定了淮西之乱。淮西之乱平定后，沧景、卢龙、成德等镇，相继归顺中央，独淄青镇李师道负隅顽抗，被宪宗发兵击败。唐朝恢复了表面上的统一，不过节度使握有重兵的局面并未改变，藩镇割据的基础也未消除。元和十五年（820年），宪宗被宦官杀死后，河朔三镇又相继叛乱。宣宗以后，朝廷已经失去了与藩镇较量的能力。

583. 回纥是什么民族？

亦称"回鹘"，隋唐时期北方游牧民族铁勒的一支，今维吾尔族的祖先。公元6世纪中叶起，先后依附于突厥和薛延陀。贞观二十年（646年），唐与回纥联手灭了薛延陀，回纥尽占其土地和部众。之后，唐朝在漠北推行羁縻府州制度，于回纥部设瀚海都督府，委任回纥酋长吐迷度为怀化大将军兼瀚海都督。武周时期，后突厥汗国势力强大，回纥受其奴役。玄宗开元中期以后，后突厥汗国衰乱，回纥又逐渐强大起来。天宝三载（744年），唐玄宗册封回纥首领骨力裴罗为怀仁可汗。次年，怀仁可汗攻灭后突厥汗国，尽有突厥故地，成为漠北强国。安史之乱后，回纥曾助唐平叛。贞元五年（789年），改名回鹘。840年，回鹘内部纷争，黠戛斯乘机灭亡回鹘汗国，回鹘人大部分西迁。

584. 会昌灭佛是一次什么运动？

唐武宗会昌年间的一次废除佛教运动。唐代后期，佛教寺院经济过分扩张，损害了国库收入。唐武宗崇信道教，深恶佛教，会昌年间又因讨伐泽潞，财政急需，在道士赵归真的鼓励和李德裕的支持下，遂于会昌五年（845年）下敕，于东西两都两街各留两寺，每寺留僧30人，地方州县寺庙视情况保留。其余非应留者皆毁去。所废寺院田产没官，钟磬铜像委盐铁吏铸钱，铁像委本州铸农具。私家所有金银佛像，令一个月内送官。政府从废佛运动中得到大量财物、土地和纳税户。在灭佛同时，大秦景教、袄教信徒皆被敕令还俗，寺亦撤毁。但当时地方藩镇割据，唐中央命令因而不能完全贯彻。这是一次寺院地主和世俗地主矛盾的总爆发，佛教遭到的打击是严重的，佛教徒称之为"会昌法难"。第二年武宗死，宣宗即位，又下令复兴佛教。

585. 被日本人称之为"过海大师"的人是谁？

鉴真（688—763），俗姓淳于，扬州江阳（今江苏扬州）人，佛教律宗大师，唐代赴日传法名僧。十四岁出家，研究佛经，有较高成就。天宝年间应日本政府与佛教界的约请，鉴真六次东渡，历尽艰辛，终于在天宝十三载（754年）携同弟子到达日本，被授予"传灯大法师"称号。鉴真于奈良东大寺设坛传授佛教戒律，759年创建唐招提寺，传布律宗，是日本密宗的开山祖师。鉴真留居日本十年，还将唐代的建筑、雕塑、绘画、医药等介绍到日本，对中日文化交流起了积极作用。他还精通医学，虽双目失明，仍能以鼻嗅分辨各种药物，对日本医药学的发展也做出了贡献。后逝世于日本。唐招提寺至今还收藏着鉴真和尚的坐像，这是唐代中日文化交流的重要纪念物。日本奈良时代的著名文学家淡海三船写出《唐大和上东征传》，记述了鉴真东渡弘法的事迹。

586.《开皇律》是什么时期颁布的？

隋文帝时期颁布的国家法典。针对北周刑法繁杂苛酷的情况，隋文帝于开皇元年（581年）夺位后，即令高颎、郑译、杨素等人在北魏、北齐旧律的基础上改定新律。开皇三年（583年），又命苏威、牛弘等进行修订，制成《开皇律》。《开皇律》计分《名例》《卫禁》《职制》《户婚》《厩库》《擅兴》《盗贼》《斗讼》《诈伪》《杂》《捕亡》《断狱》等十二篇。刑名分死、流、徒、杖、笞五等。《开皇律》在改订过程中，曾废除了一些酷刑，如枭首、宫刑等，减省了一些刑律。苏威、牛弘修订时，又减去死罪81条，流罪154条，徒、杖等千余条，只留500条刑律。改定后的《开皇律》适应了新王朝建立之初世望宽平、人心思稳的政治需要。《开皇律》继承了中国封建法制的基本精神，成为历代封建法典的范本。

587. 开元盛世是哪位皇帝统治下的局面？

唐玄宗统治前期出现的治世。开元年间（713—741），唐玄宗先后任命正直干练的官员姚崇、宋璟等人为宰相，在他们的辅佐下，针对时弊，进行了一些改革。在政治上，裁汰冗官，整顿吏治，精简官僚机构。在此基础上，比较严格地控制官吏的铨选，尤其重视县令的选任。在经济上，抑制食封贵族，封家的租调改归政府统一征收，由封家在京城或州治领取，封家亦不得再向封户催索或放高利贷。抑制佛教势力，淘汰僧尼，勒令还俗，以增加政府税源。兴修水利，重视农业生产。检田括户，限制土地兼并。此外，还重视教育文化的发展，改善民族关系。经过改革，唐朝在各方面都达到了极高的水平，国力空前强盛，社会经济空前繁荣，人口也大幅度增长，唐朝进入鼎盛时期。史称"开元之治"或"开元盛世"。

588. 开元通宝是什么时候的货币？

唐代铸造的货币。隋末战乱，币制混乱，货币大幅贬值，百姓生活非常困苦。始于汉代的五铢钱在全国已流通700余年之久。期间历经王朝盛衰，大小轻重已无统一标准。当唐朝局势稳定后，为适应其统治需要，唐高祖于武德四年（621年）七月，颁诏废五铢钱，由唐高祖李渊亲自主导，给事中欧阳询监制，改铸统一的开元通宝。开元通宝简称开元钱或通宝钱。开元即"开国奠基"之意；通宝则有"流通宝货"之内涵。新钱得轻重之宜，史载"新钱轻重大小最为折衷，远近甚便之"，对经济的发展发挥了积极的推动作用。唐代开元通宝的铸制与流通，在我国钱币形制发展史上有着划时代的意义。在钱币铸造的形制和重量上，开元钱成为唐代以后各代铜钱的标准。

589. 科举制是一种什么制度？

隋朝建立、唐代完善并被后世沿用的通过分科考试选拔官吏的制度。魏晋以来，均以"九品中正制"选拔、任用人才，由此导致门阀士族垄断朝政。隋代为了加强中央集权，打击门阀士族，故在开皇末年实行科举制，规定六品以下官吏须由尚书省吏部铨举，废除了传统的州郡辟举制和九品中正制。隋代的考试制度，除有秀才、明经科外，炀帝时又加了进士科；进士只试策，明经除试策外还试经。这两种科目都适应了一般士绅的要求，通过考试，即可入仕。因此就算是一般庶族寒门，只要有才就有机会跻身掌权的统治阶层中。唐代的科举分常举和制举两种。常举主要有八科，其中以明经、进士两科最重要。明经考试的内容有帖经、经义和时务策，以帖经为主；进士考试的内容为帖经、诗赋和时务策，以诗赋为主。考帖经能死记硬背即可，考诗赋则需要独立思考，因而中明经易，中进士难。制举是由皇帝亲自主持的考试。制举科目多临时设置，如贤良方正科、直言极谏科等。平民百姓和官吏均可应试。制举不常举行，取人极少，不占重要地位。武周时，还创立了武举和殿试。从宋代开始，科举开始实行糊名制和誊录法，防止徇私。宋以后均用儒家经义取士。明清两朝以《四书》《五经》的文句命题，规定八股文的格式，以朱熹《四书章句集注》等书的解释为依据。清光绪三十一年（1905 年）推行学校教育，科举制废除。科举制度的创立，是中国古代史上选举制度的重大变革，它改变了以往门阀士族把持选举的弊端，重才学而轻门第，从而扩大了统治基础，有利于国家选拔人才。将选举权集中到中央政府的吏部，也削弱了地方的士族势力。

590. 彍骑、长征健儿是怎样发展起来的？

在府兵制下，府兵虽然可以免除本身的租调，但是兵甲衣粮必须自备，所以服兵役同样是一项极其沉重的负担。随着均田制的日益废坏，农民占有的土地越来越少，或者根本丧失了土地，沉重的兵役就无力负担了，于是越来越多的农民想方设法逃避兵役，府兵的兵源就渐渐枯竭了。唐朝不断在边境用兵，士兵服役的年限也日益延长。边将们对待士兵极为残酷。为了弥补兵源的不足，募兵制日益发展起来。到玄宗开元年间，无论京师宿卫、边镇戍兵乃至地方武力，已基本上被募兵所代替。开元十一年（723 年），根据张说的建议，京师宿卫一切由募士承担，共募得 12 万，号称"长从宿卫"，次年，改称"彍骑"。自此，京师宿卫兵士率由召募而得。起初，彍骑多募选精壮，也注重军事训练，有一定的战斗力。但至天宝年间，彍骑多招募市井无赖充当,很快堕落腐化。边镇戍兵也自开元二十五年(737年)起正式实行召募制,因为要长期服役,召募的戍兵被称为"长从兵"或"长征健儿"。他们由边地将帅长期统率,逐步形成了将帅专兵的局面。彍骑、长征健儿的军器、衣粮均由唐政府发给,他们长期服兵役,是被政府雇佣的职业兵。

591. 两税法是什么时候的税制?

唐后期主要税制。安史之乱后,均田制彻底破坏,居民大量流移死亡,户籍紊乱,租庸调无法征收。德宗建中元年(780年),宰相杨炎主持改变旧税制度,废除以丁身为本的租庸调制,实施以资产为宗的两税法,分夏秋两次征收。其基本原则是"户无主客,以见居为簿;人无丁中,以贫富为差",夏税不过六月,秋税不过十一月。主要内容为:(1)取消租庸调及一切杂徭、杂税,但保留丁额;(2)不分主、客,一律按当时居住地为准,加纳赋税;(3)没有固定住处的行商也要纳税;(4)不再按丁征税,改为按资产和田亩征收,地税以大历十四年(779年)的垦田数为准;(5)量出制入,全国无统一税率。自此,国家对百姓的征敛重点由税丁转向税产,这一变化影响了国家的诸多经济政策,包括对土地兼并开始采取放任态度,重新丈量土地而轻视核查户口等等,这些做法一定程度上改变了税收集中在贫苦农民身上的赋役负担不均的不合理状况,对改善当时的社会状况和广大贫苦农民生活有积极作用。两税法下,土地买卖合法,兼并加剧,贫民卖地而不移税,只有逃亡,或沦为佃户、庄客。定量出制入的赋制,反映了中国古代赋役制度发展的基本趋势,即收税标准以人丁为主向土地为主的转变,奠定了唐后期到明中叶的赋税制度基础。此后,宋、元、明历代田赋均为夏秋两季征收,亦沿称两税,但具体内容则有不同。两税法是与当时土地高度集中以及商品经济不断发展情况相适应的,是封建社会赋税制度的一次重大改革和进步。

592. 刘晏理财是什么时候的财政改革?

唐代宗、德宗时期刘晏采取的财政改革措施。代宗大历元年(766年)至德宗建中元年(780年),理财专家刘晏主管东部海盐专卖事务期间,对第五琦的榷盐法进行了系统改革,一方面精简原先臃肿的盐政机构和冗官冗员,另一方面把政府统购统销食盐,改为政府在产地统购食盐,以榷价批发给商人,再由商人运往各地零售,将政府从烦琐的食盐运销事务中解脱出来。这样,不仅避免了多设盐官扰民的流弊,也使政府的收入大增。刘晏还对漕运进行了整顿。当时,由江淮向关中运粮的漕运是唐王朝的生命线。刘晏疏浚河道,训练漕卒,在扬州制造坚牢的运船,加强各水路交汇处的转运仓的建设，并在各输段上分别使用适应本段水情的漕卒和漕船，分段漕运，从而提高了运营效率，保证了漕路的畅通，从而保证了京师地带的粮食供应。刘晏还大力推行了常平法。在各道设巡院，选择精干廉洁的人做知院官。知院官每旬每月都要把本道各州县的雨雪、丰歉情况向中央申报，政府在丰收地区用较高的价钱买进粮食，在歉收地区则用较低的价钱售出，保持各地物价大体稳定。刘晏的财政改革，增加了唐政府的财政收入，但没有从根本上解决唐政府的财政危机。

593. 马嵬之变是一次什么事件？

安史之乱后发生在马嵬驿的士兵哗变事件。天宝十四载（755年）十一月，身兼范阳、河东、平卢三镇节度使的安禄山在范阳起兵叛乱。次年六月，叛军向西进攻潼关。当时防守潼关的是哥舒翰，他虽拥兵近20万，但因是临时凑集召募组成，缺乏战斗力。但唐玄宗和杨国忠却催逼哥舒翰出关收复失地。结果哥舒翰军在灵宝（今河南灵宝）境内被叛军击溃，哥舒翰被俘。潼关失陷，京师长安形势危急。玄宗仓皇出逃四川，到马嵬驿（今陕西兴平西）时，随行的将士因为饥饿疲劳，心中充满怨恨。龙武大将军陈玄礼认为天下大乱都是宰相杨国忠一手造成的，想杀掉他，转告太子李亨，李亨犹豫不决。这时有吐蕃使节因缺乏食物向杨国忠诉苦，军士们哗变，杀死杨国忠，后又杀了他的儿子户部侍郎杨暄与韩国夫人、秦国夫人。军士们又包围了驿站，玄宗慰劳军士，命他们撤走，但军士不答应。玄宗又让高力士去问话，陈玄礼等要求处死杨贵妃。玄宗不忍心，但经高力士等人劝说才最终同意，命令高力士将杨贵妃缢死。然后把尸体抬到驿站庭中，召陈玄礼等人察看，令其告谕其他军士。陈玄礼等都高喊万岁，然后整顿军队继续西行。七月，玄宗逃至成都。太子李亨则在宦官李辅国等人的簇拥下北逃至灵武（今宁夏灵武），于乱中登基即皇位。并改元至德，是为唐肃宗，遥尊玄宗为太上皇。

594. 南衙北司之争指的是什么？

唐代后期官僚集团和内廷宦官集团争夺权力的斗争。南衙，指位于宫城南的以宰相为首的政府机构，北司，指宫禁以北宦官所在的内侍省。安史之乱后，宦官逐渐掌握了军权。德宗时设立左、右神策军护军中尉，掌管禁军，与二枢密使合称"四贵"，得以参预机密。宦官掌握了中央禁军军权后，地位更加巩固，权势愈加膨胀，以至能操纵官员的任命，掌握废立皇帝乃至生杀皇帝之大权。宦官专权局面的形成，引起皇帝和朝官及士人的不满和反对，因而唐后期多次发生两大集团的对立和斗争。顺宗即位启用东宫旧臣王叔文等人，实行"永贞革新"，共谋打击宦官势力，不幸失败。文宗深患宦官擅权，擢用李训、郑注，谋诛宦官，事败，株连者千余人，史称"甘露之变"。经过这两次斗争，宦官的势力进一步加强，地位更加巩固。唐末农民大起义后，中央的宦官和朝臣各自拉拢一部分藩镇势力以相抗争。唐昭宗时，宰相崔胤利用节度使朱温的力量，才最终消灭宦官势力。南衙北司之争至此才宣告结束。南衙北司之争进一步削弱了中央集权。

595. 南诏是什么时期的政权？

唐朝时乌蛮贵族在西南地区建立的地方政权。隋唐时期，在今云南地区错杂散居着许多部落。7世纪后期，乌蛮贵族建立起了六个诏。乌蛮称王为诏，六诏就是六个王国。其中最南面的是蒙舍诏，又称南诏，南诏王姓蒙。唐朝为了抵御吐蕃，大力扶持南诏，支持南诏进行统一战争。玄宗时南诏王皮逻阁渐次消灭其他各诏，建立了统一的南诏国。开元二十六年（738年），唐玄宗册封皮逻阁为云南王，南诏进入全盛时期，大致据有今云南及四川、贵州的一部分，成为西南少数民族所建立的一个强大的地方政权。天宝年间，由于唐朝边境官员对南诏"多有索求"，激起南诏反抗。唐玄宗两度对南诏用兵，均告失败，此后南诏归附吐蕃。南诏归吐蕃后，又遭吐蕃的压迫。唐德宗贞元年间，经过努力争取，南诏与唐订立盟约，叛吐蕃重新归唐，双方恢复了先前的友好关系。南诏参照唐制，建立了相当完备的政权组织。南诏后期，王权旁落，大臣弄权。天复二年（902年），权臣郑买嗣推翻蒙氏南诏，建立大长和国。

596. 牛李党争是什么时候的朋党之争？

唐代后期的朝官的朋党之争。从宪宗至宣宗的四十余年间，朝臣中分成以李德裕为首的"李党"，及以牛僧孺、李宗闵为首的"牛党"两大官僚集团。他们各自结党、相互倾轧，为祸甚烈。两党结怨于宪宗元和年间。李德裕之父李吉甫为相，主张对藩镇用兵。庶族出身的进士牛僧孺、李宗闵等反对对藩镇过分强硬，李吉甫怒而加以排斥，牛李二党由是交恶。后来李德裕任翰林学士，因恶中书舍人李宗闵曾讥其父吉甫，指责牛僧孺等在科举考试中营私舞弊，贬李宗闵为剑州刺史，连带被贬者共十余人。到牛僧孺等得势，又反过来贬逐李德裕一派。于是牛、李便各自交结宦官，党同伐异，作意气之争，使国乏诤臣、朝政荒废，对于严重的社会矛盾却无心解决。牛李党争削弱了中央的力量，使唐后期的政治更加腐败，外重内轻的局面愈发严重。

597. 遣唐使是哪个国家派出的使团？

日本国派遣出使唐朝的使团。隋唐时期，日本正处于奴隶制瓦解、封建制确立和巩固的阶段。贞观年间，日本派出了由留学生和学问僧组成的第一次"遣唐使"，到开成三年（838年）止，共派出遣唐使近20次。起初，遣唐使团的规模一般不超过200人，从8世纪初起，人数倍增，其中有三次遣唐使团人数均在550人以上。遣唐使团组织完备，设有大使、副使、判官、录事，成员中还有留学生、学问僧等。日本选派留学生来唐是为了学习吸收先进的唐文化，他们被分配到长安的国子监学习各种专门知识。许多留学生在唐朝长期学习，与中国的诗人、学者结下了深厚友谊，代表人物是阿倍仲麻吕（汉名晁衡）。日本来唐的学问僧也很多，其中以空海最为著名。遣唐使将中国的许多律令制度、文化艺术、科学技术以及风俗习惯等传回日本，对日本的社会发展产生了很大影响。

598. 三省六部制是一个什么制度？

中国古代社会的一种中央政府机构组织形式，是继三公九卿制之后重要的中央官制。三省六部制自西晋以后长期发展，至隋朝正式确立，唐朝进一步完善，此后一直到清末，六部制基本沿袭未改。三省是中书省（隋朝时称内史省或内书省）、门下省、尚书省，六部是吏部、户部（隋初称度支）、礼部、兵部、刑部（隋初称都官）、工部。三省六部制是皇权不断削弱分割相权的产物。尚书在秦和西汉初年，仅是九卿之一少府的属官，"掌通章奏"而已，地位待遇较低。东汉建立后，刘秀加大尚书权力，正式成立尚书台，作为总理国家政务的中枢机构。尚书台设尚书令一人，尚书仆射一人，实际上成了皇帝真正决策和发号施令的权力机构，三公和九卿只是受命办事。三国时期，曹魏改尚书台为尚书省，魏文帝曹丕又另设一个秘书机构中书省，分割尚书省权力。西晋时，皇帝的侍从机构门下省分割中书省职权，也开始处理政务。至此，"三省"开始成为全国政务中枢。到隋朝，朝廷明令确立三省制度，三省成为正式的政府机构，三省的长官相当于宰相，彼此各有所职，分掌国家大政。六部是尚书省下设的六个部门。三省六部制度是中国官制史上的重大变革，是中国政治史上的一大进步，结束了自汉光武以来的皇帝与政府权限不分的混乱局面，将相权一分为三，把决策与执行机构分开，对于防止权臣篡位，稳定政局，维护统一，都起到积极的作用。

599. 中国古代第一部系统的史学评论著作是什么书？

《史通》，二十卷。唐代著名史学家刘知幾撰，成书于中宗景龙四年（710年）。《史通》包括内篇三十九篇，外篇十三篇，全书今存四十九篇。内篇为全书的主体，着重讲史书的体裁体例、史料采集、表述要点和作史原则。外篇论述史官制度、史籍源流并杂评史家得失。刘知幾对史学著作中流行的宿命论观点进行了批判，强调人事在历史上的作用，指出："夫论成败者，固当以人事为主，必推命而言，则其理悖矣。"刘知幾认为历史是变化和发展的，评价人物和事件应从当时的客观形势出发。他还反对是古非今，认为不应"以先王之道持今世之人"。关于作史原则，刘知幾鲜明地提出坚持直书，反对曲笔。做到"不掩恶，不虚美"，"不避强御"，"无所阿容"，反对迎合权势或从个人恩怨出发歪曲史实。刘知幾还第一次提出了史学家必须具备才、学、识"三长"的论点。《史通》是中国史学史上最早的从理论上和方法上着重阐述史书编纂体裁的专书，是对中国唐初以前的史学编纂的概括和总结。《史通》也是有缺点的，它对史书体裁的看法，仅仅局限于对过往的总结，未能提出新的设想。

600. 什么是"输籍定样"？

"输籍定样"是隋朝制定各户等级和纳税标准的办法。隋文帝根据宰相高颎的建议，实行了"输籍之法"，即由国家制定"输籍定样"（划分户口的标准），发到各州县，每年正月五日，县令派人到农村，依定样划分户等，作为征调赋税、力役的依据，使百姓负担合理，"奸无所容"。由于国家规定的赋税、力役数量低于豪强地主对佃农的剥削量，许多原来依附豪强地主的农民纷纷脱离地主，向官府申报户口，纳税服役，成为国家的编户。封建国家和地方豪强之间在对人口的控制方面存在着尖锐的矛盾。隋朝政府实施的"输籍定样"，从豪强士族手中把大批户口收归政府控制，打击了大地主阶级的兼并势力，增加了财政收入，扩大了力役的来源，加强了中央集权国家的力量。

601. 四镇之乱是什么时期的叛乱事件？

唐德宗统治时期发生的藩镇叛乱事件。唐德宗即位后，决定削藩。建中二年（781年），成德节度使李宝臣死，其子李惟岳要求袭位。唐德宗不许。李惟岳便勾结魏博镇田悦、淄青镇李纳、山南东道节度使梁崇义共同起兵反抗朝廷。德宗调集军队，与四镇展开了战斗，不久，梁崇义和李惟岳兵败被杀，田悦和李纳也遭重创，削藩形势一片大好。然而,德宗对有功藩臣封赏失当,引起卢龙镇节度使朱滔和成德镇降将王武俊的不满。两镇联合田悦、李纳再行叛乱,朱滔称冀王、田悦称魏王、王武俊称赵王、李纳称齐王,称为"四王"。四王还共推也已反叛的淮西节度使李希烈为主,南北呼应。建中四年(783年),德宗征调驻守京西地区的泾原兵出关平叛,由于泾原兵不满犒赏太少,经过长安时发生哗变,拥立废居长安的太尉朱泚(朱滔之兄)为主帅,攻入长安。德宗被迫北逃至奉天(今陕西乾县)。不久,朱泚在长安称帝,建国号秦(后改为汉)。朔方节度使李怀光率兵勤王靖难,但到长安附近后遭人陷害,反而与朱泚勾结在一起。兴元元年(784年)初,德宗被迫从奉天南逃梁州(今陕西汉中)。后来,德宗依靠李晟率领的军队才收复长安,逐杀朱泚,又与朱滔、王武俊、田悦、李纳等相妥协。事态虽然平息下来,但削藩战争没有取得最后胜利。

602. 文成公主进藏是与谁成婚?

松赞干布(617—650),吐蕃第三十三世赞普。629年继承吐蕃赞普位。一生短促,但政绩却颇为突出。他用二三年时间削平叛乱,稳定了内部。后来又出兵灭掉敌对部落,完成了统一西藏的任务。为巩固王权,他进行了一系列卓有成效的改革:迁都逻些(今西藏拉萨),从此逻些成为西藏政治、经济和文化的中心;仿照唐朝制度,确立官制和兵制;创造吐蕃文,制定严酷的法律。这些措施均有助于吐蕃国走向强盛。他一生中的另一件大事,就是与唐朝联姻。634年,松赞干布遣使到唐朝求婚并于641年娶唐宗室女文成公主。文成公主进藏时,带去了大批生产工具、蔬菜种子、医疗器械,以及经史、诗文、工艺、医药、历算等典籍。高宗初年她又从内地引进蚕种,以及酿酒、制作纸墨的工匠入藏传授技术。除了与唐联姻,他还派遣贵族子弟赴长安入国子监,接受汉族先进的生产技术和文化,促进了汉藏经济文化交流。这些举措,对藏族社会的发展进步和汉藏两族友好关系的加强,都起了很大的推动作用。

603. 隋代大运河是一项什么样的工程?

隋朝时开凿的大型水利工程。隋朝建立后,为了巩固统治,加强关中与江南、河北的联系,同时为了方便粮食物资的转运以及对东北用兵,决定开凿大运河。隋朝开运河始于文帝时期,当时引渭水从大兴城到达潼关,长三百里,名广通渠,转运关中物资。隋炀帝即位后,利用天然河道和旧有渠道,开通了以东都洛阳为中心,北起涿郡(今北京),南到余杭(今浙江杭州)的大运河。其工程共分四段:通济渠、山阳渎、永济渠和江南河。大业元年（605年）隋炀帝征发河南、淮北一带人开通济渠，由洛阳通于淮水。同年，又征发淮南人开山阳渎，自淮安引淮水，绕扬州、仪征入长江。大业四年（608年），征河北人开永济渠，引沁水南达黄河，北通涿郡。大业六年（610）开江南河，从京口（今江苏镇江）到余杭。大运河连结了海河、黄河、淮河、长江、钱塘江五大水系，全长2500多公里，是世界上最雄伟的工程之一。大运河的开通，加强了南北联系，成为南北交通大动脉，对加强我国统一，促进经济文化交流和发展，起着重大的作用。

604. 唐代前期以均田制的推行为基础的赋税制度是什么？

租庸调制。唐初向受田课丁（人丁）征派的田租、力庸、户调等三种赋役的合称。源于北魏到隋的租、调、力役制度。唐高祖武德二年（619年）制定，名租庸调法。武德七年（626年）又作详明规定。凡是均田人户，不论其家授田多少，均按丁交纳定额的赋税并服一定的徭役。每丁每年向政府交纳粟二石，称作租；随乡土所产，交纳绢二丈、绵三两或布二丈五尺、麻三斤，称作调；人丁每年有二十日力役，是为正役，国家若不需要其服役，则每丁可按照每天交纳绢三尺或布三尺七寸五分的标准，交足二十天的数额以代役，这称作庸，也叫"输庸代役"。国家若需要其服役，每丁服役二十天外，若加役十五天，免其调，加役三十天，则租调全免。租调征收时，据收成好坏，定减免办法。官僚贵族以及一些特殊人户享有豁免租庸调的特权。租庸调制必须配以均田制的施行才能实行，客观上需有安定的政治环境及健全的户籍制度才能准确按丁授田及征收赋税。在租庸调制实施期间，由于民户是固定于均田之上，政府有完整的户籍记录，故政府的税收比较稳定。天宝年间的安史之乱极大地冲击了租庸调制，激化了土地变异和人口流移，租庸调制的根本精神已经无法适应变动的社会，建中元年（780年）随着两税法的实行，租庸调制正式废止。

605. 隋末农民战争是怎样发展的？

隋炀帝时修建了各项巨大工程，兵役徭役繁重。连年不断的巡游以及三次对高丽的战争，使田地荒芜，农民家破人亡。大业七年（611年），在长白山（今山东邹平南，章丘和淄博市之间）首先爆发了王薄起义，他自称"知世郎"，意思是能预知天下局势将发生变化，隋朝行将灭亡。他还作一首《无向辽东浪死歌》，号召农民参加起义，于是"避征役者，多往归之"。几年之间，北自山东、河北，南到长江以南，西北到关陇，到处燃起反隋烈火，出现了全国性的起义高潮。616年以后，形成三支强大的起义集团：翟让、李密的瓦岗军，窦建德的河北义军和杜伏威、辅公祏的

江淮义军。他们打击官僚地主,分别歼灭了隋的主力军,使隋的统治土崩瓦解。这时刘武周、李渊、罗艺等一些地主官僚也乘机割据一方。大业十四年(618年),在形势迫使下,禁军将领宇文化及在江都杀死了隋炀帝,李渊乘机在长安(今陕西西安)称帝,建立唐朝。之后,李渊、李世民父子削平各地割据势力,镇压了农民起义,天下尽归于唐。隋末农民战争推翻了隋炀帝的腐朽统治,冲击了整个地主阶级,尤其是特权阶层。地主阶级的田庄经济也大为削弱,农民占有的土地有所增加,土地兼并也暂时得到缓和。许多奴隶、部曲、佃客、杂户也得到了解放。所有这些变化,都有利于生产力的发展。

606. 隋朝开国皇帝是谁?

隋文帝杨坚(541—604),弘农华阴(今陕西华阴)人,北周功臣杨忠之子。北周时袭父爵为随国公,其妻是鲜卑大贵族、柱国大将军独孤信之女,其女又是北周宣帝皇后,因而拥有很高的权位。宣帝死,静帝年幼,杨坚任丞相专理朝政,受封为随王。581年代周自立,国号隋,改元开皇,仍都长安。因嫌旧城狭小,在长安城东南的龙首原营建大兴城。开皇七年(587年),建都江陵的后梁主萧琮朝见文帝于长安,被扣留,文帝发兵江陵,后梁国废。接着任命杨广、杨俊及杨素三人为行军元帅,率五十万大军分八路伐陈。开皇九年(589年)隋军攻入建康(今江苏南京),俘虏陈后主。至此,结束了南北长期分立的局面,全国复归统一。在位期间,杨坚继续施行均田制,扩大垦田面积,重编户口,统一钱币和度衡,增加了国库收入;改革官制,确立五省六部制,简化地方行政机构,裁汰冗官;废除九品中正制,规定九品以上的地方官均由中央任命。这些措施,对削弱地主豪强势力,加强中央集权起了积极的作用。隋文帝好猜忌苛察,容易听信谗言,晚年更是滥杀大臣,此外,刑法苛刻,百姓惶恐。同时,杨坚晚年颇受诸子的困扰。先是软禁三子秦王杨俊;接着将太子杨勇贬为庶人,改立次子杨广为太子;后又将四子蜀王杨秀贬为庶人。仁寿四年(604年)离奇去世,传为被杨广所杀。庙号高祖,谥号文皇帝。

607. 隋炀帝是一位什么样的帝王?

隋炀帝杨广(569—618),文帝次子,隋朝第二位皇帝。杨广生于大兴,开皇元年(581年)立为晋王,后率军南下灭陈,统一中国。因太子勇多纳内宠,处事轻率,逐渐引起文帝的不满和猜忌。开皇二十年(600年)十一月文帝改立杨广为太子。仁寿四年(604年)七月继位。隋炀帝即位后,隋朝的国力、武功达到极盛。他在位期间修建东都,开凿运河,在政治、经济和军事等方面都有深远的意义。在政治改革方面，也曾有一定的建树。如修订刑法，除十恶之条；开创科举制度，始设进士科等等。但是，隋炀帝刚愎自用，不恤下情，他即位后推行的一系列暴政，使得社会矛盾迅速发展和激化。开凿大运河、巡游江都、修筑长城、开辟驰道，每项工程都役使数十万乃至数百万人，大量调用民力严重破坏了社会生产。隋炀帝还穷兵黩武，频繁发动对外战争。远征林邑（今越南南部），亲征吐谷浑，三征高丽，用兵规模空前，力役、兵役繁重。因此，隋炀帝统治中期开始，民变频起。最终造成天下大乱，导致了隋朝的覆亡。大业十四年（618年），宇文化及在江都（今江苏扬州）发动兵变，杨广被叛军缢杀。唐朝谥之为炀皇帝。

608.《千金方》的作者是谁？

孙思邈（581—682），京兆华原（今陕西铜川）人。唐代著名医学家，道士。孙思邈隐居终南山，一方面下功夫钻研医学著作，一方面亲自采集草药，研究药物学。他认真研读古代医书，同时广泛收集民间流传的药方，热心为人治病，积累了许多宝贵的临床经验。他从理论到实践，再由实践经验中提炼出新的医药学研究成果，以毕生精力撰成了医学著作《千金要方》和《千金翼方》，简称《千金方》。孙思邈在书中总结了唐以前历代医家的医学理论和治疗经验，收集了5300多个方子。孙思邈在医疗实践中非常重视医德，认为医生应该认真治病，救死扶伤，反对利用治病的机会牟取私利。由于他对医学和药物学做出了巨大贡献，赢得了人民的尊敬和爱戴，被后世尊称为"药王"。

609. 中国现存第一部内容完整的封建法典是什么？

《唐律疏议》，中国唐代刑律及其疏注的合编，共30卷。永徽元年（650年），唐高宗命长孙无忌等修《永徽律》，翌年颁行。后又令长孙无忌等对《永徽律》的精神实质和律文逐条逐句进行疏证解释，以阐明律条文义，并通过问答形式，剖析内涵，说明疑义，撰成《律疏》30卷。《律疏》与《律》合为一体，统称《永徽律疏》，明末清初始名《唐律疏议》。《唐律疏议》的律文和疏文反映了唐代社会各个阶层的法律地位及其相互之间的关系，以及某些政治经济制度，是研究唐代历史的重要文献。《唐律疏议》总结以往各王朝的立场经验及其司法实践，折中损益，使之系统化和周密化，为以后历代刑律的蓝本，并对日本、朝鲜、越南的古代法律产生一定影响。

610. 唐末农民战争是怎样演进的？

唐朝末年政治腐朽，土地高度集中，政府收取的苛捐杂税使得阶级矛盾异常尖锐。咸通十四年（873年），关东地区发生了一场严重的旱灾。唐政府不但不减赋赈灾，反而派遣官吏催索赋税，社会矛盾更加尖锐。乾符元年（874年）底，濮州（今河南范县）人王仙芝率数千人在长垣（今河南长垣）起义，称"天补平均大将军兼海内诸豪都统"。次年，黄巢聚众响应。两支起义军会合在一起，采用避实就虚，流动作战的方针，从山东转战到河南、安徽、湖北一带。乾符五年（878年），王仙芝战败被杀，余部投奔黄巢，推黄巢为领袖，接着，黄巢挥师南下，占领广州，部众发展至百万。旋即回军北伐，广明元年（880年）十二月，起义军攻克潼关，唐僖宗仓皇南逃。黄巢入长安，向群众宣告："黄王起兵，本为百姓，非如李氏不爱汝曹，汝曹但安居无恐。"随后即皇帝位，国号"大齐"，改元"金统"，正式建立了政权。起义军没乘胜追歼唐军，使敌人得到了喘息机会；没建立较巩固的根据地，物资供应十分困难。后来长安被唐军包围，大将朱温叛变投敌，起义军被迫撤出长安。中和四年（884年），起义军退至泰山狼虎谷，战斗失败，黄巢自杀。这次战争，历时十年，转战十二省，给封建统治以沉重打击，唐王朝土崩瓦解，名存实亡。

611. 被铁勒、回纥等族统治者尊为"天可汗"的唐朝皇帝是谁？

唐太宗李世民（598—649），唐高祖李渊次子。杰出的政治家、战略家、军事家。少年从军，曾去雁门关营救被突厥人围困的隋炀帝。大业十三年（617年）秋，劝其父起兵于晋阳（今山西太原）反隋，被其父封为敦煌郡公、右领军大都督，统帅右三军，攻入长安。次年五月，李渊称帝，改国号为唐，封李世民为尚书令、右翊卫大将军，进封秦王。先后统兵镇压窦建德、刘黑闼等义军，平定薛仁杲、王世充、梁师都等割据势力。在建唐过程中立功最多，但不为李渊所喜，更为其兄李建成、四弟李元吉所忌。武德九年（626），在尉迟恭等人支持下，李世民先发制人，发动"玄武门之变"，设伏兵诛杀建成与元吉，取得太子地位，旋受高祖传位为帝，次年改元贞观。他知人善任，虚心纳谏，用房玄龄、杜如晦为相，加强对官吏的考核，发展科举制以选拔人才；继续完善和推行均田制、租庸调法、府兵制，保证赋役和兵役的来源。大力兴修水利，迅速恢复和发展农业生产。先后攻灭东突厥与薛延陀，平定西域诸国，设立安西四镇，被各族人民尊称为"天可汗"。在位二十三年，政治修明，经济繁荣，有"贞观之治"之誉。但晚年连年用兵，营建宫室，赋役日益苛重，社会矛盾有所发展。贞观二十三年（649年）五月，因病驾崩于含风殿，庙号太宗，葬于昭陵。

612. 唐修八史是哪八部历史？

唐朝初年官方主持撰修的八部正史。唐代以前，史书都是私家著作。唐王朝建立后，为总结历史的经验教训，对史学十分重视。贞观三年（629年）底，唐太宗将史馆自秘书省著作局移于门下省北，并令宰相任监修，负责编撰前代和本朝国史，把纪传体正史的编修掌握在政府手中，自此迄清代，官修正史成为历代相沿的制度。唐代编修的正史共有八部，习称"唐八史"，其中官方主持编修了《梁书》《陈书》《北齐书》《周书》《隋书》，重修了《晋书》，李延寿父子私修而经官府批准颁行的是《南史》和《北史》。鉴于梁、陈、北齐、周、隋五史没有《志》，后来又编修了《五代史志》十种，一并附进《隋书》，即今《隋书》十志。"唐修八史"在后来所谓的"二十四史"中占了三分之一，超过了任何一个朝代编修正史的数量，表明唐王朝对史学的借鉴、资治功能的认识比以前更加深刻了。六部前代史分政权修撰，却不分正统和非正统，李延寿父子修的《南史》和《北史》意在贯通，视南北一体，胡汉一家，都反映了唐代大统一王朝的气度。

613. 唐朝在位最长的皇帝是谁？

唐玄宗李隆基（685—762），一称唐明皇，唐睿宗李旦第三子，是唐代极盛时期的皇帝。李隆基生于东都洛阳，生性英明果断，知晓音律，仪表伟岸俊丽。初封楚王，后改封临淄王，历任卫尉少卿、潞州别驾。710年，韦后毒死唐中宗李显，临朝称制。李隆基与姑母太平公主合谋，策动羽林军攻进皇宫，袭杀韦后、安乐公主及其党羽，拥其父睿宗复位，被立为太子，但大权掌握在太平公主手中。太极元年（712年）八月，李隆基先发制人，袭杀太平公主及其党羽。不久，睿宗传位于他，改元"开元"，是为玄宗。至此，动荡的局面得以安定下来。玄宗在位前期，在政治上很有作为，励精图治，重用姚崇、宋璟为相，改革弊政，裁汰冗官，抑制食封贵族和佛教，使封建经济得以继续发展，有"开元盛世"之称。在位后期，骄奢淫逸，重用奸佞李林甫、杨国忠为相，并宠信宦官高力士等人，政治日益败坏。自从纳杨太真为贵妃后，更以声色自娱。天宝十四载（755年）安史之乱爆发，次年玄宗在长安失陷前仓皇出逃蜀地，中途在马嵬驿（今陕西兴平）发生军士哗变，他被迫赐死杨贵妃。太子李亨（肃宗）在灵武即位，他被遥尊为太上皇。宝应元年（762年）病逝于长安神龙殿。庙号玄宗。

614. 我国第一部记载历代典章制度沿革的历史典籍是什么？

《通典》，唐杜佑撰，二百卷。书成于贞元十七年(801年)，是记述唐天宝以前历代经济、政治、礼法、兵刑等典章制度及地志、民族的专书，分为食货、选举、职官、礼、乐、兵、刑、州郡、边防九典，各冠总论，下系子目，凡有一千五百八十四条，正文约一百七十万字，注文约二十万字。取材博综古今，广采群经、诸史、地志、汉魏六朝文集、奏疏、唐国史、实录、档案、诏诰文书、政令法规、大事记等，皆按时间顺序分类纂次。各典于历代制度多穷究其原本，阐明其始末，并引前人议论，参以己见，揭示其中的得失，其中以食货、职官、边防各典较为精到。内容略古详今，唐代部分约居全书的四分之一，多属原始材料，其价值不在《唐六典》《唐会要》等书之下，是研究唐代典章制度的重要史料。该书的缺点在于记事偶有遗漏，兵典叙兵法而不载兵制，礼典一门占全书之半，体例不是很恰当。《通典》为后来典章制度分类专史开创了先例，确立了我国史籍中"政书"的体例，并为后世史学家所继承，开创了我国史学史上一个新传统，对后世有深远的影响。

615.《谏太宗十思疏》的作者是谁？

魏徵(580—613)，字玄成，巨鹿曲阳(今河北晋州)人，唐朝政治家、思想家、文学家和史学家。因直言进谏，辅佐唐太宗共同创建"贞观之治"的大业，被誉为一代名相。少孤，出家为道士，隋朝末年投奔瓦岗军，向李密献上壮大瓦岗的十条计策，不被采纳和重用，后随李密降唐。不久为窦建德所俘，任起居舍人。窦建德兵败后，他再度降唐，辅佐太子李建成，任太子洗马，曾劝李建成早图秦王李世民。玄武门之变后，李世民召他对质，他对此事直言不讳。李世民欣赏他的耿直，就赦免了他，并用为詹事主簿。太宗即位后，被擢为谏议大夫。太宗曾问他："人主何为而明，何为而暗？"他回答说："兼听则明，偏信则暗。"常犯颜直谏，言辞激烈，态度坚定，前后陈谏二百余事，是历史上有名的敢谏之臣。贞观七年(633年)任侍中，主持梁、陈、齐、周、隋诸史的编撰，封郑国公。贞观十七年(643年)病死，李世民非常伤心，并为此废朝五天。追赠魏徵为司空、相州都督，谥号"文贞"，同年入凌烟阁，为凌烟阁二十四功臣之一。魏徵病逝时，太宗曾大哭说："以铜为镜，可以正衣冠；以古为镜，可以见兴替；以人为镜，可以知得失。魏徵没，朕亡一镜矣！"其言论多见《贞观政要》。其中最著名并流传下来的谏文表为《谏太宗十思疏》。

616. 五代是哪些朝代的合称？

唐朝灭亡以后，在中原地区相继出现了后梁、后唐、后晋、后汉、后周五个朝代，史称"五代"。五代（907—959）历时53年。唐朝末年，降唐的黄巢起义军将领朱全忠（原名朱温）以汴州（河南开封）为根据地，逐渐统一了黄河流域。907年，朱全忠废唐哀帝自立，国号梁，建都开封，从而揭开了五代十国的历史。923年，梁被李存勖所灭。随后，李存勖称帝，国号唐，建都洛阳。后唐明宗李嗣源死后，统治集团内部为争夺帝位互相攻杀。明宗之婿、河东节度使石敬瑭反唐自立，获得辽兵的援助，于936年推翻了后唐，即位称帝，国号晋，迁都开封。石敬瑭死后，其兄子石重贵继位，只向契丹称孙而拒不称臣。947年初，辽兵攻入开封，晋亡。原后晋河东节度使刘知远随后在晋阳（山西太原）称帝。辽兵北退后，他很快进兵洛阳和开封，并定都开封，改国号汉。不久，刘知远病死，子承祐继位，由于擅杀大臣，950年被天雄节度使郭威所灭。郭威自立为帝，国号周。郭威在位期间革除弊政，发展生产。954年郭威死，养子柴荣继位，是为周世宗。周世宗继续革新政治，发展经济。后周统治十年，被北宋所取代。五代之外，在南方和河东地区，则先后或同时并存着十个主要割据政权，史称"十国"，与五代合称"五代十国"。

617. 五刑是指哪五种刑法？

中国古代的五种刑法，分为奴隶制五刑和封建制五刑。奴隶制时代的五刑为墨、劓、剕（也作腓）、宫、大辟。墨，在额头上刻字涂墨；劓，割鼻子；剕，砍脚；宫刑，毁坏生殖器；大辟，死刑。五刑从夏代开始逐步确立，于西周时期写入吕侯编著的《吕刑》。奴隶制五刑均是以摧残人的身体来实施惩罚，是一种野蛮的、不人道的、故意损伤受刑人肌体的刑罚，俗称肉刑。汉代时，肉刑被汉文帝、汉景帝废除，以自由刑为主的封建五刑制度逐步形成。封建五刑为笞、杖、徒、流、死。笞，用竹板或荆条拷打犯人脊背或臀腿，按次数分等级；杖，用大竹板或大荆条拷打犯人脊背臀腿，按次数分等级；徒，强制服劳役，按期限分等级；流，把罪犯押解到边远地方服劳役或戍边，按里程分等级；死，即死刑，分为斩、绞两等。此五刑在隋《开皇律》中正式以法令形式出现。经过唐朝的《武德律》《永徽律》进一步完善，形成了完整的法律体系。另外，在五刑之外，封建社会还一直存在一些极其严酷的刑法，如凌迟、腰斩、族诛、车裂等，这些都是针对犯了谋反等重罪的犯人而言。封建五刑直到清末方被废除。

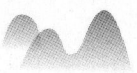

历史哲学艺术卷

618. 我国历史上唯一一位女皇帝是谁？

武则天（624—705），名曌，并州文水（今山西文水东）人。其父武士彟原为木材商人，后跟随李渊起义，累官至工部尚书。武则天十四岁被唐太宗选入宫为才人，赐号为"媚"，称"武媚娘"。太宗死后入感业寺为尼。高宗即位，重新召其入宫中，封为昭仪。永徽六年（655年），被立为皇后。后高宗患疾，百司奏事多决于武后，出现了高宗与武后"二圣"共同执政的局面。683年，高宗崩，中宗李显（武后第三子）即位，武后被尊为皇太后，临朝称制。次年，武后废中宗为庐陵王，立睿宗李旦（武后第四子）。徐敬业起兵讨伐，被她迅速平定。690年废睿宗为皇嗣，改国号为周，是为武周，自称圣神皇帝。她是中国历史上唯一的女皇帝。她执政时打击宗室勋臣等保守势力，开创殿试和武举，以文词取士，不重经学。修《姓氏录》列武氏为第一等，凡五品官都升为"士流"，进一步打破士族门阀制度，扩大统治的社会基础。注意劝农桑，薄赋徭，使社会经济有所发展。曾抵御吐蕃的攻扰，派兵收复安西四镇。长安二年（702年），在庭州（今属新疆）设置北庭都护府，对巩固祖国统一起了积极的作用。但她任用酷吏，屡兴大狱，宗室、朝臣被牵连冤杀者不少。尊崇佛教，到处筑寺造像，加重了人民的负担。晚年豪奢专断，颇多弊政。神龙元年（705年）八十二岁时患重病，宰相张柬之乘机发动政变，拥中宗复位，复唐国号，上尊号为则天大圣皇帝。武则天不久即病死。

619. 玄武门之变是一个什么事件？

唐朝初年统治阶级内部因争夺皇位继承权而引发的兄弟相残事件。唐朝建立后，李渊封长子李建成为太子，协助处理军国大事。实力雄厚的次子秦王李世民文武双全，武功卓著。因而形成了太子与秦王两大势力，为夺取皇位继承权而进行的明争暗斗愈演愈烈。李建成担心李世民的声威和力量会危及自己未来的帝位，就拉拢四弟李元吉，许诺登基后封他为皇太弟。因为秦王府拥有许多骁勇的将领，李建成打算引诱他们为自己所用，结果未能成功。适逢突厥入侵，李建成就向李渊建议由李元吉做统帅出征突厥，并调用秦王府的将领，以把握住秦王的兵权，然后趁机除掉李世民。李世民在危急时刻决定先发制人。武德九年（626年）六月四日，李世民率长孙无忌、尉迟恭、侯君集、张公瑾等人入朝，在紫宸殿北的玄武门埋下伏兵，李建成、李元吉二人不知底细，也一起入朝，骑马奔向玄武门。结果，李世民射杀了李建成，尉迟恭射杀了李元吉。之后，李建成、李元吉的几个儿子均被杀害，部属如魏徵等大多被赦免。六月七日，李渊立李世民为皇太子，被迫交出实权，军国大事全部委托给李世民处理。不久，李渊退位。李世民继位，是为唐太宗，次年改年号为贞观。这次事件史称"玄武门之变"。

620.《西游记》中的唐僧是以谁为原型的？

玄奘（602—664），俗姓陈，名祎，洛州缑氏（今河南洛阳偃师）人。唐初佛教高僧，通称三藏法师，俗称唐僧。杰出的翻译家和旅行家。与鸠摩罗什、真谛并称为中国佛教的三大翻译家。十三岁出家于洛阳净土寺，法名玄奘。他感到佛说纷歧，便决心去天竺（今印度）学习，求得解决。贞观元年（627年），他从长安出发，西行沿河西走廊上的丝绸之路到粟特地区，经过阿富汗、巴基斯坦到达天竺。在那烂陀寺，从戒贤受学，学习五年。在那烂陀寺后又同一些学者展开辩论，名震天竺。他在天竺求法十多年，后于645年由陆路回到长安，带回大量佛经，在长安组织了规模宏大的译场，他译出经、论七十五部，共一千三百三十五卷，笔法谨严，丰富了祖国的文化。这些佛经在印度大多失传，中文译本成为研究古印度佛教文化的珍贵典籍。玄奘回国后，还把老子《道德经》译成梵文，送往印度。玄奘取经之行，历时十数年，行程五万里，是中古史上一次艰险而伟大的旅行。由玄奘口授、弟子辩机笔录的《大唐西域记》是玄奘亲见亲闻的旅行记录，有极高的史料价值。该书是研究古代中亚和南亚地区的地理、历史、宗教、民族、语言和政治生活的重要资料。唐高宗麟德元年（664年），玄奘逝世。明代吴承恩的小说《西游记》，就是从他西天取经流传的故事发展而来的。

621. 薛延陀是什么？

隋唐时期北方游牧民族铁勒的一支。薛延陀是由薛、延陀两个部落联合而成的。突厥分裂后，铁勒诸族也大多一分为二，因此在东、西突厥汗国境内都有薛延陀部众。贞观二年（628年），西突厥统领叶护可汗死，国内大乱，薛延陀首领夷男率众往附东突厥。这时，东突厥境内的薛延陀、回纥等族，正在进行声势浩大的反抗斗争。夷男立即加入了斗争行列，率众击破东突厥的四部帅，被起义诸族共推为可汗。为了拉拢夷男共同对付东突厥，贞观三年（629年），唐太宗遣使册封他为真珠毗伽可汗。东突厥汗国灭亡后，薛延陀汗国迅速壮大，成为漠北的一大势力。贞观十九年（645年），夷男死，其子多弥可汗立，暴虐无道。部众不服，遂至骚乱。贞观二十年（646年），多弥可汗被回纥酋长吐迷度杀死。李勣率唐军乘机进兵，消灭了薛延陀的残余力量。薛延陀灭亡后，漠北的铁勒族回纥、同罗、拔也古等十二姓纷纷归属唐朝。贞观二十一年（647年），唐朝于其地设六府七州，以铁勒各部酋长为都督、刺史，并设燕然都护府予以统治。唐朝的行政权扩展到整个漠北地区。

622. 燕云十六州包括哪些地方？

亦称"幽蓟十六州""幽云十六州"，包括燕（幽）、蓟、瀛、莫、涿、檀、顺、云、儒、妫、武、新、蔚、应、寰、朔，共十六州。即今北京、天津全境，以及河北北部地区、山西北部地区。燕云十六州所处的地势居高临下，易守难攻，战略价值巨大。936年，后唐河东节度使石敬瑭举兵叛变，以割让燕云十六州，岁贡绢帛30万匹和认辽太宗耶律德光为父皇帝等为代价，向契丹求援。在契丹军帮助下，石敬瑭灭后唐，建立后晋，并在938年按约定将燕云十六州献给契丹。自此，中原失去了与北方游牧民族之间的天然和人工防线，往后中原数个朝代都没有能够完全收复。显德六年（959年），后周世宗柴荣率军攻辽，一个多月内收复瀛、莫、宁三州，以及益津关、瓦桥关、淤口关三关。五月，欲攻取幽州时，因病重班师，不久去世。宋朝建立之后，面对辽铁骑的威胁，不得不在地势开阔的汴京附近广植树木。太平兴国四年（979年）宋太宗赵光义移师幽州，试图一举收复燕云地区，在高梁河（今北京西直门外）与辽军展开激战，宋军大败。宣和四年（1122年）宋金订立"海上之盟"，约定联合灭辽后，金归还宋燕云十六州。1123年，金太祖完颜阿骨打把太行山以南的燕、涿、易、檀、顺、景、蓟如约归还。宣和七年（1125年）十二月金兵又占领燕京地区。次年金国大举南下，俘虏了徽钦二帝，占据了中原地区，北宋灭亡。此后燕云十六州一直被金、元控制。直到明太祖洪武元年（1368年）八月，徐达、常遇春攻克大都（今北京），燕云十六州得以重新并入中原王朝势力范围。

623. 印刷术起源于什么时候？

最早的印刷术是雕版印刷，其法是将图画或文字反刻在一块平整的木板上，然后上墨印刷。大约在7世纪中期，已经有了雕版印的佛像。8世纪80年代，有了作为商人纳税凭据用的"印纸"，唐后期雕版印刷已相当发达。现存最早的印刷品是唐懿宗咸通九年（868年）印的《金刚经》残卷，卷首有图，刻印精美。北宋庆历年间，布衣毕昇又进一步发明了活字印刷术，据《梦溪笔谈》载，其法是：用胶泥刻字，每字一印，用火烧硬，便成活字。另设一铁板，板上均匀敷以掺和纸灰的松脂蜡。印刷时，把铁制的框子放在铁板上，在框子中排列胶泥活字，制成一版，再用火烤版，使蜡稍熔化，随即用另一平板把字压平，泥字即固着在铁板上，冷却后就可上墨印书。用毕，再以火烤铁板，即可将字型拆下。为了提高印刷效率，毕昇采用两版交替使用的办法，一版印刷，另一版就可排字。毕昇的这项发明，在印刷事业上是个划时代的技术创新，是我国对世界文明的重大贡献。元代农学家王祯发明了转轮排字架，提高了排字的效率。

624. 隋朝营建东都发生在哪一年？

隋炀帝即位后，立即下诏营建东都洛阳。因为洛阳地势险要，位置适中，交通方便。从政治上看，定都洛阳便于加强对关东和江南地区的控制。从经济上看，当时关中物资供应不足，而洛阳位置适中，水陆交通便利，便于转运物资。大业元年（605年），隋炀帝命尚书令杨素为营作大监，每月役使丁男200万人，开始了大规模营建工程，至大业二年初建成，前后历时十个月。城分宫城、皇城和外郭城，宫城是宫殿区，皇城是官署所在地，外郭城是住宅、工商业区。外郭城内，洛水南有九十六坊，洛水北有三十坊。宫城内宫殿极其壮观。同时，还营建显仁宫和西苑，在全国搜求奇石嘉木来装饰。东都建成后，又以行政命令的方式将大批王侯世家、富商大贾、工艺户迁入东都，使东都洛阳的工商业迅速繁荣起来。尤其是运河开通后，洛阳成为南北经济文化交流的枢纽和全国的政治中心。

625. 什么是"二王八司马事件"？

唐顺宗时期以王叔文为首的朝官反对宦官集团的革新运动。永贞元年（805年），顺宗即位后，任用王叔文、王伾、柳宗元、刘禹锡、韦执宜、韩泰、韩晔、陈谏、凌准、程异等进行改革，革除了宫市等弊政。为了铲除宦官专权，王叔文以老将范希朝为左右神策京西诸城镇行营节度使，试图夺取宦官手中的兵权，未能实现。改革遭到了宦官集团和地方藩镇的联合抵制。同年八月，宦官俱文珍发动政变，迫使顺宗禅位于太子李纯（唐宪宗）。宦官得势后，"二王"即被贬逐，王伾病死于贬所，王叔文被贬后又被赐死。柳宗元、刘禹锡等八人被贬为边州司马，时称"八司马"。整个事件也因此被称为"二王八司马事件"，它以反宦官专权的失败而告终。

626. 我国现存最早的比较完整的全国性的地理总志是什么？

《元和郡县图志》，唐李吉甫撰，四十卷。书成于元和八年（813年），仿《括地志》体例，以元和时全国行政区划为准，依十道分卷，据四十七镇分篇，篇首各冠地图。分叙以府州为单位，大抵首列户名，次叙沿革，继以府境八至、贡赋，终以辖县建置、去州府里程、山川、河流、城邑、名胜、古迹及历代大事。凡垦田、监牧地、水利设施、工矿盐政、军事设施、病马配备、重要关亭寨障，无不叙及。所记开元、元和户数、乡数、贡物名品、各地境界及去长安里程，具有极高的史料价值。有关自然、经济地理记载，可采甚多。叙述沿革，往往直源《尚书·禹贡》。于南北朝政区及治所变迁，尤为可观。宋以后地图亡佚，故书名又略称为《元和郡县志》。该书在魏晋以来的总地志中,不但是保留下来的最古的一部,而且也是编写最好的一部。

627. 什么是长庆会盟?

长庆年间唐与吐蕃举行的会盟。唐王朝在宪宗元和年间平定藩镇,国力复盛。而频繁的扩张战争削弱了吐蕃的国力,且唐孤立吐蕃的战略又取得了极大的成功。进入9世纪后,吐蕃开始由盛转衰。因此吐蕃迫切要求重新议界讲和,唐穆宗长庆元年(821),吐蕃赞普派专使到唐朝请求会盟,缔结友好盟约。隆重的会盟仪式分别在唐都长安和吐蕃国都逻些(今西藏拉萨)举行,双方在盟文中重申"和同为一家"的舅甥亲谊,强调双方要"患难相恤,暴掠不作",永远和好相处。长庆三年(823年)吐蕃为纪念这次会盟,在逻些建立唐蕃会盟碑。该碑至今还屹立在大昭寺门前,成了汉藏两族人民友谊团结的珍贵见证。此次会盟在客观上使吐蕃社会得到了暂时的安定,吐蕃的经济文化又有了一定的发展,另一方面,对唐蕃双方人民而言,会盟反映了他们向往结束战争的共同愿望,符合他们的共同利益。

628. 赵州桥是什么时候修建的?

赵州桥原名安济桥,因位属赵州(今河北赵县),故又名赵州桥。隋代杰出的工匠李春设计。距今已有1400多年的历史。这是座单孔敞肩石拱桥,全长约64米,宽约10米,也是世界上最早的敞肩石拱桥。大桥洞上面左右各有两个小桥洞。大桥洞跨度超过37米,但桥洞的高度只有7.23米。桥身的坡度小,桥面平直,行人车马来往都很方便。桥洞的跨度大,水上船只来往也很方便。四个小桥洞也是一种独创,它既节约石料,又减少桥身的重量,使桥基部分的负担大大减轻,同时还可以起分洪缓冲的作用,减轻洪流对桥身的冲击力量。赵州桥在结构上有很多优点,所以在漫长的岁月中,虽然经过无数次洪水冲击、风吹雨打、冰雪风霜的侵蚀和多次地震的考验,却安然无恙,一直保留到现在,并成为后世建造石桥的典范。赵州桥凝聚了古代劳动人民的智慧与结晶,开创了中国桥梁建造的崭新局面。

629. 贞观之治是哪位皇帝统治下的局面?

唐太宗统治时期出现的政治安定、经济繁荣的局面。隋末农民起义推翻隋王朝的事实,给唐太宗留下了深刻的印象。他经常和臣下总结隋亡的历史教训,注重以隋亡为戒。为此,他采纳了魏徵、房玄龄、杜如晦等人的建议,勤于政事,励精图治，继续实行均田制、租庸调制、府兵制、科举制和三省六部制。修订律令，健全法制，刑罚宽简；改善吏治，选贤任能，注意纳谏；轻徭薄赋，留心人民疾苦，注意节俭，鼓励流散农民回乡生产，人民生产、生活条件有所改善。经过几年的发展后，政治清明，经济复苏，户口增加，社会安定，民族关系缓和，中外友好往来增多。史载贞观前期"天下大稔，流散者咸归乡里，米斗不过三四钱，终岁断死刑才二十九人。东至于海，南极五岭，皆外户不闭，行旅不赍粮，取给于道路焉"。"民物蕃息"，"号称太平"，故旧史家誉为"贞观之治"。贞观后期，太宗逐渐骄奢，厌烦谏诤，又因连年征战，赋役加重，国家治理情况不如前期。

630. 八字军是一支什么样的军队？

八字军是南宋初河北、河东地区人民组织的抗金义军。北宋灭亡后，在金军占领地区，义军纷起抗击金兵。八字军起于义军，后转隶为官军，多次击败金军，是南宋初期功绩卓著的一支抗金义军。建炎元年（1127年）九月，南宋都统制王彦率岳飞等十一将七千人北渡黄河，收复新乡（今属河南）后，遭数万金军围攻，因寡不敌众失败。岳飞投奔抗金名将宗泽，王彦则率部众突围至共城（今河南辉县），联合太行山区河东、河北一带的义军，坚持抗金。所有将士面刺"赤心报国，誓杀金贼"八字，以示决心，故称"八字军"。不久，两河忠义民兵首领傅选、孟德、刘泽、焦文通等亦率所部19寨来附，发展至十多万人，屡挫金军锋锐，声势大振。次年，王彦欲率八字军北取太原，因宋廷向金乞和，不准出兵，王彦及八字军精锐万余人被召之护卫东京（今河南开封）。三年，八字军配合川陕宣抚处置使张浚，与金军转战川陕，屡获胜捷。绍兴元年（1131年），在平讨南宋叛军及伪齐军作战中，八字军破桑仲、败李忠、擒郭振，收复秦州（今甘肃天水）等地。三年二月，金军攻饶凤关（今陕西石泉西），王彦率八字军配合吴玠扼守要隘。金军人披重甲，强行登山，八字军居高临下，凭借险要地势，顽强守卫六昼夜，重创金军。旋乘金军北撤，收复金州（今陕西安康）。绍兴七年（1137年）被刘锜接管。

631. 什么是保甲法？

保甲法是王安石变法措施之一。熙宁三年（1070年），司农寺制定《畿县保甲条例颁行》。各地农村住户，不论主户或客户，每十家（后改为五家）组成一保，五保为一大保，十大保为一都保。凡家有两丁以上的，出一人作保丁，选取有物力和才能的人充当保长、大保长和都保正。在农闲时集合保丁，练习武艺；每一大保须于夜间轮派保丁值班巡查，维持治安。推行保甲法，主要是为了逐步实现民兵制与募

兵制相结合,以民兵取代冗兵,加强各地的武装力量,加强地主阶级对农民的控制和统治,用以防止农民的反抗,并节省军费。宋哲宗元祐年间被废除。

632. 杯酒释兵权指的是什么?

杯酒释兵权即宋太祖解除将领兵权的事件。建隆二年(961年),宋太祖赵匡胤与赵普定策,削夺朝中大将兵权。七月初九日晚朝时,宋太祖把石守信、高怀德等禁军高级将领留下来喝酒,当酒兴正浓的时候,宋太祖突然屏退侍从叹了一口气说:"没有你们,我当不成皇帝,为此我从内心念及你们的功德。当了皇帝,还不如做节度使快乐,我整个夜晚都睡不好觉啊!"石守信等人惊问其故。宋太祖继续说:"这不难知道,我这个皇帝位谁不想要呢?"石守信等人听了,知道话中有话,连忙叩头说:"现在天命已定,谁还敢有异心呢?"宋太祖说:"不然,你们虽然无异心,然而你们部下想要富贵,一旦把黄袍加在你的身上,你即使不想当皇帝,到时也身不由己了。"石守信等人知道已经受到猜疑,听了很惶恐,恳请宋太祖给他们指明一条"可生之途"。宋太祖缓缓说道:"你们不如多置良田美宅,为子孙立永远不可动的产业。同时多买些歌儿舞女,日夜饮酒相欢,以终天年,朕同你们再结为婚姻,君臣之间,两无猜疑,上下相安,这样不是很好吗!"第二天,石守信、高怀德等上表声称自己有病,纷纷要求解除兵权。宋太祖欣然同意,让他们罢去禁军职务,到地方任节度使,并废除了殿前都点检等职务。禁军分别由殿前都指挥司、侍卫马军都指挥司和侍卫步军都指挥司统领。之后,太祖另选一些资历浅、个人威望不高、容易控制的人担任禁军将领。皇权对军队的控制加强。以后宋太祖也兑现了与禁军高级将领联姻的诺言。这就是历史上著名的"杯酒释兵权"。

633. 采石之战是一次什么战役?

采石之战是1161年南宋文臣虞允文率领军民于采石(今安徽马鞍山市西南)阻遏金军渡江南进的防御战。绍兴三十一年(1161年)金主完颜亮征调大军,分四路,企图一举攻灭南宋。完颜亮亲率主力,自南京开封府出发,首攻宋淮西地区。宋两淮驻军仓皇退至长江南岸,金军长驱直入,进抵长江北岸,打造战船,准备自采石渡江。当时,宋建康府(今江苏南京)都统制王权因无能被罢官,所部一万八千人刚退至采石,接替王权的将领李显忠尚未到任,军无主帅,士气涣散,人心惶惶。中书舍人虞允文时任督视江淮军马府参谋军事,奉命督促李显忠赴任,并代表宋廷到采石慰劳军队。他在采石见形势危急,毅然召集张振、时俊等将领,宣布宋廷抗金命令,犒赏军队,动员将士决一死战。同时,又组织当地民兵和群众进行支援,使采石一带的防务形势好转。完颜亮误认为宋军已败退逃散，江南岸无兵把守，遂于十一月八日率兵过江。宋军利用水军优势，在江中截断金军船只，并在船上施放霹雳炮，烟雾和石灰弥漫江面，使金军无法抵挡。宋军出动车船，船行如飞。金军败回北岸。次日，宋水军直迫长江北岸的杨林渡口，焚毁敌船，完颜亮被迫移军扬州，强令金军从瓜洲渡江，为部下所杀，金军败退。十二月初，金军退走，宋军乘机收复两淮地区。南宋再度转危为安。之后，金世宗为了稳定内部，派人到南宋议和，宋金战争又暂时停了下来。

634. 澶渊之盟是一次什么样的盟约？

澶渊之盟是北宋与辽在澶州缔结的一次盟约。澶州亦名澶渊郡，故称"澶州之盟"。北宋景德元年（1004年），辽承天皇太后和辽圣宗耶律隆绪发兵南下，十一月，抵达黄河边的重镇澶州城北，威胁宋朝的都城。辽军南侵时，宰相寇准反对王钦若等南迁主张，主张坚决抵抗，且力主宋真宗亲往前线督战，以振士气。宋真宗被迫北上，宋辽两军出现相峙局面。辽军这次南侵，其目的只是想进行一次物质掠夺和政治讹诈，因大将萧挞览中宋军伏弩而死，士气大挫，表示同意与宋议和。宋真宗只是希望辽军能够尽快北撤，不惜代价，于是遣使向辽求和。十二月，宋辽商定和议，交换"誓书"，约定：宋辽约为兄弟之国，宋尊萧太后为叔母；宋每年输辽"岁币"银十万两，绢二十万匹；双方罢战撤兵，宋辽以白河沟为界。盟约缔结后，宋辽形成长期并峙的形势，两国之间不再有大的战争，为中原与北部边疆经济文化的交流创造了条件。

635. 陈桥兵变是谁策划的军事政变？

陈桥兵变是赵匡胤策划的夺取后周政权的军事政变。后周显德六年（959年），周世宗柴荣病死，其子柴宗训年幼即位，主少国疑。赵匡胤与禁军高级将领石守信、王申琦等原曾结为义姓兄弟，在军队中握有实权。次年元旦，赵匡胤制造辽和北汉发兵南下的谣言，后周宰相范质等人匆忙派遣赵匡胤统率诸军北上抵御。大军行至附近的陈桥驿，赵匡胤弟赵光义和亲信赵普授意将士把黄袍加在赵匡胤身上，拥立他为皇帝。正月初四，赵匡胤率军回师开封，逼使柴宗训禅位，轻易地夺取了后周政权，改国号为宋，改元建隆，仍都开封，史称"北宋"，赵匡胤就是宋太祖。

636. 成吉思汗在蒙古语里是什么意思？

孛儿只斤·铁木真（1162—1227），古代蒙古族的首领、军事家和政治家。先后统一蒙古诸部，被推为大汗，尊号"成吉思汗"，意为"拥有海洋四方"。闻名世界的政治家、军事家。1162年出生在漠北草原斡难河上游地区（今蒙古国肯特省），因为他的父亲也速该刚好打胜仗杀了两个塔塔儿人的首领铁木真兀格和豁里不花，所以就给他起名为铁木真。从1200年至1206年，铁木真先后打败了塔塔儿、克烈、乃蛮诸部，统一了蒙古的主要部落。1206年蒙古各部贵族在斡难河举行"忽里勒台"（首领会议），铁木真被拥戴为成吉思汗，建立蒙古汗国。他即位后制定军事、政治、法律等制度，开始使用文字，从而改变了诸部之间长期的战争局面，加强了经济联系，对蒙古社会发展起了促进作用。蒙古统一后，以成吉思汗为首的蒙古贵族即向南发动大规模战争。1211和1215年两次大举向金进攻，直到黄河北岸，占领中都（今北京城西南隅）。从1218到1223年，在成吉思汗亲自率领下，蒙古贵族发动了第一次西征。蒙古军攻灭了西辽和花剌子模国，在喀尔喀河打败了俄罗斯联军，把蒙古国的领土扩充到今中亚细亚和欧洲东部地区，把被征服的地区分封给长子术赤、次子察合台、三子窝阔台，建立了一个以和林（今蒙古乌兰巴托西南）为中心的横跨亚、欧两洲的蒙古大汗国。1226年他又率兵南下攻西夏，遭到西夏的顽强抵抗。次年，在六盘山病死，之后被密葬。元朝建立后，被忽必烈追尊为元太祖。

637. 达鲁花赤是一个什么职官？

一作"达噜噶齐"，蒙古语，意为"掌印者"，元朝时一种职官，为所在地方、军队和官衙的最大监治长官。早在成吉思汗时期，蒙古帝国就设有这一官职，后延续到了元朝。蒙古贵族征服欧亚大片土地，但并没有足够的人手来统治这些地域，于是委付当地统治阶级人物治理，派出达鲁花赤作为监临官，地位在当地官员之上，掌握最后裁定的权力，以保障蒙古汗国的统治地位。达鲁花赤是代表成吉思汗的军政、民政和司法官员，以《大札撒》为根本，结合当地的同时惯例形式统治权。蒙古与南宋对峙期间，由于人手不够，曾有一些汉人也担任达鲁花赤的职位。元朝建立后，各级地方政府均设有达鲁花赤一职，掌握地方行政和军事实权，是地方各级的最高长官。此外，元朝中央政府里面，也有某些部门设置达鲁花赤官职；南方少数民族地区的长官司，也设达鲁花赤。至元二年（1265年），元代朝廷正式规定，各路达鲁花赤只能由蒙古人担任，总管由汉人担任。如此，原本已经担任达鲁花赤一职的汉人也都纷纷被解职。在资格符合的蒙古人不足的情况下，又选择色目人担任。这种做法被认为具有强烈的民族不平等色彩。

638. 钓鱼城之战是一次什么战役？

钓鱼城之战亦称合州之战。蒙古蒙哥汗攻宋时期，宋将王坚、张珏领导的钓鱼城保卫战。宝祐五年（1257年），蒙古大军分三路，再次发动了对南宋的全面进攻。蒙哥汗亲率主力攻打四川；宗王塔察儿率东路军出兵襄、汉；已从四川西部绕道大理的兀良合台，领兵自广西北上。计划三军会师鄂州（今湖北武汉市武昌区）后，直捣临安府。由于四川军民的顽强抗击，次年十二月，蒙哥汗的主力才抵达合州（今重庆市合川区东）钓鱼城下。东路蒙军也作战不利，换忽必烈为东路军统帅。钓鱼城建在钓鱼山上，是宋理宗时四川制置副使彭大雅和安抚使余阶等人经过十余年时间陆续修筑而成的一座山城。钓鱼城地势险要，易守难攻，山顶平旷开阔，有良田、水池，利于长期居住。当时合州知州王坚与部将张珏，不顾敌人的威胁利诱，领导钓鱼城军民英勇抵抗，粉碎了蒙古军的多次进攻，时间长达半年之久。开庆元年（1259年）七月，蒙古军中疫病流行，蒙哥因长期不能取胜，亦气郁生病，被迫撤兵，不久即病死（一说蒙哥亲临钓鱼城下指挥，被城内射来的飞炮击中而死）。侵蜀蒙军只得撤兵北返。忽必烈所率领的东路蒙军包围鄂州，也遭到守军的坚决抵抗。这时，在前线主持战事的右相兼枢密使贾似道慑于蒙古军的威力，乞和于忽必烈。忽必烈急于北返争夺汗位，所以接受了议和请求，在没有签订具体和约的情况下，就匆匆撤兵北归。兀良合台的南路蒙军也自湖北渡江北返。蒙哥汗的败亡，导致蒙古这场灭宋战争的全面瓦解，使宋祚得以延续20年之久。

639. 端平入洛是一次什么军事行动？

端平入洛是南宋在联合蒙古灭金朝之后，出兵收复位于河南三京（东京开封府、西京河南府和南京应天府）之地的军事行动。宋理宗端平元年（1234年）正月，宋蒙联军攻破蔡州（今河南汝南），金哀宗自杀，金国灭亡。按照事先约定，宋军和蒙古军在灭金后各自撤退。宋将孟珙将金哀宗的遗骨运回临安，南宋君臣举行了盛大的仪式来庆祝宋金世仇的终结。蒙古大汗窝阔台考虑到粮草不足、天气转热，将大军北撤黄河以北，河南就成了无人占领的地区。由于宋理宗急于夺回河南三京之地，在一片反对声中，派军队北伐。宋军很快攻占开封、应天，又继续冒险向洛阳进兵。可是当宋军刚刚进入洛阳城，就受到埋伏在四周的蒙古军队的袭击，由于粮草不济以及没有骑兵等原因，尽管宋军作战顽强，取得一些小的胜利，但最终还是伤亡惨重，只得仓促退回原来的防线，宋军在撤军途中极无纪律，致使后军溃散，全部辎重遗弃在了中原，极大地削弱了南宋的国防力量。由于这次军事行动是宋朝破坏盟约在先，激化了与蒙古的矛盾，因而成为持续半个世纪的宋蒙战争的导火索。"端平入洛"这次行动也标志着宋蒙战争的全面爆发。次年,蒙古大汗窝阔台发动了全面侵宋战争。

640. 宋朝"二府"是指哪两个机构?

宋朝枢密院(枢府)和宰相的政事堂(政府)号称"二府"。宋设"中书门下"掌握实权,但仅有民政权,设于内堂,称政事堂,是中央的行政机关,长官为宰相。为了限制宰相的权力,又另设副宰相"参知政事"与宰相共同议政,使宰相不能专权。宋初把军事行政权从宰相的手中分出来,设立枢密院,掌握全国军事。枢密院和宰相的政事堂并立"对掌大权",号称"二府"。枢密使和宰相的职权平等,凡军机要务,宰相无权过问。二者一文一武,互不通气,分别向皇帝奏事。皇帝利用两者之间的异同,直接控制军权和政权。经过这番改革,本来"事无不统"的宰相,只剩下了有限的权力。这样,皇帝便可以总揽大权,操纵自如了。

641. 方腊、宋江起义发生在什么时候?

北宋末年,先后发生的两次下层民众造反事件。方腊,睦州青溪县(今浙江淳安西北)人,雇工出身。青溪及其附近地区盛产竹木漆茶等经济作物,造作局和应奉局每年从这里勒索成千上万斤的漆和竹木花石等大量物资,百姓不堪其苦。宋徽宗宣和二年(1120年),方腊聚众起义,他自号"圣公",建年号"永乐",设置官吏将帅,四方闻风响应,"数日,有众十万"。分兵出击,攻占了杭州、歙州等六州五十二县,队伍扩大到近百万人,东南大震。这时,北宋政府正在与女真贵族签订联合灭辽的盟约,故在京城附近集中了15万精锐的禁军和西北边兵,准备北上夹击辽朝。当接到方腊起义军逼近杭州的消息之后,宋徽宗立即派童贯统率这支官军兼程南下,镇压起义。接着,宋徽宗又"下诏罪己",宣布撤销造作局、应奉局,停运花石纲,又下诏招抚方腊,妄图瓦解起义军。由于起义军对官军的迅速南下缺乏准备,没有集中力量北上抵抗,遭受重大损失。宣和三年(1121年),方腊被俘遇害。各地起义军先后遭到官军的残酷镇压,方腊起义失败。当方腊起义之际,宋江等三十六人聚众梁山泊(今山东省梁山县),打出"劫富济贫"旗号造反,四处攻略,活动范围在河北、京东、淮南一带,先后攻略十余州军。宣和三年(1121年)二月,宋江等进攻海州(今江苏连云港)时,被海州知州张叔夜袭败,宋江等投降。宋江起义的规模虽然不大,但因为战斗力较强,又发生在离京城开封不远的黄淮平原,所以影响很大。

642. 方田均税法是什么时期的政策？

方田均税法是北宋王安石变法的措施之一。北宋中期改革土地征税制度的一项重要措施。北宋初期，由于土地买卖兼并已久，地籍紊乱，富者田产日增而田赋并未随之增加，贫者田产日少而田赋并不随之减少。为了解决赋税负担不均的问题，并保证国家的财政收入，对土地进行丈量清查，整理地籍，以实现均平税收负担。熙宁五年（1072年）八月由司农寺制定《方田均税条约》，分"方田"与"均税"两个部分。"方田"是每年九月由县官举办土地丈量，将田地的亩数、主人姓名、土地好坏一一登记上册，按土壤肥瘠定为五等，均定税率高低。"均税"是以"方田"丈量的结果为依据，制定税数。这项法令即可解决瞒田逃税、增加税源，又在一定程度上减轻了农民负担。但因丈量土地工作繁难，耗时较多，而且对大量隐瞒田地的豪强地主不利，遭到他们的反对，因此进展很慢，仅仅在华北平原和关中盆地的五路进行过，以后便停顿下来。

643. 府州军监是什么时候的行政区划？

府州军监是宋代地方行政区划。宋太祖赵匡胤建国之后，为加强中央集权，逐步取消节镇兼领支郡，使各州直属京师，向皇帝奏事。宋太宗太平兴国二年（977年），尽罢天下节镇所领支郡，从此全国诸州直辖于中央。州的长官称知州事，简称知州。与州级相等的还有府、军、监。府有京府、次府之分。京府为首都或陪都所在地。宋初建首都开封府为东京，以陪都河南府（今河南洛阳东）为西京，大中祥符七年（1014年），升应天府（今河南商丘）为南京，庆历二年（1042年），升大名府（今河北大名）为北京，遂有四京府，其余则为次府。府的长官，除京师设置府尹外，其余皆称作"权知府事"，简称知府。各州皆称"知州事"，简称"知州"。监为管理矿冶、铸钱、牧马、产盐区等而设，兼理民事。有直属于路，与府州军同级者，其地位与下州相埒。又有隶于府州，与县同级者。军监则各置"知军事"和"知监事"，简称"知军"和"知监"。

644. 高梁河之战是一次什么战役？

高梁河之战是宋朝初年为夺取幽州，在高梁河（今北京西直门外）被辽军击败的一次战役。太平兴国四年（979年），宋太宗赵光义为夺回五代时后晋石敬瑭割给契丹的燕云十六州（今北京至山西大同等地区），在平北汉后，未经休整和准备，即转兵攻辽，企图乘其不备，一举夺取幽州。北宋军队起初一路势如破竹，辽各州县长官纷纷投降。但宋军因连续作战疲乏,最后攻打幽州城时,十五日不能下。辽景宗耶律贤得知幽州被困,急令名将耶律休哥增援。耶律休哥与耶律斜轸各自统帅精锐骑兵,乘夜夹攻宋军,实行两翼包围钳击之势。战斗激烈非常,耶律休哥身先士卒,身中三处创伤仍然力战。城中闻援军已至,也出城迎战。宋军三面受敌,顿时大乱,全线溃退。赵光义与诸将走散,慌乱中近臣找了一辆驴车请赵光义乘坐,急速南逃。辽军追至涿州(今河北涿州)乃止,获得军器物资不可胜计。此战,辽军发挥骑兵优势,远道增援,变被动为主动,给宋军以沉重打击;宋军轻敌冒进,首战失利,对以后与辽作战造成了不利的影响。高梁河之战是辽与宋第一次在战场上的直接对话,结束了宋朝统一的步伐。宋朝在军事上总体开始处于劣势。

645. 更戍法是什么制度?

更戍法是北宋兵役制度。为了防止军队为将领独有,北宋初年,宋太祖采纳宰相赵普的建议,以禁军分驻京师与外郡,内外轮换,定期回驻京师,故称更戍法。更戍军冠以驻泊、屯驻、就粮等名目。通常出戍京东、京西、河北、河东、陕西、江南、淮南、两浙、荆湖、川峡、广东等地戍军,以三年为期轮换。出戍边远条件恶劣地区的军兵,以半年为期轮换。将领不随之调动,出现"兵无常帅,帅无常师"的局面。遇有战事,朝廷临时任命戍军统兵将官,造成兵不知将,将不识兵,易于控制。此法虽对防止将领专权有利,却削弱了军队战斗力。宋神宗时,罢废更戍法。

646. "郭太史"是谁?

郭守敬(1231—1316),字若思,顺德邢台(今河北邢台)人。元朝著名天文学家、数学家、水利工程专家。官至太史令、昭文馆大学士、知太史院事,世称"郭太史"。郭守敬在天文、历法、水利和数学等方面都取得了卓越的成就。他自至元十三年(1276年)起,奉命修订新历法,历时四年。他主张通过实测来编制新历,请求政府设置监候官(专职测验人员)分往全国27个测验所,进行实测。经过使用新发明和改进了的天文仪器认真实测之后,又继以精密计算和综合研究,在宋代《统天历》的基础上,完成了历法的改进,制定出新历,被元世祖赐名为《授时历》。《授时历》推算一回归年长度为365.2425日,测定黄赤交角约折合今度为23°33′34″,都达到了很高的精确度。《授时历》通行三百六十多年,是当时世界上最先进的一种历法。为修订历法,郭守敬还改制、发明了简仪、高表等十二种新仪器。他还与王恂共创招差术,为中国独特而先进的球面三角学。至元二十三年(1286年),任太史令。至元二十八年(1291年),任都水监,主持修成通惠河(元大都至通州的运河),

耗时一年，发展了南北交通和漕运事业。延祐三年（1316年）逝世。著有《推步》《立成》等十四种天文历法著作。

647.《海上之盟》是一个什么盟约？

《海上之盟》是宋、金商定联合攻打辽国的盟约。因双方使节都由海上往返谈判，故名。辽天祚帝统治时期，社会矛盾空前尖锐，国内受压迫的民族如渤海人、女真人纷纷反抗。宋徽宗政和五年（1115年），女真首领完颜阿骨打建立金，其后屡败辽兵，先后攻下辽的军事重镇黄龙府（今吉林农安）和东京辽阳府（今辽宁辽阳）。宋徽宗等认为辽有必亡之势，决定联金攻辽，乘机收复燕云十六州。宣和元年（1119年），徽宗派马政自山东登州渡海与金谈判攻辽。此后双方来往频繁。宣和二年，北宋派马植赴金约盟，双方商定：宋金各按商定的进军路线攻打辽朝，金军攻取辽的中京大定府（今内蒙古宁城县西）和辽长城以北的州县，宋军攻取辽的南京析津府（今北京）和西京大同府。宋答应灭辽后，将原来输给辽的岁币转输给金。金则答应将燕云还于宋。双方均不得单独与辽讲和。当年五月，北宋使臣还留在金朝商议夹攻辽朝的具体办法时，金兵又攻下了辽的上京临潢府。宣和四年（1122年）金兵乘胜占领了辽的中京大定府及西京大同府。辽天祚帝率军西逃。而宋在攻辽的南京时两次失败，遂要求金军攻辽南京，金军取胜。至此，辽的五京均被金占领。双方几经交涉，宋允30万匹绢，20万两银给金，并纳燕京租税100万贯，金才答应交还燕京及其附近的六州之地。金军将城内财物和人口掳掠一空而去，宋接受的只是一座残破不堪的空城，后改燕京为燕山府。

648. 行省是什么？

行省是行中书省的简称，元代开始设立的直属中央政府管辖的一级行政区。大蒙古国时期，统治者沿用金朝制度，地方有大的军事行动，朝廷派大员在其地设立行省管理军民事务，但属于临时性机构。元朝建立后，设立中书省总理全国政务，因幅员辽阔，各地分设行中书省，作为中书省的分司派出机构进行管理。原以中书省长官出领各行省，称行某处中书省事。以后行省成为管辖一定地区的常设地方机构，具有很大的权限，总领这一地区的钱粮、兵事、屯种、漕运等军政重要事物。元朝先后设立岭北、辽阳、河南、陕西、四川、甘肃、云南、江浙、江西、湖广等行省。随后，行省即成为一级行政区划的名称。行中书省以下的行政区划为路、府、州、县，其长官均称达鲁花赤。行省制度为明清所继承。现今省制也大致渊源于此，是我国制改区划和政治制度史上的一次重大改革。

649. 黄道婆是谁？

黄道婆(约1245—?)，又名黄婆或黄母，松江府乌泥泾镇(今上海市徐汇区东湾村)人。宋末元初著名的棉纺织家、技术改革家。由于传授先进的纺织技术以及推广先进的纺织工具，而受到百姓的敬仰。在清代的时候，被尊为布业的始祖。黄道婆出身贫苦，少年时为童养媳，受到家庭的压迫逃出，后随船流落崖州(治今海南三亚西北崖城)，以道观为家，劳动、生活在黎族姐妹中。当地的黎族人同情她，将他们的纺织技术毫无保留地传授给她。黄道婆聪明勤奋，虚心向黎族同胞学习纺织技术，并且融合黎汉两族人民的纺织技术的长处，逐渐成为一个出色的纺织能手，在当地大受欢迎。黄道婆在黎族地区生活了将近三十年，但她始终怀念自己的故乡。元朝元贞年间，约1295年，她从崖州返回故乡乌泥泾。此时，植棉业已经在长江流域大大普及，但纺织技术仍然很落后。黄道婆将从崖州黎族妇女那里学来的先进棉纺技术与内地原有的纺织技艺结合起来，并有所发明创新，如创制轧棉籽的搅车、三锭脚踏纺车、弹棉推弓；在染织方面，还能错纱、配色、综线、絜花，织出各种美丽图案，适应和推动了当时棉纺织业的发展。一时"乌泥泾"被不胫而走，广传于大江南北。当时的太仓、上海等县都加以仿效。黄道婆去世以后，松江府曾成为全国最大的棉纺织中心，松江布有"衣被天下"的美称。

650. 黄天荡之战是一次怎样的战役？

南宋建炎四年(1130年)，抗金名将韩世忠在长江黄天荡(今南京东北)东西水域，截击金军归师的著名水战。宋建炎三年(1129年)十月，金太宗完颜晟以完颜宗弼为统帅，率军号称十万南下攻宋。金军第三次南下深入长江地区，攻破建康(今江苏南京)，直逼临安(今浙江杭州)。宋高宗赵构南逃至明州(今浙江宁波)。第二年正月，金军攻明州，赵构乘船入海逃向温州，金军尾追不舍。宋浙西制置韩世忠乘金军不备，率军八千人、战船百余艘急趋镇江。二月，完颜宗弼恐归路被截，率军自临安沿运河北上，企图由镇江渡江北归。韩世忠军已先机控制有利地形，严密封锁沿江渡口，并用破船堵塞运河入江口，切断金军退路。宋金双方舟师在金山脚下展开激战，韩世忠妻梁氏亲自擂鼓助战，宋军士气倍增，击败金军。在宋军追击下，金军仓促驶入建康东北死水港黄天荡。韩世忠命船队封锁荡内唯一入江水道。四月十二日夜，宗弼采纳当地乡民建策，命金军利用老鹳河故道，开渠三十余里，连通江口，于次日冲出黄天荡。韩世忠发觉后率军沿江西上追击堵截。二十五日，宗弼以轻舟载善射兵士靠近宋军船队，用火箭射燃宋军船篷，宋统制官孙世询、严永吉等战死，金军乘势追杀。宋军退至瓜步(今六合东南)，尔后还屯镇江。完颜宗弼亦收兵退回建康。五月，在岳飞军的攻击下，完颜宗弼渡江北撤。

651. 会子是什么时候的纸币？

南宋政府发行的一种纸币。也是宋朝发行量最大的纸币。由于商业和对外贸易的发展，南宋货币铸造供不应求，"钱荒"严重。纸币日益代替铜钱，成为主要交换手段。除北宋时期流行的交子（南宋时称川引）仍在四川地区使用外，还发行了会子。会子起源于临安，宋高宗时由临安富商首先印造，称"便钱会子"（即汇票、支票）。绍兴三十一年（1161年），南宋政府设"行在会子务"，正式发行会子，通行于东南各路，前后共发行了十八界，称为"东南会子"。孝宗时印行了一种新的会子，通行于两淮，称为"淮交""两淮会子"。"湖会"也是孝宗时印行的，即"湖北会子""湖广会子"的简称。先在湖北通行，后扩大到京西和广南，为湖广总领所印发，故名。南宋会子发行初期，由于政府措施得当，发行谨慎，尚能维持其币值。后来，发行数量逐渐增大，又不贮备本金，造成币值下跌，通货膨胀。特别到了理宗朝以后，财政危机日益严重，会子一贬再贬，南宋经济终于全面崩溃。

652. 嘉定和议是什么时候订立的合约？

南宋嘉定元年南宋与金朝订立的合约。开禧二年（1206年）五月，掌权的宰相韩侂胄主持北伐。宋军分道进兵，初时收复了一些地方，不久，金援兵大量南下，宋军大败。金人要求惩办战争祸首，主和派礼部侍郎史弥远勾结杨皇后等人，杀死韩侂胄，函其首送给金人。嘉定元年（1208年），由史弥远主持与金议和，订立和约，史称"嘉定和议"。其主要内容是：依靖康故事，世为伯侄（金为伯，宋为侄）之国；宋输金岁币由银二十万两、绢二十万匹改为银三十万两、绢三十万匹，另给金军犒军银（赔款）三百万两；疆界与绍兴时相同，金放弃新占领的大散关、濠州等地。嘉定和议后，双方大致维持了六七年的和平。南宋进入史弥远擅权的时代，时间长达二十五年之久。而此时，蒙古势力已在北方兴起，并不断南下攻战，而金和南宋则渐次衰落下去。

653. 交子是什么时候的纸币？

北宋时流行于四川地区的纸币。交子是我国使用纸币的开始，也是世界上最早的纸币。北宋初年，即公元十世纪末叶，发行于成都，随即发展成为两宋川蜀地区通用的法定货币。交子是铁钱不便于流通与交换的产物。为了解决金属货币不足和流通不便的问题，宋真宗初年益州十六户富商联合印造了一种铁钱代用券，叫作"交子"，代替铁钱在市场上流通。交子上印有房屋、树木、人物等图样，签了押字，做了暗记。收到某人交来多少钱，就在交子上登记数目，可作现钱使用。使用交子的人向交子铺兑换现钱，每千钱扣除3%作佣金。宋仁宗天圣元年（1023年），宋廷收夺私人发行纸币之权，在益州设立交子务，由政府负责印制和发行官交子。官交子以四川铁钱为钞本，流通范围仍在四川。宋神宗时，交子流通扩大到陕西、河东等地。宋徽宗时，实行币制改革，交子改称钱引，流通范围更广。但钱引不备本钱，又大量印发，因而不断贬值，成为社会的一大祸害。钱引用黑、青、红三色套印，是我国多色印刷术的鼻祖，在世界史上也享有很高的声誉。交子既是商品经济发展的必然结果，反过来又促进了商品经济的发展。

654. 宋朝的禁军、厢军是什么意思？

北宋军队分为禁军和厢军两种。禁军是北宋的正规军，主要用途是"天子之卫兵，以守京师，备征戍"。禁军从各地招募，或从厢军、乡兵中选拔，由中央政府直接掌握。宋太祖赵匡胤曾任五代后周禁军统领殿前都点检，经陈桥兵变，黄袍加身，因此为巩固皇权，削弱禁军将领的权力，禁军不再设置最高统帅，罢去殿前都点检，副都点检及侍卫马步军正副都指挥使的职位，而且把禁军两司（殿前司和侍卫马步军司）分为三衙（又称"三司"），即殿前司、侍卫马军司以及侍卫步军司，鼎足而立。三衙将领只用一些资历较浅、容易驾驭的人来担任，且时常加以调动。禁军除防守京师外，并分番调戍各地，使将不得专其兵。发兵须枢密院颁发兵符。北宋统治者按照"守内虚外"的政策进行军事部署，将重兵驻扎在内地，在边境上只屯驻少量禁军，对辽、西夏采取守势。这种军事部署，直到与辽和西夏的战事吃紧以后，才有所变化。禁军士兵实行募兵制，一旦入伍，终身服役，直至老疾退役。北宋的禁军数目非常大，所养兵员为历朝之冠。北宋开国之初，禁军有二十万左右，以后则愈增愈多，至北宋中叶，禁兵增至八十余万人。厢军是北宋的地方性部队，取"驻扎城厢"之意。厢军俸禄只有禁军的一半，故战斗力不高，基本没有对外作战能力。厢军全部驻守在各地方，负责维护地方治安的同时，主要是做各种杂役，少有尊严。另外，宋代对罪犯实施的"充军"刑罚，便是充厢军。

655. 靖康之变是什么历史事件？

亦称"靖康之难"，指的是宋钦宗靖康年间金灭北宋的事件。金灭辽以后，接二连三次以告庆使等名义派人到北宋首都开封，实际上是要探测自河朔至开封的道路及设防虚实，以作南侵准备。可是以宋徽宗为首的北宋统治集团，还认为金方的要求已经得到满足，撤除了边境的防御，仍陶醉在所谓"复燕云"的"胜利"之中。宣和七年（1125年）十月，金太宗兵分东西两路侵宋，计划会合于开封。是年十二月，西路军进围太原。次年（靖康元年）正月，东路军渡过黄河，直逼北宋东京开封。宋徽宗急忙传位于太子赵桓（宋钦宗），连夜南逃。宋钦宗派使者赴金营求和不成。金军攻城，宋守军在主战派李纲的指挥下多次击退金军。各路勤王军也陆续抵达开封，河北、山东一带的抗金义军也纷纷阻击金军。东路金军害怕后路被截断，在掠夺了大量物资后，撤军北归。宋徽宗随即返回开封。同年八月，金军再次南侵，闰十一月初，东京城破，宋钦宗亲赴金营，献上降表。从十二月起，金军大肆搜刮宋廷的府库及官、民户的金钱帛。1127年四月，金军俘徽、钦二帝及后妃、皇子、宗室贵戚北撤。宋朝皇室的宝玺、舆服、法物、礼器、浑天仪等也被掠去。金军退走前，立宋朝投降头目张邦昌做傀儡皇帝，国号楚，北宋灭亡。因为靖康元年为丙午年，亦称此事件为"丙午之耻"。

656. 开禧北伐发生在什么时候？

开禧北伐是指南宋宁宗朝时宰相韩侂胄主持的北伐金朝的战争。宋宁宗时，外戚韩侂胄掌握了朝政。他看到金朝受蒙古侵逼，内部又遭到各族人民起义的打击，已经逐渐衰落，便想趁机对金用兵，恢复中原，建立"盖世功名"，因此力主抗金，得到著名的抗战派辛弃疾、陆游、叶适等人的支持。宋宁宗对南宋的屈辱地位不满，也支持韩侂胄的抗金政策。开禧二年（1206年）年五月，身任平章军国事的韩侂胄未作充分准备，便贸然发动北伐，分道进兵。战争开始时，收复了一些地方，不久，在金兵的反攻下，各路宋军损失惨重，只有镇江副都统制毕再遇连战皆捷，但也无法转变败局。金军乘胜分路南下。西线的四川宣抚副使吴曦又叛降金朝，被金封为蜀王。此举给东线的战争带来更大压力。面临这种不利局势，韩侂胄只好向金朝求和，但因金人提出要斩韩侂胄等人而未果。开禧三年（1207年），吴曦之叛被平定，淮南形势也渐平稳，金大将仆散揆又病死军中，形势对宋有利。但宋廷内主和派开始阴谋活动，礼部侍郎史弥远与杨皇后、杨次山等勾结，矫诏杀死韩侂胄，函其首送金人以乞和。嘉定元年（1208年），宋金订立嘉定和议。

657. 北宋主张抗金的李纲是什么人？

李纲（1083—1140），字伯纪，号梁溪先生，祖籍福建邵武。两宋之际抗金名臣。宋徽宗政和二年（1112年），李纲登进士第，历官至太常少卿。宋钦宗时，授兵部侍郎、尚书右丞。靖康元年（1126年）金兵入侵汴京时，宋钦宗几次想弃开封南逃，他和宰相白时中、李邦彦、张邦昌等主张屈辱求和，答应赔款、割地，企图用这个办法来保全自己的统治地位。以李纲为首的抗战派官员坚决主张抵抗，宋钦宗被迫留下，委任李纲负责抵御金军，守卫开封。李纲一方面推荐年近七十的老将宗泽留守开封，抵御金兵入侵；另一方面筹划在河北置招抚司，在河东置经制司，以招募和统领河北、河东民兵抗金，收复失地。是年二月，金军撤退。朝廷中的投降派再次占据上风，李纲被排挤。宋高宗即位初，一度起用为相，但是李纲当了七十五天宰相，就被高宗亲信、积极主张向金人投降的右相黄潜善和知枢密院事汪伯彦挤走，他所苦心经营的抗金措施，一概被废除。绍兴二年（1132年），李纲复被起用为湖南宣抚使兼知潭州，旋即又遭免职。他多次上疏陈诉抗金大计，均未被采纳。绍兴十年（1140年）病逝。淳熙十六年（1189年），特赠陇西郡开国公，谥号"忠定"。

658. 西夏的开国皇帝是谁？

李元昊（1003—1048），党项族拓跋氏，原名拓跋元昊，后改称嵬名曩霄，小字嵬理，党项族的杰出首领，西夏开国皇帝，西夏著名的政治家和军事家。祖籍银州（今陕西榆林米脂县）。远祖拓跋思恭，在唐朝时因功被赐李姓。李元昊武艺高强，勇敢善战，精通汉文，熟习宋朝文化。他对蕃、汉各族情况都很熟悉，注意吸取汉族地主阶级的统治经验，并多方争取宋朝境内的失意士人为其所用。元昊模仿宋朝制度，逐步建立了中央集权的专制王朝。李元昊又和大臣野利仁荣等一起，模仿汉字创造西夏文字（"蕃书"），宣布为"国书"，下令境内都用这种文字记事，并大量翻译汉文典籍。又设"蕃学"以培养人才。1038年，李元昊称帝，建国号大夏（史称西夏），定都兴庆（今宁夏银川）。李元昊建国后，西夏与宋朝的外交关系正式破裂。在此后的三川口之战、好水川之战、麟府丰之战、定川寨之战等四大战役中，西夏歼灭宋军西北精锐数万人。并在河曲之战中击败御驾亲征的辽兴宗，奠定了宋、辽、夏三分天下的格局。1048年，李元昊为子宁令哥所弑，谥号武烈皇帝，庙号景宗。

659. 隆兴和议是一个什么和约？

南宋隆兴年间南宋与金朝签订的合约，是继绍兴和议之后的第二个屈辱和约。绍兴三十二年（1162年）夏末，宋高宗传位于赵昚（宋孝宗）。宋孝宗即位后欲进攻金朝，收复中原，起用抗战派老将张浚为枢密使，让他主持北伐。但张浚志大才疏，刚愎自用，隆兴元年（1163年）在符离（安徽宿县北符离集）被金军打败，金兵再次南下，宋军损失惨重。朝臣汤思退等群起攻击张浚北伐误国，力主和议。孝宗摇摆不定,下"罪己诏",罢黜张浚,任用汤思退等妥协派执政,并下令撤防,遣使与金议和。隆兴二年(1164年)冬,宋金双方签订了和约,史称"隆兴和议"。其主要条款为:南宋不再向金称臣,世为叔侄之国;"岁贡"改称"岁币",每年银、绢各减五万,仍支银二十万两、绢二十万匹;疆界与绍兴时相同,宋放弃新收复的海、泗、唐、邓四州,并割让商、秦二州。当时宋金双方军事实力尚处于均衡状态,任何一方想侥幸取得胜利都是困难的。此后,孝宗又做了近十年的北伐准备,但没有取得成功,于是意气消沉,转向佚乐。隆兴和议之后,宋金两国维持了四十多年的和平。

660. 马可·波罗是哪个国家的人?

马可·波罗(约1254—1324),意大利威尼斯人。著名旅行家。其父、叔经商至中国,奉元世祖命出使罗马教廷。元世祖至元八年(1271年),他随父、叔来元廷复命,由古丝绸之路东行,1275年抵上都。由于他聪明谨慎,擅长辞令,颇得忽必烈的赏识,从此侨居中国十七年,奉旨出使各地,到过陕西、四川、云南、河南、江浙等行省数十城,又自称曾治理扬州三年。后获准回国,从泉州由海道西行,1295年回到威尼斯。1298年,在参加威尼斯对热那亚的海战中被俘,居热那亚狱中,讲述其游历东方诸国见闻,同狱鲁斯蒂谦笔录成《马可·波罗行纪》。所述元朝重大政治事件、典章制度及各地情况基本属实。1299年获释回家,成为巨富。此书轰动一时,流传甚广,被译成多种文字,在中世纪欧洲人面前展示了一个崭新而神奇的东方世界,影响了以后几个世纪的欧洲的航海家、探险家。

661. 猛安谋克是什么组织?

金朝在女真族聚居区建立的地方行政组织。始于古代出猎时的生产组织。随着完颜阿骨打称帝以后,扩充和整顿了金朝的军队,诸军由猛安、谋克逐级统领,猛安谋克演变为军政合一的地方行政组织。猛安谋克制度规定,以三百户为一谋克,十谋克为一猛安,猛安谋克就相当于领地、领户之长。猛安谋克是一种兵民合一的组织,凡猛安谋克户,平时从事"畋渔射猎"等生产活动,战时则自带器甲,以猛安谋克为单位,编成军队,应征出战。这样不仅能节约财政开支,而且能保证有较强的战斗力。金熙宗统一全国行政区划时,仍保留猛安谋克作为女真地方的地区政权组织形式,使之成为军事、经济、行政三位一体的封建化基层组织。

662. 募役法是什么意思？

又称"免役法"，王安石变法颁布的关于废除差役实行募役的法令。熙宁四年（1071年）由司农寺拟定，在开封府界试行，同年十月颁布全国实施。募役法废除原来按户等轮流充当州县差役的办法，改由州县官府自行出钱雇人应役。雇员所需经费，由管辖区内的主户按照户等高下分担。原来有差役负担的人家所交纳的，叫作"免役钱"。原来享有免役特权的官户，寺观户及坊郭户、女户、单丁户、未成丁户，也都得按照户等出"助役钱"，其数目比免役钱减半。此外，还加收2/10的免役钱，称为"免役宽剩钱"，以备灾荒年份使用。这样可以使很多农民免除苛刻的差役，使得农民从劳役中解脱出来，保证了劳动时间，促进了生产发展，也增加了政府财政收入。此项制度为王安石变法中财政改革的一项重要制度。由于此法令使得原本拥有免役特权的大官僚大地主阶级也不得不交钱，直接触动了他们的利益，为日后王安石变法的失败埋下了伏笔。

663. 辽朝南、北面官制是什么行政体制？

辽朝统治者针对统治区域内不同社会发展阶段的民族，采取"因俗而治"统治方法建立的两套行政体制。契丹境内人民，大致可分为以农业为主的汉人、渤海人和以畜牧为主的契丹人、奚人等。为了适应这些不同的民族和不同的生产方式，耶律德光取得幽云十六州后，在中央设置双轨统治机构。中央行政机构分别隶属于南北二枢密院，称为"南面官"和"北面官"。南枢密院的官署设在皇帝牙帐之南，北枢密院的官署设在皇帝牙帐之北。南面官采用"汉制"（唐朝的制度），有三省六部之设，宰相有大辽相、同平章事、参知政事等，统治汉人及渤海人，杂用汉族士大夫和契丹贵族；北面官采用"国制"（契丹旧制）统治契丹人和其他少数民族，机构比较简单，有南北宰相府、南北大王府等机构，是根据契丹部落的传统建立起来的，一律任用契丹贵族。北面官系统是辽政权重心所在。由于决策权掌握在北面官机构，所以南面官中书省、门下省都有名无实。

664. 澎湖巡检司是什么机构？

元代开始设立的管理澎湖、台湾地区的行政机构。元世祖至元十八年（1281年）设置，隶属于元朝福建行省泉州府，主官为澎湖巡检。但台湾本岛并未在内。这是中国政府在台湾地区正式建立的行政机构。澎湖与泉州的行政关系早已非常明确，据南宋赵汝适《诸蕃志》记载："泉（州）有海岛，曰澎湖，隶晋江县。"元朝汪大渊

《岛夷志略》也说澎湖"隶泉州晋江县，至元间立巡检司"。元朝通过巡检司管辖澎湖与台湾，每年征收盐税中统钞十锭二十五两。明代澎湖巡检司的辖区，扩大到台湾本土，加强了对澎湖和台湾的管理。由于台澎地处海隅，时常有倭寇出没，明政府遂采取坚壁清野政策，1384年因为实施封海政策，予以废除。1563年，考虑到沿海治安等因素，明朝复设澎湖巡检司。1622年，荷兰占领澎湖，两年后，明朝通过澎湖之战收复澎湖。

665. "怯薛"是一个什么称谓？

蒙古、元朝禁卫军的称谓。蒙古语为番直宿卫之意。担任怯薛的人员称"怯薛歹"，复数被称作"怯薛丹"。早期，蒙古各部落首领都有宿卫亲兵。蒙古建国后，成吉思汗组建上万人的怯薛，由他直接指挥，人员来自亲随和千户、百户、十户那颜（贵族）子弟。以后，蒙、元皇帝的怯薛大致保持在万人左右。因怯薛分四番入值，每番三昼夜，故又称"四怯薛"。怯薛长由博尔忽、博尔术、木华黎、赤老温四个家族世袭。怯薛执事有火儿赤（佩弓矢者）、云都赤（带刀者）、昔宝赤（鹰人）、宝儿赤（厨师）等多种名目。元朝建立后，仍保留怯薛制，重要官员多由怯薛出身的人充任。五卫亲军建立后，替代怯薛守卫皇城。怯薛是蒙古军的精锐，也是加强对地方控制的主要武装力量。

666. 青苗法是什么？

亦称"常平法""常平新法"，王安石变法的措施之一。熙宁二年（1069年）九月由制置三司条例司颁布施行。主要是改变旧有常平仓制度的"遇贵量减市价粜，遇贱量增市价籴"的呆板做法。各地方政府灵活地将常平仓、广惠仓的储粮折算为本钱，于每年正月和五月两次贷钱谷给农村主户，按户等高低规定借贷数目。借贷期限为半年，出息二分。当时民间的利息很高，一年以五分为常。此法旨在缓和民间高利贷盘剥的现象，为青黄不接的农民暂解燃眉之急，同时增加政府的财政收入，达到"民不加赋而国用足"，改善了北宋"积贫"的现象。但事实上青苗法在实施过程中出现了一系列问题，后于元丰八年（1085年）神宗去世后废止。

667. 庆历新政是一次什么样的改革？

北宋仁宗庆历年间的政治改革。宋初以来，大地主兼并土地日益剧烈，景佑以后，宋夏战争爆发，加以契丹渝盟，军费与岁币增加，农民负担加重。庆历时，各地陆续发生农民起义。统治阶级部分人士为克服危机，相继提出改革意见。庆历三年（1043年）八月，范仲淹任参知政事，富弼为枢密副使。九月，他们向仁宗上了一封《答手诏条陈十事》的奏疏提出十项改革方案：一是"明黜陟"，即官吏根据政绩，好的提前晋级，差的可延期或停职；二是"抑侥幸"，就是改变恩荫之滥，以减少官员数量；三是"精贡举"，改革科举考试制度，选拔具有真才实学的官员；四是"择官长"，朝廷派人到地方巡视，根据政绩选择监司和州、县长官，罢免老病和不称职者；五是"均公田"，改变各地由于职田有多有少，而造成地方官贫富不均的现象；六是"厚农桑"，即兴修水利，发展农业生产；七是"修武备"；八是"减徭役"；九是"覃恩信"，即要兑现皇帝给百姓的各种恩泽；十是"重命令"，即要取信于民。改革内容，以整顿吏治为中心，以裁减冗官、选拔"贤能"为整顿吏治的手段，目的是缓和社会矛盾。同年，颁布了几道诏令，推行范仲淹等人的主张，史称"庆历新政"。但是，由于改革措施触犯了官僚和权贵的既得利益，遭到了他们的猛烈反对，"新政"推行仅一年左右，范仲淹、富弼等人就被迫离开朝廷，已颁布的改革法令也相继被取消。

668. 驱口是什么意思？

又称驱奴、驱。驱口一词始见于金代，初时仅称战俘奴隶为驱口，后来良人被掠卖、罪人被籍没的也叫驱口，以后则成为奴隶通称。驱口属贱民，为主人私产，主人可奴役、买卖和馈赠。驱口婚配须经主人允许。驱口另有户籍，称为驱户，与一般编民有别。驱口只有通过赎身才能摆脱贱民的身份，成为良人。赎身的费用通常要相当于或大于该驱口终身劳动所创造的价值。对于绝大多数驱口来说，赎身是根本不可能的。金世宗大定末年，开始禁止买卖驱口。元时也有驱口的称谓。蒙古灭金过程中，掠民为奴的现象非常严重。元代宫廷和官府都占有大批驱口，称为官户、监户等。贵族、官僚占有驱口的数字是很惊人的。驱口主要被用于家内服役，用于农牧业、手工业生产的情况也屡见不鲜。由于王公贵族拥有驱口过多，影响政府的收入，因此统治者时有下令释放驱口的行为。但终元一代，驱口一直存在。由于驱口所受压迫较之一般劳动者更加惨重，因而引起各种形式的反抗。金末山东红袄军起义，就有驱口参加，元末农民战争中，许多驱口也纷纷参加起义。

669. 绍兴和议是什么？

南宋与金在1141年签订的和议。绍兴十年（1140年），宋军在反击金军的入侵中取得顺昌、郾城、颍昌等大捷后，宋高宗赵构与宰相秦桧唯恐有碍对金议和，下令各路宋军从河南、淮北等地撤回，以取悦金人。金完颜宗弼则率重兵深入淮南，造成大兵压境的形势，以利于宋廷投降派的活动。绍兴十一年（1141年），宋将刘锜、杨沂中、王德等部，在柘皋镇（今安徽巢县西北）大败金兵。宋廷以论功行赏为名，将韩世忠、张俊、岳飞三大将召赴临安府（今浙江杭州），分别任命为枢密使和枢密副使，实际上解除了兵权。秦桧不惜采用卑劣手段，制造岳飞冤狱。与此同时，宋高宗和秦桧加紧对金乞和。绍兴十一年（1141年）十一月，宋金双方最后达成和约：宋向金称臣，"世世子孙，谨守臣节"，金册封宋康王赵构为皇帝；划定疆界，东以淮河中流为界，西以大散关（今陕西宝鸡西南）为界，以南属宋，以北属金。宋割唐、邓二州及商、秦二州之大半予金；宋每年向金纳贡银、绢各二十五万两、匹，自绍兴十二年（1142年）开始，每年春季搬送至泗州交纳。绍兴十二年（1142年）三月，金遣使对宋高宗进行册封礼。宋高宗向金一再请求，金才送归其母韦后及宋徽宗赵佶灵柩。绍兴和议确定了宋金之间政治上的不平等关系，结束了长达十余年的战争状态，形成了南北对峙的局面。

670.《梦溪笔谈》的作者是谁？

沈括（1031—1095），字存中，号梦溪丈人，汉族，浙江杭州钱塘县人，北宋政治家、科学家。沈括出身于仕宦之家，幼年随父宦游各地。嘉祐八年（1063年），进士及第。神宗时参与熙宁变法，受王安石器重。元丰三年（1080年），沈括出知延州，驻守边境，抵御西夏。晚年移居润州（今江苏镇江），隐居梦溪园。绍圣二年（1095年），因病辞世。沈括一生致力于科学研究，在众多科学领域都有很深的造诣和卓越的成就，被誉为"中国整部科学史中最卓越的人物"，其名作《梦溪笔谈》，内容丰富，集前代科学成就之大成，在世界文化史上有着重要的地位。《梦溪笔谈》总结了我国古代特别是北宋时期自然科学所达到的辉煌成就，内容涉及天文、数学、物理、化学、生物、地质、地理、气象、医药和工程技术等十分广泛的领域。

671. 帅漕宪仓是一个什么机构？

宋代在地方设置的军政机构。宋太宗至道三年（997年），将全国州郡划分为十五路（以后路的数目有所增加），并陆续在各路设置安抚司掌军事与民政，简称帅司；转运司掌财赋与谷物转运，简称漕司；提点刑狱司掌司法、刑狱和监察，简称宪司；提举常平司掌常平仓与贷放钱谷等事务，简称仓司。帅、宪、仓长官仅一人，分别为安抚使、提点刑狱公事与提举常平司；漕则一路或有二三人，转运使、围运使与转运判官皆简称为漕。四司设置先后不一，废置不常，南宋方成定制。四司又皆有监察官吏之权,总称监司。

672. 四大汗国是指哪几个汗国?

成吉思汗"黄金家族"在蒙古帝国基础上建立的四个主要汗国。四大汗国一般指除去元朝(大汗汗国)外的四个相对独立的国家("兀鲁思"),分别是钦察汗国(金帐汗国)、察合台汗国、窝阔台汗国、伊儿汗国(伊利汗国)。由于窝阔台汗国因窝阔台(太宗)、贵由(定宗)父子相继为蒙古国大汗,其领地一直由中央管辖,实际上没有形成独立的汗国,所以也有称元朝、钦察汗国、察合台汗国和伊尔汗国为四大汗国的说法。1218到1223年,在成吉思汗亲自率领下,蒙古军发动了第一次西征,攻灭了西辽和花剌子模国,打败了俄罗斯联军,把领土扩充到今中亚细亚和欧洲东部地区。成吉思汗把被征服的地区分为三个"兀鲁思",分封给他的三个儿子。长子术赤封于钦察,据有花剌子模和康里国故地,建都萨莱(今伏尔加河下游),称钦察汗国(金帐汗国),术赤早死,该国归其子拔都;次子察合台封于西辽及畏兀儿故地,东起阿尔泰山,至阿姆河,包括新疆天山南北路等地,后来称为察合台汗国;三子窝阔台封于乃蛮故地,今鄂毕河上游以西至巴尔喀什湖以东皆属之,后来称为窝阔台汗国;蒙古军第三次西征之后,蒙古大汗蒙哥(成吉思汗幼子拖雷的长子)又将新占地区封给旭烈兀(托雷的第六子),建都帖必力思(今伊朗大不里士),称伊儿汗国(伊利汗国)。四大汗国的汗,本是中央分封出去的四个最高军政首领,与中央保持有藩属关系,直接向大汗负责。后来,为争夺大汗权位,彼此间矛盾激化,加上各汗国间缺乏有力的政治军事经济的联系,与中央距离遥远,因而蒙古帝国这个复杂的政治混合体日趋瓦解。

673. 四等人制是一种什么制度?

元朝实行的民族等级制度。元代,蒙古贵族以少数民族统治阶级成为全国的统治者,为保持自己的特权地位和维护对人口远远超过本族的汉族及其他少数民族的统治,进一步推行民族压迫和民族分化政策,根据民族和被征服的先后,分人为蒙古、色目、汉人、南人四等。蒙古人作为统治民族列为第一等级。色目意为各色名目,泛指西北各族、西域及欧洲来华的各族人。汉人指原金朝统治下的汉人、女真、契丹、渤海等族及南宋灭亡前归附的云南、四川的汉族人。南人指原南宋治下的人民,包括江浙、江西、湖广行省与河南江北行省南部各族。四等人的政治待遇有所区别,在任职、科举、刑律等方面,均有不同。元代统治者实行四等人制,旨在利用民族分化手段以维护其本身的特权统治。四等人制的实行,使元朝的社会矛盾更加复杂、尖锐,从而加速了元朝的灭亡。

674. 四时捺钵是一种什么制度?

辽代实行的一种制度。捺钵,契丹语,意为行营。辽虽建立了汉族模式的王朝,但其皇帝始终保持着先人的游牧生活的传统,居处无常,四处转徙。四时捺钵又分为"春水""秋山""坐冬""坐夏"。大部分贵族和官员皆随同皇帝而行。捺钵成为辽国政治中心,又称"行朝",禁卫森严。皇帝通过捺钵进行军事训练,并笼络归属民族酋长。冬季捺钵还要举行北、南臣僚会议,商讨国家大政,决定重要人事任命。可见捺钵体制在辽的政治生活中占有重要的地位,产生了重要的影响。实行的这种制度可以说是由他们本民族的生活方式所决定的,同时要看到这种制度的弊端——它使得辽没有固定的政治中心。这种制度的弊端到了后期显得更加明显。

675. 南宋的第一位皇帝是谁?

赵构(1107—1187),宋徽宗第九子,初封康王。汴京(今河南开封)被围时,出使金营求和,曾被扣作人质。靖康元年(1126年)再次使金时,被抗金名将宗泽挽留于磁州(今河北邯郸)。徽、钦二帝被俘后,于靖康二年(1127年)五月即位于南京(今河南商丘),改元建炎,史称南宋。同年十月南迁扬州,继为金兵所逼,渡江南逃。金兵北撤后,于绍兴二年(1132年)定都临安(今浙江杭州)。他为形势所迫,一度用岳飞、韩世忠等抗金,但其本质是求和苟安,重用投降派秦桧,削夺主战将领兵权,绍兴十一年(1141年)十一月,以割地、纳贡、称臣等屈辱条件,与金签订"绍兴和议",并杀害岳飞父子。绍兴三十二年(1162年)禅位于太子赵昚(宋孝宗),自称太上皇。

676. 宋徽宗是一位怎样的帝王?

宋徽宗赵佶(1082—1135),宋神宗第十一子、宋哲宗之弟,宋朝第八位皇帝。先后被封为遂宁王、端王。1100年哲宗病逝时无子,向太后于同月立他为帝。第二年改年号为"建中靖国"。向太后主持国政时,变法派章惇因反对立徽宗而被罢去相位,保守派再次得势。不久徽宗亲政,他在曾布等人的鼓动下,表示要继承神宗事业,继续实行新法。崇宁元年(1102年)七月,假变法派分子蔡京任右相,从此,宋徽宗与蔡京等人一伙,组成一个极端腐朽的统治集团,其黑暗统治长达二十余年之久。蔡京等打着绍述新法的旗号,无恶不作:贿赂公行,卖官鬻爵,排斥异己,将持不同政见者打成"奸党"。为了修建宫殿、园林,宋徽宗命令宦官童贯在苏州、杭州设"造作局",集中工匠几千人,制造各种工艺品,所用原料器材,都是从民间搜括来的。又在苏州设"应奉局",专门从东南各地搜罗各种奇花异石,用船经由大运河输送到开封,每十船组成一纲,叫作"花石纲"。十多年间,东南人民备受残害。各地反抗此起彼伏。后来金军兵临城下,受李纲之言,宋徽宗匆匆禅让给太子赵桓,在位25年,国亡被俘受折磨而死,终年54岁,庙号徽宗。他自创一种书法字体被后人称之为"瘦金体",也热爱画花鸟画,自成"院体",有着较高的艺术造诣。

677. 北宋的开国皇帝是谁?

宋太祖赵匡胤(927—976),涿郡(今河北涿州)人。五代至北宋初年军事家、武术家,宋朝建立者。后汉隐帝时投奔郭威。后周建立后,始入宦途,受后周世宗柴荣器重,于征伐南唐时屡建战功。后因随世宗北征辽朝有功,任掌管禁军的殿前都点检。恭帝柴宗训继位后,掌握兵权,驻防京师。960年发动陈桥兵变,废恭帝为郑王,即帝位,国号宋。他实行"先南后北,先易后难"的统一方略,先后攻灭荆南、后蜀、南汉、南唐诸国,消灭了南方的割据势力。对北方的契丹则取守势,选用将领长期驻防北方要地,加强对契丹的防御。在内政方面加强中央集权,通过"杯酒释兵权"削夺禁军宿将和藩镇的兵权,派文官带京官衔出任州县长官,设转运使掌地方财权,解决了自唐朝中叶以来地方节度使拥兵自擅的局面。在中央增设参知政事为副相,以枢密使掌兵,以三司使理财,分割宰相的权力。在经济方面兴修水利,整治以汴京为中心的运河以增加转运能力。派遣使臣到各地清理户口,制定税收定额,鼓励开垦荒地,以增加赋税收入。他的政治措施加强了专制主义中央集权统治,结束了混战割据,客观上为社会经济的发展创造了有利条件。但其重文轻武,"守内虚外",不抑兼并,滥施恩荫的方针,对形成宋朝"积贫积弱"的局面有所影响。开宝九年(976年)逝世,庙号太祖。

678. 宋夏和议是什么时候签订的?

宋夏和议亦称"庆历和议",是宋仁宗庆历年间北宋与西夏的和议。1038年,元昊称帝,向宋廷要求"许以西郊之地,册为南面之君"。北宋政府予以拒绝,并剥夺了他的官爵。又关闭榷场,禁止互市。宋夏关系破裂,双方矛盾因此激化。从康定元年(1040年)开始,元昊不断发动对宋的战争,多数战役是以宋朝的失败告终,西夏虽然不断取得胜利,但伤亡也不小,付出了大量军费,又失去了宋朝给予的岁币;国内又发生严重的旱灾、虫灾,物资匮乏;榷市贸易中断,人民生活不便;又和辽邦交破裂。西夏统治者在各种压力下，终于向北宋政府提出议和的要求。庆历四年（1044年），宋、夏重订和约：元昊取消帝号，由宋册立为夏国王；宋给西夏岁币；两国重开沿边榷场贸易，恢复民间商贩往来。因和议发生在宋庆历年间，亦称庆历和议。宋夏和议后，双方维持有二十余年的和平相处。以后双方曾有过几次战争与和议，但和平时期超过对抗时期。和议有利于双方经济文化的交往和发展。

679.《通志》的作者是谁？

郑樵。郑樵是北宋兴化军莆田（今属福建）人，生于徽宗崇宁三年（1104年），终身不仕，以读书著书终其一生。《通志》是郑樵一生学问的集大成之作。这部书仿照《史记》纪传体通史体例，共二百卷。其相当于正史诸志的二十略是全书的精华所在。这二十略中，其中都邑、氏族、六书、七音、校雠、金石、图谱、草木昆虫八略，是以前的史书和典制书所没有的，扩大了史学研究的范围。尤其是金石、图谱、校雠三略，属郑樵的独创。金石之学创建于宋，郑樵极重视这门学问，故特设金石略，著录了有宋以来在这方面所取得的成就，具有很高的价值。至于校雠略，则是他一生访书、求书、著录书的经验总结，是把文献学引向理论探索的开山之作。《通志》其实并非仅如《通典》式的"政书"，可以说是《史记》之后的一部贯通古今的通史。其书规模宏大，内容浩博，至今仍是史学研究的必备之书。后人将此书与唐杜佑的《通典》和元马端临的《文献通考》合称"三通"。

680."头下军州"是什么？

亦称"投下军州"，辽代设置的一种军事行政的联合组织。耶律阿保机和耶律德光统治时期，把俘虏的人口安置在寨堡里，强迫其从事生产。这些寨堡被称作"头下"或"投下"。寨堡根据人口的数量分为军、州、县、城、堡。"头下军州"都是由辽的宗室、外戚、大臣和所属部族首领中立有战功的人，就其所分得的或所俘获的人口设置的。大的州都修城郭，所俘掠的汉人和渤海人大部分被安置在适宜于农耕的地区，有技艺的则使其从事手工业。这些从事农耕的人，既要向"头下军州"的贵族交纳实物地租，还须向辽政府交纳课税。城市里的商税，除酒税交给辽政府外，其他的均归"头下军州"的贵族所有。"头下军州"的刺史由中央任免，其他的官吏都由各州的贵族委派。"头下军州"的户口称头下户，一面依附本主，一面受政府统治。随着封建因素的增长，头下户又演变为"二税户"，与农奴身份接近。在辽宋澶渊之盟前，"头下军州"较多。其后，战争较少，俘虏来源减少，很难再用俘掠的人口来增置"头下军州"。随着中央集权日益加强，以前所建立的一些"头下军州"，或因其领主后嗣断绝，或因其领主犯罪，已逐渐收归中央直接管理。因此，"头下军州"总趋势是在减少，至辽末时近乎绝迹。

681. 金朝的开国皇帝是谁？

完颜阿骨打（1068—1123），汉名旻，女真族完颜部首领，金朝开国皇帝。作为女真奴隶主的总首领，阿骨打完成了建国、破辽两件大事。阿骨打曾为巩固完颜部联盟，多次作战得胜，接受辽朝惕隐的官称，是完颜部中掌握军事实力的重要人物。1113年任都勃极烈（部落联盟首领），统一女真各部。女真各部落联盟的巩固，使得阿骨打有足够的力量起来反抗辽的压迫。1114年，完颜阿骨打起兵反抗辽的压迫，先后在宁江州和出河店（均在今吉林扶余县境）大败辽兵。1115年元旦正式称帝，国号大金，年号收国。金国建立后，阿骨打废除原来部落联盟长的制度，确立了皇权的统治，推行"猛安谋克"军民合一的制度，又命大臣完颜希尹创制女真文字。收国元年（1115年）正月，阿骨打开始发兵攻辽，辽军主力溃败，难以立国。天辅三年（1119年），又与北宋合约攻辽，全部攻占辽的"五京"。天辅七年（1123年）在返回上京的路上病死。庙号太祖。

682. 王安石变法的主要内容有哪些？

王安石变法是北宋神宗时期由王安石主持的改革。王安石出身于中下级官吏，对社会现实有较深的认识。早在嘉祐三年（1058年）便向仁宗上万言书，主张变法，但未被采纳。神宗即位后，鉴于危机的严重性，决心变法。熙宁元年（1068年），王安石被召至京，擢用为参知政事，旋迁宰相，主持变法。变法总的目的是富国强兵，以"理财""整军"为中心，以解决积贫积弱的统治危机。在政治上反对死守祖宗成法；在经济上抑制兼并势力，整顿财政，发展社会生产，增加政府税收；在军事上反对屈辱求和的投降主义，增强抵抗辽、夏的力量。新法中属于财政方面的法令有：青苗法、免役法（又称募役法）、方田均税法、农田水利法、市易法、均输法等。属于军事方面的法令有：置将法、保甲法、保马法，设置军器监等。变法初期，收到较显著的效果，在一定程度上扭转了积贫积弱的局面，充实了政府财政，提高了国防力量，对封建地主阶级和大商人非法渔利也进行了限制和打击。但由于变法触动了大官僚大地主的既得利益，遭到了以司马光为代表的守旧势力的反对，后来变法派内部亦有纷争，宋神宗遂趋于动摇。王安石也被迫两次罢去相位。元丰八年（1085年）神宗死，哲宗继位，实权落在反对变法的太皇太后高氏手里，她起用司马光为相，新法全部被废，变法遂告失败。王安石变法是中国古代史上继商鞅变法之后又一次规模巨大的社会变革运动。

683. 王小波李顺起义发生在什么时候？

王小波李顺起义是发生在北宋初期的川陕农民起义。北宋初年，四川土地集中情况严重，官吏巧取豪夺，"博买务"垄断贸易。淳化四年（993年）春又闹大旱，茶农王小波领导旁户农民发动起义。王小波向群众宣告："吾疾贫富不均，今为汝辈均之。"这是中国农民战争史上第一次明确提出"均贫富"的主张，受到广大人民拥护。不久，起义军发展到一万多人。起义持续了一年，最终失败。王小波、李顺起义虽然失败了，但他们所提出的"均贫富"口号，是对唐末农民起义中的均平思想的具体化、明确化，对以后的农民起义具有重大影响。它是我国农民战争史进入一个新时期的标志。

684.《王祯农书》是一部怎样的著作？

元代一部重要的农业科学著作，作者王祯。王祯，字伯善，山东东平人。《王祯农书》分为《农桑通诀》《百谷谱》《农器图谱》三大部分。《农桑通诀》是总论，综述我国农业发展概貌，包括农业史、授时、地利、耕垦、耙劳、播种、锄治、粪壤、灌溉、收获等。《百谷谱》分述谷、瓜、蔬、果等各种农作物的栽培方法及备荒问题。《农器图谱》绘有各种农具、农业机械、灌溉工具、运输工具、纺织机械等，并详细介绍了这些器具的来源、结构及制作使用方法。王祯还设计过木活字及转轮排字架。《王祯农书》之末附有他的《造活字印书法》一文，是目前所知的系统叙述木活字版印刷术的最早文献。《王祯农书》在中国古代农学遗产中占有重要地位。它在前人著作基础上，第一次对所谓的广义农业生产知识作了较全面系统的论述，兼论了当时中国的北方农业技术和南方农业技术，对南北农业的异同进行了分析和比较。首次将农具列为综合性整体农书的重要组成部分。

685. "宋末三杰"之一的文天祥是谁？

文天祥（1236—1283），初名云孙，字宋瑞，一字履善。道号浮休道人、文山。江西吉州庐陵（今江西吉安）人，南宋政治家、文学家、爱国诗人，抗元名臣，与陆秀夫和张世杰并称为"宋末三杰"。宝祐四年（1256年）状元及第，官至右丞相，封信国公。德祐元年（1275年）正月，元军已大举渡江，文天祥在知赣州任上接到勤王诏书后，立即毁家纾难，召集民兵万人赶赴临安（今浙江杭州）。德祐二年（1276

年),文天祥以右丞相、枢密使的身份奉命到元军营谈判议和条件,因不肯屈从,被元丞相伯颜拘留。后于镇江脱险,流亡至通州(今江苏南通),由海路南下至福建,和南迁的小朝廷取得联系,与张世杰、陆秀夫等坚持抗元。1277年进兵江西,恢复州县多处。但因寡不敌众,不久为元重兵所败,退入广东。祥兴元年(1278年)十二月,因叛徒引元将张弘范偷袭,文天祥兵败被俘。张弘范要他写信招降南宋小朝廷,文天祥拿出自己所作的《过零丁洋》诗以表明心迹,诗的最后两句是:"人生自古谁无死,留取丹心照汗青。"文天祥被押送到元大都(今北京)后,拒绝了自元朝皇帝、文武大臣到南宋投降官员的百般诱降,他在狱中写下了抒发自己坚贞不屈、浩然正气的《正气歌》。文天祥被关押三年多,至元十九年(1283年)从容就义于大都柴市。

686.《文献通考》的作者是谁?

马端临。《文献通考》是一部着重叙述历代典章制度沿革的分类通史,记述年代上起三代,下终南宋宁宗嘉定末年。《通典》自天宝以后阙而未备,《文献通考》对天宝以前史实,拾遗补缺;天宝以后至南宋嘉定五年(1212年)做了续修。《文献通考》分田赋、钱币、户口、职役、国用、选举、学校、职官等二十四门,各门再分子目,使制度史的体例更加完备。其中田赋、户口、征榷、选举、职官、乐、兵、刑等十九门系仿《通典》成规,离析其门类加以充实而成。经籍、帝系、封建、象纬、物异五门则系创制。该书取材极为广泛,详加考订,去伪存真,引文摘取奏疏议论、传记、评论、会要等的原文,叙述条例分明,对历代制度演变有颇多独到的见解,对宋代典章制度的渊源变化,记载尤为详细,比较真实可靠,反映出马端临重视近世史研究的精神。

687. 西辽是什么政权?

辽朝灭亡后契丹贵族耶律大石在中国新疆和中亚地区建立的政权。宣和七年(1125年)二月,辽天祚帝在逃往西夏途中被金兵俘虏,辽亡。在天祚帝被俘前一年,即1124年,契丹贵族耶律大石称王,到达可敦城(今蒙古国布尔干省青托罗盖古回鹘城)建立根据地。1132年,耶律大石登基称帝,号"菊儿汗",群臣又尊汉号为"天祐皇帝",建元延庆,西辽正式建立。随后耶律大石凭借回纥的力量,向西域、漠北、中亚等地区扩张,建都于楚河南边的虎思斡鲁朵(中亚托克马克附近)。因为沿袭大辽国统,中国史书上称它为西辽,后来蒙古人称它为哈刺契丹,即黑契丹。西辽的疆域西到阿姆河,东到和州(新疆吐鲁番一带),幅员万里,为西域大国。高昌回鹘、西喀喇汗国、东喀喇汗国及花剌子模先后臣服于强盛期的西辽。西辽的制度直接承袭辽朝，但随着形势的发展，设官治理上作了某些调整。西辽境内各属国、属部统治者仍然继续维持各自的统治，西辽朝廷只是派出少量代表分驻各地，监督当地原来的统治者，使他们臣服和纳贡。西辽和南宋、金长期并存，直到1218年被成吉思汗的大蒙古国所灭。西辽在传播中国文化，开发当地资源，沟通中西经济文化等方面起过积极作用。

688.《瑷珲条约》是什么时候签订的？

《瑷珲条约》是1858年黑龙江将军奕山与俄国东西伯利亚总督穆拉维约夫签订的不平等条约，是中俄之间第一个不平等条约。第二次鸦片战争爆发之后，沙俄看到有机可乘，提出进行中俄边界问题的谈判。穆拉维约夫便乘清政府抗击英法联军处于不利局面时，率领沙俄军队直逼瑷珲城下。5月22日，穆拉维约夫与奕山会晤，要求"清俄必须沿黑龙江、乌苏里江划界"。奕山以《尼布楚条约》早已划定边界相驳。这次谈判争论很激烈。散会前穆拉维约夫将俄方拟定的"条约草案"交给奕山，限第二天答复。第二次谈判，清方代表断然拒绝俄方提出的无理要求，谈判无果。穆拉维约夫以最后通牒的方式，提出条约的最后文本，强迫奕山签字，并以武力恫吓。奕山终于屈服，被迫于28日与穆拉维约夫签订了《瑷珲条约》，共三条。其主要内容是：俄国割去黑龙江以北、外兴安岭以南六十多万平方公里的中国领土，只在瑷珲对岸精奇里江以南的一小块地区（后称江东六十四屯）仍由中国人"永远居住"，归清朝官员管辖；把乌苏里江以东的中国领土划为中俄共管；黑龙江和乌苏里江只准大清国和俄国船只航行。因为奕山事先没有得到清政府的签订条约的授权，因此清政府没有批准《瑷珲条约》，并在事后对奕山等人予以处分。1860年订立《中俄北京条约》时，清政府才被迫认可《瑷珲条约》。《瑷珲条约》的签订，为沙俄进一步掠夺中国领土开了一个罪恶的先例。

689. 八股文是一种什么文体？

明清科举考试规定的一种文体，也称制义、制艺、时文、八比文。八股文源出于宋，王安石变法以"经义"取士，学子任治一经，考试时发挥对经文意义的理解来写文，因而名为"经义"。但有考生主动运用排比笔法，写成类似后世八股文的文章。元代考试，用"经义""经疑"为题述文，出题范围限制在四书（《大学》《中庸》《论语》《孟子》）之中，为最早的八股文雏形。宋元考试的文体并无规格，不要求对仗排偶。明太祖洪武三年（1370年），诏开科举，应试文仿宋"经义"。成化年间，逐渐形成比较严格固定的八股文格式,八股文的格律形式就此形成。清代基本沿用。八股文章就"四书五经"取题,内容必须用古人的语气,绝对不允许自由发挥,八股是指文章的八个部分,文体有固定格式,由破题、承题、起讲、入手、起股、中股、后股、束股八部分组成。八股文题目、内容、格式限制太严,考生们只能按照题目的字义敷衍成文,内容空洞,专讲形式,成了文字游戏。读书人为了考取功名,专研析八股,埋头四书五经。八股文禁锢了人们的思想,严重阻碍了文化科学的发展。

690. 五代后周时期为后来北宋的统一事业奠定基础的统治者是谁?

周世宗柴荣(921—959)。本姓柴,名荣,邢州尧山(今河北邢台)人。幼时被其姑丈郭威收为养子,故名郭荣。后周第二任皇帝,史称"五代第一明君"。后周太祖郭威死后,柴荣继位。他在郭威改革的基础上,继续进行整顿和改革,为统一事业做出了重要贡献。在政治方面,注意改善吏治,赏罚比较严明,不滥用刑罚,还制定了新刑法《大周刑统》;留心政事,虚心纳谏。在经济方面,鼓励开垦荒地,把中原无主荒地分配给逃亡人户耕种;减轻租税,取消两税以外的苛捐杂税和一些徭役;兴修水利,修固河堤,又疏浚境内的南北大运河,使以开封为中心的中原地区繁荣起来;限制佛教的发展,抑制寺院经济,迫使大批僧侣还俗参加劳动,毁佛铸钱。在生活方面,注意节俭,以身作则,裁减后宫,停办不急之务。在军事方面,整饬军纪,整编禁军,保留精锐,裁汰羸弱。从此,中央禁军有足够的武力控制地方藩镇,有利于国家的安定。周世宗的改革为他之后的统一战争创造了良好的内部条件。显德二年(955年)九月,周世宗首先向西攻取了后蜀在秦岭、岷山以北的秦、凤、成、阶四州,解除了后蜀对中原地区的威胁。接着三次亲征南唐,取得江北、淮南十四州六十县之地,大大增强了经济实力。显德六年(959年)三月柴荣亲率水陆大军攻辽,很快收复了三州三关。正要乘胜进取幽州,却因突然发病而班师。该年六月,柴荣在开封去世,年仅39岁。周世宗在位虽不到6年,但他已经为后来北宋的统一事业奠定了基础。

691. 八旗制度是一种什么制度?

清代满族的军事、社会组织形式。努尔哈赤统一女真各部过程中,于明万历二十九年(1601年)在原有牛录组织的基础上,初创黄、红、蓝、白四旗。四十三年(1615年),又增添镶黄、镶红、镶蓝、镶白四旗,合为八旗(满语称"固山")。每旗设固山额真(都统)一人,下辖五甲喇额真(参领),每甲喇下辖五牛录(佐领),每牛录初为三百人。每旗所辖牛录的数目,以及牛录下的丁数,时有变化。凡八旗成员分别隶属于各牛录之下，平时从事生产，战时负戈从征。出征时，军械粮草自备。八旗子弟都有当兵的义务，被选入伍，即为八旗兵。皇太极时，新降附的蒙古人和汉人增多，分别编入"八旗蒙古"和"八旗汉军"，共二十四旗。入关后，于摄政王多尔衮死后，顺治帝收掌起所领之正白旗，于是称镶黄、正黄、正白三旗为"上三旗"，余称"下五旗"。从清初起，满族统治者以大部分八旗兵于屯驻北京附近，俗称"京旗"或"京旅"，而将其余部分分别派到全国各地若干重要城市和据点防驻，利用八旗兵丁加强对本民族和各族人民的控制。作为军事组织，八旗兵和绿营兵共同构成清统治全国强有力的工具；作为行政机构，在东北地区，八旗各级署衙与州县地方官并存，直至清末。17世纪中叶后，八旗兵逐渐腐化；清亡，八旗制度随之全部瓦解。

692. 契丹政权的建立者是谁？

耶律阿保机（872—926）。出身于契丹八部中最强大的迭剌部的世里（耶律）家族。阿保机自幼聪敏，才智过人，901年继承了"夷离堇"（部落军事首领）之位后，率领军马四出征讨，北击室韦，东北伐女真，西南破奚，南掠河北、河东，取得了一系列的胜利。907年，八部酋长改选耶律阿保机为可汗。阿保机在长期对外用兵的过程中，迅速地扩张了自己的势力，遭到七部酋长的反对，他采纳汉族士大夫的建议，设计尽杀七部酋长，推翻了氏族社会推选可汗的制度，于916年自立为皇帝，国号契丹，建元神册。神册五年（920年），阿保机命突吕不等人参照汉字，创制契丹大字。后又由阿保机之弟迭剌参照回鹘文和汉文，创制契丹小字。天显元年（926年），契丹灭渤海，改其名为东丹（即东契丹之意），以皇太子倍为东丹王。后阿保机于班师途中去世，谥升天皇帝（一作大圣皇帝），庙号太祖。阿保机在契丹族发展史上起了重要的作用。

693.《北京条约》是什么时候签订的？

《北京条约》是第二次鸦片战争期间，英法联军攻进北京后，英、法、俄强迫清政府签订的不平等条约。1860年10月，清钦差大臣奕䜣在北京分别与英、法全权代表交换了《天津条约》文本，并签订了《续增条约》，即《北京条约》。中英《北京条约》共九款，中法《北京条约》共十款。《北京条约》除了承认《天津条约》完全有效外，主要增加了下列内容：（1）开放天津为商埠；（2）准华民赴英法属地或外洋别地工作；（3）割让九龙司地方给英国；（4）将以前被充公的天主教资产交还天主教堂（法国方面的翻译又擅自在条约的中文本里加上"准许法国传教士在各省租买土地，

建造自便");(5)赔偿英、法兵费各增至八百万两;恤金英国五十万两,法国二十万两。11月沙俄利用英法联军攻占北京的军事压力,借口"调停"有功,并以"兵端不难屡兴"相威胁,强迫清政府在北京签订了中俄《续增条约》,即中俄《北京条约》,共十五款。不仅迫使清政府承认其一直拒绝批准的《瑷珲条约》,而且把我国乌苏里江以东约四十万平方公里的领土割给沙俄。

694. 我国第一部编年体通史是什么史书?

《资治通鉴》,简称《通鉴》。北宋司马光撰。此书为司马光于治平三年(1066年)奉命始编,至神宗元丰七年(1084年)完成,历时十九年。宋神宗赐书名为《资治通鉴》,取"鉴于往事,有资于治道"之意。全书294卷。《资治通鉴》记载了周威烈王二十三年(前403年)到后周世宗显德六年(959年),共1362年的历史。司马光鉴于历代史籍浩繁,学者难以遍览,因欲选取其中的重大史事编撰年史。《资治通鉴》由司马光总其大成,是一部集体编写的著作,协修者有刘恕、刘攽、范祖禹三人。该书采用正史和其他杂史达三百余种,先由协修者汇为长编(初稿),再由司马光整理编订。《资治通鉴》按时间先后叙次史事,按朝代分为十六纪,内容以政治、军事的史实为主,借以展示历代君臣治乱、成败、安危之迹,作为历史的借鉴。是书文字优美,叙事生动,有相当高的文学价值,历来与《史记》并列为中国古代之史家绝笔。《资治通鉴》于叙事外,还选录前人史论,又以"臣光曰"的形式,撰写史论,比较集中地反映了作者的政治、历史观点。它是一部不朽的史学名著,一直受到后世史学家的推崇,成为后代编年体史书的典范。

695. 闭关政策是一种什么政策?

鸦片战争前清政府限制和禁止对外交通、贸易的政策。这种政策,系由清初的"海禁"发展而来。清入关后,因郑成功据有台湾,明末义民流亡海外,组织反抗,遂开始厉行"海禁",禁止官民人等擅自出海贸易,"无许片帆入海",违者立置重典。康熙二十二年(1683年)清军攻陷台湾,"海禁"才开始稍稍放宽,准许外人在广州、厦门、宁波、云台山四处通商。乾隆二十二年(1757年),清政府又限定外船只许在广州停泊,是为实行闭关政策的开始。从这时起到鸦片战争前夕,广州成为对外贸易的唯一口岸,广州公行成为对外贸易的唯一商行。外商来华贸易须通过清政府特许的公行商人,活动限于指定范围,进口货征收高税额,出口货限制品种和数量。闭关政策严重影响了经济的发展,也使中国人民与世界潮流隔绝,不明世界大势,而清统治者更是闭目塞听,因而对近代中国社会的发展起了严重的阻碍作用,反映了中国封建社会的腐朽性、落后性。但在当时历史条件下，闭关政策也是清政府采取的一种消极的自卫手段。

696. 被称为"曾文正公"的晚清名臣是谁？

曾国藩（1811—1872），字涤生，湖南湘乡人。湘军统帅、晚清名臣。道光进士，历任侍郎、总督、北洋大臣、大学士，封一等毅勇侯，谥号"文正"。1853 年初为对抗太平天国运动，以吏部侍郎身份受命在湖南举办团练，后编为湘军。次年，发布《讨粤匪檄》，攻击太平天国运动是开天辟地以来"名教之奇变"，率兵阻击太平军，并出省作战，夺取武昌和田家镇。1855 年初在湖口被太平军打败，退守南昌。次年，太平天国发生"杨韦事件"，放松进攻，湘军得以恢复力量。1858 年 11 月，曾国藩令李续宾率湘军主力攻三河，被太平军歼灭。旋以曾国荃吉字营为基础扩充实力。1860 年升任两江总督。次年，节制浙、苏、赣、皖四省军务。他主张"借洋兵助剿"，由李鸿章在上海联合英人戈登的"常胜军"，左宗棠在浙江联合法人的"常捷军"，夹攻太平军，并派曾国荃围攻天京（今江苏南京），1864 年 7 月攻陷天京，纵使湘军大肆焚杀抢掠。1865 年调任钦差大臣，对捻军作战，战败去职。他与李鸿章、左宗棠发起洋务运动，创办江南制造局、福建马尾船政局等军事工业，促进了中国的近代化建设。1870 年在直隶总督任内查办天津教案，因妥协退让，镇压群众，受到舆论谴责，调任两江总督，不久病死。他修身律己，以德求官，礼治为先，以忠谋政，在官场上获得了巨大的成功。著有《曾文正公全集》。

697. 厂卫是什么机构？

明朝特务机构，是东厂、西厂、内行厂和锦衣卫的合称。东厂，明成祖为镇压人民和官员中的反对派，于永乐十八年（1420 年）在京师东安门北设立。用宦官提督，常以司礼监秉笔太监第二人、第三人充任。属官有掌刑千户、理刑百户各一员，由锦衣卫千户、百户充当，称贴刑官；隶役、缉事等官校由锦衣卫拨给。从事特务活动，诸事直接报告皇帝，权力在锦衣卫之上。西厂，明宪宗时为加强特务统治，于成化十三年（1477 年）在东厂以外增置，用太监汪直提督。其人员权力超过东厂。武宗正德时又设立内行厂，内行厂的权势更大，连东、西厂的人员也在其侦缉之列。锦衣卫，明洪武十五年（1382 年）设置。原为护卫皇宫的亲军，掌管皇帝出入仪仗。太祖为加强专制统治，特令兼管刑狱，赋予巡察缉捕权力。下设镇抚司，从事侦察、逮捕、审问活动，且不经司法部门，成为皇帝的耳目爪牙，监视和镇压全国官吏和民众。最高长官为指挥使，常由功臣和外戚充任。因东厂、西厂、内行厂与锦衣卫的性质同为特务机构，关系密切，故而合称为厂卫。

698. 什么是白莲教起义？

清代嘉庆年间发生在四川、湖北的农民起义。乾隆末年土地高度集中，流入两省边界地区当佃户和佣工的农民，在官僚、地主、商人的残酷压榨下，群起反抗。白莲教支派混元教的传布，起了组织作用。嘉庆元年（1796年）春，起义在湖北枝江、襄阳首先发动，后来四川各地纷起响应。次年，襄阳起义军突破重围，由豫经陕入川，在川东与四川起义军会师，编为八大支，推王聪儿为总领袖，随即分路出击，在川东取得大胜。嘉庆五年（1800年）初，义军与清军激战，杀死清军副将以下二十四名，大败清军主力，并控制川西大部地区，威胁成都，清政府十分惊惶。后清政府到处组织地主武装，坚壁清野，以对付起义军。起义军因缺乏统一指挥和部署，一贯采用分路的流动战术，力量分散，被陆续击败。这次起义，先后参加的农民有数十万人，坚持斗争达九年之久，遍及四川、湖北、陕西、甘肃、河南五省，沉重打击了清王朝的统治。

699.《大诰》是哪位皇帝写定的刑典？

《大诰》是明代具有法律效力的特别刑事法典，是明太祖朱元璋亲自写定的刑典，包括《大诰》《大诰续编》《大诰三编》《大诰武臣》四部分，统称《御制大诰》。洪武中期，官吏贪赃枉法、豪强兼并、脱避粮差的现象日趋严重。为了维护统治，朱元璋遂将"官民过犯"典型案例辑录成册，仿周公《大诰》之制，颁行《大诰》于天下，诰诫臣民。《大诰》所列罪案中惩处贪污罪案占全部罪案的一半左右。次者为惩治侵占钱粮和豪右逃避粮差的罪案。还有使用凌迟、枭首等重刑的案例。《大诰》量刑极为严酷，超出《大明律》标准，诛杀者以贪官污吏、害民豪强为主。明太祖规定《大诰》每户一本，家传人诵，学校课士和科举策试也以《大诰》为题。朱元璋编刊此书除了"警省愚顽"，使之安分守己，不敢轻易犯法外，主要是把它作为和《大明律》并行的司法依据。它是朱元璋严刑峻法、重典治吏政策实践的反映。

700. 大礼仪之争是一次什么样的争论？

明朝嘉靖年间围绕着当时"继统"与"继嗣"的礼仪形式的争论。正德十六年（1521年），明武宗朱厚照死，无子，由内阁首辅杨廷和草拟遗诏，立兴献王朱祐杬的长子朱厚熜（武宗堂弟）为皇帝，是为明世宗，年号嘉靖。世宗下令礼官议其生父

兴献王尊号。以杨廷和、礼部尚书毛澄为首的朝臣依据汉定陶王、宋濮王之子分别嗣汉成帝、宋仁宗位的旧例，主张尊孝宗朱祐樘（武宗之父）为皇考，朱祐杬为皇叔考。观政进士张璁、南京刑部主事桂萼等下层官吏迎合上意，议尊朱祐杬为皇考。这样既可使大明统系承继不断，又可保全皇帝的父子恩情。他们的论据是：汉定陶王子和宋濮王的儿子是预立为嗣、先养于宫中的，而当今陛下则与此不同。双方争论激烈。嘉靖三年（1524年）四月，张璁等人的主张得到采纳。朝臣二百余人跪于左顺门前力争，激怒世宗，下狱者一百三十四人，廷杖而死者十六人。张璁也取代了杨廷和成为内阁首辅。这一事件对嘉靖朝政治影响很大。它不是简单的礼仪之争，而是一场激烈的政治斗争，是以内阁首辅杨廷和为首的旧阁权集团与新进士大夫的较量以及新皇权与旧阁权冲突的交织。同时，在学术思想上，它背后体现的是正统程朱理学与新兴王阳明心学的冲突和较量。

701.《大明律》是一部什么法典？

明代官修的综合性法典。明朝建立的前一年，即1367年，朱元璋命左丞相李善长、御史中丞刘基等编成《律令》四百三十条。洪武六年（1373年）十一月，朱元璋命刑部尚书刘惟谦等以《律令》为基础，详定《大明律》，次年二月修成，颁行天下。其篇目仿《唐律》分为《卫禁》《斗讼》《诈伪》《杂律》等十二篇。洪武二十二年（1389年）又命翰林院与刑部修订，以《名例律》冠于篇首，按六部职掌分为吏、户、礼、兵、刑、工六律，一改隋唐以来沿袭八百年的法律体系结构。共三十卷，四百六十条。洪武三十年（1397年）五月重新颁布，同时规定废除其他榜文和禁例，决狱以此为准。《名例律》是全律的纲领。它规定了对不同等级、不同犯罪行为论罪判刑的基本原则。《吏律》主要规定文武官吏应该遵循的职司法规及公务职责。《户律》是有关社会经济、人身关系及婚姻民事内容的立法。《礼律》是对祭祀天地、宗庙社稷、山川及君臣、父子、夫妇之间各种礼仪的法律规定。《兵律》是有关军戎兵事的立法。《刑律》规定了对刑事犯罪的论罪定刑及诉讼、追捕、审判的原则，是全律的重点。《工律》是关于工程营建、官局造作以及河防、道路、桥梁方面的立法。《大明律》作为中国封建社会后期一部重要的法典，有许多自己的特色，如条目简于唐律，精神严于宋律，按六部立篇目等，在形式和内容上都有新的发展。《大明律》的内容大多为清律所沿袭，对清代产生了深刻的影响。

702. 第二次鸦片战争是什么？

又称"英法联军之役"，1856—1860年英法联合发动的对华侵略战争。1854年，英、美、法三国在上海扩大租界和把持海关后,为了扩大侵略权益,向清政府提出了修改《南京条约》等无理要求,被清政府拒绝。1856年10月,英国借口"亚罗号事件"侵犯广州,正式挑起了第二次鸦片战争。次年,法国又以"马神甫事件"为借口,与英国组成联军,于12月攻陷广州。1858年5月,英国舰队向北进犯,攻陷大沽炮台,逼近天津。6月,清政府被迫分别与俄、美、英、法等国签订《天津条约》。与此同时,沙俄趁火打劫,用武力迫使黑龙江将军奕山签订《中俄瑷珲条约》。1859年,英、法、美又借口换约,进攻大沽炮台,因受重创,狼狈退走。1860年8月,英法联军再向大沽进攻,接连攻陷天津、北京。咸丰帝逃往热河,派其弟恭亲王奕䜣为钦差大臣与英法联军议和。10月分别与英、法签订《北京条约》,并批准《天津条约》。沙俄又以"调停有功"为由,迫使清政府签订《中俄北京条约》,割去我国乌苏里江以东大片领土。这一系列不平等条约的签订,使中国又一次丧失了大量主权。经过这次战争,中外反动势力开始勾结,大大加速了中国社会的半封建半殖民地化进程。

703. 东林党争是什么样的党争?

明末东林党与魏忠贤的阉党、浙党、齐党、楚党、昆党、宣党之争。明神宗后期,政治日益腐败,社会矛盾更加激化。万历二十二年(1594年),吏部郎中顾宪成被革职,回到家乡无锡后,与高攀龙、钱一本等在东林书院讲学,"议论朝政,裁量人物",抨击当权派,得到部分士大夫的支持,逐渐形成一个颇有影响的政治集团,被称为"东林党"。东林党代表了中小地主及相关知识分子的利益和要求,是地主阶级内部的反对派。他们反对王公、勋戚、权臣等掠夺土地,反对宦官弄权,首先抓住对人民危害最直接最明显的矿、税监,作为抨击宦官集团的口实。结果遭到在朝权贵的嫉视。熹宗时司礼秉笔太监魏忠贤专权,一时东林党的反对派、浙、齐、楚、昆、宣党派都依附于魏忠贤的阉党。东林党人杨涟上书弹劾魏忠贤二十四大罪,阉党疯狂反扑,杨涟、左光斗、魏大中、周顺昌、黄尊素等东林党人都遭捕杀。魏忠贤使人编《三朝要典》,借梃击、红丸、移宫三案为题,打击东林党,更唆使其党羽造《东林点将录》《同志录》,按名捕杀东林党人。1627年,熹宗死,无子,东林党派官员拥立信王朱由检(明思宗)即位,思宗即位后,逮捕魏忠贤,惩治大批阉党,才停止了对东林党人的迫害。但两党残众势力相互角斗时起时伏,一直持续到南明灭亡。

704. "东南互保"是一个什么协议？

1900年6月，英美帝国主义与清南方各省督抚达成的协议。1900年义和团反帝爱国运动在北方蓬勃发展，影响遍及全国。因为害怕义和团的势力波及属于自己势力范围的长江流域，英国在参与八国联军进攻津、京的同时，策划"东南互保"。6月，英国驻上海代理总领事华仑策动大买办官僚盛宣怀，联络两江总督刘坤一、湖广总督张之洞等，由上海道余联沅出面，与各国驻沪领事商定《东南保护约款》和《保护上海城厢内外章程》，规定上海租界由各国共同"保护"，长江及苏杭内地归各省督抚"保护"，两不相扰。清朝向十一国宣战后，两江总督刘坤一、湖广总督张之洞、两广总督李鸿章、山东巡抚袁世凯等，即和各参战国达成协议，称"东南互保"。他们称皇室诏令是义和团胁持下的"矫诏、乱命"，在东南各省拒不执行支持义和团的命令。"东南互保"与八国联军的军事侵略相配合，破坏了义和团反帝爱国运动，但也保护了河北、山东以外的地区免于战乱的波及；同时亦使地方督抚的政治与军事权力进一步扩张，清政府的权威大为下降。

705. 多伦会盟是哪位皇帝主持的？

清康熙帝为加强北方边防和对喀尔喀蒙古的管理，于康熙三十年（1691年）在多伦与蒙古各部贵族进行的会盟。当时，准噶尔部首领噶尔丹进攻喀尔喀蒙古，喀尔喀蒙古三部10万众南下投清。康熙帝为安置喀尔喀蒙古，并加强对其管理，遂决定于多伦举行会盟。康熙帝于御营殿帐依次召见蒙古王公贵族，并赐宴。次日，召集土谢图汗察珲多尔济、哲布尊丹巴等35名喀尔喀三部贵族会盟。主要内容为：（1）规定喀尔喀蒙古须遵行清廷的法令；（2）令土谢图汗察珲多尔济等具疏请罪，以结束喀尔喀蒙古内部纷争；（3）废除喀尔喀三部旧有济农、诺颜等名号，留汉号，依次授以汗、亲王、郡王、贝勒等爵位；（4）依49旗例编族，分左中右三路，设盟，实行盟旗制度。此次会盟，改善了喀尔喀蒙古各部与清之间的关系，并使清王朝对漠北地区的管辖得到加强。

706. 北宋官方颁布的一部关于建筑设计、施工规范的著作是什么？

《营造法式》。北宋李诫编著。北宋建国以后百余年间，大兴土木，各种建筑造型豪华精美铺张，负责工程的大小官吏贪污成风，致使国库无法应付浩大的开支。为了明确房屋建筑的等级制度、建筑的艺术形式及料例功限以防贪污盗窃，哲宗元祐六年（1091年），将作监奉敕第一次编成《营造法式》，由皇帝下诏颁行，史称《元祐法式》。因该书没有对构建比例、用料做出严格的规定，建筑设计、施工仍具有很大的随意性，所以绍圣四年（1097年）哲宗又诏李诫重新编修。李诫曾在将作监任职十余年，在修建工程方面积累了丰富的经验。他参阅大量文献和旧有的规章制度，收集工匠讲述的各工种操作规程、技术要领及各种建筑物构件的形制、加工方法，在北宋初年著名的两浙工匠喻皓《木经》的基础上编成《营造法式》。该书对大木作的叙述特别详细，书中还配合文字说明，绘制出各种精美的图样。《营造法式》是我国古代最完整的建筑技术书籍，是当时建筑设计与施工经验的集合与总结，并对后世产生了深远影响，标志着中国古代建筑已经发展到了较高阶段。

707. 元代管理全国佛教事务和青藏地区军事民政的中央机构是什么？

宣政院。元世祖忽必烈至元初年设立，原名总制院。至元二十五年（1288年）因所统青藏地区军民财赋事关重要，改名宣政院。宣政院设于大都，地位与中书省、枢密院、御史台相等。宣政院设院使二人，其中一人以吐蕃上层喇嘛国师充任。其下设官分职，僧俗并用。元世祖时，吐蕃喇嘛教领袖八思巴被任命为国师，兼宣政院第一任长官。元朝政府所设的宣政院，其主要职责之一即是兼管青藏地区的政务，这说明青藏地区在元朝已正式成为我国行政区划的一部分，其政治与宗教制度都是由元政府规定的。

708. 元代大运河是如何修建起来的？

元代全国政治中心移到了北京以后，仍然利用隋唐运河旧道转运漕粮，因运河河道迂回曲折，且多有壅塞，水陆转运颇多不便，因此元朝政府着手组织对旧有大运河进行了大规模的治理与修凿。元世祖至元十七年（1280年）开挖济州河，全长约七八十公里。至元二十六年（1289年），开凿会通河一百二十五公里，南接济州河，北达临清入御河（旧运河）。至元二十八年（1291年），根据都水监郭守敬的建议，在金代运河的基础上，开凿了自大都至通州的通惠河，利用大都西山泉水和白河水接济水量。河成之后，漕船可以一直驶入大都城，从此减免了陆路辗转之劳。这样，改成直线的南北大运河就贯通了，由今北京什刹海（积水潭）一直南下到杭州，不必再绕道河南，省去三百多公里路程。这条南北直通的京杭大运河的贯通，沟通了海河、黄河、淮河、长江和钱塘江五大流域，对政治、经济、文化都起到了积极的推动作用，也为明清运河的畅通以至现代大运河的水运条件奠定了基础。

709. 赋税黄册是什么？

明朝政府为核实户口、征调赋役而编制的户口总册。明朝建立后，为了保证徭役赋税的征调和避免赋役负担的严重不均，朱元璋着手建立了一套新的比较切实可行的管理制度。洪武十四年（1381年），明朝政府在洪武三年制定的户帖的基础上，经过长期的户籍调查，在各地编制了赋役黄册。黄册以户为主，详细登录各户籍贯、人丁（包括丁口的姓名和年龄）、事产（包括田宅和其他财产）及其变动的情况，每隔十年要重新编造一次。里长把全里清册供单汇总成册呈报给县，册首有图。鳏、寡、孤、独者附在册后，不派徭役，称为畸零户。每县根据各里送来的清册供单，编造本县户口总册送府。府和布政使司也依此层层造册，最后上报户部。因送给户部的户口总册封面用黄纸装裱，故称黄册。又因黄册上所登记的人丁和资产是政府征派赋役的依据，故称"赋税黄册"。赋税黄册是明代用来管理户口、征调赋役的重要依据，是明代经济制度的重要内容之一。

710. 什么是"改土归流"？

也称改土设流、改土为流、改土易流。是明清时对以西南少数民族地区为主的地方行政制度的改革，即在西南少数民族地区废除自元代以来世袭之土官，而代之以流官的统治。始于明洪武二十八年（1395年）。时云南越州土知州阿资因作乱被斩，于是明朝政府废土州，设置越州卫。其后时有此举，而规模较大的有两次。一是永乐时平贵州思南、思州两宣慰使之乱，废土司，设贵州布政使司，析其地为八府四州；一是万历时平四川播州宣慰使之叛，分播地为遵义、平越二府。清雍正年间，由云贵总督鄂尔泰主持的改土归流，是历史上规模最大的一次，涉及云南、广西、贵州、四川、湖广五省。改流以后，政府收缴土司印信，设置府、厅、州、县，委派有任期的官员进行统治，实行和汉族地区相同的政治制度，如设兵驻防、实行屯田、兴办学校、丈量土地、征收赋税、编查户口、组织乡勇等，废除了过去土司的残暴统治，杜绝了土司之间的纷争，促进了边远地区与内地经济、文化的交流，加强了中央对边远地区的统治，打破了某些少数民族地区落后闭塞的状态，有利于国内各民族经济、文化的进一步联系。但在改土归流过程中，对某些地区曾进行军事镇压，给那里的少数民族带来了伤害。直至清末，土司制度在一些地区仍然存在。

711. 被称为"古代百科全书"的是什么书？

《古今图书集成》。原名《文献汇编》，或称《古今图书汇编》，清代官修的大型类书,被称为"古代百科全书"。始编于康熙四十年(1701年),陈梦雷等原辑,雍正时蒋廷锡等重辑,历时两朝二十八年。康熙帝钦赐书名,雍正帝作序。以铜活字排印,仅印六十四部。全书采集广博,内容丰富,共一万卷,是仅次于《永乐大典》的一部大类书。与《永乐大典》《四库全书》并列为中国古代三部皇家巨作。全书共分为历象、方舆、明伦、博物、理学、经济六编,每编又分门别类,搜罗宏富,图文并茂,因而成为查找古代资料文献的十分重要的百科全书。由于之后的《四库全书》受清文字狱影响,大量书籍被列为禁书,遭到销毁删改,因此收书不全,错漏甚多,而成书时间较早的《古今图书集成》则收录了《四库全书》不收或未曾收录的典籍,还包括康熙晚年所出的律令、方志等。《古今图书集成》是现存规模最大、保存最完整的类书。

712. 广州十三行起于什么时候?

广州十三行又称"洋行""洋货行""外洋行",是鸦片战争前,清政府特许在广州经营对外贸易的商行。其名称起于明代,清代在广州经营对外贸易的商行并不固定为十三个行业,但统称为十三行。1757年清政府规定对外贸易仅限广州一处后,十三行的业务日益发达。公行在清政府与外商交涉中起中间人作用,另一方面,它享有对外贸易特权,所有进出口商货都要经它买卖。十三行起初本为牙行性质,后来也自营买卖。它们和官绅相勾结,垄断进出口贸易,掠取巨额利润,官绅从中取得大量贿赂。1842年签订的《南京条约》规定,废除中国对外贸易中的公行制度,允许英国商人在各口岸任意与华商交易。1843年,广州开放通商,一些十三行行商仍旧营业,但因失去了对外贸易特权而日趋没落。他们曾经对新定的自由通商进行种种抵制,力图保住昔日的独占地位,但未能如愿。十三行中的原有成员,有的转为买办。1856年,十三行毁于广州西关大火。

713. 国子监是什么机构?

元、明、清三代国家设立的最高学府和教育行政管理机构。元代分设有蒙古国子学、回回国子学、汉文国子学,分别教授不同的文化知识。洪武十五年(1382年)三月,改学为监,故称国子监。设祭酒、司业、博士、助教、学正等学官。府学教官有教授,州学有学正,县学有教谕。入国子监的学生称监生,分官生和民生两种:官生指品官子弟、土司(少数民族头人)子弟和外国留学生;民生是由各府州县推举的民间俊秀。其中,每年由府(州)、县学按规定名额保送入监者称贡监,会试下第的年少聪慧举人被选送入学者称举监。监生最多时近万人。他们学习的内容有《大诰》、《大明律》、"四书五经"和刘向的《说苑》等。洪武年间的监生结业后可直接做官。监生有时还衔命出使，如巡行府县、稽查百司案牍、督修水利、丈田定税等。科举考试成为正途后，国子监教育逐渐衰落。清代因明旧制，顺治帝始修葺北京国子监。光绪三十一年（1905年），清末改革学制，设置学部，国子监被裁废，其教育行政功能并入学部，国子监的历史使命便告结束。

714.《海国图志》的作者是谁？

清末思想家、史学家魏源。林则徐在广州主持禁烟时，为了解西方情况，抵御侵略，请人编译英人慕瑞的《世界地理大全》，编成《四洲志》，记述了世界五大洲三十多个国家的地理和历史。1841年魏源受林则徐嘱托，据《四洲志》译稿及中外文献资料，编成《海国图志》。此书系统介绍了外国历史、地理和科技知识，谴责投降派"夷兵不可敌"的卖国论及顽固派视坚船利炮为"奇技淫巧"的昏愦，对战、守和外交策略提出了很好的见解，并提倡学习西方的先进技术，主张"师夷长技以制夷"，建议自设船厂、火器局，加强海防，抵抗外国侵略；主张发展近代工业，允许民间自由设厂、开矿，并应"尽得西洋之长技，为中国之长技"，强调"变古愈尽，便民愈甚"。本书出版后影响很大，促使人们开阔眼界，了解世界，对当时思想界和后来资产阶级改良主义运动有一定的影响。此书出版后，很快传入日本，对日本的维新运动也产生了一定影响。

715. 明朝军队的基本组织形式是怎样的？

洪武初年，为了加强国家的武装力量，朱元璋创设了卫所制度。明代京师和各地皆设卫所。一府设所，数府设卫。大抵5600人称卫，置卫指挥使统领。1120人称千户所，指挥官称千户。112人称百户所，指挥官称百户。百户下设2总旗（50人为一总旗），2总旗分为10小旗（10人为一小旗）。卫、所官军皆为世袭。地方各卫所分统于各省的都指挥使司（都司），由中央的五军都督府分别管辖。京都的卫军分两种：一是京军三大营，为全国军队的精锐；二是皇帝亲军。前者归五军都督府管，后者常由太监统领直接听令于皇帝。卫所的军士另立军籍，成为军户，平时屯田或驻防，遇有战争，朝廷命将，率领调自卫、所的士兵征战。明中叶以后，卫所屯田多被军官吞蚀，军士破产逃亡，徒存官署。

716 "胡蓝之狱"是什么事件?

明初的胡惟庸案、蓝玉案,合称"胡蓝之狱"。明太祖洪武初年,左丞相胡惟庸飞扬跋扈,私拆呈给皇帝的奏折,对不利自己的奏折隐匿不报;对官员的生杀升黜独断专行,培植私人势力。皇权与相权产生了激烈的冲突。洪武十三年(1380年),朱元璋以"擅权枉法"的罪名杀了胡惟庸,屠灭三族,同时大兴党狱,使"胡惟庸狱"不断牵连扩大,到洪武二十三年(1390年),韩国公李善长等人也以与胡惟庸"交通谋反"被杀,文学家宋濂也受牵连病死贬谪途中。此案延续了十年之久,前后被杀的有几十家王公贵族,共三万多人。朱元璋还亲自罗列被杀诸臣的罪状,作《奸党录》布告天下。此即"胡惟庸案"。蓝玉是开国功臣常遇春的妻弟,因南征北战平定边疆有功,被封为凉国公。但是,蓝玉为人骄横,霸占民田,广蓄庄奴。洪武二十六年(1393年),锦衣卫指挥控告蓝玉"谋反"并严刑拷打成案。不但蓝玉全家被杀,受此案株连被杀的达一万五千人。是为"蓝玉案"。明太祖朱元璋借此两案,大开杀戒,十四年间,几乎将明初的开国功臣诛杀殆尽,许多江南豪族地主也遭杀戮,受株连被杀者有四万五千余人。朱元璋屡兴大狱,其根本目的是为了巩固自己的统治,防止文臣武将专权,扫清子嗣统治的政治障碍。

717. 明初大规模的远洋航行是什么?

郑和下西洋,亦称三保太监下西洋,是世界远程航海史上的创举。郑和,原姓马,回族,小字三宝,又作三保,后世称之三宝太监,云南昆阳州(今晋宁)人,明初统一云南时被阉入宫。靖难之役从燕王朱棣起兵有功,被赐郑姓,提拔为内官监太监。永乐三年(1405年),明成祖遣郑和与副使王景弘率水手、官、兵二万七千八百余人,乘"宝船"六十二艘,远航西洋(当时称今加里曼丹至非洲之间的海洋为西洋)。他们从苏州刘家港(今江苏太仓东)出发,到占城(今越南南部)、爪哇、苏门答腊、锡兰(今斯里兰卡)等地,经印度西岸折回,至1407年返国。以后又在永乐时出海五次,明宣宗宣德时出海一次,前后历时二十八年。七次远航,经三十余国,最远曾达非洲东岸、红海和伊斯兰教圣地麦加。郑和每到一国,就赠送其国王中国礼物,表明建立友好关系的愿望。同时与各国商民和平交易。南洋各地至今还保留了不少有关郑和的遗迹。随行人员马欢著《瀛涯胜览》、费信著《星槎胜览》、巩珍著《西洋番国志》,记述航行中的见闻,是研究西洋地区风土人情、社会生活和中外关系史的重要史料。

718. 明朝时英宗被俘的事件是什么？

土木之变，又称土木堡之变。明正统十四年（1449年）二月，蒙古瓦剌部首领也先遣使贡马，向明朝政府邀赏，宦官王振不肯多给赏赐，也先便制造衅端。这年七月，也先统率各部，大举向内地骚扰。明英宗朱祁镇在王振的煽惑与挟持下，发兵五十万亲征，仓促而行，军心混乱，将士乏粮。八月英宗军队在土木堡（今河北怀来东）被瓦剌军队追及，被围数日。土木堡地高无水，将士饥渴疲劳。王振传令移营，而瓦剌军四面攻至，明军大乱，伤亡惨重。英宗朱祁镇与亲兵乘车突围，不得出，被俘。随征大军几乎全部战死，王振亦死于乱军之中。这次大败影响深远，成为明王朝由初期进入中期的转折点。从此，明朝对于北方蒙古势力不再具有压倒性优势，而处于被动防御地位。

719. 黄海海战是一场什么战役？

又名"大东沟之役"，是甲午中日战争中日海军主力在黄海进行的海上决战。1894年7月25日，日本联合舰队第一游击队在朝鲜丰岛海域突然袭击北洋水师的济远和广乙两艘巡洋舰，随后击沉了英籍高升号运输船，俘获操江号炮舰，甲午战争随即全面爆发。9月16日，北洋海军提督丁汝昌率舰队护送运兵增援的轮船，在鸭绿江口大东沟登陆。17日返航旅顺，途中发现原挂美国旗后又改悬日本旗的日本舰队突然袭来，丁下令应战，向敌舰还击。中国致远舰中炮，船身倾斜，全舰官兵仍拼死战斗，管带邓世昌命令开足马力，冲向敌舰吉野，不幸中鱼雷沉没，全舰官兵壮烈牺牲。经远舰中弹起火，管带林永升率全舰官兵浴血奋战，最后大部为国殉难。激战五小时，双方互有损伤，中国损失战舰五艘，但重创了日本旗舰松岛及赤城、比叡、西京丸等舰。黄海海战，其兵力之多，时间之长，以及战斗之激烈，为近代世界海战史所罕见。黄海海战中，北洋舰队损失较大，但非完败。日军获胜，但非完胜。因此，黄海海战后，日本联合舰队并没有发动主动进攻。后因李鸿章畏战求和，命令北洋舰队困守威海卫，使黄海制海权落入日本联合舰队之手。次年2月11日日军围攻威海卫，北洋舰队全军覆没，丁汝昌自杀。

720. 一条鞭法是怎样的赋税制度？

明中叶时，赋役繁苛，官僚地主凭特权得以豁免，赋税大部分由农民承担，社会矛盾十分尖锐。为了缓和阶级矛盾，维护封建统治，明政府从正德年间开始不断进行赋税制度改革。嘉靖年间，有的地方官吏开始实施一条鞭法，万历九年（1581

年)张居正通令全国实行。一条鞭法的主要内容是把原来按照户、丁派役的办法改为按照丁、粮派役,然后再与夏秋两税和其他杂税合编为一条,无论税粮、差役一律改为征银,差役全部由政府用银雇人充当。一条鞭法将力役部分摊入田赋,加强了力役由户丁转向土地的趋势,同时,折银制度和雇役制度反映了商品经济的发展和农民对封建国家的依附关系有所松弛。此外,由于赋税折银征收对货币地租的产生和部分农产品的商品化起了促进作用,从而更加繁荣了城乡经济。清初承明制,继续推行一条鞭法。雍正年间在此基础上正式改行摊丁入亩。一条鞭法在中国赋役制度史上是划时代的大事,改变了历代赋和役平行的征收形式,统一了役法,简化了赋役制度,标志着赋税由实物为主转向货币为主、征收种类由繁杂向简单的转变。

721. 徐霞客所著的一部以日记体为主的地理学著作是什么?

《徐霞客游记》。徐霞客(1587—1641),名弘祖,字振之,别号霞客,南直隶江阴(今江苏江阴)人。地理学家、旅行家和文学家。出身仕宦世家、书香门第。徐霞客的父亲徐有勉淡泊名利,无意仕进,在一定程度上对年幼的徐霞客有所影响。幼年时期的徐霞客,天资聪颖,热衷探索钻研事物。父亲病故后,三年服孝期满,徐霞客萌发了外出游历的想法,得到母亲的支持和鼓励,就开始外出旅游,历经34年,直到生命结束为止,他先后游历了大半个中国。在漫长的旅途当中,徐霞客风餐露宿,克服险阻,每天坚持写日记。这些旅游日记记录了他的旅途经历、考察的情况以及心得体会,死后由他人整理成《徐霞客游记》,为后世留下了宝贵的地理材料。《徐霞客游记》按日记述作者1613—1639年间旅行观察所得,对地理、水文、地质、植物等现象,均作了详细记录,开辟了地理学上系统观察自然、描述自然的新方向。《徐霞客游记》既是系统考察祖国地貌地质的地理名著,又是描绘华夏风景资源的旅游巨篇,还是文字优美的文学佳作,在国内外具有深远的影响。

722. 火烧圆明园是一个怎样的历史事件?

第二次鸦片战争中英法侵略军的罪行之一。圆明园位于北京西北郊海淀附近,是清朝皇帝的一座别宫。自康熙四十八年(1709年)开始经营,历一百五十余年的增修扩建,成为了闻名中外的"万园之园"。园内亭台殿宇,兼具中西建筑的风格,是园林艺术的典范。内藏各种罕见的历代典籍和丰富珍贵的古代文物,堪称人类文化的宝库。1860年10月,英法联军占领北京后,侵入圆明园,大肆劫掠,恣意破坏,奇珍异宝,损失殆尽。为了消灭罪证,英国侵略军统帅额尔金下令将圆明园全部烧毁。圆明园从此只剩下残垣断壁。圆明园的被毁,不仅是中华文化的巨大损失,也是世界文化的损失。

723. 甲午中日战争是一场什么战争？

日本于1894年（农历甲午年）挑起的侵略朝鲜和中国的战争。1894年，朝鲜爆发东学党起义，清政府应朝鲜政府请求派兵帮助镇压。日本乘机也派军队开进朝鲜。起义平息以后，清政府建议中日两国同时撤军，日本不仅拒绝，反而继续增兵，蓄意挑起战争。清政府寄希望于各国的"调停"，结果"调停"失败。清军处于被动不利的地位。1894年7月，日本海军在朝鲜丰岛海面袭击中国的运兵船，不宣而战，与此同时，日军向驻守牙山的清军发起进攻。8月，清政府被迫对日宣战。9月，日军分路进攻平壤，左宝贵奋战牺牲，统帅叶志超弃城逃跑，平壤失陷。接着，北洋舰队在黄海上被日本舰队击败，但主力尚存，日军取得黄海制海权。10月，日军分海陆两路进犯中国东北，一路由朝鲜义州附近渡过鸭绿江，侵占九连城、安东等地，进逼辽阳；一路从辽东半岛花园口登陆，攻陷金州、大连、旅顺等地。日军在旅顺屠杀中国军民两万余人。1895年2月，日军攻陷威海卫军港，北洋舰队全军覆没。3月，日军又陷牛庄、营口、田庄台等地。在整个战争过程中，尽管中国人民和爱国官兵英勇作战，但由于清政府的政治腐败，实行避战求和的政策，以及中国的经济、技术落后，使清军在作战中处处处于被动地位，最终惨败。4月，清政府被迫和日本签订了丧权辱国的《马关条约》。

724. 建州三卫是什么机构？

明朝在东北地区建州女真聚居地设立的三个地方军政机构。元末明初的女真族，按其社会发展的程度和活动的地区范围分为三大部：居住在黑龙江两岸和乌苏里江流域的称"野人女真"或"东海女真"，居住在开原以东和松花江中游一带的称"海西女真"，居住在长白山北部、牡丹江和绥芬河流域的称"建州女真"。洪武四年（1371年），明朝接替了元朝在东北地区的统治，七月设定辽都卫指挥使司。洪武八年十月，改称辽东都指挥使司，派使招谕，女真各部首领先后入朝拜见。永乐元年（1403年）十一月，明廷设建州卫（今黑龙江依兰县），任命其部族首领阿哈出为长官。永乐十年（1412年），又置建州左卫，任猛哥帖木儿为指挥使。明初建州左卫女真几经迁徙，到正统五年（1440年）最后定居于浑河、苏子河上游（今辽宁新宾县境内）。正统七年（1442年）二月，明廷又从建州左卫中分置建州右卫，于是就有了"建州三卫"之称。建州三卫初隶属于奴儿干都司，但实际上多受辽东都指挥使司统辖。其首领受明政府册委，领奉诰印、受冠带袭衣；晋升官爵、更换文书，迁徙住牧地区，都须呈报明政府批准；其军队听从明廷征调；各级首领每年都至京师北京朝贡。

725. 金瓶掣签的作用是什么？

清政府以此干预藏传佛教活佛转世人选。乾隆五十七年（1792年），清廷为防止蒙藏贵族操纵大活佛转世，设立了"金瓶掣签"制度，特颁发两金瓶，一贮北京雍和宫，一贮拉萨大昭寺。凡蒙藏大活佛如章嘉、哲布尊丹巴、达赖、班禅等转世时，均须将所觅若干个"灵童"的名字署于象牙签上，置签于瓶中，分别在雍和宫、大昭寺，由理藩院尚书或驻藏大臣监督掣定，此后遂成定制。这一制度的建立标志着驻藏大臣权力的进一步提高，加强了清政府对蒙藏地区的统治。

726. 什么是靖难之役？

明朝前期统治阶级内部争夺皇位的战争。明太祖分封24个儿子和1个从孙为王，其中北方诸王拥有兵权，势力很大。因为明初定都南京，远离塞北，为了防止北元势力的南侵，几个有才干的儿子被封到临近北边的地区，主持军务。尤其是燕王，由于功绩卓著，朱元璋令其"节制沿边士马"，地位独尊。朱元璋在位时，曾有地方官员叶伯巨提醒，要他以汉、晋诸王之乱为教训，限制藩王势力。朱元璋不但听不进劝告，反而将其下狱。惠帝朱允炆（朱元璋之孙）即位后，为了解除诸王"尾大不掉"所带来的威胁，采用齐泰、黄子澄之策，先后废削了周、齐、湘、代、岷等内地诸王。这样，皇族内部矛盾迅速激化。建文元年（1399年），燕王朱棣起兵于北平（今北京），以遵祖训、诛奸臣为名，号称"靖难"。惠帝先后派老将耿炳文和膏粱子弟李景隆率师北伐，都被燕王打败。建文四年（1402年）六月，燕兵破京师，惠帝死于宫中（一说是逃亡）。燕王朱棣即位，改元永乐，是为成祖，历时四年的内战结束。朱棣即位后，在相当长的一段时间里继续削藩，权力进一步集中。

727. 军机处是什么机构？

清朝自雍正开始设置的中枢决策机构。为了当时用兵西北的军事需要，以达到办事密速的效果，雍正七年（1729年）设军机房，仅是临时性机构。雍正十年（1730年）正式改称军机处。初设时军机处仅涉及军事方面，后来发展成总揽军政大权的中枢决策机构，成为皇帝直接控制下的全国行政之总汇，实权远远超过内阁。它的设置彻底清除了宰相制度的残余和影响。军机处无下属机构，所以权力虽大，但并不同于宰相。军机大臣无定员，最多时达六七人，一般由亲王、大学士、尚书、侍郎等充任，称为军机大臣，俗称大军机。其僚属原称为军机章京，俗称小军机，掌缮写谕旨、记载档案、查核奏议，分为满、汉四班，各八人。每班有领班、帮领班各一人。军机处秉承皇帝意旨，处理军国要务、官员任免和一切重要奏章。宣统三年（1911年）四月初十，清廷宣布成立"责任内阁"时废止军机处。军机处完全置于皇帝的直接掌握下，等于皇帝的私人秘书处。军机处在权力上是执政的最高国家机关，而在形式上始终处于临时机构的地位。军机处的设立是清代中枢机构的重大变革，标志着清代君主集权发展到了顶点。

728. 康熙帝的功绩有哪些？

爱新觉罗·玄烨（1654—1722），清朝第四位皇帝、清定都北京后第二位皇帝。年号康熙，故亦称康熙帝。八岁嗣位，初年贵族鳌拜等专权，大肆圈地，广大农民被迫流亡，吴三桂等藩王也在此时发展成割据势力。他亲政后，于1669年逮捕鳌拜，革职拘禁。1673年下令削藩，讨伐吴三桂等发动的叛乱，到1681年完全平定。两年后出兵攻灭台湾的郑氏政权，完成统一，并在台湾驻兵，防止西方殖民者的侵略。1685年出兵驱逐盘踞黑龙江流域雅克萨的沙俄侵略军，遏制了沙俄对华的侵略野心；1689年派索额图等订立《中俄尼布楚条约》，确定中俄之间的东段边界。准噶尔部发动叛乱，进攻喀尔喀蒙古、内蒙古、西藏等地，他三次派兵平乱，1719年派兵入藏，粉碎了藏族少数上层分子勾结准部的叛乱。他在位期间重视发展农业生产，奖励垦荒，多次减免田赋，曾颁布"兹生人丁，永不加赋"的法令，促进了社会经济的发展。他对文化思想统治极严，大兴文字狱，迫害文士，同时又采取笼络政策，开博学鸿词科，罗致遗民；提倡程朱理学，开明史馆修《明史》；又大量编纂书籍，完成《古今图书集成》《全唐诗》《佩文韵府》《康熙字典》等书。康熙帝是中国统一的多民族国家的捍卫者，奠定了清朝兴盛的根基，开创出康乾盛世的局面。去世后上庙号圣祖。

729.《孔子改制考》的作者是谁？

康有为（1858—1927），原名祖诒，字广厦，号长素，又号更甡。广东南海人，人称康南海，晚清时期重要的政治家、思想家、教育家，近代资产阶级改良主义运动的领袖、保皇会首领。康有为出生于封建官僚家庭，光绪五年（1879年）开始接触西方文化。光绪十四年（1888年），康有为到北京参加顺天乡试，借机第一次上书光绪帝请求变法，受阻未上达。光绪十七年（1891年）后在广州设立万木草堂，收徒讲学。光绪二十一年（1895年）《马关条约》签订时，他联合赴京会试的举人1300多名

历史哲学艺术卷

上书，要求拒签和约、迁都再战、变法图强，即"公车上书"。同年，在北京、上海设立强学会，掀起维新变法运动。1898年又在北京成立保国会。在他的发动下，全国改良主义运动有了很大发展。到1898年，全国有学会、学堂、报馆三百多所。他先后七次上书光绪帝，要求维新变法。1898年6月，在翁同龢、徐致靖等人的支持下，康有为受到光绪帝召见，光绪任命他为总理衙门章京，筹备变法事宜，史称戊戌变法。9月，变法运动受到慈禧太后的镇压，谭嗣同等六人被杀，他逃亡日本。此后组织保皇会，鼓吹开明专制，反对民主革命。1917年和张勋策划复辟，旋即失败。著作有《新学伪经考》《孔子改制考》《大同书》《康南海先生诗集》等。

730. 北洋水师的创始人是谁？

李鸿章（1823—1901），字少荃，安徽合肥人。淮军、北洋水师的创始人和统帅。晚清名臣，洋务运动的主要领导人之一。1853年，李鸿章在安徽办团练，协助镇压太平军，屡遭失败，投靠曾国藩当幕僚。1861年在安徽按湘军编制，组织编练淮军。1862年4月，他率领淮军六千人由安庆乘英国轮船到上海，与英、法等外国侵略者相勾结，购买洋枪洋炮武装淮军，伙同戈登的"常胜军"，镇压太平天国革命。1865年署理两江总督，继曾国藩任钦差大臣，率淮军镇压捻军。1870年由曾国藩举荐，任直隶总督兼北洋大臣，掌握军政、外交大权。为了挽救清朝统治，李鸿章以"自强""求富"为名，创办江南制造总局、上海轮船招商局等军事工业和民用工业，创办北洋海军，成为洋务派的首领。他对外主张妥协退让，曾招致中法、中日战争失败。对于不平等条约的签订，虽据理力争，然而无奈国家羸弱，不得不接受屈辱要求，是《中法新约》《马关条约》《中俄密约》《辛丑条约》等许多不平等条约的订立者。曾参与反对戊戌变法，义和团运动时与英国策划"东南互保"。1901年签订《辛丑条约》后不久病死。赠太傅，晋封一等侯爵，谥文忠。他在洋务运动中贪污中饱，死时遗产竟达4000万两白银之多，时有"宰相合肥天下瘦"之讥。与曾国藩、张之洞、左宗棠并称为"中兴四大名臣"。慈禧太后视其为"再造玄黄之人"。

731. 《本草纲目》的作者是谁？

李时珍（1518—1593），字东璧，晚年自号濒湖山人，蕲州（今湖北蕲春）人。明代著名医药学家。祖、父都通医学。他继承家学，自幼喜读医书。曾被聘担任楚王府的奉祠正，又曾被推荐到明王朝的太医院任职，在此期间他看了许多珍贵的医药书籍。李时珍看到以前的《本草》缺漏错误很多，决心重修《本草》。他经常上山采药，深入民间，向农民、渔民、樵夫、药农请教。同时参考历代医药及有关书籍八百余种，对药物加以鉴别和考证，纠正了古代本草书籍中的药名、品种、产地等错误，并收集整理宋、元以来民间发现的很多药物，充实了内容。经过二十七年艰苦劳动，李时珍著成《本草纲目》五十二卷。《本草纲目》以水、火、土、金石、草、谷、菜、果、木、服器、虫、鳞、介、禽、兽、人十六部为纲。部下设类，各类下的具体药物的分项大致是：先说明药物出产和形状的"集解"，其次是"气味"和"主治"，有些条目的最后还有"附方"一项。《本草纲目》对1892种药物作了介绍，其中新增药物374种。这部书总结了十六世纪以前我国劳动人民丰富的药物学经验，对后世药物学的发展作出了重大贡献。至今已翻译成多种文字，还在博物学上为世界学人所推重。此外，李时珍还著有《濒湖脉学》《奇经八脉考》流传于世。去世后被明朝廷敕封为"文林郎"。

732. 大顺政权的建立者是谁？

李自成（1606—1645），明末农民起义领袖。陕西米脂李继迁寨人。出身农民家庭，童年时给地主牧羊，曾为银川驿卒。崇祯二年（1629年）起义，后为闯王高迎祥部下的闯将，勇猛有谋略。崇祯八年（1635年）荥阳大会时，提出分兵定向、四路攻战的方案，受到各部领袖的赞同，声望日高。1636年高迎祥牺牲后，他继称闯王。他用李岩等提出的"均田免赋"等口号，获得广大人民的欢迎，到处传唱着"开了大门迎闯王，闯王来时不纳粮"的歌谣，部队迅速发展到百万之众，成为农民战争中的主力军。崇祯十七年（1644年）正月，李自成在西安建立大顺政权，年号永昌。二月，向北京进军。三月十九日攻入北京内城，推翻了明王朝。起义军由于长期流动作战没有巩固根据地，领导人又犯了胜利时骄傲的错误，以致被吴三桂所勾结入关的清兵打败，退出北京。以后他又率军转战河南、陕西等地。1645年在湖北九宫山被地主武装杀害。

733. 理藩院是主管什么的？

理藩院是清代管理蒙、回、藏少数民族事务的机关。初为"蒙古衙门"，设承政、参政等官，崇德三年（1638年）改"蒙古衙门"为"理藩院"，隶属礼部。顺治十八年（1661年）改为与六部同等。理藩院的设置最初是为了处理蒙古事务，随着清朝对西北、西南各地区统治的进一步加强，理藩院管理的范围也逐步扩大到蒙古以外的少数民族地区。其具体管辖范围为蒙古各部、回部与西藏喇嘛所属各处。举凡这些地区的封爵、会盟、宗教、刑法、土田、游牧、射猎、征发、贡纳、邮驿、翻译等事项均由其管理。此外，理藩院还兼管对俄交涉等外交事务。第二次鸦片战争后，清政府另成立了总理衙门,这部分事务始改归总理衙门管理。理藩院的设置,说明清廷十分注重对蒙、藏、维等少数民族地区的管理,标志着清中央政权与少数民族地区隶属关系的加强,说明专制主义中央集权的统治已深入到边区,在加强和巩固我国统一的多民族国家的过程中起到了积极的作用。光绪三十二年(1906年),理藩院更名为理藩部,辛亥革命后北洋政府又改为蒙藏院。

734. 主持虎门销烟的民族英雄是谁?

林则徐(1785—1850),字少穆,福建侯官(今福建福州)人,清朝时期的政治家、思想家和诗人。与龚自珍、黄爵滋、魏源等人提倡经世之学。1838年林则徐任湖广总督,提出"修防兼重",整修江汉堤防,成效显著。12月底被任为钦差大臣,到广东查禁鸦片。次年3月到广州,为了解西方各国情况,派人翻译外文书报,编写《四洲志》。林则徐主张对外商区别对待,支持正当贸易,打击鸦片烟贩。他与两广总督邓廷桢协力查办鸦片走私商,严令英、美烟贩交出私运来粤的鸦片,共237万斤,并于6月3日在虎门海滩当众焚毁。虎门销烟使中英关系陷入极度紧张状态,成为英国发动鸦片战争、入侵中国的借口。他相信民心可用,组织百姓,筹划海防,抵御外侮。1840年1月林则徐任两广总督。6月英国发动侵略,鸦片战争爆发。由于他在广东防守严密,英军无法得逞,遂北上侵占定海,进犯大沽。他受投降派的诬害,被革职。次年被派赴浙江,筹划海防。不久充军新疆,兴修水利,垦辟屯田。后起用为陕西巡抚,1847年任云贵总督,曾奏请准许"招集商民,听其朋资伙办"矿业。1849年因病辞职回籍。1850年林则徐被起用为钦差大臣,赴广西镇压农民起义,途中病死。谥号文忠。

735. 隆庆和议发生在哪一年?

隆庆和议是明穆宗隆庆年间明政府与蒙古俺答汗达成的和议。从嘉靖十三年(1534年)开始,蒙古土默特部俺答汗为解决牧区生产和生活上的不足的问题,多次向明朝提出通贡、互市的要求。但由于明朝方面的腐朽和奉行的民族歧视政策,以及害怕土木之变重演等一系列原因,对俺答汗的求贡一概拒绝,并多次诛杀俺答汗求贡使者,俺答汗遂以武力相威胁,蒙古骑兵多次南下犯边。嘉靖二十九年(1550年),蒙古骑兵绕过大同,直逼北京,抄掠而去,酿成"庚戌之变"。隆庆年间,明朝边防经过整饬,军事力量有所加强,使俺答汗的扩张野心有所收敛,愿与明廷修好。隆庆五年(1571年),在内阁大臣高拱、张居正等人的筹划下,明朝与蒙古达成了对俺答汗的封王、通贡和互市的协议。明廷封俺答汗为顺义王,其子侄也都被授予了都督同知、指挥同知等官职。明朝开放十一处边境贸易口岸。俺答汗死后,子孙相继嗣顺义王位,而统治权仍归俺答汗妻三娘子。明朝封她为忠顺夫人。三娘子继续执行与明廷友好的政策,为明"保边守塞"。这一时期,蒙汉人民的经济文化联系进一步加强。隆庆和议结束了明朝与蒙古近两百年的敌对状态。从此到明朝灭亡为止,明朝与蒙古之间绝少爆发大规模战争。

736.《马关条约》的内容有哪些?

《马关条约》是日本强迫清政府订立的关于结束甲午战争的不平等条约。甲午战争爆发后,清政府从1894年10月起便不断透过欧美列强向日本求和,都被拒绝。到战争后期,日本要求以割地、赔款为议和条件。1895年,清政府派李鸿章为议和全权大臣前往日本谈判。日本侵略者大肆进行讹诈、恐吓,逼迫李鸿章在事先拟好的苛刻的侵略条款上签字。4月17日,李鸿章与日本首相伊藤博文在日本马关签订条约,主要内容为:(1)中国承认朝鲜完全"自主",由日本对朝鲜进行控制;(2)中国割让辽东半岛、台湾、澎湖列岛给日本;(3)赔偿日本军费二万万两白银;(4)开放沙市、重庆、苏州、杭州为商埠,日船可沿内河驶入以上各口;(5)允许日本在中国通商口岸设立领事馆,建造工厂及输入各种机器,产品运销中国内地免收内地税。条约签订以后,遭到全中国人民的反对。在列强的干涉下,辽东半岛由清政府以三千万两白银赎回。台湾人民则掀起了声势浩大的反割台斗争。另外,台湾的割让也刺激了列强划分势力范围、瓜分中国的野心。这个条约表明外国资本主义对中国的侵略已开始进入帝国主义阶段,由以商品输出为主逐渐转变为以资本输出为主,大大加深了中国社会的半殖民地化和民族危机。

737. 清乾隆年间官修的中国古代最大的一部丛书是什么?

《四库全书》。清乾隆时,政府选派纪昀等著名学者160多人编辑《四库全书》。这套大型丛书,共收书三千四百六十余种,七万九千三百余卷(文渊阁本),分经、史、子、集四大类,各类又分许多子目。经部收录儒家"十三经"及相关著作;史部收录史书,包括正史类、编年类、纪事本末类、杂史类、别史类、诏令奏议类、传记类等15个大类;子部收录诸子百家著作和类书,包括儒家类、兵家类、法家类、农家类、医家类、天文算法类、术数类、杂家类、小说家类、释家类、道家类等14个大类;集部收录诗文词总集和专集等,包括楚辞、别集、总集、诗文评、词曲等5个大类。《四库全书》编成后,纪昀等又写成《四库全书总目提要》200卷,把每本书的渊源、版本、内容都做了提纲性的介绍,因而《四库全书总目提要》也是一部重要的目录学著作。《四库全书》所收之书的来源可分两部分：一是清廷的内府藏本，一是从各省收集的民间藏本。成书之后，抄录7部，分藏于北京皇宫的文渊阁、圆明园的文源阁、沈阳故宫的文溯阁、承德避暑山庄的文津阁、扬州的文汇阁、镇江的文宗阁、杭州的文澜阁。《四库全书》保存了许多珍贵的文献资料，是我国最大的一部丛书。但清政府在修《四库全书》的过程中，曾大量销毁和删改旧书，使传统文化遗产遭到了极大破坏。

738. 明成祖是哪位皇帝？

朱棣（1360—1424），明太祖朱元璋第四子，明朝第三位皇帝。朱棣生于应天府（今南京），明朝建立后被封为燕王，就藩北平（今北京），拥有重兵。多次受命参预北方军事活动，两次率师北征，加强了他在北方军队中的影响。建文帝即位后采取削藩政策，不仅监视朱棣，还欲调走他的军队，朱棣于1399年以"清君侧"为名起兵，发动靖难之役，夺取建文帝的帝位。1402年在南京称帝。他营建北京城，于1421年正式迁都北京，以南京为留都，对强化明朝在北方的的统治起到了非常积极的作用。他解除藩王兵权，削弱了割据势力，巩固了中央集权；改革机构，设置内阁；设立锦衣卫和东厂特务机关，加强君主专制统治；重用宦官，给宦官以"出使、专征、监军、分镇、刺民隐事"等大权，为明中后期宦官专权埋下隐患；对外五次亲征蒙古，打击蒙古贵族势力，收复安南，并于东北设奴儿干都司，在西北置哈密卫，在西南置宣慰司，又设贵州承宣布政使司，巩固了南北边防，维护了领土的完整；多次派郑和下西洋，加强了中外友好往来；还命人编修《永乐大典》，疏浚大运河。在他统治期间，明朝经济繁荣、国力强盛，文治武功都有了很大提升，史称"永乐盛世"。永乐二十二年（1424年），朱棣死于北征蒙古回师途中的榆木川（今内蒙古乌珠穆沁），庙号太宗，明世宗嘉靖时改称成祖。

739. 明末农民战争是如何发展的？

明朝末年，政治腐败，宦官专权，统治阶级内部互相攻伐，再加上政府加派苛捐杂税，土地高度集中，人民生活苦不堪言。天启七年（1627年）农民起义首先在陕北爆发。崇祯六年（1633年），农民军自山西渡河南下，进入中原。崇祯八年（1635年），农民军各首领举行了荥阳大会，共商战略，拟定作战计划，标志着农民战争进入了新的阶段。会后，以高迎祥为主力的农民军东下凤阳，转战中原。次年高迎祥牺牲，李自成代统所部。崇祯十一年（1638年），各部连遭失利，张献忠等一度降明，李自成隐伏深山，坚持斗争。次年，各部又大举活动。张献忠等再起，突围入川。李自成屡败屡起，于崇祯十三年（1640年）率五十骑入河南，提出"均田免赋"的口号，两年后发展为百万之众，实力大增。1643年，李自成称新顺王于襄阳。张献忠称大西王于武昌，相继组织政权。1644年李自成取西安，正式建立大顺政权，向北京进军，推翻明朝。张献忠也取得四川，建立大西政权。农民军于胜利之后，在内部团结、对敌人警惕诸方面，都暴露出严重缺点。大顺、大西两政权相继失败。1645年李自成死于通山县九宫山，1646年张献忠亦战败而死。大顺、大西两军将领绝大部分转入抗清斗争。

740. 明末三大案是哪三大案？

"梃击案""红丸案""移宫案"的合称。万历时神宗皇后无子，王恭妃生子朱常洛，郑贵妃得宠，生子朱常洵，常洛为长。按照皇明祖训本应遵循立嫡以长的原则，而神宗欲册立朱常洵，于是迁延不立皇太子。东林党人上疏反对，神宗不得已册立朱常洛为皇太子。万历四十三年（1615年）五月，蓟州（今天津）人张差手持枣木棍，闯进皇太子居住的慈庆宫，被执讯问，供为郑妃宫监庞保、刘成所指使。神宗庇护郑妃，不再追查，而东林党人指出这是郑妃的阴谋。后杀张差于市，毙刘成、庞保于内廷。史称"梃击案"。神宗死后，朱常洛即帝位（即光宗），不久患病，郑贵妃指使太监崔文昇下泻药，光宗病情转剧，李可灼又进红丸两粒，光宗服药死。东林党人、给事中杨涟、光禄少卿高攀龙先后上疏弹劾崔文昇、李可灼。后崔文昇被发遣南京，李可灼遭遣戍边疆。以魏忠贤为首的阉党得势，于天启五年（1625年）免李可灼戍，命崔文昇督漕运。此即"红丸案"。光宗继位时，郑贵妃进侍姬八人侍帝，李选侍最得宠，与郑贵妃往来甚密。宦官魏忠贤与李选侍谋挟皇太子朱由校以把持朝政。光宗死，李选侍仍居乾清宫，杨涟、左光斗等竭力上疏反对，终于迫使李选侍移出。史称"移宫案"。三大案反映了明朝后期统治阶级内部矛盾重重，是国家走向衰落的表现。

741. 明朝的开国皇帝是谁？

朱元璋（1328—1398），字国瑞，原名重八，后取名兴宗，濠州钟离（今安徽凤阳）人，元末农民起义军领袖，明朝开国皇帝。出身贫农，少时在皇觉寺为僧。1352年参加郭子兴部红巾军，韩林儿称帝时任副元帅。1356年攻占集庆路（今江苏南京），改名应天府，以为根据地。他接受儒生朱升"高筑墙，广积粮，缓称王"的建议，令诸将实行屯田，壮大自己的军力。1363年击败陈友谅，次年自称吴王。1367年俘张士诚，降方国珍，平定南方。同年十月，派徐达出兵北伐。1368年即皇帝位，国号大明，建元洪武。同年攻克大都（今北京市），推翻元朝统治，以后逐步统一中国。他在位期间采取了措施安定社会秩序，加强中央集权。在政治上裁撤中书省，废丞相，分相权于六部，地方行政机构上设承宣布政使司、提刑按察使司、都指挥使司分掌权力，抑制豪强，严惩贪官和不法勋贵，制定《大明律》；经济上移民屯田和军屯，兴修水利，解放奴婢，减免税负，派人到全国各地丈量土地，清查户口等；军事上设五军都督府，实行卫所制度；文化上紧抓教育，兴科举，建立国子监培养人才。这些措施为社会经济文化的进一步发展提供了有利条件。为了加强专制主义中央集权，他对拥有实权的文臣武将实行杀戮，胡惟庸、蓝玉二案株连达数万人，功臣宿将相继被杀尽，充分暴露出专制主义君主集权政治残暴的一面。后于洪武三十一年（1398年）病逝，庙号太祖，谥号高皇帝，葬明孝陵。

742. 南明是什么？

明末官吏和农民军余部支持的明后裔子孙在东南建立的一些抗清政权。清军入主中原后，明朝宗室及文武大臣大多逃亡南方以抵抗清兵。崇祯十七年（1644年）四月，明朝灭亡的消息传到了南京后，南京明臣即议立新君。凤阳总督马士英和阉党余孽阮大铖拥立崇祯帝从兄、福王朱由崧在南京即皇位，宣布次年建元弘光。福王昏庸荒淫，不求振作。统治层内部纷乱倾轧。次年五月，清军攻占南京，福王出逃被俘，被多铎押到北京斩首。同年闰六月，鲁王朱以海监国于绍兴。七月，唐王朱聿键在郑芝龙等人的拥立下，即帝位于福州，建元隆武，称隆武帝。鲁王、唐王两个政权互争真伪，不能倾心合作，相继失败。十月，明广西巡抚瞿式耜、两广总督丁魁楚、湖广总督何腾蛟等，在广东肇庆拥立桂王朱由榔即皇帝位，以明年为永历元年。顺治三年（1646年）十一月，唐王弟朱聿鐭在广州称帝，年号绍武，旋败死。以上诸政权中，以桂王政权坚持的时间最长，抗清的力量也最强，虽然内部矛盾重重，腐败不堪，但由于先后得到了大顺军和大西军余部的支持，再加上道路偏远和地貌复杂的地理因素，所以坚持斗争十余年。康熙元年（1662年）春，清平西王吴三桂在缅甸俘获桂王，带回昆明，后以弓弦绞杀于市。此后郑成功以台湾为抗清基地，仍奉大明正朔，建立明郑王朝，继续沿用永历年号。1683年，清军占领台湾，延平王郑克塽降清，宁靖王朱术桂自杀殉国，明朝始亡。

743. 明清内阁是一个什么样的机构？

明清政府的中枢机构。明朝最初沿袭元朝制度，设立中书省，置左右丞相。洪武十三年（1380年），胡惟庸案之后，明太祖朱元璋废除了中书省和宰相，分中书省之权归于六部。洪武十五年（1382年）仿照宋朝制度，设置华盖殿、武英殿等殿阁大学士，大学士只备顾问，很少有参决的机会，这就是内阁的雏形。明成祖时，正式设立内阁，阁臣得以参与机务。至明英宗时，阁臣取得票拟之权，内阁之权日重。凡阁臣皆称辅臣。内阁票拟之权由首辅（首席内阁大学士）独揽，成为首辅特权。虽然首辅有票拟的权力，但却不得不依赖于内部太监送达批红。明世宗时，将大学士的朝位班次列在六部尚书之前，地位大大提高。明神宗早期，内阁权力达到顶峰，张居正改革让内阁成为政府运转的中枢，其地位已经接近于现代的首相。明代之内阁大学士虽无宰相之名，实有宰相之权。清军入关之后，清朝沿袭明朝内阁制度始设内阁。内阁的主要官员定为大学士满、汉各一人，均为正一品；协办大学士满、汉各一人，均为从一品；学士满六人，汉四人，均为从二品。内阁大学士自定为正一品后，遂成为有清一代品级最高的官员，地位极为尊崇，被尊称为"中堂"，但内阁的权力愈来愈弱。军机处设立后，实权集中到军机处，内阁徒有虚名，成为传达皇帝谕旨、公布文告的机关。

744.《尼布楚条约》是什么时候签订的？

《尼布楚条约》是1689年9月清政府和沙俄政府签订的第一个中俄边界条约。沙俄在雅克萨战败后，被迫同意通过谈判解决边界问题。1689年，中俄双方代表在尼布楚进行谈判。中国政府作了让步，经过平等协商，签订了《尼布楚条约》。条约规定：中俄两国以格尔必齐河、额尔古纳河和外兴安岭往东至海为边界；外兴安岭以北，格尔必齐河、额尔古纳河以西属俄国，外兴安岭以南，格尔必齐河、额尔古纳河以东属中国。条约明确划分了中俄两国东段的边界，从法律上肯定了黑龙江和乌苏里江流域包括库页岛在内的广大地区都是中国的领土。条约还规定：凡两国人民持有护照者，可过界来往，并许其贸易互市。《尼布楚条约》是一个平等条约。它是中俄双方在平等的基础上签订的，基本上反映了两国政府的主张，符合双方的利益。《尼布楚条约》的签订，维持了一百年中俄边境的稳定。

745. 捻军是什么？

太平天国革命时期，活动于北方的农民起义军。原称捻党或捻子，起于康熙年间，本为淮河两岸穷苦人民反抗封建压迫的武装团体，每一股为一捻子，有数人至一二百人不等。参加的成员，主要是破产农民和失业手工业者，"居则为民，出则为捻"，各捻之间互不统属，战斗时由首领召集，部署为兵，起初只进行抗粮、抗差、劫富济贫等小规模的活动。1852年，捻党首领张乐行在亳州聚众万余攻克河南永城。1853年，太平军北伐道经淮北一带，捻党纷起响应。1855年张乐行在雉河集（今安徽涡阳）与各地捻党首领会盟，被推为盟主，称大汉永王（一作大汉明命王），制订《行军条例》十九条，组成捻军，建立黄、红、蓝、白、黑五旗军制。后与太平军联合作战，接受太平天国领导，转战于豫、皖、苏、鲁等省，大败清军，张乐行晋升为征北主将，被封为沃王。1863年张乐行被俘遇害。1864年捻军首领张宗禹与太平天国遵王赖文光部会合，推赖为领袖，整编队伍，屡败清军。1865年捻军在山东高楼寨击杀镇压太平天国的悍将科尔沁亲王僧格林沁。1868年捻军分为东捻军与西捻军，东捻军由赖文光率领，转战于鄂、豫、皖、鲁一带，不久赖文光在扬州牺牲，东捻军覆没。西捻军由张宗禹率领，西上陕西，与回民配合作战，同年8月南撤到山东茌平被镇压。

哲学类

百家

746."诸子百家"真的有"百家"吗？

"诸子百家"指春秋、战国以及秦汉时期各种学术派别的总称，主要指先秦（春秋战国）时期的众多的学术派别及其代表人物。今天的人对于"诸子"和"百家"是"有明确的区分"的，"诸子"指的是各家学派的代表人物，"百家"指的是各个学派。但是在古代并没有把各家代表人物和各家学派分开来看，而是混在一起作为一个统称。例如《汉书·艺文志》记载："凡诸子百八十九家。"统计"诸子百家"为一百八十九家，这是因为《汉书·艺文志》把"诸子"（学派代表人物）和"家"（学术派别）放在一起计算了。《汉书·艺文志》还记载诸子百家的著作有四千三百二十四篇。后来的《隋书·经籍志》和《四库全书总目》更是记载"诸子百家"有上千家的数量。正是因为《汉书·艺文志》的记载，所以流传下了"诸子百家"的说法。"诸子百家"虽然数目众多，但流传广、影响大的并不多，其中最为重要的学术派别有道家、儒家、墨家、法家、兵家、阴阳家、名家、杂家、农家、小说家、纵横家、医家等十二家。这些学派流传范围广，影响时间长，为中国文化各个方面的发展奠定了思想基础，其中儒家和道家思想成为中国思想文化中极为重要的两个支脉。

747. "三教九流"指的是什么？

"三教九流"是中国古代重要思想派别的另一种常见称法。"三教"指儒教、佛教、道教；"九流"指儒家、道家、墨家、法家、名家、杂家、农家、纵横家、阴阳家。"九流"的说法出自《汉书·艺文志》。"三教九流"后来常用于形容社会上各行各业的人。

748. 兵家是什么样的学派？

兵家，古代常作为军事家或用兵者的统称。《汉书·艺文志》提出"兵家"这个词就是来自古代管理国家军事、武备的官职名称。现在提起兵家，常常是指作为思想学派的兵家。兵家的主要思想内容是军事理论。先秦的代表人物有春秋时期的孙武，战国时期的孙膑、吴起等，代表著作有《孙子兵法》《孙膑兵法》等，这些讲述军事理论的著作被称为兵书。兵家可以分成四个派别，分别是兵权谋家、兵形势家、兵阴阳家和兵技巧家。兵权谋家讲究战争谋略，兵形势家多论述战场形势和战术思想，兵阴阳家的理论夹杂了各种军事上的占卜、巫术等内容，兵技巧家的学说包括军事器械以及使用技巧等方面的内容。兵家的起源有很多说法，有人认为兵家的思想源于道家或法家，也有人认为吕尚（姜子牙）是兵家的鼻祖。春秋时期的军事家孙武被认为是兵家先师，被尊为"兵圣"。兵家的思想，大到阐释战争的普遍规律以及国家的军事战略，小到具体的战争技巧，包含了与军事战争有关的各个方面。兵家的思想不但影响了中国古代的军事战争，对现代军事战争也有巨大的启发意义。此外，兵家思想被运用在日常的学习、工作之中，帮助人们解决日常社会生活中的问题，对中国社会及思想文化的发展有重要意义。

749. 法家是什么样的学派？

法家是诸子百家中以提倡法治为核心思想的学派，倾向于通过改革国家的制度，建立明确的法律制度并以法治国，来达到富国强兵的目的。主要代表人物有春秋时期的管仲、子产，战国时期的李悝、商鞅、韩非、李斯等，其中管仲被认为是法家先驱。法家的著作有《商君书》《韩非子》等。法家学派形成得比较晚，但是中国历史中很早就存在法家的思想。法家思想主要来源于春秋时期的管仲、子产等人，战国时期李悝、吴起、商鞅、申不害、乐毅、韩非等人大力提倡并发展法家思想，从而形成了法家学派。法家学说内容上包括了国家的政治、军事、法律、经济等许多方面。其思想上主要是反对保守地遵守古代制度，提倡积极变法改革；推崇法制、以法治国，认为法律、律令必须遵守，法律面前人人平等；提倡加强君主的权威等等。法家是诸子百家中的重要学派，封建时代统治者虽然将儒家作为正统，但也十分重视法家思想，实际上是用儒法结合的方式治理国家。法家思想和人物在中国社会从奴隶制走向封建制的变革中起到了重要作用，为中国由分裂的战国时期走向统一的封建王朝打下了政治及思想基础，深刻影响了中国政治、经济等方面的发展。中国现在的法律制定、法制建设也受到了古代法家思想的影响。

750. 与儒家同称"显学"的墨家是什么样的学派？

墨家是产生于战国时期的思想学派，创始人是墨翟（墨子），代表人物有墨子、禽滑釐、田鸠等，代表著作有《墨子》《胡非子》等。墨家是一个组织严密、纪律严明的学术派别，其首领称作"巨子"，有严格的传承制度；其成员必须遵守墨家主张，为了实现主张可以不惜性命。墨家分为前期和后期，前期墨家学说主要是关于社会政治、道德伦理的学说，后期墨家学说更倾向于逻辑辩证和发展科学。墨家由墨子在批判儒家思想的基础上创立，曾辉煌一时。韩非子将墨家和儒家并称为当时的两门显学，儒家的孟子则说："天下之言，不归杨，则归墨。"这说明墨家思想在当时影响巨大。但墨家后来逐渐衰落，在南北朝以后逐渐消失。墨家的思想十分丰富，主要的思想主张有：提倡人与人之间没有差别，不分彼此的博爱（兼爱）；反对侵略的、非正义的战争（非攻）；尊重有才能的人，不鄙视平民（尚贤）；崇尚节约，反对贵族铺张浪费（节用）；提出要摆脱礼乐的束缚，废除大型音乐活动，减少国家耗费（非乐）等。墨家虽然没有像儒家、道家一样一直传承并发扬光大，却是可以和儒、道相提并论的重要学派，其学说与儒家、道家学说同样是中国古代哲学体系十分重要的组成部分。墨家提出了许多极具价值的思想理论，清末民初时被重新发掘，在今天也有一定影响。

751. 以善于思辨著称的名家是什么样的学派？

名家又叫"辩者"或"刑名家"，产生于战国时期，以能言善辩著称。名家学说最早由春秋时的邓析提倡，战国时形成学派。名家的代表人物有惠施、公孙龙等，代表作品《惠子》《公孙龙子》等。名家的渊源可以追溯到上古，在法律产生以后出现了类似今天"律师"的人，他们根据法律条文相互辩论，专门对名词、概念进行讨论，所以被称为"辩者"。从春秋后期到战国时期，社会的动荡和变革十分激烈，原来的一些概念、名词或称谓不再适合于新产生的事物，而新产生的概念还不能被人们接受，所以产生了"名不副实"的情况。于是形成了专门研究"名"与"实"的关系的名家学派。名家思想的核心是"名实"问题,"名"就是人或事物的称谓,也就是名词概念;"实"就是"名"所指事物的内容。其思想偏重逻辑,比较抽象。名家以长于逻辑、善于辩论著称,也常常通过辩论来阐发自己的思想观点,但名家在论辩的时候经常形成诡辩,所以历史上名声不好。不过名家重视名词概念的辨析,对各家学派都造成了一定影响,推动了中国古代思想中逻辑思维的发展,为古代逻辑学发展做出了巨大贡献。

752. 阴阳家是什么样的学派?

阴阳家是流行于战国末期到汉朝初期的哲学学派,一般认为属于从道家发展而来的道家分支学派,以战国时齐国人邹衍为创始人,代表作品有《邹子》等。阴阳家的学说以"阴阳五行"为核心。古人认为宇宙万物都有两个相反的方面,有两种相反的性质,这两种相反的方面和性质又相互依赖,概括抽象出来,就是"阴阳";而"五行"指金、木、水、火、土,古人认为宇宙万物都是由这五样东西组成的,五行相生相克,不断变化运转,这就是"五行"说。"阴阳五行"并不是阴阳家所创立的学说,"阴阳"的观念,最早在《老子》《列子》等书中就已经出现,"五行"早在《尚书》中就已经出现。"阴阳五行"的观念,还可以追溯到上古时期,在中国人的思想中是很早就存在的。阴阳家对"阴阳五行"的学说进行了专门研究和论述,进一步发展了阴阳学说,提出了"五德终始"等具体的观点,尝试用"阴阳五行"的观点解释自然现象以及自然发展变化的规律。阴阳学说是中华民族最重要的哲学思维之一,在中华文化中源远流长,在道家、儒家等学派中都可以找到关于"阴阳"和"五行"的观点,阴阳家将阴阳学说加以总结发展,对儒家等学派又产生了巨大影响。阴阳学说深刻影响了中国古人对世界的认识以及中国的天文历法、医学、政治等方面的发展。

753. "纵横捭阖"的纵横家是什么样的学派?

纵横家,一般指凭借辩论的才能阐述政治观点、进行政治活动的人。纵横家主要活动在战国时期,创派鼻祖是鬼谷子,代表人物有张仪、苏秦等,代表著作有《鬼谷子》等。纵横家的产生是和春秋战国时期的历史背景相关的。春秋战国战乱不断,弱小的国家往往被消灭,大国之间政治上钩心斗角,军事上相互攻伐,于是出现了一批人,他们利用辩论的才能,说服诸侯采用自己的主张制定军事及外交政策,处理国家之间的关系。这批人就是后来所说的纵横家。纵横家的思想理论主要涉及国家政治、外交及军事,主要思想就是"纵横"。"纵"也叫"合纵",指联合几个相对弱小的国家共同对抗比较强大的国家,主要由公孙衍、苏秦等人提出并实行,当

时秦国为强国,"合纵"的燕、赵、韩、魏、楚等国南北纵向分布,所以叫"合纵";"横"又叫"连横",主要由张仪提出并实行,指六国分别与秦国联合攻打弱小的国家的政策,因为秦国在其余六国的西面,与六国横向分布,所以称为"连横"。此外,纵横家还提出联合距离自己远的国家进攻邻近国家("远交近攻")等策略。纵横家的活动在战国时期十分重要,他们用自己的策略左右国家政策的制定,在战国后期更是促进了秦灭六国、统一中国的进程。纵横家的思想对今天的外交政策也具有一定的借鉴价值。

754. 农家是什么样的学派?

农家也叫"农家流",是战国时期注重农业生产的学术流派。农家将神农氏作为学派祖师,代表人物为许行。农家的著述有《神农》《董安国》等,但都没有完整保留下来。神农氏是中国传说中上古部落联盟的首领,传说他教人种植五谷、养殖牲畜,结束了上古的饥荒时代,因此被农家尊为祖师。农家的产生,也受到春秋战国社会变革的影响。社会变革产生了各种新兴的社会阶层,而各家学说思想产生于不同的阶层,往往代表了不同阶层的主张和利益,下层民众中也产生了代表自身利益的学说和学派。农家以及墨家等学派的思想学说就代表了下层劳动人民的利益要求。农家重视农业生产和农民思想,其主要学说涉及了农民的农业生产和国家的农业政策,主张推行耕战政策,奖励发展农业生产,研究农业生产问题。农家的思想和活动分散记述在诸子著作之中,例如在《管子》的记述中,农家认为统治者要顺应民心、关爱农民,要重视农业灾害,重视农业并抑制商业的发展等。农家在战国时期有相当大的影响力,其重视农业的思想及对农业生产经验的总结,影响了中国农耕经济的发展。

755. 杂家是什么样的学派?

杂家是中国战国末年至汉朝初年的哲学学派,因为其学说内容来自诸子各家,主要是对各家学说的总结,所以被称为杂家。杂家有《尸子》《吕氏春秋》及《淮南子》等著作,代表人物尸佼、吕不韦等。杂家的出现,是中国春秋战国时期,社会剧烈变化,各家思想碰撞融合产生的结果。杂家与其他学派不同,并不开宗立派传承自己的思想,而是著书总结诸家思想,所以没有前后的继承性。之所以称为"杂家",是因为其代表人物及著作都有总结、吸收各家言论和思想观点的特点。杂家学说的内容,是以道家学说为本,通过采集诸子各家言论,总结儒、墨、法、名等家学说的长处,进一步提出自己的思想主张,实现其政治意图。杂家著作如《吕氏春秋》《淮南子》的主要内容都是道家黄老之学，另外杂糅的儒家、墨家、法家、名家等各家学说居于次要地位，所以也常被认为是道家著作。胡适在《中国中古思想史长编》中说："杂家是道家的前身，道家是杂家的新名。汉以前的道家可叫做杂家，秦以后的杂家应叫做道家。"这实际上是在说明杂家和道家有着密切联系。因为杂家没有自己的思想体系，也没有传承性，所以在历史上并不显赫，流传下来的思想也不多。但杂家著作吸纳了各家思想学说，对学习和研究诸子百家的思想有很大帮助。

756. "兵圣"孙武是一个怎样的军事家？

孙武，生卒年不详，字长卿，也被尊称为"孙子"，春秋晚期齐国人。孙武是杰出的军事家和政治家，兵家代表人物，代表作有《孙子兵法》。孙武大致活动在公元前六世纪末到公元前五世纪初这段时间，因为齐国内乱逃亡到吴国，被吴王阖闾重用，多次带兵打败强大的楚国，并攻克了楚国国都。据说后来吴王日益昏庸，孙武便辞官隐居，没有人知道他的踪迹。孙武是春秋时期的著名人物，帮助吴王阖闾成了"春秋五霸"之一。他提倡进行政治和军事改革，达到富国强兵的目的；认为战争是国家大事，必须慎重对待；在总结战争经验时，认为打仗不能相信占卜和星象，不能祈求鬼神帮助，提出要了解自己和对手才能赢得胜利；提出战争的最高境界是"不战而屈人之兵"。孙武被视为兵家之祖，他对战争的看法和关于治理军队的思想，被后世军事家传承应用，深刻影响了中国的战争历史和军事思想。他本人因为出色的军事战绩和伟大的军事思想，被后世尊为"兵圣"，是全世界公认的著名军事家。（训练女兵：传说吴王为了考验孙武的带兵能力，从后宫挑选了一百多名女子让孙武训练。孙武把她们分为左右两队，让吴王最宠爱的两个美女当队长。但这些宫女觉得军队号令非常好笑，不听指挥，导致队形大乱，孙武根据军法，打算杀了两位队长。吴王听说孙武要杀掉自己心爱的美人，马上传令给孙武，请孙武释放她们。孙武却不顾吴王劝阻，毫不留情地杀掉了两个队长。等到重新任命队长，再次进行训练时，剩下的宫女就都遵守命令了，转向、进退、翻爬等动作都十分符合规矩，队伍十分整齐。吴王失去了自己宠爱的美姬，心中不高兴，孙武说："军令一定要执行，赏罚一定要明确，对士卒要威严，这样他们才会听从号令，打仗才能胜利。"吴王最后消了怒气，让孙武带兵，而在孙武严明的训练下，吴国军队的战斗力得到了很大提高。）

757. 孙膑有哪些事迹和思想？

孙膑，生卒年不详，战国时期齐国（今山东）人，是孙武的后代。孙膑是战国著名军事家，兵家代表人物之一，著有《孙膑兵法》一书，也叫《齐孙子》。孙膑曾和庞涓一起学习兵法。庞涓在魏国做官后，因嫉妒孙膑的才能，将他骗到魏国，捏造罪名将孙膑处以膑刑（砍去膝盖骨或脚）和黥刑（在脸上刻字）。后来齐国使者发现孙膑的才华，带他逃到齐国。再后来孙膑两次带兵击败魏国，并在马陵之战中"围魏救赵"而击败庞涓，使庞涓自杀而死。孙膑的军事思想集中体现在《孙膑兵法》之中。孙膑的主张包括：重视战争，认为拥有强大的武力才能保证国家富强安定；反对穷兵黩武，指出好战会使国家灭亡；主张积极做好战争的准备，以求获取战争的胜利；指出政治和经济是决定战争胜负的条件，只有政治和经济上强大了，才能保证战争的胜利；指出民心和军心是战争胜利的决定性因素，战争必须顺应民心和军心。此外孙膑还主张将领要把握战争的规律，善于适应和制造战场形势，对阵法和军队管理等方面也提出了自己的见解。孙膑是中国古代伟大的军事家，对后世兵家有很大影响。宋徽宗时追封孙膑为武清伯。

758. 田忌赛马是一个什么事件？

齐国大将田忌和孙膑要好，有一次田忌和齐国公子赛马，马被分为上、中、下三个等级。孙膑见相同等级的马速度差得都不多，就对田忌说："你要加大赌注，我保证你赢。"田忌相信了他，等赛马的时候，孙膑跟田忌说："你让你的下等马跟别人的上等马比赛，你的上等马跟别人的中等马比，你的中等马跟别人的下等马赛跑。"最后田忌只有下等马输了，另两场都赢了。于是田忌把孙膑推荐给齐王，孙膑也被齐王尊为军师。

《史记·孙子吴起列传》：忌数与齐诸公子驰逐重射。孙子见其马足不甚相远，马有上、中、下辈。于是孙子谓田忌曰："君弟重射，臣能令君胜。"田忌信然之，与王及诸公子逐射千金。及临质，孙子曰："今以君之下驷与彼上驷，取君上驷与彼中驷，取君中驷与彼下驷。"既驰三辈毕，而田忌一不胜而再胜，卒得王千金。于是忌进孙子于威王。威王问兵法，遂以为师。

759. 马陵之战是一次什么战役？

魏国攻打韩国，韩国向齐国求救，齐国任命田忌为主将救援韩国，孙膑当时是齐军的军师。齐军采用当年围魏救赵的办法，不救援韩国，而直接攻打魏国，魏国军队果然返回救援。当时带领魏国军队的是庞涓。齐军深入魏国国境后，魏军也追了上来，孙膑根据魏军轻视齐军的情况，下令军队做饭的时候，每天逐渐减少灶台的数量，让魏军以为齐国的士兵都逃跑了，并在马陵设下埋伏，等待追击的魏军。他还把路旁一棵大树的树皮剥掉，写上"庞涓死于此树之下"等字。庞涓追了齐军几天，看见齐军天天减灶，真的以为齐国士兵在不断逃亡，于是只带了一小部分骑兵加速追击，追到马陵的时候，看到树干上写着字，因为已经天黑，就让人点火把照明，就在这时，齐军万箭齐发，魏军大败，庞涓也自刎而死。

760. 管仲是一个怎样的人？

管仲（约前723—前645），名夷吾，字仲，春秋时期颍上（今安徽颍上）人，是中国古代著名的哲学家、政治家、军事家，法家代表人物，被视为"法家先驱"。管仲曾做过商人，当过兵，后来由鲍叔牙推荐，被齐桓公任命为齐国相并尊为"仲父"。管仲做相国期间，帮助齐桓公进行政治改革，富国强兵，使得齐桓公称霸诸侯。管仲在辅佐齐桓公治理齐国时提出并实行了很多有效的改革措施和政策，如在国家管理上，将全国分为不同的部分和等级进行管理；在人事、用人上，以官员的实际政绩来任免官职，总结了一套对官员实行奖惩的办法，并提出一套举荐人才的制度；在外交上提出了著名的"尊王攘夷"政策，即对外讨伐戎夷等少数民族，对内尊奉周朝天子，以周朝天子的名义讨伐对周天子不敬的国家。此外管仲还提出了一系列的经济主张。管仲作为法家先驱，较早地在春秋时期推行了政治改革，使得齐国成为当时最强盛的诸侯国，他的许多政策对后世改革有借鉴意义。而管仲"尊王攘夷"政策的实行，不但使齐国顺理成章地成为诸侯霸主，还抵御了外族入侵，保护了中原地区经济和文化的发展，对中原文明的延续有重大意义。

761. 楚国购鹿是一个什么事件？

相传齐国称霸之后，各个诸侯都听从齐国的号令，只有楚国不服从，齐国想要讨伐楚国，又担心楚国善战，不容易攻打。管仲就派人去楚国购买鹿，鹿当时只在楚国才有，卖得十分便宜，管仲却把收购的价钱翻了很多倍，于是楚国人纷纷停止做农活，去山林中捉鹿，楚国的君主和大臣也鼓励民众去捉鹿卖给齐国。这时，管仲又悄悄派人到楚国收购粮食，最后楚国获得了大量的金钱，而齐国囤积了大量的粮食。一年以后，楚国因为当年捉鹿耽误了粮食生产，结果十分缺粮，楚王派人到处买粮食，但齐国已经通知诸侯不许卖粮食给楚国。因为缺少军粮，楚国战斗力大大减弱。这时管仲让齐桓公讨伐楚国，楚国只好求和，表示愿意接受齐国的号令。

762. 为秦国变法的商鞅是怎样的人？

商鞅（约前390—前338），战国时期卫国人。商鞅是卫国国君的后裔，姬姓，公孙氏，所以也叫卫鞅、公孙鞅。商鞅曾经在秦国和魏国的河西之战中立功，获得了商、於（古代地名）等十五座城池的封赏，因此叫作商鞅。商鞅是法家代表人物，代表作有《商君书》和《公孙鞅》。商鞅早年在魏国，没有被魏国重用，后来在秦国做官，在秦孝公的支持下进行了历史上著名的"商鞅变法"。后来，曾经在变法中和商鞅发生矛盾冲突的秦惠王继承王位，以谋反的罪名诛杀商鞅，但商鞅的变法措施依旧被保留下来。商鞅变法之后，秦国逐渐走向富强，成为战国时期最强大的诸侯国。商鞅的思想主要集中在《商君书》中，他进行变法的措施主要有：压制贵族和官吏的势力，鼓励农民进行农业生产，统一税收制度；改革户籍制度，将居民每五家编为"伍"，十家为"什"，相互揭发违法行为；制定严酷的法律并严格实施；军事上创立二十级军功爵位，赏功罚过，废除了世代继承爵位的制度；承认土地为个人私有并允许买卖土地等。他对秦国的律法和法制、军事制度、政治体系、经济制度等进行了全面改革。商鞅是战国时期著名政治家、思想家，通过变法改革使秦国迅速强大，为后来秦国统一六国打下了基础，其变法的许多思想内容被后世沿用发展，对中国影响极其深远。但商鞅制定法律过于严酷，滥用酷刑，这让他自己得罪不少人，最后不得善终，严酷的刑法也是秦朝在统一六国后迅速灭亡的原因之一。

763. 立木为信是什么事件？

商鞅在秦国主持变法改革，制定了新的政策、法令。发布新的法令之前，商鞅担心自己没有威信，民众不相信新法，就在秦国国都市场的南门立了一根三丈长的木头，招募民众，有谁能把木头搬到北门，就赏赐给他十金。当时民众很奇怪，没有人敢去搬木头。商鞅就又说："能把木头搬走的，赏赐给他五十金。"有一个人就把木头搬到了北门，商鞅也就真的给了他五十金，表明自己没有欺骗民众。商鞅知道自己已经在民众中树立了威信，民众愿意相信、听从他，于是正式颁布了新的法令。

《史记·商君列传》：令既具，未布，恐民之不信，已乃立三丈之木于国都市南门，募民有能徙置北门者予十金。民怪之，莫敢徙。复曰："能徙者予五十金。"有一人徙之，辄予五十金，以明不欺。卒下令。

764. 韩非子有什么样的思想成就？

韩非（约前280—前233），战国时期韩国新郑（今河南省新郑市）人，名非，韩非子是对他的尊称。韩非子是韩国公子，荀子的学生，李斯的同学，法家代表人物，代表作为《韩非子》。韩国在战国末期越来越衰弱，韩非子因此多次劝韩王励精图治、变法强国，却不被韩王重用。后来秦国攻打韩国，韩非子出使秦国后被秦王嬴政留下重用。但因为韩非子想保全韩国，与李斯吞并六国的主张产生冲突，最后在政治斗争中失败而被捕入狱，服毒自杀。韩非子总结了法家的思想和具体的实践，主张变法。韩非子将法家的"法""术""势"相结合，提出加强国家中央集权以及君主权威，国家权力必须集中在君主手中；清除旧有的世袭贵族，选拔官吏来管理国家；制定法律就要严格实行，重视用法律约束人民等。韩非子虽然被迫自杀，但他的变法思想和政治主张基本被统治者接受。韩非子是古代伟大的思想家、哲学家，同时也是散文家，是先秦法家思想的集大成者，他提出了许多封建统治的基本思想，对中国古代封建制度的建立和巩固影响深远，他的法治思想对今天的法制建设也有借鉴作用。

765. 秦朝著名丞相李斯是什么样的人？

李斯（约前284—前208），名斯，字通古，战国末期楚国上蔡（今河南省上蔡县）人。李斯是荀子的学生，秦朝丞相，法家著名代表人物。是古代著名的政治家、文学家和书法家，代表作有《谏逐客书》《泰山封山刻石》等。李斯曾经做过小吏，向荀子求学后，进入秦国做官，提出了许多重要的政治主张，逐渐被秦王重用。秦朝建立后李斯成为丞相，制定了许多影响深远的制度。秦始皇死后，李斯与赵高合谋废太子扶苏，立胡亥为皇帝，后来被秦二世和赵高以谋反的罪名杀死。李斯践行法家思想，在秦朝统一六国前后，提出并实施了许多重要的政治措施。在秦统一六国之前，李斯主张消灭六国，统一天下，并提出了消灭六国的顺序；写下著名的《谏逐客书》，劝谏秦王接纳各国人才。秦朝建立后，李斯担任丞相，主张废除分封制，不再分封诸侯，建立郡县制，由中央统一管理地方，此外主持统一全国文字、统一度量衡、统一货币、修筑驰道并统一车轨长度，结束了六国文字、度量衡和货币杂乱的情况，改善了国家的交通状况。李斯是中国古代著名的政治家，在秦国统一六国的过程中发挥了很大作用，秦朝建立后主持的一系列政治措施，巩固了中国的统一，促进了中国文化、经济的发展，对中国封建制度的建立和发展有深远的影响。同时李斯还是古代著名的文学家和书法家。

历史哲学艺术卷

766. 墨子是什么人？

墨子，名翟，战国时期宋国人，生卒年不详，是战国著名的思想家、教育家、科学家、军事家，墨家学派创始人，其思想和活动主要记载在《墨子》一书中。墨子是一个普通的劳动生产者，曾经当过工匠，自称"鄙人"，有着比较高明的工匠技巧，曾在宋国做过大夫。墨子最初向儒家学者拜师学习，后来对儒家学说中一些观点进行了批评，最终放弃了儒家学说，创立了墨家学派。墨子由工匠转变成为知识分子，其创立的墨家学派及墨家思想主要代表了普通民众、劳动生产者的利益。墨子一生广收门徒，积极宣扬自己的学说并极力反对战争，为底层人民谋求利益。墨子反对儒家的礼乐观点，认为礼乐制度过于奢靡；反对儒家有阶级区别、有亲疏贵贱之分的爱而主张博爱；此外还批评儒家关于天命、鬼神的思想。他自己的思想核心为"兼爱"，主张"节用""尚贤"并提出了"非攻""非乐"等观点。墨子是中国古代重要的思想家和科学家，他对儒家学说的批判在战国时期产生了广泛影响，他的科学观念和科学理论成为中国古代科学技术的源泉，其学说是中国思想文化的重要部分。

767. 墨子救宋发生在什么时候？

战国时，公输盘为楚国修造了云梯等各种攻城的器械，于是楚国打算用公输盘造的器械来攻打宋国。墨子听说以后，步行十天十夜到达楚国国都，劝说楚王不要攻打宋国。楚王认为公输盘已经造好了攻城的器械，仍然坚持要攻打宋国。墨子就请求见公输盘，为楚王演示攻打和防守城池的场景。楚王答应了他。墨子和公输盘就用腰带当城池，用木片当进攻和防守的器械。公输盘每次变换攻城的方法，墨子总是能防守下来。结果公输盘的攻城器械用完了，墨子却还有守城的方法。这时公输盘说："我知道怎么赢你，但我不说。"墨子说："我知道你对抗我的办法，但我不说。"楚王问他们缘故，于是墨子说："公输盘的意思是杀了我，以为杀了我，宋国就不能抵御楚国的进攻了。但是我的弟子禽滑釐等三百人，已经拿着我的守城器械在宋国的城墙上等待楚国进犯。虽然杀了我，也杀不了我的弟子。"这时，楚王便答应不再攻打宋国。

《墨子·公输》中记载：公输盘为楚造云梯之械，成，将以攻宋。子墨子闻之，起于鲁，行十日十夜而至于郢……子墨子见王，曰："今有人于此，舍其文轩，邻有敝舆而欲窃之；舍其锦绣，邻有短褐而欲窃之；舍其粱肉，邻有糠糟而欲窃之，此为何若人？"王曰："必为有窃疾矣。"子墨子曰："荆之地方五千里，宋之地方五百里，此犹文轩之与敝舆也。荆有云梦，犀兕麋鹿满之，江汉之鱼鳖鼋鼍为天下富，

· 155 ·

宋所谓无雉兔鲋鱼者也，此犹梁肉之与糠糟也。荆有长松文梓楩楠豫章，宋无长木，此犹锦绣之与短褐也。臣以王吏之攻宋也，为与此同类。"王曰："善哉！虽然，公输盘为我为云梯，必取宋。"于是见公输盘。子墨子解带为城，以牒为械。公输盘九设攻城之机变，子墨子九距之。公输盘之攻械尽，子墨子之守圉有余。公输盘诎。而曰："吾知所以距子矣，吾不言。"子墨子亦曰："吾知子之所以距我，吾不言。"

楚王问其故。子墨子曰："公输子之意不过欲杀臣。杀臣，宋莫能守，乃可攻也。然臣之弟子禽滑釐等三百人，已持臣守圉之器，在宋城上而待楚寇矣。虽杀臣，不能绝也。"楚王曰："善哉！吾请无攻宋矣。"

768. 庄子的好友惠施是怎样的一个人？

惠施（约前370—约前310），亦称"惠子"，战国时期宋国（今河南商丘）人，是著名政治家、哲学家，名家学派的主要代表人物，被认为是名家开山鼻祖，是庄子的至交好友，代表作有《惠子》，其思想主要记载在《庄子》《荀子》《韩非子》《吕氏春秋》等书中。惠施曾在魏国做官，魏惠王在位时，因为与张仪意见不合被驱逐出魏国，回到家乡宋国。魏惠王死后，张仪离开魏国，惠施重新回到魏国。因为经常出使别国，在政治上十分活跃，惠施在各个国家都很有名望。他和远离政治、从不做官的庄子是至交好友，两人之间的故事主要记载在《庄子》中。惠施曾为魏国制定新法，是合纵的支持者，主张魏国、齐国和楚国联合对抗秦国，建议齐国、魏国相互尊对方国君为王。作为名家代表人物，惠施认为宇宙空间的大小是无限的，最大是无限大，最小是无限小，还论述事物的同和异的关系，后人总结为"合同异"。惠施是战国"名辩"思潮中的著名人物，将名家学说发展到顶峰，他的辩证思想在古代十分难得，推动了中国古代逻辑学的发展，对很多学说都产生了一定影响。

769. 庄子送葬是一个什么故事？

庄子送葬，经过惠施的坟墓，对跟随的人说："郢地有一个泥匠，干活的时候鼻子上溅到一点白泥，他就让匠石用斧子削掉它。匠石挥动斧子削掉泥匠鼻子上的白泥，而鼻子一点损伤都没有，泥瓦匠也是面不改色，一点都不害怕。宋元君知道这件事，就召见匠石，让他给自己试一试，匠石说：'我曾经能够削掉鼻子上的泥点，但我的搭档已经去世很久了。'自从惠子死了，我再也没有可以匹敌的对手了，再也没有可以和我辩论的人了！"通过这个故事可以看出庄子对惠子的推崇，也可以看到惠施和庄子之间深厚而真挚的友谊，他们的友谊，也是代代相传的佳话。惠施的事迹，有很多记载在《庄子》中，庄子送葬的故事就出自《庄子·徐无鬼》。

770. 戏弄楚怀王的张仪是什么人?

张仪(? —前309),战国时期魏国安邑(今山西万荣)人,魏国贵族后裔,战国时期著名的外交家和谋略家,纵横家代表人物,是"连横"策略的践行者。张仪曾师从鬼谷子学习纵横之术,他的一生,基本为秦惠王效力,奔波于战国七雄之间,游说诸侯,想要使诸侯臣服秦国,破除"合纵"的联盟。他曾经在魏国做国相,实际上是为了秦国的利益,并帮助秦国攻打魏国;游说韩王、齐王、赵王、燕王,离间各国,破除了他们的联盟,并使各国臣服于秦国。秦惠王死后,继任的秦武王不喜欢张仪,张仪逃到魏国,仍旧做了魏国的国相,最后也死在魏国。

楚国和齐国原本是盟国,秦惠王为了攻打齐国,派张仪去楚国破除齐楚联盟,张仪到了楚国以后,对楚怀王说:"如果楚国和齐国解除盟约,秦王也会献出商於的六百里土地送给楚国,让秦国美女来侍奉大王,秦国和楚国可以结为兄弟国家。"楚王听了十分高兴,就答应了张仪。后来张仪假装从车上摔下来,三个月没有上朝,楚怀王听说张仪不上朝,以为他觉得自己和齐国断交不彻底,为了让张仪相信楚国的诚意,楚怀王还派人去骂齐宣王,结果齐王愤怒地和楚国断交,并结交秦国。张仪上朝后见到楚国的使者,对使者说:"你们为什么不来接受土地呢?从某处到某处,有六里土地给你们。"使者听说不是六百里土地,十分生气,回去报告楚王,楚怀王听说后十分愤怒,就派兵攻打秦国,却被秦国打败,不得不割地讲和。

《资治通鉴》记载:秦王欲伐齐,患齐、楚之从亲,乃使张仪至楚,说楚王曰:"大王诚能听臣,闭关绝约于齐,臣请献商於之地六百里,使秦女得为大王箕帚之妾,秦、楚娶妇嫁女,长为兄弟之国。"楚王说而许之……张仪佯堕车,不朝三月。楚王闻之,曰:"仪以寡人绝齐未甚邪?"乃使勇士宋遗借宋之符,北骂齐王。齐王大怒,折节而事秦,齐、秦之交合。张仪乃朝,见楚使者曰:"子何不受地?从某至某,广袤六里。"使者怒,还报楚王。楚王大怒,欲发兵而攻秦……春,秦师与楚战于丹阳,楚师大败……

771. "锥刺股"的苏秦是什么人?

苏秦(? —前284),字季子,洛阳人,战国时期著名的外交家和谋略家,纵横家代表人物,相传著有《苏子》一书。苏秦是鬼谷子的学生,学成后在外游历。苏秦游说秦国失败后穷困潦倒地回到了家,后来在家刻苦学习,一年后重新游说诸侯,被燕文公赏识。他提倡"合纵"的策略,游说赵国等国,最终实现了联合六国对抗秦国的合纵战略。《史记·苏秦列传》中记载,苏秦最后被六国共同任命为相,佩戴六国相印,合纵实现后,秦国十五年不敢派兵出函谷关攻打他国。合纵联盟破裂后,苏秦替燕国到齐国当间谍，被齐王任命为客卿，后来被刺杀，重伤而死。

最初苏秦游说秦王使用自己的计策，秦王拒绝了他。这时苏秦带出来的钱财都用光了，他落魄地回到家，却遭到家人冷遇，妻子不迎接他，嫂子不给他做饭，父母不跟他说话。于是苏秦闭门不出，翻看家中的书籍，他找到《太公阴符》一书，努力攻读。读书太困想睡觉时，就拿锥子刺自己的大腿，血一直流到脚上。一年后苏秦学成，游说各国成功，佩戴六个国家的相印，名震天下。后来路过家乡洛阳，家人迎接他，趴在地上不敢抬头，他的嫂子更是像蛇一样趴着前行，苏秦问："嫂子为什么以前高傲现在谦恭呢？"嫂子回答："因为您现在尊贵而富有啊。"东汉时孙敬为了防止在读书时低头打瞌睡，把头发倒悬着，用绳子绑在房梁上，与苏秦刺股的故事放在一起，就是成语"悬梁刺股"。

《战国策》记载苏秦：说秦王书十上而说不行，黑貂之裘弊，黄金百斤尽，资用乏绝，去秦而归。赢縢履蹻，负书担橐，形容枯槁，面目犁黑，状有归色。归至家，妻不下纴，嫂不为炊，父母不与言。苏秦喟叹曰："妻不以我为夫，嫂不以我为叔，父母不以我为子，是皆秦之罪也！"乃夜发书，陈箧数十，得《太公阴符》之谋，伏而诵之，简练以为揣摩。读书欲睡，引锥自刺其股，血流至足……将说楚王，路过洛阳。父母闻之，清宫除道，张乐设饮，郊迎三十里；妻侧目而视，倾耳而听；嫂蛇行匍伏，四拜自跪谢。苏秦曰："嫂何前倨而后卑也？"嫂曰："以季子之位尊而多金。"苏秦曰："嗟乎！贫穷则父母不子，富贵则亲戚畏惧。人生世上，势位富贵，盖可忽乎哉！"

772. 秦国丞相吕不韦是怎样的一个人？

吕不韦（约前292—前235），卫国濮阳（今河南省濮阳西南）人。战国末年著名商人、政治家、思想家，杂家代表人物，曾担任秦国丞相，组织编写了《吕氏春秋》。吕不韦曾是一名商人，在赵国邯郸结识秦国公子子楚，并帮助子楚继承了秦国王位。子楚即位后，也就是秦庄襄王，任命吕不韦为丞相，封他为文信侯。后来秦王嬴政年幼时即位，吕不韦仍是丞相，并被嬴政尊称为"仲父"。后来因被秦王猜疑，最终自杀而死。吕不韦一生颇具传奇色彩，他影响了秦国君主的继承，在秦国执政期间推动了统一六国的进程，主持编撰的《吕氏春秋》是研究诸子百家的重要资料，是先秦时期的重要思想著作。吕不韦还是商人时很会做生意，积累了千金家产。他在赵国遇到秦国公子子楚时，子楚的地位并不显赫，只是秦国众多公子中的一个，而且是在赵国当人质。吕不韦却非常喜欢子楚，他说："子楚就像一个奇货，可以囤积起来，等到价格升高的时候再卖出去。"从此吕不韦结交子楚，并帮他登上王位。《吕氏春秋》编写完成后，吕不韦把书抄下来公布在咸阳城门上，并说如果有谁能增加、删减甚至改动书中的一个字,就赏赐一千金,结果无人能改。"一字千金"后来被用于称赞诗文精妙,不能更改,或形容文字价值极高。

773. 邹衍是什么人?

邹衍,生卒年不详,战国末期齐国人,阴阳家代表人物。邹衍在思想上提出了"五德终始"和"大九州说",代表作有《邹子》。邹衍认为中国只是世界的一个部分,叫作"赤县神州",传说大禹在中国内部划分的九州只是中国以内的各个地区。而像中国这种"赤县神州"一样的地方还有九个,合在一起可以叫作"中九州",中九州这样的地方又有九个,被大海环绕,合在一起就是"大九州"。这就是"大九州说"。"大九州说"代表了中国古代对世界地理简单朴素的认识。中国早期的五行学说认为世界万事万物都由金、木、水、火、土五种基本元素构成,邹衍从原始的五行说中发展出了"五行生胜"理论,认为木生火、火生土、土生金、金生水、水生木,即"五行相生";"五行相胜"则指水胜火、火胜金、金胜木、木胜土、土胜水。邹衍用五行相生、相胜,互相转化的观点来解释历史的发展,认为历史的发展也受到五行的影响,每一个朝代都代表五行中的一种,朝代的更替是五行转化的表现,例如夏朝是"木德",商朝是"金德",商朝取代了夏朝,即"金德"胜过"木德"。五行对应的五德在历史发展中循环转化,即"五德终始"。邹衍的五行学说和"五德终始"的观点对中国后来的思想文化有深远的影响。

774.《孙子兵法》是一部什么样的兵书?

《孙子兵法》也叫《孙武兵法》《吴孙子兵法》《孙子兵书》《孙武兵书》等,是春秋时期孙武创作的兵书,兵家的重要作品。《孙子兵法》全书13篇,一共5000多字,所以也被称作"兵法五千言"。《孙子兵法》所讲述的内容,包括孙子的战略思想,即对战争的整体看法;关于具体作战的思想观点,如对敌我战斗力、军队士气等的分析;具体作战的战术方法,如采取什么样的方法取胜。此外还对战争的战场地形,特殊的作战方式如火攻、使用间谍等进行了论述。总之孙武在《孙子兵法》中,对国家的军事政策以及敌我对战的具体情况等大大小小的方面,都进行了详细而有条理的论述,揭示了战争、治军、制胜的基本法则。《孙子兵法》是中国现存最早、最完整、最系统的兵书,被誉为"兵学圣典"。《孙子兵法》在论述军事的同时也蕴含了丰富的思想内涵和精辟的哲学道理,受到古今中外的军事家、政治家的重视,如今它被国际上认为是"世界第一部兵书",已经翻译为多种语言文字,作为许多国家的军校教材。而《孙子兵法》不仅在军事上有巨大影响,其思想也被运用到了经济、体育等方面。

775. 《韩非子》是什么书？

《韩非子》是战国末期法家学派的代表著作，共 55 篇，十多万字，作者韩非。《韩非子》中的文章大部分是韩非本人创作的，除了少数篇章外，每一篇的篇名都表达了该篇文章主旨。其思想内容包括了韩非以"法""术""势"相结合的法治理论；认为社会历史是不断变化、不断发展进步的的思想；批判儒家和墨家思想，强调以法治国等。《韩非子》中还记载了许多著名的寓言故事，这些故事往往生动形象，蕴含着深刻的道理，给人以启发，如"自相矛盾""守株待兔""滥竽充数""老马识途""一鸣惊人"等。据说韩非口吃，不善于言谈辩论，但很善于写文章。《韩非子》中的文章说理严密、议论透彻、文笔犀利、切中要害，语言简洁而生动活泼，具有较高的文学价值。《韩非子》一书集先秦法家思想之大成，达到了法家思想的高峰，为秦国消灭六国，建立统一的封建王朝提供了理论基础，也是后来封建专制的理论根据，影响十分深远。

776. 郑人买履是一个什么故事？

郑国有一个人想去买鞋子，就先量了量自己脚的尺寸，然后把量好的尺码放在了座位上。这个人去了集市，但忘了带尺码。他已经拿到了鞋子，却说："我忘了拿尺码！"于是回家去拿。等到返回时，集市已经关闭了，他就没有买到鞋子。有人问他："你为什么不用自己的脚试鞋子呢？"他说："我宁愿相信尺码，也不相信自己的脚。"

《韩非子》：郑人有且置履者，先自度其足而置之其坐。至之市而忘操之。已得履，乃曰："吾忘持度！"反归取之。及反，市罢，遂不得履。人曰："何不试之以足？"曰："宁信度，无自信也。"

777. 自相矛盾是一个什么故事？

楚国有人在卖盾牌和长矛，他夸耀自己的盾说："我的盾牌十分坚固，什么东西都不能刺穿它。"又夸自己的矛说："我的长矛十分锋利，不管什么东西它都能扎进去。"有人就问他："用你的矛攻击你的盾，会怎么样呢？"这个人就无法回答了。什么都刺不穿的盾牌和什么都能刺穿的长矛，是不可能同时存在于世界上的。

《韩非子》：楚人有鬻盾与矛者，誉之曰："吾盾之坚，物莫能陷也。"又誉其矛

曰:"吾矛之利,物无不陷也。"或曰:"以子之矛,陷子之盾,何如?"其人弗能应也。夫不可陷之盾与无不陷之矛,为名不可两立也。

778.《墨子》有哪些内容?

《墨子》是战国时期墨家的代表著作,是由墨子及其弟子编写的记录墨子言行的书。《汉书·艺文志》记载《墨子》有71篇,流传过程中有一部分丢失,现在留下的有53篇。《墨子》一书的内容十分丰富,涉及哲学、逻辑学、军事以及科学等诸多方面,最主要的是记录了墨子及墨家的思想学说。《墨子》中的政治思想,包含在《尚贤》《尚同》《非攻》《节用》等篇目中,主张任用贤能的人,反对侵略战争,要求统治者节俭爱民,反对礼乐制度;关于道德伦理的思想,反映在《兼爱》《修身》等篇目,主张爱无等差,即人不分贫富贵贱,都要互相关爱;在军事上,除了反对侵略战争,还提出了许多防御战术和方法;《墨子》中还记录了后期墨家的思想,例如提出了完整的逻辑概念,论述了"名"与"实"的关系等。《墨子》一书是墨子和墨家思想的集中反映,代表了下层劳动人民的利益和要求,虽然不被统治者重视,但蕴含了许多深刻的思想,其中包含的逻辑思维影响深远,是中国古代十分重要的哲学著作。

779.《吕氏春秋》是什么书?

《吕氏春秋》也叫《吕览》,是战国末期的杂家作品,是秦国丞相吕不韦召集自己的门客编写的一部书,在秦国统一六国前夕完成。《吕氏春秋》共有二十六卷,分为十二纪、八览、六论,共一百六十篇,二十多万字。内容以儒道思想为主,并包含有农家、墨家、兵家、法家、名家、阴阳家等各家思想,融诸子百家学说于一体,《汉书·艺文志》将《吕氏春秋》列为杂家作品,而因为内容上以道家学说为主,《吕氏春秋》也被认为是属于黄老道家的著作。《吕氏春秋》的思想内容,以道家为基础,坚持无为而治的政治观念;在道德伦理上吸取了儒家仁义的学说;对墨家反对战争、反对礼乐等思想进行了批判,但吸收了墨家"尚贤""节葬"等观点;吸收了法家的法治观念和变法的主张,但反对《韩非子》中的阴谋权术;此外对兵家、名家等学派的观点都进行了一定的批判和吸收,形成了一些自己的观点。《吕氏春秋》是由多人一同编写的,因此不同的文章,风格也不相同,有的简洁流畅,有的十分生动。另外《吕氏春秋》中有大量的寓言故事,如"荆人涉澭""刻舟求剑"等,故事往往生动而简练,给人以启发,也具有一定的文学价值。刻舟求剑说的是有一个楚国人坐船渡江,他在船里不小心把剑掉到了水中,就在船上刻了一个记号,说:"这是我的剑掉下去的位置。"船靠岸停下以后，他就从他做记号的那个地方跳到水里去寻找他的剑。但船是在水上移动的，剑掉了之后却并没有跟着船移动，像这样找剑，不是很糊涂吗？

《吕氏春秋》原文：楚人有涉江者，其剑自舟中坠于水，遽契其舟，曰："是吾剑之所从坠。"舟止，从其所契者入水求之。舟已行矣，而剑不行，求剑若此，不亦惑乎？

780. "知己知彼"有着怎样的思想内涵？

"知己知彼"是《孙子兵法》中提出的著名军事观点，表现了孙武朴素的唯物主义思想，也就是说孙武在对待战争胜负的时候，把对客观事实、实际情况的了解作为胜利的条件，孙子的这类思想可以概括为"知己知彼"的观点。孙武一直将客观具体的情况作为判断战争能否胜利的条件，并根据实际情况指导攻防战术。贤能的君主、将军能战胜敌人，就是因为事先知道战争的情况，而弄清真实的情况，要靠人力具体观察、调查研究，不能相信占卜和星象，也不能依靠祈求鬼神。这就是他所说的："故明君贤将，所以动而胜人，成功出于众者，先知也。先知者，不可取于鬼神，不可象于事，不可验于度，必取于人，知敌之情者也。"（《孙子兵法·用间》）这种军事思想和战争经验概括起来就是"知己知彼，百战不殆"，这是十分正确的军事思想。在"知己知彼"的前提下，孙武还提出在了解了战场情况、敌我力量对比之后，还要根据了解到的情况灵活地制定战术，不论敌人比自己强大还是弱小，不论战场形势是不是有利于自己，都要努力创造对自己有利的形势。所以他讲究避开敌人的锐气和锋芒，打击敌人的弱点，提出攻打敌人要"攻其无备，出其不意"（《孙子兵法·始计》），也提出可以利用战场条件以少胜多、以弱胜强，这些都是讲要保持己方的优势，或者避开劣势、寻找优势来打击敌人。

781. "兼爱""非攻"指的是什么？

"兼爱""非攻"是墨家非常重要的思想，"兼爱"指人与人之间没有差别、不分尊卑贵贱的爱，"非攻"指反对侵略战争、反对非正义的战争。

墨子认为，天下之所以产生祸乱、仇恨，都是因为人们互相不爱护，所以提倡"兼爱"。他认为诸侯之间相爱，就不会发生战争；君臣之间相爱，就会给予恩惠或效忠；父子之间相爱，就有了慈爱和孝敬；兄弟之间相爱，就会和睦；天下的人彼此相爱，就没有压迫、欺侮、欺骗等发生。墨子所提倡的"爱"和儒家的"爱"不同。儒家虽然也强调"爱人"，但儒家所说的爱是有阶级、亲疏的区分的，一个人要先孝敬父母、忠于君主，其次才是对他人的爱，而且人民对于君王的关爱和君王对于人民的关爱是有尊卑的区别的，但是墨家的"兼爱"讲求的是平等地爱所有的人。

在"兼爱"的基础上，墨子提出"非攻"。"兼爱"要求将别人的国家当作自己的国家一样对待，其本身就是反对战争的。墨子更进一步提出侵略战争不仅会给被侵略的国家带来灾难，也会对自己的国家造成损失，所以侵略战争是不符合"爱"的，是非常"不义"的，墨子由此反对战争，也就是"非攻"。

782. "尚贤""尚同"是什么意思？

"尚贤""尚同"是墨子的用人主张和政治理想，"尚贤"就是在官吏的选拔和任用上，使用贤能的人，"尚同"是指安定、统一的政治思想和社会局面。

墨子认为国家贫穷、人口稀少、社会混乱的原因，是统治者不能任用贤能的人治理国家，所以他说："官无常贵，民无终贱，有能则举之，无能则下之。"（《墨子·尚贤》），就是说官吏不是永远尊贵的，平民不是永远卑贱的，人如果有能力就任用提拔他，能力不足就罢免他。这就是以是否贤能为标准来选拔、任用官吏的"尚贤"思想，同时也体现了下层人民参与政治管理、改变自身地位的愿望。

墨子提出"尚贤"，最终是为了"尚同"。墨子认为天下之所以混乱，是因为人们的意见不一致，没有统一的是非、对错标准。因此墨子希望统一思想，服从上面贤能的统治者的意见，不附和下面纷乱不一的意见。用统一的、上下一致的思想和意志管理国家，那么社会就会安定，人民就可以得到更好的生活。

783. "节用"的思想内涵是什么？

"节用"就是提倡节俭，使用财物时要节约、克制。墨家类似的思想还有"非乐""节葬"等。

墨子看到统治者奢靡的生活所消耗的都是劳动者创造的财富，追求奢侈享乐会加重下层人民的负担，造成对人民的严重剥削，最终使得人民生活贫苦，国家难以富强。因此墨子主张勤俭节约。

墨子还认为儒家提倡的礼乐制度在形式上过于复杂烦琐，实行起来需要耗费大量的财物，而且容易让人沉迷享乐，这并不符合"节用"的观点，所以提出"非乐"，斥责儒家所提倡的礼乐制度。

对于葬礼，按照儒家的主张，一般是要厚葬死去的人，这也是墨子所反对的。他认为耗费大量的财物进行厚葬，对死去的人来说是虚伪无用的，反而加重了国家和人民的负担。尤其是在当时还有杀人陪葬的陋习，墨子也对其进行了猛烈的批评。

墨子倡导薄葬，减少葬礼的耗费，形成了"节葬"的主张。

784. "治世不一道，便国不法古"是什么意思？

"治世不一道，便国不法古"是说治理国家不一定只用一种方法，只要是有利国家的，就不用遵循古代的制度。这是《商君书》中的话，是商鞅明确提出的治国观点，代表了法家对社会发展的认识以及提倡改革变法的政治主张。

商鞅认为历史是不断发展的，过去的制度不一定适用于现在，所以圣人不遵循照搬古代的制度，也不会被现状所拘束。如果遵循古代制度，复古守旧就会落后于时代；如果保守地拘泥于现状，就会跟不上时代发展的趋势。这就是说历史在不断发展进步，治理国家也要不断地改革才能跟上历史的步伐，因此商鞅明确提出"治世不一道，便国不法古"，认为只要可以使国家强大，可以有利于人民，就没有必要遵循过去的制度和礼法。在现实中，商鞅在秦国也积极推动了变法的政策。

韩非继承了商鞅的主张，认为统治措施、国家政策要根据历史的变化而改变，今天和过去的情况不一样了，那么国家的政策也就应当改变，这就是"世异则事异""古今异俗，新故异备"（《韩非子》）。

785. "法、术、势"指的是什么？

"法、术、势"是韩非吸收历代法家思想，总结出来的一套君主统治国家的方法。法是法、术、势中的主要内容，是由统治者颁布的、统一的法令和制度，由官府向民众公布，并让民众知道法令是必须遵守的，不遵守就会受到惩罚；术就是君主通过奖赏和惩罚、任用和罢免等方式，对官员进行控制的方法；势是君主的权势、权力，是十分重要的部分。君主一定要有"势"，也就是地位、权力要稳固，这样就能很好地使用"术"来管理官吏，才能更好地推行"法"来治理民众。

韩非继承了荀子的"性恶"论，反对孟子的"性善"论，更激进地认为人人都是自私的，人与人的关系都是在利益中建立起来的，因此不能靠仁义来治国，只能依靠君主的权力治理国家。而权力必须由君主掌握，不然君主就会反过来被臣子牵制。所以韩非总结之前的法家观点，提出了一套将法、术、势综合起来的统治方法，目的是加强君主的权力，也就是君主集权。

 786. "君子不镜于水,而镜于人"是什么意思?

【译文】君子不用水做镜子,而用人来做镜子。

这句话出自《墨子·非攻》,不用水而用人作为镜子,是因为"镜于水,见面之容;镜于人,则知吉与凶"。用水当镜子只能照见自己的容貌,但是把人当镜子,通过别人来审视、考察自己,就可以知道自己哪里是好的,哪里是不好的。墨子的这种观点在唐太宗和魏徵两个人的身上得到了体现。

以人为镜:魏徵是唐朝名臣,很受唐太宗重视。他常常劝谏唐太宗不要做错事,有时候还因为话说得太激烈让唐太宗生气,但唐太宗仍旧愿意采纳他的意见。魏徵死后,唐太宗很悲伤,他说:"用铜当镜子,可以帮人把衣帽整理整齐;把历史当作镜子,可以明白兴衰的道理;用人当镜子,可以明白得失。我经常保有这三面镜子来防止自己做错事。现在魏徵去世了,就丢了一面镜子啊!"

《旧唐书·魏徵传》:(太宗)尝临朝谓侍臣曰:"夫以铜为镜,可以正衣冠;以古为镜,可以知兴替;以人为镜,可以明得失。朕常保此三镜,以防己过。今魏徵殂逝,遂亡一镜矣!"

787. "兵者,国之大事,死生之地,存亡之道,不可不察也"是什么意思?

【译文】战争,是国家的头等大事,关系到军民的生死,国家的存亡,不能不慎重地考察研究。

这句话出自《孙子兵法·始计》,是《孙子兵法》开篇之语,告诫人们军事战争是非常重要的事,一定要慎重对待。而孙子在第一篇中还说,如果将军肯听自己的计策,用它们打仗一定会赢;如果不听,用它们打仗就会输。这也说明了《孙子兵法》内容是教人如何取得战争胜利。

孙武将战争和人民的生死、国家的存亡紧密联系,指明了战争在国家事务中的重要地位,也指明了战争的目的是保证国家的安全和发展,一旦进行战争,就会有大量军民牺牲,并损害国家利益,所以一定要重视战争、随时做好战争的准备并慎重地思考是否要参与战争。所以《孙子兵法》中还指出军队每天要消耗大量的财物,发动战争并不能使国家获利。《火攻篇》中还提到,不到危急关头不要战争,君主和将军不能因为发怒而发动战争,从各个方面论述不可轻易发动战争。

孙武创作《孙子兵法》的目的是教人制胜,但首先是劝导人们不要随意进行战争,这种思想深刻影响了中国数千年的军事决策,而《老子》中也说"兵者,凶器也",认为军队是凶险的东西,而战争是灾祸,圣人不到万不得已的时候不会进行

· 165 ·

战争。

《孙子兵法》中有许多兵法名言，流传十分广泛，也常被应用到政治、商业等领域。如"故上兵伐谋，其次伐交，其次伐兵，其下攻城"就是说兵法中谋略是上等的，然后是外交，再然后是两军对战，最下等的才是攻城；"知彼知己，百战不殆；不知彼而知己，一胜一负；不知彼不知己，每战必殆"认为做到知己知彼是保证战争胜利的基本条件，而如果既不了解自己也不了解敌人，那么每次战斗都会失败；"其疾如风，其徐如林，侵掠如火，不动如山，难知如阴，动如雷震"是讲军队在行军、进攻、静止的时候应当有的样子，急行军时要像风一样轻快，缓慢行进时要像树林一样有序，进攻的时候要像火一样威猛，静止或休整不动时要像山一样安稳，后人也用"风林山火"形容军队气象；"投之亡地而后存，陷之死地然后生"指背水一战，利用将士决死的勇气来获胜的办法，也就是常说的"置之死地而后生"。此外还有"攻其无备，出其不意""百战百胜，非善之善者也，不战而屈人之兵，善之善者也"等名言。

788. "百战百胜，非善之善者也，不战而屈人之兵，善之善者也"体现了什么思想？

【译文】百战百胜虽然高明，但不是最高明的，不进行战斗而能使敌人屈服，才是最好的。

这句话是孙武的名言，出自《孙子兵法·谋攻》，讲述最高明的战争谋略，就是不进行战争也能取得胜利。在战斗开始前就让敌人失去战斗力或者屈服、退却，这就是"不战而屈人之兵"，也就是"兵不血刃"。

《三国志·蜀志·马谡传》中记载马谡与诸葛亮的对话："用兵之道，攻心为上，攻城为下；心战为上，兵战为下。"就是说用兵打仗，最好的策略是对敌人进行心理战，从精神上瓦解敌人的斗志，而进攻城池或两军对战都不是上等的策略。这也有"不战而屈人之兵"的意思。

789. 烛之武退秦师是一个什么故事？

春秋时期，秦国、晋国把郑国曾经对晋文公无理并亲近楚国当作借口，联合攻打郑国，郑国面临着灭亡的危险。烛之武答应郑伯的请求，不顾个人安危，去拜见秦伯，最终以自己的口才说服了秦伯，使秦国军队撤退，并与郑国结盟。晋国见秦国撤退，就也撤回了军队。

烛之武退秦师的故事出自《左传·僖公三十年》，用口才使敌军退却，也可以说是"不战而屈人之兵"。

790. "子非鱼，安知鱼之乐"这句话背后有什么故事？

【译文】你不是鱼，怎么会知道鱼的快乐呢？

这句话来自《庄子·秋水》，是名家思想代表人物惠子所说的话，常被理解为不要自以为是地看待他人，或者说不要总是用自己的眼光去看待别人。

《庄子·秋水》中讲有一次庄子和惠子在一座桥上散步，庄子看见水中的鱼游来游去，说："鱼儿游来游去，悠然自在，这是鱼的快乐啊。"惠子听见了就说："你又不是鱼，哪里会知道鱼的快乐呢？"庄子反问说："你又不是我，你哪里知道我不知道鱼的快乐呢？"惠子说："我不是你，所以不知道你；那么你本来也不是鱼，所以你不知道鱼的快乐，就是这样的。"庄子说："请回到我们刚开始的话题，你说：'你哪里知道鱼的快乐'，就是已经知道我知道鱼的快乐才问我的，我是在桥上知道鱼的快乐的。"

这场辩论本来是惠子赢了，但庄子马上避开了原来辩论的内容，换了一个角度来为自己辩解。惠子问庄子"安知鱼之乐"实际上是"怎么会知道鱼的快乐"的意思，但是"安"也可以理解为"在哪里""在什么地方"。所以庄子在辩论不过惠子的时候，就说回到最开始说的话，把惠子说的"怎么知道鱼的快乐"歪曲成"在哪里知道鱼的快乐"，自己就可以回答"在桥上知道的"。这个故事既表现了名家的辩论技巧，也体现了庄子敏捷的思维。

《庄子·秋水》：庄子与惠子游于濠梁之上。庄子曰："鲦鱼出游从容，是鱼之乐也。"惠子曰："子非鱼，安知鱼之乐？"庄子曰："子非我，安知我不知鱼之乐？"惠子曰："我非子，固不知子矣；子固非鱼也，子不知鱼之乐，全矣。"庄子曰："请循其本。子曰'汝安知鱼乐'云者，既已知吾知之而问我，我知之濠上也。"

791. "太山不立好恶，故能成其高；江海不择小助，故能成其富"表达了什么思想？

【译文】泰山没有对泥土和石头的好恶之心，所以能成就它的高大；长江大海不挑剔小的溪流，所以成就了它的丰盈。

这句话出自《韩非子·大体》。韩非子认为天空如果不够寥廓就不能覆盖整个大地，人的心胸如果不能像大地那样辽阔，就不能容下万物。又用高山和江海来说明这个道理，山是因为能接纳细小的土石才那么高；江海是因为能接纳细小的溪流才那么大；人也应该有博大的胸襟，能包容万物，才能够成为伟大的人。君主要像山海那样能够包容万物，才能使国家富强。

《管子·形势解》中也说："大海不拒绝河流，所以能成就它的广阔；高山不拒绝泥土和石头，所以能形成它的高大；开明的君主不厌恶别人，所以能够领导众人，人不讨厌学习，所以能使自己圣明。"不但认为人要善于接纳、包容别人才能够成为众人的领袖，也提出人要热爱学习，善于接受知识，才能够成为圣明的人。

这都是说人要有宽广的胸襟，要能接纳他人和各种事物，才能不断地丰富自己，使自己强大。法家也用这样的话去劝说君主要接纳不同的人和别人的意见。而心胸宽广，懂得包容一直被看作是君子的美德，民族英雄林则徐讲"海纳百川，有容乃大"，说的就是这个道理。

792. "刑过不避大臣，赏善不遗匹夫"是哪部书中的名言？

【译文】惩罚罪过不避过大臣，奖赏善行不忘记百姓。

这段话出自《韩非子·有度》："法不阿贵，绳不挠曲。法之所加，智者弗能辞，勇者弗敢争。刑过不避大臣，赏善不遗匹夫。"

国家法律不偏袒权贵之人，用来检查曲直的墨线不会倾向弯曲。法律的效用所能影响的地方，有智慧的人也躲不过去，勇敢的人也不敢违抗。惩罚罪过不避过大臣，赏赐善行不忘记百姓。

这段话表现了法家对法律的尊崇，认为法律的权威不能违抗，即便是尊贵的人犯法也要惩罚，平民有功也要奖赏。法律面前，不论尊卑，一视同仁是法家的重要观点，是"法律面前人人平等"的思想在中国古代的体现，后世常用"王子犯法与庶民同罪"来表达这种思想。

商鞅变法的事例体现了"刑过不避大臣，赏善不遗匹夫"的思想，《史记·商君列传》中记载：秦孝公让商鞅实行变法的政策，商鞅在国都南门竖立一根三丈长的木头，命令说有谁能把它搬到北门就赏赐他十金。民众很奇怪，没人敢搬。商鞅又说："能搬到北门的人赏赐五十金。"有一个人真的搬了过去，商鞅也按原先的命令给了他五十金。后来秦国太子犯了法，因为太子是君主的儿子，没法惩罚，就重罚了太子的老师。后来秦国的民众都自觉地遵守律法。

《史记·商君列传》：孝公既用卫鞅，鞅欲变法，恐天下议己。

……

令既具，未布，恐民之不信，已乃立三丈之木于国都市南门，募民有能徙置北门者予十金。

民怪之，莫敢徙。复曰："能徙者予五十金。"有一人徙之，辄予五十金，以明

不欺。卒下令。令行于民期年，秦民之国都言初令之不便者以千数。于是太子犯法。卫鞅曰："法之不行，自上犯之。"将法太子。太子，君嗣也，不可施刑，刑其傅公子虔，黥其师公孙贾。明日，秦人皆趋令。……秦民初言令不便者有来言令便者。

793. "三年不翅，将以长羽翼；不飞不鸣，将以观民则。虽无飞，飞必冲天；虽无鸣，鸣必惊人。"这句话背后有什么故事？

【译文】三年不展开翅膀，是为了生长羽翼；不飞也不鸣叫，是为了观察民众。虽然没有起飞，但如果起飞一定会一飞冲天；虽然没有鸣叫，一旦鸣叫必定会使人吃惊。

这句话是《韩非子·喻老》中的名言，记述的是楚庄王的故事。在《史记》中变成了"此鸟不飞则已，一飞冲天；不鸣则已，一鸣惊人"，讲述的则是齐威王的故事。成语"一鸣惊人"就是来自这段话，用来形容平时默默无闻的人突然做出了令人吃惊的事或取得了惊人的成绩。

春秋时楚庄王的故事：楚庄王继承王位三年了，从没有管过国家的政事。右司马就跟楚庄王说："有一只鸟停在南方的山冈上，三年的时间都不展翅，不飞翔，不鸣叫，沉默无声，这是什么鸟呢？"楚庄王说："三年不展开翅膀，是为了生长羽翼；不飞也不鸣叫，是为了观察民众。虽然不飞，但如果起飞一定会一飞冲天；虽然不叫，一旦鸣叫必定会使人吃惊。你放心，我明白了。"过了半年，楚庄王开始亲自管理朝政，废除旧法令，施行新法令，诛杀奸臣，提拔贤能的隐士，使国家得到了非常好的治理，称霸天下。

右司马用不飞不叫的鸟来比喻楚庄王，楚庄王就说这只鸟会一飞冲天，一鸣惊人，就是说自己会治理好国家，让大臣放心。这就是"一鸣惊人"的故事。

《韩非子·喻老》：楚庄王莅政三年，无令发，无政为也。右司马御座而与王隐曰："有鸟止南方之阜，三年不翅，不飞不鸣，嘿然无声，此为何名？"王曰："三年不翅，将以长羽翼；不飞不鸣，将以观民则。虽无飞，飞必冲天；虽无鸣，鸣必惊人。子释之，不谷知之矣。"处半年，乃自听政。所废者十，所起者九，诛大臣五，举处士六，而邦大治。举兵诛齐，败之徐州，胜晋于河雍，合诸侯于宋，遂霸天下。

794. 管仲说："生我者父母，知我者鲍子也。"这体现了什么？

【译文】生养我的是我的父母，明白我的是鲍叔牙啊！

这句话出自《史记·管晏列传》，是管仲的感叹，认为鲍叔牙是自己的知己好友。管仲与鲍叔牙的友谊，称为"管鲍之交"。

管鲍之交：管仲和鲍叔牙一直是好朋友。两人曾一起经商，赚的钱管仲总是分给自己的多，给鲍叔牙的少，鲍叔牙从不计较，还对人解释说管仲是因为家中贫寒，并不是贪图金钱。管仲当兵曾多次逃跑，人们嘲笑他，鲍叔牙解释说管仲是为了家中年迈的母亲。管仲曾帮公子纠同公子小白争夺王位，差点杀了公子小白，公子小白后来成了齐桓公，公子纠被杀，鲍叔牙却向齐桓公推荐管仲做相国，使得齐国强盛。管仲曾说："生下我的是父母，明白我人的是鲍叔牙啊！"

管仲与鲍叔牙的友谊代代传颂，人们常用"生我者父母，知我者某某"的句式来说某人是自己的知己，或表达自己与某人之间的友谊。"管鲍之交"作为一个成语，也被用于形容美好真挚的友谊。

《史记·管晏列传》：管仲曰："吾始困时，尝与鲍叔贾，分财利多自与，鲍叔不以我为贪，知我贫也。吾尝为鲍叔谋事而更穷困，鲍叔不以我为愚，知时有利不利也。吾尝三仕三见逐于君，鲍叔不以我为不肖，知我不遭时也。吾尝三战三走，鲍叔不以我为怯，知我有老母也。公子纠败，召忽死之，吾幽囚受辱，鲍叔不以我为无耻，知我不羞小节而耻功名不显于天下也。生我者父母，知我者鲍子也。"

道家

795. 道家是什么样的学派？

"道家"这个词，最开始出现在西汉司马谈的《论六家要旨》中，指的是在春秋时期形成的以老子、庄子为代表的学派，创始人是老子，重要的代表人物有老子、庄子、列子等等。

一般认为道家思想发源于上古，可以追溯到伏羲、神农、黄帝的时代，这是道家思想的起源。春秋时期，老子汲取了古代先贤智者的智慧，总结了古代前人的思想精华，形成了自己的道德思想，创立了道家学派。道家学说经过庄子等人的发展逐渐兴盛，在西汉初年成为主要的治国思想，在魏晋南北朝时期又发展出了玄学。在汉武帝"罢黜百家，独尊儒术"后，道家的地位虽然不如儒家，但其思想一直潜藏在士大夫的思想之中，绵延不绝。

道家把"道"作为自己的思想核心，认为"道"是宇宙万物中产生万事万物的最高存在，崇尚"道""德"与"自然"，认为事物在正反两面之间不断变化，讲究效法自然，顺应事物自然而然地发展变化，主张用清静无为的方式提高个人修养，治理国家人民。

历史哲学艺术卷

在中国传统的思想文化中，主要有两条脉络，一条是作为正统思想的儒家学说，而另一条就是以老庄思想为代表的道家学说。道家以及道教思想在中国的历史中绵延不绝，与儒家思想相互补充，再加上后来的佛教，一起成为中国思想文化中三个极其重要的组成部分，对中国的哲学、文学、科技、艺术、养生、宗教等都产生了深远的影响。

796. 道教是什么？与道家有什么关系？

道教是中国土生土长的宗教，与道家有十分紧密的关系，也常常把道家称作道教，但二者实际上是不一样的。道教把黄帝、老子尊奉为祖师，把老子当作太上老君，供奉"三清"（玉清元始天尊、上清灵宝天尊、太清道德天尊）、玉皇大帝等神仙，以"道"为最高信仰，以修道成仙为修行目的，是一种宗教信仰而不是思想学派。

道教的思想早在战国时期就已经存在了，主要受到当时道家的思想理念、神仙家的养生之术以及普通百姓的巫术活动的影响而逐渐发展起来。早期道教受到许多思想流派的影响，但其中以道家学说为主。到了东汉末年，出现了道教教徒组织的道教群体，道教正式形成。后来经过魏晋南北朝的发展，道教被封建统治者接受，成为正统宗教，与儒教、佛教并列成为"三教"。道教在两千多年的发展中，产生了许多派别分支，今天以王重阳开创的全真教为主。

道教是中国重要的本土宗教。道教文化，是中国文化重要的组成部分，在中国漫长的历史中，与儒教、佛教相互补充，深刻影响了中国的宗教、思想、文学、艺术、科技等各个方面。

797. 黄老之学是什么样的思想流派？

黄老之学是道家学派的一个重要分支，是在战国时期产生的思想流派，因为这个流派把黄帝和老子尊奉为创始人，所以被称作"黄老之学"。

黄老之学的思想学说主要是对道家思想的发展，又吸收了阴阳家、儒家、法家、墨家等学派的思想。在西汉初年成为统治者治理国家的主要思想，达到辉煌时期。

黄老之学发展了老子关于"道"的学说，认为"道"是一定存在的，事物与人受到"道"的影响，只不过无法感受到它罢了。在政治上，黄老之学主张采用减少赋税和徭役，提倡俭朴，让人民安定地发展农业和经济的"无为"政策，达到让人民富裕、国家富足的"有为"目的。

西汉初年的统治者采用了黄老之学的政治思想,让西汉从刚刚结束战乱的贫穷状态中逐渐恢复,并出现了后来"文景之治"的盛世,使得西汉成为一个富强的王朝,对中华民族的发展有积极的意义。到了东汉,黄老之学也对道教的形成产生了重大影响。

798. 玄学是什么?

玄学又叫作"老庄之学",是从道家发展出来的新学派。玄学的名字来自《老子》中的话:"玄之又玄,众妙之门。"开创玄学的人主要有魏晋时期的玄学家王弼、夏侯玄等人,在文学方面十分著名的"竹林七贤"(嵇康、阮籍、山涛、向秀、刘伶、王戎及阮咸)也是玄学的代表人物。

玄学在魏晋时期产生,并在同时流行,甚至被当时的统治者作为国家的官方学说。玄学的思想风潮从魏晋时期一直持续到宋代,在宋代时被理学取代。

玄学学说,主要是对《老子》《庄子》和《周易》的注释和解读,将这三部书视为"三玄",玄学家希望通过对道家著作的解读和发展,重新使道家学说兴盛。

玄学的思想十分深奥,在道家学说的基础上提出了许多见解和观点,推动道家学说进一步发展。玄学兴盛的时候,被统治者作为官方学说,成了除儒学以外唯一的官方学说。此外,由于玄学的影响,魏晋时期文人士子的思想得到了解放并得以开阔,使人的个性能够得到彰显,并引起了人对自然山水的关注,对魏晋时期以及后来的文学、书法、绘画等产生了巨大的影响。

799. 老子是什么人?

老子,一般认为姓李,名耳,字聃,又称老聃,春秋时楚国苦县(今河南鹿邑)厉乡曲仁里人,生活的年代比孔子稍早,是春秋时著名的思想家、哲学家,道家创始人,代表作《老子》。被道教奉为"太上老君"。

老子曾经做过周朝的守藏史,也就是管理国家藏书的官员,后来辞官隐居,创作了《老子》。老子的思想主要都包含在《老子》一书中。在哲学思想上,老子提出"道"的概念,认为"道"是世界万物所遵守的规律;提出"有"和"无"相互转化的辩证思想,认为事物都有正反两个方面。在政治思想上提倡建立人民少的小国家,主张"无为而治"。

传说老子少年时十分聪明,在周朝国都求学,因为做了管理书籍的官员,所以遍览群书,十分博学。孔子听说老子博学,就去向老子请教关于礼的学问。回到鲁

国后,孔子的弟子问老子这个人怎么样。孔子回答说:"鸟这种动物,我知道它能飞;鱼这种动物,我知道它会有用;野兽一类,我知道它奔跑在地上。奔跑在地上的可以用网束缚住,游在水里的可以用鱼钩钓上来,飞在天上的可以用弓箭射下来。至于龙这种东西,我不知道它什么样子。龙乘着云和风直上九天啊!我见到的老子,不就是龙吗?学识渊博,志向远大,像蛇一样能屈能伸,像龙一样随着时节变化。老聃,真是我的老师!"可见孔子对老子的尊敬。

老子是中国古代伟大的思想家和哲学家,在中国文化中有很高的地位。他创作的《老子》虽然篇幅短小,但影响深远。老子也是世界文化名人之一。

800. 列子是什么人?

列子(约前450—约前375),本名列御寇,列子是人们对他的尊称,春秋时期郑国圃田(今河南省郑州市)人。列子是春秋著名的思想家,介于老子和庄子之间的道家代表人物,代表作《列子》。

列子继承并发扬了老子的思想学说,开创了春秋时期道家"贵虚"的一派,认为最高的境界是达到真正的"虚"和"无";列子还认为"道"是宇宙万物最根本的东西,如果能领悟"道",达到人与世界万物合二为一的境界,就能得到真正的自由。

列子是中国古代著名的思想家、哲学家和文学家,在道家的发展中,处于老子和庄子之间,有承前启后的作用,对道家学说发展有重要影响。列子在道教和道家都居于重要地位,庄子在《逍遥游》中讲列子能乘着风出行,把列子看作仙人。列子在唐朝时被封为"冲虚真人",宋朝时追封列子为"致虚观妙真君",是道家四大真人之一。此外,列子对后世文学、科技等方面的影响也非常深远。

801. "老庄"中的"庄"指的是谁?

庄子(约前369—约前286),名周,战国时期宋国蒙(今河南商丘市东北)人。庄子是道家重要代表人物,与老子合称"老庄",代表作有《庄子》。

庄子的志向不在做官,而是向往自由。《史记》中记载,楚威王听说庄子很有学问,十分贤能,就派使者带上贵重的礼物,请他到楚国做相国,庄子说:"一千金的金钱,是很大的利益,相国,是十分尊贵的位置。但是你没有见过祭祀用的牛吗?人们喂养它好几年,给它披上好看的锦绣,然后迁到太庙中杀掉,来充当祭品。到这个时候,它宁愿自己是个小猪而不被宰杀,但是也不可能了。你们赶紧走,我宁愿自由自在而快乐地待在泥池里,也不愿意被国家君主所束缚。我一辈子不做官,要实现我自由快乐的志向。"

庄子的思想进一步发展了老子的思想。他十分重视事物的相对关系，思想内容富有辩证性，十分深奥；在为人处世以及政治方面，提倡"无为"；对于人生，庄子崇尚自由，顺应自然，并将"逍遥游"作为最高的人生境界。

庄子与惠施是好朋友，两个人之间有许多有趣的故事。例如《庄子·秋水》中记载，惠施在梁国做国相，庄子去找他，有人对惠施说："庄子来是为了代替你做官。"惠施很害怕，派人在都城内搜寻庄子，找了三天三夜。后来庄子去见他，跟他说："南方有一种鸟叫凤凰，你知道吗，它从南海飞到北海，只在梧桐树上休息，只吃竹子的果实，只喝甘甜的泉水。有一只猫头鹰捡到一只死老鼠，看到凤凰从面前飞过去，就抬起头对凤凰发出恐吓的声音。你是要用你的梁国来恐吓我吗？"庄子本来就不愿意做官，他把自己比作凤凰，把惠施比喻为猫头鹰，说惠施害怕自己抢他的官职就好像猫头鹰害怕凤凰抢它的老鼠肉，把惠施嘲笑了一番。这就是"惠子相梁"的故事。

庄子是战国时期伟大的思想家、哲学家和文学家，不但在思想上影响深远，还有很高的文学成就。庄子在道教中被尊为"道教祖师""南华真人"，是道教四大真人之一。

802. 王弼对道家学说有什么影响？

王弼（226—249），字辅嗣，三国时魏国山阳郡（今河南焦作）人，魏晋时期著名的经学家、哲学家，是魏晋玄学的主要代表及创始人之一。王弼的作品主要是对古书的注解，包括解读《老子》的《老子注》《老子指略》和解读《周易》的《周易注》《周易略例》四部书。

王弼出身官僚世家，曾外祖父是东汉末年的刘表，先祖多在东汉担任重要官职。年幼时就很聪慧的王弼受到良好家世的影响，学到了很多知识，死时年仅24岁，但已经完成了对《老子》和《周易》两部哲学著作的解释，奠定了玄学的基础。

王弼的思想，以阐释和发展老子的思想为主。在老子"天下万物生于有，有生于无"的基础上，他认为"无"是事物的根本，是宇宙万物的本原；他顺承老子"有无相生"的辩证思想，对有与无、动与静、一与多等相对的概念进行论述；在人如何认识事物的认识论方面，王弼提出"得意忘象"，认为只要认识到了事物的本质和精髓，事物的表面和描述事物表象的语言就都不重要了。

王弼是中国古代十分重要的哲学家，他是魏晋玄学重要的创始人之一。他对《老子》和《周易》的注解，很大程度上影响了后人对这两部著作的学习和研究，他提出"得意忘象"的观点对中国古代的艺术和艺术理论产生了一定影响。

803. 郭象是什么样的人？

郭象（？—312），字子玄，洛阳（今河南洛阳）人，魏晋年间的玄学家，是玄学的重要代表人物，主要作品《庄子注》。历史记载这部书由魏晋玄学家向秀和郭象两个人完成，包含了两个人的思想观点。

郭象少年时就很有才学，喜欢读《老子》和《庄子》，善于谈论道理。他曾担任司徒掾、黄门侍郎、太傅主簿等官职，做官的时候很专权，被当时的人轻视。相传《庄子注》本来是向秀的作品，但是向秀还没有写完就去世了，郭象就接着把《庄子注》完成，但是进行了一定的删改编订，并将《庄子注》作为自己的作品。

郭象既反对儒家，又反对传统的道家思想，提出了一些自己的观点。例如他的"独化"论，既反对儒家观点，也反对道家认为"无"或"道"是万物本原的看法，而认为万事万物都是自然而然生成的，而且是相互独立地产生以及变化的，并没有共同的本原；郭象还认为万物的颜色、形状等能被感受到的表象都是"迹"，表象的背后是产生这种表象的原因，这种本质不能用言语来表达，对它的认识是最神秘的知识，叫作"冥"，认为如果认识到"冥"，就可以忘记"迹"了。

因为郭象做官时专权，又有篡改向秀《庄子注》的说法，所以历史上对其人品评价不高。但是郭象反对传统的儒家、道家观点，提出了自己的见解，对当时和后世的思想产生了一定的影响，是魏晋时期著名的哲学家。

804. 历史中的王重阳是什么样的人？

王重阳（1112—1170），宋金时期咸阳（今陕西咸阳）人，原名中孚，字允卿，改名王嚞，字知明，道号重阳子，所以被称为王重阳。王重阳是道教重要代表人物，是道教重要派别全真道（全真教）的开创者，著作有《重阳立教十五论》《教化集》《重阳全真教》《重阳分梨十化集》等，在明代被收入道教典籍《正统道藏》中。

王重阳年幼时喜好读书，在金朝中过进士，后来辞官归隐山林。在外出游历时得到了道教真传，出家做了道士。王重阳曾经待在挖的洞穴中修炼，并把洞穴叫作"活死人墓"。创立全真道后，收马钰、丘处机等七个徒弟，即全真七真人。

王重阳的思想很有见地，在道教的修行思想上，主张内外兼修，在提倡戒除酒色财气，俭朴修身的同时，推崇道家原本的思想，用清静无为、清心寡欲的方式修养精神。王重阳还主张儒、释、道三教平等，提倡三教融合为一，在全真道的道教修行中，将道家《道德经》、儒家《孝经》和佛教《心经》作为必修的经典。王重阳认为去除欲望、内心清净是修行的主要途径，因此全真道不崇尚炼丹等行为。

王重阳主张三教合一，以道教思想为基础，在道教中加入儒教、佛教的内容，同时极力推崇老子、庄子的道家思想，实际上用新的宗旨和修行方法改革了道教，对道教的发展产生了十分重要的影响。王重阳建立的全真道成为道教最重要的派别，被尊为道教"正宗"，也是今天的道教主流。

805.《道德经》是什么书？

《道德经》即《老子》，是春秋时期老子的哲学著作，在道教中叫作《道德真经》，因为全书只有五千多字，所以也叫《五千言》。《道德经》分上、下两篇，原来是《德经》在前而《道经》在后，后来改成《道经》在前《德经》在后，并分为了81章。

《道德经》言简意赅，文义深奥，内容十分广泛，是老子哲学思想的精华。全书以"道"与"德"为核心，包含了老子对宇宙世界的看法，以及关于修身、治国、养生等方面的思想。

《史记》记载老子见周朝越来越衰弱，就离开周国都，到了函谷关。函谷关的守关令尹喜知道老子博学，就对老子说："您就要走了，一定要写一部书给我。"于是老子就写下五千多字的《道德经》，从此不知去向。

《道德经》虽然只有五千多字，但内容广博，含义深奥，不但是道家思想的来源，而且对诸子百家都有影响，是各家学派共同敬仰的著作。《道德经》深刻影响了中国思想文化的各个方面，在全世界也产生了巨大的影响并具有相当高的地位。

806.《庄子》都有哪些内容？

《庄子》是战国时期道家代表人物庄子的代表作，其中也包括了一些后人的作品，是一部哲学与文学著作，在玄学兴起后与《老子》《周易》合称"三玄"，在道教中被称为《南华经》或《南华真经》，是道教重要经书之一。

《汉书·艺文志》中记载《庄子》共有52篇，流传至今的有33篇。郭象将《庄子》分为内篇、外篇、杂篇三部分，内篇包含了庄子思想的核心内容，十分著名，按顺序分别是《逍遥游》《齐物论》《养生主》《人间世》《德充符》《大宗师》《应帝王》7篇，其余外篇有15篇，杂篇有11篇。

《庄子》包含了庄子的哲学、艺术、美学思想以及庄子关于人生和政治的观点，记载了两百多个生动的寓言及历史故事，"邯郸学步""庖丁解牛"等著名的成语故事都出自《庄子》。

《庄子》包含的思想丰富而深刻,书中第一次明确提出了"内圣外王"和"天人合一"的观点,对儒家思想产生了重要影响;"逍遥游"的人生追求则深刻影响了中国人的精神世界。《庄子》还是一部文学著作,其中的寓言故事想象奇特,文笔汪洋恣肆,气势豪放,富于变化,鲁迅评价诸子的作品,都比不上《庄子》中的文章。《庄子》在道教中有崇高地位,是先秦诸子最重要的著作之一,对中国思想和文学的发展产生了深远影响。

807.《列子》是一部什么书?

《列子》,是战国时列子以及列子的弟子创作的一部书,是道家的代表性著作,也是道教的经书,在道教中叫作《冲虚真经》。

相传《列子》原本有20篇,在秦朝时被损毁,西汉刘向等人进行编订后,整理出8篇,在晋朝又有残缺,经过张湛整理补全,存留下了《天瑞》《仲尼》《汤问》等8篇。《列子》的地位在唐朝时达到顶峰,唐玄宗时,设立玄学博士,《列子》被指定为必读书目,并被皇帝下诏奉为《冲虚真经》,宋代时又称为《冲虚至德真经》。

《列子》是道家中黄老之学的著作,以黄老之学为主旨和基本内容,在思想内容上也接近老庄之学;除了关于"道"的论述,"无为而治"的政治主张以及在人身修养上对精神自由和冲虚自然的境界的向往,还掺杂了其他一些学派和学者的思想观点。《列子》中有大量的神话传说、寓言故事,蕴含着许多哲理,"愚公移山""杞人忧天"等有名的故事都出自《列子》。《列子》中的文章,议论精当、条理清晰、文笔优美、故事生动有趣,也具有一定的文学价值。

《列子》一书既是道家的经典著作,也是一部精美的散文作品,后人常将《列子》和《庄子》相比,认为两本书在文采、说理等方面不相上下。《列子》对后世哲学、政治、教育等方面都产生了深远影响,其中的故事在今天也有巨大的教育作用。

808.《管子》是什么书?

《管子》一书托名管仲,并不是管仲的作品,而是战国中后期各家著作的论文集。《管子》在《汉书·艺文志》中被视为道家作品,后来也被《隋书·经籍志》等列为法家作品。因《管子》中有大量的道家言论,这里将《管子》归入道家著作中。

《管子》在汉朝时有86篇,流传到今天的有76篇,内容十分丰富,包括道家、儒家、法家等各家流派的观点,其中最多的是道家学说,其次是法家学说,其余学派的观点杂在其中。《管子》继承了老子的思想，并对老子的部分观点进行了批判，将法家思想与道家思想相结合，用道家思想作为法家学说的根基，影响了后来的法家，并使得道家思想实际地运用到了社会当中。

《管子》一书的内容博大精深，是先秦诸子百家中极为重要的著作，是研究中国先秦时期思想文化及各家学说的珍贵资料。

809.《淮南子》为什么被视为道家著作？

《淮南子》又名《淮南鸿烈》《刘安子》，是西汉淮南王刘安和他的门客编写的哲学著作。《淮南子》以先秦道家思想为基础，虽然融合了阴阳家、法家、儒家等各家学说，但宗旨仍是道家思想。因糅杂了各家学说，《汉书·艺文志》将《淮南子》归入杂家著作。但近代学者胡适则认为《淮南子》集道家大成，是道家的思想成就的总结，所以这里将《淮南子》作为道家作品。

淮南王刘安是汉高祖刘邦的孙子，是西汉皇族中学识广博的人。相传刘安招揽了数千宾客，其中有不少博学的人，《淮南子》就是刘安和门客苏飞、李尚、伍被等人编写的。

《淮南子》原本有内篇21篇，中篇8篇，外篇33篇，流传下来的只有内篇21篇，论述了包括兵法、阴阳五行、天人关系、养生、医药等在内的内容。《淮南子》在论述哲学思想的同时，保留了许多古代神话、寓言故事，例如"女娲补天""后羿射日""塞翁失马"等。

《淮南子》以道家思想为主旨，融合了诸子学说，并融会贯通，思想内容十分丰富，是从战国到汉朝，道家黄老之学集大成的作品，是一部具有划时代意义的哲学巨著。

810."道生万物"是什么意思？"道"是什么？

"道"是老子哲学的核心内容，也是道家思想的核心概念，用今天的话讲，可以把"道"理解为规律。老子认为宇宙万物都是由"道"生发出来的，这就是"道生万物"。

老子说"道"这个东西是无形的，但永远用不完，它十分渊深，好像是万物的根本，不知道它是从哪来的，可能在宇宙存在之前就已经存在了。也就是说"道"这种东西是万事万物的根本。他说："道生一，一生二，二生三，三生万物。"（《老子》第四十二章）简单地说，万事万物从根本上都是由"道"生发出来的。

老子所讲的"道"是十分抽象的东西,他将"道"描述为一种恍惚、深邃而不可捉摸的东西,在恍惚之中,好像有形象,好像有实物,但事实上是无声无形、看不见也摸不到的。老子还认为"道"没有具体的名字,因为看不见也摸不着,不能分清它的边际和状态,没办法给出名字,所以最后还是什么都没有。

老子认为具体的东西都可以用具体的名字来表示,这就是"有名"或"有",而"道"这种东西没有具体的名字,是"无名"或"无"。天地万物都是具体的事物,而"道"生万物,所以老子说:"无名天地之始,有名万物之母。"(《老子》第一章)就是说"无"是天地的开始,产生了"有"而"有"孕育了万物,这就是"天下万物生于有,有生于无。"(《老子》第四十章)也就是说"道"就是"无"。

"道生万物"是老子对世界的根本认识,蕴含着深刻的哲理,"道"和"有""无"一直是道家重要的概念,而关于"有"和"无"的关系的思想,也是道家思想的重要内容。

811. "小国寡民""无为而治"是什么样的思想?

"小国寡民"和"无为而治"都是老子所主张的政治思想。"小国寡民"就是指国家要小,人民要少,这样能使国家和人民安定;"无为而治"就是提倡统治者要行清静之治,少动用人民的人力物力,使国家治理良好。

老子认为人民贫困以及敢于冒死反抗统治,是因为统治者贪得无厌的剥削。统治者的生活奢侈,或大兴土木,或进行战争,都要消耗人民的人力、物力、财力,这些在老子看来都是"有为"。所以老子主张"无为而治",实际就是要求统治者减少自己的欲望和对人民的剥削,让人民自然地生存发展。此外老子认为当时社会混乱,是因为人们欲望太多,法令太多,太讲求知识和虚伪的道德。大家都在争抢名利,因而产生混乱,而强调仁义忠孝恰恰是因为真正的道德都被废弃了。所以老子认为不要追求知识、名利,才能使百姓安定、各得其所,这就是"无为而治"。

"小国寡民"是老子心中最理想的国家状态,认为"国家要小,人民要少,不使用器具、车船、武器,不要文字知识,让百姓看重生命而不到处迁徙,让人民吃好喝好、安居乐业。相邻的国家能互相听到鸡、狗的叫声,人民却互不往来"。老子认为这样的国家最稳定,人民最安定,也最能富足。

"小国寡民"和"无为而治"是老子消极的政治思想,同时,老子认为人生也应该是"无为"的,认为要成为圣人,就要放弃智慧,减少欲望,不同别人相争,就像婴儿一样。他认为这样才能够达到精神的最高境界。这种"无为",是道家重要的思想内容。

812. "有无相生"有着什么样的思想内涵？

"有"和"无"是相互依赖的。老子认为一切事物都是在不停变化的，事物都有正反两个方面，这两个方面依赖彼此而存在，并且会向对方转化。这是一种辩证的思想，用老子的话讲，可以概括为"有无相生"。

老子说："有无相生，难易相成，长短相形，高下相倾，音声相和，前后相随。"（《老子》第二章）这是说有无、长短、高低等相对立的东西都是相互依赖。比方说两个东西一样长，那么它们就都不比对方长也不比对方短，也就是在它们之间没有长的东西。所以老子认为如果所有人都知道善的东西是善的，那就没有善了。在认为正反两方面相互依赖的基础上，老子还认为事物的两个方面会相互转化。一个方面发展到一定程度，就会表现出另一个方面，甚至会完全转变为另一个方面。所以他提出"大直若屈，大巧若拙，大辩若讷"（《老子》第四十五章），还说"祸兮福之所倚，福兮祸之所伏"（《老子》第五十八章）。

老子的"不争""无为"的主张也包含着这种辩证的思想。老子的"不争"是要做到"天下莫能与之争"（《老子》第二十二章），是要达到"争"的目的；老子讲的"无为"，是要无为而"无不为"，达到"为"的最终目的，这就是根据事物向相反的方面转化的思想，通过"不争"做到反面的"争"，通过"无为"做到另一面的"无不为"。

这种辩证的思想，贯穿了老子的思想体系，成为道家思想的重要特征，常给人以巨大的启发。

813. "逍遥游"是谁的理想？

"逍遥游"是庄子关于人生的观点，是庄子所追求的人生境界，即认为人生应当摆脱外界的束缚和自身肉体的束缚，达到精神的绝对自由。这种观点在《庄子》名篇《逍遥游》中得到集中体现，所以把它概括成逍遥游的人生观。

战国时期社会动荡，政治、军事斗争十分激烈，庄子没有选择积极为诸侯各国做事，而是批评、回避这种社会状况。庄子认为，人之所以不自由，"一方面是由于外界物质条件的束缚，另一方面则是由于自身肉体的束缚"，分别叫"有待"和"有己"。庄子认为要摆脱外界的束缚，超越自己的精神和肉体的束缚，达到"无待"和"无己"的境界，才能做到真正的自由。

庄子在《逍遥游》中提到一种叫大鹏的大鸟，它有巨大的翅膀和高远的志向，能激起三千里巨浪，飞九万里高；庄子还提到列子能乘风飞行。它们看上去比小鸟和人自由得多，但还要借助翅膀和风的力量飞行，并不是真正的自由。而如果能不依靠任何条件，毫无限制地自由行动，就叫"无待"。如果人能忘掉自己，不在意感受，没有喜乐忧愁，不计较个人得失，就摆脱了自身的束缚。用庄子在《齐物论》中的说法，修养极高的人，到处起火也不感觉热，河流结冰也不觉得冷，面对大风大浪毫不惊恐，生死都不在乎，这就是"无己"。

做到"无待"和"无己"，也就是真正的"逍遥游"，即个人绝对的自由。

814."坐忘""心斋"是什么意思？

"坐忘"和"心斋"是庄子所提出的达到最高的自由境界的途径。"坐忘"就是忘掉一切事物功利；"心斋"就是摒除一切杂念，使心虚静、纯净。

《庄子·大宗师》中讲："堕肢体，黜聪明，离形去知，同于大通，此谓坐忘。"就是说人要忘掉外部世界，忘记自己的身体、感觉，排除一切形体和知识，与自然融为一体，这就是"坐忘"。"心斋"则是庄子借孔子之口提出来的，在《庄子·人间世》中，颜回问什么是心斋时，孔子说，要心志专一，不用耳朵听而用心听，不用心听而用气听，"气"就是用虚无清净的心境对待宇宙万物，而这就是"心斋"。也就是说排除肉体的感受和心中的情感，排除杂念，排除功利心和欲望，用虚无、清净、纯一的心境对待万物，这就是"心斋"。

"坐忘"和"心斋"实际上就是摆脱外界束缚和自身束缚的过程，是达到"逍遥游"境界的修行方法。这种修行方法的提出对中国艺术和审美思想产生了深远影响，使得中国古代的审美思想中，出现了一种排除功利、欲望和知识，用纯粹的心境感受美的审美倾向。

815."得意忘象"是谁提出的思想学说？

"得意忘象"是王弼提出的著名观点。简单地说，就是得到或理解了事物的内涵、内容和规律，就可以忘记事物的形象或表象。

王弼针对言、象、意三者的关系进行了讨论。言就是语言、话语；象就是形象或表象；意就是事物内在的规律，也可以理解为事物的内容和内涵。他在《周易略例·明象》中说："言者所以明象，得象而忘言。象者所以存意，得意而忘象。"也就是说，言语只是用来说明象的工具，如果得到了象就可以抛掉言语了；而象只是表现意的工具，如果得到意就可以抛弃象了。就好比得到了鱼，渔网就没用了。

王弼进一步发展关于言、象、意的观点，认为受到语言的束缚会妨碍象的完美表达，受到形象的束缚则会妨碍意的完美表达。所以要抛掉事物的形象和表象，才能真正认识事物的内涵和规律。

王弼关于言、象、意三者之间关系的说法有一定道理。而"得意忘象"的哲学思想对中国古代艺术，尤其是绘画艺术产生了重要影响，使得中国传统绘画更重视表现志趣、意境等内在的东西而不注重写实。

816. "上善若水"是谁的名言？

【译文】最高境界的善，就像水一样。

是老子名言，也是一个成语，用来指最高尚的德行，是许多人道德修养的目标。原文出自《道德经》第八章："上善若水，水善利万物而不争，处众人之所恶，故几于道。"

最高境界的善就像水的德行一样，水的德行，能够养育天下万物，却不争夺利益名声，停留在人们都不喜欢的地方，所以最接近"道"。

老子提倡"不争"，这就要求人能够不和其他人或事物争夺名声、利益，不与外界发生冲突，不用一种刚硬的态度去面对世界。而在老子看来，水这种东西，是最柔软的，把它放在圆形的容器里，它就是圆的，放在方形的容器中它就是方形的。水流淌在低洼的、不被人喜欢的地方，不和万物争夺利益和名声，从高处自然地流向低处，不和万物攀比，汇聚在一起又有巨大的力量，但是水却能包容万物，能够哺育众生，这就是水的德行。而水的德行更是自然而然的，不是人为强加的，所以老子认为水的德行是最好的，是"上善"。

"上善若水"阐述了老子关于德行的看法，教育人要像水一样，谦虚、真诚、友善且能包容万物。孔子同样认为水有高尚的德行，并说因为水的德行，所以君子见到大江大河一定会停下脚步来观看。

《道德经》第八章：上善若水。水善利万物而不争，处众人之所恶，故几于道。居善地，心善渊，与善仁，言善信，政善治，事善能，动善时。夫唯不争，故无尤。

817. "夫唯不争，故天下莫能与之争"是什么意思？

【译文】只有不与人争，那么天底下就没有人能与他相争。

这段话出自《道德经》第二十二章。老子认为人不自以为是，是非黑白才更清楚明白；不求自己荣耀显赫，所以有真正的功劳，不自负自大，所以才被尊重。不与人相争，那么天底下就没有人能够和他相争。

这句话表达了老子"不争"的思想。懂得内敛谦卑,不到处张扬、自以为是,不自大,都是"不争"。"不争"也是"无为"的一种表现。《道德经》中有许多关于"不争"的句子,例如"不尚贤,使民不争",是老子的政治观点,认为不崇尚贤能有才的人,人民就不会去争夺功名地位,社会才能安定。"天之道,不争而善胜"是说"不争"却能够达到自己的目的,这是上天的道,是最高等的道理。再比如"圣人之道,为而不争"是说道德最高尚的人,总是默默地做事情,但不显露自己的功绩,不和他人争夺名利。

"不争"可以理解为不争夺名利、不张扬自己、不与人攀比等等。道家的"不争"和"无为"被认为是一种消极避世的思想,相对的儒家思想一般被认为是积极进取的思想。但顺从天道自然,做到"不争"在老子看来是一种极高的智慧,也是一种道德。这种思想告诉人们,一个人不与他人相争,那么别人也就没有办法和他相互争夺名利,是将自己立于不败之地。一方面,在"不争"的时候,自然地实现了自己的目的,实际上是做到了"争";另一方面,不同他人产生矛盾,也能保全自己。这就是道家的智慧。

《道德经》第二十二章:曲则全,枉则直,洼则盈,敝则新,少则得,多则惑。是以圣人抱一为天下式。不自见,故明;不自是,故彰;不自伐,故有功;不自矜,故长。夫唯不争,故天下莫能与之争。古之所谓"曲则全"者,岂虚言哉!诚全而归之。

818."弱之胜强,柔之胜刚,天下莫不知,莫能行"蕴含了什么思想?

【译文】弱小有胜过强大的地方,柔软有胜过刚硬的一面,天下的人没有不知道的,但是都做不到。

这句话出自《道德经》第七十八章:天下莫柔弱于水,而攻坚强者莫之能胜,以其无以易之。弱之胜强,柔之胜刚,天下莫不知,莫能行。是以圣人云:"受国之垢,是谓社稷主;受国不祥,是为天下王。"正言若反。

天底下没有比水还柔弱的东西,但如果攻克坚强的东西,也没有什么事物能够胜过水,柔弱能够胜过刚强,天底下的人都懂得这个道理,却没有人能够实行。所以圣人说:"能够背负国家的屈辱,才能被称作国家的君主,能承担国家的灾祸,才可以成为天下的王者。"正面的话就像在反着说一样。

老子认为柔能克刚,他还说:"天下之至柔,驰骋天下之至坚。"(《道德经》第四十三章),就是认为天下最柔弱的东西能胜过天下最坚硬的东西。《淮南子》中还说,舌头在牙齿还没长出来的时候就已经长出来了,等到人老了,牙齿掉完了,舌头却还在嘴里，这也是老子讲的柔能胜刚的道理。

老子通过讲述柔能胜刚的道理，说明真正可以成为国家的君主，可以成王的人，要能够承受国家的屈辱和灾祸。其实就是像最柔软的水一样流在人们不喜欢的低洼的地方，却能够养育众生。君王往往是尊贵的，老子却说君王要背负屈辱和灾祸，这就是正面的话就像反着说一样。但是承受屈辱和灾祸，显得软弱这样反面的话不能让人们接受，所以人很难做到以柔克刚。

819. "大直若屈，大巧若拙，大辩若讷"讲述了什么道理？

【译文】最正直的东西看上去好像是弯曲的，最灵巧的东西看上去可能是粗糙笨拙的，最善于辩论的人，却像木讷而不善于讲话的人一样。

这句话出自《道德经》第四十五章："大成若缺，其用不弊。大盈若冲，其用不穷。大直若屈，大巧若拙，大辩若讷。"

最完美的好像有缺陷一样，但是用起来却没有任何毛病。最圆满的东西，好像还有空缺，但是它的作用却是不会穷尽的。最正直的东西像是弯曲的；最巧妙的像是笨拙的；最优秀的口才像是不善言辞一样。

大巧若拙、大智若愚等成语都来自这句话，而这句话要说明的道理，也可以用"大巧若拙"来概括。老子总是很重视事物的正反两面，巧妙和笨拙等词语表达的都是相反的意思，而老子恰恰认为最完美的、最精妙的东西看起来可能是相反的样子。这说明事物和人外在的样子其实不是最重要的，最重要的是内在的特点，而最完美的东西总是内在的完美，并不表现出来，所以，看起来是不完美的。老子的这种思想表达了一种对人格品质的追求，就是说拥有出色的能力、高尚的品德，却不到处张扬，而是谦虚内敛，看起来普通，但却能发挥真正的作用，这样的人格，才能被看作是最好的。老子的这种思想也影响了中国艺术的发展，后来常用大巧若拙来赞美看起来粗糙笨拙而内涵精妙的艺术作品。大智若愚则可以形容有大智慧但并不张扬的人。

820 "祸兮福之所倚，福兮祸之所伏"出自哪部著作？

【译文】灾祸是好事情所依仗着的，好事情的背后也可能潜藏着灾祸。

这句话出自《道德经》第五十八章，是这一章中最被人所熟悉的一句话，表达的是坏事和好事相互依存，坏事情可能带来好事情，而好事也有可能带来坏的结果。

老子认为福祸相依，也是他重视事物正反两个方面，重视正反面相互变化的表现。道家思想也一直很重视这种正反变化，比如"乐极生悲"这个成语，就出自《淮南子·道应训》："夫物盛而衰，乐极则悲。"是说事物或事情达到最兴盛、最好的时候，就会衰落下去，而快乐到了极点，就会产生悲伤。

《淮南子》中还讲了这样一个故事：在边塞有一个善于推测凶吉的老人。有一次他的马跑到了胡人的领土上，人们都来安慰他，他说："这件事怎么就不能看作是好事呢？"过了几个月，他的马带着胡人的骏马回来了。人们又来祝贺他，他说："这怎么就不是一种灾祸呢？"后来他那爱好骑马的儿子因为从马上摔下来而摔断了腿。人们又来慰问他，他又说："这怎么不算一件好事呢？"后来胡人入侵，健壮的男子都被征为士兵去打仗，边塞有很多人战死，只有这个老人的儿子因为腿瘸了没有参军，保全了性命。这就是著名的"塞翁失马"的故事，塞翁失马是一个成语，也叫作"塞翁失马，焉知非福"，后来常用在人遇到灾祸的时候，安慰人马上就有好事到来。

福祸相依的道理，启发人在遇到坏事时要乐观，遇到好事是也要提防坏事的发生，对人的处世方式和态度有启发教育的作用。

《淮南子·人间训》：近塞上之人有善术者，马无故亡而入胡，人皆吊之。其父曰："此何遽不为福乎？"居数月，其马将胡骏马而归，人皆贺之。其父曰："此何遽不能为祸乎？"家富良马，其子好骑，堕而折其髀，人皆吊之。其父曰："此何遽不为福乎？"居一年，胡人大入塞，丁壮者引弦而战。近塞之人，死者十九。此独以跛之故，父子相保。故福之为祸，祸之为福，化不可极，深不可测也。

821. "北冥有鱼，其名为鲲。鲲之大，不知其几千里也。化而为鸟，其名为鹏。鹏之背，不知其几千里也"出自哪里？

【译文】北海里有一条鱼，它的名字叫作鲲。鲲非常的巨大，不知道有几千里长。鲲变化成鸟，这鸟的名字叫作鹏，鹏的背，不知道有几千里长。

这段话出自《庄子·逍遥游》，庄子讲述了鲲和鹏以及它们的故事，来引出自己所要表达的志向。庄子说鹏要飞到南方的大海去，并引用《齐谐》中的话："鹏往南方的大海飞的时候，翅膀拍打水面，激起三千里的浪涛，它乘着旋风盘旋着往上飞，一直飞到九万里高，乘着六月的风离开。"

庄子在《逍遥游》中用了非常精彩的文字描述鲲鹏，并将麻雀等小鸟和鲲鹏相对比，凸显鲲鹏的巨大和鲲鹏志向的远大，并引出自己的志向，是要达到不被万事万物所拘束的逍遥自由。后来关于鲲鹏的典故，就出自庄子的《逍遥游》。例如成语"鲲鹏之志"，被用来形容人有像鲲鹏一样高远的志向；"鹏程万里"形容人的前途远大，就像鹏鸟能够飞上万里。"鲲鹏"也常常被人写入诗词文赋中，是十分著名的典故。

《庄子·逍遥游》：北冥有鱼，其名为鲲。鲲之大，不知其几千里也；化而为鸟，其名为鹏。鹏之背，不知其几千里也；怒而飞，其翼若垂天之云。是鸟也，海运则将徙于南冥。南冥者，天池也。

822. "朝菌不知晦朔，蟪蛄不知春秋"这句话有什么内涵？

【译文】有一种植物早上生长，到了傍晚就死了，所以不懂得什么叫一天，蟪蛄（寒蝉）这种虫子春夏生长，到了秋天就死了，所以不懂得什么是一年。

这句话出自《庄子·逍遥游》。庄子认为：小智慧不如大智慧，短寿不如长寿。怎么知道是这样呢？朝生暮死的菌草不知道一天有白天和黑夜，到秋天就死了的蟪蛄不知道一年的时间有多长，这是寿命短的。楚国的南方有叫冥灵的大树，把五百年当作一个季节。上古时有一种叫作大椿的树，把八千年作为一个季节。这就是长寿。

庄子的这段话，用朝菌、蟪蛄等例子说明小智慧不如大智慧，短寿不如长寿。这实际上有一种相对的思想，就是说蟪蛄的寿命相对朝菌来说是长的，但它们的寿命对冥灵来说不值一提，冥灵的寿命对大椿来说又不值一提，寿命长短是相对而言的，拿短寿去跟长寿相比其实是很可悲的。庄子在这里提到的大智慧、长寿，也可以看作是高远的志向。

"朝菌不知晦朔，蟪蛄不知春秋"的典故常被用来形容生命短暂和卑微，也可以用来指见识短浅。《逍遥游》中还有一段话，讲燕雀等小鸟看见大鹏鸟高高飞在天上，要去南方天池，就嘲笑大鹏说："我猛地一下飞起来，能飞到大树上面，有时飞不到就落回地上，为什么要飞九万里的高度去南方呢？"这也是庄子在讽刺麻雀等小鸟见识短浅，不知道鲲鹏背负的大志向，也有"小智慧比不上大智慧"的意思。

《庄子·逍遥游》：小知不及大知，小年不及大年。奚以知其然也？朝菌不知晦朔，蟪蛄不知春秋，此小年也。楚之南有冥灵者，以五百岁为春，五百岁为秋；上古有大椿者，以八千岁为春，八千岁为秋。此大年也。而彭祖乃今以久特闻，众人匹之，不亦悲乎？

823. "君子之交淡若水，小人之交甘若醴"出自哪部著作？

【译文】君子之间的友谊平平淡淡，就好像水一样，小人之间的交往甘甜得像甜酒一样。

这段话出自《庄子·山木》，讲的是孔子与子桑的对话。孔子问子桑："我在周游各国的时候，经受了许多灾难，亲友和弟子与我越来越疏远了，这是为什么呢？"子桑回答说："人如果因为利益相互交往，那么当遇见了灾祸就会相互抛弃；人如果因为性格相合而在一起交往，遇上灾祸就会相互帮助、相互包容。君子之间的友谊平淡得像水，小人之间的交往像甜酒。君子之间的友谊平淡却是真正的亲近，小人的交往看似甘甜却绝情。那些没有什么原因就在一起交往的人，往往也会无缘无故地分开。"成语"君子之交淡如水"就源于此。

《庄子》中的这段话主要阐释了关于友谊的看法以及交友的道理。品德高尚的人在一起做朋友，是重感情而不是为了享乐；而为了满足自己的利益相互交朋友，往往是吃喝玩乐，相互奉承，看上去感情很好，但是碰上灾祸却不会牺牲自己的利益来相互帮助。这就启发人们，真正的友谊看上去平淡但始终不会断绝，要重视同自己真心交往的朋友，远离那些看上去对自己很好，却是为了从自己身上获得利益的朋友。

《庄子·山木》：孔子问子桑雽曰："吾再逐于鲁，伐树于宋，削迹于卫，穷于商周，围于陈蔡之间。吾犯此数患，亲交益疏，徒友益散，何与？"

子桑雽曰："子独不闻假人之亡与……夫以利合者，迫穷祸患害相弃也。以天属者，迫穷祸患害相收也。夫相收之与相弃亦远矣。且君子之交淡若水，小人之交甘若醴；君子淡以亲，小人甘以绝。彼无故以合者，则无故以离。"

824. "吾生也有涯，而知也无涯"是什么意思？

【译文】我的生命是有限的，而知识却是无限的。

这句话出自《庄子·养生主》，原文："吾生也有涯，而知也无涯。以有涯随无涯，殆已。"

全句的意思是说：我的生命是有限的，而知识却是无限的，用有限的生命去追求无限的知识，是有害的。但庄子的"以有涯随无涯"是强调不要过分地消耗生命的能量和精力，而不在于反对学习。庄子本人提倡追求的是他所认为的更高的智慧，是顺应自然规律，以达到在天际间逍遥自由的境界。后人仍用"吾生也有涯，而知也无涯"来鼓励刻苦学习。

对于顺应宇宙自然规律的大智慧，庄子在《养生主》中用"庖丁解牛"的故事来比喻：有一个名叫丁的厨师为文惠君宰牛，他的手、肩、脚、膝在牛身上碰触的地方，都发出骨肉分离的响声，刀子切割皮肉的响声也很大。这些响声甚至可以与音乐合拍。文惠君问："你的技术怎么会如此高超？"庖丁回答："我喜好追求事物的规律，这超过了我对技术的喜好。我刚开始宰牛时,仅仅看见牛的外表,三年之后,我眼里再也看不到完整的牛,到了今天,我不用眼睛看,全靠自己的精神意志,依照牛的身体结构,顺着牛的骨肉筋脉,沿着缝隙劈开牛的骨肉,刀子从不碰触筋骨皮肉紧密相连的地方。技术高超的人宰牛一年换一把刀,技术一般的人一个月就要换刀,而我的刀用了十九年,刀刃依然锋利。用薄的刀刃刺入牛身体的缝隙中,稍微动一下刀就能使骨肉分离。"文惠君听了十分感慨。

庖丁看不到完整的牛,是因为他看透了牛的筋骨脉络,摸清了牛身体结构的规律,到后来达到了不用眼看就知道怎么用刀宰杀的地步。庄子用牛比喻宇宙自然,所追求的大智慧就是认识并顺应宇宙自然的规律。

《庄子·养生主》:庖丁为文惠君解牛,手之所触,肩之所倚,足之所履,膝之所踦,砉然响然,奏刀騞然,莫不中音。合于《桑林》之舞,乃中《经首》之会。

文惠君曰:"嘻,善哉!技盖至此乎?"

庖丁释刀对曰:"臣之所好者,道也,进乎技矣。始臣之解牛之时,所见无非牛者。三年之后,未尝见全牛也。方今之时,臣以神遇而不以目视,官知止而神欲行。依乎天理,批大郤,导大窾,因其固然,技经肯綮之未尝,而况大軱乎!良庖岁更刀,割也;族庖月更刀,折也。今臣之刀十九年矣,所解数千牛矣,而刀刃若新发于硎。彼节者有间,而刀刃者无厚;以无厚入有间,恢恢乎其于游刃必有余地矣,是以十九年而刀刃若新发于硎……"

文惠君曰:"善哉,吾闻庖丁之言,得养生焉。"

佛家

825. 佛教是怎样的宗教?

佛教是世界三大宗教之一,诞生于古印度,距今已有约两千五百年的历史。佛教在公元前六世纪至公元前五世纪之间由释迦牟尼所创,后来经过不断的发展,逐渐传播到世界范围并形成了许多不同的派别。

佛教以佛为崇拜对象,认为人生世事无常,人生在世意味着承受痛苦,只有努力修行才能脱离苦海,进入极乐世界。佛教将众生分为十界,合称六凡(地狱法界、饿鬼法界、畜生法界、阿修罗法界、人法界、天法界)四圣(声闻法界、缘觉法界、菩萨法界和佛法界)。除此之外佛教还有其他许多教义、概念和思想,构成了复杂的宗教体系。

佛教教徒可分为出家的僧人和未出家的居士。僧人中,男性称"比丘"(和尚),

女性称"比丘尼"(尼姑)。佛教的活动场所称"寺",如中国著名的佛教寺院白马寺、少林寺等;比丘尼居住的寺院也叫"庵"。

佛教在发展过程中分化成大乘佛教和小乘佛教,以传播的范围划分可分为南传佛教和北传佛教。

中国的佛教包括大乘佛教和小乘佛教,北传佛教和南传佛教。按照民族区域来划分,主要有汉传佛教和藏传佛教,汉传佛教和藏传佛教都以大乘佛教为主,与南传佛教并称佛教三大理论体系。在此基础上,汉传佛教又分为八大宗派,分别为三论宗、天台宗、法相宗、华严宗、律宗、净土宗、禅宗、密宗,藏传佛教有宁玛派、萨迦派、噶举派、格鲁派等。

佛教在公元前后传入中国中原地区,东晋时逐渐兴盛,并通过中国传往日本、朝鲜、韩国、越南等国家。佛教在中国传播发展两千年,与中国本土文化由冲突到适应并逐渐融合,已经深深地渗入中国的传统文化,对中国的历史文化发展产生了深远影响。

826. 大乘佛教、小乘佛教分别指什么?

大乘佛教是在佛教发展过程中衍生出来的,是佛教发展的一个重要阶段。大乘佛教的"乘"可解释为车辆、运载,在梵文中也有道路和事业的意思,大乘佛教,即"能运送众生从生死此岸到达涅槃彼岸"。

大乘佛教约产生于公元一世纪中叶,当时在印度南部出现了撰写佛教新经典的活动,一部分佛教信徒因为对佛教派系发展的不满,对原有的佛教思想进行了重新梳理整合,并加入自己的理解,编撰了《般若经》《法华经》《华严经》等新佛经。大乘佛教宣扬"普度众生"的思想,认为自己的修行以及觉悟,也是为了能使众生脱离苦海,大乘佛教以成佛作为修行的最终目标,并认为普通众生都可以修炼成佛。而旧有的佛教思想只是主张追求个人的解脱,要求个人出家苦修,并以成为罗汉为修行的最终目的,认为普通众生不能成佛。大乘佛教产生以后,将旧有的佛教称为小乘佛教。小乘佛教则认为大乘佛教的教义是后来的信徒编写的,并不是释迦牟尼所说,不是佛教正统。

在佛教的发展中,小乘佛教逐渐消亡,只有一些大的派别保留下来,如今多在东南亚一带,他们称自己是南传上座部佛教。而大乘佛教则广为传播,中国的佛教,主要便是大乘佛教。

与大乘佛教、小乘佛教相对应,佛教传入中国后,由中国传入朝鲜、日本、蒙古、俄罗斯、越南等国家,并与当地本土文化逐渐融合,称为北传佛教,相对的存留在东南亚的南传上座部佛教称南传佛教。中国是北传佛教的中心，在佛教的传播发展中有着重要的地位。

827. 禅宗是什么？

禅宗是重要的佛教派别，在隋唐时期由中国的佛教徒创立，是极富民族特色的中国本土佛教宗派。禅宗以"禅"命名，把"禅"作为修行法门，历史上以弘忍、神秀、慧能等禅宗大师为代表，流传下来的经书有《金刚经》《楞伽经》《圆觉经》《坛经》等。

禅宗的渊源可以追溯到北魏时期的天竺僧人菩提达摩，即达摩祖师。相传他来到中国后受到了南北朝时期梁朝梁武帝的接待，但双方相处得不愉快，于是达摩转向北方，在少林寺后的山洞中面壁修行。中国僧人慧可敬仰达摩并拜达摩为师，接受达摩传法。经历代弟子发展，"至弘忍时已经初具规模，最后到了唐代慧能大师，正式建立了宗派"。

"禅"作为禅宗的法门是禅宗最大的特点，但是禅宗的"禅"和传统佛教以及其他佛教派别的禅并不一样，而是用"禅定"指佛教修行的全部内容。以"教外别传，不立文字，直指人心，见性成佛"为宗旨。"教外别传"指不用经典佛经传授宗法，而寻找新方法传授；"不立文字"指不用书面的文字教义束缚具体的修行活动；"直指人心"是说在修行中要重视发现自己的内心，而不执着于外部事物和文字；"见性成佛"是说在修行中领悟了自己的本心中就有的佛性，就可以成佛了。总的来说，禅宗的修行方法灵活多变，不必苦行苦修，讲究"顿悟"成佛。

禅宗以达摩为初代祖师，到五祖弘忍传授神秀和慧能时，分为了两派。神秀讲究渐渐修行，领悟成佛，而慧能认为达到修炼的最高境界要通过一瞬间的顿悟。神秀一派流传到北方，慧能一派在南方发展，这就是北宗禅和南宗禅。南宗禅在慧能弟子神会的努力下压过北宗禅，成为禅宗正宗。

禅宗是中国佛教徒将中国传统思想文化融入印度佛教中，将佛教加以改造而创立的新的佛教宗派，具有明显的民族特色。唐代以后禅宗传入日本、越南、韩国等国，近代以后传入了欧美地区，在全世界都有重要影响。

828. 佛教始祖释迦牟尼是什么人？

释迦牟尼（约前565—前486），姓乔答摩，名悉达多，佛教创始人，是古印度北部迦毗罗卫国（今尼泊尔境内）净饭王的儿子。因为他属于释迦族，所以创立佛教以后被尊称为释迦牟尼,即释迦族的圣者,他又被尊称为"佛"即"佛陀",意为"觉者"或觉悟了真理的"智者"。

佛教创立:悉达多少年时就熟习文艺、算数、兵法、武艺等知识技能。在少年时期,悉达多曾外出游历,其间见到过人的生、老、病、死,衰老、疾病与死亡等人生痛苦引起了悉达多对生命的思考,他又受沙门修行的影响,有了出家修行的念头。后来悉达多摆脱了父王劝阻,离开王公与妻儿,开始了出家修行。

悉达多尝试过禅定的方式和禁绝欲望、折磨身心的苦行方式修行,最终都没能觉悟而达到解脱,在苦行中差点死掉,于是后来"在菩提伽耶的一棵荜钵罗树(即菩提树)下盘腿趺坐,端身正念,发愿'我今若不证天上大菩提,宁可碎此身,终不起此座'。经过七天七夜(一说49天)的禅观静想,终于证悟得道",至此悉达多35岁,成为悟到真理的佛陀,之后被尊称"释迦牟尼"。

释迦牟尼开悟成佛后开始传教,在鹿野苑向当初跟随他苦修的五人讲述自己所领悟的真理,他们成了释迦牟尼最早的弟子,也是第一批僧众,这次说法被称为"初转法轮",而从此佛(佛陀,释迦牟尼)、法(教法,佛法)、僧(僧人,教徒)这佛教三宝都已具备,佛教正式创立。

释迦牟尼涅槃后,其火化后留下的遗骨舍利被古印度八国分抢,后流散于世界各地,他所创立的佛教不断发展,广为传播,成为人类文明的瑰宝。

829. 鸠摩罗什是谁?他对中国佛教发展有什么贡献?

鸠摩罗什(344—413),原籍天竺,生于西域龟兹国(今新疆库车),是古代著名的僧人和佛经翻译家,对中国佛教的传播发展有重要影响。鸠摩罗什翻译的作品主要有《大品般若经》《小品般若经》《妙法莲华经》《金刚经》等,培养出许多著名弟子,如道生、僧肇、道融、僧叡、道恒、昙影、慧严、慧观,八人合称"什门八俊",其中前四人称"什门四圣"。

鸠摩罗什出身名门,七岁出家,曾到天竺游学。他少年聪慧,博闻强识,又遍访名师,佛学造诣极深。他精通大乘及小乘佛法,对佛教经藏、律藏、论藏"三藏",都十分精通,他还精通梵语、汉语等多种语言。东晋太元八年(383),鸠摩罗什被后凉太祖吕光迎接到甘肃凉州,在凉州传扬佛法达17年。后来进入长安,与弟子翻译《大品般若经》《法华经》《维摩诘经》等佛经以及《中论》《百论》等论,总共翻译了佛家典籍94部。这些经、论、律等佛家经典对中国佛教宗派的发展产生了巨大影响,如鸠摩罗什翻译的《中论》《十二门论》《百论》成为后来三论宗的主要依据,《法华经》为天台宗主要依据等等。

鸠摩罗什是古代著名的思想家、佛学家、哲学家和翻译家。他与玄奘、不空、真谛等佛家高僧并称四大译经家,并居于首位,是译经的泰斗,翻译学的鼻祖。鸠摩罗什翻译了各种佛经九十余部,对中国大乘佛教的发展和传播有巨大功劳,被视为中国佛教八宗之祖,被称为千古一僧。

830.《西游记》中的"唐僧"是谁?

玄奘(602—664),洛州缑氏(今河南省洛阳市偃师市)人,俗姓陈,名祎,法名玄奘,唐代高僧,法相宗创始人,尊称"三藏法师",俗称"唐僧",中国佛教四大翻译家之一,翻译作品有《大般若经》《心经》《解深密经》等,并著有《大唐西域记》。

玄奘是名门之后,少年时学习儒家经典,品德良好,11岁开始学习佛经,13岁在洛阳净土寺出家,后来游历四方,拜访名师求学。玄奘一生最著名的事迹,便是前往印度学习佛法。

西行求法:因为当时中国佛教存在佛经翻译内容含混不清,理解不一的情况,使得一些学说产生分歧,玄奘由此产生了去天竺求师的念头。贞观年间,玄奘上书唐太宗请求西行,并在唐太宗没有批准的情况下毅然决然踏上了西行之路。

玄奘历经九死一生,途经数十个国家到达印度。在印度游历、学习,颇有名望,期间在那烂陀寺留学五年,备受尊崇。玄奘42岁时与戒日王会见,戒日王召开大会,玄奘主持讲论,期间让人发问,但没有人能问倒他,因此名震印度。玄奘在受戒日王邀请参加无遮大会后回国。

玄奘西行,历经两万多千米,前后17年,带回佛教各种经书526筴、657部,对研究佛教原初典籍有巨大帮助。玄奘回国后从事佛经翻译和讲学,并将旅途见闻写成《大唐西域记》。此外通过翻译佛经,玄奘开创了中国佛教八大宗派之一的法相宗,培养了一批高僧,影响巨大。

玄奘是中国古代伟大的旅行家、佛学家、译经家,古代最著名的高僧之一。他西行印度求学佛法,促进了中外交流;回国之后翻译佛经,对中国佛教的发展做出了巨大贡献。其著作《大唐西域记》是了解当时西域历史和风土人情的重要文献。

831. 弘忍是什么人?

弘忍(602—675),唐朝僧人,湖北蕲州黄梅(今湖北省黄梅县)人,俗姓周,创立了"东山法门",是禅宗第五代祖师,在禅宗的发展历史中做出了重要贡献,著名弟子有神秀、慧能等。

弘忍7岁拜禅宗四祖道信为师，13岁的时候剃度为僧，跟随道信几十年，精通禅法，后来成为道信的继承人，也就是禅宗的第五代祖师。道信去世后，弘忍收徒讲授禅法，因为他讲法的地方在东山，所以称为"东山法门"。唐高宗曾经送衣物药品等供养弘忍，唐代宗时赐弘忍谥号"大满禅师"。

弘忍在思想上继承并发展了道信的禅宗思想。他提出"守本真心"，就是说要保守住人本来就有的本真的心，也就是佛性，这和后来慧能的思想很像；弘忍继承了道信开道场、建寺院，在固定地点收徒讲法的做法，又进一步提出禅法修行应该融入日常的实践生活中，而不仅仅是静坐参禅，使得禅宗的修行和传承变得灵活起来，为南宗禅的发展打下了基础；在传法形式上，弘忍以前的禅宗采用秘密单传的做法，而弘忍打破了这种传承方式，将禅宗法门分别传授给多人，这极大加强了禅宗的活力，使得禅宗发展壮大。

禅宗发展到弘忍的时期，还并没有形成正式的宗派，而弘忍在思想、禅宗的传承方式等方面的改革，为禅宗形成正式派别打下基础，对后来禅宗的发扬光大有十分重大的意义。

832. 慧能对禅宗的发展有什么影响？

慧能（638—713），也叫惠能，南海新兴（今广东广州市）人，俗姓卢，是中国禅宗第六代祖师，即六祖慧能，是禅宗正式开宗立派的创始人。慧能讲法的内容被弟子记录，编为《坛经》。

慧能家境贫寒，一次外出卖柴时，听到有人诵《金刚经》，后来就到黄梅拜师五祖弘忍，得到五祖衣钵。后来在南方隐居多年才开始讲学，并公布了自己是五祖弘忍嫡传弟子的身份，这时才正式剃发出家。后来讲授禅宗佛法，影响巨大。

慧能最主要的佛学思想是"识心见性"和"顿悟成佛"。他提出人的"心""性"就是佛性，人人都有佛性，人人都可以成佛；他认为人的本性、本心是清净无染的，就是说人的心性本来是没有受到欲望、烦恼的侵染的，但是世人的本心被迷惑，不能开悟，所以普通的众生还不是佛，而如果去除本心的迷惑，通过修行返回本心、本性，就能成佛，这就是"识心见性"；而人通过修行，可以在一念之间觉悟本心，这就是"顿悟成佛"。

"慧能的禅学思想是中国佛教史上的伟大革命"，对中国后来的佛教发展乃至宋明理学，尤其是心学都产生了深远的影响。他创立的南宗禅，成为禅宗正宗，不但影响中国佛教，还影响了日本、韩国乃至世界。

833. 神会是什么人？

神会（688 或 686—760），湖北襄阳（今湖北襄樊市）人，俗姓高，是六祖慧能晚期的弟子，南宗禅的重要人物，禅宗支派荷泽宗的创立者。

神会年少时学习儒家、道家经典，而且有一定造诣，后来对佛教感兴趣并出家为僧，学习佛经得心应手。曾两次谒拜慧能，慧能晚年将自己的佛法正宗要旨传授给神会，神会也就成了慧能晚期的弟子。

在禅宗发展上，神会为了扩大南宗禅影响付出了毕生努力，他在河南滑台大云寺召开大会，与北宗展开辩论，批评北宗禅并不是禅宗正统，提出南宗慧能一派是正宗的说法；又在荷泽寺宣扬南宗禅宗旨，批判北宗。在这个过程中被北宗禅俗家弟子陷害。后来神会因为在"安史之乱"中支持朝廷平反，被朝廷重视并奉养在荷泽寺，由此创立荷泽宗。而神会在朝廷中地位的上升也使得南宗禅的地位上升。

在禅学思想上，神会继承并发扬了慧能的思想，他的思想被概括为"寂知指体，无念为宗"，"知"指佛性，是心和万物的本体，同时能包含、显现万物，是一种灵知；神会的"无念"，是指虽然有感觉、知觉，但却总是空寂的，这是禅法的宗旨；同时他认为在顿悟之后，仍然需要渐渐修行，这是吸收了北宗禅法的结果。

神会是禅宗发展史上的重要人物，其一生最大的功绩，就在于发展了慧能创立的南宗禅，并大力宣扬南宗禅，使南宗禅成为禅宗正统，对后世影响深远。神会死后，被朝廷追谥为"真宗大师"。

834. 东渡日本的鉴真是怎样的僧人？

鉴真（688—763），扬州江阳（今江苏扬州）人，唐朝著名僧人，俗姓淳于。鉴真是律宗南山宗传人，日本佛教律宗的创始人。应当时日本留学僧邀请，东渡日本传扬佛法，最后圆寂在日本唐招提寺。

鉴真14岁出家，游学四方，不但精通佛法，并在建筑、绘画、医学等方面有很高的造诣。鉴真是佛教律宗有名的大师，后来在扬州大明寺讲授佛法，成为当地的佛教领袖。鉴真一生最著名的事迹是东渡日本。

鉴真东渡：唐玄宗天宝元年（742），在唐朝留学的日本僧人请求鉴真去日本传扬佛法，鉴真答应了他们，开始了12年的东渡征程。鉴真从天宝元年到天宝十二载，经过12年渡海成功，一共进行了6次，前五次因为遭遇风浪或被弟子阻拦而没有成功。在这期间鉴真经历了巨大的艰险，尤其第五次时鉴真的高徒死在船上，鉴真得了眼病，最后失明，遭遇了巨大挫折。但鉴真并没有放弃，第六次东渡终于成功。

鉴真在日本受到了热烈欢迎,他为日本的僧人授戒,"是日本佛教史上正规传戒的开始"。鉴真还在日本修订从中国传去的佛经,纠正了大量错误。他在日本传扬中医,留下《鉴真上人秘方》,推动了日本医药的发展,他还在日本奈良修筑唐招提寺,后来成为日本建筑史上的瑰宝。

鉴真是中国古代著名僧人、佛学家、医学家。鉴真东渡日本,推动了日本佛教的发展,为中日两国的文化交流做出了巨大贡献。他为日本带去了大量的佛教典籍以及关于建筑、医药、文学、绘画等方面的书籍资料,促进了日本文化的发展,在日本影响深远。

835. 马祖道一是一个什么历史人物?

马祖道一(709—788),唐朝汉州什邡(今四川什邡)人,俗姓马,又称道一、洪州道一、江西道一,死后被朝廷追谥"大寂禅师"。

马祖道一从小出家,后来在南岳衡山拜慧能的弟子怀让为师。离开衡山后,游历江西,聚众讲法,最后在江西南昌开元寺讲禅,广收弟子,形成了很大的规模,因南昌又称洪州,所以称为马祖道一的禅法为"洪州宗"。

马祖道一继承了怀让从慧能那里传下来的禅法,并进行了发展。他提出"触类是道",即认为人的心思以及行为的一举一动,都是佛性的体现,在此基础上道一提出道不用修,主张"平常心是道",平常心就是抛除虚伪、欲望、是非高下判断的平淡心境,又认为参悟佛法就在日常的穿衣吃饭之中,就是说要把日常生活的一举一动当作修行,在日常中发现禅理。

马祖道一的理论使南宗禅的"顿悟"有了实践的方向,发展了南宗禅的学说。而他的门徒数量众多,是前所未有的,这极大地壮大了禅宗,进一步使禅宗广泛传扬。

磨砖作镜:相传马祖道一在南岳衡山悟道,天天枯坐在那里坐禅。怀让见了,觉得可以开导他,就拿了一块砖在道一的住所前研磨。刚开始道一并不在意,但研磨的声音让他不得安生。有一天道一耐不住性子跑去问:"你磨砖做什么?"怀让说:"磨砖作镜子来用。"道一说:"砖怎么能磨成镜子呢?"怀让说:"砖再磨也成不了镜子,你一直枯坐着就能成佛吗?"道一听后如醍醐灌顶,就让怀让指点如何参禅成佛,并拜怀让为师。这是禅宗史上"磨砖作镜"的故事。

836. 僧一行有什么贡献?

一行(673或683—727),俗家姓名为张遂,法号一行,是密宗大师,唐代天文学家，编了《大衍历》一书。

一行是唐初功臣张公瑾的孙子，年幼好学，博览群书，精通天文历法。为了避免权贵武三思的拉拢，到嵩山出家修行，法名一行，当时才二十多岁。出家以后，一行努力修行佛法，同时学习天文历法，他的师父普寂很欣赏他，允许他外出游历学习，使得一行名声越来越大。唐玄宗在位时，将一行接入京城，让他修订历法，最终编成《大衍历》。一行死后，被朝廷赐谥号为"大慧禅师"。

一行一生的成就集中在天文学的研究上。他主持制造了可以测量星宿运行轨迹的黄道游仪，改造了浑天仪。浑天仪是汉代张衡发明的测量天体运行的重要工具，被后世不断改进，在一行改造之后，浑天仪已基本完备。此外一行主持进行了大量的天文测量，最终制订出《大衍历》，《大衍历》比唐朝其他历法都要准确。

一行是一个以天文学成就著称的僧人，是中国古代伟大的佛学家、天文学家，为中国古代天文历法的发展做出了不可磨灭的贡献。

837.《四十二章经》是怎样的一部经书？

《四十二章经》是传入中国的第一部佛教经籍，是现存最早的汉文经书，一共有42篇短小简单的经文。《四十二章经》的内容来源于小乘佛教基本佛经《阿含经》，语言平实，内容简单，是基础性的佛经。

因为古代的经书多用手抄写流传，常常在抄写的过程中出现差错，所以流传下来的《四十二章经》有许多版本。《四十二章经》的经文很短，但文字简单生动，常用比喻等修辞。内容上阐释了早期佛教的基本教义，说明人生无常，要早点修道解脱等道理。

关于《四十二章经》的来源，在很多佛教经籍以及史书中都记载有汉明帝感悟梦境而求取佛法的故事。传说汉明帝晚上梦见神人，身上是金色的，日光环绕，在大殿前飞行。第二天汉明帝问大臣这是什么神，有人说："我听说天竺有得道的人，叫作佛，能够飞行，应该就是梦中的神了。"于是汉明帝派使者去西域大月氏国抄写了四十二章佛经。这就是《四十二章经》。后来佛教开始在中国传播。

838.《心经》是什么经？

《心经》全名《般若波罗蜜多心经》，简称《心经》，是用汉字翻译的最短的一部佛经，大乘佛教的经典佛经。

在佛教经书中，"般若"经书是一大类别，《心经》是这一大类佛经的核心纲要和精华，因此以"心"命名。而"般若"指修道成佛的智慧，"波罗蜜多"指脱离尘俗世界而到达佛教的理想世界，也就是说《心经》讲的是让人超脱成佛的智慧。

《心经》有很多翻译版本，最流行的是玄奘翻译的版本，只有260字。内容高度概括了大乘佛教的思想，如"五蕴"（色、受、想、行、识），"六根"（眼、耳、鼻、舌、身、意），"四谛"（苦、集、灭、道）等佛教基本概念都在经文中提到。讲述了最基本、最核心的佛教思想，并说明《心经》经文是上乘佛法，如果参悟了其中内容，就可以觉悟成佛。

《心经》短小但内容丰富，在中国民众中广泛流传，甚至被信徒供奉，在佛教的传播和发展中起到了重要作用。《心经》还被翻译成其他文字，流传到世界，是流传极广的一部经书。

839.《六祖坛经》记载了什么内容？

《六祖坛经》也叫《坛经》《六祖大师法宝坛经》等，是一部记录了慧能言行及观点的语录，慧能是禅宗第六代祖师，所以这部书叫《六祖坛经》。

《坛经》有三个部分。第一部分记录慧能在广东大梵寺讲"摩诃般若波罗蜜法"；第二部分讲述慧能的生平经历；第三部分是慧能与弟子的问答语录。在思想内容上，《坛经》包含了禅宗的基本理念，如无相、无念、无住，即心无挂念，不执着于事物；还有慧能的主要思想如"顿悟成佛"等等。

《坛经》的出现"是中国佛教史上的大事，它标志着中国人的精神生活，中国的传统思维方式，中国文化风格在充分吸收来自异域的佛教的同时，仍然保留了它独立的品格"。《坛经》推动了中国禅宗的发展，其中的思想直接影响了宋明时期的陆王心学，也影响了中国道教思想，在传入日本后也对日本的政治文化产生了深远影响。

840.《大唐西域记》讲述了什么内容？

《大唐西域记》又称《西域记》，是一部历史地理著作，全书12卷，贞观二十年（646）成书，是由玄奘口头叙述，辩机和尚笔录而成，记录了玄奘西行期间的所见所闻。

《大唐西域记》是玄奘遵从唐太宗的旨意而著的一部书。书中记述了贞观年间玄奘西行求法的过程中，亲身经历的以及在途中听说的共138个国家、地区和城市的概况，包括疆域、地理气候、物产、水陆交通、风土人情以及传说故事等，内容十分丰富，尤其是对各地宗教寺院和佛教的状况进行了详细记录。

《大唐西域记》中涉及的地区，包括今天的中国新疆和阿富汗、伊朗、巴基斯坦、印度、尼泊尔、孟加拉国、斯里兰卡等国家和地区，而流传至今的、记载这些地区当时的地理、历史文化内容的文献极其稀少，因而《大唐西域记》十分珍贵，是研究上述地区古代历史、地理、文化的极为重要的文献，也是研究佛教历史和佛教遗迹的重要参考书。

841.《五灯会元》是一部什么书？

《五灯会元》是一部禅宗史书，作者是宋代禅师普济和尚，总共20卷。

"五灯"指五部记录禅宗传承源流的书，分别是《景德传灯录》《天圣广灯录》《建中靖国续灯录》《联灯会要》和《嘉泰普灯录》。因为五部灯录卷帙浩繁，合计有150卷，而且所记载的人物事迹、话语等有许多重复的地方，而且在世系传承的记载上有不一致的地方，一般人难以读懂，所以普济将五部书进行总结，删繁就简，编订成《五灯会元》。

《五灯会元》不但记载了各代禅师谱系，还记载了禅宗主要禅师的言行、公案等等。《五灯会元》所记载的公案，既是禅宗思想的表现，也是生动活泼、充满禅趣、发人深省的故事，而且语言文字简明扼要，清新洒脱，所以很受文人喜爱。

《五灯会元》是禅宗极其重要的史书，而且包含了许多禅宗公案故事，对研究禅宗历史和思想有重要作用，在古代文人士大夫之中也有不小影响。

842. 佛教的"四谛""八正道"都有什么内容？

"谛"指真谛、真理，"四谛"也叫作"四圣谛"或"四真谛"等，是早期佛教的中心思想，也是后期佛学的基础。

"四谛"分别指苦、集、灭、道。苦谛指现实生活中的痛苦，具体分为生、老、病、死、爱别离、怨憎恨、求不得和五蕴炽盛八种"苦"，分别代表了生老病死、爱恨别离以及欲望得不到满足的痛苦，第八种"五蕴炽盛"可以简单地理解为众生的存在本来就是痛苦的。集谛说明了存在痛苦的原因，是众生的行为不断造成生死善恶的轮回。灭谛阐释痛苦的消灭，是对苦的超越，是佛教的最高理想。道谛则说明了消灭苦所需要应用的方法，也就是修行方法。

"八正道"是道谛的重要内容，指超脱痛苦的八条正确途径。分别为正见（用佛教说法认识人生和世界）、正思维（用佛教学说进行思考）、正语（不说违背佛教教义的话)、正业(守戒律,做善事)、正命(按照佛教观点生活)、正精进(依照佛法进行修行)、正念(端正自己的意念)、正定(正确的禅定)。据说这都是佛教最初的真理。

843. 什么是"因果报应""六道轮回"?

"因果报应"和"六道轮回"是佛教中应用非常多的概念,是佛教关于宇宙众生以及事物之间关系的看法。

"因果报应"是佛教对事物关系的看法,"因"指原因,也叫"因缘";"果"是结果,也叫"果报";"因果报应"就是存在什么样的因缘,就会得到什么样的报应。佛教将人的行为称为"业",做善事、符合佛教教义的事,叫"善业",反之叫"恶业",人的"业"与"报"是相联系的,如果多做"善业"就会得到"善报",行"恶业"则得到"恶报"。这就是"因果报应"或"善恶有报"。

"六道轮回"中的"六道"是佛教对宇宙众生的划分,"轮回"指轮转往复。佛教将一切众生划分为天、人、阿修罗、畜生、饿鬼、地狱六个类别,合称"六道"。众生在世界中需要承受痛苦,而天道是超越了人的存在,处境最好,从人道开始,到阿修罗、畜生、饿鬼、地狱,遭受的痛苦越来越多。佛教认为六道众生不是一成不变的,而是可以在前世、此生、来世之间转变的:如果前世多做善事,积累善业,那么得到善报,今生或来世就会转化为处境更好的等级,转生成天道、人道享受快乐;如果作恶而积累恶业,得到恶报,就只能在阿修罗、畜生、饿鬼、地狱等道轮回转生,不断承受痛苦。这就叫作"六道轮回"。

844. 佛教三宝指的是哪"三宝"?

佛教的"三宝"指佛、法、僧。"佛"指创教者释迦牟尼,后来指世界中无数的佛;"法"指佛法,即佛教所有的教义、学说;"僧"是出家的佛教教徒。

最初,释迦牟尼是佛教唯一的佛,随着大乘佛教的出现以及"人人都可以成佛,世界中有无数佛"的提出,佛就也指释迦牟尼以外的所有佛。

"法"即佛法,被称为"法宝",是各个佛所传授的教法。最初的佛法是口头传授,由后人记录总结下来,随着佛教的发展,逐渐使用文字记录佛法,最后形成了佛教的经、律、论等各种典籍。佛法包含了佛教的教义思想,是佛教最重要的内容。

"僧"指出家的佛教信徒,一般指男性,也可以指所有的佛教修行者。最初的僧人是释迦牟尼的五个弟子,后来僧人团体不断壮大,是构成佛教信徒和传播佛法的主体。

在佛教中，佛是创立教派的人，佛法是佛教所传播的内容，僧人是佛教的传播者，三者是构成佛教不可或缺的部分，所以合称佛教"三宝"。

845. 佛教的"戒""定""慧"是什么？

戒、定、慧即戒学、定学、慧学，合称为佛教"三学"，是佛教修行思想的内容。

戒指戒律，在佛教中分为"止持戒"和"作持戒"。"止持戒"是教人不作恶，包括五戒、八戒、具足戒。五戒就是人们熟知的不杀生、不偷盗、不淫邪、不妄语、不饮酒；八戒在五戒基础上增加不坐华丽的大床，不穿着华丽，午后不吃东西三条，就是杜绝享乐；具足戒为出家人制定，多达数百条。"作持戒"是教人做善事、遵守佛教规定等。

定指禅定，是一种通过集中精神、静心思考来参悟佛法的修行方法。在进行"禅"的修行的过程中，人需要一个观察、思考的对象，而"定"的修行不需要，两者本来是分开的，在中国被合二为一，称为"禅定"。

慧是智慧，指智慧之学。指通过修行，获得认识真理、觉悟佛法的智慧。佛教对智慧之学十分重视，关于智慧的解释纷繁复杂，极其众多。

在佛教中，戒、定、慧是不可分割的，修行佛法，就是修行戒、定、慧三学。

846. 涅槃和解脱有什么异同？

"涅槃"和"解脱"都是佛教修行的一种境界。

涅槃是梵语的音译，曾经也音译为"泥洹""泥畔"等，根据意思翻译，也叫作"圆寂""寂灭""不生""解脱"等等。"圆寂"指功德圆满、灭除恶业，是对高僧死亡的常见说法；"寂灭"指安静安稳、灭除生死等烦恼；"不生"指生死、轮回等不再继续。

涅槃原本是古印度一些宗教通用的术语，佛教将其吸收成为自己的重要内容，指佛教修行的最高境界。佛教认为众生在世间受到欲望的诱惑、烦恼的折磨，受到生死、因果轮回的束缚，承受着各种痛苦，而涅槃就是灭除了一切痛苦，超越了生死轮回，达到了永恒不变的境界，是人们通过佛教修行所达到的最高境界。

"解脱"指从烦恼、欲望、迷惑、痛苦中脱离出来，不再受凡世束缚的境界。涅槃有时也翻译为解脱，二者之间有一定的相似之处，但也有不同。涅槃是指佛教修行的最高境界，不但是从欲望、烦恼、凡尘俗世的束缚中脱离，还超越了生死，不再被生死烦恼，不再在六道中往复轮回，这在实际上含有肉体消亡，也就是死亡的意思，因此得道高僧的死亡往往叫"涅槃"或"圆寂"等。而"解脱"并没有这一层意思，活着的人都可以说自己解脱了，但不会说自己涅槃了。

847. "西方极乐世界"是什么样的世界？

"西方极乐世界"是和现实世界相对的理想世界。佛教认为人通过修行转生到"净土"，也就是佛所居住的地方，而阿弥陀佛所居住的净土，叫作"西方极乐世界"，所以有佛教称死亡有"往生极乐"的说法。

阿弥陀佛也就是"无量寿佛"。相传一个国王在佛前许愿，如果自己成佛，他就普度众生到自己的极乐净土中去。后来他经历了漫长的修炼，终于成为无量寿佛。他所在的净土世界在西方，名字叫"安乐"，这就是"西方极乐世界"。

佛教中认为死后想要转生到"西方极乐世界"十分简单，可以通过做善事，如施舍财物、救济穷人、修建寺庙佛像等达到转生到极乐世界的目的，甚至只要一心一意地念诵无量寿佛的名号（阿弥陀佛）就可以在死后转生到极乐世界。

西方极乐世界的说法在中国有着广泛的影响，尤其在普通民众中，人们都希望死后能去到好地方享受快乐，而转生到"西方极乐世界"又非常简单，只需要念诵佛的名号就行，所以对西方极乐世界的信仰和追求在中国十分流行，普通人也十分熟悉"南无阿弥陀佛"（"南无"有归顺、相信的意思）的念诵。

848. "五蕴""十二处""十八界"分别指什么？

"五蕴""十二处"和"十八界"是佛教十分重要的理论概念，合称"三科"。

"五蕴"指"色、受、想、行、识"五种因素，其中"色"相当于物理现象，包括地、水、火、风，以及它们所产生的现象如轻、重、湿、热等；"受"指感觉，根据人的器官不同又分为眼根所生受（生受可以理解为生发和接受）、耳根所生受、鼻根所生受、舌根所生受、身根所生受、意根所生受；"想"是直觉、认识等思维上的能力；"行"相当于行动，指经过思考判断后做出的具体行为；"识"指意识，是将心理活动和认识活动统一起来的根本意识。佛教认为世间的事物由这五种因素构成。

"十二处"是佛教对人的生理感觉和认识活动的解释，分为"内六处"和"外六处"。内六处指属于人身体的眼、耳、舌、鼻、身、意，又称为"六根"，其实就是人的感觉器官，人对外界的认识都来源于此。"内六处"中眼、耳、鼻、舌、身分别能感受到色(事物的颜色、形体)、声(外界的声音)、香(气味)、味(味道)、触(触感)。"意"并不是器官,是对各种感觉的综合认识,与它所对应的是"法"(外部一切事物)。而色、声、香、味、触、法合称"外六处",也称"六境"。"十二处"构成了人的全部感觉和感觉的对象。

"十八界"是在"十二处"的基础上加上了"六识",即眼识、耳识、鼻识、舌识、身识和意识。"六根"是人认识外界的工具,"六境"是认识的外界对象,而"六识"是人的认识能力,"六根""六境"和"六识"合为"十八界",概括了人的全部认识活动和要素。

849. 佛教的"天龙八部"有哪八部?

"天龙八部"也称为"八部众""龙神八部"等,"八部"分别为天众、龙众、夜叉、乾闼婆、阿修罗、迦楼罗、紧那罗、摩睺罗伽,是佛教中的八种神。

天众:佛教把世界分为欲界、色界和无色界三界,往下又分为各个天,如欲界六天等,每一个天都有一个神,所以神也叫天。天众就是指神。

龙众:是佛教中管理云雨的神,也就是佛教中的各龙王、龙神。

夜叉:一种恶鬼,能吃鬼,也能伤人,职责是维护佛法、保护众生。天上地下都包括海中都有夜叉,如巡海夜叉等。

乾闼婆:音乐之神,象征欢乐,"敦煌壁画的飞天就是中国化的乾闼婆"。

阿修罗:一种恶神,在佛教中成为护法神。

迦楼罗:金翅鸟,巨大无比,在中国被说成佛祖的护法神鸟,是《西游记》狮驼岭三个大王中大鹏王的原型。

紧那罗:也是演奏音乐的天神,演奏的是不同于俗乐的法乐。

摩睺罗伽:大蟒神,有人的身体和蛇的头,被佛教收服,保护佛法和众生。

八部众中天众和龙众最为重要,所以叫作"天龙八部"。

850. 禅宗"公案"是什么?

"公案"原本指官府处理公事用的桌子,也被用来指审理的案件,后来被中国禅宗使用,指记录下来的禅宗语录。

唐末五代以后,禅宗盛行。禅师们将禅宗内部师徒问答的内容记录下来,用来指导修行,后来变成了禅宗修行中思考的内容或警句,并固定下来成为后人修行所凭借的教法,后来称为"公案"。

公案的内容十分丰富，包含了禅宗大师发表的意见、看法，禅宗祖师的语录和偈颂，师徒之间、徒弟和徒弟之间的对话、辩论等等。实际上是把古代禅师的言行语录作为判断是非、指点迷津以及引导修行的标准。

据说禅宗公案总共有一千七百多条，但是存在很多十分冷僻或者重复出现的公案，经常使用的并不多。编写公案的典籍随着禅宗的发展不断增多，著名的有《碧岩录》《正法眼藏》《指月录》《五灯会元》等等。

公案的出现使禅宗教义的传承显得活泼而富有生气，对禅宗思想的传播、继承和发展起到了极大的推动作用。许多著名的禅宗公案在今天也被作为启发人们思考的智慧故事，影响深远而广泛。

851. "不是风动，不是幡动，仁者心动"背后有什么故事？

这句话来自禅宗著名公案"风幡之议"，出自《六祖坛经》。意思是不是风在动，也不是幡旗在动，而是人的心在动。

据说有一次六祖慧能到广州法性寺，碰到宗印和尚在大雄宝殿内对众人讲《涅槃经》。忽然有一个僧人指着殿外飘动的旗子问："外面幡旗飘动，是风把幡子吹动了呢，还是幡子自己动了呢？"另一个僧人回答："当然是风吹幡动，没有风，幡旗自己怎么会动呢？"第一个僧人说："应该是幡在动，因为幡的动性在幡不在风。"第二个僧人反驳说："动性在幡，那没有风时幡为什么不动？幡是因为风才动。"第一个僧人又反对："如果是风吹幡动，那么风吹大殿，大殿为什么不动？"众人争论起来，这时慧能站出来说："我认为不是风动，也不是幡动，而是你们的心在动。"慧能指出宇宙万物都是因为人心而得以显现的，如果人没有心，就听不到、看不见；没有思想，无法感觉到外界，那么事物也就不复存在。心就是人的本心，风、幡、佛性都在本心之中，所以不是幡和风在动，而是人心在动。就是说人心不动，怎么能见到幡动了呢。众僧对慧能的见解十分佩服。

慧能认为所有的道理、规律以及佛法都离不开心，心在佛法就在，心不在了，佛法也就不在了。也就是说万事万物与佛法至理都在心中，所以说"仁者心动"。

852. "菩提本无树，明镜亦非台，本来无一物，何处惹尘埃"是谁的著名偈颂？

这句话是慧能所作的著名偈子（偈颂，佛经中的唱颂词，也多指佛家诗作），记载于《六祖坛经》。

慧能是禅宗六祖，跟随五祖弘忍学习佛法。有一天，五祖弘忍想要挑选可以继承自己衣钵的人，也就是六祖的人选，就让自己的弟子都写一篇偈子给他。弘忍的得意弟子神秀写道："身是菩提树，心如明镜台。时时勤拂拭，勿使惹尘埃。"菩提树和明镜台是佛法的象征，尘埃指佛教所讲的修行佛法所要排除的不好的行为，神秀把身心比作佛法，认为在修行佛法时要时时注意，不断修行自己的身心，保持心性清净。

慧能听到别人念诵神秀的偈颂，就也说了一篇，写在墙上："菩提本无树，明镜亦非台，本来无一物，何处惹尘埃。"意思是宇宙之间、内心之中，本来就清净无尘，空无一物，哪里来的尘埃呢？而既然没有尘埃，那就用不着"勤拂拭"。慧能的偈颂和神秀的大为不同，神秀是依靠不懈的修行达到佛法所讲的境界。而慧能则认为佛性本来就是清净的，佛性本来存在于人的心中，这就可以简化佛家的修行，不必通过时时苦行、修心等"勤拂拭"的方法来断除欲望和烦恼，而是在日常就可以修行，通过"顿悟"的方法认识到内心的佛性，这就可以成佛。

慧能更精妙地理解了佛法所讲的"空"，这就比神秀的偈颂对佛法的理解更为深刻，五祖弘忍也就将衣钵传给了慧能，慧能后来成了禅宗六祖，他以顿悟的主张影响了南宗禅学，并成为中国禅宗主流。

853. "庭前柏树子"是谁的话？蕴含着什么样的智慧？

"庭前柏树子"是禅宗著名公案，也叫赵州柏树子或赵州柏树，记载在《五灯会元》中，而这句话的意思就是庭前的柏树，赵州从谂禅师用这句话来喻示达摩祖师西来的本意，喻示佛法大意。

赵州禅师（778—897），法号从谂，俗姓郝，是晚唐高僧，禅宗的著名大师，是六祖慧能第四代传人，曾在赵州古城传授、弘扬南宗禅佛法，被称为"赵州古佛"。

曾经有僧人问从谂："如何是佛祖西来意？"从谂回答说："庭前柏树子。"僧人说："和尚莫将境示人。"从谂说："我不将境示人。"僧人又问："如何是佛祖西来意？"从谂仍回答："庭前柏树子。"

这段话讲僧人问禅师达摩祖师西来有何本意，禅师回答一句毫不相干的话，僧人让禅师不要用高深的意境来回答，禅师说他不把境说给人听，但仍然用"庭前柏树子"来回答什么是"佛祖西来意"。这样毫无逻辑的回答告诉僧人，要悟到佛祖的"意"，就不能执着地向外界求取，不能执念于外事物或观念，而要追求自己的内心或本心。所以禅师给出了不是答案的答案。禅师第二次仍回答"庭前柏树子"，意在说明，如果没有领悟到"意"，就在当下，就在自己的本心，还一味向外界询问答案的话，那么这个问答就会循环往复，得到的回答就一直是"庭前柏树子"，而如果悟到"庭前柏树子"这个答案是在说"佛祖西来意"就在自己的本心,那么这个问题自然就结束了。

这个禅宗公案,讲述的佛法大意是自己的本心要向自己的内心求取,而"庭前柏树子"这句话也被历代传颂。

854. "见山是山,见水是水"讲的是什么?

这句话出自禅宗大师青原行思提出的参禅悟道的三重境界。他说:"老僧三十年前未参禅时,见山是山,见水是水。及至后来,亲见知识,有个入处。见山不是山,见水不是水。而今得个休歇处,依前见山只是山,见水只是水。"(《五灯会元》)

第一重境界"见山是山,见水是水"。这时还不知道参禅的法门,用简单的、单纯的眼光看待事物,山就是山,水就是水。而这个时候,山水只在眼中被看见,而看见什么就是什么,这是一种非常原始、浅显的认识。

第二重境界"见山不是山,见水不是水"。这时学习到了一定的知识,见识到了事物的表象并不一定是真实的,认为万事万物都是虚幻的,只有自己的内心是真实的,而沉迷于表面会让人迷失自己。所以抱着怀疑的眼光认为山不是山,水不是水。

第三重境界"见山只是山,见水只是水",也是最高的境界。这个时候已经参禅悟道,领悟了佛法至理,抛弃了知识对自己的束缚,也不再执着于事物的表象,山水及万事万物都在自己心中,自己看到自己的本心,也就领悟到了真实的世界。这时看到的山水都是心中真实的山水,所以山还是山,水还是水,但是这和第一重境界相比已经完全不同了。

儒家

855. 儒家、儒教、儒学有什么联系和区别?

儒家思想也叫儒教或儒学,但儒家、儒教、儒学三者并不完全相同。简单地说,儒家是一个学派,或代表一个学术群体;儒教是一种信仰,与佛教、道教合称"三教";儒学是一种思想学说。

儒家:春秋时期孔子收徒讲学,创立了儒家学派,经过孔子、曾子、子思、孟子以及荀子等几代儒家代表人物的发展而不断壮大,在春秋战国时期已经有很大的名声。西汉时"罢黜百家,独尊儒术",儒家学说成为统治者认可的官方学说,儒家也成为中国古代影响最为深远的学派。

儒家在中国历史中的发展绵延不绝，秦朝以前的重要代表人物有孔子、"孔门十哲"、孟子、荀子等，汉代有董仲舒，宋、明有朱熹、王守仁等。儒家的著作，除了"十三经"等，历代的儒学作品不可胜数。儒家思想，把仁、义、礼、智、信当作核心，内容丰富，博大精深。

儒教：儒教被认为是一种宗教，又称作"圣教"，有自己的宗教信仰系统，以儒家思想为信仰教义，尊奉孔子为"先师"或"儒教圣教主"。从汉代以后，儒教成为中国封建王朝的国教，历代政权的统治者以及儒家子弟都信奉儒教。

儒学：儒学指儒家思想学说，由孔子开创，春秋战国时由孟子、荀子等发展壮大，汉朝以后的儒学学者层出不穷，宋代又发展出理学、心学等学派，是中国古代思想学说的主流。

在汉代"罢黜百家，独尊儒术"之后的两千多年封建历史中，儒家学说成为官方学说，儒教成为国教，儒家思想成为中国思想文化主流。儒家文化作为中华文化的重要部分，对中国历史文化产生了极其广泛而深远的影响，对日本、韩国、朝鲜等亚洲国家的文化产生了巨大影响。

八儒："八儒"或"儒家八派"指在孔子之后儒家内部分化的八个学派，这种说法来源于《韩非子》的《显学》篇："自孔子之死也，有子张之儒，有子思之儒，有颜氏之儒，有孟氏之儒，有漆雕氏之儒，有仲良氏之儒，有孙氏之儒，有乐正氏之儒。"也就是说孔子死后，儒家出现了以子张（颛孙师，字子张）、子思（孔子的孙子）、颜氏（孔子弟子中有八人姓颜，一般认为颜氏指其中的颜回）、孟氏（一般认为指孟子）、漆雕氏（一般指漆雕开）、仲良、孙氏（一般认为以荀子为代表）、乐正氏等为代表的八个儒家派别。其中孟子、荀子所代表的儒家学派影响最大。

经学：经学是注解经书的学问，汉代以后专门指研究儒家经书，对儒家经典进行注释，解释原文的字面意思和蕴含的意义的学问。经学一方面对古代典籍进行注解，帮助人们理解儒家经典，另一方面也包含了许多后人的见解和学说，是儒家学说的重要组成部分。

856. 宋朝出现的理学是什么样的哲学流派？有哪些代表人物和分支学派？

理学由儒学发展而来，也叫作道学或义理之学，由北宋周敦颐等人开创，是宋明时期的主要哲学流派，在元朝和明朝兴盛，也叫作宋明理学。理学以儒家学说为核心，融入了佛、道两家的思想，其思想核心是"理"，在元朝时成为官方思想。理学的主要代表人物包括"北宋五子"，南宋的朱熹、陆九渊，明朝的王守仁等，比较著名的派别有"程朱理学"和"陆王心学"。

历史哲学艺术卷

隋唐时代佛教兴盛,挑战了儒学的正统地位。唐朝及五代十国之后,为了调整封建统治者中不同阶层的关系,巩固儒家思想的统治地位,强化社会道德秩序,宋朝的儒学家创造了理学。理学的主要目的与内容,在于追求人格上的圆满,加强伦理道德秩序,反对佛、道思想,巩固儒学地位。宋明理学的核心思想是"理",即封建制度和纲常伦理,认为"理"是永恒不变、天经地义的,是宇宙万物的本原。理学又发展出许多学派,其中,认为"理"本身就存在于世界万物之中的"程朱理学"和认为"理"存在于人的内心的"陆王心学"影响最大。

理学在宋朝时开始兴盛,元明时期成为国家的官方学说,不仅是儒学发展的一个新高峰,也推动了中国哲学思想的发展,深刻影响了中国的政治制度和思想文化。

北宋五子:指北宋的周敦颐、邵雍、程颢、程颐、张载五人,他们都是北宋著名的哲学家、思想家,是北宋儒学的代表人物,合称"北宋五子"。

周敦颐(1017—1073),道州营道(今湖南省道县)人,原名敦实,后改名敦颐,字茂叔,号濂溪,谥号元公,是北宋著名哲学家、理学家。

邵雍(1011—1077),字尧夫,谥号康节,其先范阳人,幼随父迁共城(今河南辉县市),晚年隐居在洛阳,是北宋著名的理学家、数学家、道士、诗人。

张载(1020—1077),字子厚,世称横渠先生,凤翔郿县(今陕西省眉县)人,北宋著名哲学家、理学家,是理学创始人之一,理学支派"关学"创始人。

程颢(1032—1085),字伯淳,世称明道先生,河南洛阳人,宋代理著名哲学家、教育家、理学家,理学分支"洛学"开创者。

程颐(1033—1107),程颢的弟弟,字正叔,洛阳伊川(今河南省洛阳市伊川县)人,世称伊川先生,北宋著名哲学家、理学家、教育家,"洛学"开创者。

关学:"关学"的"关"指关中,因为关学创始人张载在关中讲学,而后代弟子大多都是关中人,所以称这个学派为"关学",是理学的重要分支学派。

洛学:程颢、程颐兄弟开创的学派,因为二程主要在洛阳讲学,所以称他们创立的学说和学派为"洛学"。洛学是理学的重要分支学派,南宋时的朱熹、陆九渊,明朝时的王守仁,都受到了二程学说的影响。

857. "程朱理学"是什么学派?有什么影响?

"程朱理学"是宋明理学的主要派别之一,也叫"程朱道学",由北宋"二程"(程颐、程颢)开始创立,经过杨时、罗从彦、李侗等人的发展,到南宋时由朱熹发展完备。

程朱理学以"理"为核心,其主要观点认为宇宙万物都有"理"和"气"两个方面,其中"理"是事物的本质或内在法则,"气"是构成事物的材料,二者不可分离;"理"或"天理"作为本质法则是宇宙万物的本原,在"气"之前就已经存在,这叫"理在先,气在后";万事万物都有自己的"理",而人与事物各自的"理"又都来源于共同的"天理",是唯一的"天理"分化而来,这叫"理一分殊"。在此基础上,程朱理学在道德修养上提出了"存天理,灭人欲"的思想,认为"天理"表现为道德就是"三纲五常",要求人们压抑天性和欲望,对自己进行严格的要求,参悟"天理"以达到更高的道德境界。

程朱理学是宋明理学的主流学派,并被作为官方学说,影响了中国自宋朝到清朝末年的政治及思想文化。其作为儒学发展的一个高峰,推动中国哲学思想达到一个新的高度,但因为其思想严重压抑人的天性欲望,强化了封建制度对人的束缚,所以也被后世所批评。

858. "陆王心学"是什么?与"程朱理学"有何不同?

"陆王心学"是理学的分支学派,由南宋陆九渊开创,在明朝王守仁时发扬光大并提出"心学"的名称。心学作为宋明理学的重要学派,与程朱理学分庭抗礼,在明朝有十分重要的影响,代表人物还有王艮、何心隐、李贽等,其中王艮开创了王守仁心学的分支泰州学派。

陆王心学也把"理"作为思想核心。但与程朱理学不同的是,程朱理学认为最高的"理"或"天理"是外在于人的,是原本就存在于世界宇宙之中的,而并不是人创造的。陆王心学则针锋相对地认为"心即理"或"理在心中",就是说"理"就是人的本心,是由人的内心生发出来的,这实际上也是将"心"当作了宇宙万物的主宰和本原。陆王心学认为"气"只是一种生理或心理上的状态,并不是构成宇宙万物的材料或影响人物品格的内在因素。在此基础上,陆王心学要求人通过区分善恶,按照心中的"良知"来修养自身德行,去除恶来达到善;陆王心学还认为要将人的"良知"和行为合二为一,即"知行合一",使具体的行为符合本心"良知",这是进行道德修养的最高境界。

陆王心学同理学一样也要求人进行道德修养,以实现"至善"的完美人格为追求,但其将"心"作为世界的主宰,实际上对人的天性和欲望有解放的作用,强调"知行合一",十分重视具体行为实践,也对后世思想产生了重要影响。心学虽然没有成为官方学说,但由于王守仁及其门人的发展,深刻影响了明朝政治和思想,许多明朝重要官员都是心学门人,此外,心学在日本、韩国等国也有巨大影响,对今天的教育、哲学也有巨大的启发意义。

阳明学：阳明学也叫作"王学""心学"，就是王守仁所提出的学说，也就是对王守仁所发展的心学学派的一种叫法。因为王守仁曾经在故乡的阳明洞中修建屋舍，世人称他"阳明先生"，所以他的学说也叫作"王学"或"阳明学"。阳明学是明朝中晚期十分重要的思想学派，对日本以及整个东亚都有很大影响。

王学七派：指在王守仁死后，王学分化出的七个学派。因为王守仁的学说中存在着一些矛盾和难以理解的地方，王守仁生前并没有进行更多的阐释说明，所以他的弟子在理解其学说的时候产生了分歧，并由此分化出了不同的学派。

明末清初的著名学者黄宗羲在《明儒学案》中，以地域为划分标准，把王守仁逝世后的王学分为江右王学、南中王学、楚中王学、粤闽王学、北方王学、浙中王学、泰州王学等七个派别。

859. "四书五经"是怎么来的？

四书五经是四书、五经的合称，四书指《论语》《孟子》《中庸》《大学》；五经指《诗》(《诗经》)、《书》(《尚书》)、《礼》(《礼记》)、《易》(《易经》)和《春秋》。

四书主要记载了孔子及其弟子、孟子及其弟子、曾子和子思等的思想言论，是儒家传道授业，进行教学的基本教材。《大学》《中庸》本来是《礼记》中的两篇，后来单独成书。北宋程颐、程颢两人曾大力提倡这几部书，认为《中庸》和《大学》同《论语》《孟子》表达的都是儒家的基本思想。朱熹将四部书编在一起并作《四书章句集注》。因相传四书出自孔子、孟子、曾子、子思四位儒家代表人物，所以也称"四子书"。

一般认为儒家本有"六经"，因为秦朝以后《乐经》失传，只留下"五经"。五经是作为儒学研究基础的五本经典书籍，据传五部书全部经过孔子的修订。汉武帝时罢黜百家，独尊儒术，将五经列入官方学说，设立五经博士，自此正式称"五经"。其中《诗经》是中国最早的诗歌总集，《尚书》主要记录了中国上古的历史事件和文献，《礼记》主要记载了秦朝以前的礼制，《易经》即《周易》，是一部"卜筮（占卜）"之书，其内涵博大精深，是儒家与道家共同的经典，《春秋》记录的是春秋时期的历史事件。

四书是儒家的基础典籍，包含有许多早期的儒家核心思想，也是进行儒学教育较为基础的教科书，对儒学的发展和中国思想文化产生了深远的影响。

860. "十三经"都包括了哪些儒家经典？

十三经指十三部儒家经典，包括《易经》《尚书》《诗经》《周礼》《仪礼》《礼记》

《春秋左传》《春秋公羊传》《春秋穀梁传》《论语》《孝经》《尔雅》《孟子》。

十三经由汉朝五经逐步发展，到南宋时正式形成。儒家最早有《诗》《书》《礼》《易》《春秋》《乐》六部经典，后来《乐经》失传，留下五部经书，西汉正式成为"五经"。唐朝时将《春秋左传》《春秋公羊传》和《春秋穀梁传》，以及《周礼》《仪礼》和《礼记》六部书，加上《易》《诗》和《书》并列为"九经"，作为官学教科书。晚唐时又添加了《论语》《尔雅》和《孝经》，增加至"十二经"，并刻在石碑上。南宋时，又将《孟子》列入，"十三经"正式形成。

十三经所包含的十三部儒家经典，产生年代远早于十三经正式确立的年代，它们的地位以及对中国古代社会产生的深远影响是其他典籍所无法比拟的。

五经：指《诗》《书》《礼》《易》《春秋》，汉代时就已经确立。

十二经：唐朝时有"九经"，包括《易》《诗》《书》《周礼》《仪礼》《礼记》和《春秋左传》《春秋公羊传》《春秋穀梁传》。唐文宗开成年间在最高学府国子学刻石经（刻在石头上的经文、典籍），除了"九经"以外，又增加了《论语》《尔雅》《孝经》，一共为"十二经"。

十一经：五代时期，后蜀皇帝孟昶刻"十一经"，将《孝经》和《尔雅》从"十二经"中排除，又加入了《孟子》一书，共为"十一经"。

861.《诗经》是一部什么样的书？

《诗经》是中国最早的一部诗歌总集，收集了西周初年至春秋中叶的诗歌，相传孔子曾对《诗经》进行了编订。

诗经共有诗歌305篇，分为《风》《雅》《颂》3部分。其中《风》160篇，《雅》105篇，《颂》40篇，反映了周初至周晚期约500年间的社会面貌。

《诗经》既是中国古代伟大的文学作品，也是儒家经典之一，它不但在文学史上有重要地位，在儒家思想学说的发展中也有重要作用。孔子教育弟子读《诗经》，从而教习言行标准，孔子曾说："熟读《诗经》三百篇，交给他政事，他却办不好；让他出使别国，他不能独立应对。读得再多，有什么用呢？"这就是说学习《诗经》最终是为了学会使用《诗经》中所包含的道理。《诗经》中有许多关于国家政治、人民生活的内容，其也有一定的社会政治功用。早在春秋战国，就有儒者用《诗经》中的诗句来劝谏君主，《毛诗》提出读诗可以"正得失"，也就是供统治者作为评判治国得失的标准。

《诗经》作为儒家的重要经典，是中国古代官方学说和教育的重要著作，古人常从政治、伦理道德等方面谈论其内容，因此《诗经》不仅对中国诗歌的发展有深远影响，也对中国古代的政治及道德伦理产生了一定的影响。

862.《尚书》讲述了什么内容？

《尚书》主要记录了中国上古的历史事件和文献，相传由孔子编订。《尚书》由西汉伏生手中流传下来，称《今文尚书》（在孔子故居墙壁中发现的《古文尚书》在后来遗失），共29篇，后来其中两篇合并，所以留下28篇。《尚书》有许多不同的版本，人们研究《尚书》一般以伏生传下的28篇为依据。

《今文尚书》分为《虞夏书》《商书》和《周书》，文体主要包含典、谟、誓、诰等。其中典是记载在大简册上的事件；谟记载谋划议论的事；誓是誓师的言辞；诰指告诫、告示的言辞，内容主要有中国上古时期的自然地理、历史事件等。在《尚书》所记载的文章中，包含着"敬德保民"的思想，体现出中国古代的思想开始由"敬鬼神"向重视人转变，是儒家思想的重要基础。

孔子用"诗书"教授学生，"诗"为《诗经》，"书"就是《尚书》。先秦时这两部书就是儒家子弟的必读典籍，而《尚书》也被列入"经"，在儒家经典中占有重要地位，也是记载中国上古历史的重要典籍。

863.《礼记》记载了什么内容？

《礼记》又名《小戴礼记》《小戴记》，据传为西汉戴圣编订，共49篇，主要记载了先秦的典章制度。

《礼记》有两种传本，一是西汉经学家戴德编订的，共85篇，习惯上称作《大戴礼》；二是戴德的侄子戴圣编订的49篇本，习称《小戴礼记》。《大戴礼记》流传不广，影响也不大。《小戴礼记》在汉代由郑玄作注解，唐代孔颖达依照郑玄注作《礼记正义》，这使得《小戴礼记》广泛流传，成为《礼记》的正式定本。一般所说的《礼记》就是《小戴礼记》。

《礼记》的作者，"包括了从孔子的弟子开始，直到汉代的许多儒者"以及部分儒门以外的人。《礼记》主要记载秦朝以前的礼制，第一篇《曲礼》是全书的纲要，即这部书是要曲折入微地说明"礼"的内容，并讲明了"礼"的重要性，认为道德、教育、风俗、法律、伦理关系、军事、祭祀等都需要有"礼"的规范，具体内容也介绍了与国家政治、军事、司法、教育、伦理道德等各个方面相关的典章制度。

《礼记》除了介绍典章制度，也是一部儒家教科书，包含了儒家的哲学思想、教育思想、政治思想等等，内容十分丰富。作为儒家基本教科书的《大学》和《中庸》便出自《礼记》的篇目。

《礼记》中以议论的形式阐述礼、义等儒家思想，以说明的形式记录典章制度，以叙述的方式记述关于"礼"的言行故事。其文章有的结构严谨，有的跌宕起伏，语句简洁明畅而富于变化，善用比喻等修辞，也有一定的文学价值。

《礼记》解说了古代的典章制度，讲述了与"礼"有关的言行，内容复杂而丰富，全面体现了儒家学说的核心内容，在儒家经典中有着重要地位。

864. 儒家和道家共同的经典《周易》是一部什么样的书？

《周易》也叫《易》或《易经》，是儒家和道家共同的经典。据说《易经》本来共有三本书，分别叫《连山》《归藏》《周易》。传说《连山》是伏羲编写的，《归藏》被认为是在商朝时被创作出来的，《周易》一般认为是周文王写作的。其中《连山》《归藏》已失传，只剩下《周易》，所以提到《易经》，一般就是指《周易》。

现在的《周易》，内容一般包括《经》和《传》两部分。《经》包括太极八卦的图形和演变出来的六十四卦，此外还有对卦形的说明文字，即"卦爻辞"；《传》实际上是专门解释《周易》经文的书，一共有七种十篇，分别是《彖传》上下篇、《象传》上下篇、《文言传》《系辞传》上下篇、《说卦传》《序卦传》和《杂卦传》，因为这十篇解释就像是《周易》的羽翼，所以也叫作《十翼》。《传》的部分作为单独的一部书叫作《易传》。

《周易》一般被认为是关于占卜的书，但实际上蕴含着十分深奥的思想。中国文化中的许多思想学说都是由《周易》逐渐生发出来的，《周易》堪称中国思想文化的源头，因此在儒家经典中，《周易》的地位十分重要，在"五经"中排在首位。

865.《春秋》是什么书？有什么特色？

《春秋》又称《麟经》或《麟史》，"五经"之一，是中国现存最早的编年体史书，按年份记载了春秋时鲁国从鲁隐公到鲁哀公两百余年间的历史事件。由春秋时鲁国史官编写，经过了孔子的修订。

司马迁在《史记·孔子世家》记载孔子向弟子传授《春秋》时说："后世的人能够理解我是因为《春秋》，如果怪罪我，也是因为《春秋》。"而这样说相传是因为孔子在《春秋》的叙事中蕴含了自己对人和事的褒贬态度，在《三字经》中有"诗既亡，春秋作。寓褒贬，别善恶"的说法，就是说《春秋》暗含褒贬，区分善恶。《孟子·滕文公下》也说"孔子成春秋而乱臣贼子惧"，也就是说《春秋》暗含褒贬，使作恶的人受到唾骂,所以奸臣会害怕。这是《春秋》的一大特点。

《春秋》作为第一部编年体史书,对中国后世史书的编写和先秦历史的研究具有重要意义。而作为儒家的一部经典,《春秋》被认为经过孔子编订,暗含了孔子对历史事件和人物的褒贬,因此也蕴含着孔子深刻的政治思想,在儒学经典中有重要地位,是儒者必读的经典之一。

《麟经》:传说孔子修订《春秋》时,有一次鲁哀公带人打猎,有人捕捉到一只怪兽,去问孔子是什么野兽,孔子知道是麒麟,他认为麒麟是仁兽,哀叹道:"你为什么要来这乱世?"并认为自己的理想断绝了。孔子从此绝笔,停止修订《春秋》,所以《春秋》也叫《麟经》《麟史》。猎捕麒麟的故事也叫"西狩获麟",记载在《春秋》之中。

春秋笔法:比喻用笔曲折,意含褒贬的写作手法;指曲折婉转地表达作者的思想倾向、褒贬评价,不直接表明态度,而用委婉的方式让人明白;也指简练但含蓄地点评人事;也称"微言大义"。

相传孔子修订《春秋》,用语十分简练,并将对人物事件的评价隐晦于简练的文字之中,暗含褒贬,因此将用笔曲折委婉、简练含蓄地表达作者态度的写作手法称为春秋笔法。

866.《论语》记述了什么内容?

《论语》是一部记录孔子及其弟子言行思想的书,"四书"之一,一般认为是孔子、孔子的弟子及其再传弟子共同编写而成。《论语》在古代共有三个版本,西汉初年有《齐论》和《鲁论》传世,此外在孔子故居墙壁中得到古《论语》二十一篇,后来失传。现在的《论语》是根据《鲁论》和《齐论》编订的,因为是西汉张禹编订,再后来也称《张侯论》。

《论语》采用语论及人物对话的形式编写,是语录体著作的典范。全书共20篇,492章,11 000余字,每一篇一般用第一句话的头两个字命名,例如《学而》篇的开头为:"子曰:'学而时习之,不亦说乎?'"有些篇目用第一句起首的人名作为篇名,如《子路》篇。也有少数篇目以其他方式命名。

《论语》中既有孔子与弟子及其他春秋人物交谈的记录,也有孔门弟子互相交谈的语录,内容十分丰富,包括了儒家尤其是孔子关于道德伦理、政治、教学等许多方面的思想。其中每一篇所讲的内容都有一个基本的中心,例如《为政》主要讲政治以及道德教化,《八佾》主要记录孔子对于"礼乐"的论述,《颜渊》主要记录孔子教导弟子如何做到仁德,如何为人处事。《论语》语句简约,但形象生动,内涵丰富,不但集中体现了孔子的形象,对孔子的部分弟子如颜回、子路等的形象也有生动的描写,有助于人们在认识儒家思想的同时了解儒家人物。

《论语》是记载孔子思想言行最集中的重要文献,是儒家的基本教科书,是中国人最为熟知的儒家经典之一,影响十分深远,其中有许多名言在今天仍然起到了巨大的教育作用。

867.《孟子》包含了哪些思想内容?

《孟子》是记录孟子及其弟子言行的一部书,"四书"之一,一般认为是孟子及其弟子所作,现存七篇十四卷,三万五千余字。因《汉书·艺文志》记载《孟子》共有十一篇,而东汉赵岐著写《孟子注疏》,认为其中四篇"外书"不是孟子所写,将外书四篇删去,留下的《孟子》就只有七篇。

《孟子》第一篇《梁惠王》与第二篇《公孙丑》,讲述治国为政的道理,阐释了"利"与"义"的关系,提出以仁义治国,包含着孟子的"仁政""王道"等政治思想。第三篇《滕文公》通过孟子与滕文公的对话讲述了古代的赋税田亩制度。第四篇《离娄》论述"仁道"与"不仁",也讲述了孟子关于"至诚之心"以及伦理关系的思想。第五篇《万章》阐释了"忠"与"孝"的关系,提出得到天下的人是因为"天命"。第六篇《告子》讲述人性的问题,孟子反对告子的观点,提出了"性善论"。第七篇《尽心》讲述治国、做人的原则,提出了"民为贵""君为轻"的重要思想。

《孟子》中的文章,善于说理,长于辩论,大量使用了排比、对偶等修辞手法,文章一气呵成、气势磅礴,具有极强的说服力,在语言上明白流畅,平实易懂,是出色的古代散文作品。

《孟子》在五代时期被列入"经",进入儒家经书行列,宋朝时《孟子》的地位进一步提升,南宋朱熹将《孟子》列入"四书"之中,自此《孟子》成为儒家最重要的经典之一。《孟子》集中体现了孟子的学说,记述了许多著名的故事与思想观点,同时具有极高的文学价值,在今天也有很大的影响。

868."四书"之一的《中庸》是一部怎样的经典?

《中庸》是一篇阐述关于道德修养的散文,"四书"之一,相传为子思及其弟子所作。《中庸》原本是《礼记》第三十一篇,并不是独立的文章,但在儒学中的地位不断上升。北宋程颢、程颐二人大力推崇《中庸》。南宋时朱熹作《四书章句集注》,将《中庸》与《论语》《孟子》《大学》并称"四书",使《中庸》单独成为儒家经典。

《中庸》主要内容是教育人们自觉地进行自我修养的培养，要做到自我教育、自我监督及自我完善，在道德修养上达到一种"天人合一"的理想境界。《中庸》提出"慎独"而能做到自己教育、监督约束自己；"忠恕"而能成全他人、践行仁德；"至诚尽性"而能实现天人合一，达到人格完满等重要思想。

《中庸》蕴含了许多重要儒家思想，被确认为"四书"之一后，成为国家官方的教科书以及科举考试的必读书目，对儒学发展和中国古代教育产生了极大影响。

869.《大学》讲述了什么内容？

《大学》是一部讲述做人道理和理想的儒家经典，"四书"之一，相传为曾子所作。《大学》原本是《礼记》第四十二篇，在北宋时被程颐、程颢所推崇。南宋朱熹单独作《大学章句》，列入《四书章句集注》，将《大学》与《论语》《孟子》《中庸》并称为"四书"。

《大学》的核心内容，是文章内容中提出的"三纲八目"。"三纲"或"三纲领"是《大学》的核心思想，即"明明德""亲民""止于至善"，即发扬高尚的道德，教化人民弃恶扬善，以达到至善，实现最高尚的德行为目的。"八目"或"八条目"指"格物""致知""诚意""正心""修身""齐家""治国""平天下"，强调加强个人修养的目的是为了治理天下，而要治理好天下人民，必须先提高个人的道德修养。

《大学》全文文辞简练，内涵丰富而深刻，主要概括了先秦儒家关于道德修养的理论，讲述进行道德修养的原则和方法，并包含有许多儒家的政治思想，对为人处世、修身治国有深刻的启发意义。

被列入"四书"后，《大学》成为国家教学的官方教科书，被作为科举考试的必读经典，在中国古代尤其是宋朝之后有重要地位，其中的名句以及包含的思想在今天仍然有积极的教育作用。

870."春秋三传"指哪几部书？

"春秋三传"是《春秋左传》《春秋公羊传》和《春秋穀梁传》的合称，是对《春秋》的补充注释。因为《春秋》语言十分简明，但蕴涵深刻，如果没有注释，一般人非常难理解。对《春秋》的注释从春秋时期就已经开始，本来有左氏、公羊、穀梁以及邹氏、夹氏共五家作注释，但邹氏、夹氏的注释在汉朝时已经失传，留下的即《左传》《公羊传》《穀梁传》，经过汉代整理，合称"春秋三传"。

《春秋左传》原名《左氏春秋》，简称《左传》，成书于战国初年，相传是鲁国人左丘明所作。《左传》本就是单独的一部编年体史书，晋代杜预将《左传》附在《春秋》之后，所谓《春秋左传》就是《春秋》和《左传》的合并，一般不再把两部书分开。

《左传》并不是对《春秋》经文内容的解说，其特点在于记事，是对《春秋》记事内容的补充，是一部重要的编年体史书。

《春秋公羊传》共11卷，《公羊传》原本是独立的一部书，后来附在《春秋》之后为《春秋公羊传》，据说是战国时齐国人公羊高所作。

《春秋公羊传》的特点在于解读《春秋》经文的隐喻意义，探求字里行间背后所隐藏的内容，并且表达了自身的政治观点，是儒家的重要经典。

《春秋穀梁传》相传是战国穀梁赤所作，也称《穀梁春秋》。《穀梁传》原本也是单独的一部书，后来附在《春秋》之后。其特点同《春秋公羊传》类似，在于解读《春秋》文字中所蕴含的意义、思想等，并提出了一些自己的观点。

"春秋三传"是解读《春秋》的重要参考书，唐朝时列入儒家经书，是儒家的重要经典。

871.《仪礼》记载了哪些内容？

《仪礼》，又名《礼经》《士礼》等，是对中国春秋战国以前礼仪制度的汇编，共17篇，是重要的儒家经典，儒家"十三经"之一。

相传《仪礼》原有56篇，秦朝以后大量失传，西汉初年高堂生编写了《士礼》17篇，就是现在的《仪礼》。《仪礼》17篇所记载的内容，包括周代的的士冠礼、士昏礼、士相见礼、乡射礼、聘礼、觐礼、士丧礼等各种礼仪制度，主要是天子、诸侯、士大夫等上层阶级日常所应遵守的礼仪。

《仪礼》记载的各项礼仪制度，主要是介绍在特定的礼仪场合应该如何做，比如应当穿什么衣服、行什么礼、站在哪里、面向哪个方向等等，内容十分枯燥。但是礼仪制度在古代有着对人的行为进行规范，并确定、巩固尊卑秩序的作用，是维护封建专制和伦理秩序的重要内容，历朝历代都十分重视礼仪制度，孔子也说："不知礼，无以立也。"（《论语·尧曰》)，记录古代礼仪制度的《仪礼》也就成了十分重要的一部书。

《仪礼》在古代是研究、制定礼仪制度的重要参照，对后世影响深远，现代虽然不再实行古代的礼制，但《仪礼》所记载的内容细致而庞杂，对于研究古代的社会伦理关系、生活习惯、风尚等，具有不可替代的作用。

872.《孝经》是一部什么样的经典？

《孝经》是儒家的伦理著作，主要讲述孝道，一共18章，儒家"十三经"之一。

《孝经》原本有今文、古文两个版本，在西汉初年传授的版本是今文，后来在孔子故居墙壁中发现了古文《孝经》，与今文有所差别。到了唐朝，唐玄宗根据今文《孝经》作注，成为后代固定的版本，宋代时在此基础上进行修订，并将《孝经》列入"十三经"。

《孝经》的内容，是以"孝"为核心，集中表现了儒家的伦理思想。《孝经》中提出"孝"是上天定下的道德规范，是天经地义的、人最重要的德行；它把"孝"贯穿到了人的所有行为之中，认为爱惜自己的身体是孝的开始，努力提高自己的修养，做到留名后世，让父母也跟着尊贵，是最高等的孝；《孝经》还将对父母的"孝"和对君王的"忠"联系起来，认为实行孝道，从侍奉父母开始，到侍奉君主都是孝的体现。《孝经》提出了"孝"的具体做法，还针对不同身份的人，如天子、诸侯、士大夫、平民等，提出了不同的"孝"的要求。

《孝经》以孝道为核心阐述了儒家对道德伦理的认识，指出了"孝"的重要性、必要性，以及具体的行为体现，集中体现了中国人关于"孝"的看法，对中国孝文化影响十分深远。

873.《尔雅》是什么书？为什么被列入儒家经典？

《尔雅》是中国古代的一部词典，被称为"辞书之祖"，解释了自然界和人类社会的各种事物名称、制度等。《尔雅》传说是周公所作，但实际的成书时间应该在春秋战国以后，并非由一个人完成。《尔雅》选词范围十分广泛，并不限于儒家经书，但由于阅读儒家典籍经常需要借助《尔雅》查阅古代的名称、制度等，到后来就被视为儒经，并被列入"十三经"中。

《尔雅》全书共19篇，分为2091个条目，收录词语4300多个。这些条目按类别，可以分为专门解释古代文字、语言以及人对事物的描述等，如《释诂》《释言》《释训》；解释人类社会中的内容，如《释亲》解释亲属关系，《释宫》解释宫室名称，《释器》解释日常用具，《释乐》解释乐器；有关天文地理的，如《释天》《释地》《释丘》《释山》《释水》等；解释动物名称的，如《释鸟》《释兽》《释畜》《释虫》《释鱼》；有关植物的，如《释草》《释木》。

《尔雅》是解释古代文献中词语、文字的重要工具书，也是古代教育的入门教材，对训诂学、音韵学、古文字学等关于语言文字方面的学科都有重要影响，在古代有十分重要的地位，影响广泛而深远。

874.《周礼》记载了哪些内容？

《周礼》又叫《周官》，是记录周代政治体制，主要是国家机构和官制的书，全书分为六个部分，一般认为成书于战国乃至西汉初年，是儒家经典，"十三经"之一。

西汉时河间王刘德搜集先秦古书，得到《周官》，西汉末年刘歆校订书籍，认为《周官》是周公所作，更名《周礼》。东汉末年郑玄也认为《周礼》是周公所作，并为《周礼》作注。唐代贾公彦根据郑玄的注，作《周礼正义》，后来被列入"十三经"。

《周礼》的内容十分丰富，涉及国家制度的各个方面，分为六个部分。其中有天官冢宰、地官司徒、春官宗伯、夏官司马、秋官司寇、冬官司空，分别掌管国家各个方面的事务，包括了大大小小三百多种官职，细致而复杂。

《周礼》中，《冬官司空》部分丢失，刘德用《考工记》代替。《考工记》是中国古代十分重要的科学技术著作，记载了各种器械的制造和金属冶炼等内容。

《周礼》详细记载了周代的官职制度和职责，内容十分详细，对中国古代行政管理体制有深远影响，后世经常要在《周礼》中寻找政治制度的依据。《周礼》和《礼记》《仪礼》并称"三礼"，是儒家的重要经典。

875.《荀子》包含了哪些思想内容？有什么样的影响？

《荀子》是荀子及其弟子共同整理编写的著作，全书一共32篇，大部分是荀子自己的作品，代表了荀子的思想观点，是战国后期儒家学派最重要的著作。

《荀子》32篇，内容丰富，涉及学习教育、政治、哲学等诸多方面，主要体现荀子的思想。如：《性恶》篇集中体现了荀子的"性恶论"，强调后天学习教育的重要性；《天论》篇体现了荀子对天人关系的看法，认为天与人是相互分离的，各有自己的使命，表达了"人定胜天"的观点。此外，《荀子》还表达了荀子尊崇"王道"但也重视"霸道"，强调礼义但也讲求法治等观点，体现了荀子对儒家学说的批判和进一步发展。

《荀子》中的文章长于说理，结构严谨，分析透彻，语言干练，逻辑性强，善用比喻等修辞手法，常用排比句式增强气势，有很强的感染力，是一部优秀的文学作品，对后世的说理性文章有一定影响。

《荀子》是荀子思想的集中体现，但因荀子对儒家的批判发展，尤其是与孟子的分歧，在历史上曾产生了尊崇孟子、贬低荀子的风潮，荀子在儒学中的地位备受争论。但《荀子》一书集先秦哲学思想之大成，对后世产生了深远影响，是十分重要的儒家著作。

876.《五经正义》是什么书？

《五经正义》是唐代孔颖达等人奉唐太宗诏命，编写的五经义疏，前后经过三十多年，约五十多位著名学者参与了编订。《五经正义》完成了"五经"（《诗经》《尚书》《礼记》《周易》《春秋》）内容上的统一，编成后，成为官方教育和科举考试的标准用书。

自东汉末年到唐代，中国战火不断，儒家经典有的散乱丢失，有的在流传中出现错讹，再加上儒学内部出现很多宗派，导致儒经的流传和研究情况非常混乱。为了思想的统一，唐太宗下令召集孔颖达等著名学者编撰《五经正义》用来统一儒经，贞观十六年（642）编成。《五经正义》编成后，有人指出还需要进一步修改裁定，因此没有颁布。后来在唐高宗永徽二年（651），组织了一批学者进一步修改，在两年后成书并颁布，成为科举考试的标准书。

《五经正义》的卷数有不同说法，一般认为有《毛诗正义》40卷，《尚书正义》20卷，《周易正义》14卷，《礼记正义》70卷，《春秋左传正义》36卷，合计180卷。在编撰过程中，孔颖达等唐代学者对前人的研究儒经的成果进行了筛选、总结，对不同的说法进行了调和，但也有解释不清或沿袭前人错误的情况产生。

《五经正义》总结了前人对儒经的研究成果，虽然仍存在不少疏漏，但仍然是儒学发展史上的重要作品，它在唐代的思想文化、教育等方面有着重要影响，也是后人学习、研究儒经的重要资料。

877. 朱熹的《四书章句集注》有什么影响？

《四书章句集注》是集"四书"《大学》《论语》《孟子》《中庸》于一体的儒学著作，是封建社会最为重要的儒学著作之一，作者是南宋著名理学家朱熹。

《四书章句集注》是"四书"的注释版本，包括《大学章句》（1卷）、《中庸章句》（1卷）、《论语集注》（10卷）和《孟子集注》（14卷）。

"四书"之中，《论语》在汉代已经是专门的学问，汉代以后地位不断提高，但《孟子》《大学》和《中庸》并不被重视，一直到唐宋时期，经过韩愈、李翱以及程颐、程颢等人的推崇，地位才逐渐提高。而在《四书章句集注》中，朱熹第一次将《礼记》中的《大学》《中庸》两篇与《论语》《孟子》两部书并列为"四书"，使得"四书"的内容正式确立。

朱熹在注释"四书"时,十分注重对文字、语句背后所蕴含的意义进行阐发,往往加入了自己的理解,已经超出了"四书"文字的本意。也就是说,朱熹注释"四书",不仅仅是为了整理儒家典籍,宣扬儒家思想,更是为了用"四书"的内容来阐释自己的理学思想,《四书章句集注》的内容,也是朱熹思想的集中体现。

《四书章句集注》是儒家的重要作品,重要的理学著作,成书后,被历代统治者推崇,在元、明、清三朝成为官方教育的教科书和科举考试的标准用书,对中国封建社会后期的思想文化产生了非常巨大的影响。

878.《传习录》是什么书?

《传习录》是中国古代哲学著作,书名"传习"一词来自《论语》中的"吾日三省吾身。为人谋而不忠乎?与朋友交而不信乎?传不习乎?"作者是明代心学代表人物王守仁。这部书的主要内容,是由王守仁的学生记载的王守仁关于心学的语录和书信。

《传习录》较为概括地体现了王守仁的哲学思想,内容覆盖了王守仁的所有重要思想观点,如知行合一、心即理、心外无理、心外无物、致良知等重要思想,尤其是记载了著名的"四句教"。因为记载的是王守仁的语录和书信,所以还有许多问答内容,阐释了王守仁心学的宗旨等,并体现了王守仁的教育方法。

《传习录》集中反映了王守仁的心学思想,是宋明理学中心学一派的重要著作,在中国哲学史上有重要地位,对后来的儒家思想有着深远影响。

879. 儒家创始人孔子是什么样的人物?为什么被称为"圣人"?

孔子(前551—前479),名丘,字仲尼,春秋时期鲁国陬邑(今山东曲阜)人,儒家学派创始人。孔子是贵族后代,年少时就很懂礼数,曾做过管理仓库和牛羊的小吏,也做过帮办丧事赞礼的事。孔子中年时就开始收徒讲学,在鲁国做官,官至司寇,后因政治矛盾离开鲁国,带领弟子周游列国,晚年回到鲁国,从事典籍的整理修订。孔子曾修订《诗》《书》《春秋》等古代文献,其讲学、言论有弟子记录,编为《论语》一书,是孔子思想的集中体现。公元前479年孔子去世,享年七十三岁,被葬在曲阜城北的泗水边。

孔子是中国古代伟大的政治家、思想家、教育家。在政治上,孔子主张"正名",推崇周礼;在伦理道德上,孔子提倡仁义,把"仁"作为最高的道德标准;在哲学思想上,孔子批判天命观,认为万物并非由天主宰,但又保持了对"天命"的敬畏；在教育上，孔子做出了巨大贡献，他打破了贵族垄断教育的局面，倡导"有教无类"的教育思想，他的教育思想散见于其言论中，对后世教育的发展产生了深远影响。

孔子及其开创的儒家学说对中国乃至世界历史文化的发展产生了极其深远的影响，被后世尊为至圣先师、儒教始祖，是中国文化的代表人物，被联合国教科文组织评为"世界十大文化名人"之首。

至圣：孔子被后世称为"圣人"。孔子创立儒家学派，其思想学说经过不断发展，在汉代成为国家正统思想，儒家学说也成为古代读书人入仕为官必须通晓的学问，历代统治者以及儒学子弟为表示对孔子的尊崇，尊称他为孔圣人、至圣、至圣先师、文圣、大成至圣文宣王先师等。

万世师表：万世师从的表率，指永远值得学习的榜样。出自《三国志·魏书·文帝纪》："昔仲尼资大圣之才，怀帝王之器，……可谓命世之大圣，亿载之师表者也。"是对孔子的赞誉。孔子广收门徒，不问出身，是开创中国民间教学的先驱，其学说影响深远，冯友兰称他是"中国的第一位教师"，后世常用"万世师表"来称颂孔子。

丧家之犬：无家可归的狗，多用来比喻失去靠山或依靠，到处游荡的人。来源于孔子周游列国时的趣事。

成语出自《史记·孔子世家》。孔子到了郑国后与弟子走散，独自站在城东门，有郑国人告诉孔子的弟子子贡东门有人像无家可归的狗一样，子贡将他的话告诉孔子后，孔子笑着说："说我像丧家之狗，确实就是这样啊！"

《史记·孔子世家》：孔子适郑，与弟子相失，孔子独立郭东门。郑人或谓子贡曰："东门有人，其颡似尧，其项类皋陶，其肩类子产，然自要以下不及禹三寸。累累若丧家之狗。"子贡以实告孔子。孔子欣然笑曰："形状，末也。而谓似丧家之狗，然哉！然哉！"

曲阜三孔：指孔庙、孔府、孔林，合称"三孔"，位于今天山东省曲阜市，是包括祭祀孔子的庙堂、孔子后代的住所和孔子及其后代的墓地于一体的建筑群。孔庙是在孔子死后由其故居改建而成，自西汉以后被历代统治者不断扩建；孔府也叫衍圣公府，是孔子嫡系子孙所居住的地方，也经过了历代的修缮和扩建；孔林是孔子及其后代的家族墓地，随着孔子地位的提高，孔林的规模也不断扩大，是世界上延续时间最长的家族墓地。

880. 孔子最欣赏的弟子颜回是怎样的一个人？

颜回（前521—前490），字子渊，又称颜渊，尊称颜子，春秋末期鲁国人，孔门十哲之一，七十二贤之首，儒家五圣之一。

颜回自13岁拜入孔门，后来跟孔子周游列国，始终忠心追随孔子，并严格按照孔子"仁""礼"思想要求自己，是孔子思想的忠实践行者。死时年仅40岁。颜回一生不曾做官，也没有留下著述，其言论思想多记载于《论语》之中，但颜回后来自己收徒讲学，逐渐扩大自己的影响，形成的颜氏之儒成为儒家的一个学派。《韩非子·显学》中指出孔子之后儒家有八个学派，颜氏之儒就是其中之一。

对颜回的评价主要见于孔子的称赞，例如《论语·雍也》中孔子说："有一个叫颜回的学生好学，他不把怒气发到别人头上，不重复犯同样的错误，不幸短命死了，现在没有这种人了，没有听说过有好学的了。"孔子在颜回死后曾哀叹"天丧予！天丧予！"（《论语·先进》）颜回是儒家榜样型的人物，后世被尊为"复圣"，是配享孔庙的儒家"四配"之一。

复圣：对颜回的尊称。颜回忠于孔子的思想，并努力践行"仁""义"，被孔子视为最优秀的弟子，居"七十二贤"之首，成为后人榜样。颜回在思想言行上是最符合孔子思想的，唐太宗尊颜回为"先师"，至元文宗时追封为"兖国复圣公"，明嘉靖年间改为"复圣"，所以颜回也称复圣，是儒家五圣之一。

箪食瓢饮：箪是古代用于盛饭的竹器。成语意为一箪食物，一瓢水。形容读书人安于贫苦的生活而不改志向。最早是孔子对颜回的形容和赞誉。成语出自《论语·雍也》："子曰：'贤哉回也，一箪食，一瓢饮，在陋巷，人不堪其忧，回也不改其乐。贤哉，回也！'"

881. 儒家的"宗圣"是谁？

曾参（前505—前436），名参，字子舆，尊称曾子，春秋末年鲁国南武城（今山东平邑南）人。是中国著名的思想家，孔子的晚期弟子之一，是儒家的重要代表人物。

曾参16岁拜孔子为师，得孔子真传，颜回死后，成为孔子学说的主要继承人，与父亲曾点都位列孔门七十二，也是孔子的孙子子思的老师。贤著有《大学》《曾子》。曾子的思想多见于《曾子十篇》。

曾子奉行以孝、恕、忠、信为核心的儒家思想，政治上主张修齐治平，个人修养上提出内省、慎独，主张以孝为本的孝道观，至今仍具有极其宝贵的社会意义和实用价值。

曾子上承孔子学说，下启子思、孟子的思孟学派，在儒家学说的发展中占有重要的地位，对儒学以及中国政治文化的发展有着深远影响，死后成为配享孔庙的

"四配"之一，被尊为"宗圣"。

宗圣：五圣之一，指曾子。曾子在儒家学说的发展过程中起着承上启下的重要作用，对孔子的学说既有继承又有新的发展，中唐以后，曾子的地位不断上升，唐朝时开始配享孔庙，不断加封，到元朝至圣元年被封为"宗圣公"，明朝时称"宗圣"。

啮指痛心：（母亲）咬自己的手指，（儿子）疼在心里。讲的是曾子与母亲十指连心的亲情孝心。

故事出自《二十四孝》。曾参侍奉母亲十分孝敬。他曾经在山中砍柴，这时家里有客人来了，母亲没有办法，盼着曾参却总不回来，于是咬自己的手指。曾参忽然感到心痛，背着木柴就回家了，跪下问母亲怎么了。母亲说："有客人突然来了，我咬手指好让你知道。"

曾子烹彘：讲曾子言而有信，为儿子杀猪做肉吃的故事，展现了他在家庭教育上言传身教的一面。

故事出自《韩非子·外储说左上》。曾子的妻子要去集市，他的儿子跟着她哭泣，做母亲的就说："你回去，回来了给你杀猪吃。"妻子回来后，曾子要捉猪来杀。妻子制止他："只是跟小孩子玩笑罢了。"曾子说："小孩不是开玩笑的。小孩子并不懂事，是跟着父母学习的，听从父母的教导。今天你欺骗他，是在教他骗人。母亲欺骗儿子，儿子就不相信母亲，这不是教孩子的办法。"于是曾子就把猪杀了，做肉给孩子吃。

曾子之妻之市，其子随之而泣。其母曰："女还，顾反为女杀彘。"妻适市来，曾子欲捕彘杀之。妻止之曰："特与婴儿戏耳。"曾子曰："婴儿非与戏也。婴儿非有智也，待父母而学者也，听父母之教。今子欺之，是教子欺也。母欺子，子而不信其母，非所成教也。"遂烹彘也。

882. 子思是谁？他对儒家学说的发展有什么贡献？

孔伋（前483—前402），字子思，孔子之孙，儒家代表人物之一。孔伋的老师是孔子的学生曾子，相传孟子是其门人的弟子。子思上承曾子，下启孟子，在儒家发展中也有着承上启下的作用，是春秋时期的著名思想家，与其门徒共同著有《子思》《中庸》。

子思继承了孔子提出的"中庸之道"，提出"中和之道"，认为"中"和"和"，是天下的真理、大道；子思还提出了"至诚之道"，在子思的学说中，"诚"既是道德伦理上的重要内容，也是子思哲学思想中的重要概念。此外子思还提出了"合内外之道"等思想观点。

据说孔子死后儒家分为八派,子思的学说是其中一派。子思承前启后的地位对儒学的发展产生了重大影响,他的"至诚之道"也对中国文化产生了深远影响。因其重要地位和影响,曾子也成为配享孔庙的儒家"四配"之一,被后世统治者尊奉为"述圣"。

述圣:五圣之一,指子思。子思在儒家学说的发展中同曾子一样居于承上启下的地位,他关于"诚"的学说影响深远。元朝至顺元年,被追封为"述圣公",后称"述圣"。

883. "亚圣"孟子是什么样的人?

孟子(约前372—前289),名轲,字子舆,战国时期邹(今山东省邹城市)人,儒家重要代表人物,现在一般认为孟子是跟随孔子的孙子子思的门人学习的儒家学说,是孔子思想的重要继承者与发展者。孟子曾同孔子一样,带领弟子周游列国,宣传自己的思想见解与政治理想,他的言行记录在《孟子》一书中。

孟子是中国古代著名的思想家、教育家、政治家。在政治上,孟子提出"王道"与"霸道",崇尚"王道"并轻视"霸道",并提倡"仁政";在道德伦理上,孟子提出人性本善,提倡仁义、重义轻利等观点;在哲学思想上,对孔子的思想进行了改造,将"天"作为万物主宰。

孟子是儒家学派的重要代表人物,他继承并发扬了孔子的思想,提出了许多影响深远的观点,常与孔子并称"孔孟",他与孔子所代表的儒家思想也被称为"孔孟之道"。孟子在唐宋以前并没有受到足够的重视,后来地位逐渐提高,被唐代大儒韩愈认为是唯一继承了孔子正统的人。他继承并发展了孔子的学说,提出的许多观点都对儒学的发展有深远影响,极大地影响了中国古代政治与文化。

亚圣:后世对孟子的尊称。宋朝统治者曾加封孟子为邹国公,元朝统治者加封孟子为"邹国亚圣公",明朝尊孟子为"亚圣"。因孔子被尊称圣人,是"大成至圣",而孟子的地位被认为仅次于孔子,所以被尊称"亚圣",与孔子合称"孔孟"。

孟母三迁:也作"孟母择邻""慈母择邻",指孟子的母亲为了让孟子生活在良好的环境中,而多次搬迁住所,现在也会用来指父母竭力培养、教育孩子。

成语典出汉代赵岐的《孟子题辞》,其他古代典籍也多有记载。孟子小时候住在墓地附近,孟子就学着大人的样子哭丧祭拜。孟子的母亲以为这个地方不利于孩子居住,就搬家到了集市旁。然后孟子又学做买卖的样子,孟母认为不好,就又搬到了学宫旁边,孟子便跟着大人学习朝堂上的礼仪,孟母认为这是利于孩子学习的环境，就定居下来。孟子后来成才，也被人们认为是孟母善于教养儿子的结果。

《三字经》中所说的"昔孟母，择邻处"说的就是孟母三迁的故事。

孟母断机：孟子年幼丧父，孟子的母亲曾多次搬家，让孟子受到良好教育环境的影响。后来孟子渐渐长大，有一天孟子从学舍逃学回家，孟母看见他，就问他："读书学习是为了什么？"孟子说："为了自己。"孟母非常生气，割断了织布机上正在织的布，对孟子说："你荒废学业，就像我剪断这织布机上的布一样。"孟子心中感到害怕，从此每天都辛勤学习，最终成了仅次于孔子的亚圣。

《三字经》中有"子不学，断机杼"的记载，讲的就是孟母断机的故事。孟母断机，就是要教育孟子学业不能半途而废，要坚持不懈，有始有终。

884. 荀子有哪些思想成就？

荀况（约前313—前238），字卿，尊称荀子，战国后期赵国人。著名思想家、文学家、政治家，儒家重要代表人物，其著述保存在《荀子》一书中。荀子被当时的人尊称为荀卿。西汉避汉宣帝刘询的名讳，因"荀"与"孙"二字古代读音相通，所以也称荀子为孙卿。

荀子年轻时在齐国国都的稷下学宫讲学，曾被任为"三为祭酒"（学宫之长）。后来到楚国出任兰陵（今山东苍山西南兰陵镇）令。晚年罢官，仍居住在兰陵著书，并死在兰陵。

荀子大力发展儒家学说，提出了许多新的观点。在政治观念上，荀子提倡"隆礼""重法"，并对孔子的"礼"进行改造，形成了符合封建政治制度需要的理论主张；在哲学思想上，荀子主张"明于天人之分"的自然观念，以"虚壹而静"的方式认识事物；在道德伦理和人类的发展上提出"性恶论"，主张人性本恶并以此论述人类及人类社会的发展，此外，荀子还重视辩证和逻辑思维，批评诡辩论。荀子的文章论题鲜明，结构严谨，说理透彻，逻辑性强，语言上善于比喻、排比，风格独特，也是以说理见长的文学家。荀子也善于教学，所作《劝学》篇至今仍有很大的教育意义，其优秀弟子如韩非、李斯等都对中国文化历史发展做出过重要贡献。

荀子顺应了中国历史由奴隶社会走向封建社会、由分裂割据走向大一统的趋势，建立起自己的学说，为封建统治提供了理论准备。相比于孔孟，荀子不但对孔孟思想进行批判发展，极大丰富了儒家学说的内容，也对诸子各家的学说都进行了分析和批判。荀子的思想，不但对儒家的发展产生了深远影响，也影响到法家等儒家以外的学说，是先秦哲学的集大成者，对中国封建社会的政治文化发展有着深远影响。

885. 贾长沙、贾太傅指的是谁？

贾谊（前200—前168），洛阳（今河南洛阳东）人，西汉初年著名政论家、文学家，世称贾生，因为曾经到长沙做过长沙王太傅，后世又称其贾长沙、贾太傅。

贾谊师从荀子的学生张苍，少年时就以才学闻名，汉文帝时被举荐为博士，仅一年就被提拔为太中大夫，但因为政治上主张激进改革，触动权贵势力，被贬谪为长沙王太傅，后来始终得不到重用，死时年仅33岁。

贾谊擅长辞赋和散文，既是出色的文学家，也是有名的政论家和思想家，其代表性的政论作品有《过秦论》《论积贮疏》《治安策》（又名《陈政事书》）等，后人将贾谊的议论文章编为《贾谊新书》，他的《鵩鸟赋》等文学作品也表现了其哲学观点。贾谊兼具儒、道、法三家思想，在政治上，贾谊认真反思了秦朝灭亡的教训，指出治理国家要重视民力民心，施行仁义。他还论述了礼法的关系，认为治国需要用"法"，但更应注重"礼"。此外，贾谊还主张削弱诸侯势力，主张重农抑商，瓦解匈奴。在伦理道德方面，贾谊著有《道德说》《六术》等文章，提出"六礼""六美""六术"等观念。在哲学思想上，贾谊认为万物在不断变化之中，相互影响，相互转化，有朴素的唯物主义特点。

贾谊的成就主要在于政论与文学，其政治思想虽然未被汉文帝采纳，但却影响了西汉后来的政治发展，对于西汉统治的稳固有积极的推动作用，对后世也有深远的影响。其文学影响更是深远，与屈原并称"屈贾"。

不问苍生问鬼神：贾谊的政治主张得罪了当时的权贵，后来被贬为长沙王太傅。贾谊在长沙三年之后，被汉文帝召回京城。汉文帝在宣室中召见贾谊，没有问贾谊治国治民的道理，却向贾谊询问关于鬼神的道理。汉文帝和贾谊谈到深夜，十分称赞贾谊的学问。但贾谊还是没有被留在中央重用，而是被任命为梁怀王太傅。唐朝著名诗人李商隐作诗《贾生》："宣室求贤访逐臣，贾生才调更无伦。可怜夜半虚前席，不问苍生问鬼神。"讲的就是贾谊的故事，哀叹贤能的臣子终究得不到统治者的重用。

《史记·屈原贾生列传》中记载了汉文帝在宣室中询问贾谊鬼神之事的故事：贾生征见。孝文帝方受釐，坐宣室。上因感鬼神事，而问鬼神之本。贾生因具道所以然之状。至夜半，文帝前席。既罢，曰："吾久不见贾生，自以为过之，今不及也。"

886. 西汉大儒董仲舒提出了哪些观点？

董仲舒（前179—前104），广川（今河北景县广川镇）人，西汉著名的思想家、政治家、哲学家。

董仲舒年轻时专心于经学,在汉景帝时做过博士,颇受汉武帝器重,即便后来辞官后在家著书,朝廷也会在每次有大事议论时派人去询问其意见。相传董仲舒死后,汉武帝路过他的陵墓,为表尊敬特别下马步行,所以其陵墓被称为"下马陵"。

董仲舒吸收了道家、法家的思想,形成了新的儒学思想。政治上,他提出"大一统"的理论,主张"尊君",认为君主"受命于天";提倡德治和法治并重,限制土地兼并。在哲学思想上,董仲舒继承了西周以后的"天道""天命"思想,将自然现象与"天意"相联系,提出"天人感应""天人合一"的学说,人要认识并顺从"天意"。在道德伦理方面,根据儒家学说提出"三纲""五常"的学说,强化封建统治的尊卑之序。

董仲舒的学说,基本上是为了巩固汉王朝的封建统治而创立的,其吸收道法思想而提出的许多新的儒学思想被后世所沿袭。董仲舒学说的推广和政治主张的实行使得儒学真正成为全面影响中国社会的正统学说,极大地加强了封建帝王的统治权威,巩固了封建社会的统治秩序,对中国产生了深远影响。

三年不窥园:三年间眼睛不看花园,也作"目不窥园",形容学习专心致志,丝毫不为外界诱惑而动心。出自《汉书》卷五十六《董仲舒传》。

《汉书·董仲舒传》:董仲舒,广川人也。少治春秋,孝景时为博士。下帷讲诵,弟子传以久次相授业,或莫见其面。盖三年不窥园,其精如此。进退容止,非礼不行,学士皆师尊之。

887. 辞赋大家扬雄是怎样的哲学家?

扬雄(前53—后18),字子云,西汉成都(今四川成都)人。西汉文学家、哲学家、语言学家,代表的哲学作品有《太玄》《法言》等。

扬雄少年好学,博览群书,虽然口吃但喜欢思考,安于贫穷但志向远大。扬雄热爱辞赋,仰慕司马相如和屈原,在做官后曾创作《甘泉》《羽猎》等,对皇帝的奢侈进行劝谏。后来转而研究哲学,创作《太玄》和《法言》。

扬雄仿《周易》作《太玄》,仿《论语》作《法言》。在《太玄》中,扬雄仿照《周易》创造了一个用来说明世界万物体系的图式,将"玄"作为最高级的存在,一玄分为三方,再分为九州、二十七部、八十一家,认为这个体系可以包括万事万物变化的规律。在《法言》中,扬雄认为人可以认识宇宙天地间所有的事物,发表言论必须以经验作为依据,著书立说要根据事物的实际情况来写,扬雄还把孟子和荀子关于人性的观点综合起来,认为人性是善恶相混的;他重视教化,反对法家重刑罚的思想,但也提倡改革。

扬雄是中国古代著名的文学家和哲学家。在文学上，他的辞赋、散文闻名于世；在思想上，他提出了自己的哲学体系，对儒家的学说进行了一定程度的发展，对后世也有一定影响。

子云亭：扬雄故居。唐朝文学家刘禹锡曾写《陋室铭》描述自己隐居的住所，表明自己安贫乐道的志向。刘禹锡在文中写道："南阳诸葛庐，西蜀子云亭。"将自己的"陋室"与诸葛亮、扬雄的故居相比。子云亭在历史上有多处，一是成都扬雄故居子云亭，一个是四川郫县郊区的子云亭，这两处亭子都已不存在。还有一处是绵阳市西山景区的子云亭，是后来修建的，表达了人们对扬雄的尊崇。

888.《五经正义》的主编孔颖达是怎样的儒者？

孔颖达（574—648），字冲远，冀州衡水（今河北省衡水市）人，是孔子的第31世孙，唐朝官员，著名的儒学家，曾主持编撰《五经正义》一书。

孔颖达8岁就开始学习、熟读儒家经典，并对算数和天文有所研究。隋朝时孔颖达任河内郡博士、太学助教，是当时最年轻的大儒。唐朝时任国子监祭酒，曾参与修订隋朝史书《隋书》。

孔颖达一生最重要的成就就是主持修订了《五经正义》。在汉代以后，经学出现了许多流派，各家各派说法不一。尤其是南北朝时期，国家分裂，政治混乱，导致儒学内部更加混乱，不同派系相互攻击，十分不利于儒学的发展。孔颖达奉唐太宗诏命，将经学内部各家各派的观点、成果加以整合，并改变了魏晋南北朝以后出现的南北方相互争论的情况，将南北的观点融合起来，最终率领当时的学者编成了《五经正义》。

孔颖达编著《五经正义》，结束了儒家经学混乱的局面，并将汉代以来的经学成果保存下来，许多古代的学说观点都因为《五经正义》得到了保存，成为后代学者学习研究的重要材料。《五经正义》后来被唐朝定为官方教科书和科举考试内容，对当时及后世产生深远影响。孔颖达作为主持编撰的人，功不可没。

889. 位列"唐宋八大家"之首的韩愈是一位怎样的思想家？

韩愈（768—824），字退之，河南河阳（今河南省孟州市）人，自称"郡望昌黎"，世人尊称他为"韩昌黎""昌黎先生"，是唐代著名的文学家、思想家、哲学家和政治家，代表性的哲学作品有《原人》《原道》等。

韩愈自幼是孤儿，由兄嫂抚养，家境贫寒，但学习刻苦，曾经参加四次科举，做官后屡遭贬谪，晚年担任吏部侍郎，所以被人称为韩吏部，死后被追赠为礼部尚书，谥号"文"，后世也称他为"韩文公"。

韩愈作为儒家学者，其思想主要内容是反对佛、道，复兴儒学。隋唐时期佛、道盛行，严重威胁了儒学的地位，韩愈曾创作《论佛骨表》，劝谏当时的皇帝不要迎接佛骨舍利，结果被贬官。他创作了《原道》《原性》，提出"道统"的理论，以此来强调道德伦理、纲常秩序，强化儒家学说的地位，反对佛教和道教的思想。

韩愈是历史上著名的散文家，"唐宋八大家"之首，而他在思想上抑制佛、道，复兴儒学的观念，也取得了很大的成就，对于巩固儒学地位有很大作用。

退之投书：传说韩愈曾经因为好奇，和人一起爬华山，爬到华山顶上后，看见周围十分陡峭，险峻异常，没有可以迈开步子的地方。韩愈十分惊恐，以为回不去了，就写了遗书，发狂大哭。当地的县令千方百计，才把韩愈救了下来。后来在华山苍龙岭，留下了"韩退之投书处"的石刻，成为华山的一处景观。

890. 李翱是什么人？

李翱（772—836），字习之，陇西成纪（今甘肃静宁）人，是韩愈的学生，唐朝文学家、哲学家，主要思想作品有《复性书》等。

李翱自幼勤奋好学，25岁时追随韩愈学习，在思想和文章上深受韩愈影响，同韩愈一起维护儒学的权威，反对佛教、道家思想。李翱在朝廷做官，耿直善谏，死后谥号为"文"，因此世称"李文公"。

李翱的思想以反对佛教、道家学说，推崇儒家学说为主。他非常重视《中庸》，认为《中庸》所讲的内容是孔子、孟子思想的精华，并提出"复性"的说法。李翱认为人有性和情两方面，性是善的，情是恶的，要向善，就要通过"不动心"的方法"灭情复性"，这就是"复性"论。李翱还极力推崇孔子的"圣人"地位，认为儒家的"圣人"不仅具有高尚的道德品质，不仅能够治理好国家天下，甚至和天地一样，能造化万物，他还认为儒家的学说就是要教人成为"圣人"，而成为"圣人"的方法就是"复性"。虽然李翱反对佛教，但他的"复性"论却受到佛教，尤其是禅宗的影响，呈现出儒家思想和佛教思想相互影响、交融的一面。

李翱对韩愈的思想进行了进一步的发展，他的"复性"论实际上是融合了佛教、道家思想的结果，深远影响了宋代理学的产生和发展。

891. 大文豪柳宗元有哪些思想成就？

柳宗元（773—819），字子厚，河东解（今山西运城市）人，世称"柳河东""河东先生"，因为曾在柳州做刺史，所以也称"柳柳州"。柳宗元是唐代著名的文学家、哲学家，和韩愈并称"韩柳"，代表性的哲学作品有《天说》《天对》《封建论》等。

柳宗元出身世家，少年时便经历了战火和社会的动乱，认识到了朝廷的腐败，做官时参与了政治改革，试图挽救唐朝的衰势，后来因为改革的失败被贬谪到柳州。

柳宗元提出社会动乱的原因，是封建社会的等级制度、上下尊卑发生了混乱，但是也认为人是否尊贵不能由门户出身来决定，而应该由是否圣明、贤能来决定。柳宗元还提出"圣人"应该把顺应民意，满足人民生存的要求当作自己的任务。他还认为历代制度的变化并不是由人决定的，而是由历史发展的要求决定的，并提出应当选拔贤能的人做官来治理国家，而不是由世家贵族垄断国家的官职。此外，柳宗元还批评了"天人感应""君权神授"等观点，反对有主宰一切，等同于神的"天"，是坚定的无神论者。

柳宗元是唐朝杰出的思想家、哲学家。他的思想充满了变革的色彩，往往代表了人民和普通士族文人的立场，具有一定的进步意义。

黔驴技穷：相传贵州曾经没有驴，有好事的人用船运过来一头驴，放在山脚下。那里的老虎没有见过驴，看到驴那么大，感觉很神奇，藏在林子里不敢靠近。有一天，驴叫了一声，老虎没听过驴叫，以为驴要吃自己，就被吓跑了。后来老虎慢慢熟悉了驴，觉得驴也没什么大不了，再后来就去冒犯驴，驴就用蹄子踢老虎，老虎十分高兴地说："它的能力也就这样了。"就扑了上去把驴吃掉了。

这就是柳宗元有名的文章《黔之驴》所讲的故事，成语"黔驴技穷"就源于此，用来比喻本来就有限的技能、方法、能力也都用完了。

《黔之驴》：黔无驴，有好事者船载以入，至则无可用，放之山下。虎见之，庞然大物也，以为神。蔽林间窥之，稍出近之，慭慭然，莫相知。他日，驴一鸣，虎大骇，远遁，以为且噬己也，甚恐。然往来视之，觉无异能者。益习其声，又近出前后，终不敢搏。稍近益狎，荡倚冲冒，驴不胜怒，蹄之。虎因喜，计之曰："技止此耳！"因跳踉大㘎，断其喉，尽其肉，乃去。

噫！形之庞也类有德，声之宏也类有能，向不出其技，虎虽猛，疑畏，卒不敢取；今若是焉，悲夫！

892. "拗相公"王安石提出了哪些哲学观点？

王安石（1021—1086），字介甫，号半山，临川（今江西抚州）人，是北宋著名的政治家、思想家、文学家，代表性思想哲学作品有《周官新义》《老子注》等。

王安石自幼聪明好学，做官后很有政绩，曾担任宰相，主持变法改革，在朝廷中有很高威望，后来王安石施行的新法都被废除，变法失败。王安石曾被封为荆国公，死后谥号为"文"，所以世称"王荆公""王文公"。

王安石在哲学思想上的成就，主要是提出了自己的阴阳五行学说，以及关于人性以及历史的观点等。王安石认为天地产生了五行，五行产生了万物。他用北方寒冷而产生水，南方热而产生火等说法，解释了五行"金、木、水、火、土"是怎么产生的；认为五行产生了世间万物，也是人的活动依据；他还用五行的变化规律解释自然界和人类社会的发展变化。在人性问题上，王安石反对前人的观点，认为人的本性没有善恶之分，人的善恶都是后天养成的。王安石还认为历史是不断发展变化的，以此来反对守旧、复古的观点，主张变法改革。

王安石的思想，重点在于支持自己的变法改革，在当时有一定的进步意义。

三不足：指"天变不足畏，祖宗不足法，人言不足恤"，合称"三不足"。意思是上天降下的灾变祸害不足以让人畏惧，祖宗定下来的规矩、法规不用去效法遵守，人们的流言蜚语不用顾虑。这句话并不是王安石所说，最早的版本出自反对变法的司马光。"三不足"是反对变法的人对王安石的攻击，但也体现了王安石变法改革的思想主张。王安石正是以"三不足"的精神顶住守旧势力的压力，努力推行变法的。"三不足"也体现了改革家勇往直前的改革精神，为后世改革变法所效仿。

拗相公："拗相公"是王安石的外号，因为王安石为人十分固执，容不得别人反对。他执拗激进的性格，使得他的变法主张也十分激进大胆，因此得罪了权贵，受到了十分大的阻力，但他又坚持自己的主张，不愿意退让，这也是导致他变法失败的一个原因。后来人们就戏称他为"拗相公"。明朝末年，冯梦龙撰写《警世通言》，也写道："因他性子执拗，主意一定，佛菩萨也劝他不转，人皆呼为'拗相公'。"

893. "濂溪先生"指的是谁？

周敦颐（1017—1073），原名周敦实，字茂叔，道州（今湖南省道县）人，是北宋文学家、哲学家，理学的开山鼻祖，程颐、程颢的老师。周敦颐晚年定居庐山，将自己的住所命名为濂溪书堂，将屋旁的溪水命名为濂溪，所以也被称为"濂溪先生"，代表作品有《太极图说》《通书》等。

周敦颐幼年丧父，由舅父郑向抚养长大，曾在朝廷做官，晚年隐居庐山，病死在濂溪书堂。

关于宇宙和世界的构成，周敦颐提出了自己的太极学说，认为宇宙最初是"无极而太极"，"太极"动起来就生出"阳"，静下来就生出"阴"，阴阳二气相交，生出五行、季节等自然变化规律，无极和阴阳五行结合就生出万事万物。在道德观念上，周敦颐将"诚"作为天人合一的最高道德境界，认为人要达到"至诚"的境界，才能有完善的人性，而"诚"又是"太极"的道德本质；为了达到"至诚"，他提出了"主静"的修养方法，也就是排除内心的欲望，达到"静"的境界。此外他还认为文学的作用在于宣扬道德伦理，在教育上强调教育对人的成长向善十分重要，大力提倡儒学经典，并提出以自学为主的启发式教育方法。在政治上，周敦颐主张用仁义道德教化、治理民众，也强调刑罚的作用，但主张慎重地使用刑罚。

宋明理学的重要代表程颐、程颢曾向周敦颐求学，而周敦颐的思想被理学家所继承，对理学产生了十分重要的影响。南宋朱熹将周敦颐作为理学思想的开创者。

894. "二程"指的是哪两个大儒？

"二程"是北宋理学家程颢、程颐的合称。

程颢（1032—1085），字伯淳，洛阳伊川（今河南洛阳伊川县）人，世称"明道先生"。曾在地方做官，也担任过太子中允、监察御史等职。

程颐（1033—1107），字正叔，是程颢的弟弟，世称"伊川先生"，曾担任国子监教授和崇政殿说书等职。

二程是北宋著名的教育家、思想家和哲学家，他们都是周敦颐的学生，在政治上都反对王安石的变法改革。两人曾在洛阳讲学，创立了"洛学"。他们的语录被后人编成《河南程氏遗书》和《外书》，程颐也曾创作《易传》和《经说》，这些作品都被收进《二程全书》。

二程提出了"理"这一重要概念，也叫"天理"，认为"理"是世界的根源，而"理"实际上也指儒家所提倡的纲常伦理、道德秩序，所以二程提出"理"实际上是将封建伦理道德永恒地固定下来，维护封建统治。在"理"的基础上，二程提出了去除人的欲望，保留天理的道德观念，而认识"理"需要一件一件地对事物进行研究和积累，最终达到贯通的程度，就能够穷尽"理"，这对朱熹的观点影响很大。在道德修养上，二程认为人本就有良知良能，程颐还提出"性即理也"（《二程遗书》），这对后来的陆王心学有一定影响。

程门立雪：杨时是北宋时期的进士，他为了丰富自己的学问，放弃官位，到河南颍昌拜程颢为师，程颢去世后又去拜访程颐。当时他也已经四十多岁，和朋友游酢一块儿去拜见程颐，恰好程颐在打瞌睡，杨时就和游酢站在门外等候。当时正是冬天，大雪纷飞，等到程颐醒来，门外的雪已经有一尺深了。

《宋史·杨时传》：杨时字中立，南剑将乐人。幼颖异，能属文，稍长，潜心经史。熙宁九年，中进士第。时河南程颢与弟颐讲孔、孟绝学于熙、丰之际，河、洛之士翕然师之。时调官不赴，以师礼见颢于颖昌，相得甚欢。其归也，颢目送之曰："吾道南矣。"四年而颢死，时闻之，设位哭寝门，而以书赴告同学者。至是，又见程颐于洛，时盖年四十矣。一日见颐，颐偶瞑坐，时与游酢侍立不去，颐既觉，则门外雪深一尺矣。

895. "横渠先生"是谁？

张载（1020—1077），字子厚，凤翔郿县（今陕西眉县）人，尊称张子，因为在翔郿县横渠镇讲学，所以世称"横渠先生"，是北宋思想家、教育家、理学创始人之一，主要的作品有《正蒙》《易说》等。因为张载在关内讲学，所以他所创立的学派称为"关学"，同二程的"洛学"是当时的两大学派。

张载年少时喜欢军事，后来听从范仲淹建议学习儒学，并研究了佛、道学说，形成了自己的观点。张载多次被调往外地做官，一生穷困，但不断学习，著书立说，是北宋著名的哲学家。

张载关于"理"和"气"的观点与二程不同。他认为"气"才是宇宙万物的本原，是一切的开始。"气"又包含了"阴阳二气"，二者性质相反但相互依赖，人和万事万物都是在阴阳二气相互的运动变化中产生的；张载还认为宇宙万物是不断的运动、发展变化的，事物具有两个相互作用、相互结合的对立面，每一个事物都是同其他事物相联系的，这些思想都具有辩证的特点。关于人性，张载认为人的本性就是"气"的本性，人受到阴阳二气的影响，也分为"天地之性"和"气质之性"，前者是善的来源，而后者产生恶。张载认为人人都有善的"天地之性"，只要认真反省，体现出"天地之性"，就表现出了道德。

张载是北宋著名的理学家，理学的开创者之一，虽然他的思想和二程是对立的，但也对理学的发展和后世思想学说产生了深远影响。

896. 朱熹是什么人？他对思想文化的发展有哪些贡献？

朱熹（1130—1200），字元晦，又字仲晦，号晦庵，晚年时称晦翁，祖籍徽州婺源县（今属江西省），出生于南剑州尤溪（今属福建）。朱熹是南宋著名的理学家、教育家、诗人，是理学的集大成者，被世人尊称"朱子"，也称"朱文公"，代表作有《四书章句集注》《太极图说解》《楚辞集注》等。

朱熹少年时得到了良好的教育，做官后清廉正直，很有作为，曾大力倡导重建白鹿洞书院，在湖南时扩建了岳麓书院，他自己修建的"沧州精舍"被皇帝赐名"考亭书院"，晚年离开朝廷后就在考亭著书。

朱熹是宋代理学的集大成者。在对宇宙世界的看法上，他继承了二程的天理论，吸收了张载关于气的学说，认为万物由"理"和"气"构成，但"理"在"气"之前，是更根本的东西；对于人性，继承了人性有善恶两个方面的思想，同样认为要去除欲望，保留人性中原本就有的"理"或善性；在认识事物和学习的方法上，提出"格物穷理"的思想。

重建书院：朱熹在江西做官的时候，重建了著名的白鹿洞书院。白鹿洞书院是唐代李渤隐居读书的地方，白鹿洞和白鹿洞书院都是因为李渤养的白鹿而得名。朱熹在当地人的指导下找到白鹿洞的地址，重建书院，他为白鹿洞书院请来名师，充实其中的图书，还请皇帝御赐匾额和书籍。朱熹还专门为书院置办田地，供养贫穷的学生，亲自订立《白鹿洞书院揭示》，这是教育史上最早的教规。白鹿洞书院也是中国十分著名的"四大书院"之一。

四大书院："四大书院"始于宋代，是中国古代著名的书院，分别为应天书院、岳麓书院、白鹿洞书院、嵩阳书院。

应天书院又称应天府书院、睢阳书院，位于今天的河南省商丘市睢阳区南湖畔，曾有著名学者晏殊、范仲淹等在此讲学。应天府（今河南商丘）在宋朝曾作为陪都，称为"南京"。应天书院被皇帝诏赐为"南京国子监"，是北宋最高学府，也是北宋唯一成为国子监的书院。

岳麓书院位于今天的湖南省长沙市岳麓山。五代时期有僧人在岳麓山讲学，形成书院前身。北宋时潭州太守朱洞正式创立岳麓书院，后来毁于战火，在南宋时重建，朱熹曾经在此讲学。岳麓书院受到历代重视，多次被毁，多次重建，是今天湖南大学的前身。

白鹿洞书院，又称白鹿书院，位于江西省九江市庐山，最初是唐朝人李渤隐居读书的地方，后来闻名天下，在南唐时期成为"庐山国学"。南宋时被朱熹重建，后来也经过历代修整。

嵩阳书院位于今天的河南省登封市嵩山，在历史上也曾经是佛教、道教场地。作为儒家书院，范仲淹、司马光、程颢、程颐、杨时、朱熹等著名文人学者都曾在此讲学。

897. "象山先生"是谁？

陆九渊（1139—1193），字子静，抚州金溪（今江西省金溪县）人，世称存斋先生，因为曾在象山书院讲学，所以被称为"象山先生"或"陆象山"，是南宋著名哲学家，心学的开山之祖，陆王心学的代表人物。

陆九渊在朝廷中并不显赫，但他热爱学习和思考，对于收徒讲学十分热心，他的学生遍布江西、浙江。陆九渊和朱熹都是南宋著名的哲学家，因为思想上和朱熹观点不同，曾经多次和朱熹争论，是南宋时期十分重要的学术辩论。

陆九渊的思想，吸收了孟子的观点，提出了"心即理"的说法，认为"天理"在人的心中，其实就是认为心是宇宙间万事万物的本原；在道德修养上重视对人的心性的修养，通过认识人的本心来认识"理"。这和朱熹认为"天理"是万物的主宰和本原，要通过认识每一个具体事物的"理"来认识"天理"的观点是十分不同的。

陆九渊是南宋十分有个性的哲学家，他在理学盛行的时候，尤其是出现了朱熹这样的理学大家的时候，提出了和朱熹相对立的观点，从理学中发展出了心学，对后世的思想尤其是明朝的心学产生了深远影响。

朱陆之争："朱陆之争"就是指陆九渊和朱熹的学术争论，在争论中显露出了陆九渊心学的观点及其与朱熹的异同。著名的如"鹅湖之会"，是吕祖谦为了调和二人的分歧，邀请他们到江西铅山县的鹅湖寺进行辩论。后来二人之间还产生了关于"无极、太极"等内容的争论。

898."孔、孟、朱、王"中的"王"是谁？

王守仁（1472—1529），字伯安，浙江绍兴府余姚县（今浙江省宁波市余姚）人，因为曾经在会稽山阳明洞修建屋舍，自号阳明子，所以世称阳明先生，也称王阳明。是明朝著名的思想家、文学家、哲学家和军事家，陆王心学的集大成者，与孔子、孟子、朱熹并称"孔、孟、朱、王"。

王守仁家境良好。他少年时以成为圣人为志向，15岁就上书皇帝，陈说平定起义的计策。做官后，王守仁曾因为得罪大太监刘瑾而被贬官，他多次平定叛乱，曾辞官回家乡收徒讲学，后来又被派去平定叛乱，胜利后在回家乡的途中病逝。

王守仁融合儒、释、道三家思想，创立了阳明学，也叫王学，其实就是心学，与陆九渊是一派，称"陆王心学"。他主张理在心中，反对"存天理，灭人欲"的观点；批评朱熹"格物致知"的学习、认识方法，提出"致良知""知行合一"等重要观点。

王守仁是伟大的哲学家，在批判程朱理学的基础上，对心学进行了发展，是心学的集大成者，他的思想对后世产生了十分深远的影响。

龙场悟道：王守仁得罪刘瑾以后，被贬谪到偏远的贵州龙场，他在当地教育、开导民众，受到人民的爱戴。也就是在龙场的几年之中，他对儒家思想有了新的领悟，认识到了程朱理学的不足，在思想上开始走向心学，并写下《教条示龙场诸生》，史称"龙场悟道"。

宸濠之乱：又称宁王之乱、宁王叛乱，是明朝历史中地方藩王的叛乱，被王守仁平定。当时宁王朱宸濠在自己的封地江西南昌起兵造反，时任巡抚的王守仁听说后立即召集各地官兵攻打南昌，朱宸濠救援南昌时与王守仁的部队进行水战，被王守仁打得大败，朱宸濠等人也被俘虏。当初叛乱的消息传到京城时引起了朝廷恐慌，王琼却说王守仁在江西，一定会平定叛乱，而王守仁从手上没有一兵一卒，到最后平定叛乱，只用了很短的时间，朝廷的军队甚至都没来得及出发。平定宸濠之乱，是明武帝时期的重要事件，也是王守仁一生光辉事迹中的一例。

四句教：指"无善无恶心之体，有善有恶意之动，知善知恶是良知，为善去恶是格物"，是王守仁留给学生的四句话，被认为是王学精髓，也是明朝思想史上的重要议题。

899. 李贽是怎样的一个思想家？

李贽（1527—1602），原名载贽，号卓吾，又号宏甫，别号"温陵居士""百泉居士"等，泉州晋江（今福建泉州）人。李贽是明代重要的思想家、文学家，传统儒学、理学的反叛者，著作有《焚书》《续焚书》《藏书》等。

李贽自幼就具有反传统的思想，曾挖苦孔子，轰动一方。李贽考上了进士，在明朝做官，但却旗帜鲜明地宣称自己的思想和著作"离经叛道"。最终因为他的思想过于激进、叛逆，被认为是蛊惑民众，并被逮捕，最后自刎而死。

李贽的思想，重点在于批判传统的封建思想理论。他指出封建礼教实际上是有害的，批评男尊女卑的思想；他强调物质生活的重要性，认为人对富贵的欲望是合理的，甚至认为自私是人的天性；他反对把孔子的言论当作不可更改的定论，对儒家传统经典进行了猛烈的批评，宣扬"童心"说，认为"童心"是人最初的真心、本心。

李贽对传统儒家思想及经典的反驳和批判，动摇了封建思想的统治，体现出强烈的反对封建权威的精神，是晚明时期极其重要的思想家。

举火求贤：讲的是春秋时期齐桓公的故事，出自李贽的作品《初潭集》。齐桓公知道宁戚这个人，想用他管理国家，大臣们都说宁戚的坏话，认为齐桓公应该派人去卫国了解宁戚，如果他真的贤能再任用。齐桓公拒绝说："不行，去问是怕人有小缺点，因为人的小缺点而忘记人的大优点，这就是君主不能得到贤能的人的原因。"于是连夜举着火把封宁戚做官。李贽通过这个故事讲明要多看别人的长处,不因为小缺点而无视人的优点的道理。

《初潭集》:齐桓公知宁戚,将任之以政。群臣争谏之曰:"宁戚,卫人也,去齐不远。君可使人问之,问之而固贤,而未晚也。"公曰:"不然。问之,患其有小恶。以其小恶,忘其大美,此世所以失天下之士也。"乃夜举火而爵之为卿。

900. 黄宗羲是什么人?

黄宗羲(1610—1695),字太冲,一字德冰,号南雷,别号"梨洲老人""梨洲山人"等,浙江绍兴府余姚县(今浙江省绍兴市余姚)人,世称"南雷先生""梨洲先生"。黄宗羲是明末清初经学家、史学家、思想家、地理学家、天文学家、教育家,与顾炎武、王夫之并称"明末清初三大儒"(三大思想家);与弟弟黄宗炎、黄宗会称"东浙三黄";与顾炎武、方以智、王夫之、朱舜水并称为"明末清初五大师",被视为"中国思想启蒙之父"。其代表作有《明夷待访录》等。

黄宗羲生活在明清之交,作为明朝遗民,曾经试图起兵反抗清朝,失败后隐居,后来致力于著书讲学。

在哲学上,黄宗羲反对"理在气先"的说法,认为理只是气运行的规律,气才是万物的根本;他发展了王守仁"致良知"的学说,认为"致"就是"行",实际上是重视实践的作用。黄宗羲的思想是十分进步的。他认为君主是天下的公仆,主张重新设立宰相,限制君主的权力,甚至认为君主是"天下之大害者";他还提倡使学校成为议论政治、制造舆论的地方,他在《明夷待访录》中专门写有《学校》一章,认为学校要对政府有所监督。黄宗羲的思想已经具有了民主思想的内容,虽然在当时无法实现,但意义重大,对中国近代的民主思想也产生了一定影响。

姚江黄孝子:黄宗羲的父亲黄尊素在明朝末年被太监魏忠贤及其同党害死。魏忠贤被诛杀后,黄宗羲上书请求诛杀魏忠贤的同党许显纯、崔应元等人,并在刑部审理的时候出堂对证。在审理许显纯等人时,黄宗羲当堂用锥子刺许显纯,痛打崔应元,还拔掉了他的胡子祭奠父亲。因此当时的人称黄宗羲为"姚江黄孝子"。

901. 顾炎武有哪些思想成就?

顾炎武(1613—1682),本名绛,别名继坤、圭年,因为仰慕文天祥的学生王炎武而改名炎武,字忠清、宁人,世称"亭林先生",南直隶苏州府昆山(今江苏省昆山市)人。顾炎武是杰出的思想家、经学家、史学家、地理学家和音韵学家,是明末清初三大儒之一，主要作品有《日知录》《天下郡国利病书》《肇域志》《音学五书》《韵补正》《古音表》等。

顾炎武早年屡次科举失败，就放弃科举，研读历史和有关农业、水利、交通等内容的书籍文章，在历史、地理等方面十分博学，并开始写书。清兵入关以后，顾炎武一直从事抗清活动，始终不在清朝做官。

顾炎武在学术上提倡"经世致用"，认为做学问最终还是要能应用到实际的实践活动中去，开启了一代朴实的学术风气，对清朝的学术和思想发展有着巨大影响，被认为是清朝学术的始祖。在社会和政治等方面，顾炎武提出使人民富足才是善于治理国家的做法，并对权力集中在君主手里的封建专制制度进行了批判，反对君主专制，提出将权力归还天下人的思想，是民主思想的体现。

天下兴亡，匹夫有责：这句话最早来自顾炎武的《日知录·正始》，原文是"保国者，其君其臣，肉食者谋之；保天下者，匹夫之贱与有责焉耳矣"。意思是保护国家，不让国家灭亡，是君主和大臣这些统治者的事；保护天下，就算是普通的老百姓也有责任。顾炎武将"国家"解释为一家一姓的朝代，国家灭亡只是改朝换代，而"天下"是黎民苍生共同生存的天下，如果天下灭亡就会道德丧失、民不聊生。这句话后来被梁启超发展成八字成语"天下兴亡，匹夫有责"。

902. "船山先生"是谁？

王夫之（1619—1692），字而农，号薑斋、夕堂等，自称"南岳遗民""船山病叟"，世称"船山先生"，衡州府衡阳县（今湖南衡阳）人。王夫之是明末清初的著名思想家、哲学家，明末清初三大思想家之一，著作有《周易外传》《黄书》《永历实录》《宋论》等书。

王夫之幼年跟随父亲和兄长学习知识，清军南下入关后积极抗击，后来隐居，著书立说直到病死。

王夫之对传统的儒家学说以及宋明理学、心学都进行了一定的批评和发展。他反对去除欲望的禁欲主义，认为不能离开人的欲望空谈天理；他认为知识都是后天获得的，要向外界探求知识，反对修养内心就能获得真知的观点；他还提出人性是在不断改变的，人性的形成也是个人选择的结果。他还在政治上反对专制制度；在关于历史的观点中认为历史是按照一定的规律在发展的，是在不断进步的；在对世界的看法上，他认为"气"是世界的本原，反对"理"是世界本原、主宰万物的观点。

王夫之是明清时期重要的思想家，他的哲学，被认为是"我国传统哲学形态发展的高峰"。

903. "五圣""四配"指的是哪些人？

儒家五圣分别指孔子、颜回、曾子、子思和孟子。儒家四配指颜回、曾子、子思和孟子，四人在后世都配享孔庙（即被侍奉在孔庙被祭祀）。

孔子名丘，字仲尼，孔子是人们对他的尊称。孔子是春秋时儒家学派创始人，被后世尊为"至圣"。

颜回字子渊，也称颜渊，或尊称颜子，是孔子最得意的弟子，被后世尊为"复圣"，配享孔庙。

曾子名参，字子舆，曾子是人们对他的尊称。曾子是孔子晚期弟子之一，儒家重要代表人物，被后世尊为"宗圣"，配享孔庙。

子思，姓孔，名伋，是孔子的孙子，孔鲤的儿子，曾子的弟子，儒家代表人物，被后世尊为"述圣"，配享孔庙。

孟子，名轲，字子舆，孟子是人们对他的尊称。相传孟子是子思门人的弟子，是儒家重要的代表人物，被后世尊为"亚圣"，配享孔庙。

至圣、复圣、宗圣、述圣、亚圣，合称"五圣"。

904. 什么是"七十二贤"和"孔门十哲"？

七十二贤：孔子门下的七十二名优秀弟子。《史记·孔子世家》记载："孔子以诗、书、礼、乐教，弟子盖三千焉，身通六艺者七十有二人。"即是说孔子教授诗、书、礼、乐，有三千弟子，其中精通六艺的优秀弟子有七十二人。这七十二人合称七十二贤。

孔门十哲：孔子最优秀的十名弟子，合称"孔门十哲"。分别是子渊（颜回，也称颜渊）、子骞（闵损）、伯牛（冉耕）、仲弓（冉雍）、子有（冉求，也称冉有）、子贡（端木赐）、子路（仲由，也称季路）、子我（宰予，也称宰我）、子游（言偃）、子夏（卜商）。他们都是孔子最忠实的学生。《论语·先进》载："德行：颜渊，闵子骞，冉伯牛，仲弓。言语：宰我，子贡。政事：冉有，季路。文学：子游，子夏。"指出了他们各自所擅长的方面。孔门十哲活跃于春秋各国，积极践行、传播发展孔子的学说，留下许多佳话，极大影响了儒家的发展，备受后世推崇。后世统治者也对他们进行了追封，如冉求被追封为"彭城公"后改称"徐公"；闵子骞被追封为"琅琊公""费公"；子贡先后被尊为"黎侯""黎公"，明朝时被尊为"先贤端木子"；而孔子最得意的弟子颜渊，更是被尊为"复圣"。

孔门十二哲：指孔庙祭第二等，共12人。唐朝时有人认为原先被列在孔庙享受祭祀的孔门弟子有不合适的地方，建议将孔门四科弟子列为祭祀对象，被朝廷接受。"四科"即德行、言语、政事、文学。以这些方面见长的孔门弟子分别是德行：颜渊、闵子骞、冉伯牛、仲弓；言语：宰我、子贡；政事：冉有、季路；文学：子游、子夏。这是"孔门十哲"。后来颜渊升为配享，子思代替颜渊空下的"十哲"位置，子思也升为配享后，颛孙师被列入"十哲"。清朝时加上朱熹和有若，共"十二哲"，即闵损（闵子骞）、冉雍（仲弓）、端木赐（子贡）、仲由（子路）、卜商（子夏）、有若（子若）、冉耕（伯牛）、宰予（子我）、冉求（子有）、言偃（子游）、颛孙师（子张）、朱熹（朱元晦）。

905. 什么是"正名"？

"正名"是孔子的重要思想，主要是关于政治和社会制度、秩序的内容。孔子认为春秋是"礼坏乐崩"的时代，臣子杀害君主，儿子忤逆父亲，兄弟相互攻击，周代的礼乐制度面临崩溃。在此背景下，孔子认为"为了有一个秩序良好的社会，最重要的事情是实行他所说的正名"。因此当他的弟子子路问他，卫国国君让您治理国家，您会先做什么呢？孔子回答："那一定是正名了吧！"所谓"正名"，就是说"名"要与其内容、实质相符合，也就是孔子所说的君主要有君主的样子，臣子要有臣子的样子，父亲要有父亲的样子，儿子要有儿子的样子。孔子提出正名实际上是要让人们的行为符合周代的礼乐制度，恢复周代的道德规范、礼节仪式，重新树立对君主的尊崇。孔子认为通过正名、恢复周礼才能使天下安定，使国家、社会得到良好的治理，使人们的行为符合规范，这也就是他所讲的"名不正则言不顺，言不顺则事不成，事不成则礼乐不兴，礼乐不兴则刑罚不中，刑罚不中则民无所措手足"（《论语·子路》）。正名是要让"礼乐兴"而"刑罚中"，"礼乐"指周代的礼仪制度，可以理解为礼仪规范，道德秩序，恢复周礼也是孔子的重要思想主张。让君、臣、父、子等有着一定社会关系上的名分的人，履行他们的职责和义务，从而使"名"符合"实"，提倡周代礼仪制度，使人们的行为符合礼仪、规范，最终使社会和谐稳定，就是孔子提出正名和恢复周礼的最终目的。

906. 孔子讲的"仁""义"有哪些内涵？

"仁"和"义"是孔子关于人的德行的观点。仁的思想被认为是孔子最核心的思想之一，孔子关于仁的叙述非常多。颜渊问孔子什么是仁，孔子说："克己复礼以为仁。一日克己复礼，天下归仁焉。为仁由己，而由人乎哉？"颜渊追问具体的内容，

孔子回答:"非礼勿视,非礼勿听,非礼勿言,非礼勿动。"(《论语·颜渊》)孔子是说人约束自己的行为,使行为符合礼的规范,就做到了仁。这种约束,这种对仁的追求是自觉的,而不是依靠他人的,这是仁的一个特点。当颜渊追问追求仁所要求的具体内容时,孔子回答要在视、听、言、行各个方面以礼来约束自己,这是仁的又一个特点。也就是说,仁是一种自觉的、全面的道德约束,使人能自己做到在各个方面遵守礼,遵守道德。

义是道义,"是绝对的命令",是人所应该做的。要求一个人做到义,就是要求一个人做他应该做的、合理的、合乎道德的事。孔子提倡义,并提出与义相对的"利"的概念,孔子说:"君子喻于义,小人喻于利。"(《论语·里仁》)又说:"不义而富且贵,于我如浮云。"(《论语·述而》)只知道利而不重义的人是小人,富有尊贵而不讲道义,那么财富、地位都像浮云一样不值一提,孔子都是将义放在首位,而利与义之间的关系,也成了儒家思想的重要内容。

907. 孔子提出的"忠"和"恕"是什么?

"忠"和"恕"是孔子提出的能让人做到"仁"的具体的、简单的方法。从积极的方面说,孔子讲:"夫仁者,己欲立而立人,己欲达而达人。能近取譬,可谓仁之方也已。"(《论语·雍也》)也就是说,当自己有某些需求时,要想到别人也会有这种需求需要得到满足,能够推己及人,就是做到仁的方法。在满足自己的同时也满足别人的需求,这也就是孔子所讲的"忠"。而"其恕乎!己所不欲,勿施于人。"(《论语·颜渊》)是从消极的方面讲仁,即是说当自己不愿意被怎样对待,要由自己想到他人也不愿意这样,自己就不会这样对待他人,这就是"恕"。将忠恕综合起来,就是做到仁的方法,即忠恕之道,实际上也是做到孔子所说的"爱人"。而冯友兰讲"忠恕之道同时就是仁道,所以行忠恕就是行仁。行仁就必然履行在社会中的责任和义务,这就包括了义的性质",也就是说,仁义和忠恕在孔子的思想中是紧密联系的,要做到仁,也就要做到忠、恕和义。

朱熹曾在《四书章句集注》中解释"忠恕"为:"尽己之谓忠,推己之谓恕。"还将忠作为天道,将恕作为人道,而恕是对忠的践行。朱熹继承了"二程"的观点,在他们的理解中,"忠"是天赋的道德,是天理,是"以不偏不倚的中正态度居心,对人对物全然的感受",而"恕"是人的道德的体现,是推己及人的同情之心。

908. "中庸"包含着什么思想内涵?

中庸也是孔子积极提倡的重要思想,可以简单地理解为中和、不偏不倚或恰到好处。

孔子说："中庸之为德也，其至矣乎，民鲜久矣。"(《论语·雍也》)意思是说，中庸作为一种德，是最高等的了，但是人们已经有很久不具备这种德行了。孔子将中庸看作最高的道德，北宋理学家程颐解释"中庸"说："不偏之谓中，不易之谓庸。中者，天下之正道。庸者，天下之定理。"(《二程遗书》)意思是说不偏于一方，不走极端叫作"中"，稳定不变的叫"庸"；中是天下的正道，庸是天下的定理。南宋朱熹认为"中者，无过无不及之名也。庸，平常也"(《四书章句集注》)，这就是说"中庸"就是"刚刚好"，就是恰如其分。

孔子以为"维持和巩固他所谓'道'的最好方法就是采用中庸的方法"，中庸在孔子的很多话中都有不同的体现，例如孔子赞扬舜"执其两端，用其中于民"(《中庸》)，就是说舜正反两方面都能考虑，并以适中的方式治理民众；《论语》中讲"过犹不及"(《论语·先进》)，就是说超过了或者达不到合适的状况都是不好的；孔子还说"君子和而不同，小人同而不和"(《论语·子路》)，正是因为中庸，所以君子虽然彼此不同，却能在不同的人之间相互调和，达到和谐，反之，如果偏袒某一方，就会成为偏激的小人。这些都是孔子中庸思想的体现。

汉代儒学对"中庸"解释，一是将"庸"解释为"用"，中庸就是"中和之为用"，也就是将"中和"作为用于实践的道理，一是将中庸解释为"恰好"的常道。三国时期的刘邵将金、木、水、火、土在人身上对应仁、义、礼、智、信，称为"五常"，兼备五常而超过无常叫作"中庸"，也就是道德的最高境界。而宋代关于"中庸"提出的"不偏之谓中，不易之谓庸"的解释影响最大。

文质彬彬：文指文采，多理解为内在；质意为质朴，多理解为外在。形容内在的实质和外在的形式配合恰当，不偏向某一方面而恰到好处，常形容人文雅有礼貌。体现的也是孔子中庸的思想。

《论语·雍也》："质胜文则野，文胜质则史。文质彬彬，然后君子。"如果质朴超过文采就显得粗野，文采超过质朴就显得虚浮。只有文采和质朴不偏不倚恰到好处，才可称为君子。

909. "有教无类"是什么意思？孔子还有哪些著名的教育思想？

"有教无类"是孔子重要的教学原则，即不问家境贫富，不问身份尊卑，只要给点微薄的学费，都可以听孔子讲学。是孔子冲破官学的举措，打破了教育被世家贵族垄断的局面，意义重大。除此之外，孔子在长年的讲学中，积累了许多教学经验，形成了许多重要的教育和学习思想，如主张因材施教、学思结合等。

因材施教：指针对不同的学生，进行不同的教育。旨在使学生得到适合自己特点的教育，从而更好地进步。最典型的例子，在《论语·先进》篇：子路问孔子听到正确主张时是否立即去实行，孔子说起码还要听过父亲和兄长的意见，否则不能立即去做。之后冉有来问了同样的问题，孔子却回答可以立刻去做。公西华不理解，为何问孔子的是同一个问题，回答却是相反的。孔子说："冉有内敛犹豫，因此我鼓励他果断行事；子路性情鲁莽，所以我劝他收敛。"

根据不同学生的性格给予不同意见，便是因材施教的体现。

学思结合：即孔子所说的"学而不思则罔，思而不学则殆"（《论语·为政》）。要求学习、读书要与思考相结合，不能读死书，也不能沉于空想。

知之为知之：知道就是知道（不知道就是不知道，这就是智慧）。指实事求是的学习、认识态度，出自《论语·为政》"知之为知之，不知为不知，是知也"。

择善而从：选择好的去跟随、学习，是孔子提倡的虚心求教，改善缺点，追求进步的学习态度。在《论语·述而》中孔子说："三人行，必有我师焉，择其善者而从之，其不善者而改之。"

910.《三字经》讲"人之初，性本善"，"性善论"是谁的观点？

"性善论"是孟子关于人性道德的学说，也是其仁政学说的理论基础。主张道德品质是人与生俱来的，并不是后天习得或外界强加的，人应该通过后天的修养保持善的本性。

孟子认为人生来就有共同的先天本性，就是"不忍之人心"或"恻隐之心"。孟子说"人皆有不忍人之心"（《孟子·公孙丑章句上》），又举例说：如果有人看见一个小孩要掉进井里去了，必然会产生惊惧和同情的心理。这种心理，并不是因为想讨好孩子的父母，不是想在乡邻亲友中获取好名声，也不是因为厌恶孩子的哭叫声，而是完全发自人天生的本性。这就是"不忍人之心"或"恻隐之心"。

此外，孟子还认为人生来就有的本性还有"羞恶之心""辞让之心""是非之心"，再加上"恻隐之心"，共四种天生而来的本性之"心"。孟子从人的这四种"心"出发论述人性本善，认为人的基本道德品质仁、义、礼、智就是从人的四种"心"中生发出来的，也就是说这四种基本道德品质就是上述四种"心"。孟子认为这四种"心"是与生俱来的本性。也就是说仁义礼智这些道德品质，也是人生来就有的，并不是后天外界强加的，只不过人没有想过罢了。这就是《三字经》中所谓的"人之初，性本善"。

孟子还认为，人和禽兽的差别在于有无道德，如果没有上述四种"心"，没有仁义道德就不能算作是人。人性本善，但是有的人却做不到善，孟子认为这是后天没有好好修养而使善被掩盖了。他认为人要通过后天的修养，减少自己的欲望来保持善，如果违背了道德伦理就要反思过错，恢复善的本性。

四端：即"恻隐之心""羞恶之心""恭敬之心""是非之心"四种本"心"合称"四端"。孟子说："恻隐之心，仁之端也；羞恶之心，义之端也；辞让之心，礼之端也；是非之心，智之端也。"（《孟子·公孙丑章句上》）也就是说，四种"心"分别是仁义礼智的发端，所以概括为四端。

911. "仁政"包含了哪些思想内涵？

"仁政"是孟子政治思想的核心，内容十分广泛，包括经济、政治、道德伦理、教育等等。如在农业和经济上他反对开辟私田，鼓励农业发展；对统治者要求"以德服人"，重"仁""义"而轻"利"，重视人民的地位和力量，重"王道"而轻"霸道"；在社会道德伦理上主张树立儒家所倡导的宗法伦理制度；教育上提倡兴办学校。

不违农时：孟子反对私人占有田地的思想并不适应社会的发展。但"不违农时"是其政治主张中极具价值的部分。孟子说："不违农时，谷不可胜食也。数罟不入洿池，鱼鳖不可胜食也。斧斤以时入山林，材木不可胜用也。"（《孟子·梁惠王章句上》）意思是要求人们顺应时节变化种植谷物，捕鱼不用细密小孔的渔网，砍伐树木也要按照时令进行，这样粮食就吃不完，鱼鳖就捕不完，木材就用不完。这不但是良好的农业政策，也包含着保护自然、使自然休养生息的可持续发展思想，对当今中国的政策有重要的启示作用。

王道、霸道：王道和霸道是中国古代两种不同的统治方式、政治理想。孟子认为施行仁政、以德服人叫"王道"，以武力、暴力压制别人称为"霸道"。孟子崇尚王道而贬斥霸道，法家则推崇霸道，事实上秦朝以后，中国统治者一般是"王霸"并重。

以德服人：孟子认为依靠暴力让人服从，人只是被迫服从而内心不服；以仁义道德使人服从，那么人就真的是心中愉悦地服从了。以德服人就是"仁道"，也是"王道"。反对以暴力治国，主张以仁德治国，也就是孟子所主张的重"王道"而反对"霸道"。同时孟子反对重利轻义，提倡统治者追求"仁""义"而轻视"利"。

民贵君轻："民为贵"是孟子"仁政"的重要内容。孟子看到了人民的作用和力量，在《孟子·尽心章句下》中他提出"民为贵，社稷次之，君为轻"，就是说人民最重要，国家其次，君主最轻薄。孟子提出这种观点在于指出人民是国家和君主统治的基础，没有人民的支持，国家就不能建立，没有百姓，就没人养活统治者。虽然在孟子眼中，百姓的尊卑地位依然低于统治者，但"民为贵"的思想重视了人民地位，对中国后世的封建统治产生了积极的影响。

912. "性恶论"指什么？是谁的思想观点？

荀子批评孟子的"性善论"没有发现人的天性与后天努力培养德行的区别，提出了"人之性恶"，认为人性天生是恶的，人的善是来源于后天的影响而非先天就有的，"恶"是天生的"性"，而"善"是通过教化习得的"伪"。性恶论是荀子关于人性和道德的著名观点。

荀子认为人生来就有的、原始质朴的性质就是人性，也就是他所说的"生之所以然者谓之性"（《正名》）。而人的这种与生俱来的人性表现为"饿了就想吃饱，冷了就想温暖，累了就想休息"等欲望，认为人生来会有对利益的欲望、对声色享乐的欲望等等，如果任其发展，就会导致混乱和暴力。因此荀子认为人性是恶的。

荀子认为人性本恶，并说明人的"善"是如何形成的。荀子认为"其善者伪也"，"伪"指人为，也就是说"善"并不是先天自然的人性，而是由于后天环境的影响和长期的教育、学习而形成的道德品质。因此荀子强调教化，强调人应该通过自身的努力，改变人"恶"的天性。认为通过长久的道德实践，就可以实现仁义道德而达到"善"。荀子还认为没有恶的天性，后天人为的努力也就没有用武之地，没有后天的修身养性，那么人性就不能变得美好。这就将"善"与"恶"，将"性"与"伪"相互区分而又联系起来。

"性恶论"有着更深刻的思想内涵和现实基础，并警醒人们要注重后天的教育和学习，注重培养美德，使天生的"恶"改而向"善"。

913. 什么是"隆礼""重法"？

崇尚"礼"，重视"法"，即常说的礼法并重，是儒家思想与法家思想相结合的产物，是荀子的重要政治思想。

荀子所提倡的"礼"已经不同于孔子的"礼"了，而是经过改造，加入了新的内容的封建等级制度的"礼"。荀子认为人生来都有欲望，如果这种欲望没有度量或得不到限制，就会相互争夺，使社会动乱。所以国家应该制定礼义、法度，对人进行区分和约束，而"礼"的核心就在于区分社会的贫富、尊卑、长幼等等级，使人在社会中有恰当的地位，这样就可以对不同地位的人进行度量和区分。而"法"则以法律、法度等对人进行约束。荀子还认为礼是法的基础，认为"礼者，法之大分，类之纲纪也"（《荀子·劝学》），就是说法应该根据礼来制定。

荀子以礼义对人的地位进行划分，提出地位低下的人通过自己的努力，积极学习，践行礼义道德，就能提升自己的社会地位，而原本地位高的人如果不能遵守礼义，也有可能降低自己的地位。

在提倡用礼义对人的社会地位进行区分的同时，荀子也看到了地位较低的下层民众的作用。提出"君者，舟也；庶人者，水也。水则载舟，水则覆舟"（《荀子·王志》），将人民比喻为水，将君主比喻为船，水能够承载船，但如果水掀起巨浪，也能使船沉没。荀子以此讲明人民地位虽低，但是统治的根基，告诫统治者要给予人民恩惠。这也就是著名的"水能载舟，亦能覆舟"。

914. 什么是"天人感应"？

董仲舒继承了西周以来的"天命"思想，吸收了儒家和道家学说中关于"天人合一"的思想，发展出自己的"天人合一"以及"天人感应"的思想。

董仲舒提出"天"是宇宙万物中至高无上的主宰，并通过解释阴阳五行以及自然现象来论证天有意志，万物由天创造，自然现象是天的意志的体现。董仲舒又提出皇帝其实是按照天的意志进行统治的，君主的权力实际上是上天所赋予的。这实际上就把皇帝等同于天，而"天"实际上是虚构出来的统治者的化身。而通过说明皇帝的权力由上天赋予，董仲舒极大地提高了皇帝的权威。

董仲舒提出天有意志，除了要说明君主的权力由上天赋予来提高统治者的权威，也是要论证"天人感应"。董仲舒将天的意志与君主或人的意志联系起来，认为如果帝王将要兴起，上天就会给出好的兆头；如果帝王要毁灭，上天就会降下灾祸。而天与人能够相互感应，实际上也体现着"天人合一"的思想。董仲舒还提出了"人副天数"的命题，就是说人和天实际上是一样的，人身上的各种特点都与天一一对应，而人的道德品质就是天意的体现，这也就是说天与人是同一、合一的，因此天人可以相互感应。

董仲舒在天人感应和帝王"受命于天"的基础上，提出封建社会的统治秩序是神圣不变的，并将君臣、父子、夫妇的封建伦理关系绝对化地固定下来，认为君主、父亲和丈夫的地位永远高于臣子、儿子和妻子，这是不可改变的。这对中国的封建社会秩序产生了深远影响。

董仲舒"天人感应"的学说，对封建统治有着重要影响，一方面极大提高了统治者的权威，另一方面用"天"来警醒帝王，促使统治者在出现天灾时反思自己的过失。

天人合一："天人合一"的概念最早由董仲舒提出，他在《春秋繁露·阴阳义》中讲："天亦有喜怒之气，哀乐之心，与人相副。以类合之，天人一也。"就是说天跟人一样有喜怒哀乐，天人同类，天与人是合一的。在董仲舒之前，儒家已经有了类似"天人合一"的思想。例如孟子认为人能够"知天"，是因为人的心性和天是一致的。到了宋代，出现了认为人和天本来就是一体的思想，明代王守仁更是认为心就是天，认识了心，就是认识了天、认识了天地万物。

儒家中也有不支持天人合一的，例如《荀子·天论》中提出"明于天人之分"，就是说人和天各有各的道理和责任，唐代的刘禹锡认为"天理"和"人理"不同。

915. "大一统"是什么样的思想观点？

"大一统"是董仲舒政治理论的核心，他认为"一统"是当时社会的要求，要实现"一统"就要国家统一，推行君主专制，加强君主的权威。对于人民要用仁德和法律进行统治。除此之外，还要让人民在思想上自觉地接受统治。

董仲舒认为要巩固统治，加强权力的集中，就必须"尊君"，因此提出君主"受命于天"，即君主权威是上天授予的，而"天"是至高无上的，实际上就是说君主、皇帝的权威至高无上。

对于治理人民，董仲舒吸取秦朝灭亡的教训，主张既采用德治教化人民，同时也不能废除法治。

为了实现"一统"，董仲舒要求将以孔子为代表的儒家学说作为封建社会的统治思想。认为"要保持这种统一的局面，就必须要有一个统一的思想，作为最高统治者的指导思想"。认为有了统一的思想，各种歪邪的学说就会消失，法纪才能严明，民众才知道要遵从什么，这样才有利于维护君主统治和国家统一。

大一统："大一统"的概念最早出现在《公羊传》中，指"天下诸侯统一于周天子"的事实。到了西汉，也就是到了董仲舒那里，"大一统"成了一种政治思想，在政治上体现为国家统一、中央集权、君主专制，思想文化上就是"独尊儒术"。

916. 儒家的"道统"是谁提出来的？

为了反对佛教，复兴儒学，韩愈提出了儒家的道统论，道统论也是韩愈思想理论的核心。

韩愈提出儒家有一个贯通始终的"道"，他认为这个"道"是宇宙间最高级的永恒的存在，世间万物都由这个"道"主宰，它还体现为"天道""地道"和"人道"，贯通了天、地、人甚至世界万物。

韩愈所说的"道"，其实是抽象的伦理道德规范，也就是儒家强调的仁义道德等。这和佛、道思想中的"道"是完全不同的。韩愈认为佛、道追求的"道"要让人放弃仁义，追求的是人的宗教修养，追求的是解脱与自由的境界。而儒家的"道"可以引申为仁义，按照仁义的要求做事，就是做到了"道"，所追求的是个人的道德修养和治国平天下的社会目的。佛、道的"道"是消极无为的，而儒家的"道"是积极有为的。

韩愈还提出了"道统"，认为儒家的"道"是传承不断的，从上古帝王开始，尧传给舜，舜传给禹，一直到孔子、孟子，历代传承从未间断。

韩愈建立起儒家"道"的概念和"道统"的传承谱系，与佛道的"道"和传承体系相抗衡，在一定程度上起到了复兴儒学的作用，并影响后来的儒家学者积极地振兴儒学来对抗佛、道的兴起。

917."复性"是什么？

复性，是唐代儒家学者李翱提出的关于人性的看法，以及如何成为"圣人"的理论。

李翱认为儒家的"圣人"，是道德修养、精神境界最高的人，几乎无所不能，关于人如何进行自我的修养而成为"圣人"，他提出了"复性"。李翱认为人有"性"和"情"两个方面，其中"性"是善的、好的一面，"情"是恶的、不好的一面。他在《复性书》中提出，圣人能成为圣人是因为他的"性"没有受到"情"的污染，而一般人的"性"被情欲沾染了，所以不是圣人。因此他认为一般人如果能够消除情欲，消除"情"对"性"的污染，就可以恢复原本的"性"，成为圣人。这就叫"复性"，就好像浑浊的水，在泥沙沉淀下去以后恢复了原来的清澈一样。

其实"性"可以理解为人性，"情"则代表了人的情欲、欲望。李翱认为做到"复性"，要通过"不动心"的方法，就是保持内心的一种绝对的清净。这样就可以不受外界和情欲的诱惑，情欲就可以消除，达到人性的本善，成为最高境界的"圣人"。

李翱的复性论明显受到了佛、道，尤其是禅宗的影响，是吸收佛、道思想来反对佛、道的表现。这种去除情欲，恢复本性的"复性"论，对后来的理学也产生了很大影响。

918. 理学中的"理"和"天理"是什么？

"理"或"天理"是"二程"提出的概念，认为"天理"是万物的主宰，是世界的根源。程颢提出天就是"理"，就是把"理"作为永恒不变的、最高的存在。而程颐则认为"理"是万事万物产生、发展和变化所依据的法则。

"理"所包含的重要内容就是儒家的纲常伦理，程颢认为君主做君主该做的，臣子做臣子该做的，这就是"理"，还认为父子、君臣的伦理关系就是"天下定理"，这里的"理"指的就是社会的伦理关系、道德准则。提出天就是"理"，也就是为了把封建伦理道德神圣化，把维护封建统治秩序和封建道德法则当成是绝对的真理。

程颐还认为在人的天性中本来就有"理"，就是儒家所说的"仁、义、礼、智、信"等道德内容。但是人性也受到"气"的影响，"气"分为清、浊两种，分别影响人的善、恶。而人性中的"恶"就代表了人的各种欲望，程颐认为天理和欲望是势不两立的。根据这些观点，"二程"提出进行道德修养的方法就是去除人性中的欲望，保留人性中的天理。

"二程"的"天理"论影响深远，是南宋朱熹理学的基础，在宋明理学的发展中起到了重要作用。

919. "格物穷理"是谁提出的？指的是什么？

"格物穷理"是朱熹提出的认识"理"，认识"天理"的方法。

朱熹发展了"二程"的"天理"说，认为天地之间有"理"和"气"，理是万物的根本，是万物依据的法则，也就是世界的真理，而气是构成万物的材料。

在"天理"说的基础上，朱熹认为要认识到天地万物的理，必须通过"格物"的方法，对事物进行研究。他认为人天生有灵明、有智慧，但没研究、认识到事物的理，人的知识和智慧就不完善，而想要得到知识，就必须研究具体事物的理，这就是"格物"。

"格物"可以分为两个过程，第一个过程是尽自己所能，努力地去研究每一件事物所蕴含的理，也就是"今日格一物，明日格一物"，进行不断地积累。但是仅仅努力积累是不够的，只能得到零碎的理，所以"格物"的第二个阶段，就是在长时间地积累以后，达到豁然贯通的境界，在不知不觉间醒悟、认识到天下所有事物的理，得到一个统一的、终极的理，这就是"穷理"。

朱熹的"格物穷理"还有道德上的目的，他将"天理"和"人欲"对立起来，认为要么是天理消灭人欲，要么是人欲战胜天理，而"格物穷理"就是要消除人的欲望，只留下天理，即"存天理，灭人欲"，这样就能成为圣人。这实际上加强了封建伦理道德对人的束缚。

920. "心即理"是谁提出的观点？

"心即理"是陆九渊提出的哲学观点，是心学的重要思想。

陆九渊认为人的本心就是理。他认为宇宙天地之间只有一个理，而且这个理充满宇宙，无处不在，又认为这个理就在人的心中，就是人的本心。实际上就是把人心当作世界的根本，当作世间万物存在的依据，"心"就是世界的主宰和本原。而这种人心实际上是人心中的道德意识，陆九渊提出"心即理"，事实上是将封建道德伦理提高到了至高无上的地位。

陆九渊认为"心即理"，万事万物的理都在自己的心中，因此也提出了与朱熹不同的认识理的方法。朱熹认为要研究外界事物的理才能得到真理，而陆九渊就认为想要认识理，只需要反省自己的内心就可以了。他认为人的本心就是理，而本心生来就有，但在后天会受到欲望的蒙蔽，所以要得到真理的认识，就要认识自己的本心，去除心中的欲望，清除欲望对本心的蒙蔽，这样才能认识到理。

921. "心外无理""心外无物"体现了什么样的思想内涵？

王守仁认为天下的理都在心中，心是一切事物的根本，提出了"心外无理""心外无物"的命题。

王守仁早年相信程朱理学的主张，为了"格物穷理"，跑去研究竹子，"格"竹子蕴含的道理，结果不仅没得到关于竹子的理，反而生病了，他在格物穷理的过程中屡次失败，因此对程朱理学产生了怀疑。后来他认为天地万物是不值得去"格"、去研究的，只要修行、认识自己的身心就好了，从此走向心学。

朱熹认为每一个事物都有自己的理，而王守仁继承了陆九渊"心即理"的说法，认为人心以外是没有理的，也就是他说的"夫万事万物之理不外于吾心"（《答顾东桥书》），也就是说事物的理，事物背后的规律都在人的心中。他还举例认为像孝敬父母这样的道理，并不是在父母身上，而是在自己心中，因为父母死后，自己心中仍然有孝的道理。

王守仁更进一步提出了"心外无物"，认为人的良知是宇宙自然、天地万物存在的根据，事物都是依赖人心而存在的。他说当人看到花时，花的颜色、形状在人心中显现出来，它对人来说才是存在的，如果人没有看见它，那么它对于人来说就是不存在的。这就是"心外无物"。

922. 什么叫"致良知"和"知行合一"？

"致良知"和"知行合一"是王守仁提出的关于人的认识和修养的观点。

王守仁认为人的认识是对人的本心、对良知的认识，而不是来源于对外在事物的感觉和经验。他认为人都有良知，良知就是人生来就有的、存在于心中的关于道德真理的认识，比如见到父亲自然就知道要孝敬，见到哥哥自然就知道自己是弟弟。他认为良知就是心的本质，是先天就有的，良知也是"天理"，它包括了一切事物和规律。而"致良知"就是要认识心中良知，也就是说求得知识、追求对道德真理的认识，并不需要去考察外界的事物，只需要认识、彰显自己本来就有的良知。

王守仁又提出"知行合一"，认为人的良知和人的想法以及行为是统一起来的。良知是人生来就有的对道德真理的认识，但同时心中还要想着去遵守道德的要求，而在实际行动中也要做到。王守仁认为人的心中只要有念头、有想法，就是"行"，而只要动了恶的念头，就已经是行恶了。也就是说，人能分辨善恶，有对于善、恶是什么的认识，这叫"良知"；而人想要做善事或想要做恶事，这是心中的念头，这种念头就是"行"。所以要做到"知行合一"，即要求人能够认识到心中的良知，也要时时刻刻想着良知，从内心的根源上断绝恶念，遵守道德真理。

良知："良知"和"良心"都是孟子提出来的概念。"良心"就是仁义之心，"良知"就是人天生就有的道德认识。朱熹在《孟子集注》中将"良"解释为"本然之善"，也就是本来就是如此的"善"，而"良心"就是善心，仁义之心。王守仁认为"良知"是"是非之心"，是对是非善恶的认识，是辨别是非的能力。

923. 儒家是怎么理解"道"的？

"道"是儒家的重要概念。儒家的"道"不同于道家的"道"。道家所说的"道"是宇宙世界中最高的存在，是万事万物的本原，是宇宙世界、万事万物存在和运行的根本规律。道家，尤其是老子用各种方式描述"道"，如认为"道"无形无色，看不见摸不着，但又无限无穷等等。儒家将"道"分为"天道""地道""人道"，这种"道"是有具体内容的，如君臣之道、仁义之道、孝悌之道等等，往往带有伦理道德的色彩。

儒家讲"道"，大部分情况下指的是为人处世的正确方式，并将符合儒家理念的做法称为"道"或"正道"，如果行为做法不符合儒家理念，不符合仁义道德，就被认为是"无道"。只有在《易传》中，儒家将"道"描述为"一阴一阳之谓道"，把"道"作为一种无形的、事物背后的规律，这种看法对董仲舒影响很大。

在儒家学说漫长的发展历史中，出现了许多对"道"的不同看法。如在魏晋时期，儒者认为"天道无为"，人道也应该顺应自然，因此在具体的为人处世上要顺应人的自然天性，这就是"道"；唐代时，韩愈等人复兴儒学，论述道的内容就是儒家提倡的"仁义道德"；宋朝时理学兴起，"道"被认为是人的行为和事物的发展变化的规范、法则，"道"就是遵循"理"。

924. 儒家的"理""气"是什么？

"理""气"是儒家学说的重要概念，往往被认为是构成世间万物的根本性的东西。在宋代以前，儒家学者对理、气就有讨论，但并没有讲理和气之间的关系，宋代儒者还专门对理、气之间的关系做了说明。而"不同时代的哲学家对理、气关系的认识，标志着儒家哲学的不断进步"。

从荀子开始就认为人、禽兽和自然界的事物都是由气构成的。汉朝儒者不但认为人和自然界的事物都由气凝聚而成，还将人的知觉、智慧、仁义观念等和动植物不同的地方概括为性和神，用这种观点解释为什么都是由气构成，人却不同于自然事物和禽兽。

到了宋代，学者开始讨论理和气的关系。宋朝儒者认为万事万物都有自己的理，那么气也同样有理。而在理和气的关系上，他们产生了不同的意见。如张载认为理和气的存在没有先后的问题。而朱熹认为理是构成万物的根本规律和法则，气只是构成万物的材料，所以理在先、气在后，理和气虽然不能分离，但理可以主宰气。

到了元明时期，出现了很多反对朱熹的观点。明末清初的著名思想家王夫之认为气在理先，理只是气运行的道理，而气才是构成万物的最根本的东西。

925. 儒家是怎么解释"太极"的？

儒家关于"太极"的论述，最早来源于《周易》，而太极也是儒家最基本的概念之一。

汉代的儒学家把太极视为元气，元气也就是产生天地万物的东西，太极生两仪，两仪生四象的过程，就是元气创造、产生万物的过程。太极是理气、两仪、阴阳的源头。

魏晋时期有人认为太极就是指天地，也有人认为太极是指天地还没有产生之前的混沌状态。唐朝孔颖达也认为太极是天地形成以前的，混沌的元气。

北宋时周敦颐创作了《太极图说》。认为太极是产生阴阳的东西,太极的运动产生阳,动达到了极致就会转为静,太极静而产生了阴。是对前人关于太极的说法的继承。南宋的朱熹将太极看作是理,万物之中都有一个太极,这就将太极和他的理气观点结合了起来。

总之,太极可以理解为世界最开始的状态,是产生气、两仪、四象、阴阳以及世间万物的东西。

926. 儒家的"阴阳"观念有哪些?

"阴阳"的起源很早,战国阴阳家的出现使得阴阳的学说开始流行,再后来被儒家接受,形成了儒家的阴阳观念。阴阳代表了事物的两个方面,阴阳的运动主宰了世界的变化,会表现在事物的变化上。

汉代时,儒家进一步发展早期的阴阳观念,认为阴阳是阴阳二气。如董仲舒提出阴阳二气此消彼长,阳气在春天生发出来,而夏天以后,阴气生发,阳气开始藏匿,由此决定了四个季节的寒暑变化。董仲舒还认为阴阳并不平等,阴的地位要低于阳,在人类社会中,阳是德行,阴是刑罚,阳是男人,阴是女人,就是"阳尊阴卑"的思想。

到了唐代,阴阳被赋予了人格的内涵,用来解释君臣关系等。而宋代的学者与汉代儒者的看法不同,他们认为阴阳不是两种气,而是同一种气的不同表现产生了阴阳,例如朱熹就说"阴阳只是一气"(《朱子语类》),认为阳的消减同时就是阴的生长,而不是阳气减少了,再有另一种阴气生发出来。

明清时期的哲学家王夫之认为阴阳不是相互独立的,它们同时存在,相互依赖,也互相牵制,不让对方发展地过于极端,而阴阳的这种关系,使得世界富于变化,同时能相对稳定而不变得混乱。

927. 儒家思想中的"纲常"指什么?

"纲常"指的是中国封建时代的道德标准"三纲"和"五常"。"三纲"指君为臣纲、父为子纲、夫为妻纲;"五常"指仁、义、礼、智、信。

"三纲"的说法是从汉代开始的,最早出现在董仲舒的《春秋繁露》中。孔子、孟子、荀子虽然都论述了君臣、父子、夫妻等人与人之间的伦理关系,但都没有讲过"三纲"。而所谓君为臣纲、父为子纲、夫为妻纲,就是说在君臣、父子和夫妻三对伦理关系中,君、父和夫分别处于主导地位,也就是说臣子要遵从君主,儿子要遵从父亲，妻子要遵从丈夫。

到了宋朝，这种观点得到了强化，发展出臣子、儿子、妻子要对君主、父亲和丈夫绝对服从的思想。"三纲"的出现和发展，是中国封建社会伦理等级关系不断强化的表现。

与"三纲"关系密切的就是"五常"，"三纲"表现了封建社会的伦理关系，而"五常"是道德的准则，"三纲五常"构成了儒家和封建社会伦理道德的基本内容。而仁、义、礼、智、信从一开始就被儒家所强调，在孔子的学说中都可以见到，是儒家一直传承的道德标准。

928. "学而时习之，不亦说乎？有朋自远方来，不亦乐乎？人不知而不愠，不亦君子乎"是孔子的名言，这句话包含了哪些思想？

【译文】学过的内容，时常去温习，不也是很愉快的事吗？有朋友从远方到来，不也是很快乐的事情吗？别人不了解自己，但自己不生气，不也是君子吗？

这句话出自《论语·学而》。"学而时习之"是以学习为乐，常被用来教育人要乐于学习和复习旧知识；"有朋自远方来，不亦乐乎"到现在也常被中国人用来表达对远方朋友的欢迎；"人不知而不愠"则体现了"仁"的内涵，所以被孔子视为是君子的表现。孔子用这三句话，讲明了自己对待学习、对待朋友和不熟悉自己的人的态度。

孔子十分强调在学习之后进行温习，他还说："温故而知新，可以为师矣。"就是说如果一个人能温习以前的知识，从而领悟到新的知识和道理，就可以去当老师了。可见时常复习已经学到的知识，在孔子的学习观念中是十分重要的。曾子每天多次反省自己，其中就有"传不习乎"，反省自己是否复习了老师传授的知识，就是孔子"学而时习之"的体现。

对于"人不知而不愠"，孔子还曾经说过："不患人之不知己，患不知人也。"（《论语·学而》）又说："不患人之不知己，患其不能也。"（《论语·宪问》）都讲不必担心别人不了解自己，但是要担心自己不了解别人，担心自己是不是有能力。别人不了解自己，对自己而言并没有损失，但是自己是否了解别人，关系到自己所交往的人是不是值得交往，了解他人能帮助自己接近贤良的人而远离小人、坏人，这才是最重要的。而只要自己有足够的、真正的能力和实力，就不用担心别人不知道自己。所以对自己而言重要的是要充实、提高自己，了解身边的人。

929. "吾日三省吾身，为人谋而不忠乎？与朋友交而不信乎？传不习乎？"是谁讲的话？

【译文】我每天多次反省自己：为别人做事有没有尽心竭力呢？和朋友交往有没有做到守信用呢？老师传授的知识有没有温习呢？

这句话出自《论语·学而》，是孔子的弟子曾子说的话。这句话中所体现的忠、信和对学习的态度，都是孔子所十分重视的内容。孔子提倡"忠恕"，而忠也意味着替人做事时要一心一意、尽心尽力；"信"也是孔子十分看重的德行，孔子认为人如果不讲信用，就无法在社会上立足；对于学习，孔子提倡"学而时习之"。曾子每天反省自己的内容，都是孔子认为十分重要的东西。

这句话在今天也常被用来教育学生，并不仅仅是因为曾子所反省的内容——忠、信和温习旧知识——向来是儒家提倡的美德和良好的学习方法，也因为曾子能"吾日三省吾身"。曾子每天都反省自己在为人处世和学习上是不是有做得不好的地方，这是十分可贵的，也是一般人无法做到或坚持的。这种善于反省自己、追求完美和进步的态度，更是值得人们去学习的。

朝过夕改："朝过夕改"也叫"朝闻夕改"，指早上听到自己的过失，晚上就改正，形容改正错误十分迅速。《曾子·子思子》中说："朝有过，夕改，则与之；夕有过，朝改，则与之。"就是说迅速地改正错误的行为值得欣赏。《汉书·翟方进传》中也讲道："传不云乎，朝过夕改，君子与之，君何疑焉？"就是鼓励别人知道自己的错误要尽快改正。及时地发现自己的错误，并及时地对自己的过失、错误进行改正，这和曾子"吾日三省吾身"的思想是一致的，这种思想鼓励、督促着人们不断进行自我反思，在反思和改正中不断进步。

930. "有则改之，无则加勉"出自哪部著作？

【译文】如果有（缺点）就改正，如果没有，就勉励自己。

这句话出自朱熹的《论语集注》，是朱熹对曾子"吾日三省吾身"的理解和延伸。朱熹说："曾子以此三者日省其身，有则改之，无则加勉，其自治诚切如此，可谓得为学之本矣。"朱熹十分称赞曾子反省自身的做法，认为他是十分诚心地在提高自己的个人修养，可以说是得到了学习的要领。而"有则改之，无则加勉"在这里的意思是说，曾子每天多次反省自己，如果有做得不好的地方，就加以改正，如果没有做得不好的，就勉励自己，保持良好的行为。

后来"有则改之，无则加勉"这句话，常常用来指面对他人批评时的态度。当有人批评自己，指出自己的缺点或错误的时候，如果自己确实有错误或缺点，就加以改正，如果没有，就勉励自己不要犯别人所说的错误。这是我们常说的"有则改之，无则加勉"，常用来教育人要虚心接受他人的批评和建议，促使自己进步。

"有则改之，无则加勉"不仅适用于对曾子"三省吾身"的进一步发挥、阐释，也是对"见不贤而内自省也""择其善者而从之，其不善者而改之"等的进一步阐发。儒家提倡对自己进行反思，看到不好的人和事要想到自己是不是也有类似的短处、缺点或者做得不够好的地方，同时也要积极接受别人的批评，不管是自己发现的、还是别人指出的不足，都要做到"有则改之，无则加勉"，这是儒家十分值得继承、发扬的反思和学习精神。

931. "知之为知之，不知为不知，是知也"蕴含了什么道理？

【译文】 知道就是知道，不知道就是不知道，这就是智慧。

这句话出自《论语·为政》，孔子教子路什么是智慧，就说了这样一句话。做学问，谈知识要诚实，根据实际情况，该是什么就是什么，有自己不懂的地方，就不要不懂装懂，这在孔子看来是真正的智慧，这表现出孔子实事求是的治学态度。

"知之为知之"是孔子强调的一种学习态度，孔子关于学习态度的名言，还有"学而不厌""敏而好学，不耻下问""三人行，必有我师"等，认为学习要有不厌烦、不满足的态度，要能不耻下问，要勇于向他人学习，还要看到在众人之中必定有自己的老师，积极向他人学习。孔子说："吾尝终日不食，终夜不寝，以思，无益，不如学也。"（《论语·卫灵公》）孔子认为整天不吃饭、不睡觉去思考是没有好处的，不如去学习。这是说要有踏实学习的心态，不能沉溺于空想、幻想之中。孔子还说："知之者不如好之者，好之者不如乐之者。"认为了解如何学习的人不如喜爱学习的人，喜爱学习的人不如以学习为乐的人。认为以学习为乐才是学习的最高境界，是学习最好的状态和态度。

两小儿辩日：有一天，孔子出行，向东游历，看到两个小孩儿在争论不休，就问他们争论的原因。一个小孩儿说："我认为太阳刚升起来时离人近，到中午时离人远。"另一个小孩儿认为太阳升起时离人远，中午的时候离人近。第一个小孩儿说："太阳刚升起时大得像车上的棚盖一样，到了中午却像盘子一样小，这不是离得远看起来小，离得近看起来大的道理吗？"第二个小孩儿说："太阳刚升起时十分凉爽，到了中午就像把手伸到热水里一样，这不是离得近就感觉热，离得远就感觉凉爽的道理吗？"孔子也不能判断谁说得对，两个小孩儿就嘲笑孔子："谁说你知道得多呢？"

"两小儿辩日"的故事出自道家著作《列子·汤问》，讲述的就是孔子所讲的"知之为知之，不知为不知"的道理。

原文：孔子东游，见两小儿辩斗，问其故。

一儿曰："我以日始出时去人近，而日中时远也。"

一儿以日初出远，而日中时近也。

一儿曰："日初出大如车盖，及日中则如盘盂，此不为远者小而近者大乎？"

一儿曰："日初出沧沧凉凉，及其日中如探汤，此不为近者热而远者凉乎？"

孔子不能决也。

两小儿笑曰："孰为汝多知乎？"

932. "君子喻于义，小人喻于利"是孔子的名言，孔子是如何认识"君子"和"小人"的？

【译文】君子看重的是道义，小人看重的是利益。

这句话出自《论语·里仁》，是孔子关于君子和小人的看法。孔子常提到君子和小人两种不同的人，在他看来，君子是道德高尚、重视仁义、轻视利益的人，值得赞扬和学习，而小人则是德行恶劣、重视自己的利益的人，应当被批评。

孔子常把君子和小人放在一起比较，他还说："君子坦荡荡，小人常戚戚。"（《论语·述而》），这是说君子心胸开阔，能够包容别人，不计较自己的利益得失，所以君子的内心"坦荡荡"，而小人心胸狭隘，又十分在意自己的利益，所以小人的内心"常戚戚"，总是忧愁、烦恼。《论语·宪问》中还说"君子上达，小人下达"，是说君子向上，追求仁义，小人向下，追求利益。孔子还说："君子成人之美，不成人之恶，小人反是。"（《论语·颜渊》）认为君子能成全别人的好事，帮助别人实现美好的期望，而不会帮助别人做坏事或让别人经历不好的事，而小人恰恰和君子相反。

孔子赞扬君子、批评小人，把做君子当成是做人的目标。关于君子和小人的对比以及论述，也成了儒家学说十分重要的内容，后人常用君子来形容品德高尚的人或行为，而用小人来形容不讲仁义道德的人或恶劣的行为。君子被人尊敬，小人被人鄙视。

君子、小人：君子和小人是儒家学说中一对对立的概念，是以道德品行为标准对人的划分。"君子"指道德高尚的人，而小人品行低劣。孔子认为君子重义轻利、严于律己，注重个人道德修养，不乱说话但能踏实做事，懂得为他人着想，而小人重利轻义，苛求他人，往往花言巧语、巧言令色。孟子同样认为君子道德高尚，而小人品行低劣。荀子坚持"性恶论",认为君子和小人都有欲望,两种人并不是天生的,他们的区分在于君子向往高尚的道德而成为君子,小人反之成为小人。儒家学说有时也将君子与政治相联系,认为君子是处于统治地位而且有道德的人。但是道德品行、个人修养境界始终是儒家划分君子和小人的根本标准。

933. "君子食无求饱,居无求安"是什么意思?

【译文】君子在饮食上不追求吃饱,在居住上不追求舒适。

这句话出自《论语·学而》:"君子食无求饱,居无求安,敏于事而慎于言,就有道而正焉,可谓好学也已。"是孔子的名言。在这句话中孔子将君子和学习联系起来,认为君子对于物质生活没有很高的要求,工作、做事积极勤劳,但说话小心谨慎,向有道的人学习来匡正自己,这就是好学了。其实就是说君子这种人是好学的,他不贪图享乐,能做正事,但不说废话,而且善于向优秀的人学习。

孔子从各个方面描述了君子,而"食无求饱,居无求安"常常被用来形容君子不贪图享乐的良好品质。孔子说自己的弟子颜回"一箪食,一瓢饮,在陋巷,人不堪其忧,回也不改其乐"。生活穷困,别人不能忍受这种忧愁的生活,但颜回却能且不改变他的志向,这就是君子的表现。

安贫乐道:指安于贫穷,仍旧乐于追求自己的志向或儒家的道德信仰。体现在儒家颜回身上,也就是孔子说的:"一箪食,一瓢饮,在陋巷,人不堪其忧,回也不改其乐。"《文子·上仁》中写道:"圣人安贫乐道,不以欲伤身,不以利累己。"意思是圣人能够安贫乐道,不因为欲望和利益损伤自己的身体或使自己劳累。后世史书中也有许多关于安贫乐道的记载,如《后汉书·韦彪传》中有:"安贫乐道,恬于进趣,三辅诸儒莫不慕仰之。"就是评价韦彪安贫乐道,京城附近的儒者都十分敬仰他。

唐代刘禹锡创作的《陋室铭》,是君子"安贫乐道"的写照。刘禹锡认为自己的屋子虽然简陋,但"惟吾德馨",自己品德高尚,而来往于自己的"陋室"的都是品德高尚、有丰富学识的人,就不显得自己的屋子简陋了。刘禹锡还将自己的"陋室"和诸葛亮隐居南阳时的茅庐、汉代名士杨雄的"子云亭"相比,引用孔子的话反问:"何陋之有?"以此表达自己安贫乐道的心境。

《陋室铭》:山不在高,有仙则名。水不在深,有龙则灵。斯是陋室,惟吾德馨。苔痕上阶绿,草色入帘青。谈笑有鸿儒,往来无白丁。可以调素琴,阅金经。无丝竹之乱耳,无案牍之劳形。南阳诸葛庐,西蜀子云亭,孔子云:"何陋之有?"

934. "见贤思齐焉,见不贤而内自省也"体现了什么样的学习态度?

【译文】看到品德高尚的人就向他学习,希望能向他看齐,见到没有德行的人,就反省自己是不是有同样的缺点。

这句话出自《论语·里仁》。孔子强调在道德修养和学习中,要学习他人的长处,在看到别人的短处和缺点时,也要反省自己,思考自己是不是也有这样的缺点,如果有的话就要改正。

孔子还说:"三人行,必有我师焉,择其善者而从之,其不善者而改之。"(《论语·述而》)也是讲看到别人身上的优点,就要学习,看到别人的缺点,如果自己也有,就要改正。在这句话中孔子还直接提出"三人行,必有我师",认为几个人在一起,其中一定会有值得自己学习的人,就是说要积极向他人学习。"见贤思齐"后来成为儒家修身养性的座右铭,教育人要向优秀的人学习好的东西,努力成为品德高尚的人,并要防止自己跟着别人学坏。说明人要给自己树立良好的榜样,向榜样学习。

孔子提出"见贤思齐,见不贤而内自省也",启发人要向优秀的人学习,也启发人在学习的过程中要接受好的影响,拒绝不好的人和事的影响。孟子的母亲看到年幼的孟子学习大人在墓地祭拜、学习商人做买卖,就两次搬家,最终让孟子受到良好的影响,学习礼仪等知识,这也是"见贤思齐"的另一种表现。孟子虽然年幼,只是不自觉地受到了外界和他人的影响。孟母却十分明白要让孟子受到良好的影响才能更好地进步,并利用小孩子总是模仿大人的道理,帮助年幼的孟子做到了"见不贤而内自省"和"见贤思齐"。

935. 孔子为什么说"父母在,不远游,游必有方"?

【译文】父母都在世的时候,不离开家到很远的地方,如果要出远门,必须要有具体的去处。

这句话出自《论语·里仁》,是孔子的名言,表现了儒家"孝"的道德观念。孔子认为人应当孝敬、侍奉父母,因此父母在世时,就要守在父母的身边,侍奉父母,这样就不能"远游"了。但孔子并不是说人绝对不能出远门,而是认为如果要出远门,一定要有确定的方向和去处,这样父母就不会太过担心,也是做到了孝敬父母。

孔子还说:"父母之年,不可不知也。一则以喜,一则以惧。"(《论语·里仁》)知道父母的年龄,一方面为他们的长寿而高兴,另一方面对他们的衰老感到担心,这也是孔子关于孝的名言。孝是儒家十分重视的道德品质,孝敬父母是一个人必须具备的品质和首要的责任。孝敬父母就是要心中想着父母，尽心尽力地照顾、赡养父母，最好是自己能够扬名天下，从而让父母跟着自己变得尊贵。孝也是中华民族最重要的传统美德，因此有"百善孝为先"的说法。

为亲负米：孔子的弟子子路十分孝敬父母。早年子路家中贫困，他自己吃野菜充饥，却从百里之外背米回家给父母吃。后来子路做了大官，十分富贵，但父母已经去世了，他吃着丰盛的食物，感叹道："虽然还想吃野菜，为亲负米，却已经不能够了。"这则故事收录在《二十四孝》中。

原文：周仲由，字子路。家贫，常食藜藿之食，为亲负米百里之外。亲殁，南游于楚，从车百乘，积粟万钟，累茵而坐，列鼎而食，乃叹曰："虽欲食藜藿，为亲负米，不可得也。"

芦衣顺母：孔子的弟子闵损（字子骞），在德行上可以与颜渊并称，孔子曾称赞他说："孝哉，闵子骞。"（《论语·先进》）闵损年幼时母亲就去世了，他的父亲娶了后妻，又生了两个儿子。继母经常虐待闵损，冬天的时候给两个弟弟穿棉花做的棉衣，却给闵损穿用芦花填塞的衣服。有一次出门，父亲让闵损驾车，闵损因为寒冷而发抖，父亲这才知道闵损的衣服虽然很厚，里面却是不能抵御寒冷的芦花。父亲因此明白闵损受到了后妻的虐待，要休掉后妻。闵损却求父亲饶过自己的继母，说："留下母亲，只有我一个人受冻，休了继母，三个孩子都要受苦。"闵损的继母听说以后十分后悔，改正了虐待闵损的做法。这则故事记录在《二十四孝》中。

原文：周闵损，字子骞，早丧母。父娶后母，生二子，衣以棉絮；妒损，衣以芦花。父令损御车，体寒，失镇。父查知故，欲出后母。损曰："母在一子寒，母去三子单。"母闻，悔改。

936. "学而不厌，诲人不倦"体现了什么思想？

【译文】学习不觉得满足或厌烦，教育学生不觉得疲倦。

这句话出自《论语·述而》："子曰：'默而识之，学而不厌，诲人不倦，何有于我哉。'"这是孔子所提倡的学习和教学的态度。他认为学习永无止境，最好的态度就是不厌烦、不满足，一直学习，不断地提高自己；而教育学生是十分重要的工作，对待教学要有耐心，要不知疲倦。后来这两句话分别成了学生和老师对自己的要求。

孔子发表了很多关于学习态度的看法，比如"学而时习之""见贤思齐"等等。他还说"敏而好学，不耻下问"（《论语·公冶长》），认为天资聪明的人也要努力学习，并勇于向地位、学问不如自己的人请教问题，也就是说要保持谦虚的学习态度。

在教育方面，孔子还明确提出"有教无类"等观点，认为不论什么人都应当得到

教育,并接受了各种各样的学生到自己的门下,孔子对待教育的态度和付出的努力,使得孔子成为中国古代最伟大的教育家。

废寝忘食:顾不上睡觉,忘记吃饭,形容人工作或学习时专心努力,勤奋刻苦的样子。南北朝的颜之推在《颜氏家训》中写道:"元帝在江、荆间,复所爱习,召置学生,亲为教授,废寝忘食,以夜继朝。"就是说梁元帝在长江、湖北一带任职的时候,十分热爱学习,还招收学生,亲自教育他们,废寝忘食,夜以继日地努力读书育人。

手不释卷:手不放开书本或书本不离开手,形容人勤奋好学。三国时期,曹丕在《典论》中记述曹操十分喜爱诗书典籍,虽然待在军队中,也是"手不释卷"。孙权劝东吴大将吕蒙读书学习,吕蒙借口军营中事务太多,没时间读书学习,孙权就对吕蒙说:"汉朝的光武皇帝在行军打仗的时候还手不释卷,曹操也说自己老而好学,你为什么偏偏不努力呢?"

《典论·自叙》中的原文:上雅好诗书文籍,虽在军旅,手不释卷。

《三国志·吴书·吕蒙传》:初,权谓蒙及蒋钦曰:"卿今并当涂掌事,宜学问以自开益。"蒙曰:"在军中常苦多务,恐不容复读书。"权曰:"孤岂欲卿治经为博士邪?但当令涉猎见往事耳……光武当兵马之务,手不释卷。孟德亦自谓老而好学。卿何独不自勉勖邪?"蒙始就学,笃志不倦,其所览见,旧儒不胜。

937."岁寒,然后知松柏之后凋也"体现了什么样的精神品质?

【译文】到了每年寒冷的时候,就知道松树和柏树的叶子是最后凋落的。

这句话是孔子的名言,出自《论语·子罕》,实际上是在赞美松树和柏树的品质。每年最寒冷的时候,其他树木的叶子都掉光了,但是松柏的叶子却还没掉,在植物中是最能忍耐寒冷的。后人常用松柏来指坚韧不拔的品质,或赞扬坚强、正直,不为艰苦的环境或权势的压迫而屈服的人。《荀子》中也说:"岁不寒,无以知松柏;事不难,无以知君子。"认为只有在天寒地冻的时候,才显得松柏不惧怕寒冷,只有在遇到困难的时候,才能看出君子的坚韧品质。

岁寒三友:指松、竹和梅三种植物。松柏从孔子开始就被赞扬能忍受寒冷,而竹子的叶子在冬天也不会凋落,梅花盛开在一年最寒冷的冬天,而其他的植物不能忍受寒冷,叶子已经掉光,花朵也都凋谢。因此松、竹、梅象征着坚韧不拔、刚正不阿、正直不屈、坚定贞洁等高尚的品质,因此称为"岁寒三友"。岁寒三友被历代文人墨客所喜爱,文人常写诗词赞美松、竹、梅,并用它们来表达自己的志向、比喻自己的气节。

松柏本孤直，难为桃李颜：这是李白的诗句，意思是松柏本来就长得笔直挺拔，生性清高正直，难以像桃花、李花一样，用艳丽的外表来讨好人。李白用这句诗形容松柏正直、孤傲，不奉承讨好他人的品格，也是用松柏来比喻自己。

《古风》：松柏本孤直，难为桃李颜。昭昭严子陵，垂钓沧波间。身将客星隐，心与浮云闲。长揖万乘君，还归富春山。清风洒六合，邈然不可攀。使我长叹息，冥栖岩石间。

《竹石》：《竹石》是清代诗人郑燮的名诗，全诗"咬定青山不放松，立根原在破岩中。千磨万击还坚劲，任尔东西南北风。"赞美生长在石缝中的竹子，将根紧紧扎入青山岩石中，任凭千磨万击、风吹雨打，始终坚韧挺拔。用对竹子的赞美表现了自己刚强勇敢，坚韧顽强的志气。

不经一番寒彻骨，哪得梅花扑鼻香：咏梅的名句，出自黄檗禅师的《上堂开示颂》。是说如果不经历冬天彻骨的寒冷，怎么会有梅花盛开的扑鼻香气呢？这句既是说梅花在经历严寒之后才会盛开，赞美了梅花的坚强、坚韧，也是在启发人想要获得最后的成功、展露自己的光彩，就一定要能承受磨难和考验。

《上堂开示颂》：尘劳迥脱事非常，紧把绳头做一场。不经一番寒彻骨，怎得梅花扑鼻香。

938. "人而无信，不知其可也"是孔子的名言，这句话体现了什么思想？

【译文】人如果没有信用，不知道他还可以做什么。

这句话出自《论语·为政》。子曰："人而无信，不知其可也。大车无輗，小车无軏，其何以行之哉？"孔子认为人如果没有信用，就像大车没有了车辕与车衡相连的木销子，小车没有了车辕和横木相接的销钉。这样的车能靠什么行走呢？也就是说如果人没有信用，在社会上就会寸步难行，无法立足。孔子用这句话说明信用对于一个人是十分重要的。

信用、诚信，在孔子看来是十分重要的道德品质，讲信用也是中华民族的传统美德。在《论语》中，孔子和他的弟子也多次提到了"信"。曾子每天反省自己，反省的三件事之中就有和朋友交往是否遵守信用；孔子的学生子夏也说："与朋友交，言而有信。"（《论语·学而》）

韩信早年十分贫穷，经常需要别人救济，有一天韩信在河边碰到了一群漂洗丝棉、衣物的老大娘，其中一个大娘见到韩信十分饥饿，就拿出饭给韩信吃，一连几十天都是这样，韩信十分感动，对大娘说等自己富贵了，一定好好报答她。后来韩信帮助刘邦夺得天下，被封为楚王，他就召见当年给他饭吃的大娘，赏赐给她千金。

这是韩信言而有信的故事。

《史记·淮阴侯列传》记载：淮阴侯韩信者，淮阴人也。始为布衣时，贫无行，不得推择为吏，又不能治生商贾，常从人寄食，人多厌之者。数从其下乡南昌亭长寄食，数月，亭长妻患之，乃晨炊蓐食，食时信往，不为具食。信亦知其意，怒，竟绝去。

信钓于城下，诸母漂。有一母见信饥，饭信，竟漂数十日。信喜，谓漂母曰："吾必有以重报母。"母怒曰："大丈夫不能自食，吾哀王孙而进食，岂望报乎？"……信至国，召所从食漂母，赐千金。

季子挂剑：春秋时期，吴国公子季札出使鲁国，途中经过徐国。徐国国君很喜欢季札的宝剑，但是不好开口。季札明白徐君的心思，决定把剑送给他，但因为他还要带着剑出使，只能等到回来时再送给徐君。不幸的是，当季札返回时，徐君已经死了。季札为了信守内心的承诺，就将宝剑挂在了徐君墓前的树上，就当是送给了徐君。

《史记·吴太伯世家》记载：季札之初使，北遇徐君。徐君好季札剑，口弗敢言。季札心知之，为使上国，未献。还至徐，徐君已死，于是乃解其宝剑，系之徐君冢树而去。

939."生于忧患，死于安乐"是哪部书中的名言？体现了谁的观点？

【译文】忧虑和祸患会使人或者国家生存发展，安逸和享乐会使人或国家走向灭亡。

这句话出自《孟子·告子下》，也是孟子的著名文章中的话。讲述的是人乃至国家不能贪图安逸和享乐，不然就会走向灭亡的道理。

孟子在《告子下》中用了很多例子和极具说服力的话来说明"生于忧患，死于安乐"的道理。他举例舜是在农田中被任用的，管仲是从监狱里被救出来之后得到重用的，百里奚是从奴隶市场被人赎买出来任命做官的，等等，这些人都是历史上很有才能、地位很高的人，但都是在十分困苦的环境中被人发现，然后才得到重用的。所以上天要把十分重大的责任交给一个人的时候，一定会让他受尽苦难的折磨，让他在苦难中成长。人只有在犯错误之后才能改正并进步，只经历了挫折才会努力进步，有所作为，而一个国家如果没有贤能的人治理，又没有来自其他国家的威胁，就容易走向灭亡。然后才知道"生于忧患，而死于安乐也"。

"生于忧患，死于安乐"，一方面告诉人不要贪图享乐，因为这样会使自己堕落；另一方面告诉人要勇于面对艰难困苦，因为这是人生的考验，可以帮助自己进步。

卧薪尝胆：春秋时期，越王勾践被吴王夫差打败，勾践被夫差俘虏，成了夫差的奴仆。勾践在吴国忍受耻辱，讨好夫差，最后被夫差放了回去。勾践回到越国，睡在柴草上，每天都舔苦胆来尝苦味，提醒自己不要忘记被俘虏的耻辱。勾践励精图治，使越国逐渐强大。而夫差则日益沉迷享乐，不听大臣的劝谏，忘记了国家的忧患，还经常征战，导致国力空虚。最后越国打败了吴国，勾践实现了报仇的志向，夫差却自刎而死。卧薪尝胆的故事十分生动地说明了"生于忧患，死于安乐"的道理。

《孟子·告子下》：舜发于畎亩之中，傅说举于版筑之间，胶鬲举于鱼盐之中，管夷吾举于士，孙叔敖举于海，百里奚举于市。故天将降大任于是人也，必先苦其心志，劳其筋骨，饿其体肤，空乏其身，行拂乱其所为，所以动心忍性，曾益其所不能。人恒过，然后能改。困于心，衡于虑，而后作。征于色，发于声，而后喻。入则无法家拂士，出则无敌国外患者，国恒亡。然后知生于忧患，而死于安乐也。

940. "天将降大任于是人也，必先苦其心志，劳其筋骨，饿其体肤，空乏其身，行拂乱其所为"是什么意思？

【译文】上天将要把重大的责任托付给一个人，一定会先让他内心苦恼，让他的身体疲劳，让他忍饥挨饿，受到贫穷的折磨，使他所作所为受到干扰，不能如意。

这句话出自《孟子·告子下》，孟子认为一个人如果要做大事情，背负很重的责任，上天就一定会让他经受很多的苦难，让他的精神受到磨炼，只有这样他才能心志坚定，并增加原本不具备的能力，最终才可以承担"大任"。

孟子的这句话，激励着人在面对困境的时候迎难而上，在困境中学习成长，而不是在困境中被打败。

司马迁出身于史官世家，他继承了父亲的志向，要写一部《史记》。在写作的过程中，他曾因为直言劝谏，触怒了汉武帝。为了完成编写《史记》的志向，司马迁接受了十分屈辱的刑罚，最终背负这痛苦，写成了著名的《史记》。司马迁曾在《报任安书》中列举周文王被拘禁而创作了《周易》；孔子遭遇挫折后创作《春秋》；屈原被放逐后写下了《离骚》；左丘明失明后写了《国语》；孙膑的脚断了之后写了《孙膑兵法》；吕不韦被贬到蜀地，创作了《吕览》；韩非在秦国被囚禁，写出《说难》和《孤愤》等例子，说明即便自己身上有残疾，也要努力完成《史记》的志向。而司马迁的故事和他所列举的人物事迹，都是"天将降大任于是人也，必先苦其心志，劳其筋骨，饿其体肤，空乏其身，行拂乱其所为"的体现。

历史哲学艺术卷

司马迁《报任安书》：……盖文王拘而演《周易》；仲尼厄而作《春秋》；屈原放逐，乃赋《离骚》；左丘失明，厥有《国语》；孙子膑脚，《兵法》修列；不韦迁蜀，世传《吕览》；韩非囚秦，《说难》《孤愤》；《诗》三百篇，大底圣贤发愤之所为作也……

941. "乐民之乐者，民亦乐其乐，忧民之忧者，民亦忧其忧"是谁的名言？

【译文】为人民的快乐而快乐的人，人民也会为他的快乐而快乐；忧虑人民所忧虑的事的人，人民也会为他所担忧的事情而担忧。

这句话出自《孟子·梁惠王下》，孟子认为君主要想人民之所想，如果能忧虑人民所担忧的事情，并为人民解决忧虑，那么人民也会替君主担忧，如果把人民的快乐当成是自己的快乐，那么人民也会替君王高兴。

孟子强调君主和人民同忧同乐的关系，实际上是在告诫君主不要只贪图自己的享乐而对人民不管不顾，要施行"仁政"让人民生活得美好，这样人民也会自觉地拥戴、爱护自己的君主。

孟子的这种治国思想影响深远，提醒着古代的统治者要将自己统治的人民放在心里。宋代的范仲淹在著名的散文《岳阳楼记》中也写道："先天下之忧而忧，后天下之乐而乐。"就是说要心忧天下，把百姓的忧虑当成自己的事情，表达的就是和孟子相近的思想。

《岳阳楼记》：嗟夫！予尝求古仁人之心，或异二者之为。何哉？不以物喜，不以己悲；居庙堂之高则忧其民；处江湖之远则忧其君。是进亦忧，退亦忧。然则何时而乐耶？其必曰："先天下之忧而忧，后天下之乐而乐乎"。噫！微斯人，吾谁与归？

942. "得道者多助，失道者寡助"讲述了什么道理？

【译文】施行仁政的人，就会得到很多人的帮助，不施行仁政的人，就很少会有人支持他。

这句话出自《孟子·公孙丑下》，是孟子名言。"得道者"就是指施行仁义、仁政的君主，反之"失道者"就是不施行仁政的君主。孟子在《公孙丑下》中论述战争，认为"天时不如地利，地利不如人和"。孟子说，把三里方圆的内城、七里方圆的外城包围起来攻打，但是却不能取胜，这是因为得到了好的时机，却没有得到有利于自己的地理形势，这就是"天时不如地利"。而拥有很高的城墙，很深的护城河，精良的武器装备和充足的粮食，但是守城的人却逃跑了，这就是"地利不如人和"，有良好的作战条件不如有团结一心的军队和人民。孟子通过讲述"天时不如地利，地利不如人和"的道理，说明在战争中，得到人民支持才是最重要的，是战胜敌人的主要条件。而实行仁政才能得到人民的拥护和支持，在战争中才能胜利，不施行仁政，就得不到人民的支持，这就是"得道者多助，失道者寡助"。"得道多助，失道寡助"也经常被来指道德高尚、讲仁义的人，会得到许多的帮助，而不讲仁义的人，就会众叛亲离，得不到大家的帮助。

秦朝建立以后，秦始皇嬴政修建豪华的宫殿、庞大的陵墓，还要修筑长城，不断发动战争，对人民进行无限度的压榨，导致人民生活在痛苦之中。后来陈胜、吴广发动了起义，反抗秦朝的暴政，结果人民纷纷响应支持陈胜和吴广，全国各地都开始起义反抗秦朝，结果秦朝很快就灭亡了，这就是"失道者寡助"。

943. 为什么说"民为贵，社稷次之，君为轻"？

【译文】百姓最重要，其次是国家，国君为轻。

这句话出自《孟子·尽心下》。孟子在看待君主、国家和人民的关系时，把人民放在了首位，认为人民才是最重要的，这就是"民贵君轻"的思想。

孟子是提倡等级尊卑的，也就是说孟子认为君主的地位是最高的，而普通的百姓并不比君主尊贵。但他提出"民贵君轻"，是因为认识到了人民是国家的基础，没有人民的支持，国家就会灭亡，君主的统治就不能继续，甚至君主也会走向灭亡。所以在一个国家中，人民是最重要的部分，让人民安居乐业，才能得到人民的支持，君主的地位才会稳固，所以说"民为贵""君为轻"。

认为人民是国家和君主统治的基础的还有荀子，他说："君者舟也，庶人者水也，水则载舟，水则覆舟。"将君主比作船，将人民比作水，得到水的支持，船就能浮起来，但水掀起巨浪也可以把船打沉。这也是告诫君主要重视、爱护人民。

《孟子·尽心下》：孟子曰："民为贵，社稷次之，君为轻。是故得乎丘民而为天子，得乎天子为诸侯，得乎诸侯为大夫。诸侯危社稷，则变置。牺牲既成，粢盛既絜，祭祀以时，然而旱干水溢，则变置社稷。"

944. "老吾老，以及人之老，幼吾幼，以及人之幼"体现了"尊老爱幼"的美德，这句话出自哪部书？

【译文】在赡养、孝敬自己的长辈时，也要尊敬别人的长辈。在养育自己的孩子时，也要爱护别人的小孩。

这句话出自《孟子·梁惠王上》。孟子在描绘自己理想中的社会时，提出人们不单单要赡养、孝敬自己的父母长辈，还要尊敬、关爱跟自己没有血缘关系的老人，不仅仅要抚养、教育自己的孩子，还要爱护别人的孩子，这就是最美好的社会和人与人之间的关系。其实就是倡导人与人之间相互关爱，在社会上尊老爱幼，这也是符合孔子所说的"仁"和"爱人"的。

《礼记·礼运》中也写道："故人不独亲其亲，不独子其子。"意思是人们不应该只是孝敬自己的父母，爱护自己的孩子，而是应该敬爱所有的老人，关爱所有的小孩。可见在儒家关于社会的理想中，人与人之间相互关爱是十分重要的内容。而这种尊老爱幼的思想传承不断，也是中华民族的传统美德。

945. "舍生而取义者也"是谁的名言？

【译文】我宁愿舍弃性命而求取正义。

这句话出自《孟子·告子上》，是人们十分熟悉的孟子名言，成语"舍生取义"就来自这句话。

"义"是儒家文化的重要内容，孔子说："不义而富且贵，于我如浮云。"认为如果做不到正义、道义，那么荣华富贵对于自己就像浮云一样可有可无。南宋抗元英雄文天祥在自己的绝笔中写道"孔曰成仁，孟曰取义"，体现出"仁"和"义"在孔子、孟子的思想中都有十分重要的地位。

"义"就是正义、道义，孟子认为"义"与代表财富、名声、地位等的"利"是相对的，并认为人应该重视义而轻视利。义的重要性在孟子来看甚至超过生命。他在《告子上》中用鱼和熊掌来比喻生命和义，他说："鱼，是我想要的，熊掌，也是我想要的，两样东西不能同时得到，就舍弃鱼而选择熊掌；生命也是我想要的，义也是我想要的，两样东西不能同时得到，那我就舍弃生命而选择道义。"

文天祥：文天祥是南宋末年著名的抗元英雄，在南宋将要灭亡时一直抵抗着元朝的入侵，战败后，被元军俘虏。后来文天祥被送到元朝的国都，元朝皇帝给他丰厚的待遇，想要他担任重要的官职，替元朝做事。然而文天祥面对高官厚禄的诱惑，始终不改变对宋朝的忠心。后来文天祥被处以极刑，他在刑场上十分镇定，面向宋朝所在的南方跪拜行礼，从容赴死。

《孟子·告子上》：鱼，我所欲也；熊掌，亦我所欲也。二者不可得兼，舍鱼而取熊掌者也。生，亦我所欲也；义，亦我所欲也。二者不可得兼，舍生而取义者也。生亦我所欲，所欲有甚于生者，故不为苟得也；死亦我所恶，所恶有甚于死者，故患有所不辟也。如使人之所欲莫甚于生，则凡可以得生者何不用也？使人之所恶莫甚于死者，则凡可以辟患者何不为也？由是则生而有不用也，由是则可以辟患而有不为也。是故所欲有甚于生者，所恶有甚于死者。非独贤者有是心也，人皆有之，贤者能勿丧耳。

946. "富贵不能淫，贫贱不能移，威武不能屈"出自哪部著作？

【译文】富有、尊贵不能使自己迷惑，贫穷、卑贱不能改变自己的志向，强大的武力不能使自己屈服。

这句话出自《孟子·滕文公下》，这句话形容的是意志坚定、内心坚强的人，不论是富贵还是贫贱，甚至受到武力压迫，都不会被迷惑或者屈服，不会改变自己的意志和志向。

《滕文公下》记载了景春与孟子的对话。景春对孟子说："公孙衍、张仪这样纵横天下的人不就是大丈夫吗？他们一生气，诸侯都会害怕，他们只要安居在家中，天下就会太平无事。"孟子反驳他，认为这种人不能叫大丈夫。孟子说："富贵不能淫，贫贱不能移，威武不能屈，这才叫大丈夫。"

《孟子·滕文公下》：景春曰："公孙衍、张仪岂不诚大丈夫哉？一怒而诸侯惧，安居而天下熄。"孟子曰："是焉得为大丈夫乎？子未学礼乎？丈夫之冠也，父命之；女子之嫁也，母命之，往送之门，戒之曰：'往之女家，必敬必戒，无违夫子！'以顺为正者，妾妇之道也。居天下之广居，立天下之正位，行天下之大道。得志，与民由之；不得志，独行其道。富贵不能淫，贫贱不能移，威武不能屈，此之谓大丈夫。"

苏武牧羊：西汉和匈奴经过长期战争后，关系缓和，苏武奉命出使匈奴，表示友好。然而当苏武准备回国时，匈奴内部有人谋反，苏武的部属牵涉其中，苏武因而被扣留下来，并被要求背叛汉朝，臣服匈奴单于。一开始，单于派卫律劝降苏武，并许诺给他高官厚禄，被苏武拒绝。后来单于把苏武关进监牢，而且不给他食物和水，希望可以让苏武屈服，苏武在牢里吃雪、啃毛毡，快死了也不屈服。单于只好放了苏武，让他到北海放公羊，什么时候公羊产奶了就放苏武回去。苏武一直带着汉朝符节，在艰苦的环境中放羊。19年后，苏武终于被救回了汉朝。苏武面对威逼利诱和艰苦的环境，始终不改变气节和忠信，是"富贵不能淫，贫贱不能移，威武不能屈"的写照。

《汉书·苏武传》：律知武终不可胁，白单于。单于愈益欲降之，乃幽武置大窖中，绝不饮食。天雨雪，武卧啮雪，与旃毛并咽之，数日不死，匈奴以为神，乃徙武北海上无人处，使牧羝，羝乳始得归。别其官属常惠等各置他所。武既至海上，廪食不至，掘野鼠去草实而食之。杖汉节牧羊，卧起操持，节旄尽落。

947. "青，取之于蓝，而青于蓝"是哪个成语的源头？

【译文】靛青这种染料，是从蓼蓝中提取出来的，然而它的颜色却比蓼蓝更蓝。

这句话出自《荀子·劝学》，成语"青出于蓝"就来自这句话，用来比喻学生跟着老师学习，最后学识、能力却超过了老师，或者说后人的成就超过了前人。这句话常用于夸赞后辈的才能超过了前辈，也告诉人只要不懈努力地学习、进步，学生也可以比老师有更高的成就，不能把老师的学识、才能比学生好当作不变的道理，更不能认为学生的学识不能超过老师。

荀子还认为，人应该善于学习，通过学习使自己的能力得到提高，借助外界的帮助，人能够培养更多的才能，得到更多的进步，才能做到"青出于蓝"，所以荀子说："吾尝终日而思矣，不如须臾之所学也。"认为整天空想还比不上学习一小会儿得到的知识多。

《荀子·劝学》：青，取之于蓝，而青于蓝；冰，水为之，而寒于水。木直中绳，輮以为轮，其曲中规。虽有槁暴，不复挺者，輮使之然也。故木受绳则直，金就砺则利，君子博学而日参省乎己，则知明而行无过矣。

吾尝终日而思矣，不如须臾之所学也；吾尝跂而望矣，不如登高之博见也。登高而招，臂非加长也，而见者远；顺风而呼，声非加疾也，而闻者彰。假舆马者，非利足也，而致千里；假舟楫者，非能水也，而绝江河。君子生非异也，善假于物也。

青出于蓝：在南北朝时，北魏人李谧拜孔璠为老师，向他学习知识。过了几年，李谧的学问已经超过了孔璠。孔璠对此十分高兴。有时候孔璠碰到了疑难的问题，还会向学生李谧请教。后来李谧的同学编了歌来传颂这件事："青成蓝，蓝谢青，师何常，在明经。"

948. 荀子名言"不积跬步，无以至千里；不积小流，无以成江海"讲述了什么道理？

【译文】不一步一步地积累，不能走出千里之远；不积累小的河流，就不能形成长江大海。

这句话出自《荀子·劝学》，荀子劝人学习要专一，坚持不懈地、一点一滴地积累，才能学到真正的知识，与一步一步坚持走下去，就可以走很远，把小的河流聚集起来，就可以形成大的江海是一个道理。

荀子写下《劝学》，劝勉人学习，特别强调专心致志和一点一滴地积累在学习中的作用。他还说："千里马奋力向前跨越一次，也到不了十步远；劣马连续走十天，却能够走很远，是因为它不停地在走。用刀子刻东西，如果刻了几下就停下，就算是朽烂的木头也不会折断；但如果不停地刻下去，就算是金属和石头这样坚硬的东西也可以雕刻出花纹。"这些话都是教育人学习要坚持不懈地积累，否则就什么都学不到、学不好。

《荀子·劝学》：积土成山，风雨兴焉；积水成渊，蛟龙生焉；积善成德，而神明自得，圣心备焉。故不积跬步，无以至千里；不积小流，无以成江海。骐骥一跃，不能十步；驽马十驾，功在不舍。锲而舍之，朽木不折；锲而不舍，金石可镂。蚓无爪牙之利，筋骨之强，上食埃土，下饮黄泉，用心一也。蟹六跪而二螯，非蛇鳝之穴无可寄托者，用心躁也。

铁杵成针：传说李白少年求学，在山中读书，还没有学成就放弃了。李白离开的时候路过一条小溪，碰到了一个老婆婆。老婆婆正在一块石头上磨一根很粗的铁棍，李白很好奇，就问婆婆在做什么，婆婆说："打算做针。"李白被婆婆的精神所感动，于是重新回去学习，最终完成了学业。铁杵是那么的粗笨，绣花针是那么的纤细，老婆婆却想通过自己坚持不懈的努力，把铁杵磨成针，李白正是通过婆婆的言语和行为，领悟了只要有毅力并不断努力，就可能获得成功的道理，更何况婆婆年纪大了还在坚持，而自己还十分年轻，于是回去完成学业，终于成为一代大文豪。

《方舆胜览》：磨针溪，在眉州象耳山下。世传李太白读书山中，未成，弃去。过小溪，逢老媪方磨铁杵，问之，曰："欲作针。"太白感其意，还卒业。媪自言姓武。今溪旁有武氏岩。

949. "闻道有先后，术业有专攻"是谁的名言？是什么意思？

【译文】不同的人听到道理的时间有先后，对技能学业各有不同的研究方向和内容。

这句话出自韩愈的散文《师说》，韩愈说这句话，是为了说明不同的人学习的时间可能不一样，学习的内容也可能不一样，所以一个人在某一个方面比另一个人强是正常的，因此要积极地向他人学习。

韩愈说："圣人没有固定的老师。孔子曾把郯子、苌弘、师襄、老聃当作老师，但郯子这些人，并不比孔子贤能。孔子说：'三人行，必有我师。'所以学生不一定就比老师差，老师不一定就比学生贤能，只不过是闻道有先后，术业有专攻罢了。"

韩愈这么说，尤其是拿孔子曾经向别人学习不同的知识的故事当例子，提出老师不一定比学生强，学生不一定比老师差，为的是教育人要不耻下问，积极向有不同学问、才能的人学习。

《师说》：圣人无常师。孔子师郯子、苌弘、师襄、老聃。郯子之徒，其贤不及孔子。孔子曰："三人行，则必有我师。"是故弟子不必不如师，师不必贤于弟子。闻道有先后，术业有专攻，如是而已。

950."古之立大事者，不惟有超世之才，亦必有坚韧不拔之志"是谁的名言？

【译文】古代那些成就大事业的人，不仅仅只有超过他人的才能，也一定有坚定不移的志向。

这句话出自北宋大文学家苏轼的《晁错论》，讲的是人要树立坚定高远的志向，才有可能做出一番大事业的道理。

儒家向来提倡学习，也提倡为国为民做出自己的贡献，因此，儒家也就特别重视人的志向，认为人应该有高远的志向，并把治理天下，使天下得到太平作为最高的理想。

孔子说自己"十有五而志于学"，是立志学习。三国时期，蜀国丞相诸葛亮说："非学无以广才，非志无以成学"（《诫子书》），认为不学习就不能增长才能，不立下志向就不能成就事业。

明朝哲学家王守仁少年时期就立志做"圣人"，后来他说，人不立下志向，就好像没有舵的船，没有缰绳的马，飘荡放纵，不知去往何方。志向远大的王守仁，最后成为可以和孔子、孟子、朱熹相提并论的儒学大师。

王守仁：志不立，如无舵之舟，无衔之马，漂荡奔逸，终亦何所底乎？

951."予独爱莲之出淤泥而不染，濯清涟而不妖"出自哪篇著名文章？

【译文】我单单喜欢莲花从淤泥之中生长出来却没有被污染，经过清澈的泉水洗涤却不显得妖艳。

这句话出自北宋名儒周敦颐的散文《爱莲说》。周敦颐认为唐朝以后，人们都十分喜爱牡丹，但是他自己就偏偏喜欢莲花。他说莲花的茎"中通外直，不蔓不枝"，中间是空的，外面是直的，而且不生长分支；莲花的气味"香远益清"，离得远反而清香；莲花挺拔而洁净，人可以欣赏它，却不能亲近它。周敦颐把莲花比作花中的君子，而他自己喜欢莲花，实际上表达自己有做君子的志向。

儒家从孔子开始,一直是非常推崇君子的。君子心胸宽广,有包容心,但是刚毅正直,这就是"中通外直,不蔓不枝";君子洁身自爱,品行良好,能够保持高尚的品德和节操,这就是"出淤泥而不染,濯清涟而不妖"。周敦颐把莲花当作君子,表达了儒家对于君子的看法。

"出淤泥而不染"也被后人用来赞美身处污浊的环境,却能保持自己良好的品行和道德修养的人。

《爱莲说》:水陆草木之花,可爱者甚蕃。晋陶渊明独爱菊。自李唐来,世人甚爱牡丹。予独爱莲之出淤泥而不染,濯清涟而不妖,中通外直,不蔓不枝,香远益清,亭亭净植,可远观而不可亵玩焉。

予谓菊,花之隐逸者也;牡丹,花之富贵者也;莲,花之君子者也。噫!菊之爱,陶后鲜有闻。莲之爱,同予者何人?牡丹之爱,宜乎众矣!

952. "为往圣继绝学,为万世开太平"是什么意思?"横渠四句"指的是什么?

【译文】为过去的圣人继承他们快要灭绝的学说,为世世代代开创太平的道路。

这句话是北宋大儒张载的名言,原文有四句:"为天地立心,为生民立命,为往圣继绝学,为万世开太平。"十分全面地概括了儒家的理念和个人修行的目的。对于世界万物,是"为天地立心",就是参悟天地万物规律,使得万事万物遵循自己的运行规律,蓬勃地发展;对于黎民百姓,是"为生民立命",树立行为道德的规范,并引导人们安身立命;对于思想、学术,是"为往圣继绝学",就是继承孔子、孟子等圣人快要灭绝的学说,并将他们的思想发扬光大;对于天下、国家和社会,就是"为万世开太平",为以后的世世代代开创太平的道路。

这四句话十分著名,传颂至今,因为张载号横渠先生,所以被称为"横渠四句"。现在这四句话常常用来鼓励人们将努力学习、传承文化知识当作自己的目标,把人民的幸福、国家的安定当作自己的使命。

953. 什么是"修身、齐家、治国、平天下"?"三纲八目"是什么?

【译文】提高自己的修养,管理好自己的家族,治理好一个国家,使天下太平。

"修身、齐家、治国、平天下"这四个词是从《大学》中总结出来的。儒家十分重视个人的道德修养,把君子、圣人作为榜样和自己要成为的人。而对于整个社会和国家,儒家有着更高的理想。人首先要提高自己的道德修养、学识和能力,这是最基础的"修身";然后要能作为家族的榜样,管理好自己的家族,这是"齐家";在修身齐家之后，才能去管理好一个国家，开始实现自己的社会理想，最终才能使整个天下都得到太平，这就是最高的理想"平天下"。

《大学》中提出大学的宗旨是在于"明明德"，就是让美好的德行得到宣扬，并在全天下弘扬美好的德行，然后提出了一整套实现这个理想的方法，这就是《大学》所说的"古之欲明明德于天下者，先治其国；欲治其国者，先齐其家；欲齐其家者，先修其身；欲修其身者，先正其心；欲正其心者，先诚其意；欲诚其意者，先致其知；致知在格物。"其中的"格物致知"被发展成了宋明理学的重要内容。而"诚意""正心"指意念真诚、心思端正，是提高个人修养的重要方法。

三纲八目：是后人总结的《大学》的核心内容，"三纲"指"明明德、亲民、止于至善"；"八目"指"格物、致知、正心、诚意、修身、齐家、治国、平天下"。

《大学》：大学之道，在明明德，在亲民，在止于至善。知止而后有定，定而后能静，静而后能安，安而后能虑，虑而后能得。物有本末，事有终始。知所先后，则近道矣。

古之欲明明德于天下者，先治其国；欲治其国者，先齐其家。欲齐其家者，先修其身；欲修其身者，先正其心；欲正其心者，先诚其意；欲诚其意者，先致其知；致知在格物。物格而后知至，知至而后意诚，意诚而后心正，心正而后身修，身修而后家齐，家齐而后国治，国治而后天下平。

954. "天行健，君子以自强不息；地势坤，君子以厚德载物"出自哪部古代典籍？

【译文】天的运动刚劲强健，君子也应该像天一样自强不息，努力进步；大地的气势平顺敦厚，君子也应该增强自己的道德修养，包容万物。

这句话出自《周易》。"自强不息""厚德载物"等成语都来自这句话。

天千变万化，昼夜、四季运转不息，能产生风雷雨雪等现象，从来不停止自己的运转，是一种坚毅、刚强的象征，所以君子要像天一样，要自强、刚强，不懈努力地使自己进步，这叫"自强不息"。大地十分厚重平稳，能够承载万物，孕育生命，所以君子也要像大地一样稳重、踏实，提高自己的道德修养，使自己心怀博大而能包容万物，这就是"厚德载物"。

像天地一样自强不息、厚德载物是儒家的道德精神追求，也是做人做事的追求，常被用于激励人不断努力。"自强不息"更是中华民族伟大的民族精神，激励着中华民族不断发展进步。

自强不息：明朝的宋濂，年幼时十分好学，但家中贫穷，就借别人的书来抄写，冬天手指被冻得不能弯曲也不停下，抄完总是按时归还，大家都愿意借书给他。后来他外出求学,大冬天在深山中奔波,到了学舍整个人都被冻僵了。他的同学衣着华丽,他却穿得破破烂烂,他也毫不在意,一心一意地努力学习,终于成为明朝著名的学者。

宋濂《送东阳马生序》:余幼时即嗜学。家贫,无从致书以观,每假借于藏书之家,手自笔录,计日以还。天大寒,砚冰坚,手指不可屈伸,弗之怠。录毕,走送之,不敢稍逾约。以是人多以书假余,余因得遍观群书……

当余之从师也,负箧曳屣,行深山巨谷中,穷冬烈风,大雪深数尺,足肤皲裂而不知。至舍,四支僵劲不能动,媵人持汤沃灌,以衾拥覆,久而乃和。寓逆旅,主人日再食,无鲜肥滋味之享。同舍生皆被绮绣,戴朱缨宝饰之帽,腰白玉之环,左佩刀,右备容臭,烨然若神人;余则缊袍敝衣处其间,略无慕艳意。以中有足乐者,不知口体之奉不若人也。盖余之勤且艰若此。

清华校训:近代,梁启超到清华大学为学生演讲时,用"自强不息""厚德载物"等话语激励学生。后来清华人就把"自强不息"和"厚德载物"当作了学校的校训。

艺术类

955. 顾恺之是谁?

顾恺之(约345—409),字长康,小字虎头,晋陵无锡(今属江苏)人,东晋最伟大的画家和著名的绘画理论家。他生于贵族,与桓温、桓玄等上层社会名流交往甚密。史载他多才多艺,时人称之为三绝:画绝、才绝和痴绝。顾恺之与曹不兴、陆探微、张僧繇合称"六朝四大家"。其作画,意在传神,尤擅描绘眼神,有"传神写照,正在阿堵中"的佳话。唐代张怀瓘更是高度评价"张僧繇得其肉,陆探微得其骨,顾恺之得其神"。在绘画理论上,著有《论画》《魏晋胜流画赞》《画云台山记》,提出了"以形写神""迁想妙得""悟对通神"等艺术主张,为后世绘画的发展奠定了基础。顾恺之传世绘画甚少,有三件被认为是顾恺之原作的摹本有助于了解顾恺之及其同时代的绘画风格,分别是《女史箴图》《洛神赋图》和《列女传·仁智图》。

《女史箴图》:现藏于大英博物馆,依据西晋张华的《女史箴》而画,具有一定的道德教化作用,劝诫对象为宫中妇女。全画共九段,画中人物线条如"春蚕吐丝,春云浮空,流水行地"般流畅自然。

《洛神赋图》:依据曹植《洛神赋》而画,是一幅人神相恋的爱情题材绘画,全画弥漫着可望而不可即的伤感怅惘的情愫。全画分段将人物置于自然山水中,人物的刻画生动传神,尤其是洛神那似有似无的脉脉神情更是栩栩如生。

《列女传·仁智图》：现藏于北京故宫博物院，为汉以来的传统题材，画面内容以人物动态的描绘来处理其相互之间联动的关系。

痴智：《世说新语》说顾恺之吃甘蔗一反常态。别人都是从最甜的地方吃起，不甜了就扔掉，而顾恺之吃甘蔗则是从末梢吃起，越吃越甜，渐入佳境。顾恺之倒吃甘蔗节节甜蕴含了深厚的生活哲理——苦尽甘来，这实是人生的大智慧，貌痴实聪。

956. 吴道子的代表作品有哪些？

吴道子，后改名道玄，阳翟（今河南省禹州）人，是盛唐著名画家之一，时人称其"画圣"。吴道子幼年丧父，生活贫苦，很早就开始当画工兼雕塑工。曾师从张旭、贺知章学习草书。后改学绘画，勤奋刻苦，"年未弱冠，穷丹青之妙"。曾任兖州瑕丘（今山东兖州）县尉，不久罢官，流落洛阳，从事壁画创作。后因善画被唐玄宗召入宫廷，历任供奉、内教博士、宁王友。

吴道子擅人物、山水、鸟兽、草木、楼阁等，尤精于宗教绘画，他独创的宗教图像样式被称为"吴家样"，常与曹仲达的"曹家样"一起提及，有"吴带当风，曹衣出水"之说。其绘画技法不同时期都有所差别，早年行笔如铜丝细密，中年行笔如莼菜条豪放磊落。虽然前后期的笔法粗细不一，但都渗透着吴道子强烈的情感，他不局限于形似，而追求内在精神，因此其画面具有"天衣飞扬，满壁风动"的运动感。历代评论家对其评价也很高。如唐张彦远认为："唯观吴道玄之迹，可谓六法俱全，万象必尽，神人假手，穷极造化也。所以气韵雄壮，几不容于缣素；笔迹磊落，遂恣意于壁墙；其细画，又甚稠密，此神异也。"（唐张彦远《历代名画记》）五代荆浩认为："吴道子笔胜于象，骨气自高，树不言图，亦恨无墨。"宋代郭若虚认为："曹吴二体，学者所宗。按唐张彦远《历代名画记》称北齐曹仲达者，本曹国人，最推工画梵像，是为曹，谓唐吴道子曰吴。吴之笔，其势圆转而衣服飘举。曹之笔，其体稠叠而衣服紧窄。故后辈称之曰：'吴带当风，曹衣出水。'"

吴道子的主要作品有《送子天王图》《孔圣像》《地狱变相图》《五圣图》等。

《地狱变相图》：大体描绘人堕入地狱所受种种罪报的真相。吴道子大胆想象，用高超的笔墨语言创造出"奇踪异状，无一同者"的变相图。图中虽未描绘恐怖事物，却给人一种不寒而栗之阴气感，可见其技巧之高超。

秃尾神马：吴道子去朝鸡足山。在金顶寺住宿的那天晚上，作了一幅《立马图》，那马画得惟妙惟肖。将画最后一笔马尾的时候，他忽然感觉身体不适，就去禅房休息了，第二天忘记了那幅未完成的《立马图》，直接下山了。吴道子走后，禅师细看，才发现马尾巴仍未画，实在可惜，但为时已晚，便将它挂在禅堂侧室内。

每天在画前烧一炉香,一边怀念大师,一边观赏马图。那马越看越逼真,似乎要从画中奔腾而出。一日,山下十来个农民吵吵嚷嚷地冲进寺院,说寺院有一匹秃尾马糟蹋他们的庄稼。禅师说寺院不可能养马,农民便仔细搜寻寺院,却一无所获。禅师忽然想起那幅画来,便告诉农民,寺里只有一幅吴道子大师画的立马图,请进屋来看看。农民一看那图上的马,都大吃一惊:"就是它,天天夜里偷吃我们的庄稼。"禅师大怒,指着秃尾马骂道:"畜生,留着你害人,不如送你到火塘里去。"一说这话,那马便跪了下来,两眼流着泪。农民看着惊讶至极,觉得把它烧了也可惜,就说:"算了,只要它诚心悔改,不再糟蹋庄稼就行了。"

957. 荆浩提出的山水"六要"指的是什么?

荆浩,字浩然,号洪谷子,沁水(今属山西)人,五代后梁画家。荆浩是一位博古通今的士大夫,因避战乱,隐居于太行山。他擅画山水,常携笔摹写山中古松;创制云中山顶,能画出四面峻厚的雄伟气势。他是北方山水画派之祖,在所著山水画理论著作《笔法记》中提出"图真""搜妙创真"以及气、韵、思、景、笔、墨的山水"六要"。现存作品有《匡庐图》《雪景山水图》等。

958. 南派山水画开山鼻祖是谁?

董源(?—约962),字叔达,钟陵(今江苏南京,一说江西进贤西北)人,曾任北苑副使,是五代南唐画家,与李成、范宽史上并称"北宋三大家"。他居于山明水秀的南方,是南派山水画开山之祖,尤擅山水,兼工人物、禽兽。其山水以江南真景入画,构思巧妙,不乏奇峭之笔。其山水画,重汀绝岸,烟雾迷远,疏林远树,较之于荆浩的雄壮山水平添一份秀美之情。董源的山水画分水墨与青绿两种,尤擅水墨,创造了披麻皴和点子皴的表现技法。存世作品有《潇湘图》《夏山图》《夏景山口待渡图》等。追随者是巨然,较之于前人,巨然的山水画更有田园悠然的气息,笔墨也更加秀润,代表作如《万壑松风图》《层峦丛树图》等。

雪中画竹:这一轶事被北宋郭若虚记述在《图画见闻志》里。有一天,忽然下了一场大雪,满天飞雪,京都呈现出一片雪白的世界。李璟见此,雅兴大发,召集群臣登楼摆宴、赏雪赋诗,并召来当时的画坛高手董源、高太冲、周文矩、朱澄、徐崇嗣等人进行描绘。由高太冲画中主像,周文矩画侍臣和乐工侍从,朱澄画楼阁宫殿,董源画雪竹寒林,徐崇嗣画池塘鱼禽。不久,一幅栩栩如生的《赏雪图》完成了。董源画的雪竹寒林是这幅画中直接描绘雪冬之景的。他胸有成竹,临阵不慌,放手对景勾画，将积雪压竹、丛林寒瑟的景象传神地描绘出来。

959. 吴镇最擅长画什么？

吴镇（1280—1354），字仲圭，号梅花道人，嘉兴（今浙江）人，元代画家。工诗文、草书，擅画山水梅竹，更擅画渔父。画史上记载他的《渔父图》有数十幅，北京故宫博物院、"台北故宫博物院"、上海博物馆、美国大都会等都有所收藏。吴镇先祖曾为宋朝官员，易代之后，吴氏誓不从政，因此吴镇很少与达官显贵交友，常在江河湖泊中悠游，将他的性灵付与江河鱼虾。他的画饱含诗情，笔墨清润。传世画作有《洞庭渔隐图》《渔父图》《雪竹图》《芦花寒雁图》等等。

《洞庭渔隐图》：现藏于"台北故宫博物院"，画面描绘太湖岸边美景，左侧构图，右侧空阔，起笔处画数棵古松，古松上端画茫茫江水。有一扁舟泛于江面，远处重山起伏不定。山体用披麻皴皴出蜿蜒的线条。江面如镜面般静谧绝尘。画上题有《渔父》词一首："洞庭湖上晚风生，风揽湖心一叶横。兰棹稳，草衣轻，只钓鲈鱼不钓名。"诗词点明吴镇淡泊的处世原则，显示出他很享受这种自由自在的超脱生活。

《渔父图》：现藏于上海博物馆。画面前端有一轻舟浮于碧波之上，渔人坐于船前，或垂钓或冥想；周围堤岸柳树摇曳多姿，青草随风飘动；远处山峦起伏，有一蜿蜒曲折的溪流从远山一头曲折流入船前湖面；山峦之上雾霭绵绵；好一派幽静清雅的景致。渔父悠闲自得的状态就是画家对生活的理想追求与真实写照。

《雪竹图》：吴镇画竹意在表现竹的坚韧不拔的精神，此图中题有："董宣之烈，严颜之节，斫头不屈，强项风雪。"所画之竹叶叶着枝，枝枝着节。竹干、竹叶浓淡粗细有度，枯荣显见。雪竹能够经受住严寒的考验，此种不屈顽强的精神令人感动。

《芦花寒雁图》：现藏于北京故宫博物院。画面描绘秋天江面的荒寒之景。一叶小舟在随风摇曳的芦苇荡中穿行，渔人划桨仰望浩瀚的天空似有深意。点点大雁飞行而过，远处的村落与层层远山在迷蒙的烟雾中若隐若现。画中题跋云："点点青山照水光，飞飞寒雁背人忙。冲小浦，转横塘，芦花两岸一朝霜。"

960. 倪瓒的代表作品有哪些？

倪瓒（1301或1306—1374），字元镇，号云林，江苏无锡人，明代画家、文学家。据载，他是位有着"洁癖"且爱香如命的人，因此其家中常有清香缭绕。其家是江南巨富，收藏了很多古物名画，他与江南文人往来甚密，常与友人观摩学习。由于元末农民起义,他无奈疏散家财隐居太湖,过着漂泊流浪的生活。其所作山水画多为太湖一带风光,淡墨画就,疏林特立,低渚淡水,笔触疏松。景中多不画人,而以"幽亭秀木"为主要特征,画中多长题,作楷书,字体朴素清雅,字画之间弥漫着一种寂寞之感。云林的笔墨语言很高,是历代山水画家中的大师。传世作品尚多,有《江亭山色图》《渔庄秋霁图》《松林亭子图》《梧竹秀石图》等。

云林的"洁癖":明清艺坛以来无人不晓云林的"洁癖",传说他每次洗澡都要换数十次的水。穿衣戴帽也要反复抖拍,生怕有灰尘沾染。甚至如厕时,都要在二楼,茅坑置于铺满鹅毛的一楼。每当作画时,他一定要焚香洗手,只有在氤氲的香气中,才能静心创作。

《江亭山色图》:现藏于"台北故宫博物院",整幅画面是暮春山色,枯笔淡墨,疏林间有一小亭兀然而立。远处的山影与溪水绵延交织,一河两岸的构图将暮春悠远的景色带入观者眼前,使得观者沉浸在这空茫的景色之中,于宁静中感受着画家生命的永恒感。此时已超越了时间的限定,在这无滞无碍的虚空之境中,感受着云林的寂寞与自由。正如他自己所说:"醉后挥毫写山色,风霏云气淡无痕。"

《渔庄秋霁图》:现藏于上海博物馆,所画之景是王云浦渔庄,作三段式平远构图。近景渚石上有枯叶秋树数株。中间隔大片阔远湖水。画面上端有两叠远山向远处延伸。山石树木以渴笔写就,秋之凄冷寂静跃然纸上。

《松林亭子图》:现藏于"台北故宫博物院",画面中一痕远山,淡水遥遥,疏林阔落,小亭独立。上有题跋:"亭子长松下,幽人日暮归。清晨重来此,沐发向阳晞。"题跋与景相应和。画中空亭,代表了云林的生命哲学:长延的山水天地与亭子渺小的宿命,不息变动的宇宙与短暂的人生,就这样呈现在眼前,既有对时光流逝、人生多变的感伤,又有一种沐发向阳的从容。

961. 戴进是谁?

戴进(1388—1462),字文进,号静庵,明代画家。浙江钱塘(今浙江杭州)人。早年为银工,后改学书画,不久便有画名。宣德年间被荐入宫,官至仁殿待诏。后因遭谢环谗言被放归,以致流落江湖。他便以卖画维持生计,终卒死困途。戴进山水、人物、花鸟、虫草兼工。山水以师法马远、夏圭为主,各家技法皆学,并融会贯通,形成个人健拔劲锐的风格。其山水画借景抒怀,生活情趣盎然,颇具人情味。如《春游晚归图》《三顾茅庐图》。其人物画师法李唐、刘松年,笔法娴熟,工整劲挺,如《达摩六代祖师像》。其所作花鸟、虫草亦饶有生意,笔墨精细,用色雅致秀丽。戴进是院体与浙派山水画的杰出代表,为后世院内外画家所推崇,也深深地影响了他们的艺术追求。

谗言被驱：戴进被荐入宫后，由于其技术高超，当时，画院受宠的画师李在、倪端、谢环、石锐等一见戴进的作品，都产生妒忌心理。相传有一次，明宣宗召集画家，要求每人献上一幅新作品，戴进便呈上一幅刚画好的《秋江独钓图》，画面上一个穿红袍的人在水边垂钓。宣宗刚看到这幅作品时，心中还很是称赞的，却因谢环进谗——戴进画红袍意在隐射朝中大臣不务正业，宣宗竟然相信，勃然大怒，立即下令将戴进逐出了画院。这一传言在明朝学者郎瑛的《七修续稿》中也有明确记录。

《春游晚归图》：现藏于"台北故宫博物院"，画面一派雾霭缭绕的晚春景象，山间屋舍隐约其中，树木笔墨劲健，树叶柳枝细润，小路上农人携锄晚归，远归之人在门前欣喜敲门，各种温情归家的生活场景在画中显现。

962. 吴伟

吴伟（1459—1508），字次翁，号小仙，湖北江夏（今湖北武汉）人，明代画家。幼为孤儿，富于艺术才华，为生活所迫奔走于仕宦贵族之门，画名日盛，曾三次被召入宫。其首次入宫，即得皇帝宠遇，誉之为"仙人笔也"；再次入宫，又获"画状元"印。然而，他性格放任，不愿受朝廷拘羁，飘然浪迹江湖，长期寓居南京，以卖画为业。他的山水画远师马、夏，近则"原出于文进"，但"笔法更逸"，用水更多，气魄更大，布景造型也更简括整体，用笔横涂直抹，似若随意。吴伟还擅长画人物，精于元人白描和吴道子的用笔。他在院内外职业画家中影响颇大，追随者有张路、蒋嵩等，形成了"江夏派"——此派为浙派的分支，江夏是吴伟的籍贯。吴伟的代表作有《灞桥风雪图》《梅下抚琴图》《武陵春图》等。

《灞桥风雪图》：现藏于北京故宫博物院，画的是深山中白雪一片，虬曲枯枝，细窄的小桥上，一伤感的远行者骑在瘦弱的毛驴上，迎着寒风艰难地挪步。游子在山雪中独行，茫茫宇宙中无一物，离别伤感悲叹命运之情在这静谧空蒙之境油然而生。画面中的树木石岸的皴擦似是画家随意的横涂直抹，却更添一份肃杀之气。诗学中"灞桥、风雪、骑驴"是一个常被提起的话题。灞桥，在西安东面，唐代时是西安人送别的地方，因而又被称作销魂桥。

963. 沈周的《庐山高图》运用了怎样的画法？

沈周（1427—1509），字启南，号石田，长洲（今江苏苏州）人，明代吴门画派代表人物,"吴门四家"之一。出生于诗画与收藏世家,他诗书画兼善,终身不为官。早期绘画受家学影响深远并师承杜琼、刘珏,多为细笔小幅画作。后期广学唐宋元各家,风格渐趋豪放雄厚,笔触更加粗犷。其绘画风格沉郁雄浑,笔触丰满劲健。他的山水画以粗笔居多,代表作有《庐山高图》《夜坐图》《江村渔乐图》等。沈周的花鸟画多以水墨写意形式为主,所画花卉淡墨素朴,苍润简朴。这源自其参学北宋苏轼、南宋法常等人的画法,代表作有《写生册》《枯树八哥图》等。

《庐山高图》:现藏于台北故宫博物院。图中群山叠嶂,云雾飞动,飞瀑从山涧直泄而下。整幅画墨色浓淡层次逐渐变化。沈周取法于王蒙,将重叠的紧密的岩石重新组合,进而形成转折交错的层峦,山林石块的疏密、浓淡刻画得自然生动。此图是沈周41岁时为祝贺老师陈宽七十寿辰所作。画面右下角山坡上,两棵虬曲盘缠的古松,形成近景;中景则以著名的庐山瀑布为主体,瀑布高悬,飞流直下,两崖间斜跨木桥,两侧峭壁则呈内收之势。瀑布上方庐山主峰耸立,山势渐入云端。整体构图体势形成S形曲线,这种构图法很像南宋院体的程式。全幅画作描绘了庐山雄伟壮阔的气势,画家自识"庐山高"篆书,并题古体长歌一首,末识"成化丁亥端阳日,门生长洲沈周诗画,敬为醒庵有道尊先生寿"。画作实则以图写庐山高赞扬其师之道德高尚,令其崇敬。

964. 文徵明有哪些代表作品?

文徵明(1470—1559),初名璧,后以字行,更字征仲,与沈周同乡,明代吴门画派代表人物,"吴门四家"之一。出身于官宦之家,参加科举多次未中,至54岁被举荐入京参与编修《武宗实录》三年多,其一生过着名士生活,致力于诗书画创作,山水花鸟人物兼长,尤擅山水。山水画受其个人生活影响,多描绘文人雅集、江南风景、清泉涓涓。他的山水画水墨与水墨淡着色更引人注目,且以细笔为主要面貌。文徵明主宗,作品闲适幽静,笔墨繁密中又见工秀。代表作有《真赏斋图》《绿荫清话图》《江南春图》等。文徵明的花鸟画,大都画兰竹,秀雅清润。其人物画则学自赵孟頫、李公麟等,画风古澹简洁,线条如行云流水般畅达,人物姿态超凡脱俗,清丽动人。如《湘君湘夫人图》。

《真赏斋图》:现藏于国家博物馆,是文徵明88岁时所作。真赏斋是其一位友人藏书会客之所。画面茅屋两间,屋内清供陈设,桌椅洁净素朴,案几上书卷文房整齐陈列。两位老者对坐相谈。舍外青铜挺立,古树虬曲,假山重叠,苔藓满地,正是一派山静日长的景象。文徵明的绘画多偏于静,他自号"吾亦世间求静者",他所追求的静境正与外界的喧闹形成鲜明的对比,在这寂静中安顿浮躁的心灵,与山水同游，忘却世间杂物，淡泊处世，于时间永恒之际保持着一颗纯粹的心。

《中庭步月图》：现藏于南京博物院，图绘月下文徵明与友人酒后在庭院内赏月话旧之景。院内萧疏的树木、朦胧的烟雾与微微月光更增添了一份寂静。借着酒意与叙旧的热情，文徵明突然清醒并思考自己平日忙碌的生活似乎不是他内心所追求的，那些忙碌的身影就如月夜下河里的山洞倒影虚幻缥缈，他真正需要的其实是与友人的真挚相交，是一个宁静的时刻，能够让他感受宇宙间美好事物，让他浮躁的心灵常有一个可以停留的住所。画面上端的题诗就是他此时心灵的写照："人千年，月犹昔，赏心对樽前客。但得常闲似此时，不愁明月无今夕。"

965. 唐寅和唐伯虎是同一个人吗？

唐寅（1470—1523），字子畏，另字伯虎，晚号六如居士，江苏吴县（今江苏苏州）人。唐寅是著名画家、文学家，被称为"江南第一风流才子"。他少负奇才，16岁便高中秀才第一名，二十几岁高中乡试举人第一名，因此他又被人称作"唐解元"。后因科举案件受到牵连，命运坎坷，遂终止仕途，沉湎于酒色，放荡不羁。尽管如此，在绘画上他仍有高才，与文徵明、祝枝山、徐祯卿并称为"吴中四才子"。其绘画题材广泛，山水、人物、花鸟、楼阁俱工，画法既宗李唐、刘松年，又学"元四家"融会贯通，形成以院体工细为主又具文人笔墨意趣的个人风格。他的人物画工笔写意兼有，常结合诗词阐发不同立意，代表作有《李端端图》《王蜀宫妓图》《秋风执扇图》。他的山水画真实不刻意，画风洒脱沉郁，如《落霞孤鹜图》。他的花鸟画则喜水墨任意点染，具有清新秀逸之趣，如《古槎鸲鹆图》。唐寅晚年甚是落魄，常常一人独处于桃花庵，在花海中体悟他人生的沉浮，因此，很多画作都与落花、秋风有关，惜花、伤秋是其创作的主题。

《秋风执扇图》：现藏于上海博物馆，画面多有留白，右下角画有太湖石，缓坡上隐约由坡缘伸出几株细竹，有一面容姣好、婉约如仙的女子执扇若有所思地眺望远方。仔细端详画上女子，其眼神略有愁思，衣带随风飘扬，凄婉之绪弥漫纸上。画面左侧题有一诗："秋来纨扇合收藏，何事佳人重感伤。请把世情详细看，大都谁不逐炎凉。"诗情画意相结合，唐寅借女子象征个人落魄坎坷的境遇。此幅画的构思显然是受汉代班婕妤的影响，班婕妤是汉代的貌美有才的女子，为汉成帝宠幸，后因赵飞燕的到来，她便遭到冷落，伤感悲凉之下作了首《怨诗》："新制齐纨素，鲜洁如霜雪。裁为合欢扇，团团似明月。出入君怀袖，动摇微风发。常恐秋节至，凉飙夺炎热。弃捐箧笥中，恩情中道绝。"诗中借团扇看尽世态炎凉。

966. 陈洪绶是谁？

陈洪绶（1598—1652），字章侯，号老莲，浙江诸暨人，明代画家。他少负奇才却屡试不中，便着意于绘画，成为职业画家，曾入宫就职，因厌倦官场后又回归市井。清朝统治之后，怀有亡国之痛，改号悔迟，以卖画为生。其画作多古诞、人物形象奇古、画面空阔，秉持"宁拙勿巧，宁丑勿媚"的艺术理念。老莲绘画中常有古拙器物入画——铜鼎、酒坛、羽觞、酒瓮等，这些器物造型简洁，颜色古朴，材质简单天然，没有刻意的装饰而趋于简淡，他正是借器物而表达淡去欲望，荡涤尘埃，解除知识的羁束，而泊然自处，忘情融物，独守天真。除此之外，他还爱画有冰裂纹的花瓶，这正如朱良志所说，瓷器的开片是内涵上对人生命的关怀，使纹理成为"人"之"文"，"文"是"纹"的古字，中间应该有"人"，有对"人"的关怀。老莲加入这一元素，也正应和其对生命的感悟。

《痛饮读骚图》：此图画一人于案前读《离骚》，满目愤懑而无可奈何，此处《离骚》是忧愤壮烈的代名词。右有花盆，中有梅竹，这是老莲常有的清供陈设。右手酒杯在握，似乎要将杯捏碎，左手有狠狠向下压的态势，这分明是强忍着内心的痛苦。两目横视，须髯尽竖，画中长几上铁如意放在左侧，正暗含"击碎唾壶"的沉郁顿挫之意。有一种虽无奈也不愿屈就的骨气和忧国忧民的情怀。

《陶渊明归去来兮图》"却馈"：画面上，暮年潦倒贫困的陶渊明坐于草席陋几上，身旁破缶瘦藤与开片瓷瓶一起置于地上，江州刺史带酒食拜访，劝他出仕，被他谢绝。这破缶不仅表现其穷困潦倒的生活，更是他不屈于名利、刚毅耿介人格的体现。

《晞发图》：图中石几上瓷盆中素雅的菊花傲然挺立。菊花有凌霜盛开、西风不落的傲骨。画家以菊明志，以此比拟自己的高洁情操、坚贞不屈。

《吟梅图》：图中清吟者的旁边以奇崛之树根供奉着清供，幽谷的花瓶中有梅花一枝、红叶几片。梅花因其冰肌玉骨、凌寒留香被文人志士喜爱，更寓意高洁、坚强的品格。且梅花开在冬末早春，而红叶开在秋末，这里却被放在了一起，画家俨然在隐射自己的人生境遇。

967. 崔子忠是谁？

崔子忠（？—1644），号青蚓，一字道母，山东莱阳人，明末著名的人物画家。与陈洪绶齐名，画史上有"南陈北崔"之说。其所画人物笔触精细，古朴高逸，尤擅白描人物。崔子忠是文人画家，曾屡试不中，便一心进行绘画创作，明亡后走入土室而死，其高逸不屈的人格在他的画作中也有所体现，如《云林洗桐图》。代表作品还有《伏生授经图》《云中玉女图》等。

《云林洗桐图》：现藏于"台北故宫博物院"，是崔子忠一幅有影响的作品，画面主要描绘元朝画家倪瓒洗桐的故事。整幅画清新自然，画幅中部有一嶙峋假山，山旁昂然挺立一棵枝繁叶茂的梧桐，树下有一仆童执刷认真清洗梧桐树。此时假山前有一位衣着简朴雅致、头戴士冠的从容之人。此种闲云野鹤之态，非倪云林莫属。他的身后一女童手捧香气缭绕的金兽香炉。看到此处，鼻尖似乎也闻到了这淡淡的香味。崔子忠作此画不仅仅是简单描绘云林事迹，从斑驳陆离的水盆、参差的怪石可感受到时间的凝固，这些物件似乎从远古走来，而朴秀的梧桐与其形成鲜明的对比，给人强烈的视觉感。云林洗桐一方面代表文人清雅之事，一方面梧桐在古时具有独特的意味。《庄子·逍遥游》中有一种叫鹓雏的鸟飞往南方，"非梧桐不止，非练实不食，非醴泉不饮"，侧面代表了志行高洁的文人。《世说新语》中也有相关典故，将"新桐初引"比喻为高逸人格。因此，崔子忠所画是为了突出云林高逸的情怀，更突出他个人的生命体验及清风高洁的精神。其画跋也道出了他的初衷："古之人洁身及物，不受飞尘，爱及草木，今人何独不然，治其身……端与斯人共永也。"

968. 朱耷是谁？

朱耷（1626—1705），谱名统鋆，号雪个、八大山人、驴汉等。江西南昌人，是明宁王朱权后裔，清初画家。"哑"是八大山人的一个徽记，史料记载八大山人父子都有语疾，其父卒后，为了继承父志而哑于言。关于不语之说，学界说法不一。有学者认为他以不语来表达遗民的痛苦与愤怒；张潮则认为，合于心者与之言，不合于心者则沉默，这是一种政治考量。而从八大山人自己的作品中，还能看出不语的禅宗精神——不立文字，不以知识、语言、理性来探寻世界，而以生命来体悟世界，以一颗不争、平等之心与世界融于一体，圆融自足。八大山人"口如扁担"的闲章、"天心鸥兹"和"八还"的印章就是对此种思考的写照。艺术风格上，八大山人的作品总有一种"墨点无多泪点多"之感，格调凄清幽冷，残缺中又有圆满，孤独中又有独立。他的作品不是单纯的创作，更融入了其复杂强烈的内在精神。山水画初学董其昌，明亡后大变其趣，以山水寄恨。如《松谷山村图》《秋林亭子图》等。花鸟画则更为杰出，他继承沈周、徐渭、陈淳以来的文人花鸟写意画风，融入个人特点，以简笔画出孤清空淡的画作，以表个人的遗民情结。如《孤鸟图轴》《荷花小鸟》《秋花危石图》《水仙》等。值得注意的是，八大山人的水仙在中国花鸟画史上是独一无二的，他用淡墨枯笔画出如"戏影"般的水仙，寥寥几笔将水仙的清姿与丰骨生动地刻画了出来。

口如扁担：意为在口中横下一根扁担，无法言语。换言之，闭起口来说。此处，八大山人想要闭起的是知识的口。这源自禅宗的精神。《五灯会元》记载，大愚的弟子文悦禅师上堂说法："口似扁担，你这些人还要争论干什么？"禅宗强调"妙高顶上，不容商量"。一商量、理论，就是理性、知识，就没有禅了，禅强调如人饮水，冷暖自知。

八还：即明还日轮、暗还黑月、通还户牖、壅还墙宇、缘还分别、顽虚还空、郁悖还尘、清明还霁。还即复的意思。八还意在说注重内在，复归根本，不要被外在的分别、知识所束缚，从容面对一切，要无障碍无心无物地自在生活。

天心鸥兹：源自《列子》中的典故。从前有个喜欢鸥鸟、住在海边的人，每天清晨他都到海边与鸥鸟一起玩耍，成千上百的鸥鸟都不惧怕他，自在地落在他的肩上。有一天，其父亲知晓后让他抓一只玩玩。第二天，当他再次去海边时，鸥鸟们都不落在他肩上了，因为他已经有了不单纯的目的之心，而鸥鸟是忘机的。引用这一典故，八大山人意在表明他也想有像鸥鸟一样的"天心"，与世界无分别自由地生活。

《孤鸟图轴》：现藏于云南省博物馆，作于1692年，是八大山人晚年的作品。画面背景空阔简淡，笔墨流畅老辣。只有左侧斜出一根枯枝，上立一鸟于末端似飞未飞，小黑点沉着有力，小细爪紧紧撑着，看似偌大的空间只有一只危立于末端的孤独小鸟，实则蕴含了其独立的崇高精神。

969. 齐白石擅长于画什么？

齐白石（1864—1957），原名齐纯芝，字渭清。其师为他取名齐璜，字濒生，号白石，书画家、篆刻家。他出生于湖南湘潭的农民家庭，从小因身体原因不适合干农活，便师从叔父，学习木匠，学成后转学雕花，乡人称其"芝木匠"。由于热爱绘画，做工之间隙，他常反复临摹《芥子园画谱》，后结识当地文人胡沁园、陈少蕃等，获得诗文画理上的指点，并有机会观赏到部分古代绘画，得到启发，便为乡人画像，同时兼工花鸟鱼虫，以此为生。后来受人邀请，他得以游览祖国河山，借景创作了《借山图卷》52幅以及《石门二十四景》。五出五归之后，他在家乡过着富裕安静的田园生活，使其艺术得以拓展。后因陈师曾的激励与帮助，他在衰年之际，改革创新出新的个人绘画特色——（1）只画本人见过的花鸟鱼虫。（2）摸索出一套"万虫写照，百兽传神"的笔墨技巧，使得绘画得以在似与不似之间。（3）结合诗词与个人理解，描绘出具有诗意的艺术形象。（4）画中融入个人情感，独具深意。他也擅人物画，笔法简练粗犷，内涵深邃。值得注意的是，齐白石后期最擅长画群虾。

民族气节：齐白石为人正直耿介，早年不惜冒着生命危险帮助革命党传递秘密文件。面对山河破碎的动乱局势，发出"对君思册感当年，撞破金瓯国可怜；灯下再三挥泪看，中华无此整山川"的悲叹。

白银购虾图：齐白石曾贴出润格："白石画虾，十两一只。画虾一只，索价纹银十两。"如此价格足见其技艺之精。尽管价钱昂贵，登门求虾者仍然不少。一个富人见了画价，心中盘算一翻，最后以白银35两向他购画。富人洋洋自得，以为必有赚头，已付纹银35两，总得画四只虾吧？次日，画家作品已成，富人展卷一瞧："画上只有三只虾？不对呀，那多余的5两白银岂不白送了！"富人正待开言，仔细一看，发现还有半只虾隐身于水草之中，只见一节虾尾。

《群虾图》：约作于20世纪30年代晚期．画虾九只，三只居上，六只拥于下，头皆朝左下方，不见水流，却似乎只只顺左下水源而去。虾身健劲有形，姿态各异，长臂钳重叠交叉，繁多的长须和成排的小腿无一累赘，活灵活现，特别是薄壳包裹躯体的半透明感，神完气足，形神兼备。

970. 王羲之最重要的贡献是什么？

王羲之(303—361，一作307—365，又作321—379)，字逸少，司徒王导从子，琅邪(今山东临沂)人，东晋书法家。官至右军将军、会稽内史，故亦称"王右军"。在任四年，辞官居山阴(今浙江绍兴)，生性骨鲠高爽，游名山，泛沧海，喜道家之学，尽弋钓之乐。羲之书法真迹已不可见，仅存刻帖与唐人钩摹墨迹传世。其书有真、行、草三类，史载他还精通章草、隶书，惜不传。王羲之最重要的贡献在于变革楷书和行书，创造了妍美流丽的书体新风，因此成为中国书史上一位划时代的书家，被后世尊奉为"书圣"。羲之的书法作品摹刻本极多，传世的尚有《官奴帖》《姨母帖》《奉橘帖》《快雪时晴帖》《乐毅论》《黄庭经》等。

(1)《兰亭序》，又称《兰亭集序》《禊帖》等，是王羲之行书的代表作，有"天下第一行书"之誉。据载是东晋永和九年(353)三月三日，王羲之与谢安、孙绰等41人在山阴举行祓禊之礼，于饮酒赋诗时所写的诗序草稿。全文共28行，324字。《兰亭序》真迹相传已陪葬在唐太宗昭陵内，现在流传的各种《兰亭序》临摹本中，最有名的当属旧题冯承素所摹的"神龙本"。因为它是书稿，无意于求工，所以显得潇洒自然，点画富于变化，结字灵动新奇，如全篇20个"之"字，无一字写法雷同，可谓变化万千，自出新意。论者以为，它在字里行间流露出当时乘兴挥毫的情感变化。通幅作品遒丽飘逸，圆润流畅，充分表现出晋人潇洒自然的风致和情趣，是后世学习书法艺术的典范和楷则。

(2)《十七帖》：被誉为逸少"书中龙"，书法雄健，堪为历代草书范本。宋代朱熹评："玩其笔意，从容衍裕而气象超然。"(《朱子文集》)

(3)写经换鹅(典故)：王羲之生性爱鹅，观鹅舞颈而妙悟书法之道，曾以写经与山阴道士换鹅。据唐代《晋书》载："山阴有一道士，养好鹅，羲之往观焉，意甚悦，固求市之。道士云：'为写《道德经》，当举群相赠耳。'羲之欣然写毕，笼鹅而归，甚以为乐。"

971. 王献之书法的整体风格是什么？

王献之(344—386)，字子敬，王羲之第七子，因官至中书令，故世称"王大令"，东晋书法家。献之幼即从父学书，亦擅真、行、草诸体，能变右军法为今体，自成新貌，故与其父并称"二王"。其传世作品有绢本墨迹《鸭头丸帖》，唐摹纸本《廿九日帖》《中秋帖》《地黄汤帖》，刻本《十二月帖》等。唐代张怀瓘的《书断》中载，献之"隶、行、草、章草、飞白五体皆入神，八分入能"。献之书法秀媚飘逸，饶有气势。

《十二月帖》：又称《十二月割至帖》，被米芾称为"天下子敬第一帖也"，现存的《十二月帖》是米芾《宝晋斋法帖》的翻刻本，原迹早佚。此帖具有王献之"一笔书"的典型特征。"一笔书"，或称"连绵草"，主要指一种上下连绵的草书或行草。此帖是王献之行草书代表作，全篇秀媚婉转，气息流贯，极富韵律，如见其挥运之时。其"一笔书"实为后世狂草之滥觞。

972. 王珣的什么作品为今存唯一得见的东晋文人书法真迹？

王珣(350—401)，字元琳，小字法护，是王献之族弟，琅邪(山东临沂)人。他的祖父王导、父亲王洽，以及弟弟王珉，皆以书名闻于世。王珣善书，精于行、草书，其传世的《伯远帖》为今存唯一得见的东晋文人书法真迹。

《伯远帖》：为行书信札，5行，47字，纸本，无钩摹痕迹，行笔清劲利落，点画迹简意丰，笔意似断还连。此帖个人风格、时代特色极其鲜明，所谓"晋人尚韵""江左风华"，于此可见一斑。明代董其昌评此帖曰："潇洒古澹，东晋风流，宛然在眼。"(《画禅室随笔》)他还欣然题跋："既幸予得见王珣，又幸珣书不尽湮没，得见吾也。"此帖曾入清内府，乾隆极重之，多次在帖上题跋并配画，将其与唐摹王羲之《快雪时晴帖》、米芾临王献之《中秋帖》并称为"三希帖"，并把存放这三件稀世珍宝的房子取名为"三希堂"。

973. 智永的哪一代表作被后人视为学习楷书和草书的范本？

智永，会稽（今浙江绍兴）人，南朝陈、隋间书法家，俗姓王，名法极，王羲之七世孙。智永早年与兄孝宾一起出家为僧，世号永禅师，省称永师。智永善书，工真、行、草、章草诸体。唐代张怀瓘《书断》卷中将智永楷、草、章列入"妙品"，行书入"能品"，且评曰："微尚有道（张芝）之风，半得右军（王羲之）之肉，兼能诸体，于草最优。"清刘熙载《艺概》评智永："尤得右军之髓。"他一生研习传播右军书，居永欣寺30年，临池不断，其间书就《真草千字文》800余本，分赠浙东诸寺。现传世的有墨迹、刻本两种，计202行，每行10字。《真草千字文》是智永晚年以当时的识字课《千字文》为内容，用真、草两体写成。这些写本法度谨严，笔致俊朗，秀雅稳健，是他的代表作品，其墨迹和刻本被后人视为学习楷书和草书的范本，如宋米芾《海岳名言》："书法自右军后当推智永第一，观其《真草千字文》，圆劲秀拔，神韵浑然，已得右军十之八九，所去者正几希焉。"

铁门限：据宋高宗赵构《翰墨志》等书记载，智永居住在永欣寺阁（故址在今绍兴）30年，手迹流播既广，书名卓著，登门拜求墨宝的人络绎不绝，竟使智永住处门限几被踩烂，只得用铁皮包裹起来，人称"铁门限"，一时传为书坛佳话。

退笔冢：相传智永每次把退笔（秃笔）随手置于大竹簏（或谓大瓮）内，竟至装满十簏，后来他把这些退笔埋葬于地，并自制铭志之词，号"退笔冢"（事见张怀瓘《书断》）。退笔成冢的典故，反映了智永在书法艺术方面取得如此成就绝不是偶然，这与他临池勤奋学书是分不开的。

974. 欧阳询的哪一作品最为流传？

欧阳询（557—641），字信本，潭州临湘（今湖南长沙）人，由隋入唐，官至太子率更令，故又称欧阳率更，唐代书法家。欧阳询八体尽能，尤以楷书名世，形成了用笔劲险、结体劲正的楷书风格，世称"欧体"，与虞世南、褚遂良、薛稷并称"唐初四大书家"。欧书对唐楷发展的影响至关重要。欧阳询传世楷书代表作有《九成宫醴泉铭》《化度寺碑》等碑刻。其中《九成宫醴泉铭》最为流传，是学习唐楷的最佳模本。此外，他还有传世行书墨迹本《仲尼梦奠帖》《张翰帖》《卜商帖》等。其子欧阳通亦善书，传世作品有《道因法师碑》等，书法源自家学，与其父有大、小欧阳之称。

《九成宫醴泉铭》：由唐代名臣魏徵撰文、欧阳询正书的碑刻。它是欧体楷书代表作之一。所刻碑石于唐贞观六年（632）四月立于陕西麟游，24行，行50字。此碑为欧阳询晚年之佳作，其书法用笔方厚、瘦硬端肃，结构紧密，北碑的险峻与南碑的淡雅均融于其中，变化有致。明陈继儒曾评曰："如深山至人，瘦硬清寒，而神气充腴。能令王公屈膝，非他刻可方驾也。"

975. 虞世南的代表作品有哪些？

虞世南（558—638），字伯施，越州余姚（今浙江余姚）人，唐初书法家、文学家。他是"唐初四大书家"之一，与欧阳询并称"欧虞"。官至秘书监，封永兴县公，故后人又称其为"虞永兴"或"虞秘监"。其书法深得唐太宗赏识，早年于智永学书，工楷、行二体，甚得"二王"堂奥。虞世南书迹今日尚可见者，有楷书代表作《孔子庙堂碑》、行书代表作《汝南公主墓志铭》等。

976. 褚遂良是谁，有何代表作？

褚遂良（596—658或659），字登善，钱塘（今浙江杭州）人，唐代书法家。官至尚书右仆射，封河南郡公，故世称褚河南。其书法初受欧阳询、虞世南影响，后精研前代书迹，追慕二王书风，融合汉隶，自创一格。在虞世南卒后，褚遂良经魏徵荐举为侍书。后人将其与欧阳询、虞世南、薛稷并称为"唐初四大书家"。褚书风格瘦硬遒逸、清远明丽，却又不失古雅。《唐人书评》评其书法："字里金生，行间玉润。"明项穆《书法雅言》评曰："褚氏登善，始依世南，晚追逸少，遒劲温婉，丰美富妍。"褚遂良楷书代表作有《孟法师碑》《房玄龄碑》《雁塔圣教序》等，另有《大字阴符经》《倪宽赞》楷书墨迹本传为遂良所作。褚遂良亦有行书作品传世，如《枯树赋》等。

《雁塔圣教序》：碑共二石，分别为唐太宗、唐高宗撰文，由褚遂良正书，唐永徽四年（653）立于今陕西省西安市慈恩寺大雁塔下，碑现存。此碑为褚书成熟期的代表之作，其运笔方圆兼施，刚柔相济；笔画秀润清劲，略带隶意；结体宽博气畅，散朗多姿；体势婉媚流动，富有顿挫抑扬的节奏感，是一件不可多得的代表褚书成熟风格的作品，并改变了"欧虞"以险峻严谨、藏而不露的面貌一统初唐楷书的局面，为唐楷今后的发展开拓了广阔前景。

977. 薛稷擅长画什么？

薛稷(649—713)，字嗣通，蒲州汾阴(今山西万荣西南)人，唐代书画家。官至太子少保，后世称"薛少保"。稷为名相魏徵外孙，家中虞、褚翰札甚丰，其锐意临仿，精心研习，遂以善书闻名。后之论书家将其与欧、虞、褚列为"初唐四家"。薛稷亦善画，是最受时人称颂的花鸟画家，尤擅画鹤，时称为四绝之一。其楷书存世代表作有《信行禅师碑》，此碑书法承褚书风神，以瘦硬绮丽见长，笔法劲挺，但过于纤瘦而丰婉不及，幸而结字新奇舒畅，平添了些许风趣与韵律。

978. 孙过庭以何种字体最为著称？

孙过庭，名虔礼，字过庭，自署吴郡(今江苏苏州一带)人，一说陈留(今河南开封)人、富阳(今属浙江)。唐书法家、书学理论家。他擅于真、行、草诸体，以草书最为著称。观《书谱》墨迹，知其书深得二王笔法，用笔凝练俊逸，点画跌宕，而不失含蓄。后世书家对《书谱》评价都极高，如宋米芾《海岳名言》曰："凡世称右军书，有此等字，皆孙笔也。凡唐草得二王法，无出其右。"

《书谱》：成书于唐武则天垂拱三年(687)。它涉及书法理论的各个方面，分二卷六篇。其代表性理论观点如"古不乖时，今不同弊""通会之际，人书俱老""五合""五乖""心手双畅"等，不乏精辟见解，它在中国古代书法理论史上的价值广为后人重视。

979. 张旭的书法风格是什么？

张旭，字伯高，苏州吴县(今江苏苏州)人，唐代书法家。官至金吾长史，故人称"张长史"。平生嗜酒如命，与李白、贺知章等当时的名士合称"酒中八仙"。相传他往往在大醉后呼喊狂走，然后落笔，所以人称张颠。张旭工真、草二体，尤以草书而声高一代。其草书一改初唐人风貌，大量地使用连笔，将个人志趣、内心情感完全倾注于笔端，从而形成了笔势恣肆纵逸、线条厚实饱满、连绵不绝的书法风格，开创了草书艺术的新天地，被称为"狂草"，对五代、两宋书法影响深远。杜甫诗云："张旭三杯草圣传。"唐文宗时诏令以李白诗歌、裴旻剑舞、张旭草书为有唐"三绝"。后世把张旭誉为"草圣"。其草书传世代表作有《古诗四帖》《肚痛帖》等。

颠张醉素："颠张"指的是张旭，"醉素"指的是怀素。两位均是盛唐书坛以善写狂草而闻名的大书法家。

怀素：字藏真，俗姓钱，幼年时出家为僧，长沙（今属湖南）人。其性情放诞，不拘小节，对佛门戒律时有违反。常豪饮，每至酒醉兴发，即提笔挥毫，寺壁墙面、衣裳器皿，无不信手而书。时人呼之"醉僧"。其草书势若疾风骤雨，线条圆劲流畅而枯润有致，穷极变化。其草书传世代表作有《自叙帖》《苦笋帖》等。

980. 李邕的行书传世之作有哪些？

李邕（678—747），字泰和，扬州江都（今江苏扬州）人，唐代书法家。官至北海太守，故世称"李北海"。宋《宣和书谱》评其曰"书中仙手"，明董其昌评曰"右军如龙，北海如象"，以象喻其笔力沉雄。李邕常以行书书碑，其势以欹反正，笔力充盈，结体取相背之势而右耸，妍丽之中寓有雄强之气，疏密对比强烈，变唐初清劲严谨为洒脱凌厉，流露出一种正直义烈的精神追求。其行书传世之作有《李秀碑》《麓山寺碑》《李思训碑》等。

981. 李阳冰篆书被后世称为什么？

李阳冰，字少温，赵郡（今河北赵县）人。官至将作少监，故世称"李监"。李阳冰善书，尤精小篆，被誉为"有唐篆书第一妙手"。他的篆书初学李斯，后博采众长，自创一格。宋代陈櫄在《负暄野录·篆法总论》中评其曰："小篆自李斯之后惟李阳冰独擅其妙。"可见赞誉之高。因其篆书用笔匀秀而精整、劲健而婉畅，故后世称为"玉筯篆"。其篆书代表作主要有《三坟记》《城隍庙记》等。

李斯：秦代政治家，楚上蔡（今河南上蔡西南）人。他将原来的秦文字改省为规范的秦小篆，并在全国推广应用，他被称为秦篆书体的始祖，这是他对我国古代文字及书法艺术的发展所作出的杰出贡献。《泰山刻石》《琅琊》《峄山》等刻石均传为李斯所作。由于生于千年后的唐代李阳冰也独擅篆书，且师承李斯，后人遂将他和李斯并称"二李"，作为历史上二位写小篆的大师。

玉筯篆：亦称"玉箸篆"，为秦相李斯所创，笔画工整，结构修长，圆润淳厚，形如玉筯（筷子），见于《泰山刻石》《峄山碑》等。

982. 颜真卿的楷书和行书的风格分别是什么？

颜真卿（708—784），字清臣，京兆万年（今陕西西安）人，唐代书法家。任殿中侍御史，出任平原太守，后封鲁国公，故此又称"颜平原""颜鲁公"。真卿自幼嗜书，工尺牍文字，擅楷、行书，从褚遂良、张旭得笔法，兼学北碑，其楷书吸取篆隶特点，以篆隶入楷，严谨庄重，气势雄强，颇有庙堂气；行书遒劲有力，善用"渴笔"，自成一格，古法为之一变，世称"颜体"。宋苏轼曾评曰："书至于颜鲁公，画至于吴道子，而古今之变天下之能事毕矣。"宋陆游在《陆游诗选》中评曰："学书当学颜（真卿）。"可知"颜体"对当时及后世产生的影响是极其深远的。颜真卿传世碑刻、拓本、墨迹有70余种，主要代表作品楷书有《多宝塔感应碑》《东方朔画赞碑》《麻姑仙坛记》《颜勤礼碑》《自书告身》等，行书有《祭侄文稿》《争座位帖》等。

《祭侄文稿》：亦称《祭侄季明文稿》，作于乾元元年（758），为祭其侄颜季明而书，季明在安史之乱中横遭杀戮，为国捐躯，正当英年。鲁公在极度悲恸和义愤之下挥就写成此稿，将其悲痛激愤之情，凝聚毫端，纵笔豪放，信笔书来，如同自然天成，遂成千古绝笔！故有"天下第二行书"之誉。

颜书三稿：指颜真卿的《祭侄文稿》《祭伯父文稿》《争座位帖》，它们为颜真卿行草书的杰作。

983. 柳公权以何字体著称？世人称其为什么？

柳公权（778—865），字诚悬，京兆华原（今陕西铜川）人，唐代书法家。官至太子少师，故世称"柳少师"。公权书法初学王羲之，后遍研近代笔法体势，尤得力于欧阳询、颜真卿，自出新意，终以楷书著称，世人又称"柳体"。与颜体不同，柳书偏重骨力，转折处顿挫明显而清劲爽利，字形瘦长，给人一种庄严肃穆的感觉。时有"颜筋柳骨"之誉，为时人所重。其楷书代表作有《玄秘塔碑》《神策军碑》等，行书墨迹有《蒙诏帖》，传为柳公权作。

笔谏：唐穆宗曾问柳公权笔法为何如此高妙，公权回答："用笔在心，心正则笔正。"（见《旧唐书》）撇开其政治色彩不言，此话既指明了临习者须体会柳书用笔、结字的基本要领，又道出了人的修养、品性对其字体的重要影响，故时称"笔谏"。

颜筋柳骨：颜书以端庄厚重、丰腴雄强为主；柳体则刚健挺拔、中宫紧凑，自有一种清新脱俗之气。故前人用"颜筋柳骨"来评价二者的书风与成就，是比较妥帖准确的。

楷书四大家：指书法史上以楷书著称的四位书法家，他们分别是唐代欧阳询、唐代颜真卿、唐代柳公权、元代赵孟頫。

984. 杨凝式的传世书迹有什么？

杨凝式（873—954），字景度，号虚白，华阴（今属陕西）人，五代书法家。唐末为秘书郎。历仕梁、唐、晋、汉、周五朝，官至太子太保，故世称"杨少师"。其性格豁达不羁，每佯狂自放，故又称"杨风子"（即杨疯子）。有书壁之好，墨迹多存于洛阳寺庙粉墙之上，至宋时尤可见。书法初学欧阳询、颜真卿，后又精研二王，笔势奔逸，变化多姿。传世书迹有《韭花帖》《神仙起居法》等。

《韭花帖》：原迹为纸本，行楷书，7行，63字。真迹为清末罗振玉藏。此帖淡雅淳古，布白疏朗，字字俊丽，笔笔自然，楚楚有士君子风，神气完备，甚得羲之《兰亭》遗韵。

985. "宋四家"是什么？

"宋四家"是北宋时期四位书法家苏轼、黄庭坚、米芾和蔡襄的合称，后人习惯称为"苏、黄、米、蔡"。苏轼（1037—1101），字子瞻，号东坡居士，眉州眉山（今属四川）人，北宋著名文学家、书画家，为"宋四家"之首，是宋"尚意"书风的倡导者。苏轼书法亦自成一家，他力主"自出新意，不践古人"，又云"我书意造本无法，点画信手烦推求"。他初学二王书，晚乃追颜平原，故时有二家风范。其书法特点是用笔多取侧势，结体偏平短肥，筋骨不求外露，刚劲之气内含。其代表作楷书有《醉翁亭记》等，行书则有《黄州寒食诗帖》《赤壁赋》等。

宋代尚意：指特别重视表现作者的主观情感的作用，即格外追求创作心态的自由。"尚意"在宋代大行其道，它作为一种文艺思潮，盛行于包括书法在内的一切文化领域。

三苏：指苏轼与其父苏洵、弟苏辙，均为当时著名文学家，故父子三人被后世并称为"三苏"。

《黄州寒食诗帖》：此帖系苏轼所书，被称为"天下第三行书"。现藏"台北故宫博物院"。苏轼谪居黄州时生活凄苦，心情悲怆郁勃，均流露于字里行间，书法用笔、墨色伴随作者情感的变化而变化，跌宕起伏，不受拘束，其字由小渐大，结体左右疏密成趣，愈写愈潇洒绝妙，确是"我书意造本无法"之真实写照。

986. 辐射式书体是什么？

黄庭坚创造了一种字形内紧外敛而又伸展的结构特点，中宫紧集，让长笔画向四面展开，形成鲜明的疏密对比关系，即辐射式书体。此书体在奇崛中透出禅韵，不落俗格，自成一家。苏轼曾形象地称黄庭坚的书法如"树梢挂蛇"。

黄庭坚（1045—1105），字鲁直，号涪翁、山谷道人，洪州分宁（今江西修水）

人，北宋诗人、书法家。他出于苏轼门下，而与苏轼齐名，世称"苏黄"。他与张耒、晁补之、秦观合称为"苏门四学士"，并开创了江西诗派，被奉为一代诗宗。《宋史》称其"善行、草书，楷法亦自成一家"。他为"宋四家"之一，与苏轼同为"尚意"书风的倡导者。其行书代表作有《东坡黄州寒食诗跋》《松风阁诗帖》等，草书代表作有《诸上座帖》《李白忆旧游诗卷》《廉颇蔺相如列传》等。

987. 米芾的代表作有哪些？

米芾（1052—1108），初名黻，字元章，号襄阳漫士、海岳外史等，世居太原（今属山西），迁襄阳（今湖北襄阳市），后居润州（今江苏镇江），北宋书画家。曾被召为书画学博士，迁礼部员外郎，故人称"米南宫"。因言谈举止乖僻、狂放不羁，人亦称为"米癫"。其传世代表作行书有《蜀素帖》《苕溪诗帖》《珊瑚帖》等，草书有《论书帖》《元日帖》等。

蟹爪钩：为米芾作品中的一种特殊笔法，钩画有力，形似蟹爪，特点鲜明。

集古字：米芾学书十分勤苦，崇尚"二王"，深得"二王"父子笔意。故极其擅长临摹，所临者能以假乱真，故有人戏称其书为"集古字"。

八面出锋：指米芾用笔特色，其运笔迅疾，用笔讲究中侧锋并用，两者转化自然巧妙，枯笔刚健雄逸，如仙人舞袖；湿笔丰润清劲，乃得自然。故其自谓为"八面出锋"。

刷字：指米芾用笔特色，其自评其字为"刷字"，可理解为其运笔之劲健，迅疾，率意，挥洒自然。

988. 蔡襄代表作有哪些？

蔡襄（1012—1067），字君谟，兴化仙游（今属福建）人，北宋名臣、书法家。他与苏轼、黄庭坚、米芾一起被后人誉为"宋四家"。蔡襄书法在宋代被誉为当世第一，颇受时人推重。据《宋史》载："襄工于书，为当时第一。"苏轼曾评其曰"蔡君谟为近世第一"，"独蔡君谟天资既高，积学深至，心手相应，变态无穷，遂为本朝第一"。北宋米芾更是称赞其书是"勒字"（"勒"者，镌刻金石也）。北宋朱长文《墨池编》曰："君谟真行草皆优，入妙品，笃好博学，卓冠一时。"宋高宗赵构评其书为"本朝诸臣之冠"。其楷书方整古雅，气象豪放，直追晋唐意韵；行书多取颜意，融二王笔法，既灵动婉丽又端重有力，颇具晋人风规。其传世书迹楷书有《万安桥记》《昼锦堂记》《持书帖》等，行书有《澄心堂帖》《自书诗卷》等。

989. 赵孟頫代表作有哪些？

赵孟頫（1254—1322），字子昂，号松雪道人、水精宫道人，湖州（今属浙江）人，人称"赵吴兴"，元代书画家。官至翰林学士承旨、集贤学士，故世称"赵承旨""赵集贤"。赵孟頫师法广博，诸体皆善，潜习晋唐书法，于二王书法着力最深，受益匪浅。其书法用笔圆转流利，深谙古法，结字平正秀丽，自然流畅。后世将他与唐代颜真卿、柳公权、欧阳询并称为"楷书四大家"。其传世楷书代表作有《玄妙观重修三门记》《汉汲黯传》《老子道德经卷》等，行草书有《兰亭十三跋》《归去来辞》《赤壁赋》等。

赵体：赵孟頫书法强调用笔、结字的匀称合度，强调精熟生巧，将前人用笔的高妙处加以"中和"，融入笔端，故其书于流丽中寓遒劲，秀媚而不落纤弱，故被后世称为"赵体"。

990. 祝允明是谁？

祝允明（1460—1526），字希哲，号枝山，长洲（今江苏苏州）人，明代书法家、文学家。祝允明能文善书，才华横溢，与同郡文徵明、唐寅、徐祯卿并称"吴中四才子"。他博涉诸家，长于行、草书，亦工小楷。其小楷得力于钟（钟繇）王（王羲之），用笔遒厚，结字朴拙；行、草书则受益于张旭、怀素、黄山谷等唐宋名家，其临写精绝，却又不为古人所囿，任情适意，天真烂漫，明王世贞《艺苑卮言》评其书"风骨烂漫，天真纵逸"，着实为明代草书的卓然一家。其传世小楷代表作有《赤壁赋》等，草书有《前后赤壁赋》《草书唐人诗卷》等。

吴中四名家：指明代吴门书画界的祝允明、文徵明、王宠、陈淳四人。

吴中四才子：指吴门一批青年才子和名士通过诗文书画，切磋文艺，纵谈剧论，评论题跋，互为推重，形成非常良好的艺术氛围。时人将祝允明、徐祯卿、唐寅、文徵明四人誉称为"吴中四才子"。

吴门：亦称"吴郡""吴中""姑苏"，是苏州之别称。

991. 文徵明

文徵明（1470—1559），初名壁，后以字行，更字徵仲，号衡山居士，长洲（今江苏苏州）人，明代书画家、文学家。曾官至翰林待诏，故又称"文待诏"。以书画兼善闻名当代，与祝允明齐名。书法亦精，师承晋唐众家，功力尤其深厚。他工于楷、行、草、隶各体，尤以小楷、行书颇为人所推重。传世小楷代表作有《醉翁亭记》《归去来辞》等，行书有《西苑诗》等。

992. 董其昌的代表作有哪些？

董其昌（1555—1636），字玄宰，号思白，又号香光居士，华亭（今上海市松江区）人，明代书画家。世称"董华亭""董香光"。其书从颜体入手，上溯钟、王笔法，推崇帖学一脉，融会变化，尤得力于李邕、徐浩、米芾等诸家之妙，师法前人之意趣而不囿其形迹，乃自成一家。董其昌擅长楷、行、草诸体，书法追求秀逸简淡、率意自然的风格。传世楷书代表作有《洛神赋》《项元汴墓志铭》等，行草有《李白诗卷》《自书诗卷》《昼锦堂记》等。

以淡为宗：董其昌提倡以淡为宗的艺术主张，所谓"淡"可以从两个大的方面来理解，一方面指的是一种广义的人生志向和艺术追求，此之谓"意淡"；另一方面是与这种人生志向和艺术追求相融合的艺术形式，此之谓"墨淡"。

993. 邓石如的代表作有哪些？

邓石如（1743—1805），初名琰，又字顽伯，号完白山人，安徽怀宁人，清代书法家、篆刻家。邓石如能书，四体兼善，尤以篆、隶闻名于世。又工篆刻，开创书法篆刻新流派，被称为"邓派""皖派"，清代后期篆书家、篆刻家无不受到他的影响。邓石如篆书以李斯、李阳冰为宗，参《石鼓》《泰山》，融合汉碑额为法，笔力雄厚，刚健婀娜。他率先运用隶书笔法写篆书，即篆从隶入、隶从篆出，开辟了篆书的新境界。康有为评其篆书"集篆之大成"，"篆法之有邓石如，犹儒家有孟子"。其隶书结体严整，颇有"书写"之趣。其传世代表作有《白氏草堂记》《四体书册》《篆书唐诗集句》等。

邓派：邓石如在篆刻中吸取小篆和汉魏碑额文字，开拓篆刻取法，提倡"印从书出"，强调笔意，融雄浑古朴与刚健婀娜于一体的风格，后世称之为"邓派"。

图书在版编目（CIP）数据

国学知识问答录：全二册 / 杨雨主编. —长沙：湖南教育出版社，2017.9
ISBN 978-7-5539-5777-7

Ⅰ.①国… Ⅱ.①杨… Ⅲ.①国学—青少年读物 Ⅳ.①Z126-49

中国版本图书馆 CIP 数据核字（2017）第 231440 号

GUOXUE ZHISHI WENDALU

书　　名	国学知识问答录
责任编辑	曹有鹏　罗伟成
责任校对	丁泽良　王怀玉　曾朝晖　周彬
出版发行	湖南教育出版社（长沙市韶山北路443号）
网　　址	http://www.hneph.com
电子邮箱	hnjycbs@sina.com
微信服务号	多点学习
客　　服	电话 0731-85486979
经　　销	湖南省新华书店
印　　刷	长沙鸿发印务有限公司
开　　本	787mm×1092mm　16开
印　　张	39
字　　数	737 000
版　　次	2017年9月第1版第1次印刷
书　　号	ISBN 978-7-5539-5777-7
定　　价	76.00元（上、下册）

著作权所有，请勿擅用本书制作各类出版物，违者必究。
如有质量问题，影响阅读，请与湖南教育出版社联系调换。
联系电话：0731-85486979　0731-85486723